예언자들

KB192183

THE PROPHETS

예언자들

2004년 4월 28일 초판 1쇄 발행
2020년 12월 30일 초판 13쇄 발행
2023년 12월 20일 2판 1쇄 발행

펴낸곳 (주)도서출판 **삼인**

지은이 아브라함 J. 헤셸
옮긴이 이현주
펴낸이 신길순

등록 1996.9.16. 제 25100-2012-000046호
주소 03716 서울시 서대문구 성산로 312, 1층(연희동, 북산빌딩)
전화 (02) 322-1845
팩스 (02) 322-1846
전자우편 saminbooks@naver.com

표지디자인 (주)끄레어소시에이츠
제판 문형사
인쇄 수이북스
제본 은정제책

ⓒ 아브라함 J. 헤셸, 2004

ISBN 978-89-6436-255-6 03230

값 40,000원

예언자들

아브라함 J. 헤셸 지음 · 이현주 옮김

삼인

차례

제 1 부

제1장 예언자란 도대체 어떤 사람인가 | 33

제2장 아모스 | 69

제 2 부

일러두기

1. 이 책은 Abraham Joshua Heschel의 *The Prophets*(New York: Harper & Row, 1962)를 번역한 것이다.

2. 이 책은 1987년 종로서적에서 상·하권으로 나누어 출간되었다가 절판된 책을, 그 내용을 다듬고 보완하여 정식 저작권 계약을 맺고 합본으로 출판하는 것이다.

3. 이 책에서 인용된 성경 구절들의 번역 및 성경에 나오는 고유명사 표기는 『공동번역성서』를 참조했다. 그 외 고유명사는 『표준국어대사전』에 등재된 단어를, 사전에 등재되지 않은 단어의 경우 외국어 표기법과 통상적으로 가장 많이 쓰이는 표기를 따랐다. 외국 인명이 처음 등장할 때는 가로 안에 원어를 병기하되, 아주 유명한 인물이나(예: 나폴레옹), 성경의 등장 인물이나(예: 여로보암2세) 가공의 인물일 경우(예: 아가멤논)에는 병기를 생략하였다.

4. 인용된 성경구절의 장/절 구분은 세미콜론(;)으로 하고(예: 이사야 13:30; 12:15; 예레미야 3:20), 같은 장 안에서 절 구분은 쉼표(,)로 하되, 인용된 절끼리 내용이 이어져 있을 때는 물결표(~)를 썼다(예: 이사야 5:5~6, 7; 7:15).

옮긴이의 말

『예언자들』(*The Prophets*)은 20세기 마지막 히브리 사상가로 일컬어지는 아브라함 요수아 헤셸의 대표 저작이다. 이 책에서 저자는 구약성서에 등장하는 예언자들의 행동과 말을 히브리 철학의 관점에서 자세히 고찰한다.

한 라디오 대담 프로에 출연한 헤셸은, 당신의 생애에 가장 큰 영향을 끼친 책 한 권을 소개해 달라는 요청에 이렇게 대답한다.

"『예언자들』이라는 제목의 책입니다."
"저자가 누구지요?"
"아브라함 요수아 헤셸."
"자신의 책에 가장 큰 영향을 입었다는 말인가요?"
"예."
"…?"
"학문은 조용한 서재에서 시작될 수 있지만 시끄러운 장터에서 완성되어야 한다는 진리를 그 책이 내게 가르쳐주었습니다."

헤셸은 고대의 예언자들을 연구하다가 당대의 예언자가 된 사람이다. 그가 죽자 한 신문은, "아브라함 요수아 헤셸, 그는 학자면서 사람이었다"는 제목으로 기사를 썼다. 그는 예언자들한테서 배운 대로, 말년의 십 년 세월을 길거리로 뛰쳐나와 백발을 바람에 나부끼며 베트남 전쟁을 반대하고 닉슨 후보의 대통령 당선을 저지하다가 외롭게 숨겨갔다.

나는 삼십 대에서 사십 대로 넘어갈 무렵의 몇 년 동안 랍비 헤셸의 친절한 가르침을 받을 수 있었다. 그래서 그의 저작을 여러 권 번역해서 출판했는데 세월과 함께 절판되었더니, 이제 도서출판 삼인의 젊은 식구들이 그중 『예언자들』을 다시 찍겠다고 하매 고맙고 반가운 마음뿐이다.

나는 학문이란 서재에서 출발하여 장터에서 마감되어야 한다는 헤셸의 말에 기꺼이 동의한다. 거꾸로 장터에서 출발하여 서재에서 마감될 수도 있겠지만, 아무튼 서재와 장터 사이를 잇지 않는 학문이란 있을 수도 없고 있어서도 안 된다고 생각한다.

21세기 인류에게 던져진 과제가 있다면, 기도와 생활, 명상과 사회운동의 통일을 어떻게 이룰 것이냐가 그것이라고 본다. 이 과제를 풀어내지 못하면 인류는 중생대 백악기의 공룡처럼, 무너지는 물질문명과 함께 멸종되고 말 것이다.

바야흐로 사회운동가들이 명상 수련장에서 나오고 명상가들이 사회운동 현장으로 들어가는, 그리하여 보이는 것과 보이지 않는 것의 조화가 세계를 이끌어가는 명실상부한 새천년이 밝아오고 있다. 이른바 '미국주의'(Americanism)라는 말로 대변되는 물질문명의 붕괴 소식과 함께, 우리의 가슴을 두근거리게 하는 소식이 아닐 수 없다.

헤셸의 말대로, 아모스, 호세아, 이사야는 죽었지만 그들의 '예언'은 지금도 살아 있다. 이 책으로 말미암아 구약의 예언자들에 '관한' 지식이 독자들 두뇌에 쌓여지기보다는, 하느님의 정념(pathos)에 동감코자 간절한 열정(passion)을 품고 사막이나 골방으로 들어가는 사람, 또는 가슴 깊은 곳에서 솟구치는 뜨거운 '말씀'에 사로잡혀 장터로 길거리로 달려나가는 사람이 하나라도 생겨난다면 더 바랄 것이 없겠다.

20여 년 만에 다시 책을 내면서, 원문을 꼼꼼히 대조하여 잘못된 번역을 고치고 서툰 표현을 다듬어 준 삼인 편집실 유나영 씨께 감사한다. 덕분에 좀더 알차고 읽기 쉬운 번역서가 되었다. 후학(後學)이 가외(可畏)라던 퇴계 선생의 말씀에 동감이다.

2004년 3월
觀玉

머리말

　지금까지 살았던 사람들 가운데 우리를 가장 헷갈리게 하는 사람 축에 드는 몇몇을 이 책에서 다루고자 한다. 그들이 받은 영감(靈感)으로 성서가 있게 되었고 그들의 인간상은 절망 중에 우리가 숨을 피난처요, 그들의 목소리와 그들이 본 환상은 우리의 믿음을 지탱해 준다.

　이스라엘 예언자들의 중요성은 그들이 무엇을 말했느냐 뿐만 아니라 그들이 어떤 사람이었느냐에도 달려 있다. 그들이 우리에게 말해 주고 있는 것을 충분히 알아들으려면 먼저 무슨 일이 그들에게 일어났는가를 어느 정도 알아야 한다. 그들이 살아내야 했던 순간 순간들은 오늘에 되살릴 수도 없고 과학적인 분석의 대상으로 삼을 수도 없다. 우리에게는 다만 그 순간들에 대한 당사자의 **의식**(意識)이 글로 보관되어 전해졌을 뿐이다.

　그러므로 나의 목적은 예언자가 살아가는 동안 인간을 만나고 하느님 앞에 홀로 서면서 그 마음 속에 얼비쳐 새겨진 것들에 관하여 품었던 의식을 분석하고 설명함으로써 예언자를 이해해 보려는 것이다. 내가 여기서 쓰는 의식이란 말은 어떤 특별한 영감의 순간을 파악하는 것뿐만 아니라 예언자라는 존재를 만들어내는 감정, 생각, 느낌을 통틀어 하는 말이다.

　예언의 움직일 수 없는 객관적이고 초자연적인 성격을 강조하느라고 교리신학은 그동안 예언 활동에서 예언자가 담당한 역할을 살펴보지 못했다. 계시를 힘주어 말하느라고 응답을 무시하였고 영감을 격리시킴으로써 인간의 상황을 보지 못하였다. 이를테면 범신학(凡神學)이라 부를 수 있을 이런 학문과 대조적으로, 심리학자들은 예언의 정체를 오로지 예언자들의 내면 생활로부터 밝혀내려 했다. 그들은 그것을 주관적인 인격 현상 속에 몰아넣어 버림으로써, 예언자들이 자기네 마음 속에서 솟아나지 않은 외부의 사건들과 만나면서 가졌던 인식을 보지 못하였다.

우리는 예언자들의 말이 범신학과 범심리학을 둘 다 문제삼지 않는 상황을 증언하고 있음을 밝힘으로써 이 두 극단적인 경향을 거부해야 한다. 주의 깊게 분석해 보면 예언자가 증언한 이 상황이란 계시와 응답, 받아들임과 자발적으로 솟아남, 사건과 경험으로 짜여져 있음을 알 수 있다. 그러므로 나는 인간적인 요소의 흔적은 예언 활동 밖에서가 아니라 그 안에서 추적해야 한다고 주장한다.

예언자는 사람이다. 확성기가 아니다. 그에게는 사명과 함께 그의 것이 아닌 말의 능력도 주어졌다. 그 말의 능력이 그를 위대하게 만든다. 그러나 그가 사명과 함께 받은 것들 가운데는 말의 능력 말고 기질, 관심, 성격 그리고 개성도 있다. 그는 위에서 오는 영감을 거역하지도 않았고, 마찬가지로 때로는 자신의 기질 때문에 일어나는 소용돌이에 저항 않고 휩쓸려들어 갔다. 하느님의 말씀은 사람의 목소리로 굴절되어 울려 퍼졌다.

예언자의 일이란 하늘이 어찌 보는가를 전하여 알리는 것이다. 그러면서 그도 역시 인간이기에 그 자신이 하나의 관점이다. 그는 자신이 서 있는 자리에서 자기 눈으로 본 하느님의 관점으로 말한다. 우리는 그가 풀어 설명해 준 하늘의 관점을 이해하려고 노력해야 한다. 그러나 그것만으로는 부족하다. 우리는 그가 몸으로 보여준 태도들, 그 자신의 처지, 느낌, 반응도 이해하려고 해야 한다. 그가 무엇을 말했는가와 함께 그가 무엇을 살았는가, 그가 한 말의 사적이고 내면적인 차원, 그가 전한 메시지의 주관적인 측면도 알아야 한다.

우리는 이스라엘 예언자들에게서 다른 곳에서 흔히 만나는 인간들의 모습과 비슷한 점을 많이 보게 된다. 히브리 민족의 종교와 다른 셈 족의 종교가 공통점을 많이 지니고 있음을 생각하면 당연한 일이지만, 좀더 진지하게 물어야 할 물음은 이것이다. 이스라엘 예언자들의 어떤 얼굴이 그들을 다른 인간들과 구분짓게 하는가? 그들의 독특함이란 무엇인가?

예언자는 예언자만이 아니다. 그는 또한 시인, 설교가, 정치가, 애국자, 사회비평가, 모랄리스트다. 이것들 중 어느 하나를 강조하여 펼쳐 보임으로써 예언의 본질과 중심 의미를 파악하려는 경향이 있어 왔다. 그러나 그것은 예언의 고유한 성격을 오해한 것이다.

그러므로 우리가 맨 먼저 조사에 착수할 문제는, 예언자가 어떤 종류의 사람인지 구분하여 보는 것이 아니라 그가 다른 사람들과 공통으로 지니고 있는 성품은 어떤 것이고, 홀로 지니고 있어 남들과 구분짓게 하는 성품은 어떤 것인가를 확인하는 것이다. 그를 하나의 예언자로 거짓 없이 만나기 위해서는 습관적으로 반복해 온 어떤 연구 방법을 포기해야 한다. 손쉬운 방정식의 함정은 피해야 한다. 처음부터 그를 설명해 낼 수 있다는 확신을 품고 접근하면 틀림없이 목적을 이루지 못한다. 미리 설정해 놓은 어떤 관념의 그물로 그를 설명하려는 것은 말 앞에 마차를 두는 것과 같다. 우리가 예언자를 살펴볼 때 그를 설명하는 것을 유일한 목적으로 삼는다면, 설명이 이해를 대신하게 된다. 자신도 모르게 그것은 식별의 끝이 아니라 오히려 시작이 된다.

숱한 학자들이 하나의 원리로 생각하고 있는 편견—즉, 그 무엇도 먼저 설명의 가능성을 지닌 것으로 판명되지 않는 한 논의의 자료로 인식될 수 없다—은 그럴듯하면서도 미심쩍은 채 현실을 바로 보지 못하게 하고 우리 눈 앞에 놓여 있는 것을 있는 그대로 들여다보는 힘을 위축시킨다.

문학적인 재료, 이를테면 예언서에 주어진 것을 눈여겨보는 가운데, 나는 예언자들의 마음을 뚫어 보고 그런 관점에서 그들이 경험한 결정적인 순간들을 이해하려 했다.[1] 이 책에서 나는 하늘의 계시를 받았다는 그들의 주장이 진실한가를 판단하거나 예언의 수수께끼들을 심리학적 또는 사회학적 설명으로 풀어보고자 하지 않았다. 또 해설의 가능성을 발견하거나 그것을 증명할 수단을 암시하려고도 하지 않았다. 나는 다만 예언자들의 주장을 조명해 보고 싶었다. 그들의 의식을 설명하는 것이 아니라 이해하는 것이 나의 목적이었다. 그들이 무엇을 깨달았는지 그것의 결정적인 모양을 벗겨보면 그들이 무엇을 경험했기에 그런 의식을 갖게 되었는지가 드러날 것이다.

나는 한 예언자로서 생각하고 느끼고 반응하고 행동하는 것이 무엇을 의미하는가를 이해하고자 했다. 예언자의 무의식의 세계를 파헤쳐보기 위하여 그의 의식 저 너머로 건너가 보거나 개인의 내면 생활 속에 감추어져 있는 선재적(先在的)인 조건이나 경험들에 손을 뻗치려고 하지 않았다. 의식 세계에서 펼쳐진 내용에 대한 이해를, 예언자의 의식의 문지방 저 너머 깊은 곳에 무엇이 있는가를 추측하는 것으로 대신할 수는 없다. 또한 그가 무엇을 단언했다고 확인하는 것도 불가능한 일이다. 우리는 다만 무엇이 그를 예언자되게 자극했는가, 그를 어느 특별한 순간에 움직이게 했던 생각이 무엇인가를 조금쯤 알아볼 수 있을 것이다. 우리는 그 순간에 앞서 있었던 현실이나 사건들을 설명할 수 없다.

그러므로 나는 예언자들의 예언 활동 이전의 배경을 살펴봄으로써 예언의 심리적인 동기들을 캐어보려고 하지 않았다. 다만 내가 알아보고자 한 것은 비록 겉으로 드러나게 발설되지는 않았다 해도, 그가 의식적으로 받아들여 최소한 그의 생각과 행동의 규범에 구조적인 영향을 미치게 한 동기들이 어떤 것이었던가였다.

그런 것을 꿰뚫어보기 위해서는 순수하게 들여다보는 방법을 사용해야 했다. 거리를 두고 관찰하기, 조사하기, 정면으로 대결하기, 자세히 살펴보기, 보이는 그대로 순수하게 들여다보기는 우리에게 현상의 있는 모습을 사실대로 볼 수 있도록 도와주고 그것의 독특한 점을 찾아내기 위하여 좀더 날카롭고 적절한 질문을 던질 수 있게 한다. 실로 어떤 질문을 하면 안 되는지, 어떤 주장을 받아들이면 안 되는지를 알려면 많은 노력을 해야 한다. 우리가 보는 눈을 흐리게 하는 것은 관찰 대상과 함께 관찰 습관이다. 우리의 시야는, 우리가 보고 있는 것을 너무나 모르고 있다는 뼈아픈 자각이 아니라, 알고 있다는 생각으로 가득 차 있다. 우리가 마음속에 늘 품고 있어야 하는 원리는, 아는 것을 볼 게 아니라 보는 것을 알자는 것이다.

어떤 대상이 분명하지 못하다고 탓할 게 아니라 스스로 끌어들인 타성의 노예가 되어 편견에 사로잡혀 있는 자신을 탓해야 한다. 하나의 단순한 상(像)을 잡기 위해서는 많은 상투어구를 잊어버려야 한다. 꿰뚫어본다는 것은 어제 있었던 어떤 인식들을 길게 늘이는 게 아니라, 앞으로 올 인식을 시작하는 것이다. 사물을 어떤 고정관념에 따라 습관적으로 보는 것은 현재를 과거 시제로 보는 것이다. 꿰뚫어본다는 것은 현재 시제로 생각하려는 한 시도다.

꿰뚫어본다는 것은 하나의 돌파 작전이다. 그것은 상당한 지적 장비와 위치 이동을 요구한다. 그것은 낯선 것, 전에 못 보던 것, 상상조차 할 수 없던 것을 느끼는 감성이 성숙해야 가능하다. 그것은 현상 속에 휩쓸려들어 감으로써 있는 그대로의 현상과 직접 만나고 부딪침으로써 가능하다. 그리하여 많이 당황하고 어리둥절한 뒤에 비로소 우리는 **꿰뚫어보기**에 이르는 것이다. 그것은 현상을 안에서부터 보는 것이다. 놀랄 줄 아는 눈만이 사물을 꿰뚫어볼 수 있다. 그에게 지금까지 닫혀 있던 것이 갑자기 열리는 것이다. 그것은 반드시 순수한 지각, 곧 새롭게 보는 것이어야 한다. 똑같은 것을 두 번 볼 수 있다고 생각하는 사람은 결코 보지 못한다. 역설적이게도, 꿰뚫어보는 것은 처음 보아 아는 것이다.

이런 조사를 하려면 개인의 믿음이나, 이를테면 어떤 사건이 과연 그들의 마음에 일어났던 그대로 현실에 일어났는가를 조사해 보려는 시도까지도 일단 뒤로 미루지 않을 수 없다. 그러나 내 생각에는 그들의 경험이 사실이었느냐 아니었느냐는 불문에 붙이고 그 경험의 형식과 내용을 분석하는 일은 가능하다고 본다. 그런 조사의 과정과 결과는 여러 해 전에 이루어진 이 책의 골자를 이루고 있다.[2] 그 중요한 성격에서 현상학과 비슷한 위의 방법을 강조하면서 한편 나는 오랫동안 어느 한쪽에 치우치지 않으려고 조심하게 되었는데 실은 그것이 이미 한쪽에 가담하는 한 길이었다. 예언자의 실존은 엉뚱한 것이거나 아니면 타당한 것이다. 만일 엉뚱한 것이라면 나는 진실하게 그의 실존에 뚫고 들어갈 수가 없으며 만일 타당하다면 나의 치우치지 않으려 함은 한낱 겉치레일 뿐이다. 무엇을 비추어 보려면 그것을 따로 떼어놓고 보아야 한다. 그러나 비추어 보는 것 자체를 따로 떼어놓을 수는 없다. 비추어 보는 것은 상황의 한 부분이다.

예언자들의 말에 매달려 있는 사람의 상황이란 끊임없이 깨어지는 무관심의 파편 조각들 속에 알몸으로 서 있는 것과 같다. 그런 가운데서 태연하게 있으려면 그의 머리가 돌이어야 할 것이다.

나는 내가 도달한 하나의 결심이 나의 실존에 치명적인 것이 되느냐 안 되느냐 하는―살아남기 위하여 다음 숨을 들이마실 것이냐 아니냐 하는―물음에 무관심할 수가 없다. 아마도 이것이 예언자들을 놀라지 않을 수 없게 한 문제 같다. 사람들은 이것을 모르는 채 죽어갈 수 있다. 사람들은 자기네 능력을 발휘하려 하지 않으면서도 살아남을 수 있다.

현상들을 파악하기 위해서는 판단을 보류하고 거리를 두고 생각하는 일이 중요하다. 현상이 의미하는 것을 파악하기 위해서는 무관심을 보류하고 그 안에 뚫고 들어갈 필요가 있다. 그것들의 알맹이를 검사하려면 그것들을 비추어 보아야 한다. 그러나 비추어 보려면 현상들과 우리 사이에 거리가 있어야만 한다. 그것들을 마음속에 죽어 있는 대상으로 만들어버림으로써 우리에게 영향을 미치고 우리에게 말을 하고, 우리의 태도나 인식을 넘어서는 능력을 빼앗아버린다.

단순히 비추어 보려는 자세를 유지하면 예언자들의 의식의 틀이나 핵심이 되는 내용은 좀더 쉽게 파악될 수 있을 것이다. 그러나 그런 태도로만 보면 예언자들의 의식의 진실성이나 정당성에 대한 관심은 정지되고 만다. 한편 순전히 그렇게 비추어 봄으로써 드러나는 것의 힘만으로도, 초연하게 거리 두는 태도의 견고함은 서서히 침식된다. 그 과정의 마력은 그 어떤 지적 고행보다도 강한 것 같다. 그러므로 그들의 말을 들으면서 그 누구도 분별력 있고 공평한 관찰자의 안전한 자리를 오래 지킬 수 없는 것이다. 예언자들이 다루는 것은 일반적인 생각들이 아니다. 그들의 말은 맹렬한 공격이요 거짓 평안의 환상에 구멍을 뚫는 것이며, 책임 회피에 대한 도전이요 믿음을 회복하라는 촉구요 과연 분별력이 있으며 치우치지 않는가를 따지는 물음표다. 사람들은 그들의 이상스런 확신에 수긍하기도 두렵고 마찬가지로 그들의 굉장한 주장을 거스르기도 어려울 것이다. 그것은 사람들의 정신이 의심을 하기 쉽고 무능한 까닭이다. 어쨌든 예언자들을 정직하게 바라보면 결국 예언자들과 더불어 사귀게 된다.

단순히 비추어 보는 방법은 예언자들이 무엇을 주장했는가를 밝히는 데는 충분할지 모르나 그의 실존이 무엇을 내포하고 있는가를 밝히는 데는 충분한 방법이 되지 못한다. 그들의 실존이 무엇을 내포하고 있는가를 알려면 예언자들을 그냥 생각하는 것으로는 안 된다. 우리는 그들이 생각하는 것처럼 생각해야 한다. 그들이 우리에게 살아 있게 하고 곁에 있게 하려면 우리는 그들에 **관하여** 생각하지 말고 그들 **안에서** 생각해야 한다. 그들의 관심과 그들의 마음으로 생각해야 한다. 그들의 실존은 우리를 내포하고 있다. 그들의 관심이 우리를 찌르고 아프게 하고 끌어올리지 않는 한 우리는 그들을 정녕 알 수가 없다. 그것은 우리에게 그들의 영향력을 따르고 정직하게 받아들일 것을 요구한다. 그 대가로 우리는 무지한 마음의 껍질을 벗는 순간을 맛보게 되는 것이다. 사고는 감촉과 같다. 이해됨으로써 이해하는 것이다.

그들의 의식을 풀어내기 위하여 우리는 그들의 내면 생활, 그들의 감정이나 통찰 등에만 관심해서는 안 된다. 우리는 예언자들이 살던 세계를 다시 세워 보아야 한다. 그 무서운 부조리와 그것에 대한 조물주의 방어, 당신께로 사람을 부르는 하느님의 음성이 들리는 가운데 재앙의 낭떠러지 끝에서 부들부들 떨고 있는 세계를. 예언자들을 대경실색하게 만든 것은 의미를 외면하는 세계가 아니라 의미에 눈이 먼 세계다. 그러나 예언자의 놀람은 하나의 전주곡일 뿐이다. 그는 언제나 파멸과 끝장의 메시지로 시작하여 희망과 구원의 메시지로 끝낸다. 이것은 인간이 제아무리 사악해도 하느님의 전능하신 사랑을 누를 수 없다는 뜻일까? 하느님의 고요하심이 인간 범죄의 소용돌이보다 강하고, 하느님의 평화에 대한 갈망이 인간의 폭력에 대한 정열보다 강하다는 뜻일까?

예언이란 어떤 특수한 인간 상황에 영원한 기준들을 단순히 적용시키는 것이 아니다. 예언은 오히려 역사 속의 어느 특정한 순간을 해석하는 것이다. 인간 상황을 하늘의 눈으로 이해하는 것이다. 그러므로 예언은 **하늘의 눈으로 인간 실존을 주석하는** 것이라고 설명할 수 있다. 예언을 이해하는 것은 지식을 이해하는 것이 아니라 이해를 이해하는 것이요, 주석을 주석하는 것이다. 그것은 처음의 이해를 가능하게 했던 관점을 나누어 갖는 것이기도 하다. 다른 어떤 관점에서—이를테면 사회학이나 심리학—예언을 해석하려는 것은 시인의 경제관으로 그의 시를 해석하는 것과 같다.

그런 식으로 풀이를 하다보면 우리의 탐구는 마침내, 예언자들이 우리에게 무엇을 의미하는가 하는 개인적인 질문 속에 숨어들고 만다. 이런 개인적인 질문을 제대로 묻는 유일한 길은 그 질문을 좀더 대담한 질문인, 예언자들이 하느님에게 무엇을 의미하는가에 잇대어 묻는 것이다. 이 질문이 제대로 풀이되지 않는 한 다른 모든 질문은 쓸모없는 것이 된다. 왜냐하면 예언이란, 그것이 사람 위에 덮쳐 그를 예언자로 만드시는 하느님의 말씀으로 들려지기까지는 허풍일 따름이기 때문이다.

정당한 주석은 철학자를 철학의 술어와 범주로 이해하려는 노력이다. 시인을 시의 술어와 범주로, 예언자를 예언의 술어와 범주로 이해하려는 노력이다. 예언이란 살아가는 한 길이면서 마찬가지로 생각하는 한 길이다. 우리들의 탐구가 성공하느냐 못하느냐는 우리가 예언자적 사고의 술어와 범주를 제대로 이해하느냐 못하느냐에 달려 있다.

이 술어와 범주들을 재발견하기 위하여 우리는 예언자가 묻고 있는 물음들과 그가 당연하게 생각하고 있는 하느님, 세계, 인간에 관한 전제들을 조심스럽게 살펴보아야 한다. 실로 이 작업을 하면서 나에게 생긴 가장 중요한 소득은 **예언자들의 지적 타당성**을 발견한 것이었다.

무엇이 나로 하여금 예언자들을 공부하게 했던가?

내가 학창 시절을 보내던 때의 학문 세계에서는 철학이 동떨어져 자신을 스스로 지탱해 나가는 자기만족적인 학문이 되어, 지혜를 사랑하는 대신 의

문에 의문이 꼬리를 무는 것으로 만족할 뿐이었다. 제시된 대답이라는 것들이 문제와는 아무 관련도 없고 인간의 비극에는 무관심한 것들이었다. 사람들은 한편 거대한 도전 앞에서 자신의 감수성이 말라버린 것을 알게 되었고, 선과 악이 뒤죽박죽된 상황에 오히려 무관심하며 파국을 눈앞에 두고도 점점 무감각해졌고 진실의 원리를 공중에 내걸어 말려버릴 것만 같았다. 나는 조금씩 우리의 사고를 지배하고 있던 술어들, 동기들, 관심들이 오히려 인간의 책임의 뿌리를 메마르게 하며 인류 공동 의식의 바탕을 감히 거역할지도 모른다는 사실을 깨닫게 되었다. 우리 모두가 부닥뜨려야 했던 도전과 내적인 평안을 무너뜨린 무서운 수치는 우리의 사고 양식과 방법론을 무색하게 만들었다. 사람들은 우리가 하는 사고의 어떤 동기나 충동이 우리의 실존을 방황하게 한다는 사실을, 사색의 융성이 정신적인 황폐를 해결해 주지 못한다는 사실을 시인하지 않을 수 없게 되었다. 정당한 화폐가 일반 유통 구조에 유용하지 못하다는 사실을 깨닫게 된 나는 예언자들의 사상을 공부하기 시작했다.

모든 사람은 한 특수한 사고 방식으로, 가정과 전제 아래 생각을 한다. 현대인의 비극적 실패와 자신의 파멸을 막지 못하는 무능함을 보면서 나는 20세기 철학의 가장 중요한 문제는 새로운 가정과 전제, 다른 사고 방식을 찾아내는 것이라고 확신하였다.

나는 예언적 신학의 바닥에 깔려 있는 전제들을 밝히려고 해보았다. 예언적 종교의 근본적인 자세들을 밝히고 그것들이 다른 신학과 종교의 바닥에 깔려 있는 전제나 자세들과 어떻게 다른가를 살펴보려고 했다. 이 논의에 있어 가장 중요한 술어인 **정념**(pathos)을 중점적으로 강조하는 한편 나는 그들의 가르침이 품고 있는 **기질**과 **뜻**도 놓치지 않고 살피고자 했다.

위로부터 전해 내려온 상황은 오히려 무시하고 예언자의 인격에 내적인 통일성과 통전성을 부여한 근본적인 동기들에 주의를 집중함으로써, 나는 예언자의 의식 속에서 무엇이 **그에게** 일어났으며 무엇이 **그에게서** 일어났는가를—초월적인 것과 자발적인 것의 차이를—그것의 내용과 형식의 차

이와 함께 분간할 수 있게 되었다. 이런 분석으로 분명해진 예언자들의 의식 구조는 초월적인 차원으로서의 정념(영감의 내용)과 사건(형식)으로, 인간적인 차원으로서의 동정심(내적 경험의 내용)과 위로부터 내리는 힘에 사로잡혔다는 느낌(내적 경험의 형식)으로 짜여져 있었다.

예언자란 본인이 살고 있는 사회에 대하여 **아니다**를 말하고 그 습관과 억지 주장, 자기 만족, 고집스러움, 적당한 혼합주의에 대하여 비난을 퍼붓는 사람이었다. 그는 가끔 자기가 마음속으로 생각하고 있는 것의 반대를 주장해야만 할 때도 있었다. 그의 근본적인 목적은 인간과 하느님의 화해였다. 왜 이 둘은 화해해야 하는가? 아마도 그 원인은 인간의 잘못된 주권 의식, 자유의 남용, 공격적이고 안하무인격인 교만, 역사에 하느님이 개입하는 것을 불쾌하게 여기는 마음 탓이리라.

예언은 중지되었다. 그러나 예언자들은 지금도 살아 있다. 우리는 절망하지 않고는 그들을 무시할 수 없다. 자유가 자기 주장인지 아니면 요구에 대한 응답인지, 최후의 상황이 싸움인지, 관심인지, 이를 결정하는 것은 우리다.

1962. 8.
뉴욕, 유다신학교에서
아브라함 J. 헤셸

1940~45년의 순교자들에게

우리는 당신을 잊은 일도 없으며
당신과 맺은 계약을 깨뜨린 일도 없건만
마침내 이런 일을 당하였습니다.
우리는 당신을 배반한 일도 없고
일러주신 길을 벗어나지도 않았건만
…당신 때문에, 우리가 날마다 죽임을 당하며
도수장의 양처럼 찢기우는 신세가 되었습니다…
어찌하여 외면하십니까?

　　　　　　　　　　　　　　　—「시편」 44편에서

제 1 부

제1장
예언자란 도대체 어떤 사람인가

악에 대하여 민감한 사람

예언자란 도대체 어떤 사람인가? 거창한 형이상학의 논술에서 예언자들의 예언으로 시선을 바꿔본 철학도라면 장엄한 세계로부터 자질구레한 일상사로 나온 것 같은 느낌을 가져보았을 것이다. 존재와 과정, 물질과 형식, 정의(定義)와 논증에 관한 영원한 문제를 다루는 대신 과부와 고아, 재판의 부정, 저잣거리에서 일어나는 사건들에 관한 시끄러운 연설 속에 파묻히게 된다. 인간 정신의 웅장한 저택으로 들어가는 길 대신에 예언자는 우리를 빈민굴로 데리고 간다. 세상은 아름다운 것들로 가득 찬 자랑스런 장소이건만 예언자는 분노에 가득 차서 온 세상이 더러운 시궁창인 듯 고함을 지른다. 그들은 하찮은 일로 법석을 떨고 시시한 문제에 극단적인 말을 낭비한다. 고대 팔레스타인의 어디쯤에서 가난한 자들이 부자들에게 좀 부당한 대우를 받았다고 해서 그게 뭐 그리 대단한 일이란 말인가? 어떤 노파가 '하늘의 여왕'을 섬기고 절을 하여 그 마음에 기쁨을 얻고 신앙심을 길렀다고 해서 그게 뭐 어떻단 말인가? 무엇 때문에 그토록 지나치게 흥분하는가? 그토록 격렬하게 분개하는 것은 어인 까닭인가?

예언자들을 질겁하게 했던 사건들은 오늘에도 날마다 이 세상 구석구석에서 일어나고 있다. 아모스의 다음과 같은 말이 해당되지 않는 사회는 없다.

이 말을 들어라.

가난한 사람을 짓밟고

흙에 묻혀 사는 천더기의 숨통을 끊는 자들아.

겨우 한다는 소리가

"곡식을 팔아야 하겠는데

초하루 축제는 언제 지나지?

밀을 팔아야 하겠는데

안식일은 언제 지나지?

되는 작게, 추는 크게 만들고

가짜 저울로 속이며

등겨까지 팔아먹어야지.

힘없는 자 빚돈에 종으로 삼고

미투리 한 켤레 값에

가난한 자 종으로 부려먹어야지"

하는 자들아. (아모스 8:4~6)

   실로 이스라엘의 예언자들을 경악하게 한 범죄나 인간의 비행이라는 것들은, 우리가 활기 있게 돌아가는 세상에 없을 수 없는 평범한 요소라고 생각하는 것 이상이 아니다. 우리에게는 좀 불의한 행동—사업상 속이는 것 또는 가난한 사람을 착취하는 것—이 있다고 해도 별것 아니다. 예언자들에게는 같은 일이 재앙이 된다. 우리에게 불의란 사람들의 복지를 해롭게 하는 것이다. 그러나 예언자들에게는 사람의 생명이 좌우되는 치명타다. 우리에게는 하나의 에피소드요 그들에게는 세계의 끝장이다.

   불의에 대한 그들의 성급한 성화는 우리에게 히스테리로 보일 수도 있다. 우리도 물론 불의한 행동이나 속임수, 거짓, 폭력 행사, 비참한 형편을 끊임없이 고발한다. 그러나 지나치게 흥분하여 분노를 폭발하는 일은 거의 없다. 예언자들에게는 사소한 불의라도 우주적인 균형에 관계된다.

야훼께서 야곱이 자랑으로 여기는
당신의 이름을 걸고 맹세하신다.
"나는 이 백성이 한 일을
결코 잊지 않으리라.
그리하여 땅은 뒤틀리고
거기 사는 사람은 모두 찌들리라.
에집트의 나일 강처럼
부풀어올랐다가 잦아들리라."(아모스 8:7~8)

하늘도 놀랄 일이다.
기가 막혀 몸서리칠 일이다.
이는 내 말이니, 잘 들어라.
나의 백성은 두 가지 잘못을 저질렀다.
생수가 솟는 샘인 나를 버리고
갈라져 새기만 하여 물이 괴지 않는 웅덩이를 팠다.(예레미야 2:12~13)

그들은 이스라엘이 하느님께 성실하지 못했으므로 하늘이 무너지기나 하는 듯이 말하고 행동한다.

이것은 그들의 분개심과 하느님의 분노하심이 도에 지나치기 때문이 아닐까? 그들의 도덕적 · 종교적 민감성을, 그 극단적인 격렬함을 어떻게 설명해야 할까?

몇몇 중요하지도 못한 가난뱅이들이 어느 정도 불의한 일을 당했다 해서 영광의 도시 예루살렘이 파괴되고 온 민족이 포로가 되어 끌려간다는 것은 아무래도 지나치게 터무니없는 소리 같다. 예언자들이 죄벌을 과장한 것이 아닐까?

예언자들의 말은 잔뜩 흥분된 감정에서 쏟아내 놓는 말이다. 그의 비난은 엄격하고 가혹하다. 그러나 악에 대한 그들의 진지한 감수성을 히스테리라고 한다면 그들이 슬퍼한 악에 대하여 막무가내로 무관심한 것은 무엇이라고 해야 한단 말인가?

> 몸에는 값비싼 향유를 바르고
> 술은 대접으로 퍼마시며
> 요셉 가문이 망하는 것쯤
> 아랑곳도 하지 않는 것들.(아모스 6:6)

도덕적 인식의 궁색함, 우리들의 잘못으로 생기게 된 비극의 깊이를 제대로 파악하지 못함, 이것은 그 어떤 핑계로도 피할 수 없다. 우리의 눈은 인간의 냉담과 잔인함을 본다. 그러나 우리의 가슴은 그 기억을 지우고 흥분을 가라앉히고 양심을 잠재우려 한다.

예언자는 철저하게 느끼는 사람이다. 하느님은 그의 영혼에 무거운 짐을 지워주셨고 그는 고개를 숙여 인간의 무모한 탐욕에 망연자실해 있다. 인간의 아픔은 실로 끔찍하다. 그 어떤 인간의 말로도 그 넘치는 두려움을 전달 못한다. 예언이란 하느님이 인간의 아픔을 표현하라고 빌려주신 말이며 착취당한 가난한 자들과 세상의 불경스런 부자들에게 내리신 말이다. 그것은 하나의 삶의 양식이며 하느님과 인간이 서로 만나는 접촉점이다. 하느님은 예언자의 말을 통하여 분노하신다.

사소한 일들의 중요성

"인간사는 진지하게 생각해 볼 만한 게 못된다. 그러나 우리는 그것들을 마구 다룰 수 없다. 서글픈 필연성이 우리를 강제한다"고 플라톤은 우울한 목소리로 말했다. 뒤에 그는 자신의 '인류에 대한 가벼운 견해'가 실은 인간을 신(神)들과 견주어봄으로써 얻게 된 생각이었다고 변명한다. "당신들이 원한다면, 인류는 업신여김을 당할 존재가 아니라 꽤 깊게 생각해 볼 만한 대상이라고 해두자."[1]

"신들은 큰 일에 몰두해 있다. 그들은 작은 일들은 무시한다"고 키케로는 주장한다.[2] 아리스토텔레스에 따르면 신들은 선의 분배나 나쁜 운명 또는 겉으로 드러나는 사물들 따위에는 전혀 관심을 두지 않는다.[3] 그러나 예언자들에게는 인간의 형편이야말로 가장 관심을 두어야 할 주제다. 하느님 자신이 혼자 앉아 영원한 이데아를 명상하는 분이 아니라 사람의 형편을 살피고 대처하는 분으로 묘사되고 있다. 그의 마음은 시간의 제약을 받지 않는 사색이 아니라 사람에게, 역사의 구체적인 현실에 골몰해 있다. 예언자들에 따르면, 하느님은 선과 악에 관계되는 일이라면 그 어느 것도 작게 보거나 지나쳐버리지 않는다(531쪽을 보라).

사람은 거역과 비행으로 가득 차 있다. 그렇지만 하느님은 그를 너무나도 소중히 여겨, 하늘과 땅을 만드신 분이 사람에게 버림을 받으면 슬퍼하신다. 사람에게 쏟아붓는 하느님의 사랑은 두텁고 깊다. 그러나 그의 분노는 엄격하고 무서울 수 있다. 인간의 가치란 참으로 보잘것없다 해도 인간의 동정심은 하늘이 내린 보물이다. 인간의 행실이 고약하지만, 그래도 인간은 하느님께 돌아감으로써 그의 길을 하느님의 큰 길로 만드는 것이다.

빛남과 불탐

"참으로 위대한 것들은 평온하게 보인다. 바위의 갈라진 틈으로 절벽을 내려다보면 바닥은 어두워, 보이지 않고 어지럽기만 하다. 그러나 모든 봉우리 위에는 흔히 볼 수 없는 신선함이 있다. 그것은 빛의 이상, 태양의 미소다. 얼마나 조용하고 얼마나 힘찬가?…예술에서 가장 고상하고 어려운 일은 환상 상태에서 창작하는 것이라고 생각한다"[4]고 플로베르는 말했다.

예언자들에게는 이와 정반대의 말이 어울린다. 그들은 때로 인간을 괴롭히는 불안함을 암시한다. 그러나 인간은 중간중간에 불안한 순간들 위를 감싸고 있는 영원한 사랑을 인식한다. 밑바닥에는 빛과 황홀한 경지가 있지만 위에는 천둥과 번개가 있다.

　예언자의 감정적이고 상상적인 언어 사용, 말씨의 분명함, 율동적인 몸짓, 예술적 인품은 시인을 연상케 한다. 그러나 그들의 예언의 바탕을 이루는 것은 워즈워드가 말한 '정적에서 솟아난 감정'의 산물인 시(詩)는 아니다. 내적인 조화 또는 안정과는 거리가 먼 동요, 불안, 불응의 정신에서 파생된 것이 그들의 예언이다. 예언자들이 관심하는 것은 자연이 아니라 역사다. 역사는 안정을 모른다.

　순수한 주장은 사람과 말〔言語〕이 하나가 되는 순간 이루어진다. 그리고 그 주장의 중요성은 주제의 긴박성과 중요성에 좌우된다. 예언자들의 주제는 무엇보다도 모든 사람들의 삶이다. 그리고 그 주장은 한 순간에만 타당한 것이 아니다. 그는 혼자 떨어져 말만 하는 사람이 아니라 그의 말을 듣는 사람들 속에 그들과 더불어 있는 인간이다. 이것이 예언자가 지닌 스타일의 비밀이다. 그의 생명은 그가 말하는 내용과 그가 말한 것이 어떻게 이루어지는가에 따라 살고 죽는다. 메아리를 일으키는 것은 그의 말이 아니라 삶이다. 다시 말하면, 그의 주제와 정체는 세 가지 차원에서 보여진다. 예언자와 백성들뿐만이 아니라 하느님 자신이 예언 속에 참여하고 있는 것이다.

　예언자들의 주장은 하느님과 인간 사이에서 엉거주춤하여 알쏭달쏭한 법이 없다. 그것은 마치 하느님의 가슴에서 쏟아져나와 인간의 가슴속으로 뚫고 들어가려는 듯 강요하고 경고하고 앞으로 밀어붙인다. 권위보다는 장엄함이 중요하다. 그들의 언어는 빛을 내며 불타오른다. 단단하고 우발적이며 엄격하고 동정적인, 두 가지 상충되는 요소가 서로 섞여 있다.

　예언자는 이야기를 하는 일이 거의 없다. 그러나 사건을 놓치지 않는다. 그는 노래를 부르지 않는 대신 견책한다. 그는 현실을 시적인 열쇠말로 번역하는 그 이상을 해낸다. 그는 설교자다. 그의 설교의 목적은 자신을 표현하거나 '감정을 정화'시키는 데 있지 않고 대화를 하는 데 있다. 그가 말하는 어떤 상(像)들은 빛을 낼 게 아니라 불타올라야 한다.

　예언자는 책임을 강화시키는 일에 골몰하고 핑계를 참지 못하며 겉치레

꾸미기와 자기 연민을 경멸한다. 그의 억양은 조심스럽거나 달콤하지는 않지만 때로 부드럽고 안심시키는 분위기를 띠기도 한다. 사정없이 쪼개고 때로는 무섭기까지 한 그의 말은 교화를 시키기보다는 충격을 주기 위한 것이다.

예언자의 입은 '날카로운 칼'이다. 그는 하느님의 화살통에 꽂아두신 날카롭게 벼린 화살이다(이사야 49:2).

> 태평 무사한 여인들아, 몸서리쳐라.
> 팔자가 늘어진 여인들아, 몸부림쳐라.
> 옷을 벗고 알몸으로,
> 너희 허리에 베옷을 둘러라.(이사야 32:11)

예언자들의 글을 읽으면 감정이 팽팽하게 고조되고 느긋하게 안정을 즐기던 양심이 마구 뒤틀린다.

제일 높은 선(善)

미적 감각을 지닌 사람은 안다. 예술가의 시적 손길로 다듬어진 조각 속에는 사랑의 분위기가 깃들어 있음을. 우아하게 놓인 대들보를 보고 그는 노래를 부른다. 그러나 예언자의 귀는 다른 사람들의 귀에는 들리지 않는 울음소리를 듣는다. 뛰어나게 아름다운 집이나 도시도 예언자에게는 절망만을 한 아름 가득 안겨줄 따름이다.

> 화를 입으리라!
> 남의 것을 먼지까지 긁어모으고
> 남의 것을 전당잡아 치부하는 것들아…
> 화를 입으리라.

저만 잘 살겠다고 남을 등쳐먹는 것들아,

재앙의 소용돌이에서 벗어나려고

높은 곳에 둥지를 틀었지만⋯

담벼락 돌이 원수 갚아 달라고 울부짖으면,

집 안에선 들보가 맞장구치리라.

화를 입으리라.

죄 없는 사람의 피를 빨아

성읍을 세우는 것들아,

남의 진액을 짜서 성을 쌓는 것들아.(하바꾹 2:6, 9, 11~12)

이런 말들은 대부분 사람들이 생각하고 있는 것과 상충된다. 위대한 도시를 세운 사람들은 언제나 선망의 대상이 되어왔고 칭송을 들었다. 폭력이나 착취 따위의 말로 대도시의 영광을 흐리게 할 수는 없는 일이었다.

"화를 입으리라⋯"라니? 인간의 정의는 당연한 주장을 내세우지 못하고 양심의 아픔도 성공을 바라는 광기를 잠재우지 못하리니, 이는 우리들 마음 깊은 곳에 남의 눈길을 끄는 당당한 것, 화려한 것, 번지르르한 것을 숭배하고 싶어하는 마음이 숨어 있기 때문이다. 어떤 시인이 북왕국의 서울인 사마리아에 갔더라면 그는 그 웅장한 건물과 아름다운 성전과 기념관 따위를 찬양하는 노래를 썼을지도 모른다. 그러나 드고아 출신 아모스는 사마리아에 갔을 때 궁전의 장엄함 대신 도덕적인 문란과 억압을 보았다. 예언자는 대경실색하여,

야곱의 거만한 태도가 밉살스럽고

그 치솟은 궁궐들이 밉구나.

하고 야훼의 이름으로 부르짖었다(아모스 6:8). 그러면 아모스는 도무지 미적 감각이 없는 사람이었던가?

무엇이 최고선(最高善)인가? 고대 사회에서는 세 가지가 특히 소중하게 여겨졌다. 그것은 지혜, 건강, 힘이었다. 예언자들은 그러나 그런 것들에 열중하는 것이 도대체 쑥스럽고 우상숭배적이라고 생각하였다. 아시리아는 그 무례한 교만 때문에 멸망할 것이었다.

> 주께서 시온산 예루살렘에서 하실 일을 다 마치시면
> 아시리아 왕의 이런 건방진 행동과 업신여기는 태도를 벌하시리라.
> 그가 자랑삼아 하는 소리를 들어보아라.
> "나는 나의 힘 있는 손으로 이것을 이루었다.
> 나의 지혜로 이것을 이루었다.
> 그러니 나는 현명하지 아니한가?···" (이사야 10:12~13)

그리고 당신의 백성에게는 그들의 "마음이 나에게서 멀어져만 가기" 때문에 "지혜롭다는 자들의 지혜가 말라버린다"고 하신다 (이사야 29:13, 14).

> 이제 그 현자들은 얼굴을 못 들고
> 벌벌 떨며 사로잡혀가리라.
> 잘난 체하여 나의 말을 뿌리치더니
> 그 지혜가 어찌 되었느냐? (예레미야 8:9)

에브라임은 말했다.

> "나는 정말 부자가 되었다.
> 한몫 단단히 잡았거든···"
> 그런데 너희는 밭을 갈아 악을 심었으니
> 거둘 것이 악독밖에 더 있겠느냐?···
> 너희가 병거를 믿고

군인이 많다고 우쭐대지만,

바로 그 때문에 너희 가운데서 반란이 일고

요새가 모조리 함락되는 것이다.(호세아 12:9; 10:13~14)

야훼께서는 이렇게 말씀하신다. "현자는 지혜를 자랑하지 말아라. 용사는 힘을 자랑하지 말아라. 부자는 돈을 자랑하지 말아라. 자랑할 것이 있다면, 그것은 나의 뜻을 깨치고 사랑과 법과 정의를 세상에 펴는 일이다. 이것이 내가 기뻐하는 일이다. 야훼의 말이다(예레미야 9:22~23)."

같은 내용의 메시지가 후대의 예언자에게서 재론의 여지가 없는 단 한마디로 정리되었다. "'그것은 권세나 힘으로 될 일이 아니라 내 영을 받아야 될 일이다.' 만군의 야훼께서 하신 말씀이시다(즈가리야 4:6)."

한 옥타브 높게

우리가 쓰는 언어와 예언자들이 쓰는 언어는 같지 않다. 우리에게는 비록 흠과 얼룩이 져 있다고는 해도 사회의 도덕적 상태가 그런대로 정돈되어 있고 괜찮아보인다. 그런데 예언자에게는 견딜 수 없는 것이다. 얼마나 많은 자선 사업이 행해지고 있으며 얼마나 많은 예의범절이 밤낮으로 지켜지고 있는가! 그런데도 예언자에게는 그런 것들이 점잔 빼기요 책임 회피에 불과하다. 우리의 기준들은 원만하고 불의에 대한 감각은 너그러우며 소심하고, 도덕적 분개는 일시적이다. 그런데도 인간의 폭력은 끊임없이 계속되며 견뎌낼 수가 없는 형편이다. 우리에게는 삶이 청명하게 개일 때가 자주 있지만 예언자의 눈에는 세계가 온통 혼돈 속에서 비틀거릴 뿐이다. 예언자는 인간의 능력에는 한계가 있음을 용인하지 않는다. 인간이 얼마나 약한 존재인가를 충분히 고려하지 않음으로써 그는 인간이 잘못을 저지를 수 있음을 조금도 참작하지 않으려는 듯이 보인다.

밤이고 낮이고 끝없이 넌더리를 치면서 살아낼 수 있는 사람이 있을까?

양심은 곧 스스로의 한계를 긋고 지쳐떨어져 안일과 진정과 위안을 찾는다. 그러나 상처입은 사람들과 영원히 살아계시는 그분은 졸지도 않고 자지도 않는다.

예언자는 졸지도, 자지도 않는다. 그는 언제나 진지하다. 자선의 유향(乳香)으로는 인간의 잔혹함을 달콤하게 만들지 못한다. 경건의 냄새인 성대한 의식은 인간의 잔인성 곁에 나란히 누워 잠들지 못하는 그를 괴롭힐 따름이다.

아마도 부당한 행위의 비밀스런 추악성이나 타성적인 무관심의 드러나지 않은 악의에 관하여는, 학문과 관찰에 의한 지식만을 갖춘 사람보다는 예언자가 더 잘 알 것이다.

> 사람들이 나를 해치려고 하는 것을 야훼께서 알려주셔서, 나는 그 일을 알게 되었다.(예레미야 11:18)

예언자의 귀는 소리 없는 한숨도 듣는다.

우파니샤드에서는 물질 세계가 무가치한 것, 비현실적인 모조품, 환상, 꿈이다. 그러나 성서에서는 물질 세계가 하느님의 창조인 실재이다. 힘, 자손, 부, 재물 모두가 소중한 축복이다. 그러나 이른바 성공하여 스스로 교만한 자와 그의 권세는 공허한 쭉정이요 물거품에 지나지 않는다고 본다.

> 보아라, 민족들은 두레박에서 떨어지는 물방울이요,
> 천평에 덮인 가는 먼지일 뿐…
> 민족들을 다 모아도 하느님 앞에서는 있으나마나,
> 허무하여 그 자취도 찾을 수 없다.(이사야 40:15, 17)

문명은 끝나고 인종(人種)은 사라질 것이다. 이 세계는 단순한 이데아의 그림자가 아니고 실재다. 그러나 절대는 아니다. 세계는 하느님과 더불어 있음으로써만 현실로 존재한다. 다른 사람들이 지금, 여기에 도취하여 있는 동안 예언자는 끝 날을 본다.

> 땅을 내려다보니 끝없이 거칠고
> 하늘을 쳐다보니 깜깜합니다.
> 산을 바라보니 사뭇 뒤흔들리고
> 모든 언덕은 떨고 있습니다.
> 아무리 돌아봐도 사람 하나 없고,
> 하늘에 나는 새도 모두 날아갔습니다.
> 아무리 둘러봐도 옥토는 사막이 되었고,
> 모든 성읍은 허물어져,
> 야훼의 노여움에 불타 모조리 사라졌습니다. (예레미야 4:23~26)

예언자도 사람이다. 그러나 그는 우리들의 귀에는 한 옥타브 높은 음계를 사용하고 있다. 그는 '노래하는 성자'도 아니고 '도리를 가르치는 시인'도 아니다. 그는 인간의 마음을 습격하는 자다. 양심이 끝나는 곳에서 그의 말이 불타오르기 시작한다.

우상을 타파하는 이

예언자는 겉으로만 거룩하고 신성하며 두려운 모든 것을 부수는, 우상을 타파하는 이다. 확고부동한 진리로 숭상되는 신념들, 지상의 성소로 승격되는 기구들이 사람을 넘어지게 하는 허상임을 폭로한다.

경건한 신도들에게는 예레미야의 다음과 같은 말이 불경스런 신성모독으로 들릴 것이 틀림없다.

> 세바에서 들여온 향가루
> 먼 나라에서 들여온 향료가

나에게 무슨 소용이냐?
너희가 바치는 번제가 나는 싫다.
너희의 친교제도 역겹다.(예레미야 6:20)

나 만군의 야훼가 이스라엘의 하느님으로서 선언한다. 친교제에다가 번제를 보태어 바치고, 그 고기를 처먹어라. 너희 조상들을 에집트에서 데려 내올 때, 내가 번제와 친교제를 바치라고 한 번이라도 시킨 일이 있더냐? 나는 내 말을 들으라고만 하였다. 그래야 내가 너희 하느님이 되고, 너희는 나의 백성이 된다고 하였다. 잘 되려거든 내가 명하는 길을 따라 걸어야 한다고 하였을 뿐이다.(예레미야 7:21~23)

　예언자는 알고 있었다, 종교가 인간에게 내린 하느님의 명령을 오히려 왜곡시킬 수도 있다는 사실을. 사제라는 자들이 거짓 증언을 잉태하고 폭력을 용납하며 증오를 묵인하고 무자비, 거짓, 우상숭배, 폭력 따위를 분노로 두드려 부수는 대신 오히려 의식으로 승격시켜 위증죄를 범해왔다는 사실을.
　일반 사람들에게는 성전과 사제직과 분향(焚香)이 종교였다. "이것은 야훼의 성전이다, 야훼의 성전이다, 야훼의 성전이다(예레미야 7:4)." 이런 신앙심을 예레미야는 속임수요 환상이라고 낙인찍는다. "너희는 그런 빈말만 믿어 안심하고 있다. 그러다가는 모두 허사가 된다(예레미야 7:8)." 악한 행실이 앞과 뒤에 따르는 예배는 어리석은 짓이 되고 만다. 거룩한 처소도 그곳에서 사람들이 저속한 행동에 빠져들 때 무너진다.

　너희는 훔치고 죽이고 간음하고 위증하고 바알에게 분향하고 있다. 알지도 못하는 다른 신들을 따라가고 있다. 그리고 나의 이름으로 불리는 이 성전으로 찾아와 나의 앞에 나서서 살려주셔서 고맙다고 하고는 또 갖가지 역겨운 짓을 그대로 하고 있으니, 나의 이름으로 불리는 이 집이 너희 눈에는 도둑의 소굴로 보이느냐? 너희가 하는 짓을 나는 이 눈으로 똑똑히 보았다. 내 말이니 잘 들어라. 내가 너희의 살 곳으로 예전에 지명했던 실로에 가보아라. 내 백성 이스라엘이 못되게 굴다가 나에게 어떤 벌을 받았는지 가보아라. 그런데 너희도 이제 꼭 같은 일을 하고 있다. 내 말이니 잘 들어라. 내가 아무리 타일러도 너희는 듣지 않았다. 불러도 대답하지 않았다. 나의 이름으로 불리는 성전을 믿고 안심하지만, 나는 실로를 해치웠듯이 이곳을 해치우고 말리라. 자손 대대로 살라고 내가 너희 조상들에게 준 이 땅을 해치울 것이다. 너희와 한 겨레인 에브라임 족속을 다 내쫓았듯이 너희도 내 앞에서 쫓아버리리라.(예레미야 7:9~15)

예언자의 메시지는 그대로 지킬 수 없는 소리처럼 들린다. 이교(異敎) 세계에서는 어느 신(神)의 위대함, 능력은 사람들의 위대함이나 능력에 따라, 사람들이 그를 위해 세워놓은 도시나 사원이 남아 있을 때까지 살아남았다. 왕이 더 많은 세력을 떨치고 더 많은 나라를 정복하면 그만큼 그의 신은 위대하였다. 어느 신이 적군으로 하여금 자기의 사원을 무너뜨리고 자기를 믿는 사람들을 정복하게 했다면 그 신은 자살을 해야 했다.

사람들은 자기 부족의 신에게 적들을 죽여달라고 탄원했다. 왜냐하면 신은 적들의 신이 아니라 그 부족의 신이기 때문이다. 로마군이 전쟁에 지자 사람들은 격분하여 자기네 신들의 상(像)을 서슴지 않고 부숴버렸다.

이스라엘의 예언자들은 하느님이 역사 안에서 적군을 당신의 도구로 사용하시기도 한다고 주장하였다. 이스라엘의 하느님은 자기 백성의 대적인 아시리아를 "나의 분노의 지팡이요, 나의 징벌의 몽둥이(이사야 10:5; 참조, 13:5; 5:26; 7:18; 8:7)"라고 부르신다. "나는 내 종 바빌론 왕 느부갓네살을 시켜 …모든 민족을 전멸시키고 이 땅을 영원히 쑥밭으로 만들게 하리라(예레미야 25:9; 27:6; 43:10)." 적을 저주하는 대신 예언자들은 자기 동족을 비난한다.

무엇이 그들에게, 소중한 확신을 '비신화화' 하고 거룩한 것을 공격하며 사제와 왕에게 모독적인 언사를 서슴지 않고 하느님의 이름으로 모든 것에 항거할 수 있는 힘을 주었는가? 예언자들은 다른 사람들을 깨뜨려 부술 수 있기 위하여 먼저 대격변의 경험을 통하여 자신이 부서져야만 했다.

엄정함과 동정

예언자의 말은 준엄하고 메마르며 가시가 숨어 있다. 그러나 그의 엄정함 뒤에는 인류에 대한 사랑과 동정심이 있다. 다른 모든 예언자들이 속으로 품고 있던 생각을 에제키엘은 이렇게 표현하였다. "그가 못된 행실을 한 자라고 해서 사람이 죽는 것을 내가 기뻐하겠느냐? 주 야훼가 하는 말이다. 그런 사람이라도 그 가던 길에서 발길을 돌려 살게 되는 것이 어찌 내 기쁨이 되지 않겠느냐?(에제키엘 18:23)" 실로 모든 재앙의 예고는 그 자체가 회개를 권유하는 것이다. 하느님은 예언자를 꾸짖으라고만 보내신 것이 아니라 "늘어진 두 팔에 힘을 주고 휘청거리는 두 무릎을 꼿꼿이 세우게(이사야 35:3)" 하려고 보내신 것이기도 하다. 거의 모든 예언자들이 꾸지람과 징계를 내리면서 위로와 약속과 화해의 희망을 덧붙여 주고 있다. 그는 **멸망의 메시지**로 시작하여 **희망의 메시지**로 마친다.[5]

그들의 뚜렷한 주제는 단순한 예고가 아니라 권고다. 앞으로 있을 일을 미리 예고하는 것이 예언자들의 중요한 사명이고 그들의 권위를 나타내는 표시가 되기도 하지만(신명기 18:22; 이사야 41:22; 43:9), 그의 중심되는 사명은 하느님의 말씀을 지금, 여기에 밝히는 것이다. 미래를 열어보이는 것도 현재 무엇이 이루어지고 있는가를 드러내기 위함이다.[6]

진상을 조사하지도 않고

만일 정의가, 각 사람에게 받아 마땅한 것을 주는 것이라면 이스라엘의 예언자들의 비난은 그 폭과 엄격성에서 이 정의의 원리를 지켰다고 보기 어렵다. 예언자들은 이스라엘 백성들에게 공평하지 못하였다. 그들은 진상을 조사해 보지도 않고 과장하며 주저 없이 일반화함으로써 정확의 기준을 묵살해 버렸다. 어떤 과장은 도무지 믿을 수가 없을 정도다.

> 예루살렘 거리를 돌아다니며
> 너희 눈으로 찾아보아라.
> 장마당마다 찾아다녀 보아라.
> 바르게 살며 신용을 지키는 사람이 하나라도 있으면…
> 그들은 하나같이 굴레 벗은 말이 되어
> 고삐를 끊고 날뛴다.
> 위아래 할 것 없이
> 모두 남을 뜯어먹는 놈들,
> 예언자 사제 할 것 없이
> 속임수밖에 모르는 것들…
> 예루살렘은 백성을 억압하는 자들이 활개치는 도성이라.(예레미야 5:1, 5;
> 6:13; 8:10; 6:6)

가난한 자를 억압하는 부자들에 대한 비난이 중심 주제인 아모스와 대조적으로 호세아는 어느 한 사회 계층을 지목하지 않는다.

> 이 땅에는 사랑하는 자도, 신실한 자도 없고
> 이 하느님을 알아주는 자 또한 없어
> 맹세하고도 지키지 않고
> 살인과 강도질은 꼬리를 물고
> 가는 데마다 간음과 강간이요,
> 유혈 참극이 그치지 않는다.(호세아 4:2)

이사야는 유다를 일컬어 "탈선한 민족, 불의로 가득 찬 백성(1:4)", "입술이 더러운 사람들(6:5)", "말을 듣지 아니하는 자식들(30:1)"이라고 하였다.

예언자들은 기회가 있는 대로 잘못을 장로들, 왕족들, 사제들에게 국한시킴으로써 지도층에 속하지 않은 사람들의 무죄를 암시하고 있다.

> 복되어라, 올바르게 사는 사람들…
> 비참하여라, 악한 사람
> 자기의 저지른 일에 앙갚음을 받으리라.(이사야 3:10, 11)

야훼의 이름으로 선포된 이 선고는 이스라엘의 의로운 자들에게 복수(復數) 형태로 내려졌고 이스라엘의 악한 개인에게 단수(單數) 형태로 내려졌다. 같은 야훼의 이름으로 내려진 "나의 백성 가운데는 못된 자들이 있다(예레미야 5:26)"는 외침은 더욱 냉정하게 상황을 판단한 것 같고, 예언자들이 **자신의 이름으로** 내린 숱한 과잉 평가[7]의 한 수정으로 기억해 둘 만하다.

로마의 위대한 웅변가들도 가끔 공개 석상에서 용감하게 몇몇 개인의 권력 남용을 비난하였다. 그러나 예언자들은 온 나라를—왕과 사제, 거짓 예언자 그리고 온 민족을 상대로 맞선다. 열왕기에 기록된 역사적 사건들은 도덕적인 부패를 보여주는 것으로서 거대한 무덤일 따름이라고 주장한다.

통계학적인 관점에서 보면 예언자들의 주장은 터무니없기 짝이 없다. 그러나 그들의 관심은 사실에 있지 않고 사실의 의미에 있다. 인간 행실의 의미, 인간 실존의 참 모습은 통계 숫자로 표현될 수가 없다. 랍비들이 "한 개인의 목숨을 파멸시키는 자는 온 세계를 파괴시킨 자로서 대우해야 하고 한 개인의 목숨을 구원하는 자는 온 세계를 구원한 자로서 대우해야 한다"고 과장된 말을 했다 하여 그것을 잘못이라 할 수는 없는 일이다.

지금까지는 사람들이 모르고 있던 아주 미세한 물체가 갑자기 현미경 아래 그 모습을 드러낸 것이다. 과장이라고 생각되는 것이 다만 좀더 깊이 뚫고 들어가 살펴본 것일 수가 있다. 예언자들은 세상을, 세상 속에 묻혀 있는 진리가 아니라 초월한 진리이신 하느님의 눈으로 보기 때문이다.

현대 사상은 개인의 책임을 경시하려는 경향이 있다. 인간 본성의 복합성을 이해하고, 개인과 사회, 의식과 무의식의 상호 관계를 파악하면 인간의 행실을 그 행실이 이루어진 상황과 분리시켜 생각하기가 무척 어려워진다. 그러나 새로운 통찰이 본래의 시야를 흐리게 할 수도 있다. 그러면 인간의 양심은 점차 느슨해져서 관용과 양해와 자기 연민으로 가득 차게 될 것이다. 범죄는 사라지고 절대적인 죄나 벌도 없어지고 핑계 없는 죄도 없게 될 것이다. 인간의 생각 자체가 한정되어 있으므로 그 한계 안에서는 상대성이 옳고 오히려 다행스런 일이다. 그러나 인간의 생각이 미칠 수 있는 것은 사회의 한 작은 부분이요, 역사의 몇몇 조각에 불과하다. 인간의 정신은 무엇이 일어났는가는 생각하지만 앞으로 무엇이 일어날는지는 생각해 내지 못한다.

잘못은 소수에게, 책임은 모두에게

이스라엘에서 일어난 일들은 본래 주어졌던 것보다 더 큰 중요성을 띤다. 이스라엘의 역사는 하느님과 모든 인간의 드라마로 엮어졌다. 하느님의 왕권과 인간의 희망은 예루살렘에서 그 마지막 운명을 걸었다. 하느님은 이 세상에서 다만 홀로였다. 아무도 그를 알아보지 못하였고 모두가 그를 버렸다. 온 세계의 나라마다 폭력과 거짓과 미움이 가득 차 있었다. 여기에 세상을 변화시킬 목적으로 선택되고 양육된 한 민족과 그들의 땅이 있었다. 이 백성의 실패야말로 가장 쓰라린 것이었다. 하느님의 사랑을 받는 자들이 바알 우상들을 섬겼고(호세아 11:2) 야훼의 좋은 포도원에서는 들포도가 맺혔으며(이사야 5:2) 야훼께 몸을 바쳤던 처녀 이스라엘은 그의 땅을 더럽혔다(예레미야 2:3, 7).

말한 것과 사실이 일치되는 것을 진실이라고 한다면 우리는 예언자들이 정확하지 못하고 앞뒤가 맞지 않으며 터무니없는 소리를 늘어놓았다고 비난할 수 있을 것이다. 마음에 되비쳐진 실재를 진실이라고 한다면 우리는 **예언자의 진실**을 하느님의 마음에 되비쳐진 실재로, 하느님의 상(相) 아래 있는(sub specie dei) 세계로 볼 수 있다.

예언자의 비난은 욥기의 주제에 비추어볼 때 더욱 쉽게 이해할 수 있겠다. 욥기의 주제는, 인간들이 바르고 순수하다고 판단한 인간이라도 천사들의 결점을 찾아내시는 하느님은 그렇게 보지 않는다는 것이다.[8]

> 죽을 인생이 어떻게 하느님 앞에서 올바를 수 있으랴?
> 그 누가 자기를 지으신 이 앞에서 깨끗할 수 있으랴?
> 그의 종들 가운데도 믿을 만한 자 없고
> 그의 심복들 가운데도 허물없는 자 없는데
> 하물며 땅 위에 터를 잡은 토담에 사는 사람들이랴!
> 하루살이처럼 쉽게 사라지니…
> 죽을 인생이 어찌 깨끗할 수 있겠는가?
> 여인에게서 난 사람이 어찌 죄 없을 수 있겠는가?
> 하늘에 있는 거룩한 자들 중에도
> 하느님께 신뢰받을 만한 자 없고
> 하늘마저도 당신 보시기에 깨끗하지 못한데
> 하물며 구역질나도록 썩고
> 악을 물 마시듯 하는 사람이랴!(욥기 4:17~19; 15:14~16)

"죄 짓지 않는 사람이 어디 있겠느냐?(열왕기상 8:46)" "사람이 제아무리 착하다 할지라도 좋은 일만 하고 나쁜 일 하지 않는 사람은 이 세상에 없다(전도서 7:20)."

하느님의 의로우심과 인간의 과실을 비교하면서 시인은 쓰라린 심정으로 기도한다.

> 이 종을 재판에 붙이지 말아주소서.
> 살아 있는 사람치고 당신 앞에서 무죄한 자 없사옵니다.(시편 143:2)

존재할 가치도 없다고 비난하면서 인간을 크게 칭송한다. 심장이 강한 자만이 쓰디쓴 독설을 참아 낼 수 있다.

무엇보다도 예언자들은 백성의 도덕적 상태를 우리에게 상기시켜 준다. 잘못은 소수에게 있지만 책임은 모두가 져야 한다. 만일 우리가, 어느 한 개인이 그가 사는 사회의 정신에 상당한 영향을 받는다는 사실을 인정한다면, 그 개인의 범죄는 사회의 타락을 드러내는 것이다. 고통에 무관심하지 않고 무자비와 거짓을 그냥 넘기는 일이 없으며 끊임없이 하느님과 모든 인간에게 눈길을 주고 있는 사회에서는 범죄가 훨씬 드물게 발생할 것이다.

하늘에서 불어오는 돌풍

예언자의 눈을 가진 사람에게는 모두가 소경이다. 하느님의 음성을 듣는 귀를 가진 사람에게는 모두가 귀머거리로 보인다. 아무도 올바르지 못하고 아무리 알아도 모자라며 그 어떤 신앙도 충분하지 못하다. 예언자는 근사(近似)한 것을 싫어한다. 그는 중간 노선을 기피한다. 사람은 골짜기에 빠지지 않기 위하여 정상에 서야 한다. 하느님 말고는 사람이 잡을 게 없다. 인간의 길을 곧게 하라는 도전과 명령에 사로잡힌 예언자는 아무래도 이상하고 한쪽으로 치우친 타협 못할 극단론자다.

다른 사람 같으면 무서워 벌벌 떨 사무치는 고독 속에서 예언자는 오히려 현존하시는 하느님의 영광에 사로잡힌다. 그에게는 세상을 동떨어지게 버려두는 일이 있을 수 없다. 하느님과 인간 사이에는 서로 밀접한 연결이 있어 그것을 무시하는 것은 오만불손한 행위일 따름이다. 고립은 하나의 황당무계한 동화(童話)다.

하나의 이념에서 신앙이 파생된 곳에서는, 그 신앙은 주어진 체제의 이념에 부합되어야만 한다. 성서에서는 하느님의 현존이 먼저 등장한다. 따라서 사람이 해야 할 일은 어떻게 하느님의 현존에 모순되지 않도록 살 것인가였다. 하느님과 더불어 살지 않을 수 없는 인간의 운명이 역사의 방향을 결정한다.

하느님이 계시니까 안심하고 위로받는다고만 생각하는 자들을 예언자는 경멸한다. 그에게 있어 하느님의 현존은 도전이고 끊임없는 요구다. 하느님은 타협이 아니라 동정이요, 무자비는 아니지만 공의다. 예언자의 예고는 인간들의 조건이 달라지면 언제든지 잘못된 것으로 판명될 수 있다. 그러나 하느님이 동정심으로 가득 찬 분이심은 결코 의심할 여지가 없다.

예언자의 말은 어두운 밤을 울리는 날카로운 소리다. 세상이 편히 누워 잠자고 있는 동안 예언자는 하늘에서 불어오는 돌풍을 본다.

무감각과 손잡은 기성 권위

예언자는 기성 권위와 무감각이 손을 잡고 있음을 본다. 그리하여 그 거대한 흐름을 몇 마디 말로 막아보려 한다. 만일 그의 목적이 위대한 이념을 표현하는 것이었다면 큰 소리로 거칠 것 없이 외칠 수 있었을 것이다. 그러나 예언의 목적은 기성 권위가 무감각과 손을 잡지 못하게 하는 것이다. 역사를 혁명하는 것과 똑같이 한 인간의 내부를 변화시키는 것이다.

예언자가 되기란 곤혹스런 일이다. 숱한 인간들이 뭘 좀 아는 체하면서 평화와 풍요를 예고하고 듣기 좋은 말로 대중 앞에 아첨을 하는 틈바구니에서 예언자는 재앙과 역병, 고통, 파멸을 예고해야 한다. 사람들은 용기와 인내, 자신, 투쟁 정신을 갖도록 부추김을 받을 필요가 있다. 그러나 예레미야는 오히려, 너희가 마음으로 돌이켜 하느님의 말씀에 무감각한 지금의 상태를 청산하지 않으면 죽고 말 것이라고 외친다. 그는 투쟁 정신이 다른 무엇보다도 중요하게 요구되는 시점에서 온 도시를 두려움에 떨게 만들었다.

고대 종교의 기준으로 보면 위대한 예언자들은 오히려 덜 감동적인 인물들이었다. 이를테면 기적 같은 후광과 발자취는 그들의 뒤를 따라다니지 않았다.[9]

외로움과 고뇌

　예언자들 중 그 누구도 자신이 예언자가 된 것에 스스로 반하거나 자기가
이룬 일을 자랑스럽게 여긴 것 같지는 않다. 예컨대, 예레미야를 예언자가
되도록 내몬 것은 무엇이었던가?

> 저주받을 날,
> 내가 세상에 떨어지던 날…
> 모태에서 나오기 전에 나를 죽이셨던들
> 어머니 몸이 나의 무덤이 되어
> 언제까지나 태 속에 있었을 것을!
> 어찌하여 모태에서 나와
> 고생길에 들어서 이 어려운 일을 당하게 되었을까?
> 이렇게 수모를 받으며 생애를 끝마쳐야 하는가!(예레미야 20:14, 17~18)

　예언자들의 가슴에는 한 평생 '여기 들어온 자여, 아첨하는 말일랑 버릴
지어다' 라는 말이 새겨져 있다. 예언자가 된다는 것은 외톨이가 되어 고통
을 겪는다는 것이다. 그가 감당해야 하는 일이란 것도 자신에게는 쓰고 남에
게는 불쾌한 것이다. 그에게는 아무런 상도 약속되어 있지 않거니와 그 무슨
상으로도 그가 맛봐야 하는 쓰라림을 달콤한 것으로 바꿔줄 수 없다. 예언자
는 수모를 받는다(예레미야 15:15). 그는 동시대인들에게 미친 자라는 낙인
이 찍히고 오늘날의 몇몇 학자들에게는 비정상인이라고 불린다.

> 그들은 성문 앞에서 시비를 올바로 가리는 사람을 미워하고
> 바른말 하는 사람을 싫어한다.(아모스 5:10)

　예레미야가 예언을 함으로써 얻은 보상은 고독과 쓰라림뿐이었다. "저는

주님 손에 잡힌 몸으로 이렇게 울화가 치밀어올라 홀로 앉아 있습니다 (15:17)." 업신여김을 당하고 망신을 당하고 박해를 받은 끝에 그는 자신의 사명을 던져버릴 생각까지 했다.

> '다시는 주의 이름을 입밖에 내지 말자.
> 주의 이름으로 하던 말을 이제는 그만두자' 고 하여도
> 뼛속에 갇혀 있는 주의 말씀이
> 심장 속에서 불처럼 타올라
> 견디다 못해 저는 손을 들고 맙니다.(예레미야 20:9)

예레미야는 예언자로 뽑힐 때 야훼께 다음과 같은 말씀을 들었다. "유다의 임금이나 고관들, 사제들이나 지방 유지들과 함께 온 나라가 달려들어도 내가 오늘 너를 단단히 방비된 성처럼, 쇠기둥, 놋담처럼 세우리라(1:18)." 그리고 뒤에 다시 확인받았다. "이 백성이 아무리 달려들어도'너를 꺾지 못하리라(15:20).

예언자는 외로운 사람이다. 그는 경건한 자와 사악한 자, 믿는 자와 믿지 않는 자, 왕족과 사제들, 거짓 예언자와 사사(士師)들을 마찬가지로 멀리한다. 그러나 예언자가 된다는 것은 도전하는 것, 반항하는 것, 두려움을 벗어던지는 것이다.

예언자의 생애는 공허한 것이 아니다. 사람들이 그의 외침을 듣지 못할 수는 있지만 그의 실존을 끝내 모를 수는 없다. 예언 활동을 시작하는 벽두에 에제키엘은 그의 예언이 허무하게 사라질지도 모른다는 생각을 품지 말라는 말을 들었다.

> 그러니 너 사람아, 그런 자들을 무서워하지 말아라. 그들이 무슨 말을 하더라도 떨지 말아라. 그들은 너를 반대하고 배척할 것이다. 그리고 너를 가시 방석에 앉힐 것이다. 그러나 무슨 말을 하더라도 무서워하지 말아라. 본래

반항하는 일밖에 모르는 족속이니, 그런 자들 앞에서 떨 것 없다…보아라, 내가 네 얼굴도 그들의 얼굴처럼 두껍게 만들어주리라. 그리하면 네 얼굴도 쇠가죽을 쓴 그들의 얼굴처럼 낯빛 하나 변하지 않아도 되리라. 네 이마를 바윗돌보다 단단한 부싯돌처럼 만들어주리라. 그것들은 본래 반항하는 일밖에 모르는 족속이다. 그런 자들을 무서워하지 말아라…그 낯가죽이 두꺼운 자들, 그 고집이 센 자들, 그런 자들에게 내가 너를 보낸다. "주 야훼께서 이렇게 말씀하신다" 하고 내 말을 전하여라. 본래 반항하는 일밖에 모르는 족속이라 듣지도 않겠지만, 듣든 안 듣든 내 말을 전하는 자가 저희 가운데 있다는 것만은 알게 해주어야 하지 않겠느냐?(에제키엘 2:6; 3:8~9; 2:4~5; 참조, 3:27)

예언자의 할 일은 사람들에게 "그들이 듣든 듣지 않든" 말하는 것이다. 예언자의 어깨 위에는 막중한 책임이 지워져 있다.

적군이 쳐들어오는 것을 보고서도 보초가 비상 나팔을 불지 않아서 백성이 정신을 차리지 못하고 있다가 적군이 쳐들어와 목숨을 잃는 사람이 생긴다면 그 사람은 자기 죗값으로 목숨을 잃겠지만, 그 사람이 죽은 책임을 나는 그 보초에게 물을 것이다. 너 사람아, 내가 너를 이스라엘 족속의 보초로 세운다. 너는 나에게서 경고하는 말을 받거든 그대로 일러주어라.(에제키엘 33:6~7; 참조, 3:16~21)

예언자의 중심 사명은 "야곱의 죄상을 밝히고 이스라엘의 죄를 규탄하는(미가 3:8)" 것이다. 그리하여 사람들로 하여금 "하느님을…배신하다가…처참한 재난을 당한다"는 것(예레미야 2:19)을 깨닫게 하고 그들에게 돌아서라고 권하는 것이다. 그러나 과연 그들은 목적을 이루었던가? 예레미야는 공개적으로 사람들에게 밝혔다.

나는 야훼의 말씀을 받아 23년을 하루같이 전하였지만 너희는 듣지 않았다. 야훼께서는 당신의 종, 예언자들을 거듭거듭 보내셨지만 너희는 역시 듣지 않았다. 그 말을 귓전으로 흘리며 들으려 하지 않았다. 그들은 너희에게 이렇게 전하였다.

"너희들은 모두 그릇된 길을 버리며 악한 짓을 더 이상 하지 말고 돌아오너라…" 야훼께서 말씀하신다. "너희는 나의 말을 듣지 않았다."(예레미야 25:3~5, 7)

그렇지만 예언자가 된다는 것은 즐거움이요 의기양양한 기쁨이기도 하다.

말씀 내리시는 대로 저는 받아 삼켰습니다.
만군의 야훼 하느님,
이 몸을 주님의 것이라 불러주셨기에
주님의 말씀이 그렇게도 기쁘고
마음에 흐뭇하기만 하였습니다.(예레미야 15:16)

백성들의 관용

깜짝 놀랄 만한 일은 이스라엘의 예언자들이 백성들에게 아주 관대한 대우를 받았다는 점이다. 그러나 애국자들에게 그들은 해로운 존재로, 경건한 대중에게는 불경스런 존재로, 집권자들에게는 선동자로 여겨졌다.

목청껏 소리질러라.
네 소리, 나팔처럼 높여라.
내 백성의 죄상을 밝혀주어라.
야곱 가문의 잘못을 드러내어라.(이사야 58:1)

예레미야의 말로는 예언자들의 말은 불이고 백성들은 나무다. "나는 너의 입에 불같은 말을 담아준다. 그 말은 이 백성을 섶처럼 살라버릴 것이다(예레미야 5:14; 참조, 호세아 6:5)."

하느님의 이름으로 이렇게 외치는 예언자들의 말을 백성들이 어떻게 들어줄 수 있었는지….

> 유다에 불을 지르고
> 예루살렘의 궁궐들을 살라버리리라.(아모스 2:5)

> 시온은 갈아엎은 밭 모양이 되고
> 예루살렘은 돌무더기가 되고
> 성전이 서 있는 이 산은 잡초만이 무성한 언덕이 되리라.(예레미야 26:18; 참조, 미가 3:12)

아모스가 사마리아의 사악함을 보라고 이스라엘의 적들을 불렀을 때 그것은 반역자의 소리처럼 들렸을 것이다.

> 아시리아의 궁궐에 말을 전하여라.
> 에집트의 궁궐에 말을 전하여라.
> "모두들 사마리아 언덕에 올라와 보게.
> 그 안엔 억울한 일들뿐,
> 온통 뒤죽박죽일세."(아모스 3:9)

참으로, 소돔과 고모라 하면 지독한 패륜과 부도덕을 떠올리게 되어 있던 백성들이 자기들에게 서슴없이 "너희 소돔 고관들아…고모라 백성들아…(이사야 1:10)" 하고 소리치는 예언자들을 그냥 내버려둔 것은 이상한 일이 아닐 수 없다.

그 날이 와서

대낮에 해가 꺼지고

백주에 땅이 캄캄해지거든

모두 내가 한 일인 줄 알아라.

—주 야훼의 말씀이시다.

순례절에도 통곡 소리 퍼지고

흥겨운 노랫소리 그치며

상여 소리 구슬피 퍼지리라.

모두들 굵은 베를 허리에 걸치고

머리를 밀며 외아들이라도 잃은 듯 통곡하리라.

마지막 날은 이런 비극으로 끝나리라. (아모스 8:9~10)

분석자, 전달자, 증인

예언자는 감시자(호세아 9:8), 종(아모스 3:7; 예레미야 24:4; 26:5), 하느님의 말씀을 전달하는 자(하깨 1:13), 백성의 살아가는 길을 분석하고 시험하는 자(예레미야 6:27)다. "너는 나의 입에서 떨어지는 말을 듣고 나 대신 그들을 깨우쳐주어야 한다(에제키엘 3:17)." 예언자의 눈은 그가 살고 있는 현장에 쏠려 있다. 사회와 그 상황이 예언자의 중심되는 발언 주제다. 그러나 그의 귀는 하느님께로 열려 있다. 그는 하느님의 현존하심과 그 영광에 얻어맞은 자요, 하느님의 손에 사로잡힌 자임에도 그의 위대함은 하느님과 인간을 함께 생각할 수 있는 능력에 있다.

예언자와는 질이 다른 점쟁이들은 그 정신적 위치가 남들보다 한층 높다. 점쟁이는 그가 속해 있는 사회의 다른 구성원들보다 더 높이 올라간 사람으로 대접받는다. 그러나 그런 우위성을 재는 자(尺)는 개인적인 것이다. 반면에 예언자는 그 자신이 다른 사람들보다 더 높은 위치에 있을 뿐만 아니라 그가 속해 있는 공동체와 다른 나라, 다른 민족을 넘어서는 관계에 속해 있다고 생각한다. 그의 우위성을 재는 자는 우주적인 것이다. 바로 이 때문에 그의 탁월한 본질을 단순히 **카리스마**(charisma)란 용어로 설명할 수가 없는 것이다. 그의 실존의 뛰어난 점은 그 자신이 감동받았다는 데 있지 않고 남을 감동시킬 능력을 받았다는 데 있다. 스스로 뽑혔다는 생각과 그의 개인적인 소질은 역사를 만들어가는 힘에 대한 감각으로 빛을 잃고 만다. 이를테면 예레미야는 여러 민족들의 예언자로 선택되었는데(1:5), 그는 이런 말을 들었다.

보아라! 나는 오늘 세계 만방을 너의 손에 맡긴다.
뽑기도 하고 무너뜨리기도 하고
멸하기도 하고 헐어버리기도 하고
세우기도 하고 심기도 하여라.(예레미야 1:10)

보통 예언자를 하느님의 전달자로 규정지어 그를 점쟁이들이나 신탁을 내리는 자, 예견자, 황홀경에 빠져 있는 자들과 구분한다. 그런 규정은 다만 그가 지니고 있는 의식의 한 부분만을 나타낼 뿐이다. 예언자는 전달자 이상가는 존재다. 그는 하느님이 계시는 곳에 서 있는 인간이요(예레미야 15:19), '야훼의 회의'에 참석한 사람(예레미야 23:18)이다. 그는 다만 심부름밖에는 아무 것도 할 수 없는 우편 배달부가 아니라 하느님의 회의에 참석하는 사람이다. 그는 전달자면서 함께 의논하는 자다.

당신의 종 예언자들에게 속을 털어놓지 않으시고는
주 야훼, 아무 일도 하지 않으신다.(아모스 3:7)

드러난 비밀의 내용이 저주일 때 예언자는 야훼의 뜻에 항의하기를 주저하지 않는다.

야훼 나의 주님, 야곱은 약할 대로 약해졌습니다. 이 이상 더 견뎌낼 것 같
지 않습니다.(아모스 7:2)

다른 사람들의 목숨이 위태롭게 될 때 예언자는 "당신의 뜻이 이루어지이
다"하고 말하는 대신 "당신의 뜻을 바꾸소서"하고 말한다.

야훼께서는 "그만해 두겠다." 하시면서 당신의 뜻을 돌이키셨다.(아모스
7:3)

예언자들의 의식 세계의 그 심오한 영역을 한눈에 꿰뚫어본다는 것은 우
리로서는 불가능한 일이다. 하느님의 영을 받은 인간은 철저하게 변화된다.
그는 "아주 딴 사람이 된다(사무엘상 10:6)." 예언자에게 씌운 거대하고 광포
한 하느님의 능력이 평범한 인간의 의식 세계를 폭발시켜 버리는 것 같다.
그가 위로부터 받은 선물은 어떤 기술이 아니라 오히려 안내받고 제한당한
다는 것, 이끌림받고 억제받는 것이다. 그의 사명은 말하는 것이다. 그런데
도 에제키엘은 거룩한 사명을 부여받는 자리에서 말을 못하게 될 것을 미리
경고받았다. "내가 너를…포승으로 묶어놓으리라…나는 네 혀를 입천장에
붙여 말을 못하게 하여 그들을 꾸짖지 못하게 하리라. 그러나 내가 너에게
말해주며 네 입을 열어줄 때가 올 것이다…. '주 야훼께서 이렇게 말씀하신
다' 하며 내 말을 전하여라(에제키엘 3:25~27)."
예언자는 전달자 이상 가는 증인이다. 전달자로서 그가 하는 일은 말씀을
전하는 것이다. 증인으로서 그가 하는 일은 그 말씀이 하느님의 말씀임을 증
거하는 것이다.
예언자의 입에서 토하는 말은 기념품으로 던져주는 말이 아니다. 백성에
게 하는 그의 말은 회고담도, 보고도, 풍문도 아니다. 예언자는 전달할 뿐만
아니라 숨어 있는 것을 드러내보인다. 그는 하느님이 자기에게 한 것을 거의
그대로 남에게 한다. 말을 함으로써, 그는 하느님의 숨은 모습을 드러낸다.

이것이 예언자가 하는 일의 신비한 매력이다. 예언자는 자기의 말로써 **보이지 않는 하느님을 보이게** 한다. 그는 설명하거나 토론하지 않는다. 그가 전달해야 할 사상은 사람의 언어로는 담을 수 없는 것이다. 그가 하는 말 속에서 하느님의 힘이 폭발하는 것이다. 예언자의 권위는 그의 말이 드러내는, 그분의 현존하심에 있다.

아브라함의 하느님이 살아계심을 설명하는 말은 없다. 다만 증언이 있을 뿐이다. 예언자의 위대함은 그가 표현하는 이념 속에만 있는 게 아니라 그가 체험하는 순간 속에도 있다. 예언자는 증인이고 그의 말은 증언이다. **그분**의 힘과 심판, **그분**의 정의와 자비에 대한 증언이다.

예언자의 메시지 안에는 서로 정반대되는 내용이 마구 섞여 있는 것 같다. "내 백성 이스라엘도…이젠 될 대로 다 되었다. 더 용서해 줄 수도 없구나(8:2)"라는 말과 "처녀 이스라엘이 죽었구나. 다시 일어나지 못하게 되었구나(5:2)"라는 말이 기록되어 있는 「아모스」는 다음과 같은 예언으로 끝을 맺고 있다.

> 내 백성 이스라엘의 국운을 이렇게 회복시켜 주면,
> 저들은 쑥밭이 된 성읍들을 다시 일으켜 그 안에 살며
> 제 손으로 심은 포도에서 술을 짜 마시고
> 제 손으로 가꾼 과수원에서 과일을 따먹게 되리라.
> 내가 이 백성을 저희 땅에 다시 심어주리니
> 내가 선물로 준 이 땅에서
> 다시는 뿌리 뽑히지 않으리라. (아모스 9:14~15)

저주의 말과 동정의 말, '태워버리는 불'과 '영원한 사랑' 사이를 연결시키는 보이지 않는 끈은 무엇인가?

예언자의 주장들이 서로 모순되는 내용을 품고 있다 해서 그의 메시지 자체를 값없다 할 수 있을까? 만일 그의 예언이 어떤 법률이나 원리만을 다룬

다면 그럴 것이다. 그러나 예언자가 다루는 것은, 서로 대치되는 내용이 없을 수 없는 하느님과 인간의 관계다. 사람이 사람으로 살아가려면 하느님께로부터 도망치고 하느님께로 돌아가는 일을 피할 수 없는 것이다. 논리적인 기준에 일치하는 것이 인간 행위의 특성은 아니다. 이것이 예언 속에 서로 상반되는 내용이 얽혀 있는 까닭이다.

우리는 예언의 통일성을 예언자가 **무엇을** 말했는가에서가 아니라 그가 **누구를** 말했는가에서 찾아야만 할 것이다. 실로 하느님의 말씀조차 그가 의식한 궁극적인 대상이나 주제는 아니었다. 그의 의식에서 궁극적 대상과 주제는 하느님이었다. 하느님에 대하여 예언자는 그의 심판과 그의 분노 위에 그의 자비가 있다고 알고 있다.

따라서 예언자의 발언이 최후의 것은 아니다. 그것은 포괄적인 법을 제시하는 것이 아니라 한 관점을 제시하고 **특수하게**, 때로는 **편파적으로** 표현된다. 일반화시킬 수는 없는 노릇이다.

경험의 기본적인 내용

무엇이 예언자들의 경험에서 기본적인 내용인가? 바로 떠오르는 생각이나 예언자들의 마음에 직접 충격을 주는 동기는 무엇인가? 무슨 생각이 그들을 그토록 깊게 흔들어대는가? 민족이나 나라의 장래와 운명에 대한 불안감인가? 애국심의 폭발인가? 도덕률과 가치 기준의 붕괴에 대한 개인적인 격분인가? 그릇된 것이나 악한 것에 대한 양심의 자연 발생적인 반응인가? 도덕적인 의분인가?

병든 때에 예언자의 말소리는 들려온다. 거기에는 하느님과 인간 사이의 긴장이 있다. 그 말은 무엇을 말하는가? 예언자는 무엇을 느끼는가? 예언자는 비난하고 나무라는 자일 뿐만 아니라 감싸고 위로하는 자이기도 하다. 실로 하느님과 그의 백성 사이에서 생겨나는 긴장에 대한 그의 태도는 양면적인 성격을 띠고 있다. 하느님 앞에서 그는 백성들의 편에 선다. 백성 앞에서 그는 하느님의 편에 선다.

예언자가 '제3당(黨)'의 역할을 하는 사람이라고 주장하는 것은 잘못이다. 그는 하느님과 인간 사이의 화해를 목적으로 좋은 타협안을 제시하는 그런 사람이 아니다. 그의 시선은 비스듬히 기울어져 있다. 그의 생각은 하느님에게로 쏠려 있다. 그는 하느님에게 반영된 대로 세상을 본다. 실로 예언적 사고의 가장 중요한 임무는 세상을 하늘의 초점 안으로 끌어들이는 것이다. 이것이 예언자가 생각하는 방법을 설명해 준다. 그는 사물에 직선적으로 접근하지 않는다. 그의 시선은 주체에서 객체로 곧장 이어지는 직선이 아니라 하느님을 통과하여 대상에게로 가는 삼각선이다. 순수하게 인간적인 느낌만을 표현하는 과정에서는 서로 상충되는 내용이 거의 있을 수가 없다. 예언자는 그에게 말을 할 수 있게 하는 통찰력에 사로잡혀 있다. 그리하여 그는 내가 사랑한다거나 내가 저주한다고 말하지 않고 하느님이 사랑한다 혹은 하느님이 저주한다고 말한다.

예언자는 백성을 어떤 영원한 규범으로 심판하지 않고 하느님의 관점으로 심판한다. 예언은 백성들에게 무슨 일이 일어날 것인지와 마찬가지로 하느님께 무슨 일이 일어났는지를 선언한다. 그것은 인간사를 심판하면서 하늘의 상태를 드러낸다. 죄는 단순히 법을 어기는 것만이 아니다. 그것은 인간에게와 마찬가지로 하느님에게도 적지 않은 손실을 입힌다. 하느님의 역할은 구경하는 것이 아니라 참여하는 것이다. 그와 인간은 인간의 행위 속에서 신비스럽게 만난다. 예언자는 하느님을 생각하지 않고 인간을 말할 수가 없다.

그러므로 예언자들의 말은 우연한 발언이 아니다. 우리의 귀를 울리는 그들의 음성은 객관적인 비판도 냉엄한 파멸 선고도 아니다. 논리적인 방법론이라든가 객관적인 토론 따위는 예언자에게 낯설다. 그는 하느님의 역사적인 결단 위에만이 아니라 그분의 내적인 동기 위에도 발을 붙이고 서 있다. 그는 하느님의 심판만이 아니라 **하느님의 정념**(a divine pathos)도 드러내 보여준다. 예언 기록의 페이지들은 거룩한 하늘의 사랑과 낙담, 자비와 분개의 메아리로 가득 차 있다. 이스라엘의 하느님은 결코 비인간적이지 않다.

이 신성한 하느님의 정념이 영감받은 예언의 열쇠다. 하느님은 사람의 삶에 연루되어 있다. 그와 이스라엘 사이에는 인격적인 관계가 맺어져 있다. 민족의 사건들 속에는 하늘이 직조되어 있다. 하느님의 명령은 단순히 인간에게 주는 권고가 아니다. 그것은 그대로 지켜지든 아니면 버림을 받든, 그분에게 매우 중요한 하늘의 관심을 나타내준다. 하느님 자신의 반응(아모스 6:8; 예레미야 5:9; 51:14)이 사랑, 자비, 분개 혹은 분노로 표현되는 것은, 하느님의 내면의 깊은 통일성을 잘 보여준다.

이 책의 뒷부분에서 다루어질 위대한 예언자들의 생애와 메시지 속에 움직이고 있는 정념(情念, pathos)을 살펴보면서 우리는 그 의미를 하나의 개념으로 그리고 경험의 대상으로 발견하게 될 것이다.[10]

예언자의 응답

예언자들이 자기네 주장의 신적인 연원을 강조하는 것을 보고 사람들은 예언자가 하느님의 대변자라는 오래된 개념에 동의하려는 경향이 있다. 그러나 조심스럽게 분석해 보면 예언자들의 영감을 단순한 수동적, 무의식적 감수성 정도로 파악하기란 곤란한 일이다. 실로 예언자가 전해받은 것을 전해주는 행위의 본질은 무엇이었던가? 그것은 영감으로 받은 메시지를 기계적으로 재생시킨 것인가? 영감의 내용을 단순히 복사한 것인가? 아니면 메시지를 전달하는 데 혹은 영감을 받는 데 예언자의 경험이 인격적으로 한몫을 차지했을까? 예언을 점치는 것과 같은 기술적인 행위로 생각해도 좋은가? 예언자란 하늘의 영향을 받아 모든 의식을 전적으로 하늘의 말씀에 굴복시킴으로써 모든 자연발생적인 반응이나 응답을 제거해 버린 그런 사람일까?

예언자들을 대변자로만 보는 생각, 그들의 마음이 무감각하게 굳어졌다는 생각은 우리로 하여금 예레미야가 백성들에게 토해놓았던 말들을 생각나게 한다.

그런 자들은 말로는 하느님과 가까운 체하면서
속으로는 멀리 떠나간다.(예레미야 12:2)

예언자는 대변자가 아니라 사람이다. 도구가 아니라 파트너요 하느님의 조수다. 감정의 억압을 요구하여 "너의 모든 마음과 모든 넋과 모든 힘을 다하여" 하느님을 섬기라는 명령을 지키지 못하게 하는 어떤 강요가 있을 때에 비로소 둘 사이는 감정적으로 멀리 떨어져 있을 수가 있는 것이다. 하느님은 우리에게 '일'과 행위뿐만이 아니라 무엇보다도 사랑, 경외, 두려워함을 요구하신다고 우리는 듣고 있다. 우리는 마음을 '씻을' 것(예레미야 4:14), 마음의 '껍질'을 벗을 것(예레미야 4:4), 온 마음으로 돌아설 것(예레미야 3:10)을 요구받고 있다. "너희는 일편단심으로 나를 찾게 되리라. 그렇게 나를 찾으면 내가 만나 주리라(예레미야 29:13)." 야훼께서 이스라엘 집안과 맺을 새로운 계약은 그들의 마음에 새겨질 것이다(예레미야 31:31~34).

예언자는 하느님에게 고용되어 주어진 책임을 감당하는 삯군이 아니다. 예언에 대한 일반적인 설명 따위는 예레미야에게 적용시킬 경우 그 의미를 잃고 만다. '종교적인 경험', '하느님과의 교제', '하느님의 목소리 청취' 따위의 술어로는 그의 영혼에 일어난 일들, 그의 마음과 가슴에 와닿은 하늘의 정념의 흘러넘치는 힘, 그 깊은 곳에 온몸으로 던져지는 철저함, 그리고 그의 밀착된 참여에서 끝없이 솟아나는 절망을 거의 전달할 수가 없다. 예언자의 임무는 하느님의 말씀을 전달하는 것이다. 그런데 그 말씀은 열정으로 붉게 달아올라 있다. 그 정념을 모르고는 말씀을 알아들을 수가 없다. 그리고 사람은 자기는 가만히 있으면서 남에게 감동을 줄 수도 없다. 예언자는 남을 감동시키기 위해 오히려 자신은 태연해야 하는 그런 전권 대사가 아니다.

예언자들의 주장을 분석해 보면 예언자의 가장 근본적인 경험은 하느님의 느낌을 함께 나누는 것, **하늘의 정념을 동조하는 것**, 하늘의 정념에 생각을 모으고 참여함으로써 오는 하느님의 의식을 함께 나누는 것임을 보게 된다. 전형적인 예언자의 마음은 거룩한 정념의 가슴 한복판에 뛰어드는 것이다. 동정(同情, Sympathy)이야말로 예언자의 영감에 대한 응답이요, 계시에 대한 보답이다.

예언적 동정은 초월적인 감수성에 대한 반응이다. 그것은 사랑과 마찬가지로 거룩한 존재 자체(Being)에게로 끌어당겨지는 것이 아니라 예언자의 감정적인 삶이 거룩한 분에게 동화되는 것이다. 존재의 동화가 아니라 기능의 동화다. 예언자의 감정적인 경험이 예언자의 하느님 이해를 위한 초점이 된다. 그는 자신의 삶을 살 뿐만 아니라 하느님의 삶도 산다. 예언자는 하느님의 음성을 듣고 하느님의 마음을 느낀다. 그는 메시지의 정념을 그 내용과 더불어 전달코자 한다. 전달자로서 그의 영혼은 흘러넘쳐, 그의 동정심으로부터 솟구치는 말을 토한다.

제2장
아모스

아모스와 그의 동시대인들

여로보암 2세의 눈부신 통치가 오래 계속되는 동안(약 786~746 B.C.E.) 이스라엘 왕국이라고도 불리는 북왕국은 물질적인 국력과 재물을 최고도로 유지하였고 국경은 북쪽으로 하맛과 다마스커스에 이르렀으며 남쪽으로는 유다와의 경계에 이르러 있었다. 이 시절에 아시리아는 쇠약했고 시리아는 무너져가고 있었다. 여로보암은 이 두 나라가 약세에 놓여 있는 것을 틈타 국경을 확장시켰고 상업을 발전시켜 부를 쌓았다.

아모스가 북부 지방에 나타났을 때 나라 안은 교만(6:13, 14)과 풍요와 사치로 가득 차 있었고 도시들은 우아하고 궁궐은 막강했다. 부자들은 비싼 상아로 장식한 여름 별장과 겨울 별장을 갖고 있었고(3:15) 비단 베개가 있는 화려한 침대 위에서(3:12) 음탕한 향연을 벌였다. 그들은 아름다운 포도원을 가꾸었고 값진 향유를 몸에 발랐다(6:4~6; 5:11). 아모스가 바산의 암소들이라고 부른 여자들은 술에 취해 있었다(4:1). 동시에 나라 안에는 정의를 찾아볼 수 없었다(3:10). 가난한 자들은 시달림을 당하고 착취를 당하고 그러다가 마침내 종으로 팔려 갔다(2:6~8; 5:11). 그리고 재판관들은 뇌물을 받고 엉터리없는 판결을 내렸다(5:12).

이런 판국에 양을 치던 아모스가 일어나 외쳤던 것이다.

저주받아라!

시온을 믿고 안심하는 자들아,

언덕 위에 자리잡은 사마리아를 믿어

마음놓고 사는 자들아

일등 민족이라고 으스대는 유지들아

로드발을 정복했다고 좋아하며

제 힘으로 카르나임을 차지했다고 뻐기는 자들아,

갈네로 찾아가 보아라.

블레셋 도시 갓으로도 내려가 보아라.

그 나라들이 너희보다 못하였더냐?

그 영토가 너희보다 작았더냐?

너희가 불길한 날을 밀어내려고 하나

결국 호되게 맞을 날을 재촉하고 있구나.

상아 침상에서 뒹굴고 보료 위에서 기지개를 켜며

양떼 가운데서 양새끼를 골라 잡아먹고

외양간에서 송아지를 잡아먹는 것들,

제가 마치 다윗이나 된 듯 악기를 새로 만들고

거문고를 뜯으며 제 멋에 겨워 흥얼거리는 것들,

몸에는 값비싼 향유를 바르고

술은 대접으로 퍼마시며

요셉 가문이 망하는 것쯤 아랑곳도 하지 않는 것들,

덕분에 이제 선참으로 끌려가리니

기지개켜며 흥청대던 소리 간 데 없이 되리라.(아모스 6:1~7)

아모스가 갑자기 하느님께 사로잡혀 예언자가 되라는 부름을 받은 것은 양을 치면서 돌무화과나무를 가꾸고 있을 때였다.[1] 그의 고향은 유다 왕국의 베들레헴 남쪽에 있는 드고아였지만 그의 예언은 북왕국의 사마리아, 베델 그리고 그 나라의 통치자들에 대한 것이었다.

> 처녀 이스라엘이 죽었구나.
> 다시 일어나지 못하게 되었구나.
> 그 쓰러진 곳이 타향도 아니건만
> 일으켜 줄 사람 하나 없구나. (아모스 5:2)

"내 백성 이스라엘도…이젠 될 대로 다 되었다"고 야훼께서는 그에게 환상을 보여주면서 말씀하셨다(8:2).

당신의 말씀으로 목동 아모스를 사로잡으신 그분은 도대체 어떤 분이신가? 그분은 높이 솟은 산처럼 장엄하신 분인가? 헤아릴 수 없는 성좌처럼 찬란하신 분인가? 아침처럼 우아하고 밤처럼 신비로운 분이신가? 이 모든 비교법이 아모스가 묘사한 것에 비하면 빛을 잃고 만다.

> 아, 천둥을 빚어내시고
> 바람을 불러일으키시며
> 당신의 뜻을 사람들에게 알리시는 이,
> 새벽을 깜깜하게 하시고
> 산등성이를 밟고 나가시는 이,
> 그 이름 야훼
> 만군의 하느님이시라…
> 묘성 성좌, 삼성 성좌를 만드시고
> 짙은 어둠을 아침으로 바꾸시는 이,
> 낮을 밤처럼 어둡게 하시며
> 바닷물을 불러 올려 땅에 쏟으시는 이,
> 그의 이름 야훼시라.
> 그가 강한 자를 갑자기 거꾸러뜨리시매

요새가 무너지는구나.(아모스 4:13; 5:8~9)

아모스가 백성들에게 "살고 싶으냐? 야훼를 찾아라(5:6)"라고 말했을 때 그는 자신이 말한 것을 문자 그대로 지키고자 했다. 그는 모든 인간에 대한 하느님의 역겨움을 분한 말투로 폭발시켰다(6:8; 5:21).

하느님과 나라들

> 야훼, 시온에서, 예루살렘에서
> 큰 소리로 부르짖으시니
> 양떼 풀 뜯던 목장이 탄다.
> 가르멜 산마루의 풀이 시든다.(아모스 1:2; 참조, 요엘 4:16)[2]

우리에게는 이 말이 이상하고 풀이하기 어려운 말로 들릴 것이다. 우리가 하느님의 무서운 침묵으로 가득 차 있는 세상을 보는 반면에 아모스는 하느님의 힘찬 음성에 사로잡힌 모습으로 나타난다. 그는 '작고 조용한 음성'의 속삭이는 소리를 듣는 대신 목자와 양떼를 공포 속으로 몰아넣는 사자의 으르렁거리는 소리를 듣는다.

무엇이 야훼를 그토록 화나게 하였던가? 무엇이 그분의 침묵을 흩뜨리고 말았던가? 그 답은 아모스 당시의 세계에서 무슨 일이 일어나고 있었던가를 보면 알 수 있다. 예언자가 저주한 일은 특히 두 가지다. 성실성의 결여와 서로 자비를 베풀지 않는 것이 그것이다. 때로는 조약을 범하여 "의형제의 약속"을 저버렸고 에돔은 "동기간의 정을 끊고 칼을 겨누었으며 불쌍하게 여기는 마음은 모두 버리고 끝내 미워하며 앙심을 품었다." 시리아는 "쇠꼬챙이 박힌 타작기로" 길르앗 사람들을 마구 짓밟았다. 아모스는 가자와 블레셋이 어떻게 사람들을 포로로 삼아 몇 푼의 돈을 벌기 위해 노예로 팔았는지를 회상하였고, 암몬이 국경선을 조금 넓히기 위해 어떻게 길르앗의 임신한 여자들을 학살했는지를 밝혔다. 그는 끝으로 어떻게 모압이 에돔의 왕을 뼈까지 태워 재로 만들었나를 말하였다. 이 모든 야만스런 행위는 조금이라도 유익한 결과를 가져오기는커녕 다만 증오심을 만족시켜 줄 뿐이었다 (1:3~2:3).

야훼의 진노

그런데 하느님의 진노는 그 모든 나라들뿐만 아니라 당신이 택한 백성에게도 내렸다. 유다 백성은 야훼의 법을 거부하고 그 규정을 지키지 않았다 (2:4). 그리고 북왕국 이스라엘 백성은,

> …죄 없는 사람[3]을 빚돈에 종으로 팔아넘기고
> 미투리 한 켤레 값에
> 가난한 사람을 팔아넘겼다.
> 힘없는 자의 머리를 땅에다 짓이기고
> 가뜩이나 기를 못 펴는 사람을
> 길에서 밀쳐냈다. (아모스 2:6~7; 참조, 5:11)

사람은 그런 일을 보고도 무감각할 수 있지만 하느님은 잠자코 있을 수가 없으시다. 그분에게는 심장이 있으므로 그 음성은 무시무시하다.

> 야훼께서는 야곱이 자랑으로 여기는
> 당신의 이름을 걸고 맹세하신다.
> "나는 이 백성이 한 일을
> 결코 잊지 않으리라…
> 그날이 와서
> 대낮에 해가 꺼지고

백주에 땅이 컴컴해지거든
모두 내가 한 일인 줄 알아라.
순례절에도 통곡 소리 터지고
흥겨운 노랫소리 그치며
상여 소리 구슬퍼 퍼지리라.
모두들 굵은 베를 허리에 걸치고
머리를 밀며 외아들이라도 잃은 듯 통곡하리라.
마지막 날은 이런 비극으로 끝나리라." (아모스 8:7, 9~10)

야훼께서 화를 내신 것은 비행을 저지른 자에게만이 아니었다. 경건한 자에게도 그분의 말씀은 벼락처럼 떨어졌다. 희생 제물을 바치는 것과 제사 드리는 것이 창조주에게 이르는 유일한 길인 것처럼 그들은 생각하였다. 예배 의식에 관계된 인간과 기구들이 권력을 잡고 신성한 것으로 꾐을 받았다. 마침내 유다의 광야에서 '돌무화과나무 치는 자'가 올라와 하느님의 말씀을 외쳤다.

너희가 바치는 번제물과 곡식 제물이 나는 조금도 달갑지 않다.
친교 제물로 바치는 살진 제물은 보기도 싫다.
거들떠보기도 싫다.
그 시끄러운 노랫소리를 집어치워라.
거문고 가락도 귀찮다.
다만 정의를 강물처럼 흐르게 하여라.
서로 위하는 마음 개울같이 넘쳐흐르게 하여라. (아모스 5:22~24)

안식일 법을 지키려고 축제가 끝나기를 기다려 "가짜 저울로 속여" 사고 판다는(8:5) 얘기는 현대 독자들로서는 지나치기 쉬운 음울한 아이러니를 말해주고 있다. 속임수와 착취를 실천에 옮기기 위해 축제일이 저물기를 기다리고 있는 것이다. 이야말로 기절할 만한 범죄가 아닐 수 없다. 우리는 한 의식 행위를 그 자체의 공과에 따라 비판하는 데는 익숙해 있다. 흠이 없이 진행되기만 하면 그 행위의 값어치는 엄연히 인정되어야 한다. 그런데 예언 자는 부정한 마음보로 의식을 지키는 자의 행실을 비웃고 있는 것이다.

사람들은 예언자의 독설을 너그러이 들어줄 수가 없었다. 그리하여 예언자 가 공개 석상에서 이스라엘 왕이 칼에 맞아 죽고 이스라엘 백성이 포로로 끌 려갈 것이라고 예고했을 때 베델의 지도급 사제였던 아마지야는 아모스에게 "당장 여기를 떠나 유다 나라로 사라져라…다시는…베델에서 입을 열지 말 아라. 여기는 왕의 성소요 왕실 성전이다(7:12~13)"라고 말했던 것이다.

그러나 예언자는 대답하였다.

나는 본시 예언자가 아니다. 예언자의 무리에 어울린 적도 없는 사람이다. 나는 목자요 돌무화과를 가꾸는 농부다. 나는 양떼를 몰고 다니다가 야훼께 잡힌 사람이다. 당신의 백성 이스라엘에게 가서 말을 전하라고 하시는 야훼 의 분부를 받고 왔을 뿐이다. 그러나 너는 이제 야훼의 말씀을 들어라. 너는 나더러 하느님을 팔아 너희 이스라엘 백성과 이사악의 가문을 치지 말라고 하지만, 바로 그 때문에 야훼께서는 이렇게 말씀하신다.
"네 아내는 바로 이 성읍에서 몸을 팔고
네 아들딸은 칼에 맞아 쓰러지며
네 농토는 남이 측량하여 나눠가지고
이스라엘 백성은 사로잡혀
고국을 등지고 떠나가게 되리라."(아모스 7:14~17)

백성의 잘못으로 고통받는 구원자

무슨 근거로 아모스는 하느님의 이름으로 다른 나라들의 멸망을 선고하였 는가? 유다가 단죄받은 것은,

야훼의 법을 거부하고
그 규정을 지키지 않은 죄 때문이다.(아모스 2:4)

　이스라엘과는 달리 그 나라들은 나라 안의 범죄 때문이 아니라 국제적인 죄악 때문에 심판을 받았다. 그런데 당시에는 국제적인 관계를 규정하는 국제법이라는 게 없었다. 그러나 아모스는 이미 나라와 나라의 접촉이 있기 전부터 존재해 온 옳고 그른 것을 판단하는 법이 있음을 전제하고 있다. 바로 이 법으로부터 나라와 나라의 접촉 관계가 판단된다. 여기에서 형식적으로 선포되지는 않았지만 모든 인간을 묶는 어떤 법 개념이 표현되었다. 이미 세상에는 법을 부여하고 집행하는 존재가 있어 그 법을 어기는 자를 위압할 수 있었던 것이다.

　아모스는 윤리의 수호자로서 말했던 것일까? 드고아의 목자가 양들을 버려두고 사마리아로 올라간 것은 도덕률의 이름으로 메시지를 전하려는 것이었던가? 아모스는 자기를 불러 따라오라고 하신 분이 하느님이요, 자기가 옮기는 것도 바로 그 하느님의 말씀이라고 강조하였다.

　살아계신 하느님이 **있어** 그가 돌보신다. 정의는 어떤 이념이나 규범 이상이다. 정의는 하늘의 신성한 관심이다. 하느님과 그의 백성 사이에는 서로 책임을 져야 하는 계약만이 아니라 서로 관심을 두는 관계도 맺어질 수 있는 것이다. 하느님의 메시지는 무자비한 꾸중이 아니라 당신이 구원해 준 사람들이 고맙게 생각하지도 않을 뿐더러 못된 짓을 하므로 마음이 아프기만 한 구원자의 간절한 자기 주장이다. 그의 말씀은 애달프고 서럽기만 하다.

누가 너희를 에집트에서 구해내었느냐?
내가 아니었더냐?
나는 너희를 사십 년 동안 광야에서 이끌어주었고
아모리 족을 너희 앞에서 멸해버렸다.
너희의 자손들을 예언자로 세웠고

젊은이들은 나지르인으로 삼았다.

이스라엘 사람들아

사실이 그렇지 아니하냐?

그러나 너희는 나지르인에게 술을 먹이고

예언자에게 입을 다물라고 명령하였다.(아모스 2:10~12)

우상 타파

가장 아름다운 얼굴도 풍자 만화가의 손에 잡히면 그 얼굴의 몇 가지 특징이 우스꽝스럽게 과장된다. 성서적 신앙의 고상한 관념들도 마찬가지로 풍자 만화의 주제가 된다. '야훼의 백성'이라든가 '야훼의 날'이라는 관념을 그 예로 들 수 있겠다.

이스라엘의 종교가 비롯될 때부터, 하느님이 당신의 일을 이루기 위하여 이 특수한 민족을 선택하셨다는 믿음은 히브리 신앙의 모퉁이 돌이자 좌절의 순간에 피해들어갈 피난처가 되었다. 그러나 예언자들은 당시의 많은 사람들에게 있어, 이 모퉁이 돌이 하나의 걸림돌이 되고 피난은 하나의 도피가 되었음을 느껴 알았다. 그들은 사람들에게 하느님의 선택을 받았다는 것이 무슨 하늘의 편애를 받는다거나 징벌의 면제 특권을 보장받는 것이 아니라, 오히려 그와 반대로 하늘의 심판과 징벌을 다른 민족보다 더 엄격하게 받는 것임을 깨우쳐주어야만 했다.

오, 이스라엘 백성은 들어라. 내가 친히 에집트에서 데려 내온 이스라엘 백성아, 너희를 두고 하는 나 야훼의 말을 들어라.

세상 많은 민족들 가운데서

내가 너희만을 알았건만[4]

너희는 온갖 못할 짓을 다하니

어찌 벌하지 않으랴?(아모스 3:1~2)

선민(選民)이란 하느님이 이스라엘만 배려한다는 뜻인가? 출애굽 사건은 하느님이 다만 이스라엘의 역사에만 관여하시고 다른 나라들의 운명에는 도무지 무관심하심을 암시하는 것일까?

> 이스라엘 백성들아
> 너희가 나에게 있어
> 에디오피아 백성과 무엇이 다르냐?
> ―야훼의 말씀이시다.
> 이스라엘을 에집트에서 이끌어낸 것이 나라면
> 불레셋 백성을 갑돌에서 데려 내오고
> 시리아 백성을 키르에서 데려온 것도 내가 아니겠느냐?(아모스 9:7)

이 비교를 위하여 선택된 나라들은 그 힘과 명성이 뛰어난 나라들―에집트나 아시리아 같은―이 아니라 오히려 업신여김을 받고 미움을 받는 나라들이었다. 에디오피아인들의 피부는 검었고 당시 많은 에디오피아 검둥이들이 노예 시장에서 매매되었다. 불레셋인들은 이스라엘의 대적이었고 시리아인들은 끊임없이 북왕국을 위협하는 존재였다. 이스라엘의 하느님은 모든 나라들의 하느님이고 온 인류의 역사가 그분의 관심사다.

하느님이 당신의 모든 적들 위에 군림하시어 온 세계를 친히 다스리실 '야훼의 날'이 오고 있다는 믿음을 그들은 갖고 있었다. 대다수의 사람들이 이스라엘이 무슨 형편에 있든 관계없이 그 날에 구원받으리라고 믿고 있었다. 그들에게 야훼의 날은 이스라엘을 포함한 모든 나라들에 대한 심판과 형벌의 날이 아니라 다만 이교도 나라들에게만 형벌이 떨어지는 그런 날이었다.

> 저주받아라!
> 너희, 야훼의 날을 기다리는 자들아
> 야훼의 날에 무슨 수라도 날 듯싶으냐?

그 날은 빛이 꺼져 깜깜하리라.
사자를 피하다가 곰을 만나고
집 안으로 피해 들어가 벽을 짚었다가
뱀에게 물리리라.
야훼의 날, 그 날은
다만 깜깜할 뿐
한 가닥 빛도 없으리라. (아모스 5:18~20)

아모스는 절망감을, 민족에 대한 하느님의 혐오감을 전달하려고 했다. 참으로 하느님은 인간에게 어떤 행위를 요구하실 뿐 아니라 열정을 요구하시기도 한다. "너희의 순례절이 싫어 나는 얼굴을 돌린다. 축제 때마다 바치는 분향제 냄새가 역겹구나(5:21)"라고 하느님은 말씀하신다. 그분의 지상 명령은 "악을 미워하고 선을 사랑하라(5:15)"는 것이다.

예언자가 내적으로 초연한 상태에서 하느님의 힘 있는 격정을 전했다고 생각할 수 있을까? 그가 하느님의 격정을 민족에게 전달했다는 사실이 자신을 민족의 일원으로 생각했다는 증거가 아닌가? 우리는 아모스가 하느님 앞에서 자기 동족을 변호한 사실을 알고 있다. 그렇다면 그는 자기 동족 앞에 섰을 때 무엇을 느꼈을까?

사자가 잡아먹을 것이 없는데도
숲 속에서 으르렁거리겠느냐?
사자가 움켜잡은 것이 없는데도
굴 속에서 소리를 지르겠느냐?
미끼가 없는데도
새가 창애에 내려와 걸리겠느냐?
아무 것도 걸리지 않았는데
창애가 퉁겨 오르겠느냐?

성 안에서 비상 나팔이 울리는데
놀라지 않을 자 있겠느냐?
야훼께서 내리시지 않았는데
재앙이 성 안을 휩쓸겠느냐?
당신의 종, 예언자들에게
속을 털어놓지 않으시고는
주 야훼, 아무 일도 하지 않으신다.
사자가 으르렁거리는데
겁내지 않을 자 있겠느냐?
주 야훼께서 말씀하시는데
그 말씀 전하지 않을 자 있겠느냐?(아모스 3:4~8)

자기에게 하느님의 부르심이 갑자기 다가와 당황하지 않을 수 없게 된 예언자 아모스는 지금 놀라 어쩔 줄을 모르고 있다. 하느님의 음성은 당장 먹이를 덮치려고 으르렁거리는 사자의 부르짖음과 같은데, 그 먹이란 다름아닌 하느님의 선민 이스라엘이다. 그런데 아무도 그 소리를 듣지 않고 무서워 떨지도 않는다. 예언자를 내놓고는 모두가 귀머거리요 자기 만족에 빠져 있다. 그러나 아모스의 반응은 두려워함이 아니라[5] 그 소리가 공포하는 내용을 전달해야 한다는 내적인 의무감에 따라 자신의 피신처로 도망하지 않고, 그 소리를 자신의 목소리로 삼는 것이었다.

하느님이 최고로 관심하는 것이 정의며, 인간에게 그분이 요구하는 것도 정의를 세우는 것임을 강조하고 있는 「아모스」에서, 하느님이 먹이를 움켜잡은 사자로 비유된 것은 놀랄 만한 일처럼 보여진다. 아모스에게 있어서 선(善)은 하느님과 떨어질 수 없는 것이다. 하느님은 때로 "나를 찾으라"고 하시는가 하면 "선을 찾으라"고도 하신다. 사자를 찾는 사람은 사자의 밥이 되고 말 것이다. 그러나 아모스는 이스라엘이 살 길은 오직 하느님을 찾는 길밖에 없다는 음성을 듣는다.

나 야훼가 이스라엘 가문에게 선고한다.

살고 싶으냐?

나를 찾으라…

살고 싶으냐?

악을 버리고 선을 찾아라…

악을 미워하고 선을 사랑하여라.

성문 앞에서 정의를 세워라…(아모스 5:4, 14, 15)

뜻을 돌이키신 야훼

대부분의 학자들과 신학자들은 아모스의 메시지를 엄격하고 기계적인 하느님의 정의를 그대로 전달한 것으로 해석한다.[6] 그러나 이런 견해는 예언자의 메시지 속에 힘 있게 표현되어 있는 하느님의 속내를 지나쳐버리고 만다.

만일 하느님이 엄격하고 기계적인 정의의 하느님이었다면 벌써 그분은 이스라엘과의 계약을 끊어버리고 그들을 버리셨을 것이다. 그분은 당신의 백성에게 깊은 애정을 품으셨고 그들을 다른 어느 민족보다 더 친밀하게 아셨다(3:2). 이스라엘은 하느님께 대한 신앙을 저버렸지만 그때마다 하느님은 거듭거듭 덮어주고 용서하시며 이스라엘이 잘못된 길에서 뉘우치고 돌아서기를 희망하셨다. 되풀이하여 그분은 이스라엘에게 경고가 될 만한 징조를 보여주시어, 이스라엘이 정신 차리고 당신에게 돌아올 수 있게 하셨다. 그분은 이스라엘에 재난에 이어 재난을 내리셨다. "그래도 너희는 나에게 돌아오지 않았다."

"그래도 너희는 나에게 돌아오지 않았다"는 구절이 다섯 번이나 후렴처럼 되풀이되고 있는, 이스라엘의 고집스러움을 한탄하는 애가(哀歌)는(4:6~13) 하느님의 자비와 낙심을 잘 드러내주고 있다.

불의를 참지 못하는 하느님의 성품은 가차없지만, 그러나 회개의 문은 늘 열려 있다. 메뚜기로 혹은 불로 이스라엘이 파멸당하는 것을 환상으로 보면서, 아모스는 자기의 동족을 구원하기 위해 그 어떤 주장도 내세우지 않는다. 그는 하느님의 정의에 질문을 던지지 않고 다만 그분의 자비에 호소할 따름이다.

> 메뚜기가 떼를 지어오더니 땅의 푸른 풀을 모조리 갉아먹는 것이었다. 이것을 보며 빌었다. "야훼 나의 주님, 야곱은 약할 대로 약해졌습니다. 이 이상 더 견뎌낼 것 같지 않습니다. 용서해 주십시오." 야훼께서는 "그만해 두겠다" 하시면서 당신의 뜻을 돌이키셨다.(아모스 7:2~3; 참조, 7:5~6)

야훼께서 "당신의 뜻을 돌이키신" 것은 이스라엘이 죄가 없어서가 아니라 약할 대로 약해졌기 때문이다. 그분의 심판은 결코 끝이 아니다. 언제나 구석구석까지 스며드는 하느님의 애정이 있어, 동정이 정의를 감싸고 자비가 끊임없이 솟구친다.

> 만군의 하느님 야훼께서
> 일부 살아남은 요셉 가문을 불쌍히 보아주시리라.(아모스 5:15)[7]

만남이 구원할 것이다

> 나는 곳곳마다, 성읍마다 양식이 떨어져
> 너희를 굶주리게 하였다.
> 그래도 너희는 나에게 돌아오지 않았다.
> ─야훼의 말씀이시다.
> 나는 추수 석 달 전에 내릴 비를 내리지 않았다.
> 어떤 성읍에는 비를 내리고
> 어떤 성읍에는 비를 내리지 않았다…

그래도 너희는 나에게 돌아오지 않았다.
―야훼의 말씀이시다.
나는 너희의 이삭을 쭉정이로 만들거나
깜부기로 만들었다.
너희의 동산과 포도원을 쑥밭으로 만들고
무화과, 감람나무는 메뚜기가 먹어치우게 하였다.
그래도 너희는 나에게 돌아오지 않았다.
―야훼의 말씀이시다.
나는 에집트에 내린 염병을 너희에게도 내렸고
젊은 용사들을 군마와 함께 쳐죽여
진지마다 악취가 코를 들 수 없게 풍겼건만
그래도 너희는 나에게 돌아오지 않았다.
―야훼의 말씀이시다.
나는 소돔과 고모라를 뒤엎어버렸듯
너희를 뒤엎어버려
불 속에서 끄집어낸 부지깽이처럼 만들었다.
그래도 너희는 나에게 돌아오지 않았다.
―야훼의 말씀이시다.
그런즉 이스라엘아,
내가 너에게 이렇게 하리라.
기어이 그리하리니, 이스라엘아!
네 하느님 만날 채비를 하여라.
아, 천둥을 빚어내시고
바람을 불러일으키시며
당신의 뜻[8]을 사람들에게 알리시는 이
새벽을 깜깜하게 하시고
산등성이를 밟고 나가시는 이,

그 이름 야훼,

만군의 하느님이시라.(아모스 4:6~13)

이스라엘아, 네 하느님 만날 채비를 하여라. 그 만남은 어떤 것이 될까? 주석가들은 이 구절을 전에는 그려볼 수도 없던 무시무시한 형벌의 예고라고 보통 이해해 왔다.[9]

하느님의 형벌이 끝없이 이어지고 있다는 이야기는 결국 그 형벌이 아무런 효능도 거두지 못했음을 말해주고 있다. 인간의 영혼이 도무지 뉘우칠 줄을 모르는 것이다. 그러나 만일 굶주림, 가뭄, 병충해, 메뚜기떼, 전염병, 아들들의 사망, 도시의 파괴 등이 아무 소용 없었다면 다음에는 무슨 일이 있어야 할 것인가? 또 다른 더욱 큰 형벌이 떨어져야 한다는 것은, 이 지루한 형벌 이야기의 중심 주제와 정면으로 모순된다.

그것은 전체적인 파멸의 예고일 수도 있다. 이것이 「아모스」 안의 다른 선언들과 조화를 이루기도 한다(7:8; 8:2). 그러나 이것이 만일 그의 의도였다면, 예언자는 극단적인 재앙을 염두에 두고 "야훼의 날을 맞을 채비를 하라"고 말했을 것이다(5:18).

나아가서 일반적인 해석에 따르면 이 구절에서 "채비를 하라"는 말은 '재난을 맞을 채비를 하라'는 뜻이고 "만나라"는 말은 '재난을 향하여 머리를 돌리라'는 뜻이다. 히브리어 '만나다'(likrath)는 성서에서, 어떤 반가운 사람을 영접하러 그가 도착하는 곳으로 간다든가 아니면 어떤 적과 전쟁터에서 부딪치는 것을 가리킨다. "채비를 하라"는 말은 전쟁 혹은 건설적인 성취를 준비하라는 말이지, 재난을 맞을 준비를 갖추라는 말은 아니다.

아모스의 기본적인 사명은 예고하는 것이 아니라 훈계하고 설득시키는 것이다(5:4, 6, 14 참조). 이스라엘은 그분을 찾는 일에 실패하고 말았다. 그래서 이제 그분이 이스라엘을 만나러 나오실 것이다. 실로 이 구절의 두 마디는 히브리 성서에서 거룩한 만남과 결부되어 나타난다.

시나이산에서 하느님이 나타나기 전에 이스라엘 백성은 "준비를 갖추라"

는 말을 듣는다(출애굽기 19:11, 15). 모세도 "준비하라"는 말을 듣는다(출애굽기 34:2). 하느님의 말씀이 떨어지기를 기다리면서 발람은 발락에게, "야훼께서 나를 **만나러** 오실 것"이라고(민수기 23:3) 말했다.[10] 의미 깊게도, 아람어 번역에는 그 다음 이어지는 구절이 이렇게 시작되고 있다. "아, 산들을 지으신 바로 **그분이 당신을 나타내신다**…." 이스라엘과 하느님 사이에 랑데부가 이루어진 것이다. 징계는 실패로 끝났고, 만남이 구원할 것이다.

하느님은 어둠 속에 인간을 버려두지 아니하시고 당신의 뜻을 인간에게 전달하신다는 것이 아모스의 전제 같다.

> 아, 천둥을 빚어내시고
> 바람을 불러일으키시며
> 당신의 뜻을 사람들에게 알리시는 이…
> 그 이름 야훼,
> 만군의 하느님이시라.(아모스 4:13)

실로, 멸망의 메시지로 시작된 아모스의 예언은 희망을 내다봄으로 마감된다(9:11 이하).[11]

아모스는 너무나도 강하게 영감에 사로잡혀 있기 때문에 그의 메시지 속에서 계시와 응답의 사이가 잘 구분되지 않는다. 하느님의 말씀을 전하다가 바로 자기의 말을 덧붙이는 경우도 가끔 있다(5:1~2, 15; 7:2, 5). 자기 민족에게 쏟는 동정심이 드러나게 표현되지는 않았어도 그의 선언 바닥에는 동족에 대한 일체감과 연대감이 깔려 있다.[12]

> 두 사람이 길을 같이 간다면
> 미리 약속되어 있는 것이 아니겠느냐?…
> 당신의 종, 예언자들에게
> 속을 털어놓지 않으시고는

주 야훼, 아무 일도 하지 않으신다.(아모스 3:3, 7)

　이 구절은, 서로 가까이 있으면서 마음과 생각을 열어 상대방을 깊이 알고 이해할 수 있게 된 사람들에게서 볼 수 있는 **친분** 관계를 암시하고 있다. 이 **친분**(intimacy)은 그러나 허물없는 사이(familiarity)로 발전되지는 않는다. 하느님은 야훼이시고 예언자들은 그분의 종들이다.

　예언자는 자기 자신을 하느님과 함께 걷는 사람이라고 생각한다. 하느님과 그는 뜻을 한데 모은 것이다.

　이런 공감의 빛 아래에서, 하느님의 낙심과 미움에 속으로부터 동조하는 마음의 빛 아래에서 우리는 아모스의 정신을 비로소 이해할 수 있을 것이다.

　동족에 대한 아모스의 연민은 너무나도 깊다. 야훼께서 지하수를 모조리 말리고 온 땅을 태우려고 거센 불길을 일으키시는 환상을 본 그는 바로 그분께 자비를 빌었다(7:4 이하). 그러면서도 그는 또한 온 민족에게 내릴 하느님의 파멸의 위협에 동조하였다. 인간에 대한 동정과 하느님께 대한 공감, 이것이 한 예언자의 등을 짓눌렀던 무거운 짐인 것이다.

제3장
호세아

호세아와 그의 시대

호세아의 예언은 본디 이스라엘의 북왕국—그 종교, 도덕 그리고 정치—에 관련된 것이었다. 그가 특별히 애용한 그 땅의 이름은 에브라임이었다. "호세아는 북왕국의 쇠퇴와 멸망의 예언자였다. 기원전 8세기의 그와 에브라임의 관계는 그로부터 1세기 반쯤 뒤에 예레미야와 유다의 관계와 같았다."[1]

우리는 호세아가 결혼을 하여 세 아이의 아버지가 되었고 농사일에 아주 숙련된 사람이었음을 알고 있다. 때로 깜짝 놀랄 만한 발언을 하는 것으로 보아, 그는 빵 굽는 자요, 땅을 갈아 농사짓는 농부며, 사제직과 성소들에도 연관이 있고, 애써 억압해야만 했던 강한 성욕의 소유자였으리라는 추측이 있어왔다. 같은 이유로 우리는 그가 광야를 사랑했고 사자나 곰을 아주 잘 다루는 사람이었음을 미루어 알 수 있다.

그의 책 머리글에 따르면, 호세아는 여로보암 2세가 다스리던 번영의 시대(786~746 B.C.E.)에 예언 활동을 시작하여, 여로보암이 죽은 다음 계속된 무정부 상태의 혼란기를 살았다. 어떤 학자들은 그가 시리아 에브라임과 유다 사이에 전쟁이 터진 734년 이전에 예언 활동을 그만두었다고 주장하고, 또 다른 학자들은 722년 사마리아 함락 후에도 활동을 했고 그리하여 포로되었던 자들이 돌아옴을 예고했다고(11장과 13장) 주장한다.

수 세대 동안 이스라엘과 유다는 주변의 작은 나라들에게 약간 성가신 일을 당했을 뿐 대국의 침략을 받아 파괴된 적은 없었다. 그러나 이 상대적인 평화는 9세기 중간 무렵, 아시리아가 제국으로 팽창하여 유프라테스를 건너 많은 땅을 원정하고 시리아의 여러 속국과 이스라엘의 북왕국에게 속국으로서 조공을 바치라는 강요를 하게 되었을 때 깨어지고 말았다. 이 지독하게 잔인한 악몽과도 같은 원정에서 약탈한 금, 은, 노예들은 아시리아를 풍요롭게 만들었다.

그 뒤로 계속된 2세기의 역사는 아시리아의 팽창과 그 뒤를 이은 바빌로니아의 팽창 그리고 서아시아의 정복사다. 속국이 된 나라들은 아시리아의 통치에 충성을 다 바친다는 것을 입증할 엄격한 시험에 합격을 해야 비로소 파멸을 면할 수 있었다. 그런데 그 충성을 다한다는 것이 도무지 견뎌내기 힘든 일이었다. 그래서 침략군이 떠나기만 하면 곧장 지방의 왕들은 서로 결속하여 그 증오스런 멍에를 벗어버리려고 했다.

디글랏빌레셀 3세가 통치하는 동안(745~727 B.C.E.) 아시리아는 세계를 다스리는 제국으로 발돋움하였다. 디글랏빌레셀은 서쪽으로 뻗어가는 팽창 정책을 세우고 끊임없는 전쟁을 통하여 민족과 나라들을 굴복시키고 그들을 봉신(封臣)으로 삼았다. 그는 또한 새로운 정복 정책을 수립하였다. 그때까지 계속된 서방 침략은 전리품과 노예와 해마다 바치는 조공을 강요하는 것으로 일단락되었다. 디글랏빌레셀은 정복한 나라의 인민들을 그들의 고향으로부터 끌어내어 엉뚱한 곳에 이주시킴으로써 반란의 가능성을 뿌리뽑으려는 정책을 펴기 시작하였다. 아시리아의 번영의 역사는 북시리아 왕국들(아르밧, 하맛 등)과 다마스커스(732), 이스라엘의 북왕국(721), 유다(587) 그리고 에집트(663)의 함락으로 점철된 말로 표현 못할 고난과 파괴의 역사였다. 743년 디글랏빌레셀은 서쪽의 땅을 침략하기 위한 대대적인 도발 행위에 착수하였다. 우찌야가 동맹군을 결성하여 어떻게 해보려 했지만 아시리아 대군의 진격을 막을 수는 없었다.

아시리아는 무서운 독수리의 소굴로 그 성격이 묘사되어 왔다. 그것은 아시리아로부터 "온 세계에 피의 홍수가 지게 한 무서운 약탈 전쟁이 시작되었기 때문이다. 아슈르가 그의 신이었고, 강탈이 그의 도덕이었으며, 잔인과 공포가 그의 수단이었다. 그 어떤 종족도 아슈르의 종족보다 비열하지 못했고 그 어떤 주권국들도 그보다 더 횡포를 부리지 못했으며 그보다 더 보복적이거나 탐욕적이거나 무자비하거나 그보다 더 자신의 범죄에 대하여 자만하지 못했다. 아시리아는 이 모든 악덕을 한꺼번에 품고 있다. 용감성 빼놓고는 단 한 가지의 덕성도 아시리아는 보여주지 않는다."[2]

디글랏빌레셀의 치세가 계속되는 동안 이스라엘 왕국은 무정부 상태에 있었다. 여로보암이 죽은 뒤 10년 동안 다섯 명의 왕이 자리에 올랐는데 그 중의 셋은 폭력으로 왕위에 올랐다. 740년 아르밧의 무너짐을 신호로 하여, 띠로의 히람 왕과 다마스커스의 르신 왕을 포함한 주변의 작은 나라들에서 금, 은, 상아, 붉은 옷 따위를 실은 마차와 함께 사신들이 황급히 나타나기 시작하였다. 이스라엘 북왕국에서는 왕위를 찬탈한 므나헴(745~738 B.C.E)이 아시리아의 봉신이 되었다.[3]

통치자들은 아시리아의 비호 아래 상대적인 안정을 누리고 있었지만 심판의 시각은 바로 눈앞에 와 있었다. 호세아는 경고의 말을 높이 울리며 하느님의 말씀을 선포하였다.

> 형벌이 떨어지는 날
> 에브라임은 쑥밭이 되리라…
> 내가 물벼락 내리듯
> 그 위에 분노를 퍼부으리라.
> 에브라임은… 원수에게 짓밟히겠고
> 심판을 받아 산산조각이 나리라.
> 내가 에브라임을 좀먹은 나무같이 만들고
> 유다 가문은 속이 썩은 뼈같이 만들리라.(호세아 5:9~12)

므나헴은 아시리아의 지원을 받아 6년 동안 왕 노릇했다. 그러나 친아시리아 정책은 곧 강경한 반대에 부딪쳤다. 므나헴의 아들 브가히야(738~737 B.C.E.)는 르말리야의 아들 베가(737~732 B.C.E.)에게 살해당했는데, 베가는 왕위에 오른 뒤 서아시아 지방의 작은 나라들을 묶어 동맹을 맺고는 아시리아에 반항하면서 에집트의 지원을 기대하였다.[4]

정치적 뒤죽박죽

> 오 에브라임아, 너는 지금 바람을 피우고 있다.
> 이스라엘은 몸을 더럽히고 있다.(호세아 5:3; 참조, 6:10; 9:1)

때로 호세아는 정치적인 뒤죽박죽 상태를 묘사하기 위하여 "바람을 피운다"는 술어를 사용했다. 당시의 북왕국은 군사적인 반란과 찬탈이 계속되는 모략과 음모의 온상이었다. 여로보암의 아들 즈가리야 왕은 야베스의 아들 살룸에게 살해당했고 살룸은 한 달만에 므나헴에게 살해당했다. 므나헴은 숱한 피를 흘린 다음에야 비로소 자기 자리를 굳힐 수 있었다. 호세아의 입에서는 "독수리가 야훼의 집을 덮었구나!(8:1)"라는 무서운 말이 튀어나올 수밖에 없었다.

호세아의 눈에는 나라 안에 도무지 합법적인 왕이 없었다. 왕의 대권(大權)이란 신성한 선택에 의하여 부여되는 것이어야 했다. 폭력과 모반으로 왕이 된 자들에게 할 수 있는 말은 고작 이런 것이었다.

> 내가 세우지도 않은 것을
> 왕이라고 모시고
> 내가 알지도 못하는 것을
> 대신이라고 받드는구나.(호세아 8:4)

불의와 부패는 고위층에만 있지 않았다. 그 헤아릴 수 없는 모반에 가담한 자들 모두가 사기 행각에 나섰다. 처음에는 도둑처럼 몰래 하더니 나중에는 비적들이 되어 떠돌아다녔다. 뜨거운 솥처럼 그들의 가슴은 음모와 술책으로 달아올랐다.

> 모두들 솥처럼 달아올라
> 통치자를 하나하나 집어삼키니
> 왕은 뒤이어 거꾸러지는구나.
> 그래도 나를 부르는 자 하나 없구나.(호세아 7:7)

속임수와 폭력을 가중시키는 데다가 덧붙여 친에집트니, 친아시리아니 하여 나뉘어진 정치적 파당은 저마다 외세의 힘을 빌려 자신의 위치를 든든하게 하려는 통에 마침내 온 나라를 아시리아와 에집트의 탐욕 앞에 마련된 제물로 바치고 말았다.

> 에브라임은 비둘기처럼
> 철이 없고 어리숙하구나.
> 에집트로 가고 아시리아로 가서…
> 아시리아와 동맹을 맺고
> 에집트에 기름을 선사한다.(호세아 7:11; 12:1; 참조, 8:13; 9:3, 6)

강대한 아시리아 제국과 야심만만한 에집트 사이에 낀 이스라엘로서 동맹국의 힘을 빌려보려는 정치적 게임은 위험하고도 모독적인 행위였다. 잔재주로 외교적 수완을 부려 다른 나라의 힘을 이용해 보려는 그들의 정책은 약한 국력을 보강하기는커녕 오히려 그와 정반대되는 결과를 빚고 말았다.

> 바람을 심어 회리바람을 거둘 것들
> 곡식 줄기는 서 있어도 이삭은 여물지 않고

여문다 해도 남이 거두어 먹으리라.
이스라엘은 뭇 민족들 손에 파묻혀
아무도 거들떠보지 않는 쓰레기가 되었다.(호세아 8:7~8)

게다가 아시리아와 동맹 관계를 맺는 것은 단순히 군사적인 동맹만을 의미하는 게 아니었다. 아시리아는 그들의 동맹국이나 속국들에게, 그들이 섬기는 신을 같이 섬길 것을 요구하였다. 그리하여 이스라엘은 걷잡을 수 없는 어둠의 심연에 빠지게 되었던 것이다.

에집트는, 심연이라고는 할 수 없을지 모르지만 역시 하나의 지진과 같은 존재였다. 이스라엘이 아끼고 간직하던 하느님의 사랑과 전능하심에 대한 중요한 실증은, 에집트로부터의 탈출이었다(11:1).

너희를 에집트에서 이끌어낸 것은
나 야훼, 너희 하느님이다.
너희에게 나 외에 어느 하느님이 있었느냐?
나 말고 누가 너희를 구해주었느냐?(호세아 13:4)

그러나 아시리아와 에집트를 의지한다면 그것은 평안이 아니라 추방으로 끝나고 말 것이었다.

이 백성은 나를 저버리고
에집트로 되돌아가려 하지만
결국 아시리아의 지배 아래 들리라.(호세아 11:5; 참조, 9:3, 6, 15; 8:13)

에브라임은 몹시도 하느님의 속을 썩여드렸다(12:15). 그에 대한 심판은 불가피한 것이었고 오래 지연될 수도 없었다. "사마리아는 제 하느님께 반역했으니, 그 죄를 면할 길이 없구나(14:1)."

그렇지만 역시 하느님과 이스라엘의 관계는 사마리아의 함락으로 끝날 수는 없는 것이었다. 이스라엘에 쏟으시는 그분의 사랑은 뿌리 깊은 것이었다. 그분은 당신이 사랑하는 백성을 포기할 수 없으셨다(11:8). 하느님이 호세아를 보내신 것은 파멸을 선포하라는 것이 아니라 돌아와 화해하기를 권고하라는 것이었다.

이스라엘아, 너희 하느님 야훼께 돌아오너라.
못된 짓을 하다가 쓰러졌지만
모두 야훼께 돌아와 이렇게 빌어라.
"비록 못된 짓은 하였지만, 용서하여 주십시오.
이 애원하는 소리를 들어주십시오.
우리가 이 입술로 하느님을 찬양하겠습니다.
아시리아가 어찌 우리를 구하겠습니까?
우리가 다시는 군마를 타지 아니하고
우리 손으로 만든 것 보고
우리 하느님이라 부르지 않겠습니다.
하느님 외에 누가 고아 같은 우리에게
어버이의 정을 베풀겠습니까?"(호세아 14:2~4)

이스라엘 백성은 다시 저희 하느님인 야훼를 찾고, 저희 왕 다윗도 찾게 될 것이다. 먼 훗날 그때가 되면 이스라엘은 벅찬 마음으로 야훼께 돌아와 온갖 좋은 것을 다 받을 것이다.

내가 이스라엘 위에 이슬처럼 내리면
이스라엘은 나리꽃처럼 피어나고
버드나무처럼 뿌리를 뻗으리라.
햇순이 새록새록 돋아

감람나무처럼 멋지고
레바논 숲처럼 향기로우리라.(호세아 14:6, 7)

진노와 동정 사이의 긴장

아모스가 미완으로 남겨둔 것을 호세아가 이제 처리해야 했다. 아모스는 하느님의 정의를 선포하였고 공의를 물처럼 흐르게 하라는 그분의 강철같은 의지를 전달하였다. 호세아는 인간에게 쏟으시는 하느님 사랑의 그 놀라운 사실을 드러내기 위하여 왔다. 하느님은 정의를 요구하시는 하느님일 뿐만 아니라 당신의 백성을 사랑하시는 하느님이기도 하다.

하느님과 이스라엘이 처음 관계를 맺었을 때를 그리워하는 신성한 향수의 가락이 그의 입에서 흘러나온다.

이스라엘은 내가 처음 만났을 때
사막에 열린 포도송이 같았지.
너희 조상들은 처음 내 눈에 띄었을 때
맏물 무화과 같았지⋯
내 아들 이스라엘이 어렸을 때
너무 사랑스러워, 나는 에집트에서 불러내었다.(호세아 9:10; 11:1)

그러나 그분이 부르면 부를수록, 그들은 그분을 멀리 떠났다.

걸음마를 가르쳐주고
팔에 안아 키워주고
죽을 것을 살려주었지만
에브라임은 나를 몰라본다.
인정으로 매어 끌어주고

사랑으로 묶어 이끌고

젖먹이처럼 들어올려 볼에 비비기도 하며

허리를 굽혀 입에 먹을 것을 넣어주었지만,

에브라임은 나를 몰라본다.(호세아 11:3~4)

하느님의 불타는 사랑 앞에서 예언자는 이스라엘의 비행에 관한 추문으로 괴롭기만 하다. "이스라엘은 저희를 지으신 분을 잊었다(8:14)." 하느님의 꾸짖으시는 음성이 그의 온몸을 가득 채우고 있다.

내가 곡식과 햇포도주와 기름을 주었으나

그것도 모르고

재산을 불려주었더니

금과 은으로 바알을 만들었다.(호세아 2:10)

그들은 바알 축제일만 되면 바알에게 향을 피워올리며 "내 생각은 하지도 않는다―야훼의 말씀이시다(2:15)."

자연의 풍요함은 참으로 놀랄 만한 현상이다. 사막으로 둘러싸인 팔레스타인과 가나안에 살던 비히브리 계통 원주민들에게, 성장의 신비, 봄의 경이로움은 언제나 놀랍기만 한 것이었다. 이 모든 현상 뒤에는 그것을 지탱해주는 힘들이 있었는데 바알림이라 불리우는 토양의 신들이 그들이었다. 바알은 양털과 모시, 기름과 포도주, 곡식, 포도나무 그리고 무화과나무를 주는 자로 여겨졌다(2:7, 14).

이스라엘의 가나안 정복은 수세기에 걸쳐 이루어진 것이었다. 히브리인들은 가나안 족속들을 섬멸하지 않았고(시편 106:34을 보라), 다만 그 땅의 일부를 점령했을 뿐이었다. 다른 부분은 여전히 가나안 족속들이 삶의 터전으로 차지하였다. 얼마 동안 그들 사이에 전쟁이 계속되었지만 점차 증오심은 가시고, 히브리인들은 오히려,

그 민족들과 어울려 지내며
그들의 행실을 배우고
그들의 우상을 섬겼으니
그것이 그들의 올가미였다.
귀신들에게 아들딸을 잡아 바치며
가나안의 우상들에게 바치느라고
억울한 피, 아들딸의 피를 흘리고
그 피로 땅을 더럽혔다.
이런 못된 짓을 하여
스스로 부정을 타고 몸을 더럽혔다.(시편 106:35~39)

그들의 조상이 섬기던 하느님께 제사드리는 일을 한편으로 계속하면서, 그들은 정복한 땅의 신들을 섬기며 "산꼭대기에서도, 언덕 위에서도 제물을 잡아 살라 바치고 상수리나무, 버드나무, 느티나무 그늘이 좋아서 그 아래서도 제물을 잡아 살라 바쳤다(4:13)." 그 제사 의식 속에는 광란과 매음도 포함되어 있었다(4:14). 그것은 하늘과 땅을 지으신 창조주가 아니라 땅의 신을 섬기는 예배였다. 인간에게 축복을 내리는 대신 정의, 사랑, 자비, 성실 그리고 가까이 사귐을 요구하며 모든 공간의 주인이시요 모든 역사의 주관자이신 하느님이 아니라, 땅을 기름지게 해주는 대신 분향과 육체의 광란을 요구하는 신을 섬기는 예배였다.

그들은 "거푸집에 은을 부어 만든 신상에" 제사를 드렸다(13:2~3). 그들은 자신들의 어리석음을 깨닫지 못하고 "송아지에게 입을 맞추었다(13:2)." "철없는 백성은 망하고 말 것이다(4:14)."

내 백성은 나를 알지 못해서 망한다.
너희가 나를 알려고 하지 않으니
나도 너희를 사제직에서 몰아낸다.(호세아 4:6)

바알과 아스다롯에게 바치는 제사에 무슨 매력이 있어 그들이 쏠렸던가? 이교의 신들은 그 형상이 매혹적이고 시인과 화가들의 사랑을 받을 뿐만 아니라, 아브라함의 보이지 않는 하느님보다 훨씬 더 쉽게 알아볼 수 있다. 하늘과 땅을 지으신 한 분 하느님이라는 개념은 좀처럼 상상으로 그려볼 수도 없다. 수천의 공동체들, 수백만의 인간들, 헤아릴 수 없는 낮과 밤들―얼마나 다양하고 복잡한 세계인가? 그런데 한 분이신 하느님이라고? 이교의 신들은 무엇보다도 쉽게 접근하고 쉽게 만족시켜주는 신들이다. "인간과 신들은 한 종족이다. 우리는 같은 어머니에게 숨을 물려받았다…어떤 점에서 우리는 거의 불멸의 상태에까지 도달한다. 우리의 속마음을 보아도 그렇고 외모를 보아도 그렇다."[5]

하느님과 바알을 동시에 열심히 섬김으로써 안정을 찾으려는 이스라엘 백성의 평안은 예언자에 의하여 산산이 부서졌다. 그의 말은 무거운 쇠망치처럼 그들의 머리 위에 떨어졌다.

> 너희를 에집트에서 이끌어낸 것은
> 나 야훼, 너희 하느님이다.
> 너희에게 나 외에 어느 하느님이 있었느냐?
> 나 말고 누가 너희를 구해주었느냐?
> 그 메마른 땅 사막에서
> 내가 너희를 보살펴주었건만
> 목장에서 풀을 뜯어 배가 부르자
> 우쭐대다가 이 백성은 나를 잊었다.
> 그러므로 나는 이 백성에게 사자처럼 대하고
> 표범처럼 길목에서 노리며
> 새끼 빼앗긴 곰같이 달려들어
> 가슴을 찢어주리라.
> 개들이 그 자리에서 뜯어먹고

들짐승이 찢어발기리라.(호세아 13:4~8)

    호세아가 그토록 사랑한 동족에게 이처럼 무시무시한 말을 감히 전할 수 있기 위하여, 얼마나 깊이 하느님의 진노에 동감했겠는가! 그러나 이 말은 최후의 심판도, 실제적인 예고도 아니었다. 이 말이 품고 있는 참된 뜻은 하느님의 분노가 얼마나 강렬한 것인지를 알리려는 데 있었다. 그렇지만 하느님이 당신의 백성에게 보여주실 것은 그 맹렬한 분노만은 아니었다. 그분의 분노는 강렬하지만 그분의 동정심은 끝이 없다. 마치 하느님 내부에 극적인 긴장 관계가 이루어져 있는 것 같다.

    호세아는 야훼께서 당신의 심판을 보류하고 이스라엘이 죄를 깨닫고 돌아오기를 기다릴 것을 스스로 다짐하시는 거룩한 독백을 그대로 옮긴다.

> 나는 하늘로 돌아가
> 이 백성이 죄를 고백하며 나를 찾기까지 기다리리라.
> 이 백성은 괴로움을 참지 못해
> 마침내 나를 애타게 찾겠지.
> "어서 야훼께로 돌아가자!
> 그분은 우리를 잡아 찢으시지만 아물게 해주시고
> 우리를 치시지만 싸매주신다.
> 이틀이 멀다 하고 다시 살려주시며
> 사흘이 멀다 하고 다시 일으켜주시리니
> 우리 모두 그분 앞에서 복되게 살리라.
> 그러니 그리운 야훼님 찾아 나서자.
> 어김없이 동터오는 새벽처럼 그는 오시고
> 단비가 내리듯
> 봄비가 촉촉이 뿌리듯, 그렇게 오시리라."(호세아 5:15~6:3)

그러나 계속되는 독백 속에, 그들이 돌아올 희망은 거의 보이지 않게 된다. 이스라엘은 변덕쟁이에다 그들의 사랑은 덧없다. 이윽고 하느님의 불안한 마음이 겉으로 나타난다.

> 그러나 에브라임아, 너를 어떻게 하면 좋겠느냐?
> 유다야, 너를 어떻게 하면 좋겠느냐?
> 너희 사랑은 아침 안개 같구나.
> 덧없이 사라지는 이슬 같구나.
> 그래서 나는 예언자들을 시켜 너희를 찍어 쓰러뜨리고
> 내 입에서 나오는 말로 너희를 죽이리라. (호세아 6:4~5)

호세아, 하나의 드라마를 보다

아모스는 하느님을, 그 정의에 대한 감수성과 관심이 이스라엘의 악한 범죄 행위로 말미암아 고통을 받는, 고상하고 자신을 돌보지 않는 존재로 알고 있다. 그의 예언 속에 담겨 있는 감정들은 즉흥적인 것들이 아니다. 일방적인 멸시의 감정이 아니라 인간의 행실 때문에 그에 대한 반응으로 나타나는 감정들이다. 인간의 반항과 증오가 그분의 거부 반응을 불러일으킨 것이다. 하느님이 역사 속에 간섭하지 않을 수 없게 된 결정적인 까닭도 인간의 행실에 있고, 하느님과 이스라엘의 관계가 뒤엎어진 것도 인간의 언행에 그 원인이 있다. 우리는 아모스를 통해 하느님의 거룩하심 깊은 곳으로부터 자발적으로 솟구치는 즉흥적인 감정에 대해서는 거의 듣지 못한다.

하느님이 당신과 이스라엘의 관계를 곰곰이 생각하실 때 그분의 내면 깊숙한 곳까지 한 줄기 빛을 비춰본 것은 호세아다. 그의 비유와 서정적인 감정의 폭발 속에서, 역사에 관여하시는 하느님의 진술 뒤에 숨어 있는 결정적인 동기가 밝혀진다. 그 결정적인 동기는 사랑이다.

호세아에게서 밝혀지는 하느님은 스스로 거리를 둔 통치자일 뿐 아니라

속임을 당해도 여전히 정조를 지키고 재결합을 애타게 바라며 뜨거운 마음으로 화해를 열망하는 감정이 풍부한 배우자이기도 하다. 모든 예언자들 가운데 호세아만이 인간 관계의 더욱 넓은 폭을, 더욱 강렬한 주관성을 보았다. 호세아는 주관인 하느님의 모습을 예언적 각성의 전형이라고 할 만큼 훌륭하게 표현하고 있다.

> 에브라임아, 내가 어찌 너를 버리겠느냐!
> 이스라엘아, 내가 어찌 너를 남에게 내어주겠느냐!
> 내가 어찌 너를 아드마처럼 만들며
> 내가 어찌 너를 스보임처럼 만들겠느냐!
> 나는 마음을 고쳐먹었다.
> 네가 너무 불쌍해서 간장이 녹는구나.
> 아무리 노여운들 내가 다시 분을 터뜨리겠느냐.
> 에브라임을 다시 멸하겠느냐.
> 나는 사람이 아니고 신이다.
> 나는 거룩한 신으로 너희 가운데 와 있지만
> 너희를 멸하러 온 것은 아니다.(호세아 11:8~9)

호세아는 이런저런 부수적인 사건들을 한 곳에 모은다. 아모스가 에피소드들을 보는 자리에서 호세아는 한 편의 드라마를 본다. 일시적인 상황의 묘사를 넘어 호세아는 모든 선언과 결심의 바닥에 깔려 있는 주관적 의미와 기본 감정을 파악하는 데까지 나아간다. 우리는 그에게서, 부수적으로 솟구치는 정념뿐만 아니라 기본적이고 근본적인 감정에 관한 음성을 듣는다. 한 편만의 태도가 아니라 하느님과 이스라엘 사이의 본질적인 관계성에 관한 음성을 듣는다. 야훼의 즉흥적이고 우발적인 감정의 발로를 넘어서, 우리는 영원하고 기본적인 섭리에 관한 정보를 얻는다. 하느님과 인간 사이의 당면한 상황과 역사적 맥락에서 발현된 정념의 표현들이 영원의 빛 아래 정돈된다.

맨처음 "내 아들 이스라엘이 어렸을 때 나는 그를 사랑했다(11:1)."

아모스한테서 선언되었던 정념의 발자취들이 호세아의 예언 속에서도 한마디 한마디 되풀이된다. 증오의 정념은 그 억양이 달라진다. 그것은 싫증으로("나의 하느님이 그들을 싫어하시니," 9:17), 증오로("그들의 모든 악은 길갈에 있다 / 거기서 나는 그들을 증오하기 시작하였다 / 그들의 행실의 악함 때문에," 9:15), 분노로("내가 물벼락 내리듯 그 위에 분노를 퍼부으리라," 5:10; 참조, 8:5; 13:11, 14) 표현되었다. 또한 아모스에게서 보았던 특권층과 그들의 호화스런 궁궐에 대한 미움도 호세아에게서 발견된다.

> 이스라엘은 저희를 낸 자를 잊고 대궐만 지었다···.(호세아 8:14)

아모스에게서 보았던, 돌이키시는 하느님의 감정이 호세아에게서 더욱 분명히 표현되고 있다. "나는 마음을 고쳐먹었다(11:8; 참조, 12:6)." 그러나 그분은 또 이렇게도 말씀하신다. "동정심이 내 뒤에 숨어 있다(13:14)."

아모스한테서는 찾아볼 수 없는 새로운 요소는 부드러움과 자비의 감성이다. 다른 예언자들과는 달리 호세아는 이스라엘에게 쏟아주시는 하느님의 사랑을 여러 가지 형태로 표현할 수 있었다. 그것은 불쌍히 여기는 마음으로(11:8), 어미의 부드러운 사랑으로(1:6~8), 남편과 아내 사이의 애정으로(3:1 이하)[6] 표현되었다. 사랑이 지니고 있는 근본적인 기질로 볼 때, 상처와 파괴가 아닌 치유와 화해가 끝을 장식하게 되는 것은 납득이 갈 만한 일이다. 그가 동족 앞에 던진 중심되는 문제는 일반적인 제사 예식에 대한 하느님의 염증이 아니라 우상숭배에 대한 진노와 동시에 계약을 갱신하려는 하느님의 간절한 마음에 관한 것이었다(2:18 이하).

감정적인 일치감

이스라엘 백성들아, 야훼의 말씀을 들어라.

야훼께서 이 땅 주민들을 걸어 논고를 펴신다.

"이 땅에는 사랑하는 자도, 신실한 자도 없고

이 하느님을 알아주는 자 또한 없다…"(호세아 4:1)

하느님과 인간의 소송 사건에 예언자는 어느 편을 들고 있는가?

호세아의 예언의 주제는 변절이다. 그의 발언의 대부분이 이 주제의 변주곡이다. 그가 집중적으로 몰두하고 있는 대상이 배교자나 변절자가 아니라 버림받으신 분, 하느님이라는 사실이 주목할 만하다. 호세아는 동족을 변호하거나 그들이 하느님으로부터 동떨어지게 된 까닭을 궁리하려고 하지는 않았다. 그에게는 오직 한 관점이 있을 뿐이었다. 신성한 배우자로서의 관점이었다. 결과적으로 그에게서는 인간의 약점에 관한 이해를 거의 찾아볼 수 없다. 추수제의 잔치 마당에 어울린 사람들에게 내던진 호세아의 말들은 가혹하고 침울하다.

이스라엘아, 기뻐하지 말아라.

이방 민족들처럼 기뻐 뛰지 말아라.

너희는 너희 하느님을 떠나 바람을 피우며

타작 마당에서 몸값으로 곡식을 받을 줄 알고 좋아하지만…

벌 내릴 날이 다가왔다.

죄지은 만큼 당할 날이 다가왔다.(호세아 9:1, 7)

호세아가 하느님과 감정적인 일치감을 갖고 있음이 그의 책을 꿰뚫어 분명하게 드러난다. 이스라엘의 역사를 개괄하면서 그 과거와 현재를 비교하고 곧 닥칠 파국을 서술할 때에도(9:10~17), 호세아는 동족에 대한 자비를 탄원하는 대신 오히려 그의 가차없는 음성으로 거룩한 하느님의 분노에 동조하고 있다.

오, 야훼여
어떻게 하시렵니까?
차라리 자궁은 죽은 애나 배고
젖가슴은 말라붙게 하여 주십시오.(호세아 9:14)

하느님과 이스라엘의 관계를 사랑, 부드러움, 그리움의 관계로 표현한 호세아의 예언은 동시에 무서운 격렬함을 드러내기도 한다.

나는 젊은 사자처럼 에브라임에게 달려들고
힘이 한창 뻗친 사자처럼 유다 가문에 달려들어
그들을 물어다가 갈기갈기 찢으리니
아무도 내 입에서 빼내지 못하리라.(호세아 5:14; 참조, 13:7~8)

어떻게 인간이 거룩한 사랑의 부드러움과 거룩한 형벌의 격렬함을 화해시킬 것인가? 분명히 그것은 애인의 사악함을 무시하거나 그 모든 과오를 무턱대고 용서하는 독점적인 사랑은 아니다. 여기 인간의 변덕스러움 때문에 소태처럼 쓰게 된 사랑이 있다. 야훼는 이스라엘과의 사랑에 빠져 있다. 그러나 그에게는 올바름에 대한 정열적인 사랑과 함께 잘못됨에 대한 불타는 증오도 있다.

재결합을 동경함

하느님과 이스라엘의 관계는 흔히 계약 관계로 묘사되고 있다. '계약'이란 단어는 그 관계의 인간적인 깊이보다 영속성, 견고성, 상호의존성 등을 암시한다. 그 계약은 밧줄인가, 사슬인가? 아니면 살아 있는 교제인가?
상상의 세계에서 가장 강력한 실체는 남녀간의 사랑이다. 사람은 그 사랑의 이미지와도 사랑에 빠질 수 있다. 그러나 그것은 섬김과 깊은 이해로 표현된 사랑이라기보다 의혹으로 간을 맞춘 사랑의 이미지다. 계속되는 사랑이라기보다 우연히 일어나는 사랑이다. 평화라기보다 긴장의 이미지다. 영속성이라기보다 순간의 이미지다. 빛이라기보다 불의 이미지다. 그러나 하느님은 "빛이 있으라"고 말씀하셨다.

호세아에게 하느님과 이스라엘의 관계를 보여주는 이미지는 결혼이었다. 이것은 종교적 사고의 영역에서 있을 수 있는 대담한 개념들 가운데 하나다. 여기에는 모험의 아슬아슬함은 부족하겠지만 대신에 장엄한 분위기가 있다. 그 안에는 억제가 포함되어 있고 의무와 책임이 따라오지만 또한 영원함과 동의어인 숭고함이 부여된다. 이스라엘은 하느님의 배필이다.[7]

그러나 호세아의 목적은 그 관계의 장엄함을 축하하는 게 아니라 그 관계를 어지럽힐 수도 있는 징조를 노출시키는 것이었다. 우상숭배는 간음이다. 그것은 객관적인 허위성이라기보다 하느님에 대한 배신이다. 어리석음이라기보다 음탕함이다. 이스라엘은 바람 피우는 아내와 같고 야훼는 성실하고 사랑하지만 버림받은 남편과 같다. 날카롭고 위협적인 말투 속에 환멸감이 울리고 있다.

너희 어미를 고발하여라.
너희 어미는 이미 내 아내가 아니다.
나는 너희 어미의 지아비가 아니다.
그 얼굴에서 색욕을 지워버리고
그 젖가슴에서 정부를 떼어버리라고 하여라.(호세아 2:4)

예언자는 이어서, 당신의 백성과 인연을 끊고 땅을 황폐하게 만들겠노라는 야훼의 뜻을 선언한다.

…세상에 태어나던 날처럼
알몸을 만들어 허허벌판에 내던져

메마른 땅을 헤매다가 목이 타 죽게 하리라.(호세아 2:5)

그것은 포고령도, 결단도 아니다. 그것은 하나의 정념의 발로일 뿐이다.

그러나 역시 이스라엘과의 재결합을 바라는 하느님의 마음과 돌아오기를 기다리는 소망은 그의 질투심보다 강하다. "네가 나를 '낭군'이라 부르고…나는 너와 영원히 약혼한 사이가 되어, 정의와 공평, 사랑과 자비 안에서 너와 약혼하고, 성실함으로 너와 약혼하여 네가 나 야훼를 알게 될(2:18, 21~22)" 그런 날이 올 것이다. 그 화해는 새로운 약혼과 같은 의미를 지닐 것이다. 그리고 신랑이 신부에게 주는 예물은 정의, 공평, 친절, 자비가 될 것이다. 처음에는 쓰디쓴 환멸로 표현된 사랑의 정념이 화해를 바라는 희망 속에서 클라이맥스를 맞는다. "이스라엘은 나를 배신하였다가 병들었으나, 나는 그 병든 마음을 고쳐주고 사랑하여 주리라. 이제 내 노여움은 다 풀렸다(14:5)."

어떻게 환멸감을 나눌 것인가

그 어떤 이미지도, 비유도, 상징도 하느님에게 적용시키면 곧장 퇴색하게 마련이다. 하느님을 이스라엘의 배우자로 묘사하는 것도 하느님의 사랑을 제대로 전달해 주지는 못한다. 공개적으로 아내에게 배신당한 남자는 법적으로나 감정적으로나, 다시 그 여자와 결혼 생활을 한다는 것이 도무지 허락될 수 없는 일이다. 그러나 하느님의 사랑은 법보다, 감정보다 더 강하다.

호세아의 영혼을 움직인 정념은, 아모스한테서 표현된 단순한 그것에 비하여 복합적인 구조를 지닌 것이었다. 그는 하느님이 이스라엘과 관계를 맺는 하나의 드라마에 사로잡혀 있었는데, 그 드라마는 여러 막과 무대로 구성된 드라마였다. 무엇이 호세아로 하여금 그 모든 신적 정념의 무대들과 내적인 일체감을 가질 수 있게 했던가? 그가 단순히 하느님과 이스라엘 사이에 일어난 일들을 알았을 뿐이었다면, 현재의 감정, 즉 환멸감을 하느님과 함께 느낄 수는 있었겠지만 그 모든 전체적인 경험, 즉 현재에 앞서 있었던 내적인 드라마의 모든 무대들과 일체감을 가질 수는 없었을 것이다. 동정심의 범위에는 한계가 있다. 어떤 경험에 대하여 같은 감정을 느끼려면 그 경험을 함께 나누든지 아니면 그와 비슷한 경험이라도 해야 한다. 게다가 환멸감이란 본디 감정적인 태도의 성질과 깊이에 따라 느끼는 감정인 것이다. 사람은 환멸감을 나누기 위하여 먼저 사랑을 나누어야 한다. 지나간 모든 일들을 그것들이 가져다준 결과들과 함께 하나씩 재생시킴으로써만이, 예언자는 그 드라마에 대하여 동정심을 경험할 수 있었을 것이다. 이를 위하여 전체 이야기가 예언자의 일생을 통하여 재연되었고, 하느님의 여러 정념들이 사랑, 낙심, 화해라는 그의 사적 운명 속에서 경험되고 나누어졌다.

호세아의 결혼

호세아는 야훼께로부터 디블라임의 딸 고멜과 결혼하라는 말씀을 들었다. 그는 그녀를 사랑했다.[8] 얼마 동안 그들은 서로 사랑하는 가운데 행복했다. 세 자녀가 태어났고 호세아는 아이들에게 상징적인 이름을 지어주었다.[9] 그러나 결국 호세아는 고멜이 정절을 지키지 아니하고 여러 남자들에게 자기 몸을 내어주는 것을 알았다. 그녀는 더 이상 아내일 수가 없게 되었다. 그녀는 남편을 떠났다. 혹은 쫓겨났다. 간음한 아내를 추방하는 것은 합법적인 처사였다. 그런 아내를 데리고 살 의무는 없었다. 또 그럴 수도 없게 되어 있는 게 법이었다. "자식들도 바람 피우는 년의 자식들이니 조금도 불쌍할 데가 없다…그들을 배었던 몸은 부끄러운 줄도 모르고 놀아난 계집이라(2:4~5)."[10]

그러나 하느님의 길은 법의 길보다 높다. 야훼께서는 호세아에게 이르셨다. "너는 정부와 놀아난 네 아내를 찾아가 다시 사랑해 주어라. 이스라엘 백성이 다른 신에게 마음이 팔려 건포도 과자 따위나 좋아하는데도 이 야훼가 여전히 사랑하는 것처럼, 사랑해 주어라(3:1)." 호세아는 고멜을 노예의 처지에서 건져내어 데리고 왔다. 결혼 관계는 다시 이루어졌다. 하느님은 이스라엘을 내버릴 수가 없으시다. 이스라엘이 아무리 부정해도 그분은 버리지 아니하실 것이다.

이 이상한 사건을 풀이하느라 여러 주석가들이 골머리를 앓았다.[11] 그들은 우선 하느님이 한 예언자에게 간음한 여자와 결혼할 것을 혹은 재결합할 것을 명령하셨다는 사실에 도덕적인 반감을 느꼈다. 그래서 호세아와 고멜의 결혼은 현실에서 이루어진 것이 아니라 환상이나 꿈에서 이루어진 것이거나 아니면 이야기 자체가 하나의 비유나 알레고리라는 설명이 생겨났다. 이븐 에즈라(Ibn Ezra), 마이모니데스(Maimonides),[12] 키므히(Kimhi)[13] 등은 환상이나 꿈이라는 쪽이고 라시(Rashi), 히에로니무스 등은 비유라는 쪽이다. 타르굼(Targum)에도 비유라고 되어 있다.

그러나 이야기를 액면 그대로 이해하려는 쪽에서는 위의 견해에 대하여 다음과 같이 반박한다. 첫째, 현실에서 도덕적으로 종교적으로 거부감을 느낄 만한 일은 그것이 환상이나 비유라고 해서 봐줄 만한 일로 바뀌지는 않는다. 둘째, 예언자 자신이, 현실이 아니라 환상이나 비유라는 말을 일언반구도 하지 않고 있다. 셋째, 고멜, 디블라임 등의 이름이 아무런 상징적 의미도 지니고 있지 않다. 넷째, 둘째 아이가 아들이 아니라 딸이라는 사실에도 아무런 상징적 의미가 결부되지 않는다. 다섯째, 문장 자체가 문학적인 상상보다는 초기 예언서의 현실주의에 더 걸맞는다. 여섯째, 예언자들이 자녀들에게 상징적인 이름을 지어주는 것은 당시의 관습이었다. 일곱째, 만일 그 이야기가 거짓이라면 혹은 그가 결혼하지 않은 몸이었다면 자기 자신과 아내에 대하여 그런 이야기를 한다는 것 자체가 쑥스럽고 이상했을 것이다. 여덟째, 이와 같은 현실의 체험이야말로 호세아의 메시지를 가장 잘 드러낼 수 있게 했을 것이다. 그의 메시지는 그의 가슴의 고통에서 나온 것이었다.[14] 이 이야기를 비현실로 보려는 시도는 이야기가 호세아가 경험한 인생의 기록이라고 주장하는 대부분의 현대 학자들에 의하여 일축되었다.

자신의 결혼이 하늘의 명령에 대한 복종으로서 이루어진 것이라는 호세아의 주장에 대하여 의문을 제기하는 학자들이 있다. 그들은 호세아가 장차 무슨 일이 일어날지 모르는 채 일상적인 관습에 따라 고멜과 결혼했다고 주장한다. 그런데 고멜이 잘못된 길로 들어섰다. 예언자는 자기 집안에 일어난 비극을 곰곰이 생각하며 어째서 하느님이 자기로 하여금 그런 일을 당하게 하시는지를 궁리한 끝에 자기가 고멜과 결혼한 것 자체가 하느님의 섭리에 의하여 정해진 것이었고 따라서 자기는 이미 하늘로부터 부여된 명령에 순종한 것이라고 주장하게 되었다는 것이다.[15]

이 이론을 뒷받침하고 있는 것은, 하느님의 명령을 받았다고 하는 호세아의 주장이 그의 마음속에 떠오른 생각이지 실제로 야훼께서 그에게 "너는 정부와 놀아난 네 아내를 찾아가 다시 사랑해 주어라(3:1)"는 말씀을 들은 것은 아니라는 생각이다. 그런즉 호세아가 하늘의 명령이라고 말한 것은 그의 내적인 충동이라는 주장이다. 그러나 이 이론은 예언자의 정체를 의심하게 한다. 호세아는 자신의 결혼이 하늘의 명령을 순종한 것이라고 주장했는데 그것이 순전히 자신의 생각이었다면, 결국 제 속셈을 하느님의 말씀이라고 떠들어대는 가짜 예언자들에게 돌아가 마땅할 비난을 호세아가 받게 되는 것이다. 그러므로 다른 반론을 더 열거할 것도 없이 "이런 현대의 심리학적 이론은 전체 이야기와 어울리지도 않을 뿐더러 예언자의 말을 제멋대로 바꿔버리는 것이므로 어떤 이유로든 받아들일 수 없는"[16] 이론이다. 우리의 합리적인 선입견을 가지고 예언자가 하느님의 명령이라고 말한 것이 실은 허세를 부린 것이요, 뒷궁리의 소산이라고 주장할 수는 없는 노릇이다.

호세아의 결혼에 대하여 그 역사적, 심리학적 문제 외에도 다른 의미를 찾는 토론이 있어왔다. 어떤 학자들은 결혼의 목적이 실례를 들어 사람들을 가르치려는 데 있다고 주장한다. 이 부부 사이의 사건을 통하여 사람들로 하여금 자신이 어떤 모습을 하고 있으며 어떤 운명의 길을 걷고 있는지 알게 하려는 것이라는 주장이다. 이 주장을 뒷받침하고 있는 생각은 이스라엘의 예언자들이 자주 그들의 메시지를 공중(公衆)에게 극적으로 펼쳐보이기 위하여 상징적인 몸짓을 했다는 사실에 바탕을 두고 있다.[17]

호세아에게서 극화(劇化)된 사실들이란, 아내에게 배신을 당함, 아이들의 이름을 지음, 아내를 버림, 다시 데려옴 그리고 예언자 자신의 슬픔 따위다. 그러나 아내의 음행을 공개적으로 극화한다는 것은 부정을 널리 광고하는 것이며, 따라서 그런 극화로 도덕적 교훈의 효과를 과연 거둘 수 있을는지는 대단히 의심스럽다.

　또한 예언자가 아내를 버린 일이 당신 백성을 버리는 하느님의 모습을 극화한 것이라는 주장도 이가 맞지 않는 주장이다. 호세아는 결코 이스라엘의 버림받음을 선포하지 않았다. 다만 그것을 우려했을 뿐이다. 그렇다면 아내를 버린 것이 역사적 현실과는 걸맞지 않는 상징이 된다. 아내를 다시 데리고 오는 것도 하나의 구체적인 예로서 이루어진 행동은 아니다. 호세아는 하느님과 백성 사이의 화해란 오직 참회와 회개(14:2 이하)를 통해서만 이루어진다고 본다. 그런데 고멜이 회개했다는 얘기는 한마디도 없다. 따라서 호세아가 자신의 권고와는 상관없는 하나의 상징적인 그림을 사람들에게 제시하려고 했다는 주장은 설득력이 없다. 또한 호세아처럼 감정과 감수성이 풍부한 사람이 다만 공중을 깨우쳐주기 위해 어떤 정책적 결혼을 했다는 사실도 그럴싸하게 들리지는 않는다. 수년 동안이나 계속되는 그런 연극적 배역 ─ 그가 고멜에게서 세 자녀를 두었다는 사실을 기억할 필요가 있다 ─ 이란 호세아에게 너무나도 가혹한 순교적 시련이거나 아니면 제의적(祭儀的) 매음과 비교될 만한 무엇이었을 것이다. 호세아의 아픔을 상징적으로 보여주는 것이라고는 할 수가 없다.

　연극의 기원이 인간들을 모방하려는 데 있는 게 아니라 하늘의 존재들을 모방하려는 데 있다는 주장이 있어왔다. 아메리카 인디언 부족들과 에집트의 연극 발전을 보고 이런 주장이 있게 된 듯하다. 배우들은 특별한 신적 존재들을 대신하기 위하여 가면을 쓴다. 원시인들이 보기에는 배우들이 가면을 쓰고 있는 동안 그들이 대신하는 신적인 존재가 된다. 그러나 그 신적 존재들은 배우들이 그들과 자기네가 일치할 수 있다고 믿는 경우에 한하여 대신될 수 있다. 그리스의 연극은 디오니소스제(祭)와 밀접하게 연관되어 있다. "아테네와 제우스와 포세이돈에게는 연극이 없다. 아무도 자기가 아테네나 제우스, 포세이돈이 될 수 있다고 믿지 않기 때문이다. 인간이 그런 신적 존재가 될 수 있다고 확신하는 놀라운 순간들은 오직 밀교(密敎)에서만 가능하고, 그러므로 적어도 그리스에서는 밀교에서만 연극이 발생하였다."[18]

이스라엘의 예언자들에게는, 인간이 하느님의 내면적인 삶을 복사한다든가 모방한다는 생각은 부조리의 극치로 나타났다. 사람이 하느님의 역할을 한다거나 자신이 하느님이라고 믿는다는 것은 가공스런 불경죄이기 때문이다. 무엇보다도 상징적인 행위의 목적은 나라의 몰락이나 백성의 포로됨 또는 고향으로 돌아감 따위의, 장래 일을 미리 보여주는 것이었다. 이에 반하여 호세아의 결혼이 보여주는 상징적 기능은 과거를 재연하는 것이었다. 그런데 과거의 죄는 이미 다 알려져 있다. 널리 알려져 있는 것을 조명함으로써 도대체 무엇을 얻고자 했던 것일까?

동정의 행동인 결혼

아무래도 예언자의 결혼을 어떤 결과를 목적으로 한 행위로, 어떤 실물 교훈이나 공공의 교훈을 의도한 행위로 보는 것은 억지처럼 보인다. 인간의 어떤 행동이 무슨 의미를 지니고 있다 해서 그 행동 전체를 그 의미 속에 용해시켜 버리는 것은 있을 수 없는 일이다. 우리는 그가 남들에게 끼친 영향만 가지고 한 인간을 정당하게 이해할 수는 없다. 인간은 꼭두각시가 아니고 순교는 가면극이 아니다. 한 가지 분명한 게 있다. 호세아의 결혼 이야기의 본디 바탕이 되고 직접적인 자료가 된 것은 그의 경험이라는 사실이다. 그 사건 자체가 남들에게 어떤 영향을 미쳤는지를 불문하고 호세아에게는 충격이었다. 가장 깊은 차원에서 그에게 개인적으로 연관되어 있고 그의 인생에서 가장 중대한 의미를 지닌 사건이었다.

시간이 흐름에 따라 호세아는 그의 개인적인 운명이 하느님의 정념을 얼비치는 거울이라는 사실, 그의 슬픔이 하느님의 슬픔을 반향하고 있다는 사실을 깨닫게 되었다. 자신의 고통이 하느님의 정념을 동정하는 행동에서 비롯된 것임을 알게 되면서 호세아는 아마도 자기의 결혼이 하늘의 명령에 의한 것이라는 의미를 파악하게 되었을 것이다.

호세아의 결혼은 실제 사실의 상징적 표현도 아니고 이스라엘의 역사 속에서 반복되거나 재현되는 행동도 아니며, 하느님의 내면의 삶을 보여주는 어떤 의도적 경험도 아니다. 그 의미는 객관적이거나 결혼 자체 안에 포함되어 있지 않고 주관적이며 밖으로 환기되는 그런 의미다. 자신의 인생을 통하여 이스라엘의 신성한 배우자가 경험한 바를 살아냄으로써 비로소 예언자는 하느님의 처지와의 동정을 이룰 수 있었다. 그의 결혼은 상징이나 표상이라기보다는 하나의 교훈이며 암시였다. 그 목적은 백성에 대한 하느님의 태도를 보여주는 데 있지 않고, 호세아 자신을 가르쳐 하늘의 감성을 이해하게 하는 데 있었다.

하느님과 이스라엘 사이의 비극적 관계 단절이 그의 태도와 견해를 결정적으로 확정지어 주었다. 거듭하여 이스라엘에 대한 하느님의 변함없는 사랑을 강조한 호세아는 그냥 백성의 옹호자만은 아니었다. 그의 마음은 자신의 경험 속에서 메아리치고 있는 하느님의 가중되는 고통에 사로잡혀 있었다.

이스라엘과 하느님 사이의 관계를 결혼이라는 상징으로 표현하는 비유의 기원에 대하여 다른 견해가 있다. 그것은 가나안 종교, 바알과 아스다롯 제의 속에서 발견되었다.[19] 그러나 "바알과 땅이 결혼한다는 생각은 결론적으로 가나안의 사상 속에서 찾아볼 수가 없다."[20] 하느님-이스라엘 간의 결혼과 바알-땅의 결혼이라는 상징주의에 비슷한 점이 있기는 하지만, 이 두 관념 사이에는 간과할 수 없는 차이가 있다. 우선 가나안 종교에서는 신과 땅의 관계가 가장 중요하게 여겨지는 반면 이스라엘 종교에서는 사람들이 땅을 대신한다. 다음으로, 가나안 종교는 관능적이고 자연적인 면을 먼저 강조하는 데 반하여 예언자들은 감정적이며 법적인 결속을 말하고 있다.[21]

이 결혼 비유의 밑바탕에 흐르고 있는 생각이 하느님과 이스라엘의 계약이라는 도그마로부터 나온 것이라는 주장은 과연 그럴싸하다.

다앗 엘로힘

백성들에 대한 호세아의 비난은 그들이 하느님을 알지 못한다는 데 집중되어 있다. 그는 '알다'라는 단어를 매우 자주 쓰는데 '다앗 엘로힘'(daath elohim)이라는 말과 함께 쓴다. 다앗 엘로힘이란 흔히 '하느님을 앎'이라고 옮길 수 있는 단어. '야다'(yada)라는 동사는 그냥 '안다'는 뜻이 아니라 '더불어 정을 통한다'는 뜻이다. 대부분의 셈어에서는 그 말이 정신적인 관계와 더불어 성적인 관계를 의미한다. 히브리어 '야다'는 추상적인 개념을 파악하는 것 이상을 뜻한다. 그들이 말하는 앎이란 내적인 귀속, 느낌, 영혼 속으로 받아들임을 다 내포한다.[22] 그것은 지적 행위와 감성적 행위를 둘 다 의미한다.

히브리어 성서에 나타난 '야다'의 용례를 분석해 보면 그것이 늘 있는 것은 아니지만 자주, 적극적인 관심, 내적인 결혼, 헌신 혹은 한 인간과의 결합을 의미한다는 결론에 이르게 된다. 그것은 또한 누군가를 동정하는 것, 불쌍하게 여기는 것 또는 사모하는 것을 의미한다. 어떤 구절에서는 '야다'를 그냥 '알다'라는 말로 번역하는 것이 적절하지 못할 경우도 있다. 몇 가지 예를 들어 살펴보자.

하나, 이스라엘 백성이 에집트에 노예가 되어 도움을 요청한다는 대목에서 「출애굽기」는 다음과 같이 기록하고 있다. "이스라엘 백성은…신음하며 아우성을 쳤다. 이렇게 고역에 짓눌려 하느님께 울부짖으니 하느님께서 그들의 신음소리를 들으시고 아브라함, 이사악, 야곱과 맺으신 계약을 생각하시어 이스라엘 백성을 **굽어 살펴**(야다) 주셨다(출애굽기 2:24~25)." 여기서 "굽어 살펴셨다"는 **불쌍하게 여기셨다**는 의미다. 또 같은 이야기에서 우리는 다음과 같은 글을 읽는다. "야훼께서 계속 말씀하셨다. '나는 내 백성이 에집트에서 고생하는 것을 똑똑히 보았고 억압을 받으며 괴로워 울부짖는 소리를 들었다. 그들이 얼마나 고생하는지 나는 잘 **알고 있다.**'(출애굽기 3:7)" 여기서 '알고 있다'는 그들의 고통을 **동정하고 있다**는 뜻이다.

둘, 이스라엘은 하느님께로부터 이런 말을 듣는다. "몸 붙여 사는 사람들을 학대하지 말아라. 너희도 에집트 땅에서 몸 붙여 살아보았으니, 몸 붙여 사는 자의 심정을 잘 **알지** 않느냐?(출애굽기 23:9)" 여기서 '안다'는 말은 너희도 몸 붙여 사는 자의 심정에 **동감**한다는 뜻이다. "마음이 바른 사람은 가축의 생명도 **돌보지만** 악한 사람의 뱃속은 잔인하다(잠언 12:10)." 여기서 '돌본다'는 말(야다)은 가축을 **불쌍히 여긴다**는 뜻이다.

> 주께서 진노하시면 누가 당하랴.
> 주께서 분노를 터뜨리시면 누가 맞서랴.
> 주의 진노가 불같이 일면
> 바위도 깨진다.
> 야훼께서는
> 당신을 바라는 사람이 곤경에 빠졌을 때
> 잘 **보살펴주시고**
> 당신께 몸을 숨기는 사람이 물결에 휩쓸렸을 때
> **돌보아주시지만**
> 당신께 맞서는 자는 없애버리신다.
> 당신을 대적하는 자는 빛 없는 곳으로 몰아내신다.(나훔 1:6~8)

여기서도 '돌보아 주신다'(야다)는 **불쌍히 여기신다**는 뜻이다.

> 나의 환난 굽어보시고
> 곤경에 빠진 이 몸을 **돌보셨사오니**
> 한결같으신 당신의 사랑에 기뻐하고 즐거워하옵니다.(시편 31:7)

여기 '돌보신다'(야다)는 **'동정한다'**(혹은 **측은하게 여긴다**)는 뜻이다.

셋, 요셉은 에집트의 총리 대신이다. 그는 백성을 기근에서 구하고 국토의 소유권 제도를 전부 뜯어고친다. 그런 위치에 있으며 그런 일을 했으면 응당 온 나라에서 그를 모르는 사람이 없을 것이다. 그런데 요셉이 죽은 뒤에, "요셉을 **모르는** 왕이 새로 에집트의 왕이 되었다(출애굽기 1:8)"는 것이다. 여기서 '모른다'는 동사는 무슨 뜻으로 사용되었을까? 만일 그가 요셉을 개인적으로 **알지 못했다**는 뜻이라면 진부한 얘기다. 그가 요셉에 **대해서 모르고 있었다**는 뜻이라면 우스꽝스런 얘기다. 아무래도 여기서 '모른다'고 한 것은 그가 요셉을 **좋아하지 않았다**(did not care for)는 뜻으로 보아야 한다. 그는 요셉을 싫어했던 것이다.

넷, 「사무엘상」 2장 12절에는 실로의 성소에서 이스라엘을 다스리던 대사제 엘리의 아들들에 대한 언급이 있다. "엘리의 아들들은 망나니들로서 야훼를 몰라보고…." 야훼에 대한 지식이라면 그들도 갖추고 있었다. 다만 그들에게 부족한 것은 내적인 연계 또는 감정적인 결합이었다. "아담이 아내 하와를 **알았더니** 아내가 임신하여 카인을 낳고…(창세기 4:1)." 여기서 '안다'는 말은 성경의 다른 곳에서와 마찬가지로 성관계를 가졌다는 뜻으로 사용되었다. 그러나 단순히 육체 관계만 맺었다는 뜻이 아니라 마음과 몸으로 관계를 맺었다는 뜻이다. 좀더 정확하게 번역한다면 "아담이 아내 하와와 애정으로 **결합**하였더니…"가 될 것이다.[23]

호세아가 부부의 사랑, 별거 그리고 새로운 약혼 등의 술어로 서술한 바, 하느님과 이스라엘의 관계는 피차의 옳은 행실을 요구할 뿐만 아니라 상대방에 대한 느낌을 공유할 것도 요구하고 있다. 합법적인 의무뿐만 아니라 보이지 않는 내면적 자세도 그 속에 포함된다. 호세아는 하느님과의 온전한 감정적 일체를 경험함으로써, 동정이라는 관념을 종교에서 가장 근본적인 필수 요건으로 파악하고 있는 것 같다. **다앗 엘로힘**이란 말은 **하느님과 공감**(혹은 **동정**)**한다**(sympathy for God)는 뜻이다. 사랑과 지식으로, 전인격으로 결합하는 것이요, 하느님께 결속되는 것, 하느님에게 예속되는 것이다. 성경의 사람은 생각과 감정이 서로 나뉘는 것을 알지 못한다. 그는 전체 인간을 전체 인간으로 본다. "내가 반기는 것은 제물이 아니라 사랑이다. 제물을 바치기 전에 이 하느님의 마음(daath of God)을 먼저 알아다오(6:6)." 여기 **다앗**(daath)은 **헤셋**(ḥesed) 혹은 사랑을 말한다. 그분이 바라시는 것은 제물을 바치는 행위가 아니라 당신과 내적으로 일체가 되는 것이다. 그러므로 **다앗 엘로힘**은 하느님과 이스라엘의 관계를 약혼, 결혼, 배신, 재결합으로 생각하는 호세아의 사고의 틀 속에서 이해해야 한다.

> 이런 짓들을 하면서
> 어떻게 저희 하느님께로 돌아오겠느냐?
> 음탕한 바람이 들어
> 야훼는 안중에도 없구나(모르는구나).
> …
> 양떼 소떼를 몰고 야훼를 찾아 나선다 해도
> 이미 떠난 그분을 만나지는 못하리라.
> 야훼를 배신하고 사생아를 낳은 것들…(호세아 5:4, 7)

'음탕한 바람'의 반대로서의 '하느님을 앎'은 하느님과 긴밀한 관계를 맺는 것 또는 하느님과 동정을 나누는 것을 의미한다.

이 동사가 가리키는 바 성적인 결합이라는 아날로기에 따르면, 이 동정은 피차간에 나누는 감정적 경험을 암시하는 것으로 이해되어야 한다. 성관계를 맺을 때 한 쪽의 감정이 상대방에게 그대로 전입되어 둘이서 같은 감정을 느끼듯이, 호세아가 암시한 바 동정이라 함은 한 쪽이 다른 쪽에게 품는 일방적인 측은한 마음 따위가 아니라 함께 아파하고 내적인 경험을 더불어 나누는 것이다.

그런즉 위에서 살펴본 대로 **다앗 엘로힘**은 지식과 감정 모두에 통용되는 말이다. 대부분의 구절에서는 다앗의 지적인 측면이 강조되는데, 「호세아」에서는 **다앗**의 감정적인 측면이 우선적으로 취급되고 있는 듯이 보인다. 그의 **다앗 엘로힘**은 하느님에 **관해서** 아는 지식이 아니라 하느님을 깨달아

아는 것을 의미한다. 그분이 관심하는 바를 예민하게 느끼는 것, 하느님의 의지뿐만 아니라 하느님의 인격에 대한 관심,[24] 행동과 아울러 내면의 진의 (眞意)까지도 포함시키는 관심을 의미한다.

호세아가 말하는 **다앗**이라는 단어가 인간의 전인적인 관계 맺음을 의미한다는 사실은 하느님이 당신 백성들과 새로운 관계를 예고하시는 대목에서 재확인할 수 있다(2:21~22). 남자가 여자와 결혼을 하게 될 때 그러하듯이 인격적인 결합은 하느님을 '앎'(daath)에 있어서 전제가 되는 것이며 그 핵심이기도 하다. "너희를 에집트에서 이끌어낸 것은 나 야훼 너희 하느님이다. 너희에게 나 외에 어느 하느님이 있었느냐?…그 메마른 땅 사막에서 내가 너희를 **알아주었다**(13:4~5)." 여기서 예언자가 말하고자 한 것은 "내가 너희를 **보살펴주었다**" 혹은 "내가 너희를 아껴주었다"는 뜻이었다.

어떤 계시와 그 계시로 말미암아 드러난 정념에 대한 반응으로 솟구치는 예언자적 동정과는 좀 다르게 호세아가 일반인에게 요구하는 동정은 하느님과의 끊임없는 결속, 감정적인 일체화다. 그것이 종교적 필수 조건의 핵이다. **다앗**의 상실은 인간을 망하게 한다(4:6).

아모스와 호세아의 다른 점은 그들이 무엇을 저주하고 무엇을 억제하고 있는가를 보아 알 수 있다. 아모스에게 있어서 근본적인 죄는 **불의**(不義)에 있다. 호세아는 그것을 **우상숭배**에서 본다. 아모스는 악한 행실을 통렬하게 비난한다. 호세아는 **속의 참뜻**(inwardness)이 결여되어 있음을 공격한다. 아모스는 말한다.

> 너희의 순례절이 싫어 나는 얼굴을 돌린다.
> 축제 때마다 바치는 분향제 냄새가 역겹구나.
> …
> 친교 제물로 바치는 살진 제물은 보기도 싫다.
> 거들떠보기도 싫다.
> 그 시끄러운 노랫소리를 집어치워라.

거문고 가락도 귀찮다.

다만 **정의**를 강물처럼 흐르게 하여라.

서로 위하는 마음 개울같이 넘쳐흐르게 하여라.(아모스 5:21~24)

호세아는 이렇게 말한다.

내가 반기는 것은 제물이 아니라 **사랑**(ḥesed)이다.

제물을 바치기 전에

이 하느님의 마음을 먼저 **알아다오**.(호세아 6:6)

과거를 돌이켜보는 마당에서도 아모스는 하느님이 무엇을 하셨는가(2:9 ~10)를 보고 호세아는 하느님이 이스라엘에게 어떤 정을 베푸셨는가 (11:1~4)를 본다. 아모스의 말에 따르면, 이스라엘은 세상 많은 민족들 가운데서 하느님이 골라낸(3:2) 민족이다. 호세아의 말에 따르면, 이스라엘은 어렸을 적에 하느님의 사랑을 받은(11:1) 민족이다. 그런데 이제 이스라엘에는 "사랑하는(ḥesed) 자도, 신실한('emeth) 자도 없고 하느님을 알아주는 자 또한" 없는 것이다(4:1).

제4장
이사야(1~39장)

부와 힘

솔로몬 다음으로 명성을 떨친 우찌야(약 783~742 B.C.E.)의 오랜 치세 아래 유다의 국력은 그 절정에 이르렀다. 우찌야는 군사력과 아울러 나라의 경제력도 크게 신장시켰다. 그는 불레셋 족과 아라비아 족을 정복하였고 암몬 족으로부터 조공을 받았으며 전국토를 요새화하였고 군대를 재편성하였다. "전군에 방패, 창, 투구, 갑옷, 활, 물매를 마련해 주었고 활을 쏘고 큰 돌을 던지는 무기를 기술자에게 고안하도록 해 예루살렘 성 망대들과 성 귀퉁이마다에 설치해 놓게 하였다(역대기하 26:14~15)." 그는 왕으로서, 행정가로서, 군의 총사령관으로서 탁월한 수완을 발휘하여 왕국 분열 이래 유다의 국토를 가장 넓게 다스렸다.

그런데 그의 능력이 곧 그의 약점이 되었다. 그는 교만 방자해져서 스스로 사제가 되려 했고, 사제들만이 할 수 있는 제단의 분향을 자기 손으로 하고자 했다. 대사제 아자리야와 '용감한' 사제 80명이 뒤따라 들어가 우찌야 왕을 가로막고 말하였다.

"우찌야, 야훼께 분향하는 일은 왕이 할 일이 아니오. 분향하는 일은 성별된 아론의 후손 사제들이 할 일이오. 이 성소에서 나가시오. 이렇게 하느님을 거역하셨으므로 야훼 하느님의 영광이 왕을 떠나시었소." 이 말을 듣고 우찌야는 화를 내었다. 그런데 그가 화를 내는 사이에 문둥병이 그의 이마에

번졌다. 그리하여 "우찌야 왕은 문둥병자로 여생을 보내게 되었다. 야훼의 성전에 들어갈 수 없는 몸이 되었으므로 별궁에서 홀로 문둥병을 앓으며 지내야 했다(역대기하 26:18~21)."[1)

우찌야가 문둥병에 걸린 것은 B.C. 750년경이었다. 왕의 자리는 그의 아들인 요담에게 넘어갔으나 실권자는 여전히 우찌야였다. 요담(735년경 사망)이 통치하는 동안에도 유다는 여전히 안정되고 풍요하며 막강한 나라였다. 그리하여 유다는 그 부와 군사력으로, 743년 아시리아의 디글랏빌레셀 3세가 시리아를 침공할 때 반아시리아 운동의 선봉에 섰다.

유다의 늘어나는 부는 "특권 귀족층의 독점 이윤이나 상인들의 독점자본으로 빠져나가지 않았다. B.C. 8세기 북왕국에서는 그런 현상이 있었으나 …오늘날 발굴된 당시의 개인 주택들은 그 크기와 규모가 놀랄 만하게 비슷하다…달리 말하면, 유다 역사에서 재물이 각 개인의 손에 심하게 집중되어 오히려 사회질서를 파괴한 때가 없었다는 말이다."[2) 그 사람들이 저마다 경제적인 호기를 장사와 산업의 확장에 활용했던 것이다.

이사야와 북왕국

이사야가 예언 활동을 시작한 때는 이스라엘과 유다에 최대의 시련이 비롯될 무렵이었다. 그가 예언자로 부름을 받은 것은 우찌야가 죽던 해(742년경)였는데 북왕국 이스라엘의 여로보암 2세가 죽은 지(746) 얼마 되지 않은 때였고, 디글랏빌레셀이 출현하여(745) 바빌로니아와 시리아를 정복할 채비를 차리고 있을 때였다. 약소 국가들을 삼키고 도성들을 약탈하고 백성들을 유배시키며 아시리아는 시리아와 팔레스타인 전역을 공포로 몰아넣은 폭군이 되어갔다. 그 무렵 사마리아는 다마스커스와 동맹하여 유다에 반역을 꾀하였으나 아시리아의 침공을 받음으로써 수포로 돌아갔다. 유다가 누리던 수세기 동안의 상대적인 안정은 비참하게 무너지기 시작했다.

유다의 장래는 불투명해졌고 사마리아는 무너졌다. 이사야가 위대한 환상

가운데 받은 메시지는 최후의 심판을 선포하는 것이었다.

아모스와 호세아는 어떻게든 북왕국의 백성을 구하고자 애를 썼다. 그들은 돌아설 것을 호소했지만 아무런 응답도 얻지 못했다. 이제 사마리아에 대하여 이사야가 할 일은 무엇이었던가?

예언자들의 말도 재난의 경험도 북왕국 사람들의 자신감을 흔들어놓지는 못했던 것 같다. 그들은 기고만장하여 떠들어댔다.

> 흙벽돌이 무너지면
> 다듬은 돌로 쌓고
> 돌무화과나무가 찍혀 넘어지면
> 송백을 심으리라. (이사야 9:9)

사마리아를 정화하려는 모든 시도는 물거품이 되었고 이제 남은 것은 최후의 파멸뿐이었다(9:7~20).

> 만군의 야훼께서 분노하시어 땅이 타오르니
> 백성은 불길 속에서 사라지는구나. (이사야 9:18)

심판은 하느님의 판결에 따라 집행될 것이다.

> 주께서 신호를 올리시어 먼 곳의 백성을 부르시고
> 휘파람을 부시어 땅 끝에서 사람들을 부르신다.
> 저 쏜살같이 달려오는 모습을 보아라!
> 힘이 빠져 비틀거리는 자도 없고
> 졸거나 잠자는 자도 없다.
> 허리띠가 풀린 자도, 신발 끈이 끊어진 자도 없다.
> 화살은 날카롭게 날이 섰고,

활시위는 팽팽하고
말발굽은 차돌같이 단단하고
병거 바퀴는 돌개바람처럼 돌아간다.
암사자처럼 고함지르고 새끼 사자처럼 소리지른다.
으르렁거리며 먹이를 덮쳐
으슥한 곳으로 물고 가니 빼낼 자가 없구나.(이사야 5:26~29)

북왕국은 멸망했다. 에브라임은 더 이상 존재하지 않는다(7:8). 이스라엘의 운명에 대하여 이사야는 속수무책이었다(28:1~4). 이제 그의 메시지는 남왕국 유다로 향했다.

아시리아에 굴복하다

735년 요담이 죽자 아들인 아하즈(735~715 B.C.E.)가 왕위에 올랐다. 그는 즉위하자마자 일련의 위기에 휩싸이게 되었다. 서쪽의 작은 나라들은 아시리아의 칼 앞에 마지못해 굴복하였다. 그들은 정복자들을 증오하여 나라가 깨어졌을 때에야 항복을 했다. 그들은 끊임없이 정복자의 멍에로부터 벗어날 기회를 노렸고 항거 운동은 쉬지 않고 계속 일어났다. 이스라엘 왕국에서는 베가(737~732 B.C.E.)라는 약탈자가 일어나 반아시리아 운동을 주도해 나갔다. 아시리아의 왕이 동쪽에서 전쟁을 치르고 있는 틈을 타서 베가는 다마스커스의 르신과 동맹을 맺고, 아시리아에 의하여 독립을 위협받고 있던 아스켈론과 가자까지 끌어들여 반아시리아 동맹군을 형성하였다. 유다 왕 아하즈는 이 동맹군에 가담하기를 거절하여 마침내 예루살렘이 그들에게 포위되는 위험한 지경에 처하게 되었다(열왕기하 15:37; 16:5; 이사야 7:1 이하). 그들의 예루살렘 공격은 아하즈를 왕위에서 쫓아내고 유다를 반아시리아 연합 세력에 가담시킬 다른 왕을 그 자리에 앉히려는 것이었다. 그것은 곧 다윗 왕조의 최후를 의미하는 것이기도 했다.

막강한 동맹군의 공격은 유다의 변경을 황폐하게 만들었고 예루살렘을 위협하기에 이르렀다. 침략군들의 고무를 받았을 에돔인들과 불레셋 족은 유다의 남쪽 지방을 점령하였다(열왕기하 10:5; 역대기하 28:16~18). 아하즈 왕과 백성들은 모두 기가 질렸다. 이사야가 기록했듯이, "왕의 마음과 백성의 마음은 바람에 휩쓸린 수풀처럼 흔들렸다(7:2)." 이제 나라를 구할 길은 오직 하나, 막강한 아시리아에 원조를 구하는 것뿐인 듯했다. 아시리아라면 예루살렘을 구할 수 있을 것이었다.

예루살렘이 강한 적군에게 포위되어 있는 그 절체절명의 순간에(735년경) 이사야는 하느님의 말씀을 왕에게 전하였다. "진정하여라. 안심하여라. 겁내지 말라…그들은 연기나는 두 횃불 끄트머리에 불과하다." 르신과 베가가 유다를 점령하겠다고 하지만 "주 야훼가 말한다. 그것은 그렇게 될 수도, 그럴 수도 없는 일"이다. 그러나 아하즈의 공포는 사라지지 않았다. 왕에게 확신을 주기 위하여 이사야는, "야훼 너의 하느님께 징조를 보여달라고 청하여라. 지하 깊은 데서나 저 위 높은 데서 오는 징조를 보여달라고 하여라"고 권하였다. 그러나 아하즈의 대답은 "아닙니다. 나는 징조를 요구하여 야훼를 시험해 보지는 않겠습니다"였다(7:1~12).

구태여 왕의 성실성을 의심할 것까지는 없다. 그가 징조 구하기를 거절한 것은 경건한 신앙에서 나온 것이라고 볼 수 있다(신명기 6:16 참조). 적군에 포위되어 잔뜩 겁이 난 그는 디글랏빌레셀 3세(745~727 B.C.E.)에게 사신을 보낸다. "나는 왕의 신하이며 아들입니다. 내가 지금 시리아 왕과 이스라엘 왕에게 공격을 당하고 있습니다. 오셔서 나를 그들의 손아귀에서 건져주시기 바랍니다(열왕기하 16:7)."

다른 어느 왕도 그랬을 것이다. 나라가 위태한 지경에 빠졌으므로 강한 나라에 원병을 요청했을 뿐이다. 이사야에게 있는 것은 말씀이었고 아시리아에는 군대가 있었다. 무기보다 하느님을 의지한다는 것은 정치적인 슬기를 신앙에 예속시키는 것일 따름이다. 지금 문제는 한 개인이 하느님 믿는 신앙으로 살아가는 게 아니라 한 나라의 생존이 걸려 있는 것이다. 숱한 백성의 목숨이 풍전등화요 나라의 장래가 위태롭다. 왕으로서 원군을 요청하지 않는다면 무슨 말로써 백성에게 그것을 변명할 것인가.

그리하여 아하즈는 보이지 않는 하느님의 아들과 종이 되는 것보다는 아시리아 왕의 '아들과 종'이 되는 길을 택했던 것이다. 그는 거짓말을 피난처로 삼았다(28:15 참조). 유다의 독립권은 아시리아로 넘어갔다.

디글랏빌레셀은 예루살렘의 성전과 궁전에서 거두어온 금은 패물과 아하즈의 호소를 접수하였다. 그러잖아도 시리아와 팔레스타인을 점령할 참이었으므로 아하즈의 요청이 그다지 큰 자극이 될 것도 없었다. 동쪽의 분쟁을 마무리 지은 다음에 그는 이스라엘 왕국을 침공하여 그 북쪽 지방을 휩쓸었다. 갈릴래아와 길르앗 지방이 모두 아시리아의 수중에 떨어졌고 그곳 주민들은 포로가 되었다. 아시리아 침공의 제1막이었다. 사마리아만이 상처를 입지 않았다. 전부터 아시리아에 의존하기를 주장했던 적대자들이 베가를 살해하고 그를 죽인 호세아(732~724 B.C.E.)를 왕위에 앉혔다. 호세아는 디글랏빌레셀에게 조공을 바치고 분봉왕으로서 인정을 받았다. 계속해서 디글랏빌레셀은 남진하여 아스켈론과 가자를 점령하고 아하즈를 적군의 위협으로부터 벗어나게 해주었다. 734~732년에 그는 시리아와 팔레스타인 전역을 휩쓸어 에집트의 변경에까지 이르렀다. 다마스커스는 점령당했고 시리아 왕은 살해당했다. 왕의 고위 참모들은 창에 찔려 죽었고 그의 정원과 과수원은 쑥대밭이 되었으며 주민들은 유배를 당했다. 서쪽 세계가 온통 아시리아의 영토가 되었다.[5]

아하즈는 아시리아 왕의 위엄에 기가 질려 정치뿐만 아니라 종교에서까지 아시리아에 굴복하고 말았다. 732년, 그는 디글랏빌레셀에게 신종(臣從)의 예를 올리기 위해 다마스커스로 갔다. 거기서 한 제단을 보았고 그것을 모방하여 예루살렘 성전 안에다 설치토록 했다(열왕기하 16:10 이하). 그는 또 "아시리아 왕에게 충성을 보이기 위하여(열왕기하 16:18)" 예루살렘 성전의 집기들을 새로 배열하고 대문 하나를 봉쇄하기도 했다. 아시리아의 제단을 본따 만든 제단은 아시리아가 종교에서도 위대한 나라임을 보여주는 것이었고 그 이방신의 능력을 천하에 과시하는 것이기도 했다.

죽음과 맺은 계약

이사야는 아하즈에게, 역사를 지배하는 분은 베가도 르신도 아니며 막강한 디글랏빌레셀도 아님을 믿으라고 권고하였다. 세계는 하느님의 수중에 있으며 그따위 "연기나는 두 횃불 끄트머리"를 두려워하는 것은 어리석은 일이라는 것이었다. 그들의 세력은 언젠가 무너지게 될 것이고 아시리아의 힘 또한 영원한 것은 아니다. 올바른 정책이란 동맹군에 가입하는 것도 아니고 아시리아를 의지하는 것도 아니었다. 유다는 심판을 피할 수 없게 되었고 그 심판은 동맹이나 무기나 외교 정책 따위로 막을 수 없는 것이었다. 이사야는 아들 스알야숩―남은 자들은 하느님께 돌아와 구원을 받는다는 뜻의 상징적인 이름―을 데리고 왕에게 가서 잠자코 있으라고 호소하였다. 그는 또한 한 젊은 여자가 아들을 낳아 이름을 임마누엘―하느님이 우리와 함께 계시다―이라고 할 터인데 그 아이가 두세 살이 되기 전에 동맹국의 왕들이 떠날 것이라고 말했다. 그 다음 유다에 재앙의 날들이 닥칠 것이며 그것은 북왕국 이스라엘이 갈라져나간 뒤로 처음 겪게 되는 시련의 날들일 것이다. 에집트와 아시리아가 그들의 땅을 쑥밭으로 만들 것이나 마침내 남은 자들이 돌아와 영원한 평화와 정의의 다스림이 비롯될 것이다.

그러나 아하즈와 그의 측근들은 오히려 아시리아의 힘을 의지해 안도의 숨을 내쉬며 적군을 그렇게 쉽사리 물리치게 된 것을 자축하고 있었다. 조롱끼 섞인 음성으로 그들은 이렇게 떠들어댔다.

우리는 죽음과 계약을 맺었다.
저승과 협정을 체결하였다.
부서뜨리는 채찍이 지나가도
우리에게는 미치지 못한다.

거짓말이 우리의 대피소요
속임수가 우리의 은신처다.(이사야 28:15)

이사야는 그들의 냉소주의와 어리석음에 절망하지 않을 수 없었다. 야훼께서 그에게 경고하셨다. "이 백성이 가는 길을 따라 가지 말라. 이 백성이 동맹이라고 하는 것⁴⁾을 동맹이라고 하지 말라. 그들이 두려워하는 것을 두려워하여 떨지 말라(8:11~12)." 그는 하느님의 이름으로 이렇게 선포하였다.

법이 나의 척도요, 정의가 나의 저울이다.
거짓말로 꾸민 너희 대피소는 우박에 맞아 부서지고
그 은신처는 물에 휩쓸려간다.
죽음과 맺은 너희의 계약은 깨지고
저승과 체결한 협정은 효력을 잃는다.
부서뜨리는 채찍이 지나가는 날
너희는 산산이 부서진다.(이사야 28:17~18)

예언자와 왕의 생각은 넘을 수 없는 구렁으로 갈라지기만 했다. 아하즈의 눈에는 두렵기만 한 것이 이사야의 눈에는 별것 아니었다. 왕은 세계 제일의 강대국과 손을 잡기 위하여 종교적인 원리쯤은 얼마든지 포기할 준비가 되어 있었다. 역사란 하느님의 일이 실현되는 무대로서 그 위에서 숱한 왕국과 제국들이 일어섰다가 사라진다고 알고 있는 예언자는, 한순간의 안개와 그림자들 너머에 있는 섭리를 내다보았다.

아하즈가 최강대국의 보호를 약속받은 데 대하여 모두들 환영하고 있을 때 이사야는 아시리아가 재난을 몰고 올 것이라고 주장하였다. "이 백성이 잔잔히 흐르는 실로아 냇물을 외면하였으므로…나 야훼는 굽이치는 저 강줄기를 끌어들이리라. 아시리아의 왕으로 하여금 위세도 당당하게 쳐들어오게 하리라. 개울마다 물이 차고 둑마다 넘어 유다까지 밀려들어 휩쓸어가리니 그 물이 목에까지 차리라. 아, 임마누엘아, 그가 날개를 펴서 네 땅을 온통 뒤덮으리라(8:6~8)."

디글랏빌레셀이 727년에 죽자 제국의 서쪽 지역에 있는 불평 많은 분봉왕들 사이에서 독립에 대한 희망이 꿈틀거리기 시작했다. 이스라엘의 호세아 왕은 에집트와 의논한 다음 아시리아에 매년 바치던 조공을 중단해 버렸다. 이에 대한 응징으로 아시리아는 군대를 사마리아로 진격했다. 에집트로부터 아무런 도움도 받지 못했지만 사마리아는 3년 동안이나 버틸 수 있었다. 마침내 722년 사마리아는 사르곤 2세(722~705 B.C.E.)에게 함락되었다. 이스라엘 왕조는 무너졌고 백성들은 포로가 되어 아시리아로 끌려갔다. 북왕국의 종말은 유다 백성을 슬픔과 놀람으로 가득 채웠다.

예루살렘은 기뻐하고 이사야는 절망하고

아하즈의 왕위는 그 아들 히즈키야(약 715~687 B.C.E.)가 물려받았는데, 이사야는 그가 아직 어린아이였을 때 이미 그가 놀라운 업적을 남길 것이라고 예언한 적이 있었다. 히즈키야는 자기 아버지와 정반대였다. 히즈키야야말로 유다의 역대 왕들 가운데 전무후무한 왕이었다는 기록이 남아 있다(열왕기하 18:5). 그가 왕이 되어 처음으로 한 공사(公事)는 성전과 기물들을 보수하고 깨끗하게 하는 것이었으며, 이어서 사제들과 레위인들의 성전 예배를 회복시켰다(역대기하 29:3~36).

히즈키야는 아시리아에 항거하는 음모에 가담하지 않은 선왕 아하즈의 신중함을 알고 있었을 것이다. 유다는 아시리아의 속국이 틀림없었고 그래서 매년 조공을 바쳐왔다. 물론 히즈키야도 그런 상황을 싫어했지만 그러나 당장 아시리아의 멍에를 벗어버리는 것은 재난을 부르는 처사라고 생각했던 듯하다. 시리아와 팔레스타인의 다른 속국들로부터 동맹을 맺어 아시리아에 대항하자는 압력을 받았지만 히즈키야는 그들과 손을 잡지 않았다. 그는 하맛의 왕이 주동했으나 불발로 끝난 반역 모의에 가담하지 않았다.

그러나 백성들은 아시리아의 속국으로 남아 있는 정책을 차츰 못 견뎌하게 되었다. 그것은 계속 조공을 바치는 것이며, 따라서 계속 무거운 짐을 져야 하는 것이기 때문이었다. 711년에 만들어진 한 비문에, 사르곤 2세는 '나의 주 아슈르'에게 조공과 선물을 바쳐야 하는데도 오히려 적의를 품고 악한 짓을 꾀하며 "그들을 구해줄 수 없는 군주"인 에집트의 왕에게 신종(臣從)의 서약을 바치며 동맹국이 되어줄 것을 구걸하고 있는 팔레스타인, 유다, 에돔, 모압 등의 통치자들을 열거해 놓고 있다.[5] 사실상 그 무렵 유다의 정치적 결단을 내리는 데는 이미 에집트가 막강한 영향력을 행사하고 있었다.

꽤 오랜 세월동안 에집트는 상대적인 침체의 늪에 빠져 있었다. 내란이 끊이지 않았고 작은 나라들이 일어나 서로 독립을 선언하며 전쟁을 했다. 아시리아의 왕들은 그토록 기름진 나라면서도 무방비 상태에 빠져 있는 에집트를 넘보아왔고, 마침내 디글랏빌레셀 3세는 에집트의 국경으로 남진해 들어갔다. 아시리아는 파라오의 영토로 들어가는 문인 가자를 지배하고 있었다. 그런데 720년경 상황이 달라졌다. 성경에는 놉으로 표기되어 있는 나파타를 수도로 삼은 에디오피아라는 막강한 나라가 일어나 그 통치자 샤바코의 영도 아래 에집트를 삼키고 통일 정부를 세워 마침내 제2왕조를 출범시켰던 것이다. 에집트는 남부 팔레스타인의 여러 민족에게 아시리아에 항거할 것을 부추기는 한편 그 제국적 폭력에 항쟁하도록 용기를 심어주었다.[6] 마침내 에집트 첩자들의 부추김을 받아 불레셋, 모압, 에돔과 유다가 아스돗에 회동하여 동시에 아시리아를 침공하자는 의욕적인 계획을 세우게까지 되었다. 에집트의 전권 대사들이 예루살렘에 도착하여 유다로 하여금 동맹군에 가담하도록 부추기는 한편 군사적 지원을 약속하였다.

에집트는 여러 속국들의 옹호자를 자처하고 나섰다. 그리하여 예루살렘에 온 에집트의 전권 대사들은 아시리아의 멍에를 벗겨줄 해방자나 된 듯이 환영을 받았다. 가난하고 억눌려 절망에 빠진 자들은 저마다 그들을 해방시켜줄 하느님을 기다리고 있었다.

그 순간 이사야는 다시 입을 열어 사람들에게 위로와 경고의 말을 들려주었다. 하느님은 그들을 잊지 않으셨다. 그분은 하늘의 보좌에서 내려다보시며 지상의 사건들을 살피신다. 아시리아로부터 벗어날 때는 아직 오지 않았다. 에디오피아는 결코 압제자를 끝장내주지 못할 것이다. 다른 나라가 나서서 그 일을 할 것이다. 그 나라는 하느님께서 정하신 때에 등장할 것이다 (18:1 이하).[7]

에집트를 의지하는 것이 아무 보탬도 되지 못하며(30:7) 친에디오피아 정책이 결국은 재난을 초래할 것임을 암시하기 위하여 이사야는 노예들이나 입는 넝마를 입고 다녔다. 장차 이스라엘 백성이 에집트와 에디오피아에서 그런 수모를 받을 것이라는 상징이었다. 에집트는 팔레스타인의 여러 속국들이 아시리아에 저항하는 것을 도와주지도 못하거니와 오히려 아시리아의 막강한 군대에 희생당하고 만다는 것이었다(20장). 이사야의 충고는 먹혀들어갔던 듯하다. 유다는 결국 713, 711년의 전쟁에 가담하지 않았다. 아스돗이 주도한 그 전쟁은 금방 막을 내렸고 아시리아의 일방적인 승리였다.

사르곤 2세가 아시리아를 다스리고 있는 동안에는 유다가 공개적으로 아시리아에 저항하는 일이 없었다. 그러나 사르곤 2세가 죽고 그보다 훨씬 못난 아들 산헤립(705~681 B.C.E.)이 왕위를 계승하자 히즈키야는 기회가 왔다고 생각하여 조공 바치기를 거부하고(열왕기하 18:7) 독립을 추진해 나갔다. 사르곤은 아시리아가 크게 패전한 전쟁터에서 죽었고, 그러자 광대한 제국의 변두리로부터 반역이 일어났다. 바빌론에서는 므로닥발라단이 엘람인들의 도움을 받아 스스로 왕이 되었다(703). 그는 히즈키야가 큰 병을 앓다가 일어났을 때 그의 회복을 축하하는 편지와 선물을 보내어 아시리아에 대항하는 전쟁에 가담할 것을 은근히 기대하였다. 히즈키야는 바빌론에서 온 사절단을 환영하고 그들에게 자기 궁전 안의 보물들을 보여주고 군대를 사열하게 함으로써 유다의 재력과 군사력이 큰 것을 자랑하였다. "히즈키야가 그들에게 보여주지 않은 것이 없었다." 바빌론의 사절단이 온 목적은 유다로 하여금 아시리아에 대항하는 반군 세력에 가담토록 하는 것이었다.

바로 그때 이사야는 히즈키야에게 나타나 바빌론 왕과의 사귐으로 인해서

의기양양해진 히즈키야를 나무랐다. 그는 반군 세력에 가담하면 결국 나라가 멸망하고 백성은 포로로 잡혀갈 것이라고 예언했다. "만군의 야훼께서 하시는 말씀을 들으십시오. 야훼께서 이렇게 말씀하십니다. '네 왕궁에 있는 모든 것, 네 선조들이 오늘날까지 고이 간직하였던 모든 것이 바빌론으로 옮겨지고 하나도 남지 않게 될 그날이 다가오고 있다. 너에게서 태어날 너의 친아들 중 더러는 바빌론 왕궁으로 끌려가 내시가 되리라.' (39:5~7)"[8] 히즈키야는 다시 주저했다. 그러나 막상 팔레스타인과 시리아 전역에 반역의 분위기가 익어가고 강력한 동맹군이 결성되자 히즈키야는 동맹에 가담했을 뿐만 아니라 반역의 주동자가 된 것 같다. 그의 사절단이 "젊은 나귀 등에 재물을 싣고 낙타 등에 보화를 싣고(30:6)" 에집트로 조약을 맺기 위해 내려갔다(30:1~7; 31:1~3). 그는 부지런히 방책을 쌓고 군대를 양성하고 예루살렘 성벽에 요새를 만들고 성 안으로 물을 끌어들이기 위하여 지하 수로를 파기도 했다.

아시리아에 반역하는 동맹군에 가담하자 유다 사람들은 즐거워했다.

　…기뻐 날뛰고
　소와 양을 잡아 고기를 먹고 술을 마시며.(이사야 22:13)

우리는 그 장면을 그려볼 수 있다. 예루살렘은 떠들썩하니 의기양양하여 모두들 지붕 꼭대기에 올라가 소리를 질러댄다. 왕은 성문 앞 광장에서 군중에게 연설을 한다. "마음을 든든히 먹고 용기를 내어라. 아시리아 왕이 대군을 끌고 온다고 하여도 그 앞에서 두려워 떨지 말아라. 그의 편이 되어줄 힘보다는 우리 편이 되어줄 힘이 더 크다. 그에게는 무력이 있을 뿐이지만 우리에게는 우리 하느님 야훼께서 함께 계시어 우리를 도와 우리의 싸움을 싸워 주신다(역대기하 32:7~8)."

예루살렘은 즐거워하고 이사야는 절망에 빠진다. 사람들은 자연과 역사의 참된 주인이신 그분이 아니라 '무기'가 자기들을 안전하게 지켜주리라고 생각한다(22:8). "너희는 적군을 이끌어들이신 그분을 의지하지 아니하였고 이 일을 옛날부터 계획하신 그분을 생각하지 아니하였다(22:11)."

하느님이란 존재가 없다는 듯이, 역사에 어떤 하늘의 섭리가 작용하지 않는다는 듯이 행동하는 자는, 토양의 본성이라든가 계절의 속성 따위를 전혀 의식하지 않으면서 농사를 짓는 농부들보다 더 어리석은 자들이다. 그들은 마치 사람이 홀로 존재한다는 듯이, 그들의 행위가 어둠 속에서 이루어진다는 듯이, 마치 보는 하느님, 아는 하느님이 없다는 듯이, 그렇게 행동한다.

> 아. 너희가 비참하게 되리라!
> 자기의 흉계를 야훼께 감쪽같이 숨기려는 자들아!
> "누가 우리를 보랴! 누가 우리를 알아보랴!"
> 중얼거리면서 어둠 속에 몸을 숨기고
> 못하는 짓이 없는 자들아!
> 너희가 어림도 없는 짓을 하는구나.
> 옹기 흙이 어찌 옹기장이와 같은 대접을 받겠느냐?
> 작품이 제작자를 두고
> "그가 나를 만들지 않았다"고 말할 수 있느냐?
> 옹기 그릇이 옹기장이를 두고
> "그의 재주는 형편없다"고 말할 수 있느냐?(이사야 29:15~16)

믿지 않으면 살아남지 못하리라

히즈키야가 택한 정책은 선왕의 것과 전략상 동일한 것이었다. 그는 선왕인 아하즈가 북왕국과 시리아의 침공에서 보호받기 위하여 아시리아를 찾았듯이, 아시리아로부터 보호받기 위하여 에집트로 눈을 돌렸던 것이다. 적군의 적군이 곧 우군이라는 것이 그의 신념이었다. 외교술의 힘을 믿는 왕은 하느님의 계획을 무시하고 외교 정책을 펴나갔다. 하느님의 영(靈)을 의

지하는 대신 파라오의 그늘 아래 들어가 그것이 백성을 지켜줄 것이라고 믿었다.

이사야는 세상의 힘을 전혀 신뢰하지 않았다. "마구 짓밟는 군화, 피투성이 군복(9:4)"을 증오하고 악한 통치자의 막대기와 지팡이, 그들의 오만방자함을 역겨워했다. 그러기에 그는 그 어떤 동맹군의 결성도 찬성할 수가 없었다. 게다가 무엇보다도 에집트 군대를 의지한다는 것은 역사를 다스리는 하느님을 부인하는 것이었다.

> 다시는 사람을 믿지 말라.
> 코에 숨이 붙어 있을 뿐, 아무 보잘것없느니…
> 우리를 재판하는 이는 야훼,
> 우리를 다스리는 왕도 야훼,
> 그분만이 우리를 구원하신다…
> 야훼께서 말씀하신다.
> "아! 너희가 비참하게 되리라.
> 말을 듣지 아니하는 자식들아,
> 너희가 나에게 물어보지도 아니하고 일을 꾸미며
> 내 뜻을 알아보지도 아니하고 동맹을 맺어
> 죄 위에 죄를 더하는구나."[9]
> 나에게 묻지도 아니하고 에집트로 내려가
> 파라오에게 몸을 숨기고
> 에집트의 그늘에 숨으려는 자들아,
> 파라오에게 보호받으려던 것이
> 도리어 부끄러움이 되고
> 에집트의 그늘에 숨으려던 것이 무안하게 되리라…" (이사야 2:22; 33:22; 30:1~3)

이사야는 에집트가 "아무 도움도 주지 못할 나라(30:7)"며 오히려 "수치와 모욕(30:5)"을 줄 뿐이기에 그 나라와 동맹을 맺으면 재난이 닥칠 것이라고 (30:12 이하) 예고하였다. 비록 그들의 군대와 전차와 말들이 적군보다 수적으로 우세하다 해도 그것들이 아무 쓸모가 없으리라는 것이었다.

> 한 사람의 고함에 천 명이 넋을 잃고…도망치리라.
> 결국 너희는 산꼭대기에 남은 외로운 깃대,
> 언덕 위에 홀로 남은 신호대처럼 되리라.(이사야 30:17)

하느님의 계획을 거역하려는 모든 시도는 죄악이며 쓸모도 없다.

> 하느님께서 어찌 어리숙하게도
> 재앙을 내리신다 하시고 그 말씀을 거두시랴?
> 괘씸한 자들의 집을 처러 일어나시고
> 엉뚱한 짓을 하는 자의 편에 서는 자도 치시리라…
> 이스라엘의 후손들아, 돌아오너라!
> 극악한 반역자들아, 하느님께로 돌아오너라.(이사야 31:2, 6)

동맹을 반대하여

예언자가 에집트하고든 아시리아하고든 외국과의 동맹을 반대한 이유로 우리는 세 가지를 들 수 있겠다. 하나, 외국과 동맹을 맺는 것은 하느님보다는 인간, 하느님을 의지하는 것보다는 무기가 민족의 운명을 결정한다는 믿음을 실현하는 것이다. 둘, 아시리아 같은 한 나라에 예속되는 것은 그 나라의 신들과 제의를 받아들이는 것이다. 셋, 아시리아와의 동맹은 아시리아 군의 작전에 동참하는 것이다.

이스라엘의 역사는 두 개의 큰 거부에서 비롯되었다. 아브라함 시대의 메소포타미아 거부와 모세 시대의 에집트 거부가 그것이다. 두 경우 모두 정치적, 정신적 통치권에 대한 거절이었다.[10] 여러 세기에 걸쳐 메소포타미아 종교와 에집트 종교는 서아시아 지역의 종교에 막대한 영향력을 행사하였다. 후리안 족, 히타이트 족, 아모리 족, 가나안 족들은 메소포타미아의 남신과 여신들 이름을 빌어다썼다. 다곤 같은 메소포타미아 신의 제사 의식은 남부 팔레스타인에까지 침투하였다. 니느웨의 이슈타르 제사는 에집트와 소아시아의 남서쪽 변경에까지 퍼져 있었다.[11]

이스라엘은 가나안에 정착하면서부터 작은 도시 국가와 토착 종교의 정치적, 종교적 도전을 받게 되었다. 몇 세대 동안은 메소포타미아나 에집트로부터 받는 직접적인 간섭이 비교적 적었다. 그런데 B.C. 8세기에 이르러 아시리아가 제국으로 등장하여 근동 지방의 작은 나라들을 속국으로 만들면서부터 상황이 급하게 바뀌었다. 게다가 아시리아의 세력이 자기네 국경까지 미치는 것을 바라지 않은 에집트가 역시 같은 지역의 작은 나라들에게 정치적, 군사적 영향력을 행사하기 시작했다. 이 두 강대국 사이에 끼여서 유다와 이스라엘은 아시리아를 의지하거나 아니면 에집트를 의지하게 되었다. 아브라함과 모세의 시대에 가까스로 획득한 메소포타미아와 에집트로부터의 해방이 이제 호세아, 이사야, 예레미야 시대에 위험한 시련을 직면하게 된 것이다.

아시리아인들은 광신적인 데가 있었다. 전쟁터에서 왕은 신의 대리자 역할을 감당하였다. 전쟁에 승리하는 것은 아슈르 신의 힘이 이기는 것이었다. 아시리아의 왕은 패전국에게 아시리아의 신들을 우두머리 신으로 인정할 것을 강요하였다. 아시리아의 속국이 되는 것은 그 나라의 종교를 받아들이는 것이었다. 작은 나라들이 아시리아의 보호를 받으면서 그 미신적인 우상 종교의 홍수에 휩쓸리지 않는다는 것은 불가능한 일이었다. 유다 역시 아시리아의 속국이었을 때 온갖 이교적인 제사 의식과 미신이 흘러들어와 성행했다.

이사야는 그들과 동맹을 맺는 대신,

마음을 돌려 진정하는 것이 구원받는 길이다.
고요히 믿고 의지하는 것이 힘을 얻는 길이다.(이사야 30:15)

라고 호소했다.

그러나 이사야의 말에 정부는 귀를 기울이지 않았다. 지금 온 나라가 아시리아의 막강한 세력 앞에 풍전등화로 위협을 당하고 있는데 에집트에 도움을 요청하지 말고 오히려 가만히 있으며 야훼를 믿으라고? "천만에, 우리는 말을 타고 도망가겠다. 날랜 말을 타고 도망가겠다(30:16)"는 것이 그들의 대답이었다. 그래도 이사야는 계속 주장했다. 군마를 의지하지 말라! 전차의 수효가 많다고 해서 믿지 말고 기마대가 강하다고 해서 믿지 말라!(31:1) 이스라엘의 거룩하신 분을 바라보고 야훼를 찾아라!

에집트인들은 사람이요, 신이 아니다.
그들이 타는 말은 고깃덩이요, 정신이 아니다.
야훼께서 팔을 휘두르시면, 돕던 자도 비틀거리고
도움을 받던 자도 쓰러지리라.
모두 함께 멸망하리라.(이사야 31:3)

이사야는 정치라는 것을 해결책으로 받아들일 수가 없었다. 정치 그 자체가 오만하고 정의를 무시하는 문제 자체였기 때문이다. 인류가 병들어 있을 때에는 정치적인 현명함보다 뭔가 더 근본적인 현명함이 안보의 문제를 해결하는 데 필요한 것이다. 근시안적으로 보면 어떤 외교 정책이 도움을 줄 수 있겠지만 길게 보면 결국 그것이 쓸모가 없다는 것이 드러나게 된다.

온 민족이 군마(軍馬)를 외면하고 오로지 야훼만 바라본다는 것이 과연 있을 만한 일일까? 신앙으로 살기를 배운다는 것은 실로 어려운 일이다. 그러나 이사야는, 인간이란 신앙이 없이는 살 수가 없다고 주장했다. "너희가 굳게 믿지 아니하면 결코 굳건히 서지 못하리라(7:9)." 신앙은 결코 손쉽고 편리한 방편이 아니다. 역사의 굽이마다에서 하느님이 간섭하시기를 기대하는 사람은 숱한 좌절을 맛보게 되어 있다. 그러나 그래도 하느님을 믿는 자는 마음이 다급하지 아니할 것이다(28:16). 참고 견디는 힘은 힘찬 강물에 있지 않고 "잔잔히 흐르는 실로아 냇물(8:6)"에 있다.

　　정치는 칼의 힘에 바탕을 둔다. 그러나 이사야는 민족들이 "칼을 녹여 보습을 만들고 창을 두드려 낫을 만드는" 그날을 기다리고 있었다. 동맹은 전쟁을 준비하게 하고 이사야는 전쟁이 초래할 잔인무도함과 참혹한 학살을 두려워했다. 그는 끝없는 경고를 하는 가운데도 "민족이 칼을 들어 서로 싸우지 아니하고 다시는 군사 훈련도 하지 아니할(2:4)" 그날을 내다보고 있었다. 전쟁은 죽음을 낳는다. 그러나 이사야는 야훼께서 "죽음을 영원히 없애버리시고 모든 사람의 얼굴에서 눈물을 닦아주실(25:8; 299쪽을 보라)" 날을 바라보고 있었다. 이스라엘의 안보는 에집트나 어떤 다른 나라와의 조약이 아니라 하느님과의 조약에 달려 있다. 신앙의 신비한 힘은 하느님이 참된 보호자임을 강조한다. 그 힘은 절망의 시간에도 스러지지 않을 것이다. "나는 야훼를 기다린다. 그가 야곱의 가문을 외면하고 계시지만 나는 여전히 그에게 희망을 둔다(8:17)." 그 어떤 참화도 이스라엘의 신앙심을 흔들지 못한다.

　　　　야훼, 우리 하느님이여
　　　　당신이 아닌 다른 상전이 우리를 지배하였사오나
　　　　그러나 우리는 당신밖에 아무도 모릅니다.(이사야 26:13)

아시리아는 사람의 것이 아닌 칼에 떨어지리라

　　막강한 힘을 휘두르는 아시리아는 결국 죄 지은 나라들을 징벌하시는 하느님의 손에 잡힌 도구일 따름이다. 그러나 아시리아는 자신의 오만함과 무자비함으로 말미암아 정의를 구현하는 대신 가공할 범죄를 저지르고 말았다.

아, 네가 비참하게 되리라, 아시리아야!
나의 분노의 지팡이요, 나의 징벌의 몽둥이였던 너 아시리아,
배신한 민족을 치라고 너희를 보냈고
나를 분노케 한 백성을 치라고 하였더니
마구 빼앗고 모조리 털고
길바닥의 진흙처럼 짓밟으라고 하였더니
너희가 엉뚱한 일을 꾸미고 딴 마음을 품어
무작정 닥치는 대로 나라들을 쳐부술 생각밖에 없구나.
그러고는 고작 한다는 소리가,
"나의 수하 장군들은 모두가 왕이 아니냐?
갈로는 가르그미스처럼 망하지 않았느냐?
하맛도 아르밧처럼 망하지 않았느냐?
사마리아도 다마스커스처럼 망하지 않았느냐?
예루살렘과 사마리아보다도 많은 신상을 만들어놓고
그 신들을 섬기는 나라들을 내가 이미 손에 넣었다.
사마리아와 그 신들도 손에 넣었다.
이제 예루살렘과 그 신상인들 내 손에 넣지 못하랴?(이사야 10:5~11)"

    아시리아의 세력이 절정에 올라 있을 때에 이사야는 아시리아의 몰락을
선포하였다. 그의 예고는 한 고립된 사건의 장래를 내다본 게 아니라 이스라
엘과 다른 모든 민족들을 향한 하느님의 계획과 목적의 한 부분이었다.

    만군의 야훼께서 맹세코 말씀하신다.
    "내가 생각한 대로 반드시 되고
    내가 정한 대로 반드시 이루어진다.
    내가 아시리아를 나의 땅에서 부수고
    나의 산 위에서 짓밟아버리리라.

그가 이스라엘에게 씌운 멍에를 벗겨주고
그가 지운 짐을 어깨에서 풀어주리라.
이렇게 나는 나의 뜻을 온 땅 위에 이루리라.
이렇게 팔을 뻗쳐 모든 백성을 치리라."(이사야 14:24~26)

　　하느님이 당신의 계획을 실천에 옮기시는 그 방법은 인간이 헤아려 알 수
가 없다. 그러나 그분은 당신의 계획을 이루시기 위하여 인간들과 함께 "인
간의 것이 아닌 칼"을 들어 쓰신다.

아시리아는 사람이 휘두르지 않은 칼에 맞아 넘어지리라.
인간이 찌르지 않은 칼에 찔려 죽으리라…
그들이 바위처럼 믿던 왕은 겁이 나 뒷걸음질치고
그 대장들은 겁에 질려 깃발을 버리고 도망치리라.
시온에 불을 장만하신 야훼의 말씀이시다.
예루살렘에 가마를 마련하신 야훼의 말씀이시다…

야훼의 우렁찬 소리가 들린다.
그가 내려치시는 팔이 보인다.
분이 복받쳐 불이 번쩍, 번개가 치고
소나기는 억수로 쏟아지고
주먹 같은 우박이 후려 때린다.
그렇다. 야훼의 목소리에 질려 아시리아는 허둥대리라.
야훼의 몽둥이에 얻어맞으리라.(이사야 31:8~9; 30:30~31)[12]

　　아시리아의 세력이란 것은 허깨비다. "너희가 거룩히 받들어야 할 분은 야
훼, 너희가 두려워하여 떨 분도 그분이다(8:13)." 이사야가 진짜 문제라고 선
포했던 것은 바로 그분에 대한 두려움에 뿌리내린 것이었다.

산헤립의 유다 침공

703년경 산헤립은 군대를 일으켜 질풍 노도처럼 삽시간에 반란군들을 삼켜버렸다. 그는 먼저 므로닥발라단과 엘람인들의 반군을 무찔러 티그리스 동쪽 변경을 평정한 다음 701년에 시리아와 팔레스타인 쪽으로 진군하였다. 막강한 군대가 진격해 온다는 사실 자체만으로도 약소국들은 전전긍긍했다. 대부분의 통치자들은 잽싸게 항복하여 조공을 바쳤고 나머지들은 도망을 쳤다. 에크론의 포위된 마을을 구원하려고 왔던 에집트와 에디오피아의 대군이 산헤립의 군대에 패퇴하였다. 산헤립의 군대는 에집트로 진격하는 대신 반군의 두목 격인 유다로 말머리를 돌렸다. 그들이 유다로 밀고 들어가는 것을 누구도 막을 수 없었다. 이내 유다의 계곡들은 아시리아의 군마와 전차들로 가득 차게 되었고(22:7) 마흔 여섯 개의 요새화된 마을인 팔레스타인 도성들이 친아시리아 왕들 손으로 넘어갔다. 그리고 그곳에 살던 주민들은 포로로 끌려갔다. 산헤립은 유다의 전진 요새인 라기스에 진을 치고는 히즈키야가 항복하기를 기다렸다.

완전한 파멸의 가능성을 눈앞에 둔 히즈키야는 라기스에 있는 아시리아 왕에게 사신을 보냈다. "내가 잘못했습니다. 돌아가 주시기만 한다면 어떤 처벌을 내리시든지 달게 받겠습니다." 산헤립은 예루살렘이 감당하기 힘들 만큼의 재물을 요구하였다(열왕기하 18:14~16). 그런데도 산헤립은 거기서 만족하지 않고 예루살렘을 내놓으라고 했다. 그것은 받아들일 수 없는 요구였다. 히즈키야는, 산헤립이 결코 성을 차지하지 못할 것이라는 이사야의 말에 용기를 얻어 성문을 열지 않았다. 예루살렘은 곧 포위되었다. 산헤립은 히즈키야가 "새장에 갇힌 새"와 같은 신세라고 큰소리쳤다. 그러나 든든히 설계된 예루살렘 성벽은 쉽사리 허물어지지 않았다.

우리는 그 광경을 그려볼 수 있다. 상대방의 사기를 떨어뜨려 성을 정복할 속셈으로 아시리아 왕의 시종 장관은 히즈키야를 대신하여 나온 사절들에게 백성들도 알아들을 수 있는 유다 말로 크게 떠들어댄다. 그는 우선 유다가 에집트의 원병이나 하느님의 보호를 의지할 수 없게 되었다고 주장한다. 에집트란 '부러진 갈대'에 불과하며 하느님께서도 히즈키야가 전국의 신전들을 폐쇄하고 예루살렘 성전에서만 제사를 드릴 수 있게 한 처사에 분개하신다는 것이었다. 나아가서 그는 "그 어느 민족의 신이 아시리아의 왕으로부터 자기 영토를 구하였더냐?"고 큰소리친다. 정복된 다른 민족들의 신처럼 이스라엘의 하느님 역시 아시리아의 세력 앞에서 무력하다는 것이다. 그는 유다에 군마도 없을 뿐더러 있다고 해도 훈련받은 마병이 없어서 무용지물이라고 빈정댄다. 마침내 예언자들의 말을 흉내내어, 이스라엘의 하느님이 산헤립에게 유다를 파멸시키라는 명령을 내린 것이라고까지 한다(열왕기하 18:17 이하; 이사야 36:4 이하). 전쟁에 져서 망하는 것보다 항복하는 게 더 낫다는 것이다.

예루살렘은 절망적인 형편에 떨어진 것 같았다. 이웃의 모든 나라들은 항복했거나 아니면 쑥대밭이 되고 말았다. 시골은 적군의 수중에 떨어졌고 에집트의 원군도 소용이 없게 되었다. 남은 것은 예루살렘뿐이었다. 그 실의와 절망의 순간에 이사야는 야훼께서 아시리아에 대하여 하신 말씀을 선포하였다.

> 시온의 딸, 처녀가 너를 비웃고 멸시하리라.
> 네가 퇴각할 때 예루살렘의 딸이 그 머리를 들리라.
> 네가 누구를 조소하고 비방하였는가?
> 네가 누구에게 큰소리를 쳤는가?
> 이스라엘의 거룩한 이에게 너는 거만한 눈길을 던졌다.
> 너는 특사를 보내어 주를 조소하며 말하였다.
> 내가 나의 병거를 타고 위대한 업적을 이루었노라고,
> 또 높은 산을 정복하였으며
> 레바논의 막다른 봉우리까지 올랐노라고
> 레바논의 우람한 삼목과

가장 훌륭한 잣나무를 내가 베어 제쳤노라고.

레바논의 평온한 안식처, 그 숲과 초원을 내가 다 밟았노라고.

내가 또 외국 땅에서 우물을 파고 그 물을 마셔보았으며

나의 발바닥으로 에집트에 있는 모든 강물의 물을 말렸노라고.

그러나 너는 오래 전에 듣지 못하였느냐?

내가 이룩한 이 모든 업적을.

오래 전에 내가 그 일을 계획하였고

또 지금 내가 그 일을 성취하였으니

견고한 요새는 무너져 한낱 돌무더기에 불과하게 되리라.

그 나라 백성들은 기진맥진하여

실망하고 부끄러움을 당하였다.

그들의 신세는 들의 식물 같고

동풍에 날려가는 지붕 위의 마른풀과 같다.

나는 네가 일어나고 앉는 것,

나가고 들어오는 것을 다 알고 있다.

또한 네가 나를 거역하여 품고 있는 분노와 오만을

나는 일찍부터 알았다.

그러므로 너의 코에 쇠고리를 꿰고

입에 재갈을 물려

네가 왔던 그 길로 되돌려 보내리라.(이사야 37:22~29)

　　이사야의 예언은 기적적인 사건이 일어남으로써 그대로 이루어졌다. 무서운 역병이 아시리아군 진영에 퍼져 떼죽음이 일어났다. 산헤립은 니느웨로 돌아갔는데 거기서 아들들의 손에 살해당했다(열왕기하 19:36~37).[13]

　　701년부터 아시리아 제국이 몰락하기까지 약 4분의 3세기 가량 유다는 계속 아시리아 제국의 속국으로 존속하였고 임박한 정치적 드라마에 휩쓸려 들지 않았다. 산헤립의 아들 에살하똔(681~666 B.C.E.)이 다스리고 있는 동

안 아시리아는 에집트의 영토를 상당히 차지하였고 아슈르바니팔(669~633 B.C.E.)이 다스리던 때에 아시리아의 힘은 절정에 이르렀다.

뒤죽박죽

앞에서 보았듯이 이사야의 주된 관심은 유다의 외교 정책이 아니라 나라의 속사정이다. 그가 활동을 시작할 무렵 나라 살림은 풍요로운 편이었다.

왕은 빈틈없고 사제들은 거만하며 시장은 분주하다. 사람들은 평온하게 행복하게 즐겁게 일을 하고 그들의 방식으로 예배하며 인생은 과연 살 만하다. 그런데 다시 예언자 하나가 등장하더니 으르렁거리며 하느님의 깊은 분노로부터 나오는 쓴말을 토하기 시작한 것이다. 사람들은 사고 팔고 잔치하고 즐거워하건만 이사야는 절망에 빠져 기진맥진이다. 그는 사람들이 보통으로 저지르고 있는 범죄들, 가난한 자를 등친다거나 이방 신들을 섬기는 것 따위를 도저히 그냥 두고 볼 수가 없다. 이전의 예언자들이 그랬듯이 이사야 또한 파멸과 비극을 내다보며 비통한 메시지를 선포한다.

> 그 땅은 은과 금, 그리고 셀 수 없는 보화로 가득 찼습니다.
> 그 땅은 군마와 무수한 병거로 차고 넘칩니다. (이사야 2:7)

그러나 축복이랄 수도 있는 이런 현실이 그에게는 병든 것일 뿐이다.

예언자의 영혼을 괴롭힌 주제는 무엇인가? 그것은 질문이 아니라 쓰디쓴 절규다. 하느님이 지으신 세상은 얼마나 기막히게 아름다운가! 사람이 만든 세상은 얼마나 두려운 세상인가!

신성 모독의 핵은 뒤섞임이다. 예언자의 눈에는 세상이 온통 뒤죽박죽으로 혼미해져 있다. 땅은 하느님의 영광으로 가득 차 있다(6:3). 그러나 그 땅에 우상들이 가득 차 있는 것이다(2:8). 사람은 거만하고 오만하다(2:11). 그러면서도 "자기들의 손으로 만든 것을 예배하고 그 손가락으로 만든 것 앞에

꿇어 엎드린다(2:8)." 그들은 스스로 지혜로우며 많이 안다고 한다(5:21). 그러나 일개 짐승조차 알고 있는 것을, 자기가 누구에게 속해 있는지를 그들은 모른다(1:3).

왕족들은 무뢰배들이다(1:23). 재판관들은 뇌물을 받고 죄인을 죄 없다 하고 무죄한 자에게 유죄를 선고한다(5:23). 그들은 고아를 지켜주지 않고 과부의 송사를 받아들이지도 않는다(1:23). 원로들과 왕족들은 민중을 짓밟고 그들에게서 빼앗은 것으로 저택을 채운다(3:14~15). 이 모든 것에 더하여, 깡패 건달이 귀족 행세를 하고 간사한 자가 고상한 어른이라고 불린다(32:5 참조).

하늘과 땅을 지으신 하느님의 말씀이 나오는 곳인(2:3) 예루살렘이, 그 신성한 예루살렘이 "창녀가 되었고…살인자들의 천지(1:21)"가 되었다. 모양을 새긴 신상과 우상들이 거리에 가득 찼다(10:10~11). 야훼께서 당신의 백성에게 주신 땅이 우상들로 가득 차 있고 인간들은 자기 손으로 만든 것들에게 절을 하고 있는 것이다! 야곱의 집에 "동방의 무당들이 가득 차 있고 불레셋처럼 점쟁이들이 득실거린다(2:6~8)."

예언자는 인간의 끝없는 오만과 하늘 높은 줄 모르는 허장성세에 기가 질려버렸다. 하느님을 기리는 일은 한낱 희망 사항으로 남아 있는데 인간이 만든 물건들은 높이 떠받들려 빛을 내며 심지어 예배를 받기까지 하는 것이다.

> 너희가 어림도 없는 짓을 하는구나.
> 옹기 흙이 어찌 옹기장이와 같은 대접을 받겠느냐?
> 작품이 제작자를 두고
> "그가 나를 만들지 않았다"고 말할 수 있느냐?
> 옹기 그릇이 옹기장이를 두고
> "그의 재주는 형편없다"고 말할 수 있느냐?(이사야 29:16)

야훼의 진노

예언자는 "야훼께서 당신 백성에게 진노하셨음(5:25)"을 알고 있다. 파멸의 환상이 예언자의 마음을 끊임없이 괴롭힌다. 온 세계가 재난의 가장자리에 와 있다. 야훼께서는 뭇 나라를 심판하시려 하고 있으며 그분의 심판은 세계를 뒤흔들 것이다.

> 야훼께서 몸소 먼 곳에서 오신다.
> 노기가 충천하여 위엄을 떨치며 오신다.
> 분함으로 입술을 부르르 떠시며
> 혀에서는 불을 내뿜으신다.
> 휩쓸어가는 산골 물처럼, 목에 받치는
> 거친 숨을 내뿜으며 오신다.
> 몰려온 민족들을 키질하여 날려버리려 오신다.
> 몰려온 백성들에게 재갈을 물려 꼼짝 못하게 하러오신다…
> "내가 악한 세상을 벌하고
> 악인들의 죄악을 벌하리라.
> 잘난 체하는 자들의 자랑을 꺾고
> 우쭐거리는 폭군들을 끌어내리리라.
> 인간을 순금보다도 적게
> 사람을 오빌의 금보다도 드물게 하리라.
> 내가 하늘을 흔들면
> 땅이 진동하여 제자리에서 밀려나리라."
> 그 날은 만군의 야훼께서 노여우시어
> 당신의 분노를 터뜨리시는 날!(이사야 30:27~28; 13:11~13)[14]

하느님이 침묵하실 때에는 인간들이 그분을 모르고도 살아갈 수 있지만 그분이 떨쳐 일어나 세상을 흔드실 때에는 모두가 "그 빛나는 위엄을 피하고 …그 두려운 얼굴을 피하여" 바위굴로 들어가고 땅굴 속에 숨을 것이다 (2:19, 21).

> 이렇듯이 사람이 스스로 낮아졌고
> 인간은 천해졌으니
> 거만한 자의 눈은 숙어지리라.
> 만군의 야훼께서는 그 공평하심으로 인하여 기림을 받으시고
> 거룩하신 하느님은 정의로 당신의 거룩하심을 드러내시리라.(이사야 5:15
> ~16)

하느님의 진노가 얼마나 무섭도록 격렬한가를 이사야는 거듭하여 언급하고 있다. 에브라임을 향하여 하느님의 진노가 이렇게 쏟아부어진다.

> 지푸라기가 불길에 휩쓸리듯
> 검불이 불꽃에 스러지듯
> 너희의 뿌리는 썩고 꽃잎은 먼지처럼 흩날리리라…
> 그래도 진노가 풀리지 않으시어
> 또다시 치려고 손을 드셨다…
> 야훼께서 괘씸하게 여기시어
> 이스라엘의 머리와 꼬리를 자르시고
> 종려나무와 갈대를 하루아침에 찍어내시니…
> 주께서는…고아와 과부들을 불쌍히 여기지 아니하시리라.
> 그들은 모두 불경하여 악을 행하는 자요
> 입으로는 야비한 소리만 뱉으니
> 그의 분노가 어찌 사라지며
> 그 드신 손이 어찌 내려지겠는가!…

만군의 야훼께서 분노하시어 땅이 타오르니
백성은 불길 속에서 사라지는구나.
골육 형제마저 아껴주는 사람 없어
모두들 제 이웃의 살을 뜯어먹네.(이사야 5:24, 25; 9:14~19; 참조, 9:20; 10:4)

하느님의 진노는 냉혹하고 불길하고 무자비하게 현실로 나타난다.
하느님의 엄청난 분노에 대한 예언자의 외침을 들으면 평소에 하느님과 인간을 멸시하고 업신여기던 자라도 두려움을 감추지 못한다.

시온산에서 죄인들이 무서워 떨고
불경한 자들은 겁에 질려 떨리라.
삼킬 듯이 넘실거리는 이 불길을 누가 견디어낼 것인가?
누가 이 영원한 불꽃 속에서 견디어낼 것인가?(이사야 33:14)

그러나 하느님이 파괴적인 힘을 행사하시는 것은 인간을 미워하기 때문이 아니라 의에 대한 그분의 관심과 불의에 대한 그분의 참을 수 없는 마음 때문이다. 인간은 동료 인간에게 얼마나 잔인한가에 대하여 스스로 깨닫지 못하고 있는 것 같다. 하느님의 진노가 그토록 격렬한 것은 인간의 잔인함이 너무나도 극악하기 때문이다.

하늘의 슬픔

그러나 중요한 것은 「이사야」의 첫 장을 여는 말, 예언자의 쓰디쓴 경고의 바탕이 되는 것이 하느님의 분노가 아니라 하느님의 슬픔에 관한 것이라는 사실이다. 예언자는 우리에게, 자식들한테서 버림을 받은 아버지의 처지를 이해하라고 간청하고 있다.

하늘아 들어라, 땅아 귀를 기울여라.
야훼께서 말씀하신다.
"자식이라 기르고 키웠더니
도리어 나에게 반항하는구나.
소도 제 임자를 알고
나귀도 주인이 만들어준 구유를 아는데
이스라엘은 아무 것도 알지 못하고
내 백성은 철없이 구는구나." (이사야 1:2~3)

이사야는 자기 아버지를 버린 자식들에 대하여 한탄하고 있다.

사악한 종자, 부패한 자식들
야훼를 떠나고 이스라엘의 거룩하신 분을 업신여기고
그를 배반하여 돌아섰구나. (이사야 1:4)

그러나 하느님의 상처 입은 사랑에 대한 동정이 그의 온몸을 사로잡고 있다. 위에 인용한 두 문장에 표현된 바 이사야가 느끼는 하느님의 슬픔의 크기는 마침내 그로 하여금, "다윗 왕실은 들어라. 사람들을 성가시게 하는 것도 부족하여 나의 하느님까지도 성가시게 하려는가?"고 부르짖게 한다 (7:13). 왕에게 주는 다른 말에서도 이사야는 하느님의 심사에 대한 자신의 느낌을 피력한다. 노아의 시대에 그러했고 지금도 여전히 그러한 바 하느님의 인내와 오랜 아픔은 이제 그 한계에 도달하였다. 그분은 인간에게 싫증을 느끼신다. 인간의 맹세와 축제와 축의(祝儀)를 증오하신다. 인간은 하느님께 짐이 되었고 슬픔을 안겨줄 따름이다.

무엇하러 이 많은 제물들을 나에게 바치느냐?
나 이제 수양의 번제물에는 물렸고

살진 짐승의 기름기에는 지쳤다.

황소와 어린 양과 숫염소의 피는 보기도 싫다.

너희가 나를 보러오는데

도대체 누가 너희에게 내 집 뜰을 짓밟으라고 하더냐?

더 이상 헛된 제물을 가져오지 말아라.

이제 제물 타는 냄새에는 구역질이 난다.

초하루와 안식일과 축제의 마감 날에

모여서 하는 헛된 짓을 나는 더 이상 견딜 수 없다.

너희가 지키는 초하루 행사와 축제들이 나는 정말로 싫다.

귀찮다. 이제는 참지 못하겠구나.

두 손 모아 아무리 빌어보아라.

내가 보지 아니하리라.

빌고 또 빌어보아라.

내가 듣지 아니하리라.

너희의 손은 피투성이. (이사야 1:11~15)

이사야의 중요한 신학적 명제이기도 한 하느님의 싫증[15]은 그분으로 하여금 인간의 역사에 간섭토록 하는 계기가 된다. 바야흐로 때가 이르매 그분의 분노가 역사에 나타난다.

나는 분노가 치밀어

휘하 정병에게 명령한다.

나의 용사, 나의 자랑스러운 투사들을 부른다. (이사야 13:3)

감정의 정념이 행동의 정념으로 바뀐다. 하느님의 정념은 「이사야」에서 개인의 차원보다 조직과 기구의 차원에서 더 빈번하게 표현되고 있다. 그의 사상에서 중요한 몫을 차지하고 있는 것은 이 세계의 큰 세력들이 하느님의 뜻을 이루는 도구라는 개념이다(참조, 5:26; 7:18; 9:10~11). 하느님의 정념이 감정에서 행동으로 옮겨가는 것이 역사의 구체적 사건을 통하여 표출되고 있다. "아, 네가 비참하게 되리라. 아시리아야! 나의 분노의 지팡이요, 나의 징벌의 몽둥이였던 너 아시리아!(10:5)" 하느님의 정념은 심판의 행위가 된다. "배신한 민족을 치라고 너(아시리아)를 보냈더니…(10:6)."

그분의 진노 속에 슬픔이

이스라엘에 대한 하느님의 사랑은 이스라엘에 대한 당신의 진노 속에서도 울리고 있다. 철없이 구는 것은 "내 백성(1:3)"이다. 야훼께서는 "당신 백성"의 장로와 우두머리들을 재판하신다(3:14). 그분은 용서코자 하시며 그들의 죄를 씻어주고자 하신다(1:18). 그들은 그분의 자녀들이요(1:2), "말을 듣지 아니하는 자식들(30:1)"이다.

하느님은 주인님 이상이신 분이다. 그분은 아버지시다(1:2~4; 30~31). 그러나 당신의 사랑과 측은히 여기는 마음이 넘쳐흐르지만 하느님은, 뇌물에 눈이 어두워 "고아들의 인권을 지켜주지 못하고 과부들의 송사를 외면하는 (1:23)" 지도자들의 부패를 너그러이 봐줄 수가 없다. "너의 은은 찌꺼기가 되었고 너의 포도주는 물이 섞여 싱거워졌구나(1:22)."

> 그런즉, 이스라엘의 강하신 이,
> 주 만군의 야훼께서 말씀하신다.
> "아! 내가 원수들을 속시원히 물리치고
> 적에게 보복하리라.
> 그리고 손을 돌려 너의 찌꺼기는 용광로에 녹여내고
> 납은 모두 걷어내어 너를 순결하게 하리라.
> 내가 너의 재판관들을 그 옛날처럼 다시 세워주고
> 너의 고문관들을 처음과 같이 다시 일으켜주리라.

그제야 너는 '정의의 도시, 성실한 마을'이라 불릴 것이다.
시온은 그 기틀이 바로잡히고
주민은 마음이 바로잡혀 다시 살게 되리라."(이사야 1:24~27)

하느님의 분노 속에는 슬픔이 있다. 하느님의 분노는 정화의 도구요 영원히 계속되지 않는다. "야훼께서는 진정 야곱을 불쌍히 여기시고 이스라엘을 다시 빼내어 고향에 돌아가 자리잡게 하시리라. 정처 없이 떠돌던 사람들이 그들을 따라와 야곱의 집에 몸을 의탁하리라(14:1)." 그분의 자비는 폐기된 것이 아니라 잠시 보류된 것일 뿐이다. 그분의 분노는 한순간이요 영원히 지속되지는 않는다.

너희에게 품었던 노여움은 오래지 않아 풀리라…
내 백성아, 어서 너의 골방으로 들어가거라.
들어가서 문을 꼭 닫아걸어라.
주의 노여움이 풀릴 때까지 잠깐 숨어 있어라.(이사야 10:25; 26:20)

진노는 그분의 기질이 아니다. 타넘어가기를 기다리는 일시적인 마음의 상태다.

야훼께서는 너희에게 은혜 베푸실 날을 기다린다.
너희를 불쌍하게 여기시어 도우러 일어나신다.
야훼는 공평무사하신 하느님!
복되어라, 그분을 기다리는 자여.(이사야 30:18)

이사야는 또한 하느님의 열성을 강조한다. 그것이 "남은 생존자"라는 기적을 설명하는 것으로 이어진다. "살아남은 자들이 예루살렘에서 나오고 난을 피한 자들이 시온산에서 나올 것이다. 만군의 야훼께서 열성을 부어 이 일을 이루시리라(37:32)." 다윗의 왕좌를 세우시어 "그 나라를 법과 정의 위에" 서게 하실 터인즉 "이 모든 일은 만군의 야훼께서 정열을 쏟으시어(9:6)" 이루실 것이다.[16]

하느님에 대한 동정

이사야를 먼저 자극시킨 것은 하느님의 초월적인 신비와 독점에 대한 깨달음과 공포심이다. 그 다음에야 이사야는 하느님의 신성한 상황에 참여하고 동정을 느낀다.[17] 그는 그분을 "왕(6:13)"으로, "주 만군의 야훼" 또는 "이스라엘의 강하신 이"로 옮겨진 "하아돈(ha'adon, 1:24; 3:1; 10:16, 33; 19:4)"으로, "이스라엘의 바위(30:29)"로, "나의 하느님(7:13)"으로, 그리고 "나의 임(5:1)"으로 호칭한다. 호세아에게는 이스라엘이 하느님의 배필이고 이사야에게는 하느님의 포도밭이다. 아모스(1:2; 3:8, 12)나 호세아(5:14; 13:8)와 마찬가지로 이사야도 야훼의 능력을 묘사하기 위하여 사자라는 상(像)을 사용한다.

> 야훼께서 나에게 말씀하셨다.
> "사자와 새끼 사자가 사냥한 것을 물고 으르렁거리다가
> 목동들이 몰려와 고함친다고 해서 겁내겠느냐?
> 소란을 피운들 아랑곳이나 하겠느냐?"
> 만군의 야훼도 이렇게 시온산과 그 언덕에 내려와 싸워주시리라.(이사야 31:4)

하느님에 대한 이사야의 동정은 하느님과 이스라엘 사이의 관계가 악화된 것을 그리는 비유 속에 잘 표현되어 있다.

> 나의 임은 기름진 산등성이에 포도밭을 가지고 있었네.

임은 밭을 일구어 돌을 골라내고
좋은 포도나무를 심었지.
한가운데 망대를 쌓고
즙을 짜는 술틀까지도 마련해 놓았네.
포도가 송이송이 맺을까 했는데
들포도가 웬일인가?
예루살렘 시민들아! 유다 백성들아!
이제 나와 포도밭 사이를 판가름하여라.
내가 포도밭을 위하여 무슨 일을 더 해야 한단 말인가?
내가 해주지 않은 것이 무엇이 있는가?
포도가 송이송이 맺을까 했는데
어찌하여 들포도가 열렸는가?
이제 내가 포도밭에 무슨 일을 할 것인가를
너희에게 알리리라.
울타리를 걷어 짐승들에게 뜯기게 하고
담을 허물어 마구 짓밟히게 하리라.
망가진 채 그대로 내버려두리라.
순을 치지도 아니하고 김을 매지도 않아
가시덤불과 엉겅퀴가 덮이게 하리라.
구름에게 비를 내리지 말라고 명하리라.
만군의 야훼의 포도밭은 이스라엘 가문이요
주께서 사랑하시는 나무는 유다 백성이다.
공평을 기대하셨는데 유혈이 웬 말이며
정의를 기대하셨는데 아우성이 웬 말인가?(이사야 5:1~7)

이 노래에서 예언자는 먼저 자신의 입으로 노래하고(1~2절) 이어서 하느님의 음성으로 노래하다가(3~6절) 다시 자신의 입으로 노래한다(7절). 이 예언자의 말 속에 반영된 그의 자세는 어떠한 것인가?

우선 보이는 것은 하느님을 "나의 임"으로 부르는, 예언자의 하느님에 대한 사랑이다. 그는 백성의 배은망덕을 나무라거나 그들이 맛보게 될 파멸을 마음 아파하지도 않는다. 다만 포도밭에 정성을 쏟았지만 아무 결실도 보지 못한 하느님을 동정한다. 사람들의 비극보다는 하느님의 슬픔이 이 노래의 주제다.

이 노래에는 하느님의 상심과 실망이 부드럽게 암시되어 있다. 그는 하느님이 그토록 좋아했고 희망과 관심을 쏟았던 포도원을 버리시겠다고 하는 대목에 이르러 함께 마음 아파한다. 다른 노래에서 우리는 하느님이 포도원을 지키고 계속 돌보시겠다는 생각으로 기뻐하는, 하느님의 꿈을 읽는다.

> 소담스런 포도밭 노래를 불러라.
> 나 야훼는 포도밭지기다.
> 쉬지 않고 물을 주며
> 잎이 마를세라 밤낮으로 보살핀다.
> 나는 조급하게 생각하지 아니하고
> 가시덤불, 엉겅퀴가 자란다 해도
> 싸움 싸우듯이 모조리 살라버리리라.
> 차라리 나의 힘을 빌어라.
> 거역하지 말고 나와 화목하여라.(이사야 27:2~5)

그분의 백성과 하나가 되어

포도나무를 심고(5:1~7) 당신의 백성을 선택하신 목적은 무엇이었던가? 포도밭에서 거두고자 한 것은 공평과 정의였다. 그러나 거기서 얻은 것은 유혈과 아우성이었고 이에 마음이 상한 하느님은 바야흐로 진노를 폭발시키셨다.

모두들 말과 행동으로 야훼를 거역하고
존엄하신 그의 눈에 거슬리니
예루살렘은 흔들리며, 유다는 쓰러지는구나.(이사야 3:8)

이사야는 양순하고 착한 이들을 옹호하는 한편 무자비하고 조롱하는 자들을 저주한다.

천대받은 자들은 야훼 앞에서 마냥 기쁘기만 하고…
폭군은 없어지고, 빈정대던 자들도 사라지고
눈에 불을 켜고 나쁜 일을 찾아다니던 자들도
간 데 없이 되리라.(이사야 29:19, 20)

하느님과 백성 사이의 관계를 흔들어놓은 것은 지도자들의 도덕적 부패였다. 역시 포도밭 비유에 속한 것으로 보이는 노래에서 이런 구절을 읽을 수 있다.

야훼께서 당신 백성의 장로들과 그 우두머리들을 재판하신다.
"내 포도밭에 불을 지른 것은 너희들이다.
너희는 가난한 자에게서 빼앗은 것을 너희 집에 두었다.
어찌하여 너희는 내 백성을 짓밟느냐?
어찌하여 가난한 자의 얼굴을 짓찧느냐?"(이사야 3:14~15)

그러나 예언자 이사야를 괴롭힌 것은 다른 사람들의 비행만이 아니었다. 그는 자기도 오염된 것을 알고 있다! "나는 입술이 더러운 사람, 입술이 더러운 사람들 틈에 끼여 살고 있구나(6:5)." 더럽다는 것(오염된 것)은 떨어진 상태에 있는 것, 인간이 거룩함으로부터 소외된 상태에 있는 것이다.
동시대인들을 향하여 온갖 악담을 퍼붓는 이사야는, 결국 하느님의 백성이 될(3:12; 참조, 8:10; 7:14) 자기의 동족과 자신을 일치시킨다(1:9). 그의 질책은 동정심의 발로다. 그는 온몸에 상처를 입고 피를 흘리는데 아무도 치료해 주지 않는 상태에 처한 동족을 본다.

> 머리는 상처투성이고 속은 온통 병이 들었으며
> 발바닥에서 정수리까지 성한 데가 없이
> 상하고 멍들고 맞아 터졌는데도
> 짜내고 싸매고 약을 발라주는 이도 없구나.(이사야 1:5~6)

예언자들은 유다의 이웃 나라면서 히브리인에게 적대감을 품고 때로는 경멸적인 태도를 보여주기도 한 모압인들의 오만과 안하무인격 자세를 저주한다(이사야 16:6; 참조, 25:10~12; 예레미야 48:27).[18] 그러나 막상 모압이 침략자의 수중에 떨어졌을 때 이사야는 이렇게 말한다.

> …어찌 모압이 망하는 것을 슬퍼하여
> 모두 함께 애곡하지 않겠는가?…
> 너, 유다는 생각을 모아 결단하여라.
> 대낮에도 밤처럼 너의 그늘을 드리워
> 쫓기는 그들을 숨겨주고 피난민을 가리워주어라.
> 모압에서 쫓겨난 자들을 너와 함께 살게 하고
> 그들의 피난처가 되어 침략자를 피하게 하여라…
> 나 이제 야젤 주민과 함께
> 시브마의 포도덩굴이 죽는 것을 보고 운다.(이사야 16:7; 16:3~4; 16:9; 참조, 15:5)[19]

이사야는 아라비아 부족에 대해서도 비슷한 호소를 하고 있다.

목말라 헤매는 자들에게 물을 가져다주어라.

피난민들에게 먹을 것을 가져다주어라.

그들은 긴 칼, 날선 칼을 피하여

화살이 쏟아지는 위험한 싸움터에서 빠져나온 자들이다. (이사야 21:14~15)

그러나 자기의 동족이 우상숭배에 빠져 "만군의 야훼의 가르침을 저버리고 이스라엘의 거룩하신 말씀을 거역(5:24)" 하는 것을 볼 때 예언자는 동정심 같은 것을 아예 잃어버린 듯하다. 화가 머리끝까지 치밀어 "그들을 용서하지 마소서!(2:9)" 라고 외친다.

이사야의 마음은 돌로 되어 있는 것일까? 자기가 파멸을 예고하는 사람들의 운명에 대하여 불쌍한 마음도 없는 것일까? 사실인즉 예언자의 마음에는 두 가지 동정심이 깃들어 있다. 하느님께 대한 동정과 백성에 대한 동정이 그것이다. 백성을 향해 말할 때의 그는 감정적으로 하느님과 하나가 되어 있다. 하느님 앞에서 환상을 볼 때의 그는 감정적으로 백성과 하나가 되어 있다. "이 백성"을 위협하는 파멸을 예언할 때 그는 항거조로 부르짖는다. "주여, 어느 때까지입니까?(6:11; 참조, 예레미야 4:14; 시편 74:10)"

이스라엘과 다른 민족에게 닥쳐 올 재난을 내다보면서 이사야는 깊은 고뇌 속에 빠져들어간다. 그런 환상을 볼 때 그의 마음은 이러했다.

참혹한 광경을 나는 환상으로 보았다.

배신하던 자가 배신당하고

침략하던 자가 침략당하는구나…

이 몸은 허리가 부들부들 떨리고

해산하는 여인이 몸부림치듯, 아파 견딜 수가 없구나.

너무나 괴로워 아무 것도 들리지 아니하고

너무나 무서워 아무 것도 보이지 않는다.

나의 마음은 갈피를 잡지 못하고 무서워 떨며

나를 쉬게 하던 밤은 도리어 공포를 안겨줄 뿐…(이사야 21:2~4)

빈정거리는 자들의 말보다 더 예언자를 맥빠지게 하는 것은 없다. 예언의 내용이 아무래도 그대로 이루어질 것 같지 않기에 빈정거리는 자의 목소리는 더욱 커진다.

하시고 싶은 일을 어서 해보시오.
거룩하다는 이스라엘의 하느님이여,
당신의 뜻을 빨리 이루어
우리도 좀 구경하게 하시오.(이사야 5:19)

이사야의 동시대인들은 지각이 없고 즐겁기만 하다. 그러나 같은 때에 예언자는 다가오는 야훼의 날을 내다보며 두려움에 떨고 있다. 그 날은 "성벽이 무너지는 날"이며 "나팔소리 진동하여 시끄러운 날"이고 기근과 도망과 포로됨의 날이다. 예언자의 마음은 견딜 수가 없을 만큼 아프다.

그래서 내가 소리쳤다.
"나를 실컷 울게 내버려두어라.
내 백성의 수도가 망하였다고 해서
나를 위로하려 하지 말라."(이사야 22:4)

비록 다가오는 날의 파멸과 재난을 내다보면서도, 이사야는 자비를 탄원하는 것을 중단하지 않는다.

오! 야훼여, 우리를 가련히 여겨 주소서.
우리는 당신만을 바라옵니다.
아침마다 우리의 팔이 되시어

우리를 곤경에서 구해주소서.(이사야 33:2)

이스라엘은 하느님을 버렸다. 그러나 야훼께서는 이스라엘을 버리지 아니하신다. 그들을 포기하지도 아니하신다. 그러나 그들을 구원하기 위하여 먼저 그들의 쇠똥을 녹여버리고 혼합물을 제거해야만 한다(1:25). 그 순화의 과정은 냉혹하고 무서울 것이다. 고통 없이 구원 없다. 야훼께서는 한 민족을 치실 때, 치는 것과 고쳐주는 것을 함께 하신다(19:22). 이를 아는 지식은 마음을 더욱 어둡게 하지 않을 수 없다.

이사야의 환상

우찌야 왕이 죽던 해에 나는 야훼께서 드높은 보좌에 앉아계시는 것을 보았다. 그의 옷자락은 성소를 덮고 있었다. 날개가 여섯씩 달린 스랍들이 그를 모시고 있었는데, 날개 둘로는 얼굴을 가리우고 둘로는 발을 가리우고 나머지 둘로 훨훨 날아다녔다. 그들이 서로 주고받으며 외쳤다.
"거룩하시다, 거룩하시다, 거룩하시다. 만군의 야훼.
그의 영광이 온 땅에 가득하시다."
그 외침으로 문설주들이 흔들렸고 성전은 연기가 자욱하였다. 내가 부르짖었다. "큰일났구나. 이제 나는 죽었다. 나는 입술이 더러운 사람, 입술이 더러운 사람들 틈에 끼여 살면서 만군의 야훼, 나의 왕을 눈으로 뵙다니…"
그러자 스랍들 가운데 하나가 제단에서 뜨거운 돌을 불집게로 집어가지고 날아와서 그것을 내 입에 대고 말하였다. "보아라. 이제 너의 입술에 이것이 닿았으니 너의 악은 가시고 너의 죄는 사라졌다." 그때 주의 음성이 들려왔다. "내가 누구를 보낼 것인가? 누가 우리를 대신하여 갈 것인가?" "제가 있지 않습니까? 저를 보내십시오" 하고 내가 여쭈었더니 주께서 이르셨다.

"너는 가서 이 백성에게 일러라.

'듣기는 들어라. 그러나 깨닫지는 말아라.

보기는 보아라. 그러나 알지는 말아라.'

너는 이 백성의 마음을 둔하게 하고

귀를 어둡게 하며 눈을 뜨지 못하게 하여라.

눈으로 보고 귀로 듣고 마음으로 깨달아

돌아와서 성해지면 어찌 하겠느냐?'

나는 "주여, 어느 때까지입니까?"하고 여쭈었다. 주께서 대답하셨다.

"도시들은 헐려 주민이 없고

집에는 사람의 그림자도 없고

농토는 짓밟혀 황무지가 될 때까지다.

야훼께서 사람을 멀리 쫓아내시고 나면

이 곳엔 버려진 땅이 많으리라.

주민들의 십분의 일이 그 땅에 남아 있다 하더라도

그들마저 상수리나무, 참나무가 찍히듯이 쓰러지리라.

이렇듯 찍혀도 그루터기는 남을 것인데

그 그루터기가 곧 거룩한 씨다." (이사야 6장)

이사야가 받은 지령은 놀라운 내적 모순을 담고 있다. 그는 예언자가 되는 근본적인 목적을 오히려 훼방하고 뒤집어엎기 위하여 예언자가 되라는 소명을 받은 것이다. 동족을 보되 마치 물구나무를 선 듯한 자세로 보라는 그런 명령이었다. 그런 메시지를 받을 때 그는 자신의 보고 듣고 이해하는 능력을 의심하지 않았던가? 그것이 하느님의 말씀이라는 확신을 그는 어디에서 얻었던가? 일반적으로 예언자의 사명은 사람들로 하여금 하느님을 향해 마음을 열고 깨닫고 가까이 가게 하는 것이지 그분께로 돌아서는 것을 훼방하는 것은 아니다.

이사야의 평생 일이 그의 동족을 설득하고 권고하고 감화를 끼치려는 것 아니었던가? 나는 여기서 감히 하나의 가설을 제시코자 한다. 이 까다로운

예언은 그것을 북왕국에 적용시킬 때에만 이해가 될 수 있다는 것이다.[20]

성경에 언급된 형벌은 두 가지 종류가 있다. 육체적인 형벌과 정신적인 형벌이 그것이다. 여기서 이사야가 들은 것은 두 번째 종류의 형벌이다. (북왕국의?) 백성은 하느님을 아는 지식을 박탈당하고 뉘우칠 수 있는 능력까지도 빼앗기게 되어 있다.

역사에 발생하는 어떤 사건들은 인간의 놀랄 줄 아는 감각을 환기시켜 준다. 그러나 역사는 또한 인간의 신앙과 내적인 통찰력을 고갈시켜 버리는 방향으로 흐르기도 한다. 그것은 마치 하느님이 인간의 놀랄 줄 아는 감각을 박탈하고 그의 이해력을 없애버리며 무감각을 신장시키는 것처럼 보인다.

이사야의 머리에 계속 떠오르는 하느님의 말씀은, 백성의 감각을 마비시키라는 것뿐만 아니라 이미 그 백성이 감각의 결핍으로 시달림을 받고 있음을 선언하는 것이기도 하다. 정신적인 박탈이라는 형벌은 그들이 이미 자신의 영혼에 대하여 저질러놓은 바의 확대 아니면 강화에 불과할 것이다. 왜냐하면 마음이 굳어지는 것은 인간 자신의 책임이든지(예레미야 5:3; 이사야 44:18; 즈가리야 7:11~13; 여호수아 11:20; 사무엘상 6:6; 시편 95:8) 아니면 위로부터 내리는 형벌이기 때문이다. 성경에는 사람의 마음을 굳어지게 하시는 하느님에 대한 언급이 여러 군데 있다(309쪽 이하 참조).

터무니없는 무관심

무감각은 주제넘고 제멋대로이다. 그것은 인간의 영혼에 달라붙어 결코 기가 꺾이는 법이 없다. 파국의 날카로운 소리가 허공을 울리건만 사람들은 태연자약, 장가들고 시집가는 일에 요란 법석을 떤다. 오늘을 즐겨라(Carpe diem). 죽음이 장가들 기회를 빼앗아갈는지도 모르니까.

그날, 주 만군의 야훼께서 너를 불러
통곡하고 애곡하며 머리털을 뜯으며

베옷을 입으라고 하시지 않았느냐?

그런데 너희는 도리어 기뻐 날뛰고

소와 양을 잡아 고기를 먹고 술을 마시며

"내일이면 죽을 몸,

실컷 먹고 마시자" 하는구나.

만군의 야훼께서 나의 귀에 일러주셨다.

"이 죄는 너희가 죽기까지

결코 용서받지 못한다.

이는 주, 만군의 야훼가 하는 말이다." (이사야 22:12~14)

징벌과 파국의 위협이 조롱하는 자들을 두려워하게 만들지 못하고 그들이 소중히 여기는 신념들을 거짓과 가짜라고 비난하는 예언자의 목소리도 그들의 자만심을 흔들지 못한다. 경박하기 짝이 없게도 그들은 흰소리를 한다. "재앙은 우리에게 내리지도 않고 우리와 만나지도 않을 것이다(아모스 9:10)."

우리는 죽음과 계약을 맺었다.

저승과 협정을 체결하였다.

부서뜨리는 채찍이 지나가도 우리에게는 미치지 못한다.

거짓말이 우리의 대피소요

속임수가 우리의 은신처다. (이사야 28:15)

임박한 재앙을 앞두고도 고집을 부린다는 것은 비합리적일 뿐만 아니라 불길한 일이다. 사람들은 과연 그의 맹세가 중하다 해서 하느님의 구원하시는 말씀을 끝내 듣지 못하는 귀머거리로 살아갈 수 있는 것일까? 그러한 기질에 대하여 무슨 말로 설명할 것인가?

이스라엘을 당신의 길로 돌아오게 하려고 야훼께서는 백성들을 부르고 은

총을 내리기도 하셨다. 그런데도 "부르면 부를수록 이스라엘은 나에게서 멀어져만 갔다(호세아 11:2)." "악인이 복을 받는다면 세상이 어찌 정의를 배우겠는가? 정직한 세상에서도 속임수만 쓰는 것들, 야훼의 위엄을 아랑곳도 하지 않는다(26:10)." 그래서 그분은 그들을 회개시키려고 징벌을 내리셨으나 아무 효과도 없었다. 사람들은 매를 맞고도 계속 거역하였다(1:5). 그들은 자기네가 맛보고 있는 고통의 의미를 되새겨보려고 하지 않았고 "매를 드신 이에게 돌아오지 아니하고 만군의 야훼를" 찾지도 않았다(9:12; 참조, 10:20).[21] 사마리아의 주민들은 그들에게 내려진 재난을 어떻게 설명했던가? 그들은 하느님과의 관계가 잘못된 데 그 까닭이 있는 것이 아니라 정치를 잘못했기 때문에 비극적 재난이 임한 것이라고 생각했다.

> 교만하여 부푼 마음으로 말하는구나.
> "흙벽돌이 무너지면 다듬은 돌로 쌓고
> 돌무화과나무가 찍혀 넘어지면 송백을 심으리라." (이사야 9:8~9)

동족에 대한 동정심에 사로잡혀 예언자는 불안한 부르짖음을 감추지 않는다. "주여, 어느 때까지입니까?(6:11)" 그러면서도 그는 자신의 가슴 아픈 사명을 실천에 옮기지 않을 수도 없었다.

> 어리둥절 쩔쩔매며 서로 쳐다보아라.
> 앞이 캄캄하게 눈이 멀어라.
> 술소리만 듣고도 취하여라.
> 독주소리만 듣고도 비틀거려라.
> 야훼께서 너를 휘어잡아 얼빠지게 하셨다.
> 너희 예언자의 눈을 감기시고
> 너희 선견자의 머리를 덮어버리셨다. (이사야 29:9~10)

예언자가 만일 하느님의 정념에 흠뻑 사로잡히지 않았다면 어떻게 그런 숙명적인 사명을 감당할 수 있었겠는가? 예언자는 가장 중요한 연설을 하는 중 사람들에게 이렇게 말한다. "이렇듯이 모든 것이 너희에게 계시되었지만, 그것은 밀봉된 책에 쓰어진 말씀과 같다. 글 아는 사람에게 이 책을 읽어달라고 하면 '책이 밀봉되었는데 어떻게 읽겠느냐?'고 할 것이다. 글 모르는 사람에게 이 책을 읽어달라고 하면 '나는 글을 모른다'고 할 것이다(29:11~12)."

그러나 다른 기회에 이사야는 야훼께 자비를 탄원하면서 사람들이 하느님께 바치는 호소를 옮기고 있다.

> 야훼여, 우리는 곤경에 빠져 당신을 찾았습니다.
> 억압받는 고통은 당신께서 내리신 채찍이었습니다.
> 임신한 여인이 몸풀 때가 되어
> 아파 몸부림치며 신음하듯이
> 야훼여, 우리도 당신 앞에서 괴로워하였습니다.
> 우리는 임신한 듯, 해산하듯 몸부림쳤습니다.
> 그러나 우리가 낳은 것은 바람에 불과하였습니다. (이사야 26:16~18)

내 백성이 알지 못하여 포로로 끌려가는구나

이사야의 본디 사명은 그의 동족을 위한 것이다. 세상의 다른 민족들과는 달리 이스라엘은 오만함과 도덕적 부패 때문만이 아니라 우상숭배와 하느님을 저버린 일로 인하여 책망을 받는다. 이사야는 하늘과 땅을 지으신 분을 "이스라엘의 거룩하신 이"라고 부른다. 하느님과 그의 백성 사이에는 특별한 관계가 맺어져 있는데 그 백성이 곁길로 들어선 것이다.

이사야 시대의 종교가 실제로 처한 상황은 무관심, 탈선, 불순종, 회피로 서술될 만한 것이었다. 그런데 이사야는 반역, 거절, 경멸을 말하고 있다.

아! 탈선한 민족, 불의로 가득 찬 백성.

사악한 종자, 부패한 자식들

야훼를 떠나고 이스라엘의 거룩하신 분을 업신여기고

그를 배반하여 돌아섰구나…

만군의 야훼의 가르침을 저버리고

이스라엘의 거룩하신 분의 말씀을 거역하였구나. (이사야 1:4; 5:24)

뉘우침도, 양심의 가책도, 회개도 없다. 있는 것은 교만과 자부심 그리고 자기 만족이다(32:9 이하).

"이스라엘은 아무 것도 알지 못하고 내 백성은 철없이 구는구나(1:3)." 「이사야」는 이 하느님의 불평으로 시작된다. 여기서 우리는 "내 백성은 나를 알지 못해서 망한다(호세아 4:6)"는 호세아의 말을 거듭 듣는다. "내 백성은 지각이 없어 포로가 되고(5:13)." 그들이 알지 못한 것이란 무엇인가?

야훼께서 하시는 일에는 관심도 없으며

그가 손수 이루시는 일은 아랑곳도 하지 않는 자들아! (이사야 5:12)

백성은 그들이 얼마나 병들어 있는지도 모른다. 그들의 지도자란 "지혜 있는 자로 자처하는 자들, 유식한 자로 자처하는 자들(5:21)"이다. 그들의 지혜가 백성을 뒤죽박죽의 혼돈으로부터 지켜주고 있는가?

아, 너희가 비참하게 되리라.

나쁜 것을 좋다, 좋은 것을 나쁘다,

어둠을 빛이라, 빛을 어둠이라,

쓴 것을 달다, 단 것을 쓰다 하는 자들아! (이사야 5:20)

인간의 지혜와 지식은 그들을 교만, 주제넘음, 오만방자함으로부터 구원해 주지 못했다. 이 실패를 보면서 이사야는 인간의 지혜를 말리고 지식을 흔들어버리는 하느님의 뜻을 선포한다.

> 그러므로 나는 놀랍고 기이한 일을
> 이 백성에게 보이고 또 보이리라.
> 지혜롭다는 자들의 지혜가 말라버리고
> 슬기롭다는 자들의 슬기가 숨어버리리라.(이사야 29:14)

남은 자가 돌아오리라

설득하는 말도 파국을 예고하는 위협도 아무 효과가 없을 것이다. 예언자의 말보다 더 큰 무엇, 즉 종말적인 사건만이 오만방자한 인간을 잠잠케 할 것이다.

> 아, 몸서리쳐지는 야훼의 날이 온다.
> "격분과 분노가 치밀어
> 나는 땅을 잿더미로 만들고
> 죄인들을 불살라버리리라…
> 내가 악한 세상을 벌하고
> 악인들의 죄악을 벌하리라.
> 잘난 체하는 자들의 자랑을 꺾고
> 우쭐거리는 폭군들을 끌어내리리라."(이사야 13:9, 11)

만일 인류의 근본적인 고질병이 무감각이라면, 오만함을 멸절시킨다 하여 치료가 될 것인가? 실제로 악의 종식은 종말론적 환상의 한 부분에 불과하다. 고통이 사람을 구원하지는 않는다. 고통은 단지 사람을 구원받을 만한 존재로 만들 뿐이다. 구원의 목적이, "마음이 비뚤어진 자들도 슬기를 깨치고 불평하던 자들도 사람된 도리를 터득할(29:24)" 그런 때가 열리게 하는 것이기 때문이다.

　모든 민족들을 덮은 보자기가 있고 모든 나라들을 가리운 너울이 있다. 그 보자기와 너울은 만군의 야훼께서 시온산 꼭대기에 당신의 백성을 위하여 베푸실 최후의 잔치 마당에서 찢어질 것이다(25:6~7). 무언가 새로운 것이, 성령의 폭발이 구원의 역사를 시작할 것이다.

> 궁전은 버림받고
> 혼잡하던 도시에서는 인기척이 사라지리라.
> 그리하여 도시가 섰던 언덕과 망대가 섰던 자리에
> 동굴만이 남아
> 들노새들이 뛰놀고, 양떼가 풀이나 뜯게 되리라.
> 그러나 마침내
> 하늘의 영기(靈氣)가 우리 위에 쏟아져
> 사막은 과수원이 되고…. (이사야 32:14~15)

　이사야는 인류에게 두 가지 희망을 제시한다. 하나는 즉각적이며 부분적이고 역사적인 것인데, "남은 자들이 돌아오리라!"는 것이다. 다른 하나는 멀고 종말론적인 최후의 것으로서 마지막 날에 세계가 변모하리라는 것이다.

　이사야는 아들의 이름을 스알야숩이라고 지었는데 그 뜻은 인류에 대한 고귀한 희망으로서 하느님이 산 표징으로 보여주시는 바, "남은 자가 돌아온다"는 뜻이다(8:18 참조). "남은 자가 돌아온다, 용사이신 하느님께로. 야곱의 남은 자가 돌아온다. 이스라엘아, 너의 겨레가 바다의 모래 같다 하여도 살아남은 자만이 돌아온다(10:21~22)."

　역사의 시련 속에서 살아남을 사람은 어떤 사람인가?

　…옳게 살고 바른말 하는 사람,

착취로 돈을 벌지 않는 사람,

뇌물을 마다하고 뿌리치는 사람,

살인하자는 소리를 듣지 않으려고 귀를 막는 사람,

악한 일을 보지 않으려고 눈을 감는 사람.(이사야 33:15)

그러나 남은 자가 돌아오리라는 이 희망 너머에 온 세계가 변모하여 새 세계가 되리라는 최후의 희망이 있다.

시온

이사야는 재난이 임박한 것을 알고 있었다. 그러나 동시에 남은 자가 돌아온다는 것, 시온이 끝내 시련을 견뎌내고, 이스라엘을 통하여 시온으로부터 모든 민족을 살리는 구원의 역사가 시작된다는 것도 알고 있었다. 예레미야와는 달리 이사야는 결코 예루살렘의 파멸을 예고하지 않았다.[22]

이사야가 선포한 모든 재난과 파멸의 예언들 위로, 당신의 백성과 시온을 향한 하느님의 끈질기고 사라질 줄 모르는 사랑과 관심에 대한 더욱 강력한 확신이 솟구쳐오르고 있다. 하느님이 이스라엘과 손을 끊는다는 것은 있을 수가 없는 일이다. 분노는 사라져간다. 그러나 당신 백성과 맺은 줄은 결코 끊어지지 않는다. 파멸을 예고하는 예언자의 메시지 속에는 애증이 섞여 있다. 그분은 매를 치시고 상처를 치료하신다(19:22). 예언은 언제나 양극단 사이를 오간다. 그러나 예와 아니오, 분노와 사랑, 파국과 구원 사이의 긴장과 갈등은 하느님이 당신의 백성과 영원히 하나이심을 믿는 확신 속에서 풀어진다. 포로기 이후의 한 예언자가 한 말 속에서 그것을 볼 수 있다. "바빌론에서 살고 있는 시온 백성들아, 어서 도망쳐오너라. 너희를 건드리는 것은 하느님의 눈동자를 건드리는 것이다(즈가리야 2:11~12)."

이사야가 한 말 가운데는 그 어떤 역사적 상황과도 관련이 없는 말들이 있는데, 그것들은 인간의 공적이나 행위와는 상관없이 지속되는 하느님의 당신 백성에 대한 사랑과 관심의 연결을 일러주고 있다.

> 아, 많은 민족이 요란하되
> 뒤설레는 바다처럼 요란하구나.
> 부족들의 아우성 소리,
> 밀어닥치는 물결처럼 소란하구나.
> 하느님께서 호통을 치시니 멀리 도망치는 꼴이
> 산 위에서 바람에 날리는 검불 같고
> 회오리바람에 휘말리는 티끌 같구나.
> 해질 때 갑자기 닥쳐온 두려움이
> 아침 해뜨기 전에 가신 듯 사라진다.
> 이것이 우리를 약탈하던 자가 당할 운명이요
> 우리를 노략하던 자가 받을 몫이다. (이사야 17:12~14)

　계약은 백성하고만 맺은 것이 아니다. 땅과, 예루살렘과, 시온과도 맺어졌다. 장차 올 모든 희망과 환상은 이 장소들과 연결되어 있다.

> 만군의 야훼가 수리처럼,
> 예루살렘 위를 날며 지켜주리라.
> 지켜주고, 건져주고, 아껴주고, 구원해 주리라. (이사야 31:5)

　시온은 하느님이 선택하신 장소일 뿐만 아니라, "그의 백성 중 천민들도 그 안에 피난할 수 있도록 야훼께서 든든히 세우신(14:32)" 곳이다. 뭇 나라에 대한 그분의 모든 계획이 완결되는 곳은 예루살렘과 시온산 꼭대기다(10:12).
　시온은 마지막날에 모든 민족이 하느님의 법도를 세우러 몰려올 장소다.

> 자, 올라가자, 야훼의 산으로…

사는 길을 그에게 배우고 그 길을 따라 가자.
법은 시온에서 나오고
야훼의 말씀은 예루살렘에서 나오느니.(이사야 2:3; 4:5; 33:20; 참조, 미가
4:14; 이사야 40장; 65:18; 즈가리야 2장)

그러므로 주 야훼께서 이렇게 말씀하신다.
"보아라, 내가 시온에 주춧돌을 놓는다.
값진 돌을 모퉁이에 놓아 기초를 튼튼히 잡으리니
이 돌을 의지하는 자는 마음 든든하리라."(이사야 28:16)

유다는 침략자 앞에 무릎을 꿇을 것이다. 그러나 압제의 시대가 끝나면 시
온은 다시 복구될 것이다(16:4).

마구 짓밟던 자들이 이 땅에서 사라질 때
선의를 바탕으로 한 보좌가 서리라.
법을 지키고 정의로 신속히 판결을 내리는 자가
다윗의 장막 안에 있는 그 보좌에
진실한 마음가짐으로 앉으리라.(이사야 16:4~5)

그러나 역시 하느님은 어디까지나 공의로운 하느님이시다. 그분은 단순한
후견자가 아니시다. 그러므로 자신들의 비행을 하느님의 미쁘심에 슬쩍 얼
버무려, "야훼께서 우리 가운데 계시는데 재앙은 무슨 재앙이냐?(미가
3:11)"고 떠들면서 예루살렘은 결코 함락되지 않는다고 생각한 이사야 동시
대인들의 사고방식은 그들의 말대로 "속임수에 은신처를 마련한(28:15)" 것
이었다. "온 세상을 멸하기로 결정하셨다는 말씀을 나는 들었다. 주, 만군의
야훼께서 하시는 말씀을 나는 들었다(28:22)." 야훼께서 몸소 당신의 백성과
싸우실 것이다.

내가 너, 아리엘을 포위하고 치리니…
너는 쓰러져 흙바닥에서 소리를 내리라.
네 말소리는 가늘게 먼지 속에서 들려오리라.
네 소리는 땅에서 나는 혼백의 소리 같겠고
웅얼거리는 네 소리는 먼지 속에서 들려오리라. (이사야 29:2~4)

이스라엘은 적군에게 포위되어 있다. 뭇 나라들이 이스라엘을 멸망시키려고 음모를 꾸미며 작전을 세우고 있다. 그러나,

하늘 옥좌에 앉으신 야훼,
가소로워 웃으시다가
드디어 분노를 터뜨려 호통치시고
노기 띤 음성으로 호령하신다.
"나의 거룩한 시온산 위에
나의 왕을 내 손으로 세웠노라!" (시편 2:4~6)

「시편」의 저자가 표현한 하늘의 비아냥거림이 이사야의 예언에서도 메아리치고 있다.

민족들아, 너희는 결국 실패할 줄 알아라.
먼 데 있는 나라들도 모두 귀를 기울여라.
허리를 동이고 나서보아라, 결국은 실패하리라.
허리를 동이고 나서보아라, 결국은 실패하리라.
아무리 모의를 해보아도 되지 않을 일,
아무리 결의해 보아도 이루지 못할 일,
하느님께서 우리와 함께 계신다. (이사야 8:9~10; 참조, 18:4)

제5장
미가

  이사야와 동시대인이었던 미가는 자신의 사명을, "거역하기만 하는 야곱의 죄상을 밝히고 못할 짓만 하는 이스라엘의 죄를 규탄하는(3:8)" 것으로 분명하게 밝혔다. 그는 예루살렘의 멸망을 예고한 첫 번째 예언자였다. 그가 그 무서운 말을 입밖에 낸 것은 히즈키야가 다스리고 있을 때였다(예레미야 20:17~18 참조).

    보아라, 야훼께서 당신 처소를 나오시어
    이 땅 높은 곳에 내려와 서시니
    산들이 그 발 밑에서 녹고
    골짜기가 갈라진다.
    불 앞에 녹아 내리는 초와 같고
    벼랑에 쏟아져내리는 물과 같구나.
    이 모두가 거역하기만 하던 야곱의 죄 탓이다.
    못할 짓만 하던 이스라엘 가문의 죄 탓이다…
    시온이 갈아엎은 밭이 되고
    예루살렘이 돌무더기가 되며
    성전 언덕이 잡초로 뒤덮이게 되거든
    그것이 바로 너희 탓인 줄 알아라.(미가 1:3~5; 3:12)

우상숭배를 하는 사람들, 자기 손으로 만든 것들을 섬기고 거기에 절하는 사람들, 하느님을 경멸하여 조롱하는 자들, 점을 치는 자들의 죄에 대하여 미가는 암시적으로만 말을 한다. 그의 눈에 치명적인 죄는 바로 도덕적 부패였다. 부자들은 폭력을 휘두르고 주민들은 거짓말을 일삼는다. "거짓말만 내뱉은 도시 놈들아, 말끝마다 사기를 하는 것들아, 들어라(6:12)."

　예언자 미가는 특별히 "야곱 가문의 어른들…과 이스라엘 가문의 지도자들"에게 비난의 화살을 퍼붓는다. 그들이 "정의를 역겨워하고 곧은 것을 구부러뜨리며…백성의 피를 빨아 시온을 세우고 백성의 진액을 짜서 예루살렘을 세웠기(3:9~10)" 때문이다. 그 시온과 예루살렘은 장차 멸망할 것이다.

　거듭하여 그는 지도자들에게 신랄한 비판과 비난을 퍼붓는다.

> 무엇이 바른 일인지 알아야 할 너희가
> 도리어 선을 미워하고 악을 따르는구나!
> 내 겨레의 가죽을 벗기고
> 뼈에서 살을 발라내어
> 내 겨레의 살을 뜯는구나.
> 가죽을 벗기고 뼈를 바수며
> 고기를 저미어 냄비에 끓이고
> 살점은 가마솥에 삶아 먹는구나.(미가 3:1~3)

　여기 오만하게 걸어다니는 자들 한가운데서 예언자는 민족과 함께 지도자들이 재난을 당할 것을 가차없이 예고하며, 그 상처는 다시 낫지 않을 것이며(1:9), 야훼께서 백성을 향하여 재앙을 내릴 것임을 선포하고 있다. "재앙의 때가 가까웠다(2:3)."

　백성의 지도자들은 한다는 짓이,

> …돈에 팔려 재판을 하고

사제라는 것들은 삯을 받고 판결을 내리며
예언자라는 것들은 돈을 보고야 점을 친다.
그러면서도 야훼께 의지하여,
"야훼께서 우리 가운데 계시는데
재앙은 무슨 재앙이냐?" 하는구나!(미가 3:11)

그들은 예언자에게 반박한다. "무슨 소리냐? 그런 말은 지껄이지도 말아
라. 우리가 치욕을 받을 리가 없다(2:6)." 그러나 예언자는 다시 말한다.

너희는 심어도 거두지 못하고…
아무리 먹어도 배부르지 않고…
내가 너희를 멸망시키리니,
사람들은 그 끔찍스런 꼴을 보고 빈정거리며
너희를 조롱할 것이다.(미가 6:14, 15, 16)

미가에게 하느님의 말씀은 쓰기만 하다. 시온과 자기 동족을 사랑한 그는
닥쳐올 일을 환상으로 보며 그 마음이 찢어지는 듯 아프다.

나는 벌거벗은 채 맨발로 돌아다니며
가슴을 치고 울어야겠구나.
여우처럼 구슬피 울고
타조처럼 애처롭게 울어야겠구나…
야훼께서 내리신 재난이
예루살렘 성문에 다다랐다.(미가 1:8, 12)

미가는 자기가 동족에게 예고한 혹심한 형벌이 과연 정의로운 것인가를
의심하지 않는다. 그러나 그는 정의의 이름으로가 아니라 "한결 같은 사랑을

베푸시고…잘못을 용서하시며…거역하는 짓을 눈감아 주시는(7:18)" 하느님의 이름으로 말한다. 야훼의 이름으로 그는 선포한다.

> 내 말을 거스르기만 하는 이 나라들,
> 화가 나고 노여움이 북받쳐 벌하고야 말리라.(미가 5:15)

그러나 그 분노 속에는 일말의 망설임과 슬픔이 스며 있다. 마치 하느님이 당신의 잔혹함과 인간의 잘못을 너그러이 보아주지 못하는 것에 대하여 무슨 구실을 대고 있는 듯하다. 이것이 이스라엘에 재난을 내리는 하느님의 자기 변명이다. 그분은 "부정한 되로 부정 축재한 것들…자루에 엉터리 추를 넣어 가지고 다니며 맞지도 않는 저울을 쓰는 것들(6:10, 11)"을 그냥 두고 볼 수가 없으시다는 것이다.

하느님은 당신의 슬픔과 실망을 백성들에게 토로하신다.

> 잘 들어라. 야훼께서 말씀하신다.
> "일어나 산악을 향해 변명해 보아라.
> 할 말이 있거든 언덕들에게 말해보아라."
> 산악은 야훼의 논고를 들어라.
> 땅의 주춧돌들은 귀를 기울여라.
> 야훼께서 당신의 백성을 걸어 논고를 펴신다.
> 야훼께서 이스라엘의 죄상을 밝히신다.
> "내 백성이라는 것들아, 대답해 보아라.
> 내가 너희를 어떻게 했으며,
> 너희에게 무슨 못할 일을 했느냐?
> 나는 너희를 에집트에서 이끌어냈다.
> 모세와 아론과 미리암을 앞장세워
> 종살이하던 데서 너희를 해방시켰다.

내 백성이라는 것들아,

모압 왕 발락이 꾸민 계략과

브올의 아들 발람이 한 말,

시띰에서 길갈에 이르는 동안에

일어났던 일들을 생각해 보아라.

그래도 이 야훼에겐 아무 잘못이 없다는 것을 모르겠느냐?(미가 6:1~5)

하느님의 음성이 들려온다. "대답해 보아라!" 그러나 아무도 그 소리를 듣는 자 없다. "야훼께서 이 성읍에 외치시는 소리(6:9)"가 울리건만 그러나 도성은 스스로 만족할 따름이다.

예언자는 고독한 사람이다. 그의 선 자리는 너무 높고 그의 덩치는 너무 크고 그의 관심은 너무 치열해서 보통 사람이 그것을 더불어 나눌 수가 없다. 맨꼭대기 봉우리에 살고 있는 그의 하느님밖에는 상대가 없다.

아, 답답하구나.

여름 과일을 따러 나섰다가,

포도송이를 주우러 나갔다가,

먹을 만한 포도송이 하나 얻지 못하고,

먹고 싶던 만물 무화과 하나 만나지 못하듯,

이 나라에선 하느님의 은덕을 보답하는 사람 만날 수 없고

정직한 사람 하나 찾아볼 수 없구나.

모두가 피에 목말라 숨어서 남을 노리고

저마다 제 겨레를 잡으려고 그물을 친다.

몹쓸 일에만 손을 대고

관리들은 값나가는 것 아니면 받지도 않으며,

재판관들은 뇌물을 주어야 재판을 하고

집권자는 멋대로 억울한 선고를 내리는구나.

조금 낫다는 것들이 가시덤불 꼴이요,

조금 바르다는 것들이 가시나무 울타리보다 더하구나.

아, 북녘에서 형벌이 떨어져

이제 당장 혼란이 일어나리라.

이웃을 믿지 말라.

벗이라고 기대지 말라.

네 품에 안겨 자는 아내라고 말을 함부로 하지 말라.

아들이 아비를 우습게 보고

딸이 어미에게 거역하며

며느리가 시어미와 맞서는 세상,

식구끼리 모두 원수가 되었다.

그러나 나만은 야훼를 우러르고

하느님께서 구해주시기를 기다리리라.

나의 하느님께서 내 소원을 들어주시기 바라면서.(미가 7:1~7)

재난을 예고하면서도 미가는 자기가 전하는 말이 동족에게 이로운 것이라고 주장한다. 비록 하느님의 심판을 피할 수도 있을 회개를 입 밖에 내어 호소하지는 않지만 그의 말 속에는 그런 호소가 암시되어 있다. 자기를 반박하여 "그런 소리하지 말라"고 윽박지르는 자들에게 미가는 대답한다.

오, 야곱의 가문이여,

이런 말을 꼭 해야만 하겠느냐?

하느님의 영(靈)이 참을성이 없으시단 말이냐?

이것이 그분의 하시는 일이냐?

나의 말이 올바로 걷는 자에게 유익함이 없단 말이냐?(미가 2:7, 사역)

미가는 파멸을 예고하면서 아울러 구원의 환상을 본다. 하느님은 "남에게 넘겨줄 수 없어 남기신 적은 무리"를 용서하시고 그들의 죄를 "깊은 바다에 쓸어넣으실" 것이며(7:18~19), "사람마다 제가 가꾼 포도나무 그늘, 무화과 나무 아래 편히 앉아(4:4)" 쉬게 될 것이다.

　미가가 우리에게 남겨준 위대한 깨달음들 가운데 하나는 어떻게 하느님의 진노를 받아들이고 견딜 것인가에 대한 것이다. 그분의 진노를 견뎌낼 수 있는 힘은, 우리가 그분께 죄를 지었다는 사실과 그분의 진노가 인간을 영원히 버리심을 뜻하지는 않는다는 분명한 사실을 깨달아 아는 데서 온다. 그분의 진노는 지나가 버리지만 그분의 미쁘심은 영원히 계속된다. 그분의 진노 속에는 연민의 정이 들어 있다. 우리는 쓰러지나 쓰러짐으로써 일어난다. 어둠은 음습한 늪이 아니다. 우리가 어둠 속에 앉아 있을 때 하느님은 우리의 빛이 되신다.

> 원수들아,
> 우리가 이 꼴이 되었다고 좋아하지 말라.
> 지금은 쓰러졌지만, 일어설 날이 온다.
> 지금은 어둠 속에서 새우지만,
> 야훼께서 우리의 빛이 되어주실 날이 온다.
> 우리는 야훼께 죄를 얻었으니,
> 야훼께서 우리를 법으로 다스리시고
> 재판을 내리시기까지
> 그분의 진노를 참고 받아야 한다.
> 그러다가 마침내 우리에게 밝은 세상을 보이시면,
> 그제야 우리는 눈이 열려
> 여태 해오신 일이 옳았음을 알게 되리라.(미가 7:8~9)

　미가는 우리에게 또 다른 위대한 깨달음을 준다. 참된 예배는 어떻게 하는 것이냐는, 종교적 실존에 관한 가장 절박한 질문에 그는 한 개인으로서 일인칭 단수를 사용하여 이렇게 대답하고 있는 것이다.

"높이 계시는 하느님 야훼께 예배를 드리려면,
무엇을 가지고 나가면 됩니까?
번제를 가지고 나가야 합니까?
송아지를 가지고 나가야 합니까?
숫양 몇천 마리 바치면
야훼께서 기뻐하시겠습니까?
거역하기만 하던 죄를 벗으려면,
맏아들이라도 바쳐야 합니까?
이 죽을 죄를 벗으려면,
이 몸에서 난 자식이라도 바쳐야 합니까?"
이 사람아,
야훼께서 무엇을 좋아하시는지,
무엇을 원하시는지 들어서 알지 않느냐?
정의를 실천하는 일,
기꺼이 은덕에 보답하는 일
조심스레 하느님과 함께 살아가는 일,
그 일밖에 무엇이 더 있겠느냐?(미가 6:6~8)

제6장
예레미야

땅은 들어라.
땅은 들어라.
땅은 야훼의 말씀을 들어라. (예레미야 22:29)

예레미야가 예언자로 부름을 받은 것은 B.C. 625년경이었고 그가 활동한 것은 유다 말기의 왕들—요시아(640~609), 여호야킴(609~598), 여호야긴(598~597), 시드키야(597~587)—이 다스리던 때였으며 587년에 예루살렘이 함락된 뒤에도 얼마 동안 계속되었다.

내가 받은 야훼의 말씀은 이러하였다.
"내가 너를 점지해 주기 전에
나는 너를 뽑아 세웠다.
네가 세상에 떨어지기 전에
나는 너를 만방에 내 말을 전할 나의 예언자로 삼았다."
"아, 야훼 나의 주님, 보십시오. 저는 아이라서 말을 잘 못합니다" 하고
내가 아뢰었더니, 야훼께서는 나에게 이렇게 이르셨다.
"아이라는 소리를 하지 말아라.
내가 너를 누구에게 보내든지 너는 가야 하고,
무슨 말을 시키든지 하여야 한다.
사람을 두려워하지 말라.
내가 늘 옆에 있어 위험할 때면 건져주리라.
이는 내 말이라, 어김이 없다."

그러시고 야훼께서는 손을 내밀어 나의 입에 대시며 이르셨다.

"나는 이렇게 나의 말을 너의 입에 담아준다.

보아라! 나는 오늘 세계 만방을 너의 손에 맡긴다.

뽑기도 하고 무너뜨리기도 하고

멸하기도 하고 헐어버리기도 하고

세우기도 하고 심기도 하여라."

야훼께서 나에게 말씀을 내리셨다.

"예레미야야, 무엇이 보이느냐?"

"감복숭아 가지가 보입니다" 하고 내가 대답하였더니, 야훼께서 이르셨다.

"바로 보았다. 나도 내 말이 이루어지는가 이루어지지 않는가를 깨어 지켜 보리라."

야훼께서는 두 번째로 이렇게 말씀을 내리셨다. "이번에는 무엇이 보이느냐?" "부글부글 끓는 솥물이 북쪽에서 쏟아져내리려 하고 있습니다" 하고 내가 대답하였더니, 야훼께서 이르셨다. "이 나라에 사는 모든 사람에게 북녘에서 재앙이 쏟아져내리리라. 이제 나는 북녘의 모든 나라들을 불러오리라. 이는 내 말이니, 잘 들어라. 그 왕들은 몰려와서 예루살렘 성과 유다의 모든 성들을 둘러싸고 예루살렘 성문 어귀에서 항복을 받으리라. 나는 나의 백성이 저지른 모든 죄를 이렇게 심판하리라. 나를 저버리고 다른 신들에게 향을 피워올리며, 저희 손으로 만든 것들을 섬긴 죄를 이렇게 심판하리라. 너는 허리를 동이고, 일어나 나의 백성에게 일러주어라. 내가 시키는 말을 모두 전하여라. 이 백성을 두려워하지 말라. 그러다가 그들 앞에서 오히려 두려워하게 되리라. 유다의 임금이나 고관들, 사제들이나 지방 유지들과 함께 온 나라가 달려들어도 내가 오늘 너를 단단히 방비된 성처럼, 쇠기둥, 놋담처럼 세우리니, 아무리 덤벼도 너를 당하지 못하리라. 내가 네 옆에 있어 도와주리라. 이는 내 말이라, 어김이 없다(예레미야 1:4~19)."

자기 만족과 절망

이사야는 예루살렘에 적군의 습격이 임박하였다고 주장했지만 예레미야는 미가와 함께, 적군이 예루살렘을 장악하고 유다의 모든 요새지들을 삼킬 것이라고 말했다. "북녘에서 재앙이 쏟아져내리리라(예레미야 1:14)." 그들은 유다가 바야흐로 하느님의 보호라는 특혜를 상실했다고 주장했다.

그러나, 예레미야는 재난이 불가피한 것이라고 생각하지는 않았다. 인간의 눈이 먼 상태이긴 하지만 그래도 여전히 회개라는 놀라운 일은 언제나 가능하고 그 회개라는 문을 통과하여 구원의 세계로 들어갈 수도 있는 것이다. 예레미야는 이스라엘 전체를 상대하여 호소하면서 동시에 그 백성 하나하나에게도 호소하였다(18:11).

> 나를 배반하였던 이스라엘아, 돌아오너라.
> …나는 마음이 모질지 못하여
> 너희에게 무서운 얼굴을 못하겠구나.
> 아무리 화가 나도 그 마음을 언제까지나 지니지는 못하겠구나.(예레미야 3:11; 참조, 4:1; 25:5; 35:15)[1]

> 새장에 새를 가득히 채우듯이
> 남을 속여 약탈해 온 재산을 제 집에 채워
> 벼락부자가 되고 세력을 휘두른다.
> 피둥피둥 개기름이 도는 것들,
> 못하는 짓이 없구나.
> 남의 권리 같은 것은 아랑곳없다는 듯
> 고아의 인권을 짓밟고
> 빈민들의 송사를 공정하게 재판해 주지도 않는다.(예레미야 5:27~28)

휘황찬란한 예루살렘과 백성들의 범죄를 보면서, 그리고 그들에게 갚아야 할 빚이 엄청난 사실을 알고 예레미야의 가슴은 아팠다. 야훼의 참혹한 심판이 가해질 것이다. 그분은 이제 비켜서지 아니하실 것이다. 당신의 백성에게 가혹한 심판을 내리는 것이 하느님께도 쉬운 일은 아니었다. 백성들을 모조리 심판하시기보다는 그들을 순화시키려는 것이 그분의 의도였다.

나 만군의 야훼는 말한다.
나의 이 백성을 도가니 속에서 녹여 시험해 보리라.(예레미야 9:6)

그러나 그들을 순화시켜 보려는 모든 시도는 물거품이 되었다.
백성들은 예언자의 경고를 듣기는커녕 오히려 빈정거렸다.

예언자들이란 공연히 지껄이는
바람 같은 것들!
그런 벌은 저희나 받으라지….
야훼는 그럴 분이 아니다.
우리가 재앙을 당하다니
전쟁과 기근을 당하다니, 그럴 리 없다.(예레미야 5:13, 12)

실로 그들은,

하나같이 말을 듣지 않는 것들,
남을 모함이나 하며 돌아다니는
철면피들이라.
모두들 썩었다.
아무리 풀무를 부쳐도
도가니가 제 구실을 못하여

> 납 찌꺼기가 녹지 않듯이
> 나쁜 자들이 떨어져나가지 않는다.
> 그런 자들을 야훼는 버리신다.
> 그러니 "내버린 은"이라고 불러주어라. (예레미야 6:28~30)

예레미야의 마음은 아프고 황량했다. 그의 꿰뚫어보는 눈에는 성벽이 휘청거리는 것만 같았다. 이제 닥쳐올 그날은 무서운 날일 것이다. 그는 백성들에게 뉘우치고 회개할 것을 권고하고 호소했지만 쓸데없는 일이었다. 그는 절규하며 울었다. 그러나 여전히 남는 것은 그 마음 속 깊은 곳의 두려움뿐이었다.

진노의 시대

하느님의 진노와 임박한 파멸을 알리는 말은 다른 어느 예언자들보다 예레미야의 예언에 더 빈번하게 그리고 더 강하게 등장한다. 이 때문에 가끔 예레미야는 진노의 예언자라는 말을 듣는다.

그러나 예레미야가 진노의 시대에 살았다고 말하는 것이 좀더 그럴 듯할 것이다. 그와 동시대에 살던 사람들은 때의 징조를 알지 못했고 하느님이 어떻게 그때에 당신을 나타내실 것인지를 모르고 있었다. 그들은 때에 대하여 관심이 없었다. 그러나 예언자는 그의 때에 책임을 져야 하고 그 순간에 나타나는 것을 열어보여야 한다. 예언자란 그가 살고 있는 시대가 어떤 시대인지를 아는 사람이다. 예레미야에게 그의 때는 비상하게 절박한 때요 대이변의 사건이 임박한 때였다.

> 너희는 머리채를 잘라버리고
> 언덕 위에 올라가 만가나 읊어라.
> 그 하는 짓이 노여우시어

야훼께서는 이 세대를 내던지셨다.(예레미야 7:29)

예레미야는 동족에게 무시무시한 말을 마구 토하여 하느님의 진노를 일으킨 잘못을 세차게 나무랐다. 전의 예언자들에게서는 들어보지 못하던 강렬한 어투였다(참조, 7:18~19; 11:17~18; 25:6; 44:3~8).

"이스라엘 문중과 유다 문중은 젊었을 때부터 내 눈에 거슬리는 일만 하여왔다. 이스라엘 문중은 제 손으로 우상을 만들어 내 속을 썩였다…이 성은 설 때부터 이 날까지 내 가슴에 불을 질러 분통을 터뜨렸다(32:30, 31)." 예언자가 선포한 하느님의 말씀은 무자비할 정도다. "나 야훼가 선언한다. 나는 사람과 짐승, 들에 서 있는 나무, 땅에 서 있는 곡식을 가리지 않고 이 땅 위에 나의 맹렬한 진노를 쏟으리라. 아무도 타오르는 나의 분노를 끄지 못하리라(7:20)."

야훼의 분노가 폭풍처럼 터져나온다.
태풍처럼 악인들의 머리 위를 휘몰아친다.
마음대로 다 하신 다음에야
야훼의 분노는 가라앉을 것이다.
훗날 그때가 되어야
너희는 눈이 열려 깨달을 것이다…
뭇 민족을 멸망시키러 사자가 수풀에서 뛰쳐나온다.
온 세상을 끔찍스런 곳으로 만들려고
사자가 있던 데서 뛰쳐나온다.
너희의 성읍들은 헐려 무인지경이 될 것이다.(예레미야 23:19~20; 4:7; 참조, 30:23~24; 5:6)

마침내 그날이 오면,

이 백성의 주검을 공중에 나는 새가 쪼아먹고 맹수가 뜯어먹어도 지켜주는 사람마저 없을 것이다. 유다의 성읍들과 예루살렘 거리거리에서 신랑 신부의 함성, 기쁘고 즐거워 부르는 노랫소리가 사라지게 하리니 온 나라는 폐허가 되리라.…예루살렘도 돌무더기로 만들어 여우의 소굴로 만들리라. 유다의 성읍들을 쑥밭으로 만들어 아무도 살지 못하게 하리라.(예레미야 7:33 ~34; 9:10)

하느님의 이스라엘 사랑

이스라엘에 대한 하느님의 사랑은 호세아와 이사야가 그랬듯이 예레미야가 동족의 가슴에 새겨두고자 했던 이스라엘 민족의 성스런 확신이었다.

나 야훼가 선언한다.
칼부림에서 빠져 나온 백성이
사막에서 나의 은혜를 입었다…
나는 한결같은 사랑으로 너를 사랑하여
너에게 변함없는 자비를 베풀었다.(예레미야 31:2, 3)

하느님과 이스라엘이 만난 것은 사랑 안에서였다.

야훼께서 나에게 이런 말씀을 내리셨다.
"예루살렘에 가서 거기에 사는 사람들에게 똑똑히 일러주어라.
'나 야훼가 하는 말이다.
씨 뿌리지 못하는 땅 사막에서
나를 따르던 시절,
젊은 날의 네 순정,
약혼 시절의 네 사랑을 잊을 수 없구나.

이스라엘은 나에게 깨끗이 몸바쳤었지.
소출 가운데서도 맏물이라,
집어먹고는 아무도 죄를 면치 못하여
재앙을 당하고야 말았다.
이는 내 말이니 잘 들어라.'"(예레미야 2:1~3)

"아버지! 하느님 그분을 이보다 더 거룩한 이름으로 부를 수 있을까"라고 워드워즈는 말했다. 자식. 하느님이 우리를 부르시는 호칭에 이보다 더 자상한 것이 있을까! 이스라엘의 실책에도 불구하고 하느님의 음성은 단호하다.

나는 이스라엘의 아비요
에브라임은 나의 큰아들이다.(예레미야 31:9)

에브라임은 "값진 아들" 또는 "사랑하는 자식"이다. 그 자식에게 거는 하느님의 기대는 이러했다.

나는 너를 아들로 삼아
기름진 땅을 주고 싶었다.
뭇 민족 가운데서도 너에게 가장 아름다운 유산을 주고 싶었다.
나를 아비라 부르며
행여 나를 떠나지 않기를 바랐다.(예레미야 3:19; 참조, 3:4)

호세아를 좇아 예레미야도 하느님과 이스라엘의 관계를 결혼에 비유하여 표현했다. "나는 그들을 아내로 삼았지만 그들은 나와 맺은 계약을 깨뜨리고 말았다(31:32)."

남편을 배신하는 여자처럼

너 이스라엘 가문은 나를 배신하였다…

남편에게 소박맞은 아내가

다른 사나이를 찾아갔으면,

본남편이 그 여자를 다시

아내로 맞을 수 없는 법이다.

그랬다가는 이 땅이 부정을 탄다.

그런데 너는 수많은 정부와 놀아나고서

나에게 돌아오겠다니, 될 법이나 한 말이냐?

이는 내 말이니, 잘 들어라.

벗겨진 산 위를 쳐다보아라.

네가 놀아나느라고 몸을 더럽히지 않은 곳이 어디 있느냐?

사막에 숨어 있는 아랍인들처럼

너는 한길가에 앉아 정부들을 기다렸다.

네가 음란을 피우며 사악하게 구는 바람에

이 땅은 부정을 타서

소나기가 멎고,

봄비도 내리지 않게 되었다.(예레미야 3:20, 1~3)

내면의 긴장

예레미야는 하느님의 내면에서 소용돌이치고 있는 극적인 긴장을 그려내었다. 소돔의 파멸을 앞두고 아브라함이 하느님과 말씨름을 했듯이 예레미야도 유다에 심판이 떨어지지 않게 되기를 바라는 하느님의 마음을 표현해놓고 있다.

예루살렘 거리를 돌아다니며

너희 눈으로 찾아보아라.

장마당마다 찾아다녀 보아라.

바르게 살며 신용을 지키는 사람이

하나라도 있으면

나는 예루살렘을 용서하리라. (예레미야 5:1)

　그들의 죄 탓으로 땅이 황폐하게 될 것이다. 그렇지만 그 심판은 역시 최후의 심판자이신 하느님께도 가슴 아픈 것이 아닐 수 없다. 예레미야는 당신의 심판이 어쩔 수 없는 것임을 변명하시는 하느님의 모습을 전달코자 했다. 속마음의 흔들림을 드러내는 하느님의 말씀이 예언자의 입을 통하여 들려온다.

너 예루살렘이 이 모양인데 어떻게 용서해 주겠느냐?

너의 자식들은 나를 저버리고

신 아닌 것을 걸어 맹세하였다.

배불리 먹여놓았더니

간음이나 하고, 창녀집에나 몰려다니는구나.

먹음새 좋은 말이 성욕이 동하듯

남의 아내를 후리려고 힝힝거리는구나!

그러는데 내가 벌하지 않고 내버려두겠느냐?

내가 똑똑히 일러둔다.

이런 족속에게 분풀이를 않고 내버려둘 수는 없다…

남의 권리 같은 것은 아랑곳없다는 듯

고아의 인권을 짓밟고

빈민들의 송사를 공정하게 재판해 주지도 않는다.

이런 짓을 보고도 나더러 벌하지 말라고 하느냐?

이따위 족속에게 어찌 내가 분풀이를 하지 않겠느냐?…

독약 묻은 활촉 같은 혀를 놀리는 것들,

입에 담는 것은 남을 속이는 말뿐이다.
이웃을 보고 "안녕하시오?" 하면서
속으로는 올가미를 씌우는 것들,
이렇게 못되게 구는데, 어찌 벌하지 않고 내버려두겠느냐?
내 말이니, 잘 들어라.
이런 족속을, 내가 어찌 분풀이하지 않고 내버려두겠느냐?(예레미야 5:7~9,
28~29; 9:7~8)

"야훼는 심판할 수밖에 없다는 결단을 자기 자신으로부터 끌어낸다. 그는
일단 용서하고자 했다. 사람들을 훈련시키는 한 방도로 그렇게 하려고 시도
했었다. 지금은 더 이상 용서할 수가 없다. 스스로 앙갚음을 해야 한다.…그
는 속았고 공격당했고 배신당했다. 그것은 그분의 것이다. 거기에 스스로 가
담하지 않을 수 없는."[2]

야훼의 슬픔과 분노

이스라엘은 큰 소망이었다. '첫 열매'는 축복된 추수의 시식(試食)이었
다.[3] 그러나 세월이 흐르면서 하느님의 소망은 산산히 부서졌다. 인간들이
구원자를 저버리고 그 대신 '자기 손으로 만든 것들'(1:16)을 섬겼다. 「예레
미야」를 관통하여 하느님의 고통과 실망이 울리고 있다. 당신의 백성에게 그
토록 저자세로 호소한다는 것이, 하늘과 땅을 지으신 이로서 얼마나 엄청난
역설이란 말인가?

나, 야훼가 말한다.
나에게 무슨 잘못이 있다고
너희 조상은 나를 멀리하였더냐?
너희 조상은 허수아비를 따르다가

허수아비가 되지 않았더냐?(예레미야 2:5)

하느님의 말씀 속에는 우울한 심장이 고동치고 있다. "내 백성은 나를 잊었다(18:15).", "그들은 나를 버렸다(2:13; 참조, 1:16; 2:17, 19; 3:21; 5:7; 13:25; 16:11; 17:13; 19:4)."

하늘과 땅의 주인이신 야훼께서 이스라엘을 '내 백성', 나의 사랑스런 백성'(밧아미, bath 'ami)이라고 불렀을 때 그 말투에 얼마나 은밀한 자상함과 말못할 애정이 깃들어 있는가?

> 내 백성은 참으로 어리석구나.
> 이렇게도 나의 속을 모르다니.
> 미련한 자식들
> 철없는 것들.(예레미야 4:22)

"내 백성은…흩어진 양떼처럼 되었다(50:6)." "내 백성을 칠 목자들에게…말한다. 내 양떼를 돌봐야 할 너희가 도리어 흩뜨려서 헤매게 하니…(23:2)." 거짓 예언자들이 '내 백성의 상처를 건성으로 치료해 주면서 '괜찮다, 괜찮다' 하는구나(6:14)." "나의 회의에 참석했더라면 내 말을 내 백성에게 전할 수 있었으리라(23:22)." 그들은 "내 백성을 속여 내 이름을 잊게 할 속셈이다(23:27)." 그리고 "거짓말로…나의 백성을 속이는데…(23:32)."

불쌍히 여기는 순간들이 있는가 하면 분노하는 순간들도 있었다. 그러나 이스라엘에 대한 하느님의 애착은 영원하다. 축복이 선포될 때(12:1, 16; 30:3)에도 이스라엘은 '내 백성'이었고 그들의 사악함이 정죄받고(7:12) 심판과 형벌이 언도될 때에도 역시 '내 백성 이스라엘'이었다. 이스라엘의 적군을 두고 하느님은 "그들이 내 백성을 멸시하였다(33:24, 사역)"고 말씀하셨다.

하느님의 징벌은 그분의 진노만큼이나 크다. "굶어 죽고 칼에 맞아 죽은 백성들의 시체가 예루살렘 거리에 널려 있어도 묻어 줄 사람이 없으리라 (14:16)"고 다가오는 재앙을 선포함과 동시에 예언자는 다음의 말도 전하라는 명령을 받는다.

> 너는 이런 말을 백성에게 일러주어라.
> "내 눈에서는 밤낮으로 눈물이 흘러
> 울음을 그칠 수가 없구나.
> 처녀 같은 내 딸, 이 백성(bath 'ami)이
> 심하게 얻어맞아
> 치명상을 입었다…." (예레미야 14:17)

거듭거듭 예언자는 당신의 사랑하는 백성에게 주시는 하느님의 말씀을 전달한다. 한탄하라, 비탄하라, 슬퍼하라, 애곡하라. 예언자들은 신중함 때문에 그 말씀이 담고 있는 의미를 명쾌하게 말하지 않았다.─내 백성아, 나를 위해서도 울어주려무나…[4]

> 야훼의 말이다….
> "내 딸, 내 백성(bath 'ami)아
> 상복을 입고
> 재를 뒤집어쓰려무나.
> 외아들을 잃은 어미같이 곡을 하고
> '침략자들이 이렇게 들이닥치다니!' 하며
> 창자가 끊어지도록 목놓아 울어보려무나." (예레미야 6:22, 26)

이 말씀 속에는 드러나게 발음되지는 않았지만 하늘의 측은히 여기는 정념이 스며 있다. 하느님이 스스로 슬피 울고 계신 것이다. "야훼께서 말씀하신다. '보아라, 내가 세운 것을 내가 무너뜨리며 내가 심은 것을 내가 뽑으며

…' (45:4, 사역)" 하느님의 슬픔은 거듭거듭 그 표현의 도가 높아간다.

나는 나의 백성을 버렸다.
내 것으로 삼았던 이 백성을 물리쳤다.
내가 진정 귀여워하던 백성을
원수들의 손에 넘겨주었다.
내 것으로 삼았더니
이 백성은 숲에 있는 사자처럼 나에게 달려들었다.
으르렁거리며 달려들었다.
그래서 나는 그것들을 나의 원수로 돌렸다.
내 것으로 삼았던 이 백성
매들에게 둘러싸인 알록달록한 새와 같다.
들짐승들은 다 모여오너라.
몰려와서 실컷 먹어라.
목자들이 무리지어 밀려와서
너의 포도밭을 망가뜨리고 밭곡식을 짓밟았다.
내가 소중히 여기던 이 밭을
허허벌판으로 만들어놓았다.
보기에도 삭막한
허허벌판으로 만들어놓았다.
그래서 온 땅이 쑥밭이 되었는데
걱정하는 사람 하나 없구나.
사막의 고원 지대를 떠돌아다니던
도둑들이 쳐들어왔다.
내가 싸움을 일으킨 것이다.
땅끝에서 땅끝까지 휩쓸어
살아 움직이는 것은 모두 떨고 있다.

내 백성이 밀을 심었으나

거두려고 보니 가시풀뿐.

공연히 애만 쓴 꼴이 되었다.

내가 분노를 터뜨리는 바람에

소출을 거두지 못하고 어이없는 꼴을 당하였다…

나 야훼가 말한다.

라마에서 통곡 소리가 들린다.

애절한 울음 소리가 들린다.

라헬이 자식을 잃고 울고 있구나.

그 눈앞에 아이들이 없어

위로하는 말이 하나도 귀에 들어가지 않는구나.

이 야훼의 말을 들어라.

울음을 그치고 눈물을 거두어라.

애태운 보람이 있어

자식들이 적국에서 돌아오리라.

이는 내 말이라. 어김이 없다.

밝은 앞날이 너를 기다리고 있다.

내가 분명히 말한다.

너의 자식들이 고향으로 돌아오리라.(예레미야 12:7~13; 31:15~17)

　이스라엘의 재난은 인간만의 비극이 아니었다. 이스라엘의 재난에 하느님의 불행이 수반되었다. 그분이 당신 자리에서 밀려나고 땅에서 정처 없이 헤매게 되었던 것이다. "우리를 구하소서"라고 부르짖은 예언자의 기도 속에는 인간의 운명만 포함되어 있는 게 아니었다. 당신의 백성과 관계를 맺으시는 하느님의 운명도 포함되어 있었다. 이스라엘의 버림받음은 인간에게만 상처를 입힌 게 아니라 하느님께도 모욕이었다. 그리하여 소외당하고 고통을 받고 공격을 받았다고 생각하시는 하느님은 이렇게 말씀하신다.

내가 너희 이스라엘이 살 수 없는
사막이라도 되었단 말이냐?
흑암의 땅이라도 되었단 말이냐?
너희가 내 백성이면서도
"마음대로 살겠습니다.
당신께로 돌아가지 않겠습니다."
하니, 어찌 이럴 수가 있느냐?
처녀가 노리개를 잊을 수 있느냐?
새색시가 각시 띠를 잊을 수 있느냐?
그러나 나의 백성은 아득한 옛날에
이미 나를 잊어버렸다.(예레미야 2:31~32)

이스라엘의 한복판에 거하셨던 야훼께서 당신의 거처를 포기하셨다. 그러나 이스라엘이 그분의 집이 되어 드리지 못하고 만다면, 그러면 하느님은 이세상에서 달리 거하실 곳이 없는 신세라고 우리는 말할 수 있다. 그분은 당신의 백성을 완전히 떠나지는 않을 것이다. 그 대신 그들 가운데 뜨내기처럼, 나그네처럼, 사람을 구하는 당신의 능력을 짐짓 감추고, 머무실 것이다. 그것은 마치 하느님이 당신 자신과 씨름을 하시는 것 같기도 하다.

이스라엘이 믿고 바라는 이여,
어려울 때 이스라엘을 구해주시는 이여,
어찌하여 이 땅에서 나그네처럼 행하십니까?
하룻밤 묵으러 들른 길손처럼 행하십니까?
어찌하여 갑자기 뒤통수를 얻어맞은 사람처럼 되셨습니까?
제 나라도 구하지 못하는 장군처럼 되셨습니까?
야훼여, 주께서는 우리 가운데 계시는 분,
우리는 주의 이름으로 불리는 백성이 아닙니까?

그러니 우리를 저버리지 마십시오.(예레미야 14:8~9)

참화가 닥쳤을 때, 죽음이 거리에서 놀던 아이들과 장터의 젊은이들을 모두 잡아갔을 때(9:20), 하느님은 백성들에게 목놓아 슬피 울라고 하신다(9:9).

> 나 만군의 야훼가 이른다.
> 곡하는 여인들을 어서 불러오너라.
> 넋두리 잘하는 여자들을 불러 부탁하여라.
> "지체말고 구슬픈 노래를 불러주오.
> 눈에서 눈물이 쏟아지고
> 눈시울에 눈물이 방울져 내리도록!"(예레미야 9:16~17)

"나 만군의 야훼가 이른다…지체말고 구슬픈 노래를 **불러주오**." 이 하느님의 말씀은 이스라엘을 위하여 애가를 부르라는 뜻인가? 아니면 당신을 위하여 부르라는 뜻인가? 이제 곧 참화가 닥칠 터이니 울고 슬퍼하고 애곡하라는 하느님의 음성은 그 자체로서 또한 슬프고 울음 섞인 음성인 것이다.

> 오, 야훼여. 주님은 저를 속이셨습니다(deceived me).
> 저는 속았습니다.
> 주님은 저보다 강하십니다(stronger than I).
> 그래서 주님이 이기셨습니다.(예레미야 20:7, 사역)

흔히들 이 대목을 이렇게 번역하고 있는데 이는 본문의 뜻을 잘못 파악하여 예레미야로 하여금 졸렬한 잔소리("주님은 저보다 강하십니다")를 하게 만든 것이다. 예레미야의 부르짖음을 좀더 정확하게 옮긴다면 이렇게 될 것이다.

오, 야훼여. 주님은 저를 꾀어내셨습니다(seduced me).

저는 꾐에 넘어갔습니다.

주님은 저를 강탈하셨습니다(raped me).

저는 당했습니다.(사역)

이 특이한 고백의 의미는 많은 주석가들이 잘 살펴보지 못한, 각 단어들의 특별한 의미를 찾아볼 때 분명해진다. 이 구절의 특색은 '파타'(patah)와 '하자크'(ḥazak)라는 두 동사의 사용에 있다. '파타'는 성경에서 여자에게 결혼 전에 성행위를 승낙하도록 설득, 유도하는 것을 의미할 때 사용된다(출애굽기 22:15; 참조, 호세아 2:16; 욥기 31:9). '하자크'는 여자에게 혼외정사를 강요하는 것으로서, 그녀의 의사에 반(反)하여 이루어지는 것을 뜻할 때 사용된다(신명기 22:15; 참조, 판관기 19:25; 사무엘하 13:11). '파타'는 유혹 또는 여자 후리기를 뜻하고 '하자크'는 강간을 뜻한다. 유혹은 폭력을 수반하지 않는다는 뜻에서 강간과 다르다. 유혹을 받는 여자는 승낙을 한다. 그 승낙이 유혹자의 어떤 미끼 때문일 수도 있지만 하느님이 자기의 인생에 어떤 강제력을 행사하셨음을 표현하는 예레미야의 단어들은 유혹과 강간을 말하는 성경의 법률적 술어와 일치한다.[5]

이 두 술어가 나란히 사용되고 있는 것은 하느님-인간의 관계가 지니는 복합성을 여실히 보여주고 있다. 유혹의 달콤함과 강간의 난폭함이 그것이다. 호세아처럼 하느님과 이스라엘의 사이를 사랑의 관계로 생각한 예레미야는 자신과 하느님의 관계도 똑같이 해석하였다. 이 해석은 자신이 경험한 바에 대한 예언자의 이해의 양면성을 은연중에 보여준다.

예언자가 되라는 소명은 단순한 초청 이상이다. 그것은 무엇보다도 유혹받고 승낙하는 혹은 기꺼이 몸을 허락하는 그런 것이다. 그러나 이런 매력 있는 부분은 예언자가 경험한 것의 한쪽일 뿐이다. 이번에는 폭력에 의하여 강탈을 당하고 자신의 의사에 반하여 막강한 힘 앞에 무릎을 꿇고 마는 그런 국면이 있다. 예언자는 하느님의 유인과 강제, 호소와 억지, 매력과 억압을 함께 느낀다. 그는 자발적인 동조와 강요된 굴복, 이 둘을 함께 의식하고 있는 것이다.

예언자의 의식 속에 자리하고 있는 이 변증법은 우리의 분석 작업에서 채택한 접근 방식을 그대로 환기시킨다. 객관적으로 볼 때, 한편에는 예언자를 흥분시키고 끌려들게 한 하느님의 정념이 있고 다른 편에는 예언자를 막무가내로 강제하는 무제한적인 힘이 있다. 주관적으로 보면, 결과적으로 설득에 동의하여 자발적으로 응답하는 면이 있는가 하면 하느님의 압도하는 힘에 어쩔 수 없이 끌려가는 듯한 면이 있다. 동족의 파멸을 예언하는 사람은 그 자신의 즐거움을 박탈당할 뿐만 아니라 동시대인들의 증오와 폭행을 유발시킨다. 눈에 보이는 재앙, 다가오고 있는 재난은 그의 영혼을 거의 부숴버릴 지경이다.

그러나, 예언자 예레미야의 인생이 온통 비참하고 긴장되고 억눌리기만 한 것은 아니었다. 그는 또한 하느님과 혼인 서약을 맺는 축복, 그분의 신부가 되는 '기쁨과 즐거움'을 잘 알고 있었다.

> 말씀 내리시는 대로 저는 받아 삼켰습니다.
> 만군의 야훼 하느님,
> 이 몸을 주님의 이름으로 불러주셨기에
> 주님의 말씀이 그렇게도 기쁘고
> 마음에 즐겁기만 하였습니다. (예레미야 15:16)

'기쁨'과 '즐거움'이란 단어는 「예레미야」에 네 번 더 등장하는데 언제나 혼인 잔치와 연관되어 있다(7:34; 16:9; 25:10; 33:11). 상대방의 이름으로 불린다는 것은 약혼의 표시다. 결혼하지 않은 여자들이 한 남자에게 "당신의 이름으로 불리게 해주십시오(이사야 4:1, 사역)"라고 호소한다. 예언자는 만군의 하느님 야훼와 약혼을 한 처지였다.

하느님께 대한 동정

1. "야훼의 노여움(ḥemah)이 속에서 부글거려 견딜 수가 없습니다(6:11)." 예레미야는 이렇게 울부짖는다. 그는 이글거리는 열정(passion)으로 내심 충만하여 있었고 바로 이 감정적인 충동으로 인하여 그는 하느님의 쓰디쓴 경고의 말을 토하게 되었던 것이다. 예언자의 궁극적인 목적은 자신이 영감을 받는 데 있지 않고 백성에게 영감을 주는 데 있다. 스스로 열정에 충만한 데 있지 않고 백성의 마음을 움직여 하느님을 이해하게 하는 데 있다.

그러나 백성의 귀는 닫혀 있었다. "보십시오. 야훼의 말씀쯤 우습게 알아 아예 들을 마음이 없습니다(6:10)." 예레미야는 넘치는 하느님의 노여움으로 충만해 있었다. 그 하느님의 노여움은 그가 억제할 수도 담을 수도 없는 것이었고 그러기에 "거리를 쏘다니는 아이들이나 젊은 녀석들(6:11)" 같은 무고한 자들에게도 마구 쏟아졌다.

그 하느님의 노여움은 퍼부어질 심판의 위협이 아니라 예레미야 자신의 속에서 부글거리는 노여움의 분출이었다. 그 분출이 예레미야가 넋이 나간 사이에 이루어진 것이라고 생각할 수는 없다. 왜냐하면 바로 그 순간까지도 예레미야는 자신의 분노를 억제할 수가 있었기 때문이다.[6]

예언자의 이 고백으로 보아 그가 평소에 어떤 충동과 열정적 관심으로 자신의 빈 곳을 채워왔는가가 분명히 드러난다. 거듭거듭 예레미야는 진노의 정념을 선포한다. 그가 하늘의 노여움으로 충만했다는 사실은 그가 하늘의 노여움에 동정했음을 말한다. 예레미야는 그런 동정을 경험했을 뿐만 아니라 자신의 경험을 충분히 인식하고 있었다.

2. 진노의 예언자는 그것을 선포하지는 않았다. 그는 그것을 살았고 그것에 대하여 잘 알고 있었다.

> 저는 웃으며 깔깔대는 자들과
> 한 자리에 어울리지도 않았습니다.

주님 손에 잡힌 몸으로,

이렇게 주님이 울화(za'am)로 나를 가득 채우셨기에(사역)

홀로 앉아 있습니다.(예레미야 15:17)

　예레미야의 심중에, 그의 동정이 내적인 충동으로부터 나온 것인지 아니면 외부로부터 강요받은 것인지를 물어볼 수 있을 것이다. "주님이 울화로 나를 가득 채우셨기에"라는 귀절은 그가 마음의 동요를 느낀 것이 인격적인 반응이 아니라 무엇엔가 사로잡힌 상태에서 주입받은 감정이었다는 생각을 하게 한다. 그러나 이제 살펴보겠거니와 그것은 있을 수 없는 생각이다.

　「예레미야」 25장 15~29절에 보면 예언자에게 하느님이 이렇게 말씀하신다. "나의 분노(ḥemah)가 흘러넘치는 이 잔을 받아라. 내가 너를 뭇 민족에게 파견한다. 너는 이 잔을 모든 민족에게 주어 마시게 하여라⋯너는 이스라엘의 하느님 만군의 야훼가 하는 말이라고 하며 그 민족들에게 일러라. '⋯취해서 토하고 쓰러져 일어나지 못하도록 마셔라.'" 분노의 잔을 마신다는 것은 독약을 마셔 죽는다는 것과 같다.[7] 그러므로 예레미야가 하늘의 진노를 마셨다든가 혹은 그것으로 가득 차 있었다는 주장은 불합리하다. 그의 속에 동정의 분노를 솟구치게 한 것은 측은하게 여기는 정념이었다.

　3. 예레미야의 행동은 무모하고도 꺼림칙한 일인 양 보였다. 그는 백성에게 말씀 전하는 일을 포기하려고도 해보았다.

"다시는 주의 이름을 입 밖에 내지 말자.

주의 이름으로 하던 말을 이제는 그만 두자"고 하여도

뼛속에 갇혀 있는 주의 말씀이

심장 속에서 불처럼 타올라

견디다 못해 저는 손을 들고 맙니다.(예레미야 20:9)

　이 구절을 이해하는 열쇠는 '견디다 못해'라는 한마디에서 찾을 수 있겠다. 이 한마디는 예언자가 자기 속에서 부글거리는 하느님의 노여움을 억제할 수 없음을 호소한 6장 11절에도 거의 똑같이 등장하고 있다. 결국 예언자가 '견딜 수 없다'고 한 것은, 그의 내부에 노여움의 불길이 이글거리고 있다는 동일한 주제를 표현하고 있는 것이다.

예레미야는 불이란 말을 두 가지 의미로 사용하고 있다. 하나는 파멸의 상징(예레미야 21:14; 43:12; 48:45; 49:27; 50:32)이고 다른 하나는 분노의 상징(예레미야 4:4; 17:4; 21:12; 참조, 신명기 32:22; 에제키엘 21:36; 22:31; 36:5; 38:19; 나훔 1:6; 시편 39:4; 79:5; 89:47; 애가 1:13; 2:4; 이사야 66:15)이다. 하늘의 말씀과 불을 일치시킴은 겹으로 암시를 주고 있는데, 정념, 분노와 그 효과 그리고 절박한 파멸이 그것이다. 하늘의 말씀이 예레미야 속에서 불처럼 이글거린 것은 그가 하늘의 분노를 경험하면서 살았기 때문이었다. 하느님의 애수어린 진노가 모든 것을 파멸시키는 불길이 될 수 있었듯이 예언자의 분노어린 말 또한 모든 것을 파괴하는 맹렬한 요소로서 제 구실을 다 할 수 있었다.

예언자는 밖으로 분출되고자 하는 열정으로 충만해 있었다. 그가 그것을 자기 속에 가두어두려고 할수록 오히려 그것은 열병처럼 그의 몸 속에서 타올랐다.[8] 예레미야는 그것이, 하느님이 자기 몸 속에 숨으로 불어넣으신 열정이라고는 느낄 수 없었다. 우리가 보아왔듯이 성경은 한 민족이나 땅이나 혹은 개인에게 퍼붓는 하느님의 모든 불길을 파괴적인 힘으로 서술하고 있다. 예레미야는 하늘의 분노가 속에서부터 분출하고 있다고 느꼈다.

그러므로 이 고백 속에는 두 가지 서로 다른 주제가 포함되어 있다. 예언자의 영혼이 도달한 상태로서의 분노어린 불길과 그것을 표현하지 않을 수 없게 하는 강제력에 대한 감각이 그것이다. 그의 내면 상태는 하느님의 분노에 대한 동정 바로 그것이었다. 그 동정의 감상적이고 열정적인 성격은 예레미야가 그의 열정을 심장 속에 품고 있었다는 사실에서 잘 드러났다. 전통적으로 히브리인들은 심장을 감정과 열정이 머무는 자리라고 생각했다.

이 고백이 암시하는 또 다른 사실 하나는, 예언자적 동정이 그의 의지보다 강하다는 것, 내면의 열정이 인간적인 처리보다 강하다는 것이다.

4. 예언자는 인간이 어떻게 살고 있는지를 꿰뚫어보는 방법을 배워야 할 뿐 아니라 하느님의 감정을 느끼는 법도 배워야 한다. 이스라엘을 향한 그분의 영원한 사랑이 어떤 것인지를 알아야 한다.

> 야훼께서 나에게 이렇게 말씀하셨다. "너는 가서 모시 잠방이를 하나 사다가 허리에 걸치고 물에 적시지 않도록 하여라." 야훼께서 분부하시는 대로 나는 잠방이를 사서 허리에 걸쳤다. 그랬더니 야훼께서 또 나에게 이르셨다. "네가 사서 허리에 걸친 잠방이를 벗어 들고 브랏으로 가서 바위틈에 숨겨두어라." 나는 야훼께서 내린 분부대로 브랏으로 가서 그 잠방이를 거기에 숨겨두었다. 오랜 시일이 지난 다음, 야훼께서 나에게 이르셨다. "이제 떠나 브랏으로 가서 내가 시킨 대로 숨겨두었던 잠방이를 가져오너라." 나는 브랏으로 가서 숨겨두었던 자리를 파고 잠방이를 꺼내 보았더니, 그 잠방이는 썩어서 아무 쓸모가 없게 되어 있었다. 그때 야훼께서 나에게 이르셨다. "나 야훼가 말한다. 나는 그와 같이 유다의 거만과 예루살렘의 엄청난 거만을 꺾어버리겠다. 이 몹쓸 민족은 나의 말을 듣지 않았다. 저희의 악한 생각을 굽히지 않고 멋대로 살아왔다. 다른 신들을 따라다니며 섬기고 예배하였다. 그래서 이 백성은 잠방이처럼 되어 아무 쓸모도 없게 될 것이다. 허리에 잠방이를 단단히 걸치듯이 나는 이스라엘의 온 가문과 유다의 온 가문을 나에게 꼭 매어두려고 했었다. 내 말이니 잘 들어라. 그렇게 되었다면 이 백성은 내 백성이 되었을 것이다. 그리하여 나의 이름을 빛내고 나에게 영광과 영화가 돌아오게 하였을 터인데, 그렇게 하지 아니하고 나의 말을 듣지 않았다. (예레미야 13:1~11)

만일 잠방이 이야기의 목적이 예언자에게 상징적인 수법으로 백성들에게 내릴 하느님의 형벌을 보여주자는 것뿐이었다면 그것을 구태여 허리에 걸칠 필요가 없었을 것이다. 그러나 이 이야기의 중심 의미는 바로 예언자가 잠방이를 자기 몸에 걸치는 이 대목에 있는 것 같다. 예언자는 이스라엘과 한몸이 되시는 하느님의 행위를 몸소 체험으로 알아야 한다. 그것을 머리로 알 뿐만 아니라 몸으로 경험해야 하는 것이다. "허리에 잠방이를 단단히 걸치듯이 나는 이스라엘의 온 가문과 유다의 온 가문을 나에게 꼭 매어두려고 했었다.…그렇게 되었다면 이 백성은 내 백성이 되었을 것이다. 그리하여 나의 이름을 빛내고 나에게 영광과 영화가 돌아오게 하였을 터인데, 그렇게 하지 아니하고 나의 말을 듣지 아니하였다." 호세아가 자신의 결혼 생활을 통해서 배웠듯이 예레미야도, 당신께 가장 값진 것이 못쓰게 된 데 대한 하느님의 슬픔을 경험으로 배워 알아야 했다.

그러므로 이 이야기에는 두 가지 국면이 있다. 첫째 것은 교육적인 면이다. 백성을 징벌하겠다는 결심을 상징적으로 예언자에게 전달하는 것이다 (잠방이를 사는 것과 그것의 부패). 둘째는 교감의 측면이다. 백성을 징벌한다는 결심이 하느님의 정념에 무엇을 의미하는지를 예언자로 하여금 느끼게 하는 것이다. 참으로, 잠방이 이야기의 목적이 다가온 형벌을 예언자에게 일러주는 것뿐이라면 그것을 바위틈에 숨겨두기 전에 허리에 걸치라고 명령한 것은 아무런 의미가 없다.

5. 자신의 내면 상태에 대하여 예레미야는 이렇게 말했다.

> 나의 염통이 터지고
> 뼈마디 마디가 떨리는구나.
> 술 취한 사람같이 되었다.
> 술에 곯아떨어진 사내같이 되었다.
> 야훼의 거룩한 말씀을 듣고
> 그분 앞에서
> 술에 곯아떨어진 사람같이 되었다. (예레미야 23:9)

무엇이 그를 이런 상태에 떨어지게 했던가? 어떤 감정이, 어떤 깨달음이 그를 이런 상태로 몰아넣었던가? 예언자는 간단하게 언급한다. '야훼의 거룩한 말씀'을 들었기 때문이라고. 만일 다가오는 재난이나 백성의 죄에 대한 깨달음 때문이었다면 이렇게 말했을 것이다. "백성 때문에, 그들의 죄 또는 운명 때문에!" 예언자의 전 존재를 사로잡아 진동시킨 것은 바로 하느님이요 그분의 말씀이었다. 그의 내면 상태는 하느님의 정념에 대한 동정에서 오는 고통으로 가득 차 있었다.

술 취함을 형벌로 보는 관념은 「이사야」에 자주 등장하고 있다(25:15 이하; 51:7, 39, 57; 참조, 애가 4:21; 이사야 63:6). 바벨은 사람들을 파멸시킬 포도주가 가득 찬 술잔이었다. 그러나 예언자는 자기 자신이 파멸을 운반하는 자면서 동시에 파멸의 대상이기도 한 사실을 잊지 않고 있었다. 하느님의 분노가 넘치는 잔을 받은 예언자(25:15)는, 그 고백 속에서 자신이 하느님의 진노에 취해 있다는 사실을 강하게 암시하고 있다.[9]

이 가설을 우리는 다음의 고찰을 통해 확인할 수 있다. 우리가 살펴본 바 예레미야의 예언들은 동일한 주제의 변형들이다. 하나의 '동기'가 뚜렷하게 반복되고 있음은 우리로 하여금, 예언자의 근본적인 경험이 그가 관심하는 바의 의미를 자꾸 묻게 하고 있다는 생각을 하게 한다. 23장 9절, 20장 9절, 6장 9절 등은 일련의 형식 문구를 이루고 있는데 우리는 그 속에서 예언자의 관념이 차츰 분명해지는 것을 볼 수가 있다.

6. 예언자는 자신의 예언적 사명을 증오했다. 사랑으로 충만한 영혼으로서는 파멸과 진노를 말하는 예언자가 된다는 사실이 끔찍한 일이었다. 그 간담을 서늘케 하는 사명을 감당함으로써 그에게 돌아온 보상은 무엇이었던가?

> …날마다 웃음거리가 되었고
> 모든 사람에게 놀림감이 되었습니다.
> 저는 입을 열어 고함을 쳤습니다.
> 서로 때려잡는 세상이 되었다고 외치며
> 주의 말씀을 전하였습니다.

그 덕에 날마다 욕을 먹고 조롱받는 몸이 되었습니다.(예레미야 20:7~8)

사람들의 배척을 받고 게다가 스스로 비참한 내적 갈등을 안고 있었지만, 그는 하느님의 정념으로부터 스스로 발을 빼거나 하늘이 지운 짐을 벗어버리릴 수는 없음을 알고 있었다. 그는 왜 자신이 굴복을 해야 하는 건지, 그 두려운 사명을 거절할 수 없는 자신을 어떻게 설명할 것인지 잘 알고 있었다.

이스라엘에 대한 동정

예언자적 동정의 양태는 하느님의 정념의 양태에 따라 결정된다. 사랑의 정념과 분노의 정념은 예언자의 가슴에 그와 상응하는 어조를 일깨운다. 예레미야의 고백 속에서 우리는 사랑의 열병과 백성을 향한 진노의 이글거림을 일별한다. 예언자적 감정과 하느님의 정념 사이의 관련을 들여다봄으로써, 우리는 예레미야의 서로 갈등하고 뒤얽힌 감정들의 배후에 있는 의미를 파악하는 실마리를 잡을 수 있다. 백성의 운명에 대한 그의 안타까운 슬픔은 우정과 사랑의 표현이다. 백성의 고뇌가 그의 고뇌다. 그러나 그의 감정은 동족에 대한 본능적 애정의 표현도 아니요, 그들의 운명에 동참하는 한 개인의 느낌도 아니다. 여러 번 예레미야는 자기 동족을 버리고 싶어했다(19:1; 참조, 열왕기상 19:3 이하).

동족에 대한 그의 사랑은 뜨거웠지만 그를 움직인 것은 근본적으로 하느님이 이스라엘에 대하여 품으신 감정이었다. 하느님의 정념에 따라 그의 애착과 혐오가 결정되었다. 사랑은 사랑하는 사람의 진가를 알아보는 것이기도 하다. 이스라엘은 하느님의 배우자요 애인이었기에 값진 존재였다.

예언자는 자신이 하느님과 감정적으로 연결되어 있음을 충분히 알고 있었다. 그가 연민과 동정으로 슬프게 부르짖은 것도 하느님이 시키신 일이었다.

유다에 소식이나 보내려무나.

예루살렘에 전갈이나 보내려무나…
"야훼께서 우리가 한 일을 괘씸히 여기시어
진노를 거두지 않으셨구나!"
하며 상복을 입고
초상 치르듯이 울부짖게 되리라.(예레미야 4:5, 8; 참조, 14:17)

예레미야는 동족을 사랑하였다. 그러나 그는 또한 하느님이 공의로우신 분임을 알기에 몸을 떨지 않을 수 없었다.

아이고 배야, 배가 아파 죽겠습니다.
가슴이 떨리고 염통이 터집니다.
나팔소리 나고
싸움터에서 아우성소리 들려와
잠자코 있을 수가 없습니다.
성이 하나하나 떨어져
온 나라가 망하여 갑니다.
갑자기 저의 천막은 쓰러지고
포장은 갈기갈기 찢겼습니다.
언제까지 저 깃발 날리는 것을 보아야 하고
나팔소리 또한 들어야 합니까?(예레미야 4:19~21)

예언자는 시(是)와 비(非)에만 관심이 있는 사람은 아니었다. 그는 또한 인간의 고통에 민감한 영혼의 소유자였다. 다가오는 파멸을 예고하는 가혹한 말을 하던 중 그는 갑자기 동족이 맛보게 될 고통에 사로잡혀 부르짖는다.

몸푸는 여인이 소리지르듯
첫아기 낳는 여인이 괴로워하듯

몸부림치는 소리가 들리는구나.

나의 딸 시온이 손을 내두르며

헐떡이는 소리가 들린다.

이제 모두 죽었구나.

맞아 죽을 판인데 손가락 하나 까딱할 힘이 없네.(예레미야 4:31)

하느님의 역정(逆情)에 동참하여 예레미야는 무섭기도 하고 무자비하기
도 한 저주의 말을 격렬하게 토할 수 있었다. 그러나 그의 가슴은 또한 다른
사람들의 고통에 민감하여, 외면할 수 없는 온정으로 가득 차 있었다. 그는
살려내기 위하여 스스로 괴로워야 했다. 그가 예고한 무서운 재난은 곧 자신
에게 내리는 재난이요 슬픔이며 고뇌스런 번민이었다. 그는 동족에게 간청
하고 경고도 하였다. 만일 그들이 끝내 그의 말을 듣지 않는다면 마침내 자
신이 눈물을 쏟게 될 것임을 그는 알고 있었다.

야훼께서 말씀하시는 것이니

거만을 떨지 말고 귀기울여 잘 들어라.

날이 저물어 어두워져 가는 언덕 위에서

서로 걸려 넘어지기 전에

너희 하느님 야훼께 영광을 돌려라.

너희가 바라는 것은 빛이지만

야훼께서는 너희 세상을 어둡고 캄캄하게 만드시리라.

건방진 생각이 들어 이 말을 듣지 않으면

나는 남몰래 가슴이 메어 울 것이다.

야훼의 양떼가 포로로 끌려가는 것을 보며

눈물을 쏟을 것이다.(예레미야 13:15~17)

실로 그의 고뇌의 뿌리에 이것이 있었다. 그는 사랑하는 사람들에게 저주

의 말을 퍼부어야 했다. 마침내 파국이 와서 적군이 남자와 여자와 아이들을 무자비하게 죽일 때, 예언자는 차마 아프게 느낄 수조차 없는 고통과 눈물로 씻어버릴 수 없는 슬픔을 발견하게 될 것이다.

> 가슴은 미어지고
> 마음은 터질 것 같습니다…
> 내 딸, 내 백성이 치명상을 입었는데
> 전들 어찌 아프지 않겠습니까?
> 앞이 캄캄하고 마음은 떨립니다.
> 길르앗에 약이 떨어질 리 없고
> 의사가 없을 리 없는데
> 어찌하여 내 딸, 이 백성의 상처를 치료하지 못합니까?
> 내 머리가 우물이라면
> 내 눈이 눈물의 샘이라면
> 밤낮으로 울 수 있으련만
> 내 딸, 내 백성의 죽음을 곡할 수 있으련만…
> 예루살렘아, 너를 가엾게 보아 줄 이가 어디 있느냐?
> 너를 위로해 줄 이가 어디 있느냐?
> 지나가다가 발길을 멈추고
> 너에게 안부라도 물을 이가 어디 있느냐?(예레미야 8:18~23; 15:5)

자기네에게 하느님의 진노가 퍼부어지게끔 한 과실에 대하여 뉘우치며 살아갈 길을 모색하는 대신 사람들은 예레미야의 예고를 불쾌하게 여기고 마치 다가오는 재난의 책임이 예레미야 자신에게라도 있다는 듯 그를 비난하였다. 예레미야는 과연 동족의 적이었던가?(15:10~11)

동족의 비난에 깊은 상처를 입은 예레미야는 하느님께 자신의 무고함과 동족에 대한 자신의 사랑을 호소한다. 파멸의 예고는 그의 가슴에서 나온 것이 아니었다(17:6).

> 제가 당신 앞에 지켜 서서…
> 분노를 거두어 주십사고 아뢰던 일을 잊지 마십시오.(예레미야 18:20)

실로 이것은 예언자의 내면적 실존이 지니고 있는 복합성의 한 부분이었다. 그는 하느님에 대한 동정과 인간에 대한 동정으로 가득 찬 사람이었다. 사람들 앞에 서서는 하느님을 변호하고 하느님 앞에서는 사람들을 변호하였다. 파멸을 예고한다는 것은 그 자신의 감정에 반하는 것이었다. 거짓 예언자 하나니야가 2년 안에 바빌로니아로 끌려갔던 유다의 포로들과 빼앗겼던 성전의 기물들이 예루살렘으로 돌아오게 될 것이라고 예고했을 때 예레미야는, "야훼께서 그렇게만 하여 주신다면야 여부가 있겠소? 그대가 예언한 그 말을 야훼께서 이루어주셔서 야훼의 성전 기물과 포로들을 바빌론에서 이곳으로 되돌려오신다면야 더 말할 나위가 있겠소?"하고 대꾸하였다(28:6). 바빌론이 예루살렘을 공략하고 있던 위급한 순간, 시드키야 왕은 예언자에게, "우리 일이 잘 되도록 하느님 야훼께 기도드려달라(37:3; 참조, 7:16; 11:14; 14:11, 20~22; 18:20; 21:2)"고 부탁하였다.

예레미야는 하느님께 기도드리고 백성들을 위하여 변명했다.

> 야훼여, 우리는 스스로 어떤 못할 일을 하였는지 잘 압니다.
> 어떤 조상들이 어떤 몹쓸 짓을 하였는지도 잘 압니다.
> 우리는 바로 주께 죄를 지었습니다.
> 그러나 주님의 명성을 생각하셔서라도
> 우리를 천대하지는 마십시오.
> 주님의 영광스러운 옥좌를
> 멸시하시지 마십시오.
> 우리와 맺으신 계약을 마음에 두시고

깨뜨리지 말아주십시오.(예레미야 14:20~21)

하느님은 이스라엘에 당신의 명예를 걸으셨다. 당신의 백성을 냉대하심은 당신의 영광스런 옥좌를 멸시하는 격이다. 여기에 예언자의 사명이 부각되는데, 그것은 곧 하느님께 당신 자신의 관심을 상기시켜 드리는 것이다.

동족을 위하여 변명하면서 예언자는 그들의 죄를 인정하고 계약을 상기시켰다. 그러나 그 기도에 대한 응답은 매몰찼다. "비록 모세나 사무엘이 내 앞에 서서 빌더라도, 나는 이 백성을 불쌍히 여기지 않으리라. 이 백성을 내 앞에서 쫓아내어라!(15:1)"

하느님의 형벌은 두려운 것이려니와 그분의 버림을 받는 것보다 더 비참한 일은 없다. 예언자는 하느님이 당신의 백성을 거절하여 추방한다는 그 엄청난 비극에 대한 두려움으로 몸서리를 쳤다. 인간의 맹세는 인간에 대한 하느님의 감정 속에 묻혀버렸다. 동족이 처한 상황에 골몰하여 예언자의 생각은 다시 하느님의 영과 정념으로 향하였다.

유다 백성을 아주 저버리셨습니까?
시온은 싫증이 나셨습니까?
어찌하여 우리를 죽도록 치셨습니까?(예레미야 14:19)

내면의 양극성

보아라! 나는 오늘 세계 만방을 너의 손에 맡긴다.
뽑기도 하고 무너뜨리기도 하고
멸하기도 하고 헐어버리기도 하고
세우기도 하고 심기도 하여라.(예레미야 1:10)

예레미야가 받은 사명은 사람들을 정화시키고 간담을 서늘케 하는 것이었다. 먼저 그는 견책하고 재난과 파멸을 예고해야만 했다. 그 다음에야 위로하고 희망을 심고 세우고 건설할 수가 있었다. 그는 장차 시련을 당해야 할 터이고 그러자면 힘이 필요할 터인즉, 하느님에게 "너는 허리를 동이고 일어나 나의 백성에게 일러주어라. 내가 시키는 말을 모두 전하여라. 이 백성을 두려워하지 말라(1:17)"는 말씀을 들었다. 좌절을 딛고 일어서기 위하여, 적대적인 분위기를 견뎌내기 위하여 그는 돌연 보통 때의 자기와 반대되는 딱딱한 모습으로 바뀌었다. "유다의 임금이나 고관들, 사제들이나 지방 유지들과 함께 온 나라가 달려들어도 내가 오늘 너를 단단히 방비된 성처럼, 쇠기둥, 놋담처럼 세우리니(1:18)." 그는 실로 동시대인들을 공격하고 짜증나게 하고 나아가 깜짝 놀라게 하는 일에 성공하였다. 백성들의 평안한 심사를 두드려 부수고 그들이 공경하는 것을 꾸짖어 우울하고 초조하게 만들었다. 외부로부터 오는 온갖 공격에는 강한 요새처럼 맞설 수 있었으나, 예레미야의 내면 세계는 결코 놋담도 쇠기둥도 되지 못했다.

그의 동시대인들이 보기에 예언자의 역할은 모호하기만 했다. 그에게서 분출되는 의분과 그가 토로하는 분노가 그의 생각에는 외부에서 온 것이지만, 너무나도 그의 영혼에 밀착된 한 부분이었기에 사람들 눈에는 하느님의 진노에 대한 동정이라기보다는 그 자신의 적개심이 발로되는 것으로 보였고 그리하여 그가 제 도끼를 휘두르고 개인적인 증오를 폭발시키고 있다는 확신을 품게 하였다. 예레미야는 자신이 야훼의 이름으로 선포하는 재난에 대하여 오히려 그것이 닥치는 것을 즐거워했다는 비난을 받은 듯하다. 동족을 사랑한 그가, 동족을 살려내는 일에 평생을 바친 그가 적으로 간주되었다. 임박한 재난을 보아야 하는 고뇌에 더하여 그의 영혼은 애매한 비방으로 상처를 입었다. 그러한 뒤통수를 치는 공격에 대하여 그는 어떻게 방비를 했던가? 아무도 그의 심중을 들여다보지 못했다. 오히려 모두가 그의 말에 상처를 입었다. 오직 야훼만이 진실을 알고 계셨다.

야훼여, 저를 어루만져주시어

마음의 상처를 고쳐주십시오.

저를 붙들어주시어

성한 몸이 되게 하여주십시오.

저는 주님 한 분만을 기립니다…

제가 이 백성에게 재앙을 내리시라고

재촉이라도 하였습니까?

암담한 날이 오기를 바라기라도 하였습니까?

제가 무엇이라고 아뢰었는지 아시지 않습니까?

분명히 듣지 않으셨습니까?(예레미야 17:14, 16)

예레미야는 천성이 부드럽고 자애로운 사람이었다. 그런데 그가 감당해야할 일은 극단적으로 하기 싫은 일이었다. 그것이 그를 호전적이며 참을성 없고 성 잘 내는 사람이 되게 했다. 그가 위하여 기도해 준 사람들은 그의 적이 되었다. "아아, 어머니! 왜 나를 낳으셨습니까? 온 나라 사람이 다 나에게 시비를 걸고 싸움을 걸어옵니다. 나는 아무에게도 빚진 일이 없고 빚을 준 일도 없는데 사람마다 이 몸을 저주합니다. 야훼여, 이 백성이 복 받도록 제가 주님을 진심으로 섬기지 않았습니까? 이 백성이 원수를 만났을 때나 재앙을 만나 고생할 때, 대신 기도를 드리지 않았습니까?(15:10~11)" 도저히 혐의의 벽을 무너뜨릴 수는 없을 것 같았다. "사람이 쇠를 부술 수야 없지 않느냐? 북에서 가져온 쇠나 놋쇠를 부술 수야 없지 않느냐?(15:12)"

그를 민족 반역자로 여기는 사람들도 있었다. "거짓말 마시오…우리 하느님 야훼께서 당신에게 그런 말씀을 전하라고 하셨을 리 만무하오. 당신은 우리가 바빌론 사람들의 손에 넘어가 죽거나, 바빌론으로 사로잡혀가는 꼴을 보려고 네리야의 아들 바룩의 꾐에 빠져 우리에게 그런 말을 하는 것이지?(43:2~3)" 사제들과 예언자들은 그가 사형을 받아 마땅한 사람이라고 떠들어댔다(26:11). 그와 가장 가까운 고향 사람들까지도 그를 헐뜯으며 죽이려고 하였다(11:21; 12:6). 자신에게 '정다운 말'을 건네는 사람들까지도 자기의 목숨을 노리고 있다는 사실을 알았을 때 예언자는, 임박한 재난에 대한 환상을 봄으로써 이미 상처 입은 영혼에, 날벼락을 맞는 듯한 충격을 받았다.

> 죽을 자리에 끌려가면서도 아무 것도 모르는 어린양처럼, 나는 사람들이 나를 해치려고 하는 줄을 몰랐다. "나무가 싱싱할 때 찍어버리자. 인간 세상에서 없애버리자. 이름조차 남지 못하게 만들자"하며 음모를 꾸몄지만, 도무지 나는 알지 못하였다.
> 만군의 야훼여,
> 사람의 뱃속과 심장을 달아보시는
> 공정한 재판관이시여!
> 하느님께 호소합니다.
> 이 백성에게 원수를 갚아주십시오.
> 그것을 이 눈으로 보아야겠습니다.(예레미야 11:19~20)

그는 자신이 조국을 버리고 적군의 진영으로 가려고 했다는 비방을 부인해야만 했다. "내가 바빌론 진지로 가다니, 어림도 없는 소리요!(37:14)" 자기를 살해하려는 사람들의 음모를 알게 되자 예레미야는 그것을 참고 견딜 수가 없었다(18:23). 그가 처음 예언자로 부름을 받았을 때 하느님은, "온 나라가 달려들어도…너를 당하지 못하리라. 내가 네 옆에 있어 도와주리라 (1:18, 19)"고 약속하셨다.

역사가 위기에 처할 때마다 예레미야는 희망이요 닻이요 약속이었다. 예레미야를 죽여 없애는 것은 이스라엘의 죽음을 의미하며 또한 하느님의 공사(公事)의 종식을 의미하는 것이었다.

예언자는 자신의 기득권이나 명예 또는 명성을 위하여 싸우지는 않았다. 그는 다만 동족의 생존을 위해서 싸우고 있었다. 그를 죽여 없애려고 한 자들이야말로 조국을 배신한 자들이요, 그의 선교적 사명을 치명적으로 위협한 자들이었다. 모든 권고와 설득이 수포로 돌아가고 야훼의 호소조차 먹혀들지 않게 되었은즉 예언자가 할 일이, 그의 적들이 파멸됨으로써 전체 민족이 살아남게 되기를 기도하는 것 말고 무엇이 있었겠는가?(11:20; 12:3; 15:15; 17:18; 18:21)

감정의 양극성은 예레미야의 일생이 보여주는 특이한 사실이다. 우리는 그를 고뇌의 맨 밑바닥과 기쁨의 절정에서 만난다. 하늘의 분노에 의하여 움직이고 극도의 연민으로 가슴 아파하는 그를 만난다. 사나운 꾸짖음과 비난의 말이 들려온다. 자비를 간청하던 입술에서 백성으로 하여금 예언의 말씀을 받아들이지 못하게 훼방하는 자들의 파멸을 탄원하는 말이 흘러나온다. 그는 이미 처음에 예언자로 부르심을 받았을 때 두 개의 반대되는 역할을 감당할 능력을 부여받았다.

> 뽑기도 하고 무너뜨리기도 하고
> 멸하기도 하고 헐어버리기도 하고
> 세우기도 하고 심기도 하여라.(예레미야 1:10)

이 가혹한 탄원 속에는 도덕적 문제만 포함되어 있는 게 아니라 인격적인 문제도 들어 있다. 그와 같이 극단적으로 반대되는 태도를 한 몸에 지니고 있다는 것은 그의 인격에 온전성이 결핍되어 있음을 말해주는 것은 아닐까? 적대자들의 파멸을 탄원하는 것은 그의 자비심이 끝장났음을 말해주는 것은 아닐까? 한 인격체 안에 이런 극단적 태도가 공존하는 것을 이해하려면 예언자의 내면적 삶이 전적으로 그 자신의 것이 아니었다는 사실을 기억해야 한다. 그의 감정 세계는 이스라엘에 대한 하느님의 관계를 반영하였다. 연민과 분노가 그것이었다. 그가 느끼는 감정은 언제나 그 자신에게서 솟아나는 것이 아니었다. 그를 사로잡은 것은 '하느님의 노여움'이었다. 그것은 그가 무게를 달 수도 없고 자로 잴 수도 없으며 밖으로 분출하는 것을 억제할 수도 없는 것이었다. 그것이 폭발하게 된 현실적인 원인은 때로 인간적인 것일 수도 있었겠지만, 그것이 가능하고 또 격렬했던 것은 하느님에 대한 동정으로 말미암은 것이었다. 마음과 영혼이 두 가지 상극되는 맹렬한 감정의 흐름에 포로가 된다는 사실은 인간으로서 인내의 한계를 넘는 것이었다.

> 저주받을 날
> 내가 세상에 떨어지던 날
> 어머니가 나를 낳던 날
> 복과는 거리가 먼 날
> 사내아이가 태어났다는 소식을 전하여
> 아버지를 즐겁게 한 그 자도 천벌을 받아라…
> 모태에서 나오기 전에 나를 죽이셨던들
> 어머니 몸이 나의 무덤이 되어
> 언제까지나 뱃속에 있었을 것을!
> 어찌하여 모태에서 나와
> 고생길에 들어서 이 어려운 일을 당해야 되었는가!
> 이렇게 수모를 받으며 생애를 끝마쳐야 하는가!
> 사막에 머물 만한
> 으슥한 데라도 있다면
> 내 백성을 버리고 그리로 떠나가련만!(예레미야 20:14~15, 17~18; 9:1)

격렬하고 강한 동정

예레미야는 때로 하느님에 대한 동정이 보통 이상으로 격렬해져 고통을 겪었던 것 같다. 동정적 감정이란 본디 동정심을 일으킨 원인이나 주체로부터 분리되어 독립하려는 경향을 지니고 있다. 예를 들면, 가족을 여읜 사람을 동정하여 슬픔을 느끼는 것으로 시작하였는데 차츰 슬픔 그 자체로만 남아 마침내 더 이상 유가족과는 상관이 없게 되는 것이다. 나아가서 동정심을 품게 한 당사자보다도 더 격렬한 감정을 품게도 한다. 그래서 그 유가족이 위안을 얻고 슬픔을 극복했을 때에도 여전히 동정심은 계속될 수가 있다.

예레미야의 동정심은 때로 독립된 정념으로 바뀌어 하느님의 정념으로부터 벗어났던 것 같다. 그런 이탈은 결국 야훼의 정념과 예언자의 정념 사이에 갈등을 초래했다. 그래서 야훼는 그에게 정념이 최후의 것이 아니라는 사실을 깨우쳐주셔야 했다. 분노는 하늘의 정념을 그대로 반영한 것으로 남아 있지 아니하고 오히려 예언자 자신의 것이 되어버렸다. 하늘의 분노에 대한 동정이 그토록 과해지면 그 동정이 절대적인 것으로 뒤바뀔 위험에 처하게 된다. "저를 못살게 구는 자들에게 원수를 갚아주십시오(15:15)." 이것이 예언자의 기도였다. 적수들이 하느님 말씀 전달하는 것을 위협하매 예언자는 인내심을 잃어버렸던 것이다. 그는 하느님께 자비심으로 오래 참는 일을 이제 그만두시라고 간청하였다. 그리하여 마침내 예언자의 분노가 하느님의 노여움보다 더 강해졌고 하느님의 정념에 대한 예언자의 동정이 하느님의 정념을 능가하였던 것이다. 하늘의 관용과 인간의 분노가 충돌을 일으켰고 여기서 예언자는 하느님으로부터, 하느님이 바라시는 것은 당신의 적수들을 파멸시키는 것이 아니라 훈련을 시키는 것이며 예언자의 할 일은 야훼께서 형벌을 내리신다고 사람들에게 일러주는 것이 아니라 그분은 시험하고 정결케 하신다고 일러주는 것이라는 말을 들어야 했다(5:1, 4~5; 6:9~10, 27~28; 8:6).

"저를 못살게 구는 자들에게 원수를 갚아주십시오(15:15)"라고 기도한 예레미야에게 하느님은 응답하시기를,

> 너의 마음을 돌려잡아라.
> 나는 다시 너를 내 앞에 서게 하여주겠다.
> 그런 시시한 말은 그만두고
> 말 같은 말을 하여라.
> 나는 너를 나의 대변자로 세운다. (예레미야 15:19)

약간의 만족을 얻지도 자기가 져야 할 무서운 짐의 까닭을 깨달아 알지도, 또는 새로운 보호, 도움, 위안의 약속을 받지도 못했으면서 예레미야는 하느님의 꾸중을 받아들였다. 그가 야훼 앞에서 감히 뱉었던 말들은 '시시한 말'이 되었고 그가 털어놓았던 마음 상태는 부드럽게 그리고 은근히 배교(背敎)로 낙인찍혔다. 그는 얼마나 자주 백성들을 정죄하고 그들에게 회개하여 돌아올 것을 호소하였던가! 이제 예언자요 종이요 파수꾼인 그 자신이 하느님께로부터 회개하여 돌아오라는 말씀을 듣게 되었던 것이다.

예레미야의 저주와 악담 속에 서로 상반되는 경향이 공존하는 것은 처음부터 예언자의 사명에 부여된 성격이었다. 앞서 보았듯이 그가 위탁받은 일은,

> 뽑기도 하고 무너뜨리기도 하고
> 멸하기도 하고 헐어버리기도 하고
> 세우기도 하고 심기도 하라.(예레미야 1:10)

는 것이었다. 그는 슬픔과 재생, 파멸과 구원을 제시하였다.

> 이스라엘아, 돌아오고 싶거든
> 어서 나에게 돌아오너라.
> 내가 똑똑히 일러둔다.
> 서슴지 말고 그 망측한 우상을 내 앞에서 치워버려라.
> 그리하면 너희는 나를 두고 맹세할 수 있고
> 내가 맹세한 것은 진실하여 남을 억울하게 하는 일이 없으리라.
> 그리하여 뭇 민족이 너의 덕을 입고 너를 찬양하게 되리라.(예레미야 4:1~2)

모든 분노와 저주 너머에 하느님의 피조물로서의 이스라엘은 살아남을 것이라는 확신이 있었다.

해를 두어 낮을 환하게 하시는 이

달과 별을 두어 밤을 비추도록 정하신 이

파도소리 요란하게 바다를 뒤흔드시는 이

그 이름 만군의 야훼께서 말씀하신다.

"이것은 내가 만든 법칙, 이것이 내 앞에서 사라진다면

이스라엘 후손도 한 나라를 이루지 못하고 사라지리라…

나 야훼가 말한다.

나는 야곱이 살던 곳만 보면 애처로워서

그 천막을 다시 세워줄 생각이다.

허물어진 옛 성터에 성이 다시 서고

큰 집이 제 자리에 앉으리라."(예레미야 31:35~36; 30:18)

예언이 유일한 방편은 아니다

그들에게는 죄의식도 수치심도 없었다. 유다는 "우리는 무고하다"고 떠들어댔다. 그러나 야훼께서는 그들에게 "죄 없다고 한 바로 그 때문에 이제 나는 너희를 벌하리라(2:35)"고 선포하셨다. "그렇듯이 역겨운 짓을 하면서 부끄러운 줄이나 알더냐? 부끄러워했으면 괜찮고 창피한 줄이나 알았으면 괜찮다(6:15; 8:12)." 야훼께서는 당신의 백성에게 분명히 이르셨다. "이 야훼가 너희 하느님이 아니냐? 그런데 너희는 거역하기만 하고 못할 짓만 하였다(3:13)." 이에 예언자는 동족들에게 호소한다. "우리가 선조 때부터 이 날까지…우리 하느님 야훼께 죄를 지었구나. 이제 다 같이 부끄러운 몸, 엎드리자. 창피한 줄 알아 얼굴을 가리우자(3:24~25)."

이 야훼만은 그 마음을 꿰뚫어보고

뱃속까지 환히 들여다본다.

그래서 누구나 그 행실을 따라

그 소행대로 갚아주리라.(예레미야 17:10; 참조, 11:20; 20:12)

예레미야는 백성의 고질병이 그 행실의 사악함에 있는 게 아니라 "악한 생각을 고집하는"데 있고(3:17; 7:24; 9:13; 11:8; 13:10; 14:14; 16:12; 18:12; 23:17), 그들의 고약한 행실뿐 아니라 '악한 생각'에도 있음을 알았다. 그들은 고집불통인 데다가 거역하는 마음을 품고 있었다(6:23). 그들은 육체의 할례는 받았지만 '마음의 할례'는 받지 않았다(9:26). "마음에 수술을 받아라(4:4)." "못된 그 마음을 깨끗이 씻어라(4:14)." 그들은 "야훼가 엄포를 놓더니, 어찌 되었느냐?(17:15)"고 비아냥거렸다. 예언자는 하느님께 호소하지 않을 수 없었다. "그런 말을 누구에게 하라는 것입니까? 일러준들 그 누가 듣겠습니까? 보십시오. 귀를 틀어막고 들으려고 하지도 않습니다. 야훼의 말씀쯤 우습게 알아 아예 들을 마음이 없습니다(6:10)." 그와 같은 낙담 속에서 예언자는 과연 자기의 사명을 다할 수 있을는지 의심하기 시작하였다.

> 에디오피아 사람들이 제 피부색을 바꿀 수 있겠느냐?
> 표범이 제 가죽에 박힌 점을 없앨 수 있겠느냐?
> 그렇다면 악에 젖은 너희도 좋은 사람이 될 수 있으리라…
> 사람의 마음은 천길 물 속이라
> 아무도 알 수 없다.(예레미야 13:23; 17:9)

사람은 자신을 스스로 구원하거나 마음의 병을 스스로 고칠 수 없다. 제 영혼에 상처를 입히는 것을, 오히려 사모한다. 인간은 다시 만들어질 수 있을까? 예언자는 인간에게 새로운 말을 줄 수는 있지만 새로운 심장을 주지는 못한다. 하느님만이 인간에게, 당신이 하느님이심을 알아보는 마음을 주실 수 있다(24:7).

예언은 하느님의 유일한 방편이 아니다. 예언이 끝내 이루지 못한 것을 새로운 계약이 성취할 것이다. 그리하여 각 개인을 완전히 변모시킬 것이다.

> 앞으로 내가 이스라엘과 유다의 가문과 새 계약을 맺을 날이 온다. 나 야훼가 분명히 일러둔다. 이 새 계약은 그 백성의 조상들의 손을 잡아 에집트에서 데려 내오던 때에 맺은 것과는 같지 않다. 나는 그들을 내 것으로 삼았지만 그들은 나와 맺은 계약을 깨뜨리고 말았다. 귀담아 들어라. 그날 내가 이스라엘 가문과 맺을 계약이란 그들의 가슴에 새겨줄 내 법을 말한다. 내가 분명히 말해둔다. 그 마음에 내 법을 새겨주어, 나는 그들의 하느님이 되고 그들은 내 백성이 될 것이다. 내가 그들의 잘못을 다시는 기억하지 아니하고 그 죄를 용서하여 주리니, 다시는 이웃이나 동기끼리 서로 깨우쳐주며 야훼의 심정을 알아드리자고 하지 않아도 될 것이며 높은 사람이나 낮은 사람이나 내 마음을 모르는 사람이 없으리라."(예레미야 31:30~33; 참조, 에제키엘 11:19 이하; 36:26~27)

여러 해 동안 예레미야는 전염병, 학살, 기근, 포로로 잡혀감 따위(15:2)를 예고하였다. 그러나 막상 재난의 날이 이르렀을 때, 그 공포의 도가니 속에서 사람들의 얼굴이 저마다 창백해지고 절망과 낙담 속에서 울부짖을 때 예언자는 등장하여 희망과 위로의 말을 들려준다.[10]

> 지금은 야곱이 고난을 겪는 때지만
> 결국은 거기에서 벗어나리라…
> 야곱의 후손들아
> 너희는 내 종이니, 두려워하지 말라.
> 내가 똑똑히 일러둔다.
> 이스라엘 백성아, 너희는 무서워 떨지 말라.
> 나 이제 너희를 먼 나라에서 구해내리라.
> 포로로 잡혀갔던 나라에서 너희 후손을 구해내리라.

그제야 야곱의 후손은 고향에 돌아와 평안히 살며

아무 위협도 받지 않고 안정된 생활을 누릴 것이다.

내가 너의 곁에 있어, 너를 구해주리라.(예레미야 30:7, 10~11)

바빌론의 통치는 지나가겠지만 이스라엘과 맺은 하느님의 계약은 영원할 것이다. 이스라엘 백성과 유다 백성이 함께 돌아와 저희의 하느님 야훼를 찾고 시온으로 가는 길을 물어 찾아오며 "영원한 계약을 다시는 저버리지 말자"고 서로 다짐할(50:4~5) 그 날은 반드시 올 것이다. 예루살렘은 그 성문에 "야훼 우리를 되살려주셨음"이라는 현판을 걸고 안전하게 살아갈 것이다(33:16).

예레미야의 예언은 죄를 완전히 용서할 뿐만 아니라(33:8; 50:20) 이스라엘을 완전히 변화시킬 새 계약의 약속으로 그 절정에 이른다. 장차 때가 되면 하느님은 이스라엘에게 '한 마음과 한 길'을 주시고 그들과 결코 깨어지지 않을 '영원한 계약'을 맺으실 것이다(32:39~40).

아시리아의 붕괴

히즈키야는 말년에 이르러 완전히 이사야의 영향력 아래에 있었다. 687년에 그가 죽자 열두 살 된 므나쎄가 왕위를 계승하였다. 그는 상당히 오래 나라를 다스렸는데(687~642 B.C.E.) 그 동안에 선왕인 히즈키야가 터를 잡았던 개혁 작업들이 폐기되었다. 이곳저곳에 산당과 신전들이 다시 세워졌다(열왕기하 21:1~9). 므나쎄는 니느웨의 말 잘 듣는 봉신으로 남아 있었고 에집트를 침공한 아시리아군에 참가하기도 했다. 에집트는 아시리아의 에살하똔(681~669)에게 정복된 적이 있고 아슈르바니팔(약 669~633)에게 정복된 적도 있었다.

아버지 아몬(642~640)이 반란군에게 살해당한 뒤 왕위에 오른 요시아(640~609)는 므나쎄의 정책을 모두 파기하였다. 아시리아의 힘과 영향력이 급격하게 줄어들자 므나쎄의 우상숭배를 배척하기가 더 쉬워졌다. 젊은 왕 요시아는 이스라엘 종교사에 신기원을 이룬 대대적인 종교 개혁에 착수하였다. 그는 우선 외국 종교와 제의를 추방하였다. 대부분 아시리아에서 들여온 신상과 제단들이 치워졌고 파괴되었다(열왕기하 23:4 이하). 요시아는 나아가 아시리아가 쇠약해진 것을 기회로 삼아 정치적인 독립을 꾀하였다.

예레미야가 예언자로 소명을 받은 해는 역사적인 전환이 이루어진 해였다. 아시리아 제국을 쇠약한 상태로 둔 채 아슈르바니팔이 죽자(633?) 바야흐로 제국은 붕괴되기 시작했다. 아슈르바니팔이 살아 있을 때부터 니느웨는 변방을 잃어가고 있었다. 에집트, 유다를 비롯한 팔레스타인의 작은 나라들이 독립을 획득하였다. 아슈르바니팔의 잔인한 압제가 이웃 나라들의 반감과 증오를 부채질하였다.[11] 몇 년 동안 아시리아는 변경의 여러 나라들을 닥치는 대로 약탈했다. 사람들은 아시리아의 이름만 들어도 치를 떨었다. 그런데 그 아시리아가 이제 종말을 고하려 하고 있었다. 세상에는 저밖에 없다고 흥청대던 오만방자한 니느웨가 이제 들짐승이나 사는 황야가 될 참이었다. 그곳을 "지나가는 사람마다…혀를 차며 주먹질을 할 것이다(스바니야 2:15)."

> 피로 절은 이 저주받을 도시야
> 협잡이나 해먹고 약탈을 일삼고
> 노략질을 그치지 않더니…
> 나 이제 너를 치리라…
> 네 치마를 벗겨 그 알몸을
> 뭇민족들 앞에 드러내주리라.
> 뭇나라에 네 부끄러움을 드러내주리라….(나훔 3:1, 5, 19; 참조, 에제키엘
> 31:3 이하; 32:22 이하)

다른 한편, "앞뒤를 가리지 못하는 어린이만 해도 십이만이나 되고 가축도

많이" 있는 니느웨에 대한 하느님의 연민어린 사랑이 「요나」의 주제다 (4:11).

선왕들의 뒤를 이어 바빌론을 다스렸던 아슈르바니팔의 죽음은, 오랫동안 아시리아에 억눌려 지내면서 다시 한 번 옛 바빌론의 영광을 되찾으려는 꿈을 꾸어오던 바빌론 사람들에게 들고 일어설 좋은 기회를 제공하였다. 즉각 바빌론 왕 나보폴라살(626~605)이 역사의 지평선에 나타났다. 통치자가 아슈르바니팔에서 나보폴라살로 바뀌면서 아시리아의 주도권은 종식되었고, 아시아 지역의 셈 족을 영도하는 권세는 갈대아인(또는 바빌로니아인)에게로 넘어갔다.

바빌로니아에서 실권을 잡은 나보폴라살은 미디안 족의 키아사레스 왕(약 625~585)과 손을 잡고 아시리아에 대한 최후 공격을 감행하였다. 마침내 612년, 니느웨는 함락되었다. 그 무렵 나보폴라살은 아시리아 제국의 붕괴를 비문으로 새겨두었다. "나는 수바룸의 땅을 무찔렀다. 나는 그 적국의 땅을 쑥대밭으로 만들었다…오랜 세월 그 땅의 백성을 무거운 멍에로 억누르고 상처를 입혀왔던 아시리아인들과 아카드에서 온 그들의 발길을 나는 돌려놓았고 그들의 멍에를 나는 부숴버렸다."[12] 아시리아 왕국은 역사에서 자취를 감추었고 아시리아 백성은 두 번 다시 지상에 등장하지 않았다. 그 무섭던 제국은 국력이 극점에 도달했던 때로부터 불과 몇 년 안에, 너무나도 급작스럽게 붕괴되고 말았다. 그토록 기세등등하던 힘이 돌연 수그러들고 나라는 적국의 밥이 되었다.

바빌로니아인들이 강력한 세력으로 등장했다. 요시아는 바빌론이 아시리아를 멸망시키는 일에 협조했던 것 같다. 한편 두 세대 전에만 해도 아시리아의 침공을 받았던 에집트는 아시리아가 멸망해 갈 무렵 유일한 아시리아의 동맹국으로 남아 있었다. 신생 제국인 바빌론의 등장을 견제하기 위하여 에집트는 아시리아를 지원하여 바빌론과 그 동맹국들을 대항하게 하였던 것이다. 동시에 에집트는 한때 제국의 소유였던 팔레스타인과 시리아를 다시 장악할 꿈을 꾸고 있었다. 그리하여 파라오 느고 2세(609~593)는 즉위하자 곧장 팔레스타인으로 진격해 올라왔다. 다른 왕들은 독립에 급급하여 감히 에집트에 맞서 싸울 엄두를 내지 못하고 있는데, 요시아는 이미 독립을 성취하였고 두 번 다시 아시리아의 지배 아래 들어가고 싶지 않았으므로 쳐올라오는 에집트군을 막으려고 하였다. 609년, 므기또에서 두 나라 군대는 맞닥뜨렸고 전투는 유다의 비극으로 끝났다. 요시아가 전장에서 죽고 군대가 예루살렘에 돌아오자 그곳에서는 요시아의 아들 여호아하즈가 왕을 자처하고 있었다. 유다를 손아귀에 넣은 느고는 새 왕을 퇴위시켜 에집트로 쫓아버렸다. 여호아하즈의 동생 여호야킴이 에집트의 봉신으로서 왕위에 앉아 무거운 조공을 에집트에 바치게 되었다. 유다의 독립은 끝장이 났다. 느고는 유프라테스 강에 이르기까지 아시리아의 옛날 영토를 다스렸다.

앞에서 언급한 대로 예레미야가 예언자의 소명을 받은 것은 요시아 치세 때인 625년이었다. 그러나 그가 요시아 때에 구체적으로 무슨 활동을 했는지에 대하여는 정확하게 알 수가 없다. 그가 공개적으로 권력층과 충돌한 것은 여호야킴(609~598) 시대에, 도벳에서 첫 메시지를 전하고 이어서 예루살렘 성전에서 활동할 무렵이었다. 성전 관리인 사제 바스훌은 사람들이 보는 앞에서 예레미야를 때린 다음 차꼬를 채워 감옥에 가두었다(19:14~20:3). 성전 안에서 바로 그 성전과 예루살렘이 파괴될 것을 예고한 그의 예언은 사제들과 거짓 예언자들과 민중을 화나게 만들었다. 예레미야는 재판 결과 사형 언도를 받았지만 몇몇 관리들이 그를 구출해 냈다.

느부갓네살(605/4~562)의 등장은 예레미야의 활동을 절정에 올려놓았다. 예레미야는 자기가 요시아 치세 때부터 한 예언들을 두루마리에 적으라는 명령을 받았는데(36:1~2) 그 요점은 "바빌론 왕이 와서 이 땅을 망친다(36:29)"는 것이었다. 이 예언들이 그것을 기록한 예언자의 서사(書士) 바룩에 의하여 성전 마당에서 낭독되었다. 사람들은 예언자의 메시지에 크게 술렁거렸고 이 소식이 궁전에 전해지자 왕과 왕족들이 자기네도 들어보겠다고 했다.

여호야킴은 예루살렘에서 많은 사람을 죽인 졸렬한 폭군이었다(열왕기하

24:4). 이미 예언자 하나를 죽인 적도 있는(예레미야 26:23) 왕의 난폭한 성질을 잘 알고 있는 왕실 측근들이 예레미야와 바룩에게 몸을 숨기라고 충고해 주었다. 왕은 예언자의 두루마리를 읽는 대로 한 장씩 찢어 불에 넣었다. 그는 예레미야를 투옥하라고 명령을 내렸지만 예언자는 이미 모습을 감춘 다음이었다(36장). 그러나 잠시 뒤, 그는 다시 나타나 활동을 재개하였다.

여호야킴의 주관심사는 궁전을 크게 확장하는 것이었고 그 일에 강제 노역을 서슴지 않았다. 예레미야와 여호야킴은 도저히 피차 용납할 수 없는 사이가 되었다.

> 부정한 수법으로 제 집을 짓고
> 사취한 돈으로 제 누각을 짓는 이 몹쓸 놈아!
> 동족에게 일을 시키고
> 품값을 주지 않다니!
> "집을 널찍이 지어야지,
> 누각을 시원하게 꾸며야지" 하며
> 창살문은 최고급 송백나무로 내고
> 요란하게 단청까지 칠하였다만
> 누구에게 질세라 송백나무를 쓰면
> 그것으로 왕 노릇 다하는 것 같으냐?
> 너의 아비는 법과 정의를 펴면서도
> 먹고 마실 것 아쉽지 않게 잘 살지 않았느냐?
> 가난한 자의 인권을 세워주면서도
> 잘 살기만 하지 않았느냐?
> 그것이 바로 나를 안다는 것이다.
> 내가 똑똑히 말한다.
> 그런데 너는 돈 욕심밖에 없구나.
> 죄 없는 사람의 피를 흘리려고 눈을 부릅뜨고

백성을 억누르고 들볶을 생각뿐이구나…

"가엾어라 우리 형님, 가엾어라 우리 누님."

이렇게 애곡할 사람이 없으리라.

"불쌍하셔라 우리 임금님, 불쌍하셔라 우리 왕후님."

이렇게 애곡할 사람이 없으리라.

죽은 나귀를 치우듯이 끌어내다 묻으리라.

예루살렘 성문 밖 멀리 끌어내다 던지리라.(예레미야 22:13~19)

바빌론 제국의 출현

605년, 세력의 판도가 달라짐에 따라 유다는 새로운 위험에 직면케 되었다. 에집트의 느고는 영토를 유프라테스 건너 메소포타미아 북부 지역까지 넓힐 속셈으로 대군을 이끌고 유프라테스 강변의 가르그미스까지 파죽지세로 진격해 올라왔다. 그러자 나보폴라살의 아들 느부갓네살이 그를 맞아 크게 이겼다. 느고는 몰락하였고 그의 군대는 뿔뿔이 흩어졌다. 느부갓네살은 아버지인 나보폴라살이 갑자기 죽어 바빌론으로 돌아가게 되지만 않았다면 에집트 본부까지 짓쳐들어 갔을 것이다. 새로운 바빌론 제국이 등장했고 여러 해 동안 근동 지역을 다스렸다.

이와 같은 사태의 변화에 유다는 대경실색하였다(예레미야 46장). 여호야킴은 느부갓네살에게 신하로서의 충성을 맹세하고 그의 봉신이 되었다(열왕기하 24:1).

그러나 속으로는 유다의 안정이 에집트의 운명과 연결되어 있다고 생각했던 것 같다. 그리하여 이윽고 바빌론의 멍에를 벗어버리기로 결심하였다. 많은 지도격 인사들이 그의 외교 정책을 지지하였다. 그와 같은 무모한 모험에 대하여 오직 예레미야만이, 전에 비슷한 위기에서 이사야가 그랬듯이 반대하고 나섰다. 그것은 자살과도 같은 바보짓이라고 경고하였다. 그는, 느부갓네살은 하느님께서 당신의 뜻을 이루시려고 세운 사람이며 유다와 다른 지역들이 모두 그의 수중에 들어갈 것이라고 외쳤다(예레미야 25:15~16; 27:6).
그에게 항거하는 것은 무모한 짓이며 에집트를 의지하는 자들은 옛날 아시
리아를 의지했던 자들처럼 수치를 당하게 된다는 것이었다(2:36~37).

> 나 만군의 야훼가 말한다.
> 한 민족 한 민족 차례로 재앙을 당하리라.
> 거센 폭풍이 사방 땅끝에서 터져 나온다…
> 백성의 목자, 민중의 우두머리들아
> 땅에 주저앉아 아우성치며 울부짖어라.
> 너희가 학살당할 날이 오고야 말았다.
> 너희는 수양들처럼 흩어지며 쓰러지리라.
> 백성의 목자, 민중의 우두머리들아
> 너희가 도망쳐도 난을 면하지 못하리라.
> 백성의 목자, 민중의 우두머리들아
> 아우성치며 울부짖는 소리가 나는구나.
> 야훼께서 분노를 터뜨리시자
> 번성하던 목장이 쥐죽은 듯 적막하게 되었구나.
> 사자가 굴을 버리고 떠나듯
> 야훼께서 당신 백성을 떠나셨기 때문이다.
> 야훼께서 분노를 터뜨리시어
> 전쟁을 일으키시자
> 이 백성의 땅이 이토록 끔찍하게 되었구나.(예레미야 25:32, 34~38)

이윽고 왕은 바빌론에 조공보내는 것을 중단하였다. 느부갓네살은 그런
일이 어디서 발생하든 간에 너그러이 관용을 베풀 의도가 전혀 없었다. 몸소
출동할 수 있는 때를 기다렸다가 바빌론에 우호적인 유목민 부족들을 부추
겨 유다의 땅을 약탈하자고 했다(열왕기하 24:2; 예레미야 35:11). 결국 597

년, 몸소 대군을 이끌고 나타나 예루살렘을 포위하였다. 바빌론 군대가 예루살렘을 포위하기 전에 여호야킴은 죽고 열여덟 살 된 그의 아들 여호야긴이 왕위에 앉아 있었는데, 사태가 절망적임을 알고 무자비한 학살이 자행되기 전에 항복하기로 마음먹었다. 그의 어머니를 비롯한 왕실 가족들이 모두 포로가 되었고 무기를 운반할 수 있는 장정 7천 명과 철공 노동자 1천 명이 그의 가족들과 함께 바빌론으로 끌려갔다. 스물한 살 된 청년 시드키야가 유다의 왕 자리에 앉혀졌다.

시드키야가 나라를 다스린 11년(597~587) 동안은 유다의 세력이 쇠퇴하고 예레미야가 다가오는 재난을 막아보려고 무진 애를 쓴 세월이었다. 시드키야는 좋은 뜻을 품고 나라를 다스리고자 하였고 예언자의 경고를 경청하여 때때로 나라 일을 그와 상의하기도 하였지만(37:3~10, 16~21; 38:14~28) 고집 센 세도가들을 제어하지 못하고 오히려 그들에게 눌려서 지냈다(38:5).

그러는 동안 성전 기물들과 여호야긴과 유다의 고위층 지도자들은 여전히 바빌론 땅에 유배되어 있었다. 여호야긴은 느부갓네살의 종이었다. 유다와 인근의 바빌론 속국들에 살고 있던 애국자들은, 바빌론의 통치가 곧 끝장날 것이라는 점쟁이들과 가짜 예언자들의 말을 믿고 반역을 모의하였다. 게다가 남쪽의 에집트는 작은 나라들을 부추겨 바빌론의 멍에를 벗어버리라고 계속 입김을 넣었다. 이에 예루살렘의 고관들은 한 세기 전에 히즈키야가 시도했던 위험한 게임을 다시 해볼 작정을 하게 되었다. 근방 다섯 나라의 사절들이 예루살렘에 모여 반역을 꾀하였다. 그때에 예레미야는 하느님의 명령으로 괴상하고도 담대한 행동을 취하였다. 밭에서 일하는 소가 쓰는 것과 같은 멍에를 만들어 목에 쓰고는 반역을 꾀하는 외국 사신들 앞에 서서 하느님의 말씀을 외쳤던 것이다.

이스라엘의 하느님 만군의 야훼께서 하신 말씀이다. 너희 상전들에게 전하여라. "내가 손을 뻗어 있는 힘을 다하여 땅을 만들고 그 위에 사람과 짐승을 만들었으니, 아무나 내 눈에 드는 사람에게 천하를 맡길 권한이 나에게

있다. 이제 나는 이 천하를 나의 종인 바빌론 왕 느부갓네살에게 맡기기로
하였다. 들짐승까지도 그에게 맡겨 부리게 하였다. 그 왕과 그 나라도 망할
때가 오겠지만, 모든 민족은 느부갓네살을 그 아들 손자대까지 섬겨야 한
다. 그러니 바빌론 왕이 씌워주는 멍에를 메어라. 그 왕 느부갓네살을 섬겨
라. 그러지 않는 민족과 나라가 있으면 나는 그 민족을 전쟁과 기근과 염병
으로 벌하여서라도 느부갓네살의 손에 넘겨주고 말 것이다. 이는 내 말이
라, 어김이 없다. 너희의 예언자들과 박수들과 해몽가들과 점쟁이들과 마술
사들이, 우리가 바빌론 왕을 섬기게 될 리 없다고 하더라도 곧이 듣지 말라.
그자들이 하는 예언은 거짓이다. 그 말을 듣다가는 고향을 멀리 떠나게 되
며 나에게 쫓겨나고 말 것이다. 그러나 바빌론 왕의 멍에를 메고 그를 섬기
는 민족은 제 고장에 남아 농사 지으며 살 수 있게 해주겠다."(예레미야 27:4
~11)

예레미야는 시드키야 왕과, 거짓 예언자들의 예고에 넘어간 사제들에게도
똑같은 경고를 해주었다. "너희는 바빌론 왕의 멍에를 메어라. 그 왕과 그 백
성을 섬겨라. 그러면 모두 죽지 않으리라(27:12)." 바빌론을 종주국으로 섬
기는 것은, 이사야가 반대했던 아시리아에 속국이 되는 것과는 달리, 완전한
추방과 민족적인 소멸의 위험을 내포한 것은 아니었다.

예루살렘의 함락

근 150년에 걸친 역사적 경험으로 교훈을 얻었으련만 여기저기서 바빌론
에 반역하자는 목청이 드높았다(28:1 이하). 예레미야는 야훼께서 세상을 통
치할 권한을 내려주신 느부갓네살에게 복종할 것을 호소했지만 쓸데없는 일
이었다(37:11 이하).
예레미야가 경고했지만 시드키야는 마침내 고관들과 민중의 떠들썩한 여
론에 굴복하여 느부갓네살에게 절연을 선언하고는 에집트에 군사적 보호 조

처를 요청하는 사절단을 보내기에 이르렀다. 느부갓네살은 시드키야와 조약 (berith)을 맺었는데 그 조약에 시드키야는 선서를 했었다. 이제 시드키야는 그 조약과 선서를 일방적으로 파기하였다(에제키엘 17:13~21; 역대기하 36:13). 느부갓네살의 반응은 신속했다. 588년(혹은 589년) 초에 그의 군대 가 도착하여 예루살렘을 봉쇄하고는 지방의 남은 성읍들을 점령하였다.

바빌론 군대가 예루살렘을 공략하고 있을 때 예레미야는 왕을 만나서, 예 루살렘이 바빌론군에게 함락되는 것은 하느님의 뜻이니 항복을 하라고 권했 다(34:1~5; 21:3~7). 그런 권고는 예루살렘의 열혈당원들과 경건한 국수주 의자들을 분개시켰다. 거룩한 성을 이방 정복자에게 넘겨주다니! 예레미야 의 조언은 불쾌하기 짝이 없는 것이었다. 사람들은 용기를 내어, 전에 산헤 립으로부터 예루살렘을 구해주신 야훼께서 느부갓네살로부터도 지켜주실 것이라고 믿으며 성을 굳게 지켰다.

예레미야가 느부갓네살에게 항복하라고 권한 것은 죄에 대한 형벌로서 이 방인의 멍에를 지라는 것이 아니었다. 그것은 천하의 통치권을 70년간 느부 갓네살에게 맡기신 하느님의 계획을 깨닫고 받아들이라는 것이었다(24:7 이 하; 29:10 이하). 예루살렘이 포위된 채 함락 직전에 처해 있을 때, 근위대 울 안에 갇힌 몸으로 예레미야는 하느님의 말씀을 선포했다.

나 야훼가 선언한다. 너희는 이곳이 "사람도 짐승도 자취를 감춘 쓸쓸한 곳 이 되리라"고 하였다. 그렇다. 유다 성읍들과 예루살렘 거리들은 사람도 없 고 짐승도 어른거리지 않는 텅 빈 곳이 되리라. 그러나 여기에서 또다시 기 쁜 소리, 흥겨운 노래, 신랑 신부의 즐거운 소리가 나리라. 사람들은 감사 제물을 들고 내 집에 들어가,

"야훼는 어지신 분,
그 사랑 영원하여라.
만군의 야훼께 감사하여라"

하게 될 것이다. 내가 이렇게 이 나라의 운명을 옛날과 같이 회복시켜 주리

라.(예레미야 33:10~11)[13]

그러는 동안 에집트 군대가 남서쪽으로부터 진격해 왔고 그 바람에 바빌론 군대는 잠시 예루살렘 포위 공격을 보류하였다(37:5; 34:21). 그러나 예레미야는 계속하여 바빌론에 패망할 것을 예고하였다. 에집트의 원군은 헛되이 돌아갈 것이므로 바빌론을 대항하여 싸우려 하지 말고 투항하라고 권하기까지 했다.

바빌론 군대의 포위가 잠깐 풀린 틈을 타서 예레미야는 개인적인 용무로 고향을 다녀오려고 성문을 나서다가 체포되어, 바빌론으로 망명하려 했다는 혐의로 지하 감방에 갇힌 몸이 되었다(37:11~16). 왕이 그를 감옥에서 빼내어 근위대 울 안에 있게 하고 연명할 음식을 제공하였다(37:17~21). 예언자는 계속하여 선동적인 자기 의견을 발표하였다. 바빌론에 항전한다는 것은 무모한 일이며 개죽음을 하는 것도 잘못이라는 내용이었다. 그는 야훼의 이름으로 백성들에게 각자 성읍을 떠나 항복하라고 호소했다(21:8~10). 고관들은 그를 마른 웅덩이에 던져넣었다. 그 웅덩이 속에서 굶어 죽어가는 예레미야를 에디오피아인 내시 에벳멜렉이 왕명을 받아 살려냈다(37~38장). 그 뒤 예루살렘이 함락되어 석방될 때까지 예레미야는 다시 근위대 울 안에 머물게 되었다.

그러는 동안 에집트 원군은 패전하여 쫓겨갔고 예루살렘은 다시 포위되었다. 이제 하느님의 기적밖에 다른 희망이 없게 된 시드키야는 예레미야에게 시종을 보내어 간청하였다. "우리를 위하여 기도해 주시오. 어쩌면 야훼께서 바빌론 왕을 물리쳐 주실는지도 모르는 일이니까." 그러나 예언자의 대답은 단호했다. "당신의 항거는 더욱 힘을 잃을 것입니다. 하느님께서 몸소 큰 진노를 강한 팔에 담아 당신을 치실 것입니다. 성읍은 함락되고 사람들이 떼죽음을 당하며 남은 자들은 포로로 끌려갈 것입니다!(21:1~10)"

예루살렘은 2년 반을 버텼으나 마침내 극심한 굶주림이 판가름을 내었다. 587년, 성은 떨어졌다. 거룩한 도성이 약탈당하고 불길에 휩싸였다. 솔로몬의 성전도 불 속에 사라졌다. 오랫동안 백성을 견책해 오던 예언자는 이제 백성의 슬픈 목소리가 되어 있었다.

> 이젠 망하였다.
> 얼어 터져 다시 살아날 길이 없게 되었다.
> 이런 고통쯤은 참을 수 있으려니 하였더니!
> 천막줄이 모두 끊겨 천막은 망가지고
> 자식들은 간 곳 없이 사라지겠네.
> 천막을 다시 쳐줄 사람도 없고
> 휘장을 다시 걸어줄 사람도 없겠네. (예레미야 10:19~20)

오늘 우리가 볼 때, 시드키야가 느부갓네살에게 반역을 한 것은 정치적 상황을 크게 잘못 인식한 것으로 보인다. 유다가 아시리아를 파멸시킨 세력에 도전한 것은 어리석은 일이었으며 마찬가지로 에집트를 의지하려 한 것은 자기 기만이었다. 새로운 제국은 유다의 존재 자체를 위협하지 않았을 뿐더러 종주국으로 대접받고 조공을 받는 것으로 만족하려 했던 것 같다. 유다는 아시리아나 에집트의 보호를 받는 것보다 바빌론을 종주국으로 대접하는 것이 더 살아남기가 쉬웠을 것이다.

그러나 예레미야가 왕국의 지도자들에게 반대하는 자리에 섰던 것은 정치적인 약삭빠름이 아니었다. 유다가 결코 아시리아에 점령당하지 않을 것이라고 주장했을 때 이사야가 섰던 자리는 예레미야와 정반대가 되는 자리였다. 예언자는 세계를 정치적 논리의 관점에서 보지 않는다. 그는 세계를 하느님의 관점에서 보는 사람이다. 그는 세계를 하느님의 눈을 통해서 본다. 예레미야에게 느부갓네살과의 관계는 하느님과의 관계보다 훨씬 덜 중요한 것이었다.

예레미야는 계속하여 하느님의 상황을 살피고 인간의 분위기를 눈여겨보면서 담대하게 부르짖고 도전하고 경고하였다. 그러는 가운데 하느님과 이스라엘 사이에 맺혀진 매듭을 풀어보려고 했던 것이다.

　다른 어느 예언자들과도 달리 그는 "그분의 노여운 몽둥이로 인한 재난"을 보았다. 그러나 동시에 그는 하느님의 확실하고 변함없는 사랑과 관심에 고취되었다. 그것은 당신의 노여움을 능가하는 사랑이요 관심이었다. "…이전에는 자나깨나 이 백성을 뽑고 부수고 허물고 멸하고 해치기만 하였으나 그만큼 이제는 눈을 똑바로 뜨고 세우며 심어주리라. 이는 내 말이라, 어김이 없다(31:28; 참조, 1:10)." "내가 다윗의 정통 왕손을 일으킬 그날은 오고야 만다. 이는 내 말이라, 어김이 없다. 그는 현명한 왕으로서 세상에 올바른 정치를 펴리라. 그를 왕으로 모시고 유다와 이스라엘은 살 길이 열려 마음놓고 살게 되리라. '야훼 우리를 되살려주시는 이' 라는 이름으로 그를 부르리라(23:5~6)."

> 그 후손을 내 앞에 튼튼히 세워
> 전처럼 굳건한 사회가 되게 하리니
> 이 백성을 박대하는 자들은 모두 벌을 받으리라.(예레미야 30:20)

> 그들은 시온 언덕에 와서 환성을 올리리라.
> 이 야훼가 주는 선물을 받으러 밀려들리라.(예레미야 31:12)

　느부갓네살의 병사들은 성전과 왕궁과 예루살렘의 큰 집들을 불태웠다. 성벽은 무너졌고 대부분의 주민들은 포로가 되어 끌려갔다.

　예루살렘! 사람들은 파괴하느라고 바쁘고, 하느님은 다시 세우시느라고 바쁘고.

제7장
하바꾹

하바꾹의 생애에 대하여 우리는 별로 아는 게 없다. 아마도 그는 여호야킴(609~598 B.C.E.)이 다스리던 때에 활약한 유다 출신 예언자였을 것이다. 당시는 느부갓네살이 승승장구하며 뭇 나라를 정복하던 때였다.

하바꾹의 세계는 그의 이름을 달고 있는 작은 책을 통해서 우리에게 알려져 있다. 그 세계는 어떤 세계인가? 그것은 정의가 비뚤어진 형태로밖에는 실현되지 않는(1:4) 그런 곳이다.

> 야훼여, 살려달라고 울부짖는 이 소리,
> 언제 들어주시렵니까?
> 호소하는 이 억울한 일,
> 언제 풀어주시렵니까?
> 어인 일로 이렇듯이 애매한 일을 당하게 하시고
> 이 고생살이를 못 본 체 하십니까?
> 보이느니 약탈과 억압뿐이요,
> 터지느니 시비와 말다툼뿐입니다.
> 법은 땅에 떨어지고
> 정의는 끝내 무너졌습니다.
> 못된 자들이 착한 사람을 등쳐먹는 세상,
> 정의가 짓밟히는 세상이 되었습니다. (하바꾹 1:2~4)

하바꾹은 이 현실을 보고 경악을 금치 못한다. 그는 괴롭다. 폭력이 세상 천지에 가득함을 보고는 절망하고 하느님이 악에게 너그럽다는 생각으로 번민한다. "언제까지?" 그는 울부짖는다. "왜?"

그의 기도와 그의 울부짖음에 대답이 들려온다. 그러나 그에게 주어진 대답은 속시원한 해명에서 오는 위안이 아니다. 그에게 들리는 목소리,

이 반역하는 무리들아
똑똑히 보아라.
너의 생전에 놀라 질겁할 일이 벌어지리라.
귀를 의심할 만한 일이 벌어지리라.
보아라. 내가 바빌론을 일으키리니
그들은 사납고 날랜 족속이라,
남의 보금자리를 빼앗으며
천하를 주름잡는다.
제 힘을 믿고 멋대로 법을 세우는
무섭고도 영악한 족속이다.
표범보다도 날래고
저녁에 나오는 늑대보다도 사나운
말을 탄 기병들이 먼 곳으로부터
먹이를 찾아 덮치는 독수리같이
닥치는 대로 휩쓸려고 전군을 휘몰아온다.
얼굴마다 열풍 같은 노기를 띠고
포로들을 끌어다 모랫더미처럼 쌓는다.
고관쯤은 우습게 여기고
임금은 노리개로 삼으며
그 어떤 성채건 하찮게 여기고
토성을 쌓아 점령하리니

제 힘을 하느님처럼 믿다가 죄를 지은 자들은
바람에 날려가듯 사라지리라.(하바꾹 1:5~11)

이 목소리는, 왜 하느님이 바빌론을 일으켜 온 세상을 질풍처럼 휩쓸게 하시는지를 해명하지 않는다. 반면에 하바꾹의 머리에 또 다른 일격을 가할 뿐이니, 그의 경악에다가 미스테리를 덧붙여준 것이다. 하느님의 경륜이 수수께끼 같은 말 속에 가리워져 있는 동안, 예언자는 해명을 자청하고 나선다. 나라들이 죄를 지었고 죄에는 형벌이 따르게 마련인즉, 바빌론은 하느님의 정의를 실천하는 도구다.

야훼여, 당신은 그들을 재판관으로 세우셨습니다.
오, 바위여, 당신은 그들을
채찍으로 세우셨습니다.(하바꾹 1:12 사역)

범죄가 형벌을 받지 않고 넘어가지는 못한다는 생각이 위로가 될는지는 모르나, 이 생각은 더욱 무겁고 쓸쓸한 질문 앞에 서게 한다. 이것이 정의가 세상을 다스리게 하는 길이란 말인가? "제 힘을 하느님처럼 믿는 죄를 지은 자들"이 하느님의 뜻을 펴는 도구가 되어야 한다는 말인가? 이것이 정의의 길인가? 악한 자들을 파멸시키기 위하여 무고한 자들이 파멸을 당하는, 이것이 과연 정의의 길이란 말인가?

주께서는 눈이 맑으시어
남을 못살게 구는 못된 자들을
그대로 보아넘기지 않으시면서
어찌 배신자들을 못 본 체 하십니까?
나쁜 자들이 착한 사람을 때려잡는데
잠자코 계십니까?(하바꾹 1:13)

이 세상의 거대한 힘들이 보기에 정의는 무의미하다. 그것들은 무자비하고 그것들의 눈에 인간은 전혀 아무런 가치가 없다. 인간을 너무나도 사랑하기에, 인간에게 저질러지는 잘못을 보면 예언자들을 통해서 진노를 퍼붓기에 피곤을 모르는 하느님이 지금, 인간을 짓밟는 행위에 책임이 있다고 하바꾹한테서 비난을 받고 있다.

> 어찌하여 사람을 바다 고기로 만드시고
> 왕초 없는 벌레로 만드시어
> 그자들의 낚시에 걸리게 하십니까?
> 그물을 쳐서 사람을 끌어내고
> 쟁이로 사람을 잡아내고는 좋아 날뛰게 하십니까?(하바꾹 1:14~15)

그물과 쟁이는 그 무자비한 왕의 신들이다. 그것들에게 그들은 제물을 바치고 향을 피운다. "그것들 덕분에 호사스럽게 살고 배 터지게 먹을 수 있기 때문"이다.

> 목구멍은 죽음의 구렁처럼
> 삼켜도 삼켜도 성차지 않아
> 뭇 민족을 끌어들이고
> 만백성을 모아들였건만…
> 그 모양으로 늘 칼을 빼어들고
> 무자비하게 뭇 민족을 죽이는 자들입니다.(하바꾹 2:5; 1:17)

세계는 어둠이 가득하고 마음은 분노로 가득하다. 인간이 하느님을 버리고 그물과 쟁이에 분향을 해야 할 것인가? 자비심을 버려야 할 것인가? 하바꾹은 성이 난 채 다시 하느님과 만나게 되기를 기다리기로 작심한다.

내가 던진 질문에 무슨 말로 대답하실지
내 초소에 버티고 서서 기다려보리라.
눈에 불을 켜고 망대에 서서 기다려보리라. (하바꾹 2:1)

두 가지가 그는 알고 싶다. 하느님의 말씀과 그분 자신의 대답이다. 후자 없이는 전자가 의미 없기 때문이다. 하바꾹에게 음성이 들린다.

네가 받은 말을 누구나 알아보도록 판에 새겨두어라.
네가 본 일은 때가 되면 이루어진다.
끝날은 반드시 찾아온다.
쉬 오지 않더라도 기다려라.
기어이 오고야 만다.
멋대로 설치지 말아라.
나는 그런 사람을 옳게 여기지 않는다.
그러나 의로운 사람은 그의 신실함으로써 살리라. (하바꾹 2:2~4)

하바꾹이 그때 무엇을 보았는지(2:3)는 우리에게 알려지지 않았다. 그 내용은 언어로 기록되지 않았다. 그것은 끝날에 이루어지는 구원에 대한 환상이었다. 하바꾹의 질문에 대한 대답이다. 그것은 어떤 사상이 아니라 구체적인 사건들이다. 하느님의 대답은 일어날 것이다. 그러나 언어로 똑똑히 설명할 수는 없다. 그 대답은 반드시 올 것이다. "쉬 오지 않더라도 기다려라." 사실 말이지 그 중간 시기는 견뎌내기가 힘들다. 의로운 자는 눈에 보이는 것에 질려버린다. 그런 그에게 다시 위대한 대답이 주어진다. "의로운 사람은 그의 신실함으로써 살리라." 다시, 이것은 어떤 사상으로가 아니라 실존으로 주어지는 대답이다. 예언자적 신앙은 그를 신뢰하는 것. 그분의 현존 앞에서 깨달은 자는 잠잠하리라.

야훼께서 당신의 거룩한 전에 계신다.
온 세상은 그의 앞에서 잠잠하여라.(하바꾹 2:20)

하바꾹서는 환상 하나와 기도 한 대목으로 끝난다. 예언자는 미래를 완료 시제로 내다보고 자연의 모습에서 역사의 상징들을 본다. 드디어 위대한 신의 현현이 이루어지고 야훼는 승리의 전차 위에 우뚝 선다. 그의 영광이 하늘을 가득 채우고 땅은 그를 찬양하는 소리로 충만하다. 그러나 그의 나타나는 모습은 두렵기만 하다. 역신(疫神)이 앞장서고 염병이 뒤따른다. 분노로 땅을 깔고 앉으며 민족들을 짓밟는다. 그는 당신의 백성, 친히 기름부은 자를 구하러 오시어, 가난한 자들을 남몰래 게걸스럽게 먹어치우던 "악인의 소굴을 짓부순다." 예언자는 다시 경악에 사로잡힌다.

그 소리를 듣고
나의 뱃속이 뒤틀립니다.
입술이 떨리고 뼛속이 녹아내리며
아랫도리가 후들거립니다.
우리를 덮쳐오던 자들에게
재앙이 떨어지는 날만 나는 기다리고 있습니다.(하바꾹 3:16)

하바꾹은 하늘의 분노를 미스테리로 깨닫고 받아들인다. 그는 그것이 구원을 위하여 불가피한 도구임을 알게 된다. 그리하여 겸허하게 그는 기도한다. "아무리 노여우셔도, 잊지 마시고 자비를 베푸소서(3:2)."
예언자는 벌벌 떨지만, 그에게는 아직 야훼를 섬길 힘이 남아 있다. 그러나 그의 체험의 뿌리는 신뢰와 신앙보다 더 깊은 데 있다. 예언자가 마주보는 것은 자신의 신앙이 아니다. 그는 하느님을 마주본다. 하느님을 감지하는 것은 무한한 선(善), 무한한 지(知), 무한한 미(美)를 감지하는 것. 그런 것이야말로 기쁨을 주는 감각이다. 세계는 경악스럽고, 난폭한 분노는 정원을 쑥

대밭으로 만들겠지만, 예언자는 "야훼 안에서 환성을 올릴" 것이다. 이것이
보여진 환상에 대한 하바꾹 개인의 응답인 듯.

> 비록 무화과는 아니 열리고
> 포도는 달리지 않고
> 올리브 농사는 망하고
> 밭곡식은 나지 않아도
> 비록 우리에 있던 양떼는 간 데 없고
> 목장에는 소떼가 보이지 않아도
> 나는 야훼 안에서 환성을 올리렵니다.
> 나를 구원하신 하느님 안에서 기뻐 뛰렵니다. (하바꾹 3:17~18)

제8장
제2이사야

구원 전날 밤에

　신 바빌론 제국은 오래 가지 못했다. B.C. 562년, 느부갓네살이 죽으면서 제국은 급속히 쇠퇴하였다. 엘람의 소공국(小公國) 왕, 고레스가 일어나 아시리아 패망 이후 근동 지역을 양분하여 다스리고 있던 두 세력을 꺾는 데 성공하였다. 그는 550년 미디안 제국의 왕을 이겼고 539년에는 바빌로니아의 왕을 물리쳤다. 마침내 고레스는 거대한 페르시아 제국의 우두머리가 되었고 그의 세력은 소아시아의 서해안에까지 미쳤다.

　바로 이 역사의 소용돌이 속에서 한 예언자가 나타나, 이 모든 사건들의 의미를 정치사의 차원에서 하느님의 구원사로서의 세계 역사에 대한 이해의 차원으로 끌어올렸다. 그는 야훼께서 당신의 백성을 구원하실 것이며, 바빌론은 무너지고, 하느님께로부터 당신의 뜻을 역사에 실현하라는 소명과 힘을 부여받은 고레스가(이사야 41:5~7; 48:28; 45:1~2) 장차 이스라엘이 시온으로 돌아와 예루살렘을 재건하는 일에 큰 역할을 감당할 것이라고 외쳤다. 그 이름을 알 수 없는 예언자의 당당한 말들을 우리는 「이사야」의 뒷부분(40~66장)에서 읽을 수 있다. 흔히들 그를 제2이사야라고 부르는데 그의 메시지는 특별히 어느 한 시대에만 국한되지 않는다. 그것은 인간의 눈물로 반죽되고 모든 상처를 치료하는 기쁨이 섞여 있으며 아픈 오늘에 서서 내일을 바라보는 길을 제시하는 그런 예언이다. 병든 세계가 신음할 때, 이보다 더 큰 위로가 되는 말이 없었다.

하느님은 내 권리를 무시하셨다

야훼께서는 일찍이 선언하신 대로 사정없이 부수시었다(애가 2:17). 그분의 징벌은 황폐, 기근, 죽음 그리고 절망을 가져다주었다. 예루살렘은 파괴되었고 이스라엘은 포로가 되어 끌려갔으며 그 자식들은 "그물에 걸린 노루(51:20)" 꼴이 되었다. 박해자들은 이스라엘에게, "땅에 엎드려라. 우리가 디디고 지나가겠다"고 하였으며 그들의 "등을 땅바닥 밟듯 밟고 길바닥처럼 디디고(51:23)" 지나갔다. 포로로 끌려간 자들은 "때려부술 듯이 화를 내며 괴롭히던 자들이 두려워(51:13)" 부들부들 떨고만 있었다. 그러나 성전은 파괴되고 예루살렘은 폐허가 되고 자유는 상실된 그 절망 속에서도 이스라엘은 하느님께 신실하였다. "야훼는 의로우시다. 모두 내가 그분의 말씀을 거역한 탓이다(애가 1:18, 사역)." "선과 악이 모두 지극히 높으신 분 입에서 나오는 것이 아닌가?(애가 3:38, 사역)" 인간이 자신의 죄로 벌을 받는 것에 대하여 어떻게 불평을 할 것인가?

고난받는 종은 "도살장으로 끌려가는 어린 양처럼…결코 입을 열지 않았다(53:7)." 그렇지만 제2이사야는 시온의 운명을 그냥 체념적으로 받아들이지만은 않는다. 입을 다물기는커녕 오히려 야훼께 대들며 야훼를 일깨워드리고 있다.

> 시온을 생각할 때, 나는 잠잠할 수가 없다.
> 예루살렘을 생각할 때, 나는 가만히 있을 수가 없다.
> 그의 정의가 동터오고
> 그의 구원이 햇불처럼 타오르기까지
> 어찌 잠잠할 수 있으랴?…
> 예루살렘아, 내가 너의 성 위에 보초들을 세운다.

밤이고 낮이고 가리지 아니하고
그들은 결코 잠잠해서는 안 된다.
야훼를 일깨워드릴 너희가
입을 다물고 있어서야 되겠느냐?…
야훼여, 당신의 팔을 벌떡 일으키십시오.
그 팔에 힘을 내십시오. (이사야 62:1, 6; 51:9)

예언자는 전능하신 분의 침묵에 당황하여 부르짖는다.

그래도 야훼여,
당신께서는 우리의 아버지십니다.
우리는 진흙, 당신은 우리를 빚으신 이,
우리는 모두 당신의 작품입니다.
야훼여, 너무 노여워 마십시오.
우리 죄를 영원히 기억하지는 마십시오.
굽어 살펴주십시오.
우리는 모두 당신의 백성입니다.
당신의 거룩한 성읍들은 폐허가 되었습니다.
시온은 무인지경이 되었고
예루살렘은 쑥밭이 되었습니다.
우리 선조들이 모여 당신을 찬양하던 곳,
그 웅대하던 우리의 성전이 불에 타버렸고
귀중하게 여기던 모든 것이 망가졌습니다.
야훼여, 이렇게 되었는데도 당신께서는 무심하십니까?
우리가 이렇듯이 말못하게 고생하는데도
보고만 계시렵니까?…
하늘 높은 곳에서 굽어보십시오.

당신께서 사시는 거룩하고 화려한 집에서 굽어보십시오.

당신의 열성과 권능은 어찌 되었습니까?

그 연민의 정과 자비심은 어찌 되었습니까?(이사야 64:7~11; 63:15)

고통을 겪는 것보다 더 괴로운 것은 그 고통에 아무 의미가 없다고 느끼는 것, "당신의 지팡이와 막대기가 나를 위로하십니다"라고 말할 수 없다는 것이다. "야곱의 보금자리를 모두 사정없이 허물고(애가 2:2)" "원수인 양 이스라엘을 삼키신(애가 2:5)" 그분을 여전히 우리의 아버지이신 하느님으로 신뢰할 수 있을 것인가?

"야훼께서 나를 버리셨다.

나의 주께서 나를 잊으셨다"고

너 시온은 말했었지…

나는 헛수고만 하였다.

공연히 힘만 빼었다…

야훼께서는 나의 고생길 같은 것은 관심도 없으시다.

하느님께서는 내 권리 따위 알은 체도 않으신다.(이사야 49:14, 4; 40:27)

이스라엘의 비극은 범죄의 크기에 비해 터무니없이 심했고 정의는 역사적 사실에 의해 배반당한 듯 했다.

이스라엘의 고뇌와 바빌론의 영광, 이것을 과연 정의의 이름으로 찬양할 것인가? 하느님의 연인〔이스라엘—옮긴이〕이 얻어맞고 조롱을 당하는데 "만방의 여왕〔바빌론—옮긴이, 47:5〕"은 "실컷 나쁜 짓을 하면서도…자신만만(47:10)"인 것이 정의란 말인가? 하느님이 전혀 관심하지 않는다는 사실이 분명하지 않은가? 아니면 당신이 돌봐주시던 자들을 구원할 능력이 그분에게 없는 것 아닌가?(59:1을 보라.)

이 불행의 어두운 동굴 속에 한 줄기 의미의 빛을 비쳐주는 것이 바로 위로다. 예루살렘―아무도 위로해 주지 않는 도성!(애가 1:2, 9, 16, 17, 21) 누가 너를 위해 곡을 해 줄 것인가? 내가 어떻게 너를 위로해 줄 수 있겠느냐?(51:19) 왜 이스라엘이 유배되어야 했더란 말이냐? 어째서 이스라엘이 계속하여 유배지에 붙잡혀 살아야 했더란 말인가?

누가 그분께 정의의 오솔길을 가르쳐드렸는가

당황함과 혼란과 낙심에 사로잡힌 데다가 모든 백성이 털리고 바위굴 속 올무에 걸리고 영창에 갇힌 상황에서(42:22) 예언자는 하느님의 길을 조명하려고 하기 전에 먼저 하늘의 지혜가 지워주는 알 수 없는 짐을 받아들인다.

> 내 생각은 너희 생각과 같지 않다.
> 나의 길은 너희 길과 같지 않다.
> 하늘이 땅에서 아득하듯
> 나의 길은 너희 길보다 높다.
> 나의 생각은 너희 생각보다 높다.(이사야 55:8~9)

인간의 이해를 뛰어넘는 하늘의 지혜에 대해, 확실성을 가지고 하느님에게 따지는 자들은 야훼께서 당신의 생각을 자기네 생각에다 맞추고 당신의 계획을 자기네 논리에다 맞추기를 기대하는 자들이다. 하느님께 따지는 자들은 그분을 깨우쳐 드리려고 하는 자들이며 그분과 다투는 자들은 그분에게 '정의의 오솔길'과 '이해의 길'을 가르쳐드리려는 자들이라고 예언자는 주장한다. 자연계에서 드러나는 바 그분의 지혜의 압도적인 장엄함은 역사에서 섭리하시는 그분의 방법들을 생각할 때 인간으로 하여금 겸손하지 않을 수 없게 한다.

> 누가 바닷물을 손바닥으로 되었느냐?

하늘을 장뼘으로 재었느냐?

땅의 모든 흙을 말로 되었느냐?

산을 저울로 달고

언덕을 천평으로 달았느냐?

누가 야훼의 뜻을 좌우할 수 있었으며

좋은 의견으로 그를 가르칠 수 있었느냐?

누가 과연 그에게서

자기를 깨우쳐달라고,

정의의 오솔길을 가르쳐달라고,(사역)

현명한 처세의 길을 가르쳐달라고

부탁을 받았느냐?…

아! 네가 비참하게 되리라.

자기를 빚어낸 이와 겨루는 자여.

옹기 그릇이 옹기장이와 어찌 말다툼하겠느냐?

옹기 흙이 어찌 옹기장이에게

"당신이 무엇을 만드는 거요?" 할 수 있겠느냐?

작품이 어떻게 작자에게

"형편없는 솜씨로군" 하고 불평할 수 있겠느냐?

어느 누가 제 아비에게

"왜 이 모양으로 낳았소?" 할 수 있겠느냐?

자기 어미에게 어찌

"이 모양으로 낳느라고 그 고생을 하였소?" 할 수 있겠느냐?

이스라엘을 빚어 만드신 거룩하신 이,

야훼께서 말씀하신다…

"이 손으로 하는 일을 이래라 저래라 명령하는 것이냐?" (이사야 40:12~14;
45:9~11)[1]

고난받는 종

하느님의 생각은 인간의 생각보다 높으시다. 그러나 하느님이 인간의 고통을 더불어 나눌 수 있듯이 인간 또한 하느님의 생각을 나눌 수 있을 것이다.

아모스는 외쳤다.

> 세상 많은 민족 가운데서
> 내가 너희만을 골라내었건만
> 너희는 온갖 못할 짓을 다하니
> 어찌 벌하지 않으랴?(아모스 3:2)

제2이사야는 "너희는 온갖 못할 짓을 다하니"를 "그들은 온갖 못할 짓을 다하니"로 고쳐서 읽었을 것이다. 이스라엘은 저지른 죄에 대한 응징만 받은 것이 아니었다. 범죄의 양보다 훨씬 더 많은 고뇌를 견뎌야 했다. 실로,

> 그만하면 벌을 받을 만큼 받았다고,
> 야훼의 손에서 죄벌을 곱절이나 받았다고.(이사야 40:2)

외칠 만했다. 이스라엘은 야훼의 고난받는 종이었다.[2]

대체로 우리는 고난의 문제를 고난받는 자와 연관지어 생각한다. 예언자는 고난이라는 것을 고난받는 자의 상황에만 국한시켜 이해해서는 안 된다고 주장한다. 이스라엘의 고뇌 속에는 모든 민족들이 포함되어 있다. 이스라엘의 고통은 형벌이 아니라 특전이요 희생이다. 고난을 받는 것 자체가 하나의 전례(典禮)요, 그 의미는 이스라엘이 구원받는 날에 모든 사람에게 드러날 터이다.

해방과 구원, 이것이 야훼께서 이스라엘과, 이스라엘을 통하여 만민에게 주려고 마련하신 것이다. 이스라엘의 고통과 아픔은 장차 태어날 구원을 위

한 해산의 고통이다. 예언자의 간절한 탄원(51:9)에 대한 응답으로서 야훼께서는 이제 곧 모든 민족에게 당신의 팔과 능력을 나타내려 하신다(53:1과 함께 52:10 참조).

반가워라, 기쁜 소식을 안고 산등성이를 달려오는
저 발길이여.
평화가 왔다고 외치며,
희소식을 전하는구나.
구원이 이르렀다고 외치며
"너희 하느님께서 왕권을 잡으셨다"고
시온을 향해 이르는구나.
들어라, 저 소리, 보초의 외치는 소리.
시온으로 돌아오시는 야훼와 눈이 마주쳐
모두 함께 환성을 올리는구나.
예루살렘의 무너진 집터들아,
기쁜 소리로 함께 외쳐라.
야훼께서 당신의 백성을 위로하시고
예루살렘을 도로 찾으신다…
이제 나의 종은 할 일을 다 하였으니
높이높이 솟아오르리라.
무리가 그를 보고 기막혀 했었지.
그의 몰골은 망가져 사람이라고 할 수가 없었고
인간의 모습은 찾아볼 수가 없었다.
이제 만방은 그를 보고 놀라지 않을 수 없고
제왕들조차 그 앞에서 입을 가리우리라.
이런 일은 일찍이 눈으로 본 사람도 없고
귀로 들어본 사람도 없다.

그러니 우리에게 들려주신 이 소식을 누가 곧이들으랴?

야훼께서 팔을 휘둘러 이루신 일을 누가 깨달으랴?

그는 메마른 땅에 뿌리를 박고

가까스로 돋아난 햇순이라고나 할까?

늠름한 풍채도, 멋진 모습도 그에게는 없었다.

눈길을 끌 만한 볼품도 없었다.

사람들에게 멸시를 당하고 퇴박을 맞았다.

그는 고통을 겪고 병고를 아는 사람.

사람들이 얼굴을 가리우고 피해갈 만큼

멸시만 당하였으므로 우리도 덩달아 그를 업신여겼다.

그런데 실상 그는 우리가 앓을 병을 앓아주었으며,

우리가 받을 고통을 견뎌주었구나.

우리는 그가 천벌을 받은 줄로만 알았고

하느님께 매를 맞아 학대받는 줄로만 여겼다.

그를 찌른 것은 우리의 반역죄요.

그를 으스러뜨린 것은 우리의 악행이었다.

그 몸에 채찍을 맞음으로 우리를 성하게 해주었고

그 몸에 상처를 입음으로 우리의 병을 고쳐주었구나…

그는 온갖 굴욕을 받으면서도

입 한 번 열지 않고 참았다.

도살장으로 끌려가는 어린 양처럼

가만히 서서 털을 깎이는 어미 양처럼

결코 입을 열지 않았다…

나의 종은 많은 사람의 죄악을 스스로 짊어짐으로써

그들이 떳떳한 시민으로 살게 될 줄을 알고

마음 흐뭇해 하리라.

나는 그로 하여금 민중을 자기 백성으로 삼고

대중을 전리품처럼 차지하게 하리라.
이는 그가 자기 목숨을 내던져 죽은 때문이다.
반역자의 하나처럼 그 속에 끼여
많은 사람의 죄를 짊어지고
그 반역자들을 용서해 달라고 기도한 때문이다.(이사야 52:7~9, 13~15; 53:1
~5, 7, 11~12)

　　징벌로서 받는 고통은 인간에게 그 책임이 있다. 구원으로서 받는 고통은
하느님에게 책임이 있다. 이스라엘을 당신의 종으로 선택하신 분은 그분이
셨다. 이스라엘에 남을 위한 고통이라는 사명을 지우신 분도 그분이셨다. 이
스라엘이 받아야 했던 고통의 의미는 인간의 영역에서 하느님의 영역으로,
순간에서 영원으로 자리를 옮겼다.

그들의 온갖 고통 속에서, 그분이 괴로워하셨다

　　이스라엘의 고난은 하느님의 선물이다. 이 백성이 겪는 어려움에 대한 언
급 속에는 회한의 고통과도 같은 그분의 음성이 담겨 있다.

　　　내가 나의 백성에게 진노하여
　　　그들, 나의 유산을 천대했다.(이사야 47:6)

　　이스라엘에 떨어진 모든 나쁜 일들이 다 하느님의 뜻에 의한 것은 아니다.
그분의 경륜에 따라 세상의 모든 권세를 손아귀에 넣고, 그분의 손에서 당신
의 백성을 인계받던 바빌론이 "무자비하게 굴었고" 늙은이에게 "너무 무
거운" 멍에를 지웠던 것이다. 이스라엘이 고통을 당하는 동안 야훼께서는 스
스로 자제하셨다. 그러나 이제 그분이 자제하시고 침묵하시는 때가 지나갔
다. 마침내 더 이상 기다리지 못하시고 당신의 능력과 자비를 드러내신다.

나, 오랫동안 입을 다물고
말없이 참아왔다.
이제 해산하는 여인이 더 참을 수 없어 신음하듯이
나, 식식거리고 헐떡이며.(이사야 42:14)

어느 예언자도 감히 하지 못한 바, 야훼를 "해산하는 여인"으로 비유한
것은 그분의 행위가 매우 다급한 것을 나타낼 뿐만 아니라 그분의 고통이
극렬함을 말해준다. 사랑으로 당신께 달라붙는 인간에 대하여 야훼는 말씀
하신다.

나를 부르는 자에게 대답해 주고
환난 중에 그와 함께 있으리니.(시편 91:15)

인간의 고통에 하느님이 참여하시는 것에 대하여 예언자는 담대하게 밝
힌다.

그들의 온갖 고통 속에서
그분이 괴로워하셨다.(사역)
다만 그들을 사랑하시고 가엾게 여기시어 건져내셨다.
기나긴 세월을 하루같이
그들을 쳐들어 안아주셨다.(이사야 63:9)

하느님이 얻어맞아 용기를 잃은 자들에게 특별한 관심을 베푸심(57:15 참
조)은 인간의 고통 속에서 당신이 아프시기 때문이다(189쪽 이하를 보라).
백성을 절망에서 구출해 내는 일, 그들의 과거와 현재의 비극에 의미를 부
여하는 일은 예언자와 하느님이 함께 감당해야 할 사명이었다. "'위로하여
라. 나의 백성을 위로하여라.' 너희의 하느님께서 말씀하신다(40:1)." 그리

고 또, "너희를 위로할 자, 나밖에 누가 있으랴?(51:12)" "어미가 자식을 달 래듯이 내가 너희를 위로하리라(66:13)" 그분의 위로는 극진한 사랑으로 인 한 것이며(49:13), 즐거움이 넘치게 하고(51:3), 포로에서 풀어주어 시온과 예루살렘을 재건하게 한다.

> "나 너희를 구하러왔다.
> 나의 승리가 나타날 때가 왔다…"
> 이스라엘은 야훼께 구원을 얻으리니,
> 그 구원이 영원 무궁하리라…
> 야훼께서 외치시는 소리, 땅끝까지 퍼진다.
> 수도 시온에게 일러라.
> "너를 구원하실 이가 오신다.
> 승리하신 보람으로 찾은 백성을 데리고 오신다.
> 수고하신 값으로 얻은 백성을 앞세우고 오신다.
> 사람들은 그들을 '거룩한 백성'이라
> '야훼께서 구해내신 자들'이라 부르겠고
> 너를 '그리워 찾는 도시'
> '버릴 수 없는 도시'라 부르리라."(이사야 56:1; 45:17; 62:11~12)

너를 사랑하기에

이전의 예언자들은 범죄와 징벌에만 연연하여 이스라엘을 "탈선한 민족, 불의로 가득 찬 백성, 사악한 종자, 부패한 자식들(이사야 1:4)"이라고 불렀 다. 그런데 제2이사야는 승리와 기쁨으로 빛나며 이스라엘을 "정의를 추구 하고 야훼를 찾는 자들(51:1)"이라고 부른다.

예레미야가 장차 이루어질 하느님의 약속으로 선포한, "그 마음에 내 법을 새겨주어, 나는 그들의 하느님이 되고 그들은 내 백성이 될 것이다(예레미야

31:33)"가 이루어졌다고 제2이사야는 본다.

> 나의 말을 들어라.
> 정의를 익히 아는 자들아,
> 나의 훈계를 마음 속 깊이 간직하는 자들아.(이사야 51:7)

"만국이 꺼려하여 가까이하지 아니하므로 지배자들의 기막힌 멸시를" 받던(49:7) 이스라엘에게, 온 세상에 말을 전할 영(靈)이 주어졌다.

> 야훼께서 태중에 있는 나를 이미 부르셨고…
> 나에게 말씀하셨다.
> "너는 나의 종,
> 너에게서 나의 영광이 빛나리라."(이사야 49:1, 3)

전에는 하느님이 이스라엘을 닦달하셨으나 지금은 이스라엘이 하느님을 묻고 있다. 초기 예언자들의 할 일이란 위협하고 충격을 주는 것이었으나 제2이사야가 할 일은 "힘이 빠진 자에게 힘을" 주고 "기진한 사람에게 기력을" 주는 것이다(40:29). 그들은 이스라엘에게 슬피 울라고 했으나 그는 노래하고 기뻐하라고 한다.

이스라엘의 고역이란 하느님의 사랑에 견줄 때 하찮은 것이다. 고통은 지나가고 그 고통에 대한 기억조차 용서 속에서 사라지겠지만 하느님이 이스라엘에 쏟는 사랑은 결코 지나쳐가거나 사라지지 않을 것이다.

> 네 죄악을 씻어 내 위신을 세워야겠다.
> 이 일을 나밖에 누가 하겠느냐?
> 너의 죄를 나의 기억에서 말끔히 씻어버리리라…
> 나는 너의 악행을 먹구름처럼 흩어버렸고

너의 죄를 뜬구름처럼 날려보냈다.

나에게 돌아오너라. 내가 너를 구해내었다. (이사야 43:25; 44:22)

그분 쪽에서는 본디 내치심이 없었다. 그분은 당신의 백성과 이혼하지 않으셨다(50:1). 그분은 아무도 추방하거나 내몰지 않으셨다. 다만 짐짓 꾸며진 격리가 있었을 뿐이다.

너희가 악해서 너희와 하느님 사이가 갈라진 것이다.

너희가 잘못해서 하느님의 얼굴을 가리워

너희 청을 들으실 수 없게 된 것이다. (이사야 59:2)

인간의 죄악이 잠시 동안 그분의 태도에 영향을 미칠 수는 있을지 모른다. 그러나 그분과 인간의 관계를 근본적으로 고쳐놓지는 못한다. 하느님의 이스라엘 사랑은 영원하시다. 인간이 저지르는 죄라는 것이 본디부터 거룩하고 영원한 것을 파괴시킨다는 생각은 어불성설이다. 그분의 영원한 사랑과 관심은 오직 그분에게서 나오는 것이기 때문이다.

너는 눈에 넣어도 아프지 않을

나의 귀염둥이, 나의 사랑…

내가 잠깐 너를 내버려두었지만

큰 자비를 기울여 너를 다시 거두어들이리라.

내가 분이 복받쳐

내 얼굴을 잠깐 너에게서 숨겼었지만

이제 영원한 사랑으로 너에게 자비를 베풀리라.

너를 건지는 야훼의 말이다…

여인이 자기의 젖먹이를 어찌 잊으랴!

자기가 낳은 아이를 어찌 가엾게 여기지 않으랴!

어미는 혹시 잊을지 몰라도
나는 결코 너를 잊지 아니하리라…
산들이 밀려나고 언덕이 무너져도
나의 사랑은 결코 너를 떠나지 않는다.
내가 주는 평화의 계약은 결코 무너지지 않는다.
너를 불쌍히 여기는 야훼의 말이다.(이사야 43:4; 54:7~8; 49:15; 54:10)

야훼의 맹세

"나만이 하느님, 다른 신은 없다(45:22)." 모든 사람의 아버지는 모든 사람과 연루되어 있다. 제2이사야는 야훼께서 지상의 모든 사람과 연루되어 있음을 말할 뿐만 아니라 모든 사람으로 하여금 당신을 예배하게 만들겠다고 맹세하셨음을 선포하고 있다. 여기에 그냥 단순한 희망이 아니라 하느님의 신성한 맹세가 있다. 여기에 모든 의혹을 초월하는 선언이 있다.

내가 나의 이름을 걸어 맹세한다.
내 입에서 나가는 말은 틀림이 없다.
내 말은 반드시 그대로 이루어지고야 만다.
그리하여 사람마다 나에게 무릎을 꿇고
모든 나라들이 제 나라 말로 나에게 신앙을 고백하리라.(이사야 45:23)

다가오고 있는 구원이 당신 백성의 구출이며 예루살렘과 시온의 회복인 한편, 그의 계획의 마지막은,

야훼의 영광이 나타나리니
모든 사람이 그 영화를 뵈리라.(이사야 40:5)

는 것이다.

하느님을 알지도 못하는 자들이 그분에게 선택되어, 사람들로 하여금 하느님을 알 수 있게 하는 도구로 사용된다는 것은 역설이다. 하느님을 알지 못한 고레스(45:4)가 하느님께 선별되어 그분의 일을 실천하게 된 것이다.

> 내가 야훼다. 누가 또 있느냐?
> 나밖에 다른 신은 없다.
> 너는 비록 나를 몰랐지만
> 너를 무장시킨 것은 나다.
> 이는 나밖에 다른 신이 없음을
> 해뜨는 곳에서 해지는 곳에까지 알리려는 것이다.(이사야 45:5~6)

그분을 알지 못한 고레스가 그분의 일을 이루어 드리기 위하여 선택받는 것처럼, 그분을 알지 못하는 민족들도 하느님과 그분의 가르침과 구원을 기다리고 있다(42:4; 51:4~5). 우상숭배는 자취를 감출 것이다(42:16~17; 45:16~17). 모든 나라, 모든 민족에게 그분의 음성이 들린다.

> 온 세상 모든 인간들아
> 머리를 돌려 나에게로 와서 구원을 받아라.(이사야 45:22)

야훼께서는 "다른 모든 말을 쓰는 민족들을 모아" 그들에게 당신의 영광을 보여주고자 오시는 중이다(66:18). 그러면 그들은 모두 그분의 종이 될 것이다.

> 외국인들도 야훼에게로 개종하여 나를 섬기고, 야훼라는 이름을 사랑하여
> 나의 종이 되어 안식일을 속되지 않게 지키고 나의 계약을 지키기만 하면,
> 나는 그들을 나의 거룩한 산에 불러다가 나의 기도처에서 기쁜 나날을 보

내게 하리라. 그들이 나의 제단에 바치는 번제물과 희생 제물을 내가 즐겨
받으리라. 나의 집은 뭇 백성이 모여 기도하는 집이라 불리리라.(이사야
56:6~7)

모든 나라에 비추는 빛

이스라엘에게 하느님이 삼인칭으로 말씀하시는 초기 예언자들의 기록과
는 대조적으로 이제는 하느님이 이스라엘에게 직접 이인칭으로 말씀하신다.
그분의 이름으로 예언자가 말하는 것이 아니라, 하느님께서 몸소 당신의 백
성에게 이르신다. 화자는 '그'가 아니라 '나'다. 모든 사람이 예언자적 감수
성을 나누어갖는다. 의미는 분명하고 모두가 그것을 꿰뚫어본다. 마치 "야훼
께서 당신의 영을 이 백성에게 주시어 모두 예언자가 되었으면 좋겠다(민수
기 11:29)"던 모세의 소원이 이루어진 듯하다. 이스라엘은 이제 하느님의 대
변자로, 예언자로 선언되었다(49:2). 야훼께서 예레미야에게 '너를 만방에
내 말을 전할 나의 예언자로 삼았다(예레미야 1:5)"고 하셨듯이 이스라엘에
게 이르셨다. "나는 너를 만국의 빛으로 삼는다(49:6)." 예언자들을 일컬을
때 사용되던 '야훼의 종'이란 말(열왕기상 14:18; 15:29; 열왕기하 9:7, 36;
14:25; 17:13, 23; 21:10; 24:2; 아모스 3:7; 이사야 20:3; 예레미야 7:25; 25:4;
26:5)이 이제는 이스라엘에게 적용된다.

"'내가 스스로 그들과 맺은 나의 계약은 이것이다.' 야훼께서 말씀하신다.
'나의 영을 너에게 불어넣고, 나의 말을 너의 입에 담아준다. 나의 이 말이
이제부터 영원히 너의 입과 너의 자손의 입과 대대로 이어질 자손들의 입에
서 떠나지 아니하리라. 야훼가 말한다.'(59:21)" "너의 아들은 모두 야훼의
제자가 되고 크나큰 평화를 누리리라(54:13)."

나는 목마른 땅에 물을 부어주고
메마른 곳에 시냇물이 흐르게 하리라…

나는 너희 입에 나의 말을 담아주고
나의 손그늘에 너희를 숨겨준다.
하늘을 펴고 땅을 세우면서
시온을 향해 선포한다.
"너는 나의 백성이다."(이사야 44:3; 51:16; 참조, 요엘 3:1)

포로기 이전에 예언자들이 이스라엘에게 말을 전했듯이 이제는 이스라엘
이 만방에 말을 전한다. 예레미야처럼 이스라엘도 태어남과 동시에 하느님
의 소명을 들었다(예레미야 1:5).

바닷가에 사는 주민들아, 내 말을 들어라.
먼 곳에 사는 부족들아, 정신차려 들어라.
야훼께서 태중에 있는 나를 이미 부르셨고
내가 어머니의 뱃속에 있을 때에
이미 이름을 지어주셨다.
내 입을 칼날처럼 날 세우셨고
당신의 손 그늘에 나를 숨겨주셨다.
날카로운 화살처럼 나를 벼리시어
당신의 화살 통에 꽂아두시고
나에게 말씀하셨다.
"너는 나의 종,
너에게서 나의 영광이 빛나리라."(이사야 49:1~3)

이스라엘은 하느님의 계획을 실천하는 도구 이상이다. 이스라엘은 "뭇 백
성들 앞에 증인으로(55:4)" 세워졌다. "너희가 나의 증인이다(44:8)."

나 야훼가 너를 부른다.

정의를 세우라고 너를 부른다…
너는 만국의 빛이 되어라.
소경들의 눈을 열어주고
감옥에 묶여 있는 이들을 풀어주고
캄캄한 영창 속에 갇혀 있는 이들을 놓아주어라.(이사야 42:6~7)

이것이 이스라엘이 부름을 받은 목적이다. 야훼께서는 당신의 원대한 계획을 이루시기 위하여 인간의 도움을 기다리신다(63:5 참조). 만방의 빛이 되어 하느님의 구원이 땅끝까지 이르게 하는 것(49:6), 이것이 그분의 종으로 뽑힌 목적이요 의미다.

여기에 나의 종이 있다.
그는 내가 믿어주는 자,
마음에 들어 뽑아 세운 나의 종이다.
그는 나의 영을 받아
뭇 민족에게 바른 인생길을 펴주리라.
그는 소리치거나 고함을 지르지 않아
밖에서 그의 소리가 들리지 않는다.
갈대가 부러졌다 하여 잘라버리지 아니하고,
심지가 깜박거린다 하여 등불을 꺼버리지 아니하며,
성실하게 바른 인생길만 펴리라.
그는 기가 꺾여 용기를 잃는 일 없이
끝까지 바른 인생길을 세상에 펴리라.
바닷가에 사는 주민들도 그의 가르침을 기다린다.(이사야 42:1~4)

우리 하느님의 말씀은 영원하리라

하느님의 장엄한 현존은 너무나도 뚜렷하고 하늘과 땅은 그분의 영광으로 눈부시게 빛난다. 눈만 높이 들면 누가 그것들을 지으셨는지 볼 수 있다(40:26). 그런데도 인간들은 눈이 멀었고 지하 감옥에서 살고 있다. 이스라엘은 앞에서 본 대로, "소경들의 눈을 열어주어야 하는" 숙명을 지니고 있다. 그런데 그 종이 제가 맡은 일을 제대로 알지 못한다는 것이 바로 비극이다.

> 내 종과 같은 소경이 또 있으랴?
> 내가 보낸 심부름꾼과 같은 귀머거리가 또 있으랴?
> 나의 사명을 띠고 가는 자와 같은 소경이 또 있으랴?
> 야훼의 종과 같은 귀머거리가 또 어디 있으랴?
> 너는 눈이 있어도 보지 못하는 청맹과니,
> 귀가 있어도 듣지 못하는 귀머거리다.(이사야 42:19~20)

어둠 속에서 살아가면서도 야훼의 이름을 신뢰하고 그분을 의지하는(50:10) 사람들이 있었다. 그런가 하면 예언자가 선포한 구원의 메시지를 들은 척도 않고(46:12) 나아가서 야훼를 등지고 시온을 망각한(65:11) "고집불통들"도 있었다. 예언자의 입에서 참담한 말이 터져나오지 않을 수 없었다.

> 우리는 모두 부정한 사람처럼 되었습니다.
> 기껏 잘했다는 것도 개짐처럼 더럽습니다.
> 우리는 모두 나뭇잎처럼 시들었고
> 우리의 죄가 바람이 되어 우리를 휩쓸어 갔습니다.(이사야 64:5)[3]

예언자는 계속하여, 창조주와 그의 피조물들, 영원과 무상, 하느님의 생각과 인간의 생각, 하느님의 장엄하심과 인간의 하찮음(40:17, 22), 하늘과 땅

(55:8, 9), 하느님의 실재하심과 우상들의 허무성, 그분 말씀의 영속성과 인간의 유한함을 날카롭게 대비시켜 나간다.

> 모든 인생은 한낱 풀포기
> 그 영화는 들에 핀 꽃과 같다…
> 풀은 시들고 꽃은 지지만
> 우리 하느님의 말씀은 영원히 서 있으리라.(이사야 40:6~8)

그는 또 하느님이 하시는 일의 지혜로움과 인간이 하는 일의 한정된 가치, 하느님의 사랑의 영원함과 그분의 진노의 시한성(54:7~8), 하느님의 현존의 장엄함과 그분의 침묵의 수수께끼가 이루는 대칭을 강조한다.

> 어찌하여 너희는 죽을 인생을 겁내느냐?
> 말라 버릴 풀 같은 인생을 겁내느냐?…
> 때려부술 듯이 화를 내며 너희를 괴롭히던 자들이 두려워
> 너희는 부들부들 떨고만 있었지.
> 그런데 그 화를 내며 너희를 괴롭히던 자들이
> 지금은 모두 어디에 있느냐?…
> 하느님께서 너도 몰래 너를 보살피셨다.
> 이스라엘의 하느님, 구세주께서 너를 보살피셨다.(이사야 51:12, 13; 45:15)

하느님이 창조하신 것들 가운데 가장 영원하고 장엄한 하늘과, 인간의 가장 친근한 발판이요 '설교자'에 따르면 언제까지나 지탱될(전도서 1:4) 땅도 하느님의 구원에 견주면 유한한 것으로 여겨진다.

> 눈을 들어 하늘을 바라보아라.
> 땅을 굽어보아라.

하늘은 연기처럼 스러지고

땅은 옷처럼 해어져

주민이 하루살이처럼 꺼지리라.

그러나, 내가 베풀 구원은 영원하고

내가 세울 정의는 넘어지지 않는다.(이사야 51:6)

이스라엘의 해방과 시온으로 돌아감은 보편적이며 우주적인 의미를 지닌 사건으로 서술된다. 먼 땅으로부터 모든 민족이 시온으로 와서, "너에게만 하느님은 있다. 그밖에는 없다. 그밖에는 다른 신이 없다(45:14)"고 외치며 야훼께 새 노래를 불러드릴 것이다(42:10~12).

하늘과 땅 속 깊은 곳과 산과 숲의 나무들이 "야훼께서 야곱을 구해내셨다 (44:23)"고 합창할 것이다.

"보아라, 나 이제 새 하늘과 새 땅을 창조한다(65:17; 참조, 66:22)." "제 때에 지체 없이(60:22)" 야훼의 구원은 이루어지리라. "그때 비로소 너는 알리라. 내가 야훼인 줄을, 나에게 걸었던 희망은 하나도 어긋나지 않는 줄을 (49:23)."

제9장
역사

권력의 우상화

고대 세계에서는 어째서 인간의 잔혹함에 항의하는 소리가 그토록 드물었을까? 어째서 그들은 왕이나 추장의 명령에 맹목적으로 추종하여 사람을 죽이거나 스스로 죽는 일을 서슴지 않았을까? 아마도 그 이유는 그들이 권력을 예배하고 권력을 행사하는 자들을 숭배하며 인간은 오직 힘으로써 승리하는 것이라고 확신했기 때문일 것이다. 왕의 위엄과 오만이 사람들의 눈을 멀게 하였다. 예컨대, 메소포타미아 사람들은 권력자가 언제나 옳다고 확신하고 있었다. "왕실의 명령은, 아무의 명령과 마찬가지로 수정될 수 없다. 왕의 말씀은 옳고 신의 말씀과 같이 변경될 수 없다."[1] 예언자들은 인간의 행실이나 힘을 숭배의 대상으로 삼는 것을 분명하게 거부하였다. 그들은 왕의 "건방진 행동"과 "업신여기는 태도(이사야 10:12)"를 비난하였고 여러 나라들을 분노로 다스리는 제왕들, 억압자들(이사야 14:4~6), 뭇 나라를 파괴하는 자들, 땅을 폐허로 만들고 사람을 학살하는 자들(예레미야 4:7), "제 힘을 하느님처럼 믿다가 죄지은 자들(하바꾹 1:11)"을 저주했다.

> 이런 자들 때문에 땅은 마르고
> 광야에 있는 목장은 타버린다.
> 못된 짓이나 하러 쫓아다니며

있는 힘을 모두 써버리는구나.(예레미야 23:10)

집권층이 해야 할 일은 도덕률을 실현하는 것이다. 이 일을 이루기 위하여 지식과 권세가 없어서는 안 되는 수단이 되는 것이다. 그런데도 일단 권력을 잡은 자는 자만심에 빠지게 마련이다. "…예언자들이 제기한 반론들의 가장 두드러진 특징 중 하나는 어떤 형식, 어떤 모양의 권력이든 깎아내리고 불신하는 것이다. 권력에 대한 굶주림은 아무리 해도 채울 수가 없다. 채우면 채울수록 더 허기가 진다. 권력은 자신을 추켜올릴 뿐 그 어떤 초월적인 심판에도 무릎 꿇을 줄을 모른다. 그것은 '징계를 해도 코웃음만 친다.' (스바니야 3:2)"[2] 권력과는 거리가 멀고 오히려 권력의 남용으로 희생을 당하는 인민 대중이, 권력을 잡은 자의 편에 첫 번째로 선다는 것은 역사의 쓰디쓴 아이러니다. 권력은 당당하다. 한편 권력의 목적인 도덕률은 눈에 잘 띄지도 않는다.

"어디에서나 정치적 사회의 최후 수단(ultima ratio)은 물리적인 힘이다. 무기만이 평화를 지킬 수 있다."[3] 인간이 사는 곳이면 어디에서나 이 말이 격언이었고 지금도 여전히 격언이다. 칼은 안정의 근원일 뿐만 아니라 영광과 명예의 상징이요 축복이며 노래다.

그때 예언자들이 나타나 전혀 색다른 말을 내뱉기 시작했다. 권력이 최고가 아니며 칼은 추악한 물건이고 폭력은 불쾌한 것이라고. 칼은 파괴되어야 하는 물건이라고 그들은 말했다.

나라마다 칼을 쳐서 보습을 만들고
창을 쳐서 낫을 만들리라.
민족들은 칼을 들고 서로 싸우지 않을 것이며
다시는 군사 훈련도 하지 아니하리라.(이사야 2:4)

예언자들은 인간의 권력에 대한 애착을 비판하며 전쟁이란 부도덕한 것일 뿐만 아니라 쓸데없고 어리석은 짓이라고 주장했다. 말년의 나폴레옹이 문교장관에게 이렇게 말했다고 한다. "자네는 이 세상의 무엇이 가장 나를 놀라게 하는지 아는가? 힘으로는 아무 것도 창조하지 못한다는 사실일세. 길게 보면 칼은 언제나 정신에게 패배하거든."[4] 그렇지만 이 세상에서 가장 깜짝 놀랄 만한 일은 힘의 무능이 저토록 끈질기게 무시당하고 있다는 사실이다. 저 모든 무기, 동맹 그리고 승전이 최후로 거두어들이는 것은 무엇인가? 파멸, 고통 그리고 죽음이다.

> 뭇 민족이 일껏 쌓은 것이 불타버리고
> 뭇 종족이 애써 세운 것이 허사가 되리니.(하바꾹 2:13)

에집트와 메소포타미아는 패권을 잡기 위하여 거듭거듭 전쟁을 하였다. 동시에 메소포타미아는 같은 지역 내의 두 경쟁자인 바빌로니아와 아시리아에 의하여 끊임없는 내전을 치러야 했다. 이 두 나라는 근동 지역에서 정착하거나 유랑하는 뭇 민족들이 제국에 위협이 된다는 구실로, 아니면 그냥 만만한 밥으로 여겨 빈번하게 전쟁을 일으켜 그들을 침략하였다. 그들은 "아무 방비가 되어 있지 않고, 성을 쌓거나 문을 빗장으로 단속하지도 않고 태평스럽게 사는" 사람들의 마을을 "닥치는 대로 노략질하고 털어가기" 위하여 마구 습격했다(에제키엘 38:11~13).

예언자들이 살던 때에만 그런 것이 아니라 거의 모든 시대에 그러했고, 지금도 그러하다. 우리는 모두 개인적으로뿐만 아니라 국가적으로도 미쳐 있다. 우리는 살인을 금지하고 살인자들을 체포한다. 그러면서 전쟁을 일으켜 온 민족을 몰살하고 있다. 만행이 자연스럽게 자행되고 나아가서 관용을 베푼 것으로 둔갑한다. 본성은 성스러운 것이라는 핑계로 우리는 이른바 "우리 속에 있는 훌륭한 호전성"이라는 것을 억압하거나 수정해 볼 생각조차 하지 않는다. 인간성을 칼로 측량하고 역사는 전쟁 마당에서 결판나는 것이라는 신념을 지니고 있다. "그러니 악인들에게 무슨 평화가 있으랴?(이사야 57:21;

참조, 48:22)" "영속적인 평화는 꿈이다―아름다운 꿈도 아닌―그리고 전쟁은 하느님의 우주 질서의 한 부분이다. 전쟁 속에서 용기와 포기, 의무에 대한 충성과 생명까지 제물로 바치는 희생 등 인간의 고상한 덕성이 발휘된다. 전쟁이 없다면 세계는 물질 지상주의에 빠져버리고 말 것이다."[5]

다윗은 이스라엘의 모든 관리들―장교들, 지휘관들, 유력자들 그리고 모든 고참병들―을 예루살렘에 집합시켜 놓고는 이렇게 말했다. "동포여, 겨레여, 들어라. 나는 야훼의 계약궤, 곧 우리 하느님의 발판을 짓겠다는 생각을 늘 품어왔다. 그래서 온갖 준비를 다하였지만 하느님께서는 당신의 이름으로 불릴 성전 짓는 것을 나에게 허락하지 않으셨다. 까닭인즉 나는 무사로서 너무 많은 피를 흘렸다는 것이다…야훼께서는 이렇게 분부하셨다… '나는 네 아들 솔로몬을 뽑아…그의 아버지가 되리라. 그 솔로몬이 나의 전과 회랑들을 지을 것이다.' (역대기상 28:1~3, 6)"[6]

「역대기」의 저자는 다윗이 한 전쟁을 나쁜 것으로 보지 않았다. 오히려 하느님은 다윗이 어딜 가든지 그와 함께하셨고 다윗의 승리로 이스라엘의 안정을 확보함으로써 그들을 "전처럼 악한 무리에게 억눌려 고생하는 일이" 없게 하고 그의 왕좌를 영원히 세워주셨다(역대기상 17:8~14). 다윗의 전쟁은 필요악이었고 다만 전쟁통에 피를 너무 많이 보았기에 그것이 야훼의 집을 지을 자격을 잃게 한 까닭이었다.

예언자들은 전쟁이라는 악을 따로 떼어놓고 보지 않았다. 그들은 전쟁을, 평화시에도 편만해 있는 어떤 상태의 확장으로 보았던 것 같다.

전쟁 마당은 언제나 시끄럽고 격렬하고 혼란스러우며 싸우는 나라는 서로 상대방을 파멸시키려고 한다. 개인끼리 싸울 때에도 사용되는 속임수, 교활함, 창피주기 따위가 주도면밀하게 활용되며 희생자 말고는 아무도 아픔을 느끼지 않는다. 조용함으로 위장된 벽 안쪽에서는 은밀한 범죄가 저질러진다. 그러나 예언자의 귀에는 들린다.

　　담벼락 돌이…울부짖으면…

화를 입으리라.

죄 없는 사람의 피를 빨아

성읍을 세우는 것들아.(하바꾹 2:11, 12)

정의와 평화는 서로 결속되어 있다(시편 85:10 참조). "정의는 평화를 가져
오고 법은 영원한 태평성대를 이루리라(이사야 32:17)."

망할 것들!

권력이나 쥐었다고

자리에 들면 못된 일만 꾸몄다가

아침 밝기가 무섭게 해치우고마는

이 악당들아,

탐나는 밭이 있으면 빼앗고

탐나는 집을 만나면 제 것으로 만들어

그 집과 함께 임자도 종으로 삼고

밭과 함께 밭주인도 부려먹는구나.(미가 2:1~2)

아모스는 "자기네 성채에 폭력과 약탈을 쌓아놓은(3:10, 사역)" 자들을 견
책하였다. 미가는 부자들에게 "남을 등쳐 치부한 것들(6:12)"이라고 호통쳤
다. 폭력(ḥamas, shod, ʹoshek)에 대한 저주와 비난은 예언자들의 중심되는
주제다.

한편 개인이 저지르는 폭력 행위에 대한 비난은 탐욕스럽고 오만한 제국
의 침략 전쟁에 대한 비난으로 크게 발전한다. 예컨대, 비록 아시리아가 다
른 민족들을 징벌하는 하느님의 도구로 사용되고 있음을 인정하더라도 예언
자들은 침략자의 범죄를 결코 간과하지 않았다. 아모스는 나라와 나라 사이
에서 자행되고 있는 온갖 잔혹한 일들—무자비한 학살, 임신한 여인을 칼로
베어버리는 일, 사람을 포로로 끌어가다가 노예로 팔아먹는 일 따위를 맹렬

하게 비난하였다(1:3, 13). 호세아는 우리에게 전쟁으로 말미암아 성읍들이 정복자에게 유린당하고 어미와 자식들이 칼로 베임을 당하는 참상을 그려 보여주고 있다(10:14).

이사야는 마구 짓밟는 군화, 피투성이 군복(9:4), 악한 통치자들의 막대기와 지팡이(14:5), 폭군들의 오만방자함과 무례함에 치를 떨었다. 무엇보다도 이사야는 아시리아에 대한 사무치는 혐오감을 품고 있었다. 가난한 자를 억누르고 궁핍한 자를 못살게 굴며 불의하게 재물을 모으는 자들에 대한 예언자의 분노와 격렬한 비난은 무자비한 군대와 지휘관들의 손에 온 집단이 파멸당하는 현실에 대하여 더욱더 격렬해졌다.

아시리아는 고대 세계에서 가장 잔인했던 나라로 불리워왔다. 아시리아는 마치 "바위 굴은 사냥해 온 고기로 그득하고 그 굴에는 늘 먹이가 차 있는(나훔 2:13)" 사자처럼 닥치는 대로 뭇 민족을 집어삼켰다. 그들의 전투 방식은 잔인하고 난폭하기 짝이 없어 포로의 머리를 자르는 것은 보통 있는 일이었다. 아시리아의 왕들은 돌풍이 휘몰아친 마을처럼 쑥대밭이 되고 불타고 녹아버린 성읍들을 두고 뽐냈다. 승리자들은 가지고 갈 수 있는 것이면 무엇이든 다 가지고 갔다. 그들은 한 성읍을 정복하게 되면,

> 왕의 자리를 성문 앞에 마련하고는 그 앞으로 포로들을 지나가게 하였다. 그 포로들의 앞장선 자는 정복된 마을의 우두머리로서 눈알을 뽑거나 아시리아의 왕이 정한 기간 동안 말못할 고문을 당한 뒤에 감옥에 갇힐 몸이다. 사르곤은 패전한 다마스커스의 왕을 산 채로 불태웠다. 포로가 된 왕의 부인들과 딸들은 아시리아인들의 첩이 되고 귀족의 피가 섞이지 않은 여자들은 노예가 되었다. 그러는 동안 병사들은 마구 인민을 학살하여 그 죽은 자들의 머리를 왕 앞에 가지고 오면 서기관들이 수를 헤아렸다. 남자라고 해서 모두 죽이는 것은 아니었다. 소년들과 기술공들은 포로로 끌려가 왕궁의 건축 공사에서 힘든 일을 해야만 했다. 메소포타미아의 지독한 습기가 높은 사망률을 기록하게 하여 일꾼들이 늘 부족했던 것이다. 그리고도 남은 주민

들은 살던 곳을 떠나 제국의 다른 곳으로 보내졌다.[7]

이사야는 이스라엘과 함께 "세상의 모든 주민들"에게도 말했다(이사야 18:3). 이스라엘에서 소규모로 진행된 일이 세계에서 대규모로 진행되었다. 이웃의 정당한 재물을 빼앗는 개인들의 악행 — "너희가 비참하게 되리라. 집을 연달아 차지하고 땅을 차례로 사들이는 자들아(이사야 5:8)" — 이 아시리아의 범죄에 견주면 하찮은 것이 된다. "폭군(이사야 14:4)"은 세상을 황야로 만들고 성읍들을 때려부수며 포로들을 고향으로 돌아가지 못하게 했다(이사야 14:17). 전쟁에 미칠 듯이 열중하였고 파괴를 최고의 쾌락으로 삼았다.

제국의 막강한 힘은 파괴와 몰락만을 세계에 퍼뜨린 것이 아니라 범죄와 도덕적 부패까지도 퍼뜨렸다. 아시리아는 헤아릴 수 없는 창녀들로 뭇 민족을 타락시킨 범죄를 심판받았다(나훔 3:4). 약소국들은 처음에는 정복을 당하고 다음에는 강제로 동맹국이 되어 아시리아가 다른 나라들을 치는 전쟁터에 군대를 보내어 학살극에 가담하였다.[8] 정복당한 왕들은 영화와 권력과 전리품을 노려 기꺼이 아시리아 군대의 지휘관이 되었다. 그리하여 아시리아의 영화를 나누어가졌고 그 참혹한 학살에 가담하였던 것이다. 그와 같은 유혹에 대하여 하바꾹은 저주의 말을 퍼부었다.

> 화를 입으리라.
> 홧김에 이웃에게 술을 퍼먹여
> 곯아떨어지게 하고는 그 알몸을 헤쳐보는 것들아,
> 그러고도 네가 영광을 누릴 듯 싶으냐?
> 실컷 능욕이나 당하리라…
> 영광을 누린 그만큼 창피를 당하리라…
> 죄 없는 사람을 죽이고 마을을 짓밟고
> 성읍마다 쳐들어가 주민들을 무찌른 탓이다. (하바꾹 2:15~17)

수십 년 뒤 아시리아가 망하자 이번에는 바빌로니아가 큰 세력과 위엄으로 숱한 약소국들을 거느리게 되었다. 그 파괴자에게 붙어 함께 파괴와 약탈을 자행하려는 광기 어린 이상한 분위기가 세계에 편만하였다.

> 바빌론은 한때 야훼의 손에 들린 금술잔이 되어
> 온 세상을 취하게 하였다.
> 그 술을 마시고 나서
> 온 세상이 실성을 하였다.(예레미야 51:7)

아무도 인간 생각은 않는구나

세계는 얼마나 추하고 뒤틀려 있는가. 권세를 잡으려는 탐욕에 취하여 전쟁 마당으로 넋을 잃고 달려가며 자비심과 슬퍼하는 마음마저 잃어버렸다.

> 평화 사절단은 기가 막혀 통곡한다.
> 한길은 길손이 끊겨 텅텅 비었다.
> 계약은 깨지고 증인들은 인정을 받지 못하며
> 아무도 인간 생각은 않는구나.(이사야 33:7~8)[9]

물론 세상에는 종교가 있다. 세상에는 정의로운 분을 예배하는 사람들도 있다.

> 땅 끝에서 노래가 울려퍼진다.
> 정의로우신 분께 영광 있어라!
> 그러나 나는 외쳤다.
> 큰일났다! 큰일났다! 이 일을 어쩌나?
> 배반자들이 끝내 배신하였구나.

배반자들이 음모를 꾸며 배신하였구나. (이사야 24:16) [10)

아시리아가 무너지기 전에는 모든 나라들이 아시리아의 위협 아래에서 살았다. 아시리아는 "무작정 닥치는 대로 나라들을 쳐부술 생각밖에 없는(이사야 10:7)" 그런 나라였다. 아시리아의 폭군은 심중(心中)에 이르기를,

내가 하늘에 오르리라.
나의 보좌를 저 높은 하느님의 별들 위에 두고…
저 구름 꼭대기에 올라가
가장 높으신 분처럼 되리라. (이사야 14:13, 14)

이사야에 따르면 모든 악의 뿌리는 주권에 대한 인간의 잘못된 생각이고 거기서부터 인간의 오만과 주제넘음이 비롯된다. 아시리아는 이렇게 떠들어 댔다.

나는 나의 힘있는 손으로 이것을 이루었다.
나의 지혜로 이것을 이루었다.
그러니 나는 현명하지 아니한가?
나는 민족들 사이의 경계선을 옮겼고
그들의 재물을 빼앗았으며
높은 자리에 앉은 자들을 땅으로 끌어내렸다.
내 손이 새의 보금자리를 움켜잡듯이
민족들의 재물을 빼앗았고
버려둔 알을 모으듯이 땅의 온갖 것을 모아 들였는데도
그들은 날개를 치지도 못하고
입을 열거나 놀리지도 못하더라. (이사야 10:13~14)

사해의 서쪽에 자리한 아주 작은 나라인 모압조차 오만 방자하고 거짓된 자만심으로 거들먹거렸다(이사야 15:6).

인간이 자기가 주인이라고 생각하기 시작할 때 저지르게 되는 무자비한 행동에는 한계가 없다. 자기가 주인이라는 주장은 터무니없는 것이기도 하지만 위험하기도 짝이 없다.

도끼가 도끼질하는 사람에게 어찌 으스대겠느냐?
톱이 톱질하는 사람에게 어찌 잘난 체하겠느냐?
지팡이가 들고 다니는 사람을 움직이기나 할 듯이.
몽둥이가 나무 아닌 인간을 휘두르기나 할 듯이.(이사야 10:15)

그와 같은 주제넘음은 영원히 계속되지 못할 것이다. 야훼의 계획이 있으니 그것은, "뽐내던 온갖 사치를 짓밟고 세상이 우러르던 자들을 천대받게 하시는(이사야 23:9)" 것이다.

야훼께서 일어나 땅을 흔드실 때
너희는 그 두려운 얼굴을 피하고
그 빛나는 위엄을 피하여
바위굴로 들어가거라.
먼지 속에 몸을 숨겨라.
사람의 거만한 눈은 숙어지고 인간의 오만은 꺾이리니
그 날에 야훼 홀로 드높으시리라.
만군의 야훼께서 오시는 날
뽐내고 거만한 자를 모두 꺾으시는 날,
높은 자리에 앉은 자를 모두 끌어내리시는 날,
레바논에 높이 솟은 송백과
바산의 상수리나무를 모두 꺾으시는 날,

드높은 산악과 솟아 있는 언덕을 모두 낮추시는 날,

높이 솟은 성탑과 견고한 성곽을 모두 부수시는 날,

다르싯의 배와 값진 화물을 모두 침몰시키시는 날,

사람의 거만은 꺾이고 인간의 오만은 숙어지리니

그 날에 야훼 홀로 드높으시고

우상들은 모조리 사라지리라.(이사야 2:10~18)

사람이 제 힘으로는 승리하지 못하는 법

예언자들은 한 나라가 힘에 의존하는 것을 악으로 본, 인류 역사상 최초의 인물들이었다. 호세아는 군국주의를 우상숭배라고 보아 저주하였다.

이스라엘은 저희를 낸 자를 잊고 대궐만 지었다.

유다는 도시마다 튼튼한 성을 둘러쳤지만…

너희가 병거를 믿고

군인이 많다고 우쭐대지만…

[이스라엘은] 마치 외로이 떠도는 들나귀 같이

아시리아로 가고

에브라임은 선물로 사랑을 사려는구나.

이 민족 저 민족에게 선물을 뿌리지만…

에브라임은 죽을병이 든 줄 알아

아시리아를 찾아가고

유다는 제 몸에 입은 상처를 보고

대왕[11]에게 특사를 보내나

그는 너희 병을 고치지 못하고

너희 상처를 아물게 하지 못하리라.(호세아 8:14; 10:13; 8:9~10; 5:13)

지속적인 평화에 대한 이사야의 환상을 예견하여 호세아는 야훼의 이름으로 선포하였다. "유다 가문은 불쌍히 여겨 구원해 주리라. 활과 칼을 쓰거나 기마와 기병을 내세우는 일 없이 이 야훼가 손수 구원해 주리라…그날 나는 이스라엘을 해치지 못하도록 들짐승과 공중의 새와 밭의 해충에게 다짐을 받고 활이나 칼 같은 무기를 이 땅에서 부수어 이스라엘이 다리 뻗고 자게 하리라(호세아 1:7; 2:18)."

타키투스[Tacitus, 55?~120?, 로마의 역사가―옮긴이]에 따르면 "신들은 강한 자의 편이다." 예언자들은 하느님의 마음이 약한 자의 편에 있다고 선포하였다. 하느님의 특별한 관심은 강하고 성공한 자에게가 아니라 비천한 자, 짓밟힌 자, 나그네와 가난한 자, 과부와 고아에게 쏠린다.

하느님의 마음은 비천한 자, 패배한 자, 아무런 돌봄도 받지 못하는 자에게로 향한다.

> 너희가 '소박데기' 또는
> '퇴물 기생 시온'이라고 불렸으나
> 이제 너희의 상처에 새살이 돋아
> 아물게 하여 주리라.(예레미야 30:17)

> 야훼께서 시온을 든든히 세우셨으니
> 그의 백성 중 천민들도 그 안에 피난할 수 있다…
> 천대받는 자들은 야훼 앞에서 마냥 기쁘기만 하고
> 빈민들은 이스라엘의 거룩하신 이 앞에서 흥겨워하리라.(이사야 14:32; 29:19)

"사람이 제 힘으로는 승리하지 못하는 법(사무엘상 2:9)" "제 힘을 자랑하는 뭇 민족들이" 쥐구멍을 찾게 될 것이다(미가 7:16). 만군의 야훼께서 말씀하신다. "그것은 권세나 힘으로 될 일이 아니다(즈가리야 4:6)."

누구는 병거를 믿고 또 누구는 기마를 믿지만
우리만은 우리 하느님 야훼의 이름을 믿사옵니다…
〔그분은〕 힘센 말을 기뻐하지 않으시고
힘 좋은 장정의 다리도 반기지 않으신다.
당신 두려운 줄 아는 사람,
당신 사랑 믿는 사람, 그들만을 반기신다.(시편 20:7; 147:10~11)

내가 굽어보는 사람은
억눌려 그 마음이 찢어지고
나의 말을 송구스럽게 받는 사람이다…
나는 높고 거룩한 보좌에 앉아 있으면서도
얻어맞아 용기를 잃은 사람들과 함께 살며
잃은 용기를 되살려주고
상한 마음을 아물게 해주리라…
시온은 그 기틀이 바로잡히고
주민은 마음이 바로잡혀 다시 살게 되리라.(이사야 66:2; 57:15; 1:27)

역사의 만유신론

우리는 성서적 신학을, 하느님은 모든 것이며 모든 것이 하느님이라는 신비론적 견해에 국한시켜서는 안 된다. 예언자들은 결코 하느님과 역사가 하나며 아래에서 일어나고 있는 모든 일이 위의 하느님 뜻이 반영된 것이라고는 가르치지 않았다. 그들이 환상으로 본 것은 하느님께 도전하는 인간이요 인간을 당신께 화해시키고자 하시는 하느님이다.

역사는 하느님이 도전받으시는 장이며 정의가 패배를 맛보는 곳이다. 하느님의 목적은 질서와 계획이라는 합리적 범주에 들어맞거나 그 범주로 번역이 가능한 것도 아니다. 다만 그것이 계시되는 순간들이 있을 뿐이다.

역사 속에서 하느님의 힘은 과정으로서 계속되지도 않는다. 그것은 비상한 사건들 속에서 발생한다.[12] 이루어지는 일 속에는 하느님의 간섭과 관심이 내재되어 있어서 그렇게 이루어지는 것이다. 그분의 힘이 부재하는 수는 있으나 그분의 관심은 늘 현재한다.

하느님이, 당신께서 만드신 우주를 보고 "좋다"고 말씀하신 순간이 있었다. 그러나 인간에 의하여 만들어진 역사를 보시고 "좋다"고 하신 적은 없다.[13]

고대 그리스인에게 인간의 고향은 자연에 있고 가장 절박한 문제는 자연과 우주에 대한 지식을 얻는 것이다. 우주(cosmos)야말로 가장 포괄적인 개념이기 때문에 모든 관념과 모든 문제는 우주의 법칙들이 밝혀질 때 비로소 이해될 수가 있다. 인간이 동물이라는 종의 한 부분인 것과 마찬가지로 역사적 사건들은 자연적인 사건이라는 종의 부분들이다. 신들도 자연의 한 부분이기 때문에 역사에 힘을 미치지 못한다. 역사의 흐름에 작용하는 신의 능력에 대하여는 헤로도토스가 유일하게 언급하고 있는데, 사물이 뒤집어지고 어지럽게 되는 것을 신의 능력이 즐긴다는 것이다. "그는 다만 모든 그리스인이 알고 있는 바를 되풀이하고 있었을 뿐이다. 즉 제우스의 힘은 천둥 번개 속에서 드러나고, 포세이돈의 힘은 지진 속에서, 아폴로의 힘은 전염병 속에서, 아프로디테의 힘은 일순간에 파이드라의 오만과 히폴리투스의 순결을 파괴시키는 열정 속에서 드러난다는 것이다."[14]

예언자들에게 있어서는, 인간의 고향은 역사 안에 있고 그들의 주관심사는 역사에서 무엇이 일어나고 있느냐다. 자연과 역사가 모두 하느님의 다스림을 받는다. 언어가 그분의 계시를 담는 그릇이듯이 역사는 그분의 행동을 담는 그릇이요 인간의 성취를 이루게 하는 자료다.

역사의 일치

예언자는 역사상 최초의 보편적 인간이라고 할 수 있겠다. 그는 모든 인간을 관심하고 모든 인간에게 말한다. 모든 인간이 하나임을 최초로 인식한 사람은 제왕이 아니라 예언자다.

"예전부터 우리 선배 예언자들은 많은 지방과 강대한 나라들에 전쟁과 기근과 염병이 있겠다고 예언하였소(예레미야 28:8)"라고 예레미야는 하나니야에게 말했다.

아모스는 모든 나라들의 운명을 결정하시는 그분의 이름으로 말하고(9:7) 유다와 이스라엘뿐만 아니라 다마스커스, 가자, 띠로, 에돔, 암몬인과 모압인에게 내리는 그분의 심판을 선포하였다(1:3~2:6). 이사야는 하느님의 목적과 계획이 "온 땅에(14:26)" 이루어질 것을 선포하였으며 "세상의 모든 주민들, 땅에 사는 사람들(18:3; 참조, 33:13; 34:1)"에게 말씀을 전하고 바빌론, 모압, 다마스커스, 에집트, 띠로 등 여러 곳에서 특별한 예언의 말씀을 선포하였다(13~23장). 이스라엘의 하느님 바로 그분이 당신의 계획을 추진코자 힘센 투사들을 모집하시고(이사야 13:3, 5) 세상의 모든 나라들을 심판대 아래로 부르시며, 마침내 어느 날 모든 민족으로 하여금 당신 앞에 예배하러 시온으로 모여들게 하실 것이다(이사야 2:2 이하; 11:10; 18:7).

> 만군의 야훼께서 맹세코 말씀하신다.
> "내가 생각한 대로 반드시 되고
> 내가 정한 대로 반드시 이루어진다.
> 내가 아시리아를 나의 땅에서 부수고
> 나의 산 위에서 짓밟아버리리라.
> 그가 이스라엘에게 씌운 멍에를 벗겨주고
> 그가 지운 짐을 어깨에서 풀어주리라.
> 이렇게 나는 나의 뜻을 온 땅 위에 이루리라.
> 이렇게 팔을 뻗쳐 모든 백성을 치리라."
> 만군의 야훼께서 한번 작정하셨으니
> 누가 그것을 꺾을 수 있으랴?

그가 한번 팔을 펴시니
　　누가 감히 거두어들이게 할 수 있으랴?(이사야 14:24~27; 10:33)

　　예레미야는 이스라엘뿐만 아니라 만방에 하느님의 말씀을 전할 예언자로 선택되었다(예레미야 1:5). 이사야처럼 그도 여러 나라에 관계된 예언을 선포하였다.[15] 그는 예루살렘에 집합한 에돔, 모압, 암몬, 띠로, 시돈의 왕이 보낸 사절들에게, 모든 나라들은 한 분 하느님 앞에서 심판을 받아야 하며 이스라엘의 거룩하신 분의 영(靈)을 거역한 죄벌을 받아야 한다는 말을 전했다 (27:2 이하). "사람은 **모두** 짐승처럼 우둔한 것(51:17)" "만민이 야훼의 법정에 불려나와 재판을 받는데 죄 있는 사람들은 모두 칼로 처형을 당하리라 (25:31)." 모든 나라들이 그분의 분노가 넘치는 잔을 받게 될 것이다(25:17 이하; 참조, 1:14). 어느 민족도 그분의 노여움을 당해내지 못한다(10:10). "그때 사람들은 예루살렘을 야훼의 옥좌라 부를 것이며 모든 민족이 예루살렘에 모여와 나의 이름 야훼를 불러 예배할 것이다. 그리고 다시는 그릇된 생각에 끌려가지 아니하리라(3:17; 참조, 4:2; 10:7)."
　　예레미야보다 후대의 한 예언자는 이렇게 말하고 있다. "우리의 조상은 한 분이 아니시냐? 우리를 내신 하느님도 한 분이 아니시냐? 그런데 어찌하여 우리는 서로 배신하여, 우리 조상이 맺은 계약을 깨뜨리느냐?(말라기 2:10)"

　　하느님께서 일어나실 때 어떻게 하며
　　그가 심문하실 때 무엇이라고 답변하겠는가?
　　나를 모태에 생기게 하신 바로 그분이
　　그들도 내시지 않으셨던가?(욥기 31:14~15)

　　이렇게 해서 한 역사〔一歷史〕라는 관념이 생겨난 것이다. 개별적인 특수한 사건 또는 상황이 모든 나라를 다스리시는 그분에게 연결되어 있다. 자연계에서 일어나고 있는 모든 것의 원리를 발견함으로써 자연에 대한 지식이 생겨났듯이, 모든 나라들을 심판하시는 한 분 하느님을 깨달음으로써 역사 의식이 파생되는 것이다.

하느님의 경험으로서의 역사

역사는 무엇보다도, 인간이 힘을 가지고 이루는 것이다. 예언자들이 보기에 힘이란 하늘이 부여한 것이다. 제왕들은 하느님의 손에 잡힌 도구에 불과하고 예언자의 말은, 예레미야에 따르면 제왕들의 힘보다 더 강하다.

> 보아라. 나는 오늘 세계 만방을 너의 손에 맡긴다.
> 뽑기도 하고 무너뜨리기도 하고
> 멸하기도 하고 헐어버리기도 하고
> 세우기도 하고 심기도 하여라.(예레미야 1:10)

야훼께서는 땅의 끝으로부터 일꾼들을 선택하여(이사야 5:20) 그들을 통해 당신의 뜻을 이루신다. 그분은 페르시아의 고레스에게 이렇게 말씀하신다. "너는 내 양을 쳐라. 내 뜻을 받들어 이루어라(이사야 44:28)." 그리고 아시리아를, "나의 분노의 지팡이요 나의 징벌의 몽둥이(이사야 10:5)"라고 부르시고 예언자는 "야훼의 징벌의 채찍(이사야 13:5)"이라고 한다. 느부갓네살은 하느님의 종이라는 이름으로 불린다(예레미야 25:9; 27:6; 43:10; 참조, 에제키엘 26:7). 에집트와 아시리아는 하느님의 눈에 파리나 벌 따위와 비교될 수 있는 하찮은 벌레로 보인다. 아시리아의 왕이 제 힘을 뽐내며 그의 군대가 유다의 영토를 침범할 수는 있겠지만 그러나 하느님은 말씀하신다.

> 아시리아는 사람이 휘두르지 않은 칼에 맞아 넘어지리라.
> 인간이 찌르지 않은 칼에 찔려 죽으리라.
> 그 정병들은 칼을 무서워하여 도망치다가

노예가 되어 죽도록 일만 하리라.(이사야 31:8)

원근(遠近)의 모든 사람들에게 이사야는 하느님의 말씀을 전달한다. "내가 얼마나 힘있는지 알아두어라!(33:13)" 아시리아의 통치자들은 전세계를 정복할 계획을 세우고 있다(이사야 5:25~29). 아시리아의 탐욕은 앞뒤를 분간하지 못하고 그 무기는 엄청난 힘을 발휘하며 군대는 막강하여 모든 저항군을 부수며 파죽지세로 승전고를 울리고 있다. 이사야 말고는 그 누구도 무적의 아시리아군을 의심하는 것 같지 않다. 오직 이사야만이 압제자의 몰락과 괴물의 죽음을 내다보고 있다.

> 어둠 속을 헤매는 백성이 큰 빛을 볼 것입니다.
> 캄캄한 땅에 사는 사람들에게 빛이 비쳐올 것입니다…
> 당신께서는 그들이 짊어진 멍에와
> 어깨에 멘 장대를 부러뜨리시고
> 혹사하는 자의 채찍을 꺾으실 것입니다.
> 미디안을 쳐부수시던 날처럼 꺾으실 것입니다.
> 마구 짓밟던 군화, 피투성이 된 군복은
> 불에 타 사라질 것입니다.(이사야 9:1, 3~4)

일반적으로 역사를 이루는 본질과 주체가 되는 요소는 정치, 전쟁, 경제 활동 등이라고 생각한다. 예언자에게는 인간의 행위에 대한 하느님의 심판이 중심되는 역사의 주제다. 그 밖의 것들은 모두 변두리에 있는 문제들이다.

사람들이 역사를 권력의 시각에서 파악하여 승리냐 패배냐, 풍요냐 성공이냐의 여부로 역사의 흐름을 판정하는 데 반하여 예언자들은 정의의 시각에서 역사를 파악하여 정의냐 불의냐, 자애냐 폭력이냐의 여부로 판단한다.[16]

현대의 역사가들에게 역사는 사건에 대한 이해가 아니라 사건들을 만들어내는 인간의 경험에 대한 이해다. 예언자들이 관심을 두는 것은 하느님의 경험으로서의 인간의 사건이다. 우리의 눈에는 역사가 인간의 경험을 기록한 것이지만 예언자의 눈에는 하느님의 경험을 기록한 것이다.

우리는 인간의 사악함을 다른 그 무엇보다도 열심히, 그리고 재빠르게 망각한다. 이 땅은 무서운 비밀로 가득 차 있다. 파괴된 흔적은 치워지고 시체들은 묻히며 신음소리는 잊혀진다. 부드러운 자기 만족의 미소, 장엄한 저택, 잔인한 망각의 성채들이 무덤을 덮는다. 그리고 죽은 자는 말이 없다. 그러나 하느님이 이 땅의 비밀을 폭로하실 것이다.

> 야훼께서 그 계시던 곳에서 나오시어
> 세상 모든 주민의 죄악을 벌하시리라.
> 그때, 땅은 그 위에 잦아들었던 피를 드러내고
> 숨겨졌던 피살자를 내놓으리라. (이사야 26:21)

인간의 힘이 역사를 만들어 내는 원재료는 아니다. 왜냐하면 역사란 어느 순간에 펼쳐지는 무엇이 아니라 야훼의 심중에 숨겨져 있는 무엇이기 때문이다.

문명의 우발성

사람들은 한 가지에 대해서는 확고부동하다. 이 땅은 흔들리지 않으며 세계는 영원히 지속되리라는 것이다. 그들은 문명이 계속되리라는 것만은 결코 의심하지 않는다. 그러나 예언자들에게는 그런 확신이 없다.

예언자는 인류의 비행을 깨끗이 씻어버리시는 야훼의 모습을 그리고 있다.

> 보아라, 야훼께서 온 땅을 황야로 만드신다.
> 땅바닥을 말끔히 쓸어내시고 주민을 흩으신다…
> 산천은 메마르고 세상은 파리해지리니

하늘도 땅도 함께 슬퍼한다.

주민의 발에 밟혀 땅은 더러워졌다.

그들이 법을 어기고 명을 거슬러

영원한 계약을 깨뜨린 때문이다.

그리하여 온 땅은 저주를 받고, 주민은 처형된다.

세상의 주민은 거의 다 불에 타 죽는다. (이사야 24:1, 4~6)

    세상에 대한 증오나 문명에 대한 경멸은 예언자와 거리가 먼 것들이다. 예언자는 하느님께 가까이 감으로써 인간에게 그만큼 더 밀착된다. 그러나 헛되고 거짓된 속임수를 마주하여서는 문명의 우발성과 불안정성을 말하고 인간의 질병과 거짓됨을 폭로한다. 이스라엘은 심판대 아래 있다. 하느님과 계약을 맺은 민족이라 해서 심판을 면제받지는 못한다.

당신은 야훼, 나의 하느님,

내가 당신을 우러러 받드옵니다.

내가 당신의 이름을 기리옵니다.

당신은 예전에 정하신 놀라운 뜻을 이루셨습니다.

신실하게 변함없이 그 뜻을 이루셨습니다.

거만한 자들의 도시를 돌무더기로 만드셨습니다.

그 요새화된 도읍은 이제 터만 남았습니다.

그들의 성루는 도시라고 할 수도 없이 허물어져

영원히 재건되지 아니할 것입니다.

그리하여 강한 백성이 당신께 영광을 돌리고

포악한 민족들의 도시가 당신을 두려워하게 되었습니다.

당신은 영세민에게 도움이 되어주시고

고생하는 빈민에게 힘이 되어주십니다.

소나기를 피할 곳, 더위를 막는 그늘이 되어주십니다.

포악한 자들의 화풀이는 겨우 폭우와 같으나
마른 땅을 햇볕이 마구 태우듯이
그 거만한 자들의 소란을 당신께서는 억누르십니다.
구름이 더위를 가리워 스러지게 하듯이
그 포악한 자들의 노래를 당신께서는 막으십니다.(이사야 25:1~5)

난폭한 독재자들의 모욕적인 언사나 환상들 위로 하느님의 강한 음성이 솟아오른다.

내가 악한 세상을 벌하고
악인들의 죄악을 벌하리라.
잘난 체하는 자들의 자랑을 꺾고
우쭐거리는 폭군들을 끌어내리리라···
폭군은 없어지고, 빈정대던 자들도 사라지고
눈에 불을 켜고 나쁜 일을 찾아다니던 자들도
간 데 없이 되리라.(이사야 13:11; 29:20)

역사의 양극성

한 문제를 깨달아 안다는 것은 두 개의 관념, 세력 혹은 상황 사이의 갈등이나 긴장을 깨달아 아는 것을 뜻한다. 이런 의미에서 예언자들은 역사의 문제가 지금 일어나고 있는 것과 다음에 일어날 일 사이의 긴장이라는 사실을 발견해냈다. 미래는 그냥 단순한 현재의 연장이 아니다. 그들의 눈에는 현재가 과거에 이루어진 것(하느님과의 계약)에 대한 위반이듯이 미래는 지금 이루어지고 있는 것을 뒤집어놓을 것이다.

나아가서 무엇보다도 지금 여기의 상황은 역사라는 연극의 한 무대일 뿐이다. 지금 일어나고 있는 일이 과거에 영향을 미친다. 그것은 지금 진행되고 있는 사건들의 모양을 만들어주거나 아니면 찌그러뜨린다. 역사란 '지나가버린' 혹은 죽어버린 과거가 아니라 과거와 미래가 서로 맞물려 있는 현재를 의미한다. 죄는 역사를 거부하는 것이다. 성스런 사건들과 성스런 순간들이 연루되어 있다. 양심은 고요히 머물러 있어도 연루는 계속된다.

예레미야는 옹기장이의 집으로 가서 하나의 계시를 받는다. "말씀대로 옹기장이 집에 내려가 보았더니 옹기장이는 마침 녹로를 돌리며 일을 하고 있었다. 그런데 옹기장이는 진흙으로 그릇을 빚어내다가 제대로 안 되면 그 흙으로 다른 그릇을 다시 빚는 것이었다. 마침 야훼의 말씀이 나에게 들려왔다. '진흙이 옹기장이의 손에 달렸듯이 너희 이스라엘 가문이 내 손에 달린 줄 모르느냐? 이스라엘 가문아, 내가 이 옹기장이만큼 너희를 주무르지 못할 것 같으냐?'(예레미야 18:3~6)"

인생은 팔자에 따라 굴러가는 것이 아니요, 역사 또한 인간의 독재가 이루어지는 마당이 아니다. 일어나는 사건들은 해변에서 바람과 파도에 씻겨 모양이 만들어지는 바위가 아니다. 선택과 계획이 사건들의 모양을 결정한다. 하느님께서 인간들을 가지고 일하시며 당신 자신에게 맞도록 역사의 모양을 이루려고 하신다.

인간의 비관적인 생각은 역사의 종국을 반드시 있어야 하는 것이며 있을 수밖에 없는 것으로 해석한다. 운명의 박절한 힘은 그 누구도 거역할 수가 없다. 가장 위대한 희랍의 연극은 운명과 주인공 사이, "인간이 바꿀 수 없는 것과 그의 힘 안에 있는 것"[17] 사이의 상호 작용 위에서 진행된다.

이에 반하여 예레미야는 이런 음성을 들었다. "나는 한 민족 한 나라를 뽑아 뒤엎어 없애버리기로 결심하였다가도 벌하려던 민족이 그 악한 길에서 돌아서기만 하면 내리려던 재앙을 거둔다. 그렇지만 한 민족 한 나라를 심고 세우기로 결심하였다가도 그 민족이 나의 말을 듣지 않고 나의 눈에 거슬리는 짓을 하기만 하면 약속한 복을 집어치운다(예레미야 18:7~9)."

죄는 막다른 골목(cul de sac)이 아니고 범죄 또한 최후의 함정이 아니다. 죄는 회개와 돌아섬으로 씻겨질 수 있고 범죄 너머에 용서의 새벽이 동튼다.

문은 결코 잠겨져 있지 않고 파멸의 위협은 최후 통첩이 아니다.

궁극적으로 역사를 모양 짓는 하나의 의지가 있다. 하느님의 의지다. 그리고 역사의 모양을 결정짓는 유일한 틀이 있다. 나라들의 도덕적 행실이다. 인류 역사는 이 두 기둥 사이에서 움직여 나아간다.[18]

낯설고 이상한 그분의 일

이사야는 역사가 제멋대로 하는 나라의 악한 뜻이 자행되는 마당이 아니요, 오히려 하느님의 뜻이 실현되는 곳임을 확신하면서도 모든 역사(歷史)가 하느님의 역사(役事)는 아님을 알고 있다. 즉 그분은 자주 인간사로부터 스스로 떨어져 계시고 그분의 심판들이 언제나 지상에서 이루어지지는 않는다는 것이다. 예언자는 역사에 하느님께서 임재하시기를, 세상사 속에 그분의 뜻이 실현되기를 간절히 바란다. 그가 어둠 속에서 그토록 열망하는 것은 신비스런 경험이 아니라 역사적인 정의다. 신비스런 체험은 한 개인의 계시요, 역사적 정의는 세상 모든 인간으로 하여금 의를 배우게 하는 만인의 계시다.

> 야훼여, 당신의 재판으로 열리는 그 길만이
> 우리의 희망입니다.
> 당신의 이름을 깊이 그리워하여
> 이 몸 당신을 잊지 못합니다.
> 밤새도록 당신을 그리는 이 마음
> 아침이 되어 당신을 찾는 이 간절한 심정!
> 당신의 법이 세상에 빛나는 때
> 세상 주민들은 비로소 정의를 배울 것입니다. (이사야 26:8~9)

이사야에게 있어서 하느님은 힘이요 노래며 구원이고(12:2) "피신할 바위(17:10)"시다. 그러나 그분은 또한 "걸리는 돌과 부딪치는 바위…덫과 올가미(8:14)"도 되신다.

야훼는 가끔 수동적인 모습을 하시고 이스라엘의 운명에 무관심하신 듯이 보인다. 어떤 때는 미동도 하지 않고 언제나 만사에 간섭하시지도 않는다. 그러나 그분은 일이 이루어지는 과정을 놓치지 않고 살펴보신다. 그리하여 이사야에게 이렇게 이르셨던 것이다.

> 태양은 말 없이 비추며 열을 내고
> 이슬은 햇살이 따사로운 가을철에도 조용히 내린다.
> 나도 내 처소에서 가만히 지켜보리라.(이사야 18:4)

여름의 태양열과 이슬은 포도알을 익게 한다. 열매가 모두 익을 때까지는 파괴자와 압제자들이 그들의 못된 짓을 계속하도록 허용되지만 열매가 익으면 열매와 가지들이 모두 무참하게 꺾일 것이다(이사야 18:5~6).[19] "야훼께서는 너희에게 은혜 베푸실 날을 기다리신다(이사야 30:18)." 때가 성숙하고 그분의 목적이 완수되기에 이르면,

> 야훼께서 말씀하신다.
> "나 이제 일어난다.
> 나 이제 몸을 일으킨다.
> 나 이제 일어난다."(이사야 33:10)

하느님의 도(道)는 옳고 바르고 현명하다. 그러나 명백하지도 아니하고 오해의 소지가 없지도 않다. 드러냄이 있는가 하면 감춤이 있고 열어보임 속에 덮음이 있으며 위로가 있는가 하면 또한 혼돈이 있다.

어떻게 역사와 정의가 하나인가를 알기란 어려운 일이다. "야훼께서는 …떨치고 일어나신다. 너무나 너무나 기이한 당신의 일을 이루시려고 오신다. 너무나 너무나 신비로운 당신의 사업을 이루시려고 오신다(이사야

28:21).” 그것은 어떤 사람에게는 여명이고 또 어떤 사람에게는 어둠이다. 하느님은 “놀라운 계획을 멋지게 이루시는(이사야 28:29)” 분이다. 그런데도 그분의 일은 가끔 인간의 이해 능력을 멍하게 만든다.

> 그러므로 나는 놀랍고 기이한 일을
> 이 백성에게 보이고 또 보이리라.
> 지혜롭다는 자들의 지혜가 말라버리고
> 슬기롭다는 자들의 슬기가 숨어버리리라.(이사야 29:14)

하느님의 지혜로는 명명백백한 것이 인간의 지능으로는 모호하게만 보인다.

> 지혜가 있거든, 이 일을 깨달아라.
> 슬기가 있거든, 이 뜻을 알아라.
> 야훼께서 보여주신 길은 곧은 길,
> 죄인은 그 길에서 걸려 넘어지지만
> 죄없는 사람은 그 길을 따라 가리라.(호세아 14:10)

그분의 도(道)는 복잡 미묘하다. 그분의 도에 대한 어떤 이론을 세우거나 도그마를 만들어 씌우는 일, 역사를 통하여 하느님의 노정을 밝히려는 작업은 모두가 허울만 그럴 듯한 모조품이다. 신학의 세계에서는 천박함이 반역이다.

「시편」의 저자는 하느님의 의(義)의 지극한 장엄함과 그분의 심판의 잴 수 없는 깊이에 압도당한다. 그것들은 인간의 발이 가닿을 수 없는 곳에 있는 거대한 산맥과도 같고 바닥에 가닿을 수 없는 심연과도 같다. 다만 그분의 사랑과 미쁘심만이 어디에나 충만하다.

야훼여, 당신의 사랑 하늘에 닿았고
당신의 미쁘심 구름에 닿았습니다.
당신의 공변되심〔義〕 우람한 산줄기 같고
당신의 공평하심〔審判〕 깊은 바다와도 같습니다. (시편 36:5~6) [20]

예레미야는 야훼의 회의에도 참석하는 사람이지만 동시에 야훼께서 그를 알지 못할 방법으로 멀리 떼어놓으심에 약올라하기도 한다. 하느님은 그에게 "힘, 요새, 피난처(16:19)"시다. 그러나 때로는 "갑자기 뒤통수를 맞은 사람처럼⋯제 나라도 구하지 못하는 장군처럼(14:9)" 나타나신다. 예레미야는 자기를 하느님의 것으로 불러주셨음에 대하여 기쁘고 즐거운 노래를 부르기도 하지만 또 어떤 때는 "제발 (저에게) 무섭게 행하시지는 마십시오 (17:17)"라고 울부짖는다. 어떤 때는, "제 곁에는 힘센 장사처럼 야훼께서 계시기에 저를 박해하다가는 당하지 못하고 나가떨어질 것입니다(20:11)"라고 말하는데 그런가 하면 또 다른 때는 "주께서는 물이 마르다가도 흐르고, 흐르다가도 마르는 도무지 믿을 수 없는 도랑같이 되셨습니다(15:18)"라고 호소한다.

예언자는 끊임없이 사람들의 범죄와 그 결과로 닥쳐올 무서운 형벌을 말하면서도 일단 재난이 닥치면 망연자실하여 당황하고 그 고통을 제대로 감내하지 못한다. 이것이 예언자들의 본질적인 역설이다.

이스라엘이 종이었더냐?
씨종이었더냐?
어찌하여 남에게 털리는 신세가 되었느냐?
사자들이 으르렁거리는 바람에
살던 땅은 폐허가 되고
성읍들은 허물어져 무인지경이 되었다⋯
이스라엘이 믿고 바라는 이여,

어려울 때 이스라엘을 구해주시는 이여,

어찌하여 이 땅에서 나그네처럼 행하십니까?

하룻밤 묵으러 들른 길손처럼 행하십니까?(예레미야 2:14~15; 14:8)

야훼께서는 이스라엘과의 상상적 대화 속에서 당신이 백성을 버리신 까닭을 변명하신다. 그 재앙은 당신께서 선택하신 것이 아니다. 책임이 있는 쪽은 백성들이다. 예언자는 백성들이 하는 말을 야훼께 전한다. "내 백성이 신음하는 소리가 전국 방방곡곡에서 들려옵니다. '야훼께서 시온에 안 계시는가? 왕 노릇 그만 하시려고 물러나셨는가?'" 이에 하느님께서 대답하신다. "그런데 어찌하여 아직도 우상을 섬기며 내 속을 썩여주느냐? 어찌하여 남의 나라 허수아비를 들여다가 섬기며 내 속을 썩여주느냐?(예레미야 8:19)"

내면으로 하느님과 한몸이 되었지만 예언자는 언제나 심판을 최종적인 것으로 받아들일 준비가 되어 있지는 않다(아모스 7:2, 5). 그는 하느님의 방법에 대하여 불평하는 것도 서슴지 않는다. 이사야는 "주여, 어느 때까지입니까?(6:11)"고 묻고 하바꾹은 "야훼여, 살려달라고 울부짖는 이 소리, 언제 들어주시렵니까?(1:2)"라고 묻는다.

그렇지만 일단 하느님께서 행동을 취하시고 징벌의 아픈 채찍이 내리면 예언자들은 비틀거리거나 분개하는 일이 없다. 불행에 불행이 겹치고 괴로움에 이어 더 큰 괴로움이 닥치되 투덜거리지 않는다(애가 2:20 참조). "그렇다고 야훼께 무슨 잘못이 있겠소. 내가 그의 말씀을 거스른 탓이오(애가 1:18)."

"죄가 많고 허물이 커서 원수를 치듯이 나는 너희를 때려 심한 벌을 내리지 않을 수 없었다(예레미야 30:14)." 억눌리고 괴롭힘을 당하면서도 이스라엘은 하느님의 심판을 의심하지 않는다. 괴롭힘을 당하는 것 자체가 하느님의 능력과 정의를 천하에 드러내는 것이다.

"많은 고통보다도 그 고통에 대한 무감각이야말로 견딜 수 없는 것이다"라고 니체는 말했다. 고통은 선택받고 죄를 지은 백성이 마땅히 지불해야 할 대가다. "야훼께서 벼르시던 일을 기어이 하셨다. 일러두셨던 일을 끝내 하시고 말았다. 일찍이 선언하신 대로…(애가 2:17)" 고통에는 백성을 순결하게 만든다는 목적이 있었다. 그리고 백성들은 하느님의 단련을 업신여기지 않았고 그분의 꾸중과 견책에 싫증을 내지도 않았다. "야훼께서는 사랑하는 자를 꾸짖으시되 귀여운 아들에게 매를 드는 아비처럼(잠언 3:12)" 하시기 때문이다. "너희 하느님 야훼께서는 사람이 자기 자식을 잘 되라고 고생시키시듯이 그렇게 너희를 잘 되라고 고생시킨 것이니, 이를 마음에 새겨두어라(신명기 8:5)." "야훼여, 당신의 교훈을 받아 당신의 법을 배우는 사람은 복됩니다…(시편 94:12)" 고뇌 속에 처하여 사람들은 기도한다.

> 우리는 길들지 않은 송아지처럼
> 당신께 매를 맞았습니다.
> 고맙게도 매를 맞았습니다.
> 우리 하느님은 야훼시라,
> 주께 돌아가고 싶습니다.
> 부디 우리를 받아주십시오.
> 우리는 주님을 떠난 다음
> 잘못을 깨닫고 가슴 치며 뉘우쳤습니다.
> 부끄러워 얼굴을 들 수 없었습니다.
> 젊어서 잘못한 일로 우리는 수모를 받았습니다. (예레미야 31:18~19)

그러나 비록 하느님이 아무 일도 하시지 않는 것처럼 보이는 때에도 하느님이 계시지 않은 것은 결코 아니다. 역사 속에 그분이 현재하심이 늘 격동적인 대사건들을 통하여 표출되지는 않는다. 아주 드물게 그분의 일하시는 방법이 식별되는 수가 있지만 대개는 눈에 보이지 않는다. 땅을 경작하는 사람의 일이 좀처럼 우리의 이목을 끌만큼 거창하게 보이지 않는 것과 같다. 그는 늘 땅을 갈거나 써레질을 하지는 않는다. 주요 목적을 이루기 위하여 해야 할 자질구레하고 잘 눈에 띄지도 않는 일감이 많이 있다. 실로 땅을 경작하는 수수한 기술이 하느님의 지혜와 신중하심을 잘 반영하고 있다.

> 귀를 기울여 내 소리를 들어라.
> 정신차려 내 말을 들어라.
> 농부가 날마다 밭만 갈겠느냐?
> 땅을 뒤집고 써레질만 하겠느냐?
> 땅을 고르고 나서 검정풀씨나 회향초씨를 뿌리지 않겠느냐?
> 밀과 보리를 심지 않겠느냐?
> 밭 가장자리에는 쌀보리를 심지 않겠느냐?
> 이런 농사법을 일러주신 이가 누구냐?
> 하느님께서 농부에게 가르쳐주신 것이다.
> 검정풀씨를 타작기로 털더냐?
> 탈곡기를 굴려 회향초를 떨더냐?
> 검정풀씨는 막대기로 두드려 떤다.
> 회향초는 도리깨로 두드려 떤다.
> 어찌 밀알이 바숴지도록 두드리겠느냐?
> 아니다, 무작정 두드리지는 않는다.
> 바숴지기까지 탈곡기를 굴리지는 않는다.
> 이 생각도 만군의 야훼께서 가르쳐주신 것이다.
> 놀라운 계획을 멋지게 이루시는 야훼께서
> 가르쳐주신 것이다. (이사야 28:23~29)

예언자는 고통을 준비하고 있다. 예언자가 존재함으로써 백성들에게 주는 혜택이 있다면 그것은 고통을 견딜 수 있는 능력을 더욱 강하게 해주는 것과 인생과 고통 사이에 드리워져 있는 휘장을 찢어버리는 것이다. 그럼에도 불구하고 예레미야는 하느님의 분노가 폭발함에 그것이 얼마나 인간들을 흐트러뜨릴 것인지 잘 알고 있었다. 그래서 야훼께 호소한다. "화가 나서 매를 드셔도 죽여버리셔야 되겠습니까? 그저 법대로 다스려 주십시오(10:24)." 그는 번민이 극에 달한 순간 이렇게 부르짖었다.

> 이 괴로움은 왜 끝이 없습니까?
> 마음의 상처는 나을 것 같지 않습니다.
> 주께서는 물이 마르다가도 흐르고, 흐르다가도 마르는
> 도무지 믿을 수 없는 도랑같이 되셨습니다.(예레미야 15:18)

인간은 가까이 계신 하느님, 그분의 능력이 눈앞에 실현되고 그분의 심판이 납득될 수 있고 그분의 영광을 더불어 누릴 수 있는, 그런 하느님은 언제든지 영접할 준비가 되어 있다. 그러나 이스라엘의 보이지 않는 하느님은 인간이 영접하기가 힘든 분이다. 그분의 능력은 가끔 부재하고 그분의 심판은 모호하며 그분의 영광은 감추어져 있기 때문이다.

> 내가 가까운 곳에만 있고
> 먼 곳에는 없는 신인 줄 아느냐?
> 사람이 제아무리 숨어도
> 내 눈에서 벗어날 길은 없다.
> 똑똑히 들어라.
> 하늘 땅 어디를 가나 내가 없는 곳은 없다.(예레미야 23:23~24)[21]

희망은 깨어지고 신앙은 조롱을 받는다. 일어나서는 안 될 일이 일어난다. 그런즉 역사란 하느님이 뜻하시는 바의 왜곡이며 그분의 뜻을 잘못 실현하고 거절하는 것이란 말인가? 아니면, 하느님이 역사 속에서 서로 갈등이나 일으키는 미로를 헤매고 계신 것인가? 정의를 실현하려는 그분의 경륜이, 인간이 인식할 수 있는 것보다 더 많은 씨줄과 날줄로 직조되어 있는 것일

까? 너희는 참고 견뎌야 한다. 너희 하느님 나 야훼가 참아 견디고 있기 때문이다.

> 마음대로 다 하신 다음에야
> 야훼의 분노는 가라앉을 것이다.
> **훗날 그때가 되어야**
> 너희는 눈이 열려 깨달을 것이다.(예레미야 23:20; 참조, 30:24)

인간의 눈에는 지금 닥치는 것과 장차 닥칠 것이 시대적으로 동떨어져 있는 듯이 보이겠지만 하느님의 눈에는 그 둘이 하나다. 그러므로 역사의 어둠은 그 속에 빛을 숨기고 있다. 알 수 없는 신비 너머에 의미가 있다. 그리고 그 의미는 반드시 밝혀지게끔 되어 있다.

이 땅에서 나그네처럼

예언자들은 곧잘 난처한 지경에 빠진다. 예레미야는 끊임없이, 하느님의 정의가 역사적 사건들 속에서 실현된다고, 야훼는 모든 인간에게 그 행실대로 갚으시는 의로운 재판관이시며(17:10 참조) 그분의 정의는 못된 자들과 거역하는 자들을 파멸시킬 때까지 결코 멈추지 않는다고 외쳐댔다. 이 확신을 성채로 삼아 거기서 그는 사람들을 가르쳤다. 그러나 일어나는 역사 현실을 경험하고 관찰하면서, 그는 그 굳센 바위가 난공불락이 아님을 깨닫게 되고 마침내 하느님께로부터 받은 메시지를 그대로 전달하기가 어렵다는 생각을 하기에 이른다.

의미심장하게도, 그가 제기하는 질문은 어째서 의로운 자가 고통을 당하느냐가 아니라 어째서 사악한 자가 번창하느냐다.

> 어찌하여 나쁜 자들이 만사에 성공합니까?

사기밖에 칠 줄 모르는 자들이 잘되기만 합니까?
하느님께서는 그런 자들을 나무처럼 심어
뿌리를 박고 자라서 열매를 맺게 하시는군요.(예레미야 12:1~2)

그의 질문에 하느님은 나무람으로 대답하신다. 지금 그를 어리둥절하게 만드는 문제는 장차 마주쳐야 할 문제들에 견주어 아무 것도 아니라는 것이다.[22]

네가 사람과 달리기를 하다가 지쳐버린다면
어떻게 말과 달리기를 하겠느냐?
편안한 곳에서나 마음놓고 살 수 있다면
요르단 강가 깊은 숲에서는 어떻게 살겠느냐?(예레미야 12:5)[23]

동시에 그는 정의에 관계된 질문들 가운데 가장 큰 질문, "어째서 의로운 자가 고통을 당하느냐?"는 물음에도 직면해야 했다. 고통은 범죄의 지표인가? 범죄의 크기에 비하여 고통이 지나친 것은 사실 아닌가? 이스라엘의 땅은 파괴되었고 그 비참한 상태는 지나친 형벌 같이만 보인다.

언제까지 가뭄 든 이 땅을 내버려두시렵니까?
들풀이 다 마르게 내버려두시렵니까?(예레미야 12:4)

그가 빼앗으시는데 누가 빼앗기지 않을 수 있으며
"왜 이러시느냐?"고 항거할 수 있겠는가?(욥기 9:12)

하느님을 기다리는 역사

역사는 악몽이다. 이것이 예언자들이 발견한 것이다. 역사 속에는 철학에서 꿈꾸는 것보다 더 많은 부정 사건들과 부패 행위들이 있다. 우리가 현재 목격하고 증언하는 것이 하느님의 창조의 목적이라고 말한다면 그것은 불경죄가 될 것이다. 악한 상태를 불가피한 것으로 또는 최종적인 것으로 용납하는 것이 곧 악한 행위다. 다른 사람들은 개량으로 만족할지 모르나 예언자들은 구원을 받아야 한다고 주장한다. 인간의 행위는 치욕만을 가져오므로 그것이 언제까지나 계속되어서는 안 된다. 예언자들은 저주와 함께 약속을 제공한다. 돌 같은 마음은 제거되고 피가 통하는 마음으로 대체될 것이다(에제키엘 11:19). 짐승의 본성조차도 장차 다가올 영광에 어울리도록 변화될 것이다. 모든 날들의 끝날은 공포의 끝, 전쟁의 끝이 될 것이며 우상들은 사라지고 하느님을 아는 지식이 편만하리라.

이스라엘의 내면의 역사는 하느님을 기다리는, 그분의 도착을 기다리는 역사다. 이스라엘은 약속된 땅이 있음을 확신하듯이 '약속된 날'이 온다는 것도 확신하고 있다. 이스라엘은 '야훼의 날'에 대한 약속에 의지하여 살아간다. 그 날은 구원으로 연결되는 심판의 날이며 사악한 뜻이 모두 사라지고 영광스러운 시대가 문을 여는 날이다.

그 날에 이루어질 심판을 강조한 아모스와 대조적으로 이사야는 어둠과 영광의 모습을 함께 밝히고 있다.

> 땅이 주정꾼처럼 비틀거린다.
> 원두막처럼 흔들린다⋯
> 그날, 야훼께서 저 높은 곳에 있는 하늘의 군대를 벌하시리라.
> 이 땅에 있는 세상의 제왕들을 처벌하시리라.(이사야 24:20, 21)

그러나 심판에 이어서, "그날 이렇게들 말하리라. '이분이 우리 하느님이시다. 구원해 주시리라 믿고 기다리던 우리 하느님이시다. 이분이 야훼이시다. 우리가 믿고 기다리던 야훼이시다. 기뻐하고 노래하며 즐거워하자. 그가 우리를 구원하셨다⋯'(이사야 25:9)."

이사야서에서 우리는 "패망과 포로 생활이 옛날의 추억으로 남을 뿐인" 그런 날에 대한 기록을 읽는다.

> 네 눈이 화려하게 차린 너의 임금을 보리라.
> 널리 눈앞에 국토가 트이리라.
> 무섭던 그 때를 돌아보며 네 마음은 흐뭇해하리라.
> 개수를 따져 셈하던 자는 어디 갔느냐?
> 무게를 달아 따지던 자는 어디 갔느냐?
> 귀중품을 조사하던 자는 어디 갔느냐?…
> 네 눈은 아늑한 보금자리, 옮겨지지 않을 천막,
> 예루살렘을 보리라.
> 그 말뚝이 다시는 뽑히지 아니하고
> 그 줄 하나도 끊어지지 아니하리라. (이사야 33:17~20)

하느님께서 모든 백성의 얼굴을 가리우던 너울을 찢으시고 모든 민족들을 덮었던 보자기를 찢으실 날, 죽음을 영원히 없애시고 모든 사람의 얼굴에서 눈물을 닦아주시며 당신 백성의 수치를 온 세상에서 벗겨주실(이사야 25:7~8) 그 날은 올 것이다. 그날에 "마음이 비뚤어진 자들도 슬기를 깨치고 불평하던 자들도 사람된 도리를 터득하리라(이사야 29:24)."

신상(神像)들이 여기저기 서 있고 우상이 숭배와 두려움의 대상이 되며 이교도가 판을 치는 세상에서 이사야는 예고한다.

> 그 날에 야훼 홀로 드높으시고
> 우상들은 모조리 사라지리라.
> 야훼께서 일어나 땅을 흔드실 때
> 너희는 그 두려운 얼굴을 피하고
> 그 빛나는 위엄을 피하여

바위굴로 들어가거라.

땅굴 속에 숨어라.

그 날이 오면, 사람들은

저희가 섬기기 위하여 제 손으로 만든 은우상과 금우상을

두더지와 박쥐에게 던져주게 되리라.

야훼께서 일어나 땅을 흔드실 때

너희는 그 두려운 얼굴을 피하고

그 빛나는 위엄을 피하여

큰 바위의 갈라진 곳으로 들어가거라.

바윗돌 틈바구니에 숨어라. (이사야 2:18~21)

"그날이 오면, 사람들은 자기를 지으신 이를 우러르고 이스라엘의 거룩하신 이를 바라보리라. 제 손으로 만든 제단을 다시는 우러르지 아니하고 제 손으로 만든 아세라 목상과 분향 제단을 바라보지 아니하리라(이사야 17:7~8)."

백성들은 고통을 통해 순수해질 것이다. "주께서 너희에게 겨우 연명할 빵과 가까스로 목을 축일 물밖에 주지 않으셨지만, 그는 너희 스승이 되어 다시는 너희를 외면하지 아니하시리니 너희가 그를 스승으로서 눈앞에 항상 모시게 되리라. 그리하여 너희가 오른편으로나 왼편으로나 빗나가려 하면 그가 뒤에서 너희 귀에 속삭여주시리라. '이것이 네가 가야 할 길이다. 이 길을 따라 가거라.' (이사야 30:20~21)"[24]

아브라함과 하신 하느님의 약속은 그대로 이루어질 것이다. "세상 사람들이 네 안에서 축복을 받을 것이다(창세기 12:3, 사역)."[25] 이스라엘은 융성할 것이며 모든 민족이 깨달아 알게 될 것이다.

그러므로, 아브라함을 구원하신

야곱 가문의 하느님, 야훼께서 말씀하신다.

"야곱이 이제는 부끄러움 없이 나서고

얼굴이 창백하게 되는 일도 없으리라.

그들 가운데서 나의 손이 이룬 일을 보고

내 이름을 거룩하게 찬양하리라.

야곱의 거룩한 이를 신성하게 기리고

이스라엘의 하느님을 두려운 마음으로 공경하리라.

마음이 비뚤어진 자들도 슬기를 깨치고

불평하던 자들도 사람된 도리를 터득하리라."(이사야 29:22~24)

서로 해치거나 죽이는 일이 다시는 없으리라

칼은 인간의 오만이다. 병기고, 요새 그리고 병거는 나라들을 기고만장하게 한다. 전쟁은 인간이 고안해 낸 최고의 걸작품이며, 최고의 노력을 전쟁에 쏟는다. 인간이 서로 학살하고 도시들은 한순간에 폐허가 된다. 남는 것은 고뇌, 죽음 그리고 황폐함뿐이다. 동시에 인간은 자신을 매우 높은 존재로 생각한다. 그들은 지혜로운 자로 자처하고 유식한 자로 자처한다(이사야 5:21). 은과 금으로 만든 우상들을 예배한다. "피로 절은 저주받은 도시" 니느웨는 "창녀처럼 예쁘게 꾸미고…뭇 민족을 팔아먹었다(나훔 3:1, 4)."

우상들로 요란하게 꾸미고 권력에 취해 오만 방자한 세상을 향하여 이사야는, 칼은 장차 보습으로 바뀌고 나라마다 금이나 권력이나 창녀 같은 우상들이 아니라 하느님의 말씀을 찾을 것이라고 외쳤다.

니느웨의 권세와 영화는 세상에 그 짝을 찾을 수 없을 만한 것이었다. 수백 년 동안 문명 세계의 눈길이 그 도시로 쏠렸다. 각지로부터 그 제국의 수도로 흘러들어간 엄청난 공물은 거대한 군대를 만드는 데만 보탬이 된 게 아니라 니느웨를 탐욕과 사치의 도시로 만들었다.

반면에 예루살렘은 여러 나라들에, 침략자들의 대상이라는 것밖에는 별로 알려지지 않은 '조용한 거주지'였다. 그러나 이사야는 환상 가운데서, 모든 나라들이 더 이상 인간 권세의 자리인 니느웨에 눈을 돌리지 않고 하느님의 도(道)와 그분의 길을 걷는 법을 배우고자 예루살렘으로 모여들리라는 것을 보았다.

그날에 이새의 뿌리가 만민이 쳐다볼 깃발이 될 것이다. 나라마다 그를 찾고 그의 거처는 영화로운 자리가 될 것이다(이사야 11:10).

> 장차 어느 날엔가
> 야훼의 집이 서 있는 산이
> 모든 멧부리 위에 드높이 솟아
> 만국이 그리로 물밀 듯이 밀려들리라.
> 그때 수많은 민족이 모여와서 말하리라.
> "자, 올라가자, 야훼의 산으로,
> 야곱의 하느님께서 계신 전으로!
> 사는 길을 그에게 배우고 그 길을 따라 가자.
> 법은 시온에서 나오고, 야훼의 말씀은 예루살렘에서 나오느니."
> 그가 민족간의 분쟁을 심판하시고
> 나라 사이의 분규를 조정하시리니
> 나라마다 칼을 쳐서 보습을 만들고
> 창을 쳐서 낫을 만들리라.
> 민족들은 칼을 들고 서로 싸우지 않을 것이며
> 다시는 군사 훈련도 하지 아니하리라. (이사야 2:2~4)

우리 생각에는 도무지 있을 법하지 않은 것을 이사야는 확신하고 있다. 전쟁이 종식될 것이다. 오직 하느님의 말씀을 알고자 할 따름이므로 더 이상 전쟁 연습은 하지 않을 것이다. 전쟁을 하려는 열정은 보다 큰 열정, 하느님의 도(道)를 발견하려는 열정에 삼키우리라.[26]

만일 예언자들이 정의를 실현하는 인간의 재질이나 하느님의 모든 명령을 실천할 수 있는 인간의 능력, 구원을 스스로 이룰 수 있는 인간의 힘을 의존했다면 메시아가 마침내 인간을 구원하리라는 약속에 대하여 말하지 않았을 것이다. 왜냐하면 메시아니즘은 제아무리 애를 쓰고 노력을 해도 인간이 세계를 구원하지는 못한다는 것을 의미하기 때문이다. 다른 말로 하면, 인간의 역사란 스스로 충족되지 않는다. 인간의 양심은 나약하고 세계는 고뇌로 불타고 있다. 정의에 대한 인간의 식별 능력은 편협하고 흔히 불완전하며 그의 정의로운 심판이라는 것 또한 속임수가 되기 십상이다.

이새의 그루터기에서 햇순이 나오고
그 뿌리에서 새싹이 돋아난다.
야훼의 영이 그 위에 내린다.
지혜와 슬기를 주는 영,
경륜과 용기를 주는 영,
야훼를 알게 하고 그를 두려워하게 하는 영이 내린다.
그는 야훼를 두려워하는 것으로 기쁨을 삼아
겉만 보고 재판하지 아니하고[27]
말만 듣고 시비를 가리지 아니하리라.
가난한 자들의 재판을 정당하게 해주고
흙에 묻혀 사는 천민의 시비를 바로 가려주리라.
그의 말은 몽치가 되어 잔인한 자를 치고
그의 입김은 무도한 자를 죽이리라.
그는 정의로 허리를 동이고
성실로 띠를 띠리라.
늑대가 새끼 양과 어울리고
표범이 숫염소와 함께 뒹굴며
새끼 사자와 송아지가 함께 풀을 뜯으리니
어린아이가 그들을 몰고 다니리라.
암소와 곰이 친구가 되어

그 새끼들이 함께 뒹굴고

사자가 소처럼 여물을 먹으리라.

젖먹이가 살모사의 굴에서 장난하고

젖뗀 어린아기가 독사의 굴에 겁 없이 손을 넣으리라.

나의 거룩한 산 어디를 가나

서로 해치거나 죽이는 일이 다시는 없으리라.

바다에 물이 넘실거리듯

땅에는 야훼를 아는 지식이 차고 넘치리라.(이사야 11:1~9)

내 백성 에집트에 축복을

역사란 무엇인가? 전쟁, 승리 그리고 다시 전쟁. 많은 사람의 죽음 그리고 많은 눈물. 그토록 많은 공포. 그리고, 그토록 적은, 아니 거의 없는 뉘우침! 그들의 공포가 증오로 바뀌어 나타나는 잔혹함에 대하여 누가 재판석에 앉아 심판할 것인가? 사악함에 대한 공포가 사악한 자에 대한 증오로 바뀌지 못하게 막는 일이 쉬운 일인가? 세계는 피에 절어 있고 범죄는 끝이 없다. 모든 희망은 버려야만 하는 것이 아닐까?

예언자들을 절망에서 구원해 준 것은 그들이 본 메시아에 대한 환상과 인간이 회개할 수 있다는 생각이었다. 이 환상과, 인간의 회개 능력을 믿는 마음이 그들의 역사 이해에 영향을 끼쳤다.

역사는 막다른 골목이 아니고 범죄는 밑바닥 없는 구렁이 아니다. 범죄로부터 빠져나와 회개하는, 혹은 하느님께로 돌아서는 길은 언제나 있다. 예언자는 낙담 속에서 살며 그 낙담을 초월할 수 있는 힘을 지닌 사람이다. 닥치고 겪는 일마다 어둠에 또 어둠이지만, 그 어둠 위로 전혀 다른 날에 대한 환상이 떠오른다. "그 날에 에집트에서 아시리아로 가는 큰 길이 트여 아시리아 사람과 에집트 사람이 서로 오가며 에집트 사람이 아시리아 사람과 함께 예배하리라.[28] 그 날에 이스라엘은 에집트와 아시리아 다음의 세 번째 나라가 되어 세상에서 복을 받으리라. 만군의 야훼께서 복을 주시며 이르시는 말씀을 들어라. '복을 받아라, 내 백성 에집트야, 내가 손수 만든 아시리아야, 나의 소유 이스라엘아!' (이사야 19:23~25)"[29]

에집트와 아시리아는 지금 생명을 건 전쟁을 치르고 있다. 그들은 서로 증오하면서, 둘이 다 이스라엘의 적이 되어 있다. 그들의 우상숭배는 징그럽고 범죄 행위는 가공스럽다. 이사야 당대와 마찬가지로 아브라함과 모세의 시대에도 메소포타미아와 에집트의 다툼은 이스라엘의 운명에 치명적인 영향을 미쳤다. 하느님으로부터 "내 백성, 내 손으로 만든 백성"이라고 불리우는 특전을 소중히 여기는 민족의 아들인 이사야는, 에집트와 아시리아에 대하여 어떻게 생각하고 있는가? 이스라엘의 하느님은 이스라엘의 적들의 하느님이시기도 하다. 그들이 그분을 알아모시지 못하거나 그분을 거절한다 해도! 나라들 사이의 적개심은 우정으로 바뀔 것이다. 함께 예배드리게 되는 때 그들은 함께 살아갈 것이다.[30]

제10장
징벌

징벌의 무용성

　장차 형벌을 받을 것이라는 위협은 예언자들이 받아 전한 하느님 말씀의 가장 주요한 주제들 가운데 하나다. 그러나 예언자들 자신은 형벌의 효용성에 대하여 회의를 품었던 것 같다. 형벌에는 앙갚음, 저지, 그리고 교정(矯正)이라는 세 가지 목적이 있다.[1]

　예언자들에 의하면, 형벌을 통하여 이루고자 하는 하느님의 의도는 원초적으로 잘못된 행실의 결과로 벌을 부과하는 보복에 있지 아니하고 형벌을 두려워하여 범죄를 하지 않게 하는 방비에 있으며, 고통을 겪음으로써 뉘우치고 돌아서며 순결하게 되도록 하려는 교정에 있다. 하느님의 목적은 파괴시키는 게 아니라 순결하게 하는 것이다(참조, 이사야 27:7~8; 28:29). "…손을 돌려 너의 찌꺼기는 용광로에 녹여내고 납은 모두 걷어내어 너를 순결하게 하리라…너는 '정의의 도시, 성실한 마을'이라 불릴 것이다(이사야 1:25, 26; 참조, 4:4)." "나의 이 백성을 도가니 속에서 녹여 시험하여 보리라. 그렇게 못되게 구는데 어찌 그냥 내버려두겠느냐?(예레미야 9:6)" "나는 너희를 은처럼 불 속에서 녹여내고 고생의 도가니 속에서 너희를 단련시켰다(이사야 48:10)." 고통을 통과하여 만민 구원의 길이 열리고 회복된 백성의 마음에 그분의 뜻을 심어주는 길이 뚫린다(이사야 1:26; 호세아 6; 10:12, 14; 예레미야 24:7; 31:33~34). 그들은 절망 속에서 그분을 찾을 것이다(호세아 5:15).

그러나 예언자들은 고통이 반드시 순결을 가져다주지는 못하며 형벌이 반드시 사람을 교정시키지는 못한다는 사실을 발견하였다. 징벌의 무용성, 이것이 예언자들의 마음을 사로잡고 있던 문제였다. 예컨대, 예레미야는 형벌이 곧 문제 해결은 못 된다는 사실을 알고 있었다.

> 야훼께서 눈여겨 찾으시는 것은
> 신용을 지키는 사람인데
> 이 백성은 얻어맞으면서도 아픈 줄을 모릅니다.
> 죽도록 맞고서도 타이르시는 말씀을 귓전으로 흘려버립니다.
> 얼굴에 쇠가죽을 쓴 것들,
> 도무지 하느님께 돌아올 생각을 하지 않습니다…
> "너희 자식들을 매질하여 보았지만 헛된 일이었다.
> 그들은 나의 징계를 받으려 하지 않았으며
> 도리어 예언자들을 칼로 쳐죽였다.
> 사자처럼 찢어발겼다." (예레미야 5:3; 2:30)

이상스런 불일치

예언자의 일생을 비틀거리게 하는 두 가지 사실이 있다. 하나는 하느님이 부단히 그를 마주 대하시는 것이며 다른 하나는 인간들이 부단히 그를 등지는 것이다. 이것은 그의 숙명이다. 하느님께 선택받고 사람들에게 거절당함! 그에게는 그토록 자명한 하느님의 말씀이 사람들에게는 납득이 안 된다.

> "저 자가 하느님을 안다고 누구를 가르칠 셈인가?
> 되지 못하게 계시를 받았다고 누구를 깨우쳐줄 셈인가?
> 겨우 젖뗀 아기에게나
> 금방 젖꼭지 놓은 아이에게나 해보시라지!

저자가 하는 소리를 좀 들어보세.

'사울라사우, 사울라사우!

카울라카우, 카울라카우!

즈에르삼, 즈에르삼!'

(명령에 또 명령을, 명령에 또 명령을,

규칙에 또 규칙을, 규칙에 또 규칙을,

여기서 조금, 저기서 조금)."

과연, 이제 하느님께서는 더듬거리는 말씨와 다른 나라 말로

이 백성에게 말씀하셔야겠구나.

"쉴 때가 되었다.

고단한 자는 안식을 얻어라.

이제는 안심하여라."

일찍이 이렇게 말씀하셨지만 그들은 들으려 하지 않았다.

그래서 야훼께서는 그들에게 이렇게 말씀하시는 것이다.

"사울라사우, 사울라사우!

카울라카우, 카울라카우!

즈에르삼, 즈에르삼!"

이런 말을 들으며 걸어가다가 뒤로 자빠지거라.

뒤통수가 깨지고 그물에 걸려 잡히거라. (이사야 28:9~13)

예언자를 끊임없이 좌절시키는 것은 하느님의 능력과 그 능력의 미침이 같지 않다는 사실. 그리고 인간의 거대한 무관심, 고집불통, 게으름, 타성이 다. 하느님의 뇌성과도 같은 음성이 하늘과 땅을 진동시키건만 인간은 어렴 풋한 소리조차 듣지 못한다. 야훼께서는 사자처럼 부르짖으신다(아모스 3:8). 그분의 말씀은 불꽃과도 같고 바위를 부수는 망치와도 같다(예레미야 23:29). 그런데도 사람들은 요동하지 않고 당황하지도 않으며 눈치조차 채 지 못한다. 예언자에게는 두터운 구름을 찢어버리는 태양과도 같은 것이 사

람들에게는 눈에 띄지도 않는다.

> 아, 너희가 비참하게 되리라.
> 나쁜 것을 좋다, 좋은 것을 나쁘다,
> 어둠을 빛이라, 빛을 어둠이라,
> 쓴 것을 달다, 단 것을 쓰다 하는 자들아!(이사야 5:20)

예언자는 하느님의 말씀으로 속이 바짝 탄다—"뼛속에 갇혀 있는 주의 말씀이 심장 속에서 불처럼 타올라 견디다 못해 저는 손을 들고 맙니다(예레미야 20:9)."—그러나 사람들의 가슴은 석면(石綿)이요 방화벽이다.

> (저는) 날마다 웃음거리가 되고
> 모든 사람에게 놀림감이 되었습니다.
> 저는 입을 열어 고함을 쳤습니다.
> 서로 때려잡는 세상이 되었다고 외치며
> 주의 말씀을 전하였습니다.
> 그 덕에 날마다 욕을 먹고 조롱받는 몸이 되었습니다.(예레미야 20:7~8)

> (너희는) 계시를 보는 이들에게,
> "계시를 보지 말라" 하고
> 예언자들에게 "진실을 우리에게 예언하지 말라" 하며
> "솔깃한 말이나 터무니없는 이야기나 하여라.
> 한길에서 물러서거라, 한길에서 비켜나거라.
> 이스라엘의 거룩한 분 이야길랑 우리 앞에서 꺼내지도 말라" 하는구나.(이사야 30:10~11)

아모스는 베델에 모습을 나타내지 못하게 금지당했고 예레미야는 그의 예

언이 집권자들의 비위를 상하게 했으므로 감옥에 갇혔다.

야훼의 위엄을 어떻게 하면 저토록 보지 못할 수가 있을까?(이사야 26:10) 온 땅이 그분의 영광으로 가득 차 있는 것을 어떻게 하면 저토록 알아보지 못할 수가 있을까?(이사야 6:3) 역사적 사건들 속에 드러나는 하느님의 손짓을 어떻게 저토록 이해하지 못할 수가 있을까? 이것이 예언자가 붙들고 씨름해야 했던 불가사의한 수수께끼였다. 우리가 인간의 비이성적 본성이라고 부르는 것을 그들은 마음이 굳어진 것이라고 표현했다.

> 자기들을 치기 위하여 높이 쳐든 야훼의 손을
> 보려고도 않습니다.(이사야 26:11)

그들은 거듭거듭 불평을 토한다. "미련하고 속없는 백성들아…이 청맹과니들아, 멀쩡한 귀머거리들아(예레미야 5:21; 에제키엘 12:2; 이사야 43:8)." "이 백성은 참으로 배반하는 백성, 믿을 수 없는 자식들, 야훼의 가르침을 따르기 싫어하는 자식들이구나(이사야 30:9)." "이스라엘이 코가 센 암소 같은데(호세아 4:16)", "에브라임은 철이 없고 비둘기처럼 어수룩하구나(호세아 7:11)." "내 백성은 나를 알지 못해서 망한다(호세아 4:6)." "보십시오. 귀를 틀어막고 들으려고 하지도 않습니다(예레미야 6:10)." 야훼께서는 백성들 머리 위에 파수꾼을 세우시고 나팔을 불어 신호를 하라고 이르셨다. 그러나 그들은 "듣기 싫다"고 하면서 귀를 막았다(예레미야 6:17). 인간의 옹고집은 어디까지 갈 참인가! 인간은 제가 세운 폭군들인 우상과 거짓말과 왜곡을 추켜올린다. 자신의 파멸을 준비하느라고 땀을 쏟는다. 그는 미친 것일까?

자유의 실패

예언자들의 중심 메시지는, **인간의 상황은 신(神)의 상황에 결부시킴으로써만 이해될 수 있다**는 것이다. 인간의 상황을 따로 떼어 하늘의 간여를 무시하고 다루는 것이 얼마나 부조리한 일인지는 인간이 만든 역사가 자기 파멸의 방향으로 진행되고 있다는 사실 속에 예시되어 있다.

현대의 해석가들은 역사를, 인간이 그의 유일한 적수가 될 수도 있는 자연의 힘을 가지고 최고 통수권자의 자리에서 통치하는 장으로 본다. 인간은 독자적인 존재며 자유롭고 갈수록 강해진다. 하느님은 존재하지 않든지 아니면 관계없는 존재다. 역사를 만들어 가는 것은 인간이요, 힘이 있으면 운명도 바꾼다. 인간은 자신을 구원할 수 있다.

자유에 대한 인식과 주권에 대한 의식에서 출발한 이와 같은 역사관은 마침내 자유와 운명의 이율 배반에 이르게 된다. 자유의 좌절과 붕괴가 그것이다. 인간은 자기 운명의 주인이 아니다. 그가 제어할 수 없는 힘이 눈에 띄지 않게 출현하여 그를 질식시키며 그의 의도와 계획과 꿈을 꺾어버린다.

예언자들의 반성적 사고는 바로 이 자유의 남용과 그 결과로 오는 실패, 인간 행위의 무모함에서 출발하여 역사 저 너머에 있는 하느님을 가리킨다고 하겠다. 인간이 만들어가는 역사만이 유일한 역사는 아니다. 하느님의 정념과 심판이 인간의 차원을 초월해 있다. 위대한 정복자들은 그분의 신비로운 뜻을 실현하는 도구로 보일 따름이다. 인간은 선택한다. 그러나 주권자는 아니다.

역사는 중성적 사실들의 의미 없는 집성체가 아니다. 하느님과 인간의 관계를 드러내는 극(劇)이다. 극의 무대는 시간 속에 가설되어 있고 폭넓은 인간사를 모두 담고 있다. 맹렬한 싸움이 벌어지고 있다. 인간이 주제넘게도 하느님을 무시하고 거절하는 가운데 역사를 만들어가려고 하는 것이다. 예언자들은 인간이 겪는 비참한 현실과 함께 하느님이 겪어야 하는, 그리고 관용을 베풀어 용납하셔야 하는 인간의 사악함을 증언한다. 그러나 하느님은 인간과 씨름을 하고 있다. 역사는 하느님이 거절당하고 그분의 심판이 시행되고 그분의 왕국이 수립되는 곳이다. 스랍들이 "그의 영광이 가득하시다"고 외칠 때 그곳은 역사의 영역이 아니라 공간의 영역이기 때문이다. 다만 그분의 영광 가운데 극히 일부만이 역사 속에서 발견된다.

자유의 일시 정지

자유의 반대는 결정론이 아니라 마음의 굳어짐이다. 자유는 마음, 생각, 눈, 귀의 개방을 전제로 한다.

헤겔에 따르면 세계사란 자유에 대한 인식의 발전 과정일 따름이다. 얼마쯤 에누리할 것을 전제하고 말한다면, 예언자들이 보는 역사는 마음이 굳어지는 조건의 발전 과정일 따름이다.

자유는 저절로 생겨난 성향이 아니라 하느님이 인간에게 주신 값진 선물이다. 후천적으로 사악해진 사람, 오만함과 난폭함이 그 가슴 속에서 뒤엉킨 사람들은 그들의 능력을 상실하고 따라서 선물을 받을 권리까지도 잃고 만다. 마음의 단단해짐은 자유의 일시 정지다.[2] 죄는 강제성을 띠고 자기 파멸을 가져다준다. 범죄와 형벌은 하나다.

다른 말로 하면 사건들의 신성한 의미를 보거나 듣거나 이해할 수 있는 능력이 인간에게 부여되거나 혹은 보류될 수가 있다는 말이다. 인간은 크게 놀라운 일을 보면서도 전혀 무감각하다. "야훼께서는 에집트 땅에서, 너희가 지켜보는 가운데, 파라오와 그의 신하들과 온 나라를 해치우셨다. 너희는 그것을 다 보았다…굉장한 표적과 기적을 행하시는 것을 너희는 **목격하였다.** 그러나 야훼께서는 이 날까지 너희에게 깨닫는 마음, **보는 눈, 듣는 귀를 주지 않으셨다**(신명기 29:1~3)."

보통 사람의 영혼은 유연하여 진리를 향해 문을 열고 하느님을 느껴 안다. 그러나 백성들이 눈이 있어도 보지 못하고 귀가 있어도 듣지 못하는 것은 그들의 마음이 굳어져 있고 반역만을 일삼는 마음이기 때문이다(예레미야 5:23). 죄의 근원은 마음의 굳어짐, 화석화됨에 있다.[3] 마음이 굳어졌다는 말은 세계 속에 임재하시는 하느님을 보지 못하는 것, "그분의 빛나는 위엄(이사야 2:21)"을 보지 못하는 것을 뜻한다. 그렇게 될 때 인간은 오만불손하고 자기의 주제를 넘어서는 방자함에 빠져들게 된다.

마음이 굳어지면 무엇이 인간을 괴롭히는지조차 모르게 된다. 그는 자기를 괴롭히는 것이 무엇인지를 모르므로 회개하거나 회복될 수도 없다. 그러나 그 마음의 굳어짐이 위로부터의 작용으로 더욱 강해질 때 책임은 하느님께로 돌아간다. 그분은 인간을 치시고 고쳐주시고 그렇게 함으로써 다시 감수성을 회복시켜 주신다.

마치 인간이 스스로 마음을 굳힐 때 그것을 치유할 수 있는 유일한 길은 그 굳어진 마음을 더 굳어질 수 없을 지경까지 밀어붙이는 것인 듯하다. 고집스런 자만심 정도의 반쯤 굳어진 마음은 치유책이 없다. 마음의 굳어짐이 극에 달했을 때 그것은 절망으로 바뀌고 결국 자만심은 끝장이 난다. 절망 속에서, 그 무엇도 전적으로 믿을 수 없는 가운데서 기도는 터져나온다. 예언자들은 왔다가 갔다. 그들의 말은 아무 효과도 얻지 못했고 소란스런 형벌도, 참혹한 현실도 아무 소용이 없었다. 사람은 여러 가지 생각을 하는 존재다. "사람의 마음은 천 길 물 속이라, 누가 그것을 알 수 있으랴?(예레미야 17:9, 사역)" 밖에서 온 표적과 언어들이 아무 효력도 얻지 못할 때 안에서는 절망이 승한다.

굳어진 마음의 어두운 현실은, 밝은 이해의 능력과 마찬가지로, 인간의 마음 속에 어둠과 빛을 창조하신 하느님께로 돌아간다. 인간의 마음이 자신도 어쩌지 못하게 굳어지고 나아가 하느님께 항거하는 것은 하느님에 의하여 강제된 고집에 기인하는 것일는지도 모른다. 형벌과 범죄가 하나가 된다.

사람들이 자신의 자유의지로 죄를 짓는다는 사실을 부인하지는 않지만, 민감한 사람은 인간이 자꾸만 곁길로 빠지는 데 하느님이 어떤 작용을 하신다는 느낌을 갖게 된다. 부상 입은 위에다가 상처를 덧입히는 것이다.

> 야훼여, 어찌하여 우리로 하여금
> 당신의 길을 떠나 헤매게 하셨습니까?
> 어찌하여 우리의 마음을 굳어지게 하시어
> 당신을 두려워할 줄도 모르게 만드셨습니까?(이사야 63:17)

이 구절은, 하느님이 인간의 책임을 나누어지고 있으며 인간의 범죄에 가담하신다는 생각을 표현하고 있는 것이 아닌가? 하느님께서 욥에게 하신 다음의 말 속에서도 같은 종류의 생각을 찾아볼 수 있을 것이다.

> (타조는) 제 새끼가 아닌 듯이 쪼아대고 낳느라고 고생한 일이 허사가 되는 것쯤 염두에도 없다. 이렇게 타조에게서 지혜를 빼앗은 이는 하느님이다. 하느님은 애당초 타조에게 슬기를 나누어주지 않았다.(욥기 39:16~17)

"주 야훼여, 당신이 이 예루살렘 백성을 속이시다니. 꼼짝 못하게 속여넘기시다니. 칼이 목에 닿았는데도 잘 되어간다고 하시지 않으셨습니까?(예레미야 4:10)" 다른 말로 하면, 당신께서는 모든 일이 잘 되어간다고 백성을 속인 거짓 예언자들을 그냥 버려두셨으므로 결국 몸소 백성을 속인 것처럼 되었다는 것이다. 거짓 예언자들은 불안할 이유가 없으며 장래는 평화와 번영만이 보장되어 있다고 주장함으로써 백성을 곁길로 빠지게 이끌었다. 백성들에 대한 책임은 영도자들에게 있다. 그러나 영도자들에 대한 책임은 누가 져야 하는가? 유다에 닥친 재앙을 증언하면서 예레미야는 이렇게 소리친다. "많은 사람들이, 야훼께서 저 거짓 예언자들에게 말씀을 주셨다고 생각하는구나. 그들은 거짓 예언자들의 말을 들을 것인지 나의 말을 들을 것인지 갈피를 잡지 못한다. 그리고 대부분이 저들을 좇으려 하는구나. 저들의 수가 많은 탓이다."[4]

어떤 말도 그분의 마지막 말씀은 아니다

고뇌는 최후의 시험이다. 모든 희망이 깨어지고 모든 자만심이 흩어질 때 인간은 자기가 오랫동안 냉대하던 것을 그리워하기 시작한다. 어둠 속에서 하느님은 가까이 오시고 분명해지신다. "그들은 곤경에 빠지고 허기가 져서 헤맬 것이다. 허기가 지면 짜증이 나서 왕과 신들을 저주하리라. 위를 쳐다보나 땅을 굽어보나 보이는 것은 고통과 암흑, 답답한 어둠뿐, 마침내 그 어둠 속으로 빠져 들어가리라. 고통에 잠긴 곳이 어찌 캄캄하지 않으랴?…어둠 속을 헤매는 백성이 큰 빛을 볼 것입니다. 캄캄한 땅에 사는 사람들에게 빛이 비쳐올 것입니다(이사야 8:21~9:1)."

모든 허세 부리기가 끝장나 버릴 때, 인간은 죄의 무게를 느끼기 시작한다. 양심의 가책을 느끼지 못하는 위장된 자기 만족에서보다는 극단적으로 멀리 나간 끝에서 돌아오는 것이 더 쉽다.

하느님이 치시고 하느님이 고쳐주신다. 상처를 입히시고 치료하신다. 마음과 눈을 막으시고 열어주신다. 이사야가 처음 소명을 받을 때에 경험했던 것과 같은 그 열림(158쪽을 보라)은, "그분이 유다의 덮개를 치워버리셨다(이사야 22:8, 사역)"는 말 속에도 언급되어 있다.

이사야가 본디 위임받았던 일은 일찌감치 끝났다. 그는 자신의 사명이, "늘어진 두 팔에 힘을 주고 휘청거리는 두 무릎을 꼿꼿이 세우는(35:3)" 것이라고 하지 않았던가? 그리고 통찰과 이해를 호소하지 않았던가? "오, 야곱의 가문이여, 야훼의 빛을 받으며 걸어가자(2:5)." "몸을 씻어 정결케 하여라. 내 앞에서 악한 행실을 버려라. 깨끗이 악에서 손을 떼어라(1:16)."

하느님은 보이지 않고 멀리 계시며 어둠 속에 거하신다(열왕기상 8:12). 그분의 생각은 우리의 생각과 다르고 역사 속에서 그분의 길은 가리워져 있으며 복잡하다. 예언이란 가리운 것을 순간적으로 열고 우리의 눈을 뜨게 하며 휘장을 걷어올리는 것이다. 그런 순간들은 아주 드물다. "양떼 소떼를 몰고 야훼를 찾아 나선다 해도 이미 떠난 그분을 만나지는 못하리라(호세아 5:6)." 예언자들이 야훼로부터 아무런 환상도 보지 못하는 순간이 닥쳤다(애가 2:9).

> 우리에게는 하늘의 표적도 없고 예언자 또한 없어
> 이 일이 언제까지 계속될지 아무도 모릅니다.(시편 74:9)

이사야가 인간이 감지할 수 없게 되었다는 말로 표현한 것을 아모스는 가까이 할 수 없는 하느님이라는 말로 표현하였다. 세대에서 세대로 이어지는 동안 마치 하느님이 문을 열어놓으신 것같이 보였다. 예언자들의 입을 통하여 그분의 말씀이 계시되었다. 예언은 흔히 있는 일이 되었고 예언의 말씀은 지루하며 지나친 참견으로 들렸다. 그런데 언제까지나 그렇지는 않다는 말이 예언자에게 들려왔다. 야훼께서 문을 닫으시고 그분의 말씀은 더 이상 아무 것도 강요하지 않을 것이다.

> 내가 이 땅에 기근을 내릴 날이 멀지 않았다…
> 양식이 없어 배고픈 것이 아니요,
> 물이 없어 목마른 것이 아니라,
> 야훼의 말씀을 들을 수 없어 굶주린 것이다.
> 이 바다에서 저 바다로 헤매고
> 북녘에서 동녘으로 돌아다니며
> 야훼의 말씀을 찾아도 들을 수 없을 것이다.(아모스 8:11~12)

그러나 하느님의 말씀은 결코 끝나지 않는다. 이 때문에 예언자들의 예고는 그것이 마지막 말일 수가 없다. 어떤 말도 하느님의 마지막 말씀이 아니다. 심판은 절대적인 것이 아니라 상대적인 것이다. 인간의 행동의 변화로 하느님의 심판에 변화가 온다. 어떤 말도 하느님의 마지막 말씀이 아니다.

> 과연 그렇다. 예루살렘에 사는 시온 백성들아, 너희가 다시는 울지 않아도 되리라. 너희가 소리내어 부르짖으면 주께서는 너희를 가엾게 보시어 듣자마자 곧 이루어주시리라. 주께서 너희에게 겨우 연명할 빵과 가까스로 목을 축일 물밖에 주지 않으셨지만, 그는 너희 스승이 되어 다시는 너희를 외면하지 아니하시리니 너희가 그를 스승으로서 눈앞에 항상 모시게 되리라. 그리하여 너희가 오른편으로나 왼편으로나 빗나가려 하면 그가 뒤에서 너희

귀에 속삭여 주시리라. "이것이 네가 가야 할 길이다. 이 길을 따라 가거라." …그날, 귀머거리는 책 읽는 소리를 듣고 캄캄하고 막막하던 소경도 눈을 떠 환히 보리라…그때에 소경은 눈을 뜨고 귀머거리는 귀가 열리리라. 그 때에 절름발이는 사슴처럼 기뻐 뛰며 벙어리도 혀가 풀려 노래하리라. 사막에 샘이 터지고 황무지에 냇물이 흐르리라.(이사야 30:19~21; 29:18; 35:5~6)

하느님의 진노가 당신의 구원하는 사랑을 끝내 덮어버릴 수는 없다.

진정 하느님은 나의 구원이십니다.
내가 당신을 의지하니, 무서울 것이 없습니다.
야훼는 나의 힘, 나의 노래,
나의 구원이십니다.(이사야 12:2)

"이분이 우리 하느님이시다. 구원해 주시리라 믿고 기다리던 우리 하느님이시다(이사야 25:9)." "야훼께서 당신 백성의 상처를 싸매시고 그 터진 곳을 치료해주실(이사야 30:26)" 그 날은 기필코 오리라. 그분이 상처를 입히시고 그분이 싸매주신다.

제11장
정의

희생제

여러 곳의 제단에서 성스런 불길이 타오르고 있다. 신들의 영광을 위하여 짐승들이 그 불 속에서 타고 있다. 사제들은 향을 피우고 엄숙한 회중이 부르는 노래가 허공을 가득 채운다. 길은 순례자들이 줄을 잇고 구경꾼들은 성소에 몰려든다. 온통 신성한 분위기다. 이스라엘에서도 희생제는 기본적인 예배 행위다. 그것은 짐승으로 대신하여 자신을 하느님께 바치고 그분에게서 자신을 받는 경험이다. 그런데 포로기 이전의 예언자들은 희생제를 맹렬하게 비난하였다(아모스 5:21~27; 호세아 6:6; 이사야 1:11~17; 미가 6:6~8; 예레미야 6:20; 7:21~23;이사야 61:1~2; 시편 40:7; 50:12~13). 사무엘은 말했다. "야훼께서, 당신의 말씀을 따르는 것보다 번제나 친교제 바치는 것을 더 기뻐하실 것 같소? 순종하는 것이 제사 드리는 것보다 낫고, 그분 말씀을 명심하는 것이 염소의 기름기보다 낫소(사무엘상 15:22)."[1] 그러나 사무엘이 희생제보다 순종이 더 낫다고 주장한 데 비하여 그의 뒤를 이은 아모스와 다른 예언자들은 희생제보다 도덕성이 더 근본이라고 강조했을 뿐만 아니라, 나아가서 예배의 가치란 절대적인 것이 아니며 도덕적인 삶에 따라오는 것이고 부도덕이 판을 칠 때에는 예배가 오히려 혐오스러운 짓이라고 주장했다. 제물과 노래를 바치며 예배드리는 것을 의심스럽게 생각하면서 그들은 하느님을 섬기는 근본적인 길은 사랑, 정의를 실천하는 데 있다고 강조하였다.

이것은 확실히 역설이다. 그리고 모든 역설과 마찬가지로, 이른바 정통이라고 여겨지는 견해에 정반대된다. 그 속에는 부정과 긍정이 함께 내포되어 있는데 긍정보다는 부정을 더 쉽게 알아볼 수 있다. 오늘 우리가 이 폭탄 선언 속에 포함되어 있는 담대함과 도전을 파악하기는 어려운 일이다. 성(聖)과 속(俗), 신성과 세속의 차이를 구별하는 것이 종교적 사유의 바탕이다. 인간의 관심사와 하느님의 요구 사이에 선이 그어져 있다. 모든 신들이 요구하는 것은 무엇인가? 희생제, 분향 그리고 그들의 힘에 대한 숭배다. 하느님과 인간이 만나는 곳에서 경건한 신심의 척도와 능력인 희생제가 이루어진다―이 모든 것이 혐오감을 불러일으킬 행동이라는 말을 들어야 하는 것일까?

물론 예언자들은 희생제 그 자체를 정죄하지는 않았다. 아니면 우리는 이사야가 기도를 바치는 것을 비난하려 했다는 결론을 내리지 않을 수 없을 것이다(이사야 1:14~15).[2] 그러나 그들이 강조한 것은 불의한 행실이 희생제와 기도를 불결하게 망쳐놓는다는 것이었다. 인간들은 시끄러운 찬송가로 억압받는 자들의 신음소리를 지워버릴 수도 있고 수북하게 쌓여가는 제물로 하느님을 쫓아 버릴 수도 있다. 예언자들은 제사가 정의를 대신할 때 그 제사 행위를 경멸하고 비난하였다. 제사의 가치에 대한 정확한 인식이 그들로 하여금 희생제보다 더 값진 것이 있다고 소신껏 강조할 수 있게 했던 것이다.

여러 세대를 거쳐 신성한 것으로 지켜진 이 축제들, 모임들, 제의들은 경건한 신앙의 핵이 되어 버렸다. 그 누구도 제사의 신성한 권위를 의심할 수 없다. 그 모든 제의에는 장소와 절차가 따로 마련되어 있고 성스러운 후광과 신비스러운 영광이 머물러 있었다. 그것은 다른 일들과는 달리 예외적이며 세상사가 근접할 수 없는 일이자 특별한 축복을 내리는 행위였다. 희생제를 드리는 가운데 특별한 무엇이 발생하였고, 성스러운 무엇을 깨우거나 불러냈으며, 혹은 풀어주거나 쫓아보냈다. 제사를 드리는 사람은 변모되었고, 인간에게는 생명을 주며 하느님께는 귀중한 교제가 수립되었다.

신종(臣從)의 예로서 드리는 제사에는 하느님이 동참자였고 속죄의 예로서 드리는 제사에는 하느님이 수령자였다. 희생제를 드리는 행위는 하느님과 개별적으로 사귀는 한 형식이었고 그분과 신성한 교제를 나누는 길이었다. 짐승을 잡아 바침으로써 인간은 자기 자신을 하느님께 바쳤다. 거기에는 속죄의 능력이 있었다.[3]

고대 사람들이, 희생제가 신들이 가장 크게 바라는 것임을 얼마나 굳게 믿고 있었는지는 그들이 자식들을 제단에서 죽이는 것도 서슴지 않았음을 보아 알 수 있다. 모압의 왕 메사는 전쟁터에서 압박을 당하자 왕위를 계승받을 아들을 불에 태워 제물로 바쳤다(열왕기하 3:27).[4]

이 모든 장엄하고 엄숙한 의식이 부차적인 것이며, 하느님이 미워지는 않더라도 별로 중요하게 여기시지도 않으며, 하늘과 땅을 지으신 야훼께서는 과부나 고아들을 걱정해서 보살펴 주고 친절한 일을 하기를 더 요구하신다는 주장이다! 신성 모독에다 역설이다. 한 뼘의 박토를 위해서 수천 평의 기름진 포도밭을 포기할 것인가? 정의의 모습을 한 하느님을 발견하라는 것인가?

되풀이하거니와 예언자들이 공격한 대상은 지극히 신성한 것이었다. 형식과 내용을 고루 갖춘 거룩한 제도였고, 구체적이며 감흥을 일으키고 모든 신자들을 사로잡았다. 볼 만하고 거창하고 신비스럽고, 장엄하고 향기로운 분위기요 노래며 흥분이었다. 과연 그 황홀한 성소에 들어간 자로서 누가 감히 성전 안에 계신 하느님의 임재를 의심할 수 있을 것인가?

> 그분 계시는 곳으로 들어가자.
> 그 발 앞에 엎드려 경배하자.
> 야훼여, 당신 쉬실 곳으로 갑시다.
> 당신의 힘 깃들인 계약궤와 함께 갑시다.
> 당신의 사제들은 정의의 옷 펄럭이고
> 당신을 믿는 자들 입에서는 기쁨의 환성이 터지게 하소서…
> 야훼, 시온을 택하시어
> 여기에 계시기로 정하시며 이르시기를,

"이곳은 영원히 나의 안식처,
여기가 좋으니 나 여기 살리라."(시편 132:7~9, 13~14)

　우리로서는 성소에 들어간다거나 희생 제물을 바치는 것이 고대인들에게
어떤 의미를 부여했는지를 상상하기도 어렵다. 그들의 성소는 영구불멸하는
거룩함 자체였고 계속되는 기적이었다. 하느님의 기운이 성소 안의 공중에
충만하여 축복을 내리며 여기와 저 너머 사이의 간격을 메우고 있었다. 희생
제를 드리는 가운데 인간은 신비와 뒤섞이며 의미의 절정에 올랐다. 죄는 연
기가 되어 사라졌고 자기를 버림으로써 얻는 만족감이 그의 몸에 충만하였
다. 자신의 제물을 제단 위에 바친 사람들의 그 엄숙한 기쁨을 우리가 오늘
제대로 인식한다는 것은 거의 불가능한 일이다.

나의 기쁨이신 하느님께로 나아가리이다.
하느님, 나의 하느님, 수금가락에 맞추어
당신께 감사 찬양 올리리이다.(시편 43:4; 참조, 신명기 12:18~19; 31:11; 출
애굽기 34:23~24; 이사야 1:12)

하느님의 밑천

　어째서 하느님 예배를 본질로 하는 종교가 인간에게 그토록 정의를 강조
하는가? 윤리 도덕에 몰두하는 것이 하느님께 직접 헌신하는 종교를 대신하
여 그 자리를 차지하는 것은 아닌가? 왜 정의라는 속세의 덕목이 이스라엘
의 거룩하신 분께 그토록 중요한 것일까?
　그 대답은 여기에서 찾을 수 있을 것이다. 의(義)란 그냥 하나의 덕목이 아
니다. 그것은 인간의 삶에서 차지하는 하느님의 몫이요, **인간의 역사에 내
기를 건 하느님의 밑천**이다. 아마도 인간의 고통받음이 하느님의 양심에
오욕이기 때문일 것이다. 하느님이 인간과 인간 사이의 관계 속에 당신의 모

두를 거셨기 때문일 것이다. 혹은 단순히, 불의한 행동의 추함이 우리가 상상할 수도 없을 만큼 무한하게 크기 때문일까? 사람들은 자기네가 지금 하느님을 상대로 싸우고 있음을, 신성을 모독하고 있는 중임을, 인간을 억압하는 것이 곧 하느님을 욕보이는 것임을 모른 채 자기네 마음대로 행동하며 비열한 짓을 하고 약자를 괴롭힌다.

> 가난한 사람을 억누름은 그를 지으신 이를 모욕함이요
> 없는 사람 동정함은 그를 지으신 이를 높임이다.(잠언 14:31; 참조, 17:5)

우주는 이루어졌다. 아직 완성되지 않았고 여전히 창조 과정에 있는 위대한 걸작품이 역사다. 하느님은 당신의 거대한 계획을 완수하기 위하여 사람의 도움이 필요하다. 인간은 하느님의 도구였고 지금도 도구다. 그 도구를 하느님은 당신의 거대한 계획에 맞추어 사용하실 수도 있고 하지 않으실 수도 있다. 삶은 진흙이고 의(義)는, 하느님이 그 모양대로 역사를 만들기 원하시는 거푸집이다. 그런데 인간들은 진흙으로 상(像)을 만드는 대신 모형을 깨뜨리고 있다.

세계는 비행과 불의와 우상숭배로 가득 차 있다. 사람들은 짐승을 잡아 바치고 사제들은 향을 피운다. 그러나 하느님이 필요로 하는 것은 자비요 의다. 그분에게 필요한 것은 성전이나 어느 공간에서가 아니라 다만 역사 속에서, 시간 속에서만 충족될 수 있다. 사람이 하느님의 사명을 위임받는 것은 역사 속에서다.

정의는 고대의 관습도, 인간의 약정도, 가치도 아니다. 신(神)의 관심이 실려 있는 초월적인 요구다. 인간과 인간 사이의 관계일 뿐만 아니라 하느님과 그분의 신성한 요구를 내포하는 행동이다. 법은 그분의 척도요 정의는 그분의 저울이다(이사야 28:17). 그것은 그분의 많은 길들 가운데 하나가 아니라 그분의 모든 길 속에 있다. 그 효력은 우주적일 뿐만 아니라 인간의 의지나 경험에 상관없이 영원하다.

사람들은, 정의로운 것은 하나의 덕목이며 명예와 보상을 가져다준다고, 의를 행함으로써 사회에 혜택을 준다고들 생각한다. 아무도 숨을 끊임없이 쉰다고 해서 상을 받으리라고 기대하지는 않는다. 정의는 호흡만큼이나 필요한 것이며 끊임없이 해야 할 일이다.

선험적 사실

전지전능, 지혜, 무한성은 인간이 최고 존재에게 헌정하는 속성들이다. 정의는 모든 경우에 하느님의 본질적 속성으로 여겨지지는 않으며 사랑 또한 모든 종교에서 신심의 본질적 요소로 여겨지지는 않는다. 예컨대 인도의 성자들은 윤리 도덕의 문제들과는 멀리 떨어져 있고, 인도 철학과 경건 생활의 최고 목표는 행동하려는(人爲) 성향을 극복함으로써 행위의 족쇄를 끊어버리는 데 있다. 도덕 문제에 관심하지 않는 종교 서적은 종교에 관심하지 않는 도덕책만큼 흔하다.

그리스 종교는 종교와 도덕의 연결을 강조하지 않았다.[5] 그들은 인간 행위의 규율을 가르치지 않았다. 신마다 각자 통치권을 발휘하는 영역을 가지고 있으며, 자기의 영역을 침범당하면 맹렬하게 반발하여 보복했다. 죄를 지은 자는 도덕적인 범죄자로서가 아니라 신들의 힘에 반하여 그 영역을 침범한 자로서 벌을 받았다. 그리스 비극에서 신들은 인간의 정의를 수호하는 자들로 여겨지는데, 그 정의란 주로 운명에 복종하는 것을 의미한다. 그러나 유한한 인간들을 상대로 할 때 그들은 결코 정의에 입각하여 행동하지 않는다.

때때로 우리는, 인간의 기술과 지혜의 원천인 어떤 신들이 인간에게 법을 주었다는 신앙을 발견한다. 그리스의 대중 종교에는 신이 어떤 특별한 법을 계시하였다는 신앙이 있었다. 크레타 섬 사람들에게는 그 신이 제우스였고 고대 스파르타 사람들에게는 아폴로였다. 호메로스에 따르면 크레타 사람들에게 법을 내려준 미노스는 "9년에 한 번씩 그의 올림푸스 조상을 만나러갔다"고 한다. 그의 법은 제우스에게서 받은 것이었다.[6] 그러나 그 법이라는 것이 기술과 마찬가지로 신의 인격적 의지의 표현으로 생각되지 않는다는 것이 차이점이다. 그것은 신들이 계속 연루되어 있는 무엇이 아니라 일단 내려주고 만 것이다.

하느님의 정의에 대한 생각만큼 성경에 나오는 인물들의 마음속에 깊이 새겨져 있는 생각은 거의 없다. 그것은 추론의 결과가 아니라 성경적 신앙의 선험적 사실(a priori)이며 자명한 사실이다. 그분의 본질에 덧붙여진 어떤 속성이 아니라 하느님에 대한 생각과 함께 주어진 것이다. 정의는 그분의 본질 속에 본디부터 갖추어져 있는 것이며 그분의 도(道)와 동일한 것이다.[7]

> 하느님은 반석이시니 그 하시는 일이 완전하시고
> 가시는 길은 곧바르시다.
> 거짓이 없고 미쁘신 신이시라.
> 다만 올바르고 곧기만 하시다.(신명기 32:4)

> 야훼여, 당신은 공정하시며
> 당신의 결정은 언제나 옳사옵니다.(시편 119:137)

하느님은 옳음의 근원이시며 온 세상의 재판관이시다. 그분이 공정하지 않다는 것은 생각조차 할 수 없는 일이며(창세기 18:25) 바른 것을 틀렸다고 하거나(욥기 8:3) 불의를 행하신다는 것(욥기 34:12) 역시 상상할 수 없는 일이다. "야훼는 공평무사하신 하느님(이사야 30:18)", "야훼, 공정하시어 옳은 일 좋아하시니(시편 11:7)" 바른 자만이 그분의 얼굴을 뵙게 될 것이다. 예레미야가 제기한 "어찌하여 나쁜 자들이 만사에 성공합니까?(예레미야 12:1)"라는 질문에는 "하느님은 의로우신 재판관"이라는 확고부동의 전제가 함축되어 있는 것이다.

미쉬팟과 쩨다카

열쇠가 되는 두 단어가 있으니 **쩨다카**(쩨덱)와 **미쉬팟**이다. 미쉬팟 (mishpat)이란 단어는 '소펫(재판관, shofet)이 내린 판결'을 뜻한다. 그러므로 정의, 규범, 법령, 법적 권리, 법률이라는 뜻도 포함된다. 쩨다카 (tsedakah)라는 단어는 '의'(義)라는 말로 번역할 수 있을 것이다. 적법성과 의가 일치하는 것은 아니지만 이 둘은 언제나 결부되어 있어야 하고 후자는 전자에 반영된다.[8]

성경에 나오는 미쉬팟과 쩨다카라는 두 단어의 차이를 분명하게 밝힌다는 것은 쉬운 일이 아니다(두 단어가 나란히 쓰일 때에는 서로 다른 뜻을 지닌다). 그러나 미쉬팟(정의, justice)은 행동의 양태를 의미하고 쩨다카(의, righteousness)는 인격의 질(質)을 의미하는 것처럼 보인다. 샤팟(shafat, 심판하다)이라는 동사에서 파생된 명사가 소펫인데 이 말은 심판관 혹은 중재인을 뜻하게 되었고 **짜닥**(tsadak, 올바르다)이라는 동사에서 나온 **짜딕** (tsaddik)은 의로운 사람을 뜻한다.

의(義, righteousness)는 정의(正義, justice)를 넘어선다. 정의는 곧고 정확하며 각 사람에게 그의 몫을 주는 것이다. 의는 박애, 친절, 관용을 내포한다. 정의는 형식이며 평형의 상태다. 의는 본질적으로 연결되는 의미를 지닌다. 정의는 법적인 것일 수 있다. 의는 억압받는 자에 대한 애타는 동정과 연결되어 있다. 가난한 자에게서 담보물을 잡았을 경우 "해질 무렵이면 그 담보물을 반드시 돌려주어야 한다. 그러면 그는 그 옷을 덮고 자리에 들며 너희에게 복을 빌어 줄 것이다. 이렇게 하는 것이 너희 하느님 야훼 보시기에 **의로운** 일이다(신명기 24:10~13)."[9]

미쉬팟과 친절함이 별개의 것이라고 생각하는 것은 잘못이다. "정의는 균등한 정의가 아니라 가난한 자 쪽으로 쏠리는 편중이었다. 정의는 언제나 고아와 과부들에 대한 자비로 기울었다."[10] 하느님의 정의는 자비하심과 불쌍히 여기심을 포함하고 있다.

야훼께서는 너희에게 은혜 베푸실 날을 기다리신다.

너희를 불쌍하게 여기시어 도우러 일어나신다.

야훼는 공평무사하신 하느님,

복되어라, 그분을 기다리는 자여!(이사야 30:18)

정의는, 그것이 아무리 정확하게 행사된다 하더라도 비인간화될 때 죽고 만다. 정의는 그것 자체만이 신격화될 때 죽는다. 모든 정의 너머에 하느님의 동정이 초월해 있기 때문이다. 정의의 논리는 비인격적인 것처럼 보일 수 있다. 그러나 정의를 향한 관심은 사랑의 행위다.

도덕적 행위로서의 영감받음

인간에 대한 간절한 관심과 존중이 도덕적 행위라면, 인간에 대한 하느님의 존중과 관심이 표출되고 예언자에게 사람들을 돕겠다는 사명감을 일깨워주는 예언자들의 영감받음도 탁월한 도덕적 행위로 보아야 할 것이다. 예언자의 행위를 지적인, 기술적인 그리고 신비적인 경험으로부터 구별지어 주는 것은 그 행위의 도덕적 성격이다.

원시 종교에서 인간과 신들의 관계는 인간과 이웃 인간들의 관계와 별다른 것이었다. 인간은 신들에게 어떤 책무를 갖고 있었는데―기도와 제물을 바쳐야 하는데 그것을 거부하는 것이 곧 죄다―그 책무는 이웃과의 관계와 아무런 상관이 없었다. 제사를 드리고 성소에 들어가며 구원을 성취함에 있어서 종교인은 신의 능력과 장엄함, 은총의 강림, 혹은 깨달음을 경험해야만 했다. 그러나 다른 사람에 대한 신의 관심을 경험할 필요는 없었다.

대개의 경우 종교적 경험은 하느님과 어느 누구 사이가 아니라 하느님과 자기 자신 사이에서 생겨나는 것을 경험하는 사적인 사건이다. 하느님과 인간의 만남은 특정한 당사자만을 위한 것으로 여겨진다. 이에 반하여, 예언자가 영감을 받는 것은 제 3의 무리를 위하여서다. 그것은 예언자와 하느님 사이의 사적인 사건이 아니다. 예언자가 영감을 받는 목적은 자신이 깨우쳐 알기 위해서가 아니라 사람들을 깨우치기 위한 것이다(528쪽을 보라).

예언이라는 현상은, 인간이 하느님의 안내를 받아야 하는 존재면서 동시에 그럴 권리가 있다는 사실을 바탕으로 하여 이루어진다. 하느님이 예언자들을 시켜서 당신의 백성에게 말씀을 전하시는 것은 정의의 행동 혹은 정의를 이루려는 행동이기 때문이다. 예언의 목적은 계약을 지속시키는 것, 하느님과 인간 사이의 올바른 관계를 수립하는 것이다.

정의의 왜곡 또는 오용

예언자들은 적절한 법률이 없어서가 아니라 의가 없어서 낙담에 빠졌다. 재판관들은 끊임없이 재판을 진행하였다. 그러나 그들의 재판은 의롭지 못했다. 예언자들은 못된 무리가 저지르는 불의한 행동뿐만이 아니라 특권층이 저지르는 정의의 왜곡 혹은 오용에 경악을 금할 수 없었다. 정의는 그것이 왜곡되거나 제멋대로 이용될 경우 다툼과 불신을 낳는다.

> 말이 바위 위를 달리겠느냐?
> 소에 멍에를 씌워 바다를 갈겠느냐?
> 그런데 너희는 어찌하여
> 정의를 뒤엎어 독약을 만들고
> 의에서 소태처럼 쓴 열매를 맺게 하느냐…
> 저주받아라!
> 너희, 정의를 뒤엎어 소태같이 쓰게 만들고
> 의를 땅에 떨어뜨리는 자들아.(아모스 6:12; 5:7; 참조, 신명기 29:17; 예레미야 8:14; 9:14; 23:15; 애가 3:15, 19; 잠언 5:4)

> 그들은 입술만 나불거리고

속 없는 맹세로 계약을 맺는다.

그런즉 들판의 밭고랑에는

정의가 독초처럼 돋아나는구나.(호세아 10:4, 사역)

이스라엘은 하느님이 심으신 포도나무였다. 하느님은 포도를 기대하며 나무를 돌봐주셨지만 맺힌 것은 들머루였다. 정의를 따려고 돌봐주셨건만 낳은 것은 정의의 왜곡이었다. 의를 기대했건만 맺힌 것은 난폭한 행위였다(이사야 5:2).

예언자들은 쉬지 않고 이스라엘 공동체의 범죄에 책임 있는 자들로 지도자들, 왕들, 왕족들, 거짓 예언자들 그리고 사제들을 지적했다(호세아 4:6, 8~9; 7:3, 16; 9:15; 예레미야 2:26을 보라).

사제들아, 이 말을 들어라.

예언자들아, 똑똑히 들어라.

왕족들아, 귀를 기울여라.

법을 세워야 할 너희가…

시띰에 판 깊은 함정이 되었다.

그래서 내가 너희를 한 데 몰아 벌하리라.(호세아 5:1, 2)

야훼께서 당신 백성의 장로들과 그 우두머리들을 재판하신다.

"내 포도밭에 불을 지른 것은 너희들이다.

너희는 가난한 자에게서 빼앗은 것을 너희 집에 두었다.

어찌하여 너희는 내 백성을 짓밟느냐?

어찌하여 가난한 자의 얼굴을 짓찧느냐?"(이사야 3:14~15)

예루살렘 거리에 있는 그 누구도 정의를 행하거나 진실을 찾지 않는다고 아뢴 다음, 예레미야는 덧붙여 하느님께 말씀드린다.

백성이야 어차피 야훼께 배운 길을 모르고
저희 하느님께서 세워주신 법을 모르는
미련한 것들 아닙니까?
그래도 지도층은 야훼께 배운 길을 알고
저희 하느님께서 세워주신 법을 알 것 같아
찾아가 말을 건네보았지만,
그들도 하나같이 굴레벗은 말이 되어
고삐를 끊고 날뜁니다.(예레미야 5:4~5)

"목자들은 미련하다(예레미야 10:21)." "주 야훼가 말한다. 목자라는 것들
은 나의 눈 밖에 났다. 나는 목자라는 것들을 해고시키고 내 양떼를 그 손에
서 찾아내리라(에제키엘 34:10)."

불의에 대한 인식

예언자들이 정의와 의에 그토록 몰두하는 까닭인즉 불의를 그만큼 민감하
게 인식하기 때문이다. 정의가 좋은 것이며 바라고 나갈 목표이자 최고의 이
상이라는 것은 모두가 받아들이는 상식이다. 부족한 것은 불의라는 괴물을
제대로 인식하는 일이다. 모든 시대의 도덕론자들은 덕목들의 가치를 유창
하게 노래하였다. 예언자들이 그들과 다른 점은, 불의와 억압의 너울을 가차
없이 벗기고 사회적, 정치적, 종교적 악들을 명확하게 밝혀냈다는 사실에 있
다. 그들은 정의가 무엇이냐를 정의하는 데는 관심이 없었다. 그들이 관심한
것은 궁지에 몰린 정의, 정의를 실천해야 할 자들이 오히려 정의를 경멸하고
있는 현실이었다.

정의를 구태여 설명한다면 "불의하다고 생각되는 것들을 미리 막거나 고
쳐나가는 활동 과정"이라고 할 수 있을 것이다. 예언자들의 마음에 가장 절
박한 것은 정의 자체가 아니다. "이상적인 관계 혹은 고요한 상태 혹은 지각

의 기준들"[11]이 아니다. 그들에게 가장 절박한 문제는 억압과 부정부패가 버젓이 행사되는 현실이다. 정의에 관계된 시급한 문제는 억압당하는 자들을 돕고 건져주는 문제였다.

> 세상의 억눌린 자를 모두 구하시려고
> 하느님께서 재판석에 앉으시어
> 하늘에서 판결을 내리시면
> 세상은 두려워 숨을 죽이옵니다.(시편 76:9, 8)

정의의 보편화

정의는 드물고 불의는 너무나도 흔하다. 정의에 대한 관심은 그것이 마치 직업적인 전문가만이 다루는 문제인 양 판사들에게 위임되어 있다. 그러나 정의를 구현하는 것은 하느님이 모든 인간에게 요구하시는 바다. 그것은 지상 명령이며 남이 대신하여 충족시킬 수도 없는 명령이다.

의(義)는 정의가 합법적으로 시행되고 있는 곳에만 있어서는 안 된다. 정의의 힘을 피하며 법망을 묘하게 벗어나는 길은 얼마든지 있다. 겨우 몇 건의 폭력 행위만이 법정 앞으로 끌려나갈 뿐이다. 대체로 남의 것을 착취할 줄 아는 자는 제 행동을 합법화시키는 기술을 갖추고 있으며 반면에 쉽사리 착취당하는 자는 소송에서 자기 것을 변호하는 기술조차 가지고 있지 못하게 마련이다. 착취하지도 않고 착취당하지도 않는 자들은 그들의 이익이 침해를 당할 경우 투쟁할 만반의 준비를 갖추고 있다. 그러나 자기 일이 아니면 좀처럼 가담하지 않는다. 누가 무력한 자들을 위하여 나설 것인가? 누가 그 어느 법정도 중단시키지 못하는 불의의 전염병을 막을 것인가?

어찌 보면 한 사람이 예언자로 소명을 받는다는 것은, 너무나도 약해서 자기 주장도 펴지 못하는 자들을 위하여 대신 말해주는 변호인이 되는 것으로 설명할 수 있겠다. 실제로 예언자들이 해냈던 중요한 일이 남의 일에 대한

간섭이었다. 남에게 못된 짓을 하는 자들에게 덤벼들고, 자기 일도 아니며 책임도 아닌 일에 참견하는 것이었다. 소위 지각 있는 사람은 자기 일이 아니면 신경을 쓰지 않고 자기 이익에 관계없는 문제는 다치지 않으며 특히 위에서 상관하지 말라는 일에는 아예 눈을 감는다. 그런데 예언자들은 고아와 과부들로부터 자기들을 옹호해 달라는 부탁을 받은 사람으로 행세했던 것이다. 예언자는 남에게 못된 짓을 하는 자들을 너그러이 봐주지 못하며, 다른 사람들이 상처입는 것에 분개하는 사람이다. 나아가서 그는 다른 사람들에게도 가난한 자들의 옹호자가 될 것을 요구한다. 이사야는 재판관들뿐만 아니라 이스라엘의 모든 사람들에게 호소했다.

> 정의를 구하라.
> 억눌린 자를 풀어주고
> 고아를 보호하며
> 과부를 두둔해 주어라.(이사야 1:17, 사역)

  백성들과 함께 왕에게도 예언자는 외친다. "법과 정의를 실천하고 억울하게 착취당하는 사람들을 건져 주며 더부살이와 고아와 과부를 괴롭히거나 학대하지 말고 이곳에서 죄 없는 사람을 죽여 피를 흘리지 말라(예레미야 22:3)." "너희의 생활 태도를 깨끗이 고쳐라. 너희 사이에 억울한 일이 없도록 하여라. 유랑인과 고아와 과부를 억누르지 말라(예레미야 7:5~6)."
  「일리아드」에서는 신이나 인간이나 자신들이 아닌 남들에게 자행되는 악행에는 무관심하다.[12] 상당한 수의 살인범에 대한 기록이 있긴 하다. 그러나 "죽은 자의 친족이나 친구들 외에는, 보통 살인범에 대한 대중적 감정은 표현되지 않고 있다. 크레타 섬에 망명한 오디세우스는 에우마이오스에게, 자기가 이도메네우스의 아들을 죽인 이야기를 들려주었다. 그의 살인 행위는 더할 수 없이 비겁한 행위였다. 그런데도 에우마이오스는 그 살인자를 당시의 관습에 따라 귀한 손님으로 극진히 대접하였다. 그 밖에도 망명지에서 명

예로운 공동체의 식구로 대접받으며 살아간 살인범들 얘기가 더 있다."[13]

이스라엘의 초기 예언자들이 활약한 때로부터 오랜 세월이 지난 뒤에야 아테네에서는 남이 나쁜 짓을 당할 경우 시민들이 그 일에 간섭할 준비를 갖출 것을 전제로 한 솔론(640?~559 B.C.E.) 법이 공포되었다. 솔론은 "잘못하지 않고 고통받는 사람이 소송을 하여 잘못을 범한 사람을 기소하고 벌을 주는 나라가 가장 훌륭하게 통치되는 나라라고 믿었다."[14] 처음으로 '변호인'이 등장한 것은 기원전 489년의 한 재판정에서였다. 그는 법에 관한 지식으로보다는 탁월한 언변으로 로마에서 명성을 떨쳤다.[15]

누군가가 다른 사람에게 잘못을 저질렀을 경우 그 일에 간섭한 행위가 다윗 시대에 이미 기록되어 있다. 다윗왕이 우리야의 아내 바쎄바와 함께 범죄하였을 때 예언자 나단은 다윗 앞에 나가서 한 이야기를 들려주었다.

> "어떤 성에 두 사람이 살고 있었는데, 한 사람은 부자였고 한 사람은 가난했습니다. 부자에게는 양도 소도 매우 많았지만 가난한 이에게는 품삯으로 얻어 기르는 암컷 새끼 양 한 마리밖에 없었습니다. 그는 이 새끼 양을 제 자식들과 함께 키우며, 한 밥그릇에서 같이 먹이고 같은 잔으로 마시고 잘 때는 친딸이나 다를 바 없이 품에 안고 잤습니다. 그런데 하루는 부잣집에 손님이 하나 찾아왔습니다. 주인은 손님을 대접하는데 자기의 소나 양은 잡기가 아까워서 그 가난한 집 새끼양을 빼앗아 손님 대접을 했습니다."
>
> 다윗은 몹시 괘씸한 생각이 들어 나단에게 소리쳤다. "저런 죽일 놈! 세상에 그럴 수가 있느냐? 그런 인정머리 없는 짓을 한 놈을 그냥 둘 수는 없다. 그 양 한 마리를 네 배로 갚게 하리라." 그때 나단이 다윗에게 말하였다.
>
> "임금님이 바로 그 사람입니다."(사무엘하 12:1~6)

이스라엘 왕 아합(875~853 B.C.E.)은 이즈르엘의 나봇에게 포도원을 팔라고 강요했다. 나봇이 거절하자 엉터리없는 재판으로 그를 처형시켰다. 이 불법 행위에 대하여 엘리야는 아합에게 말했다. "네가 사람을 죽이고 그의 땅마저 빼앗는구나…나봇의 피를 핥던 개들이 같은 자리에서 네 피도 핥으리라(열왕기상 21:1~19)."

사랑을 즐겨 행하는 일

그것은 불의를 행사하지 않는다는 의미에서 정의를 받들라는 것뿐만 아니라 정의를 좇고 추구하라는 요구다.

너희는 야훼를 **찾아라.**
하느님의 법대로 살다가 고생하는 이 땅 모든 백성들아,
바로 살도록 **힘써라.**
겸손한 마음을 갖도록 **애써라.**
그리하면 야훼께서 크게 노하시는 날
너희만은 화를 면하리라.(스바니야 2:3)

"정의, 그렇다, 너희는 마땅히 정의만을 찾아라(신명기 16:20)." 여기서 "찾아라(pursue)"라는 단어는 애씀, 열심, 끈기, 부동의 목적 의식 등과 강하게 결부되어 있는 단어다. 그것은 단순히 정의를 받들고 그 뒤를 따르는 데 그치지 말고 의로운 길을 걸어가라는 말이다. 의는 성취하기가 어렵다. 만일 우리가 그것을 애써 찾지 않는다면 우리를 피해 달아날 것이다(이사야 16:5 을 보라).

나의 말을 들어라.
정의를 추구하고 야훼를 찾는 자들아.(이사야 51:1)

"정의를 추구하고 야훼를 찾는 자들"―이 두 문장을 섞어서 불러주는 것보다 더 큰 찬사가 있겠는가?

이 명령은 행위만을 요구하는 게 아니다. 그것은 사랑을 요구한다.[16] 정의를 넘어 선과 악을 말한다. "악을 버리고 선을 행하여라…악을 미워하고 선을 사랑하여라. 성문 앞에서 정의를 세워라(아모스 5:14, 15)."

"이 사람아, 야훼께서 무엇을 좋아하시는지, 무엇을 원하시는지 들어서 알지 않느냐? **정의를 실천하는 일, 한결같은 사랑을 즐겨 행하는 일, 조심스레 하느님과 함께 살아가는 일, 그 일밖에 무엇이 더 있겠느냐?**(미가 6:8)" **정의**를 실천하는 일과 **사랑**(ḥesed)을 행하는 일이 결부되어 있다. 예언자들은 열정을 불태우고자 하였다. 그들은 **사랑**을 목적 삼았다.

야훼께서 인간에게 요구하시는 것은 인간의 의무를 다하는 것 이상이다. 사랑한다는 것은 채워지지 않는 갈증이요 뜨거운 갈망이다. 사랑한다는 것은 자기 내면의 중심을 자아(ego)로부터 사랑하는 대상에게로 옮기는 것을 의미한다.

속사람

사회 정의―이것이 예언자들이 우리에게 가르쳐주고자 한 모든 것인가? 충족해야 할 다른 요구들, 달성해야 할 다른 목적들은 없는가?

하느님은 정의만을 요구하시지는 않는다. 그분은 당신께서 하시는 일과 손수 이루시는 일에 관심할 것을 요구하신다(이사야 5:12; 참조, 22:11). 또 당신이 가르쳐주시는 길로 걸어갈 것(이사야 2:3)을 바라신다.[17] "너희가 굳게 믿지 아니하면 결코 굳건히 서지 못하리라(이사야 7:9)."

> 야훼께 감사하여라.
> 그의 이름을 외쳐 불러라.
> 그가 하신 큰 일을 만민에게 알려라.
> 그 높으신 이름을 잊지 않게 하여라.
> 야훼를 찬양하여라.

그가 큰 일을 하셨다.

온 세상에 알려라…

너희가 기릴 분은 이스라엘의 거룩하신 분이시다.(이사야 12:3~6)

하느님이 요구하시는 것은 행동만이 아니다. 예언자들이 비난한 것은 법에 대한 불순종만이 아니다.

이 백성은 말로만 나와 가까운 체하고

입술로만 나를 높이는 체하며

그 마음은 나에게서 멀어져만 간다.

그들이 나를 공경한다 하여도

사람들에게서 배운 관습일 따름이다.(이사야 29:13)

진심으로 나를 부르기는커녕

기성을 지르며 자리에서 뒹굴기나 하는 것들…(호세아 7:14)

잘못은 행실에만 있는 게 아니라 마음속에도 있다.

변덕이 죽 끓듯 하더니,

이제 그 죄를 받게 되었다.(호세아 10:2)

엉겅퀴 속에 씨를 뿌리지 말고

땅을 새로 갈아엎고 심어라.

유다 국민들아, 예루살렘 시민들아

할례를 받아 나에게 몸을 바쳐라.

마음에 수술을 받아라.(예레미야 4:3~4)

아모스는 사치를 누리며, 고통받는 사람들을 보고 마음 아파하지 않는 자들을 정죄한다(6:6).

> 겉약은 바보는 함부로 입을 놀리고
> 나쁜 생각만을 마음속에 품는다.
> 그는 매사에 사기나 치고
> 야훼께 함부로 말하는 자다.
> 굶주린 사람의 밥그릇을 쏟아버리고
> 목마른 사람의 물대접을 차버리는 자다. (이사야 32:6)

야훼 홀로 거룩하시다. "너희가 거룩히 받들어야 할 분은 만군의 야훼, 너희가 두려워하여 떨 분도 그분이다! (이사야 8:13)" 하느님을 두려워하는 것은 사람을 두려워하지 않는 것! 하느님 홀로 왕이시요 능력이시며 약속이시기 때문이다. "옷만 찢지 말고 심장을 찢고 너희 하느님 야훼께 돌아오라. 주는 가엾은 모습을 그냥 보지 못하시고 좀처럼 노여워하지도 않으신다. 사랑이 그지없으시어 벌하시다가도 쉬이 뉘우치신다(요엘 2:13)."

> 야훼가 하는 말이다.
> 나에게서 마음이 멀어져
> 사람을 믿는 자들,
> 사람이 힘이 되어 주려니 하고 믿는 자들은
> 천벌을 받으리라.
> 벌판에 자라난 덤불과 같아
> 좋은 일 하나 볼 수 없으리라.
> 소금쩍이 일어나서 아무 것도 자라지 않고
> 뙤약볕만이 내리쬐는 사막에서 살리라.
> 그러나 나를 믿고 의지하는 사람은 복을 받으리라.

물가에 심은 나무처럼

개울가로 뿌리를 뻗어

아무리 볕이 따가워도 두려워하지 않고

잎사귀는 무성하며

아무리 가물어도 걱정 없이

줄곧 열매를 맺으리라. (예레미야 17:5~8)

인간 대 인간의 관계성

만일 정의가 한 인간과 그가 마땅히 보상받아야 하는 무엇과의 관계에 불과하다면,[18] 한 인간과 그가 갈망하는 무엇과의 관계에 앞서 정의가 보장되어야 할 까닭이 없다. 확실히 한 인간이 보상을 받아 마땅한 상황에는, 한 인간이 갈망하는 상황에는 없는 요소, 말하자면 하나의 요구 또는 주장이 포함되어 있다. 한 개인의 갈망은 사적인 일이다. 한 개인의 요구와 주장에는 어쩔 수 없이 남들이 포함된다. 한 사람이 정의의 실현을 요구하거나 주장한다는 것은 그 요구에 대답할 책임이 있는 누군가가 있다는 전제 위에 성립된다. 그런즉, 정의는 주장과 책임을 둘 다 포함하는 인간 대 인간의 관계성이다.

정의는 개인을 초월하는 상황을 미리 요구한다. 즉 각 사람에게 자기를 부정하고 자신만의 이익을 포기하며 자기 만족의 추구를 생각하지 말 것을 요구하는 것이다. 인간이 법에 복종해야 하는 까닭은 다른 사람들 혹은 전체 인간 사회에 관계되는 무엇에 자신을 일치시켜야만 한다는 데 있다. 정의가 가치 있는 것이라면 그것은 모든 개인들을 묶어놓는 공동사회가 있기 때문이다. 정의감은 외향적이며 내향적이고 전이적이다.

인간 대 인간 사이에는 주장과 책임이라는 상관 관계가 있는가 하면 인격 내부에는 권리와 의무라는 상관 관계가 있다. 고대 이스라엘 사람들은 "권리와 의무 사이를 구분하지 않는다." 그리고 정의를 뜻하는 단어 **미쉬팟** (mishpat)은 자기가 주장할 수 있는 것이면서 동시에 남에게 그대로 해야 하

는 것이기도 하다. 다른 말로 하면 미쉬팟은 **권리와 의무**를 의미한다.[19]

정의는 주장과 책임, 권리와 의무를 아울러 내포하고 있는 인간 대 인간의 관계로서, 성경에 따르면 하느님과 인간 양쪽에 다 적용된다. 근본적인 의미를 살펴보건대 미쉬팟은 계약, 즉 인간과 인간 그리고 하느님과 인간 사이의 진정한 관계를 지속시키는 데 기여하는 모든 행위를 뜻한다.

그러므로 성경에서 말하는 정의를 판사가 법조문에 따라 법을 시행하는 것과 같은 법률적 차원에서 보아서는 안 된다. "인간은 매일의 일상 생활 가운데 끊임없이 '심판'한다. 하느님과의 계약, 특히 전체 인간의 공동체를 지탱하기 위하여 그에 맞는 행동을 해야 하기 때문이다. 그 안에서 이런 종류의 심판이 구현되는 모든 것을 미쉬팟이라 부른다."[20]

경험의 문법

아브라함이 강대한 민족의 조상이 되고 땅 위의 모든 민족들에게 축복의 씨앗이 되도록 선택받은 것은 왜, 그리고 어떤 목적에서였던가? 그것은 그가 피라밋이나 제단이나 성전을 쌓을 줄 알았기 때문이 아니었다. 그것은 "그로 하여금 그의 자손과 그의 뒤를 이을 가문에게 의와 정의를 실현하게 하여 야훼의 도(道)를 지키게 하려는(창세기 18:19, 사역)" 것이었다. 의는 하느님이 사람들에게 요구하시는 것들 가운데 맨 첫 번째 것이다. "현자는 지혜를 자랑하지 말아라. 용사는 힘을 자랑하지 말아라. 부자는 돈을 자랑하지 말아라. 자랑할 것이 있다면, 그것은 **나의 뜻을 깨치고 사랑과 정의와 의를 세상에서 실천하는 일**이다. 이것이 내가 기뻐하는 일이다. 야훼의 말이다(예레미야 9:22~23)."

이것은 숭고한 지식, 숭고한 깨달음, 새로운 경험의 문법이다. 우리가 이 세상에서 만나는 것은 중성적이거나 비인격적인 존재, 사물, 힘, 양태, 빛깔이 아니다. 우리가 만나는 모든 것이 하느님의 사랑, 정의, 의로 가득 차 있다. "온 땅이 그분의 사랑(ḥesed)으로 충만하다(시편 33:5)." "그분이 바로 우리 야훼 하느님, 온 세상을 바로 다스리시는 분이시다(시편 105:7)." "하늘은 그분의 의를 알리고…모든 민족이 그분의 영광을 기린다(시편 50:6; 97:6, 사역)." "야훼여, 당신의 사랑 하늘에 닿았고 당신의 미쁘심 구름에 닿았습니다(시편 36:5)."

하느님의 사랑과 자애로우심은 한 길을 가리킨다. 그 길은 공간적으로 어느 한정된 지역에만 나 있거나 무슨 특별히 기적적인 사건들만 발생하는 길이 아니다. 그 길은 어느 곳에나 있고 언제나 있다.

사랑, 정의, 의는 인생에서 하늘이 차지하고 있는 부분이다. 그것을 식별하는 것이 예언자들의 매일 일이고 거기서 기쁨이 샘처럼 솟아난다. 그리고 생명과 존재에 대한 인간의 첫 반응이 축제인 까닭이 바로 여기에 있다. 아름다움과 장엄함은 작자 미상이 아니다. 그것들은 하느님의 사랑과 자애의 분출이다.

위에 인용한 성경 구절(예레미야 9:22~23)에서 하느님의 뜻을 깨닫는다는 말은 그분이 하시는 일, 즉 사랑과 정의와 의를 안다는 것이다. 하느님을 아는 지식이 인간이 행하는 정의와 동일하게 표현된 구절도 있다. 예레미야는 여호야킴 왕에게 충고하는 자리에서 그를 그의 부친에 비교하여 이렇게 말했다.

> 너의 아비는 정의와 의[『공동번역』에는 '법과 정의'—옮긴이]를 실현하면서도
> 먹고 마실 것 아쉽지 않게 잘 살지 않았느냐?
> 가난한 자의 인권을 세워주면서도
> 잘 살기만 하지 않았느냐?
> 그것이 바로 나를 안다는 것이다.
> 내가 똑똑히 말한다.(예레미야 22:15~16)

여기서 말하는 '앎'은 사상이나 인식, 영지(靈知) 혹은 궁극적 본질에 신비스럽게 참여하는 것 따위와는 같지 않다. 하느님을 안다는 것은 인간을 향

하여 행동을 취하는 것, 그분의 정의에 대한 관심을 더불어 나누는 것, 그분과 함께 동정어린 행동을 하는 것이다.

하느님의 뜻과 관심에 내적으로 동화되는 것, 이것이 새 계약의 목표다. "이 새 계약은 그 백성의 조상들의 손을 잡아 에집트에서 데려 내오던 때에 맺은 것과는 같지 않다…그 마음에 내 법을 새겨주어, 나는 그들의 하느님이 되고 그들은 내 백성이 될 것이다(예레미야 31:32, 33)."

세상은 넘치도록 풍요롭다. 인간은 그 모든 것을 다 제대로 눈여겨볼 수조차 없다. 화가는 세계를 색으로 보고 조각가는 형태로 보며 음악가는 세계를 소리로 파악하고 경제인은 재화로 본다. 예언자는 세계를 하느님의 눈으로 보는 사람이다. 하느님의 눈으로 보면 아름다운 사물들이나 제사 행위라도 거기에 불의가 섞일 때 더럽고 구역질나게 보인다.

세상은 넘치도록 풍요롭다. 그러나 예언자는 온 세상을 정의와 불의라는 술어로 파악한다(39쪽을 보라).

힘차게 흐르는 개울처럼

흔히들 정의를, 각 사람에게 그의 정당한 몫을 주는 것으로 본다.[21] 그것은 어떤 종류의 적합성, 일치성, 균형성을 함축한다. 그리스인들이 정의를 상징하여 사용하는 숫자 8에서, 정의의 본질을 두 개의 대칭되는 것 사이의 관계로 표현하려는 그들의 생각을 읽을 수 있다. 8이란 숫자는 0을 두 개 붙여놓은 모양으로 똑같이 대칭되는 것을 상징한다. 양쪽이 서로 평형을 이룬다는 관념은 정의의 상징으로 천칭이 사용되었다는 데서도 찾아볼 수 있다.[22] 이 저울에다 칼을 덧보태면 그것은 힘뿐만 아니라 정확성을 상징한다. 그것은 다툼이 있을 때 똑같은 두 개로 정확하게 자르는 것을 의미한다.[23]

냉정함, 정확성, 적합성 등을 나타내는 이런 상징들과 날카롭게 대치하여 예언자들의 상(像)이 서 있다.

다만 정의를 강물처럼 흐르게 하여라.
의를 힘차게 흐르는 개울처럼 흐르게 하여라. (아모스 5:24, 사역)[24]

이 대담한 상이 정확하게 의미하는 것이 무엇인지는 잘 알 수가 없다. 그것은 거센 움직임, 생명을 제공하는 본체, 군림하는 힘 등 몇 가지 모습을 함축하고 있는 듯이 보인다.

힘차게 흐르는 개울물은 결코 끝나지 않고—마치 정의를 실현하기 위하여 장애물을 치워버리지 않으면 안 된다는 듯이—거세게 넘실거리며 투쟁하는 운동을 상징한다. 물이 깨뜨리거나 뚫지 못할 바위는 없다. "산이 무너져 내리고 큰 바위가 제 자리에서 밀려나듯이, 큰 반석이 물결에 닳고 땅의 티끌이 폭우에 씻기듯이(욥기 14:18~19)." 정의는 그냥 단순한 규범이 아니다. 그것은 투쟁하는 도전이요 쉬지 않는 돌진이다.

균형은 저울이 고장나지 않았거나 눈금을 읽는 자의 눈이 제대로 돼 있을 때에 잡힐 수 있다. 그 눈이 흐리거나 저울에 이상이 생겨 정확하지 못하게 되면 그때 필요한 것은, 메마른 땅에 생명을 주는 힘찬 개울물과도 같이 치고 도전하고 고치고 회복하는 힘이다. 거기에는 힘차게 흐르는 개울만이 채워줄 수 있는, 의에 대한 목마름이 있는 것이다.

무엇엔가 예속되어 있고 인간의 이기적인 욕심을 채워주기 위해 있는 이른바 정의라고 하는 것은 쉽게 마르고 더욱 쉽게 악용된다. 그러나 의는 가느다란 실개울이 아니다. 그것은 세상에 작용하는 하느님의 능력, 위엄과 힘으로 충만하여 거칠 것 없이 흐르는 격류다. 물결은 억눌림을 당하고 흐름은 막힌다. 그러나 힘찬 물길은 모든 방벽을 무너뜨릴 것이다.

사람들은 정의가 원리요 규범이며 최고로 중요한 이상이라는 말에 모두들 동의하고 있는 것 같다. 우리는 모두 그래야만 한다고 주장한다. 그러나 그렇지 않을 수도 있다. 예언자들의 눈에는 정의란 하나의 관념이나 규범 이상이다. 정의는 하느님의 전능하신 능력으로 충전되어 있다. 그것은 마땅히 있어야 할 것이며 반드시 있을 것이다!

의(義)는, 하느님이 그것의 마르지 않는 원천인 까닭에 거대하고 힘차게 흐르는 물길이다.

정의로 인하여 기림을 받고

> 만군의 야훼께서는 정의로우심으로 인하여 기림을 받고
> 이스라엘의 거룩하신 분은 의로우심으로 성스러움을 드러내시리라.(이사야 5:16, 사역)

이 말은 우리를 어리둥절하게 한다. 어째서 하느님은 하필 당신의 정의로 당신을 드러내시는가? 우리가 신성을 연상할 때 지혜라든가 전지전능이 더 그럴듯하게 하느님을 드러내주는 속성이 아닐까? 만군의 야훼께서 그 위엄으로 인하여 기림을 받고 이스라엘의 거룩하신 분이 전능하심으로 성스러움을 드러내신다고 하면 더 그럴싸하게 들릴 것이다. 전지전능은 그 어떤 유한 존재가 하느님과 더불어 나눌 수 없는 속성인 데 반하여 정의는 인간들도 주장할 수 있는 것이다. 그것은 장엄, 신비 따위와는 거리가 먼 속성이다.

이사야의 외침은 하느님께서 회오리바람 속에서 욥에게 하신 말씀에 비하면 초라하다. 우주를 창조하신 조물주의 초월적인 위엄과 압도적인 신비에 마주칠 때 정의라든가 의라는 것은 얼마나 진부하고 보잘것없는가? 그것은 뇌성벽력 앞의 고요하고 작은 목소리와 같다. 회오리바람 속에서 들려오는 음성에 욥은 이렇게 대답한다.

> 당신께서 어떤 분이시라는 것을 소문으로 겨우 들었는데
> 이제 저는 이 눈으로 당신을 뵈었습니다.
> 그리하여 제 말이 잘못되었음을 깨닫고
> 티끌과 잿더미에 앉아 뉘우칩니다.(욥기 42:6)

대조적으로 이사야는 이렇게 외칠 수 있었다.

　　오, 야곱의 가문이여
　　야훼의 빛을 받으며 걸어가자.(이사야 2:5)

아마도 이것이, "이스라엘의 거룩하신 분이 의로우심으로 성스러움을 드러내신다"는 말의 깊은 의미일 것이다. 성스러움은 신비하고 불가사의하며 "두터운 어둠" 속에 거한다. 그런데 그 어둠 너머에 의가 있는 것이다. 신비가 궁극적인 것이 아니다. 의미가 신비를 능가한다.

　　안개와 큰 어둠이 그분을 둘러싸 있고
　　의와 정의가 그분의 옥좌를 버티고 있는 바탕이다.(시편 97:2, 사역)

여기서 지금 일어나고 있는 역사는 하느님이 자신을 드러내시는 결정적인 무대다. 그분의 영광스런 모습은 사람을 매료시키는 기적들의 전시 속에서가 아니라 의를 세우고 정당한 평가를 내리도록 하는 일을 통해 나타나신다.

　　야훼께서는 아득하게 높이 계시면서[25)
　　시온을 정의와 의로 가득 채우십니다.
　　당신께서 다스리시는 안정된 시대가 옵니다.
　　지혜와 지식이 구원의 힘이 되고
　　야훼를 공경하는 것이 보물이 됩니다.(이사야 33:5~6)

하느님의 위엄과 크신 힘은 최고의 통치권과 능력을 발휘하는 가운데가 아니라 의와 자비를 베푸시는 가운데 드러난다. "그분은 너희에게 자비를 베푸시려고 스스로 높이 오르신다(이사야 30:18, 사역)."

당신은 영세민에게 도움이 되어 주시고
고생하는 빈민에게 힘이 되어 주십니다.(이사야 25:4)

이사야가 외친 것은 정의가 값진 것이라는 내용이 아니다. 거룩함과 정의가 대단히 서로 비슷한 것임을 강조하거나 혹은 정의는 거룩한 것 또는 거룩함은 정의롭다는 말을 하려는 것도 아니다.[26] 이사야는 하느님에 관하여 말하고 있는 것이다. 그의 의도는 하늘과 땅, 자연과 역사의 주인이신 야훼께서는 당신의 정의 속에서 가장 높은 자리에 올라 기림을 받으신다는 것을 말하려는 것이다. 이사야는 하나의 이론을 말하는 게 아니라 다가오고 있는 것을 선포하고 있다. 마땅히 해야 할 일을 가르치는 게 아니라 일어날 일을 예고하고 있다.

세상 모든 사람이 도덕적 관념의 중요성을 알고 있었다. 그러나 그것이 중요함을 아는 것과 동시에 그들은 그것을 실천할 수 없는 자신의 무능력을 알고 있었다. 예언자들은 정의는 전능하며, 옳고 그른 것은 단순한 행동 양태가 아니라 세계 역사의 차원이라고 주장하였다. 세계의 존재 여부는 옳음과 그름에 딸려 있고 하느님이 역사에 참여하심이 그 비밀이다.

역사는 한바탕의 소용돌이다. 살아남음과 파멸함이 똑같이 가능하다. 그러나 정의가 결정할 것이다. 의가 구원할 것이다.

시온은 정의로 구원을 받고
그곳에 사는 회개한 자들은 의로 구원받으리라.(이사야 1:27, 사역)

정의는 실패하지 않는다. 아시리아가 국력이 절정에 달해 있을 때 예언자는 아시리아를 향해 외친다.

아, 네가 비참하게 되리라.
침략 한 번 당하지 않고 남을 침략만 하는 자여!

노략 한 번 당하지 않고 남을 노략만 하는 자여!
네 침략질이 끝나고, 네가 침략을 당할 날이 오리라.
네 노략질이 끝나고, 네가 노략을 당할 날이 오리라.(이사야 33:1)

만일 정의가 하나의 범주요 적합성이라면 불의는 변칙성, 규범으로부터의 일탈이라고 보아야 할 것이다. 그러나 정의는 힘차게 흐르는 물길과도 같고 정의를 부정하는 것은 하느님의 강한 물결을 막으려는 것과 같다. 도덕론자들은 토론하고 제안하고 상의한다. 그러나 예언자들은 선포하고 요구하고 주장한다.

요약하면, 저울이라는 이미지는 규범, 기준, 균형, 측량, 안정 등의 관념을 암시한다. 반면에 강한 물길이라는 이미지는 내용, 본체, 힘, 운동, 생명력 등을 나타낸다.

눈을 가린 처녀의 모습으로 나타나는 정의는, 마음이 어떤 환각이나 편벽 됨에 빠지지 않도록 조심하는 기본적인 생각을 품고 있으면서도 정의가 이루어지는 과정을 기계적인 과정으로 파악한다. 그리하여 마치 한 인간의 생활이 개성이나 독특성을 무시하고 가치없는 일반론의 술어로 적절히 이해될 수 있다고 보는 것이다. 그러나 엄격한 정의가 오히려 불의로 되는 경우가 있다.

불변의 정의— '세상이 깨어져도 정의를 행하라'는 원리—는 정의를 최고의 자리에 올려놓아 그 정의를 절대적인 것으로 삼고 다른 모든 원리를 부정한다. 그리하여 정의가 세계의 존속을 위하여 있는 게 아니라 세계가 정의의 유지를 위하여 있게 된다. 이 원리가 극단화되면 세계와 정의를 양분시키게 되고, 정의가 요구하는 것이 바로 세계의 존속이라는 진리를 배반하기에 이르고 만다.[27]

정의에 대한 하느님의 관심은 인간에 대한 그분의 측은한 마음에서 나온다. 예언자들은 하느님이 정의라고 부르는 절대적 원리나 관념과 신성한 관계를 맺고 있다고 말하지는 않는다. 그들은 다만 하느님이 당신의 백성과 모든 인간에게 깊은 관심을 쏟고 그들과 관계를 맺고 있다는 사실을 알고는 거기에 도취되어 있는 것이다.

정의 그것 자체가 중요한 것은 아니다. 정의가 값진 것이며 반드시 구현되어야 할 이유는 그것이 인간에게 복을 가져다주기 때문이다. 위에서 말했듯이, 정의는 추상적인 개념도 아니고 독립된 가치도 아니다. 정의는 인간과의 관계 속에 존재하며 인간에 의하여 이루어지는 것이다. 불의한 행동이 죄를 받는 것은 법을 어겼기 때문이 아니라 인간이 상처를 입었기 때문이다. 인간이란 어떤 모습을 하고 있는가? 인간은 그 고통이 하느님의 마음에까지 닿을 수 있는 존재다. "과부와 고아를 괴롭히지 말아라. 너희가 그들을 괴롭혀 그들이 나에게 울부짖어 호소하면, 나는 반드시 그 호소를 들어주리라…그가 나에게 호소하면 자애로운 나는 그 호소를 들어주지 않을 수 없다(출애굽기 22:21~22, 26)."

카인이 아벨을 죽였을 때 그의 범죄를 꾸짖는 하느님의 말씀은, "너는 법을 어겼다"가 아니었다. "야훼께서는 '네가 어찌 이런 일을 저질렀느냐?'고 하시면서 꾸짖으셨다. '네 아우의 피가 땅에서 나에게 울부짖고 있다…' (창세기 4:10)."

도덕률의 자율성

예언자들의 하느님 이해가 이성적인 기질(ethos)을 중심으로 이루어졌다고 해도 "이스라엘 사람들의 생각에는 정의가 때로 하느님에게서조차 독립되어 하느님도 거기에 복종하셔야 할만큼 거역 못할 힘으로 서 있는 듯이 보이는, 우주에서 절대로 필요한 것이었다"[28)고 말하는 것은 옳지 못하다.

유다이즘과 칸트의 윤리학이 서로 비슷함을 입증키 위하여 가끔 다음과 같이 주장하는 이들이 있다. "유다이즘에 의하면, 도덕률은 인간의 본성에서 나오는 것이기 때문에 자율성을 띤다…그 자율성은 도덕이 창조될 때 그 어떤 외래의 의지나 힘이 작용하지 않았음을 의미한다…이 도덕의 고양된 순수성과 위엄은 그 어떤 유신론적 관념과도 관계가 없다. 인간의 본성에서 저절로 나오는 것이기 때문이다. 윤리적 성(聖)은 종교적 성(聖)과 따로 떼어 생각할 수 있을 것이다. 그것은 도덕이라는 것을 제정하신 하느님을 일부러 언급하지 않고도 제 나름의 가치와 위엄을 지닌다. 즉, 도덕적 관념은 그것이 신에 의하여 구체화된다는 것을 반드시 인식하지 않고도 실현될 수 있는 것이다."[29]

예언자들은 이성적 기질을 자율적인 관념으로, 스스로 주권을 지닌 본질로, 저울대 위에서 하느님보다 무게가 더 나가는 그리하여 인간 위에 최고의 힘으로 군림하는 것으로 인식하지 않았다. 그들에게 있어서 하느님은 도덕적 원리 또는 도덕적 전형 이상인 분이었다.

성경의 종교가 이룬 주된 성취는 역사의 과정에서 작자 미상의 너울을 치워버린 것이었다. 거기에는 궁극적인 법이라든가 영원한 관념 따위가 없다. 야훼 홀로 궁극적인 분이요 영원한 분이다. 법은 그분의 창조물이요 도덕적 관념은 그분에게서 떨어져나온 실재물이 아니다. 그것들은 그분의 관심이다. 실로, 도덕적 관념의 인격화야말로 예언 신학의 빠뜨릴 수 없는 임무다. 만일 도덕적 원리가 하느님보다 윗자리에 앉는다면 자비, 은총, 회개, 용서가 모두 불가능할 것이다. 예언자들이 그토록 빈번하게 고백하고 있는, 사람을 부르시는 하느님의 음성은 어떤 불변의 원리가 아니라 하느님의 영원한 관심에 바탕을 둔 에토스를 전제한다. 하느님께서 도덕적 근거 위에서 내린 당신의 결정을 수정하시는 데서도 이성적 기질보다는 감성적 정념(pathos)이 더 높다는 사실을 볼 수 있다.

범죄는 법을 어김이 아니라 살아 계신 하느님을 거역하는 것이다. "당신께, 오로지 당신께만 죄를 얻은 몸, 당신 눈에 거슬리는 일을 한 몸"이라고 「시편」의 저자는 탄식한다(51:4). "야훼여, 당신께서 사람의 죄를 살피신다면 감당할 자 누구이리까?(시편 130:3)"

하느님을 도덕적 관념과 일치시키는 것은 예언자의 신학이 의미하는 것과 정반대가 될 수도 있다. 하느님은 그냥 도덕 질서를 지키고 안내하는 분이 아니다. 선(善)이라고 하는 어떤 초월적 관념과 인간 사이를 중재하는 분도 아니다. 예언자들은 하느님의 하시는 일이 도덕 질서를 감독하고 자율적인 도덕률이 실현되도록 하는 것이라고는 생각하지 않는다. 사랑이 사랑 안에서 찾아지는 여러 가치들과 하나일 수 없듯이 하느님과 인간의 관계도 간단히 도덕 관념의 가치와 동일시될 수 없다. 하느님의 이성적 기질이 지니고 있는 정념 구조는 하느님의 무한한 주권에서 나온다. 만일 도덕률이 절대적이요 궁극적인 것이라면, 하느님 자신도 거기에 복종하게 될 하나의 숙명으로 나타날 것이다. 그리 되면 하느님은 주권자이기는커녕, 딱딱하고 객관적인 규범 따위에 의존하는 존재로 전락되겠지.

하느님의 역사 참여를 최우선으로

오랫동안 사람들은 예언자들의 중요성을, 그들이 제례(祭禮)의 종교를 도덕의 종교로 올려놓았다는 사실에서 찾았다.[30] 윤리적 유일신론이 "인류의 정신 발달에 기여한 그들의 공헌"[31]이었다. 예언자들이 전해준 종교는, 모든 종류의 "이교도"와 의식주의(儀式主義)에 정면으로 맞서서 신앙에 그 강조점을 집중시키는, 일종의 "개신교(프로테스탄티즘)"였다. 예언자들의 모습은 의전주의(儀典主義)와 제사 행위에 반대하여 도덕과 정신적 종교를 설교하는 자들의 모습이었다. 오늘날 이런 견해에 의문을 제기하는 이가 나타났다. "예언자들은 너무 높은 위치에 동떨어져 앉혀졌고 실제로는 일반 이스라엘인들에게 진부했던 관념들을 만든 자로 조작되었다. 그리고 현대 학자들은 예언자들의 어떤 관념을, 그것도 19세기와 특별히 관계가 맺어지는 관념을 편중하여 강조하였다."[32]

윤리적 유일신론은 예언자들의 공헌이라고 볼 수 없다.[33] 아모스가 있기 오래 전부터 이스라엘에 알려졌던 것이기 때문이다. 또 "도덕을 제1의 자리에 놓는 것" 역시 예언자들의 사상이 지니는 특색이라고 볼 수 없다.

하늘의 이성적 기질은 감성적 정념 없이 그 기능을 발휘하지 않는다. 그것이 정의라는 관념이든 아름다움이라는 관념이든, 객체성 또는 플라톤 식의 자기 존재적 관념은 예언자들과 거리가 멀다. 하느님은 전인격적이시며 전 주체시다. 그분의 기질과 정념은 하나다.

예언자들이 정의에 몰두하고 뜨거운 정열로 불의를 정죄한 것은 그들이 하늘의 정념에 동정했기 때문이다. 예언자들의 사상이 지니는 중요한 특색은 하느님의 역사 참여를 최우선의 자리에 두었다는 점이다. 예언자들의 마음은 온통 역사라는 현장에 가 있다. 사회에 대한 책임, 그 역사의 순간이 무엇을 요구하는가에 대한 민감한 인식이 그들을 움직였다.

예언자들이 도덕률의 이름으로 말을 하지 않았으니만큼 그들을 정의 혹은 미쉬팟을 선포한 자들로 성격지우는 것도 잘못이다. 그들은 하느님의 정념을 선포하는 자, 정의라는 관념이 아니라 정의의 하느님, 정의에 대한 하느님의 관심을 대변하는 자로 보는 것이 보다 더 정확하다. 동정 속에서 기억된 하느님의 관심, 이것이 예언을 낳게 한 소재다.

성경에서 볼 때 선에 내포된 의미는 자비다. 정념, 즉 세상에 대한 관심이 곧 하느님의 기질이다. 이 하느님의 윤리적 민감성―윤리 그 자체가 아니라―이 예언자들의 선언들 속에 반영되어 있다. 예언자들의 도덕은 하늘의 명령과 하늘의 관심에 뿌리를 두고 있다. 그것이 사람의 마음을 움직이는 이유는 도덕률 자체가 합리적이기 때문이 아니라 하느님이 그것을 요구하셨으며, 그것을 충족시키는 것이 곧 그분의 관심을 실현하는 것이기 때문이다.

긴밀한 연관성

예언자의 메시지를 단순하고 그럴싸한 처방전, "네가 주기에 내가 준다(Do ut des)"로 축소시킬 것인가? 도덕적인 사람이 되어라, 내가 너를 행복하게 해주겠다고 야훼는 말씀하신다.

예언자들이 선포하는 것은 인간과 하느님의 긴밀한 연관성이다. 바로 이 사실이 삶의 모든 것을 하느님의 시각에서 보게 한다. 하느님의 시각에서 볼 때 인간의 권리는, 전에도 그러했거니와, 하느님의 신성한 특전인 것이다.

인간은 하느님의 관심 아래에 서 있다.

하늘과 땅을 지으신 분이, 무명의 한 인간이 과부와 고아를 어떻게 대하는 지에 그토록 관심하신다는 생각은 우리를 어리둥절하게 할 뿐 아니라 그 어떤 합리적 신(神) 이해와도 양립될 수 없는 생각이다. 그리고 만일 하느님이 그토록 능력 있는 분이고 그토록 관심이 깊으시다면 어째서 못된 자들이 잘 되는가?(예레미야 12:1 참조)

하느님의 정념은 실로, **신비 속에 숨어 있는 의요 거룩한 타자와의 동 서**(同棲)**다**(righteousness wrapped in mystery, togetherness in holy otherness). 하느님의 말씀은 비합리적인가? 그러나 어떤 이성으로 우리는 하느님의 말씀을 재는가? 우리의 사상 속에 표현된 이성으로다. 그러면 우리는 우리의 사상을 언제나 이해하고 있는가? 우리가 뜻하는 것을 언제나 표현할 수 있는가? 그렇다면 우리는 인정할 수밖에 없다. 예언자들에게는 가장 합리적인 것이 우리에게는 비합리적인 것으로 보이는 것이라고.

그러나 그 양립 불가능성은 궁극적인 것이 아니다. 달성해야 할 목표는, 양립을 가능케 하는 것, 인간을 가장 의미 있는 것으로부터 분리시키고 대항하게 하는 우상숭배와 주제넘은 오만을 논박하는 것이다. 망상을 깨뜨리고 현실주의를 고무하는 것이다.

하느님은 정의와 측은히 여기는 마음 또는 사랑으로 세상을 다스리신다. 이 두 수단은 서로 갈라지지 아니하고 오히려 상호 보충한다. 측은한 마음으로부터 정의가 시행되기 때문이다. 그러나 거듭거듭 그분의 측은히 여기는 마음 혹은 사랑이 이 세상에서 표출된다. 아우를 죽인 카인은 받아 마땅한 벌을 받지 않는다. 정의가 아벨의 피에 대한 보복을 요구하지만 카인은 하늘의 용서와 보호를 받는다.[34]

아버지는 재판관 노릇을 할 자격이 없다. 그런데도 모든 인간을 재판하시는 분은 또한 그들의 아버지시다. 만일 그분이 측은히 여기는 마음 없이 정의를 행하신다면 그것은 당신의 본성에 부적합한 일이 될 것이다.

제 2 부

제1장
정념의 신학

하느님 이해

예언자들은 하느님을 어떻게 이해하고 있는가? 이 질문을 우리는 어떤 형식으로 해야 할까? 흔히들 사용하는 질문 형식—예언자들의 신관(神觀)은 무엇인가?—은 적절하지 못하다.

우정에 대한 어떤 생각을 품고 있는 것과 친구를 사귀어 그와 우정을 나누는 것은 별개다. 그리고 상대 친구의 존재나 성질 따위에 대한 생각을 나열하는 것만으로는 둘의 우정을 죄다 밝힐 수 없는 일이다. 어떤 관념을 만들어내는 과정인즉 일반화 작업의 하나요, 또는 개인의 특수한 경우들에서 출발하여 보편적인 개념에 이르는 것이며, 또는 부분적인 국면 혹은 질을 전체적인 상황으로부터 갈라놓는 것이다. 그런데 그 과정은 상황과 관념 사이의 분열을 뜻하기도 하고, 일어나는 일의 전체를 보지 못하게도 하며, 한 부분을 전체로 보는 위험에 빠지게도 한다. 하느님에 대한 어떤 관념이나 이론은 쉽사리 하느님의 대용품이 될 수도 있고, 하느님이 살아계신 실재(實在)로 그의 혼에 머물러 있지 않을 때에는 그의 마음에 강한 인상을 심어주기도 한다.

예언자들에게는 하느님에 대한 어떤 이론이나 '관'(觀)이 없었다. 그들에게는 **이해**(understanding)가 있었을 뿐이다. 그들의 하느님-이해(God-understanding)는 이론적으로 연구해서 얻은 결론도 아니요, 하느님의 존재와 속성에 관한 몇 가지 양자택일의 안개 속에서 더듬어 움켜잡은 것도 아니다. 예언자들에게 하느님은 거역 못할 실재였고, 당황하여 쩔쩔매게 하는 임재(臨在)였다. 그들은 결코 하느님에 대하여 먼 거리에서 말하지 않았다. 그들은 하느님의 본성을 밝혀보려는 탐색자로서가 아니라 하느님의 말씀에 얻어맞은 증인으로서 살았다. 그들의 입에서 쏟아지는 말들은 암중모색의 안개 속에서 언뜻 스쳐보는 어떤 것이 아니라 무거운 짐을 부리는 것과 같았다.

스스로 형성되는 관념들은 다른 것들과 떨어져 홀로 존재할 수도 있고 혹은 스스로 독자적이며 영원하고 자기충족하는 본질이라고 생각할 수도 있을 것이다. 예언자들이 보는 하느님의 속성은 그분의 존재(His Being)로부터 떨어져나온 영원한 개념이 아니라 도전이요 명령이며 물음이었다. 그들이 드러내보인 것은 하느님의 본질이 아니라 인간에 대한 하느님의 통찰과 인간에 대한 그분의 관심이었다. 그들은 하느님에 **관한** 관념들이 아니라 하느님**의** 태도를 밝혀냈다.

성경이 보여주고 있는 하느님의 상을 구성하기 위하여 우리가 모으는 벽돌들은 대체로 선, 정의, 지혜, 하나됨 따위 개념들이다. 그런데 성경에 사용되고 있는 단어들의 빈도수를 살펴보면 하느님의 정념을 언급하는 말들이 위의 개념들보다 더 많이 나타난다. 그러나 여러 가지 이유로 말미암아 하느님의 정념을 언급하는 말들은 성서신학에서 마땅한 인식을 얻지 못했다.

앞의 장들에서 예언자 개인의 사상에 하느님의 정념이 차지한 자리가 어떤 것인지를 살펴보았으니 이제 우리는 그것의 보편적인 특성을 예언자 신학의 중심되는 범주로 여겨 신중하게 살펴보아야겠다.

앞서 말했듯이 예언자들은 영감받은 내용을 흡수했을 뿐만 아니라 그 의미를 이해하고자 했고 나아가 그 의미를 자기네가 알고 있는 다른 모든 지식과 결합시키려고 했다. 무엇보다도, 영감을 지식의 유일한 근원으로 삼지 않았다. 그들에게는 하느님의 말씀을 받아들이는 감수성과 함께 하느님의 임재를 받아들이는 감수성이 있었다. 하느님의 임재와 염려가 역사를 통하여 그들에게 말을 했다. 그들은 숨어 있는 뜻, 발언되지 않는 메시지를 직관으로 파악하였다.

한 사람의 인식은 그의 경험과 그의 가정, 사고방식, 감수성의 정도, 그가 처해 있는 환경 그리고 문화적 분위기에 달려 있다. 사람은 그가 보게끔 되어 있는 것을 본다. 예언자들은 그들이 경험한 영감에 따라서 인식했다.

사변을 통해 얻은 지식과는 대조적으로, 예언자의 하느님에 대한 직관적 태도는 그 안에서 당신의 뚜렷한 현시를 통하여 하느님이 인식되는 바, 하나의 **이해**라고 하겠다. 우리가 예언자학에서 전통적인 신(神) 지식의 개념을 방금 말한 새로운 술어로 대치하려는 것은 전자의 부당함뿐만 아니라 후자의 유용함에 비추어보아 마땅한 일이다.

예언자들은 계시의 순간을 통하여, 혹은 주변 세계에 대한 직관적인 정관(靜觀)을 통하여 하느님을 아는 지식을 받아들였다. 전자의 경우에 그들은 하나의 영감을 거룩한 신격(神格, the Person)의 표현으로서 받아들였고 후자의 경우에는 역사 속에 하느님이 임재하신다는 표징을 느껴 알았다. 그들은 말씀을 하느님의 살아 있는 현시로, 세상에서 일어나는 사건들을 그분의 활동의 결과로 체험하였다. 그것이 말씀이든[1] 사건이든 일단 주어진 것은 모두가 그들에게 신성의 표현으로 보였다. 두 경우 모두 그들이 안다는 것은 당신의 표현을 통한 하느님 이해였고, 그들에게 전달된 표현뿐만 아니라 그들의 신성한 근원 혹은 동기의 발언되지 않은 표징들로부터 유래한 이해였다.

그와 같은 이해는, 하느님의 '표현'이라고밖에는 느껴지지 않는 어떤 데이타에서 출발하여 이 표현의 의미를 명상하는 가운데 진행되다가 이윽고 하느님의 임재에 대한 증대된 감성—비인격적인 지식이 아니라—으로 마감된다. 예언자와 하느님의 교제의 정점은 합일(合一, union)이 아니라 꿰뚫어 앎이요 합의(合意)다.

하느님 이해는 존재와 표현 사이의 구별에 따라 온다. 그 질은 사람이 신성과 어떤 관계를 맺느냐에 따라 결정된다. 데카르트 이래로 사람들은, 다른 자아들(selves)에 대한 이해는 유추를 통해서 이루어진다고 주장했다. 우리가 한 사람의 인격을 그의 행동이나 표현들과 동떨어뜨려 경험하지 못하는 것이 사실인 한편, 이 표현들을 통하여 우리가 자신의 자아를 경험하는 것과 다름없이 다른 자아들을 경험하는 것도 사실이다. 그들의 존재에 대한 우리의 확신은 어떤 추론이 아니라 직접적인 사귐의 경험에 근거한다. 예언자에게는 하느님을 아는 지식이 그분과의 사귐이었다. 그것은 분석, 연역법 또는 귀납법 따위로 얻어내는 결론이 아니라 그분과 함께 삶으로써 얻는 소득이었다.

중립적인 관찰자가 보면, 사랑하고 있는 사람한테서 오는 사랑의 표현이 유추법을 통해서만 납득이 되는지 모를 일이다. 그러나 이 사랑의 표현을 받아들이는 상대방은 그것이 무엇을 뜻하는지 즉각 알아차린다. 이 표현들은 사랑받는 사람과 동떨어질 때 알아볼 수가 없다. 그 사람의 표현들 속에서 사랑받는 사람이 감지되는 것이다. 그리고 비록 그 표현들의 의미가 이해를 통하여 드러난다고 하지만, 그렇다고 해서 의미의 결과로 즉각 이해하게 되는 것이라고 거꾸로 말해서는 안 된다. 사랑받는 사람이 지니고 있는 직관적인 지식은 이해하는 행위의 기본 요소다. 이 중요한 요소는 물론 이해하는 행위로부터 추론하여 나오는 것이 아니다. 그것은 이해 그 자체를 가능하게 하는 결정적인 요소다. 그런즉 하느님이 예언자에게 직접 자신을 표현함으로써 예언자는 유추의 도움 없이도 그분을 즉각 이해할 수 있었다.

예언자들은 하느님이 근본적으로는 알 수 없는 분임을 끊임없이 확인하면서도 또한 반사적인 직관으로 그분을 이해할 수 있다고 주장하였다.

정념의 하느님

예언은 하느님과 예언자 사이의 영감받은 통화로 이루어진다. 앞에서 보았듯이, 거룩한 정념이 인간을 대하는 하느님의 모든 태도들의 주조음(主調音)이다. 그것은 예언자들의 하느님 이해의 중심되는 범주로서 거의 모든 예언 선포 속에서 메아리치고 있다.

예언자들에게 하느님은 당신 자신을 추상적인 절대자가 아니라 이 세상과 인격적으로 긴밀하게 관계 맺는 존재로 계시하신다는 사실을 우리는 살펴보았다. 그분은 단순히 명령하고 복종하기를 기대하시지만은 않는다. 그분은 이 세상에서 일어나는 일들로 말미암아 동요되고 영향을 받으며 거기에 따라 반응하신다. 인간의 행실과 사건들이 그분을 기쁘게도 하고 슬프게도 하며 즐겁게도 하고 분노하게도 한다. 그분은 멀찌감치 떨어져 있는 심판관이 아니다. 그분은 가까이에서 주체적으로 반응하시며 그럼으로써 모든 사건들의 가치를 결정하신다. 성경이 보는 바로는 너무나도 분명하게 인간의 행실이 그분을 움직이고 그분에게 영향을 미치며 그분을 슬프게 하거나 기쁘게 해드린다. 하느님이 이토록 인간사에 긴밀하게 반응하신다는 생각, 그분은 단순히 지성과 의지만 지니신 게 아니라 정념도 지니신 분이라는 생각이 바로 예언자들 특유의 하느님에 관한 의식이다.

철학자들의 하느님은 그리스의 **아낭케**(anankē)와 비슷하다. 그는 인간에게 알려지지도 않았고 관심도 없다. 그는 생각한다, 그러나 말은 하지 않는다. 그는 자기 자신을 의식한다, 그러나 세상은 잊어버린다. 반면에 이스라엘의 하느님은 사랑하시는 하느님이며 인간에게 알려지고 인간에게 관심이 있는 하느님이다. 그분은 이 세계를 당신의 전지전능으로 다스리실 뿐만 아니라 역사의 사건들에 긴밀하게 반응하신다. 그분은 인간의 행실을 멀찍이 떨어진 자리에서 무감동하게 심판하시지 않는다. 그분의 심판 속에는, 심판 받는 자들의 일거수일투족에 가장 긴밀하고 지대한 관심을 기울인 분의 마음자세가 깊이 침투되어 있다. 그분은 인간의 행동과 운명에 인격적으로 관여하실 뿐 아니라 그것들로 말미암아 동요되기도 한다.

정념은 선이라는 관념이 아니라 살아 움직이는 돌봄을 의미한다. 불변하는 본보기가 아니라 진행되는 도전을, 하느님과 인간 사이의 역동적인 관계를 의미한다. 그것은 단순한 느낌 또는 피동적인 애정이 아니라 여러 가지 영적 요소들로 이루어진 행위 또는 태도다. 그냥 단순하게 세상을 은밀히 훑어보는 것이 아니라 뜨겁게 세상을 소환하는 것이다.

정념과 격정

　예언자들은 하느님의 정념을, 인간을 강력하게 휘어잡는 격정(passion, 激情)으로 인식했던가?[2] 우리는 흔히, 마음이 무엇에 취하여 몽롱한 상태에 있는 것, 혼이 합리적인 목적을 잃고 흥분되어 있는 것을 형용할 때 격정이라는 말을 쓴다. 격정에 빠질 때 사람은 "어떤 목적을 정하는 일이나 혹은, 그 목적이 합리적으로 정해졌을 경우에는, 그것을 이루는 일에서 눈이 멀게 된다. 왜냐하면 격정이란 여러 가지 원칙들을 자유롭게 따져보고 거기에 따라 어떻게 행동할 것인지를 결정하는 일을 불가능하게 하는 감정적인 흥분이기 때문이다."[3] 이에 반하여 정념(pathos)은 무모한 감정이 아니라 어떤 목적을 품고 이루어지는 행동, 자유의지로 결심하고 결정한 결과를 형용할 때 사용된다. 비록 '화가 난 순간'에라도 하느님은, 당신의 화가 폭발하는 것보다 사람들의 회개로 그 화가 삭아 없어지기를 바라신다(예레미야 18:7).

　인간의 행실에 대한 하느님의 반응이 자동적으로 이루어지는 것은 아니다. 인간의 행실이 반드시 하느님의 정념을 불러일으키는 것은 아니다. 다만 그것을 유발시키기도 할 따름이다. 인간은 하느님의 정념을 발하게 하는 유일하고 직접적인 원인이 아니다. 그저 하느님의 정념을 발하게 하는 여러 원인들 가운데 하나에 불과하다. 그는 하느님으로 하여금 측은한 마음을 품게 하는 '기회'(occasio) 또는 '기회 원인'(causa occasionalis)이다. 인간의 태도와 하느님의 태도, 인간의 성격과 하느님의 정념, 이 둘의 사이에는 인과관계가 성립되지 않는다. 다만 우연한 연쇄(nexus)가 이루어질 따름이다. 하느님의 자유가 사태를 결정한다. 정념은 속성이 아니라 **경우**(a situation)다. 한편, 하느님의 정념은 인간과 아무 상관없이 스스로 있는 절대적인 힘도 아니다. 그것은 궁극적인 혹은 영원한 무엇이 아니다. 그것은 오히려 역사에 대한 인간의 반응이요, 인간의 행실로 말미암아 생성되는 그분의 태도다. 하느님의 정념은 인간 행실에 대한 반응이지 그 원인은 아니다. 인간은 수령자일 뿐만 아니라 발동자이기도 하다. 사랑의 정념을 불러일으킬 것인가 아니면 분노의 정념을 불러일으킬 것인가. 그것이 인간의 능력에 따라 결정된다는 말이다.

정념과 기질

하느님의 정념을, 정의의 기준을 무시하고 불합리하며 무책임한 행동으로 치닫는 마음의 열병쯤으로 생각해서는 안 된다. 그분이 하시는 모든 일과 그 방법에 정의가 깃들어 있다고 성경은 거듭거듭 강조한다.

정념과 기질(ethos), 동기와 규범(norm)은 양분되지 않는다. 그것들은 서로 나란히 있거나 마주보고 있지 않다. 그것들은 서로 내포하며 전제한다. 하느님의 정념이 윤리적인 것은 그분이 정의의 근원이기 때문이고, 그 기질이 정념으로 가득 차 있는 것은 그분이 ─비인격적인 구석이 전혀 없이─절대적으로 인격적이기 때문이다.

그런즉 정념은 임의로 취하는 태도가 아니다. 도덕률이 그 내재율이며 기질(에토스)이 정념(파토스) 안에 들어 있다. 하느님은 세상에 관심을 두고 그 운명을 더불어 나누신다. 인간의 역사에 깊숙이 관여하려는 하느님의 간절한 뜻, 이것이야말로 하느님의 도덕적 품성의 알속이다(343쪽 이하를 보라).

신성한 정념의 전이성

하느님의 신성한 정념은 단순히 의도적인 것만은 아니다. 그것은 전이적이기도 하다. 신화에 나오는 신들은 자기중심적이며 이기적이다. 아르스의 비겁함, 아프로디테의 신중하지 못함, 제우스의 탐욕, 신들의 질투는 모두 반사성(反射性) 열정들이다. 제우스는 이오로 말미암아 "욕망의 창에 찔리고 열정으로 불타오른다." 그는 이오와 더불어 "매춘부와 즐기는 기쁨"을 맛보기를 갈망하고 있는 것이다.[4]

반면에 정념은 자기중심적인 것도 아니며 자기 충족적인 것도 아니다. 예언자들은 생각하기를, 그것은 언제나 밖을 향하고 있다고 보았다. 그것은 언제나 인간과 맺는 관계를 표현하고 있다. 그러므로 정념은 하느님이 지니고 있는 여러 속성들 가운데 하나가 아니다. 그것은 반사적인 성격이라기보다는 전이적인 성격을 띠고 있으며, 결코 역사로부터 분리되지 않는다.

하느님의 파트너

정념의 신학은 인간의 궁극적인 문제를 달리 이해하게 한다. 예언자는 인간의 상황을 그것만 따로 떼어놓고 보지 않는다. 인간의 곤경은 인간의 상황에 당신의 말뚝을 박으신 하느님의 곤경이다. 죄, 범죄, 고통은 하느님의 처지에서 분리시킬 수 없는 것들이다. 죄가 태어나는 것은 인간의 실패만이 아니다. 그것은 하느님의 낙심이기도 하다. 그런즉, 하느님에게서 떨어진 인간의 소외는 인간의 상황을 판정할 궁극적인 사실이 아니다. 신성한 정념, 인간의 정념, 인간의 곤경에 하느님이 가담하신다는 것이야말로 근본이 되는 사실이다.

그러므로 정념의 근본적인 의미를 심리학적 개념으로 보아 인간의 혼이 처한 상태를 말해주고 있는 것이라고 해서는 안 된다. 오히려 그것은 인간의 역사에 참여하시는 하느님을 보여주는 신학적인 의미를 함축하고 있다. 그분은 이스라엘과 정혼하셨고, 이스라엘의 운명에 당신의 몫을 거셨다. 이 통찰의 심오한 뜻은 하느님의 신비와 초월에 대한 예언자들의 깨달음이라는 빛으로 볼 때에 비로소 알 수가 있다. 성경은 인간이 하느님의 형상으로 만들어졌다는 생각을 중심 삼아 창조를 이해하듯이, 하느님의 정념을 중심으로 삼아 역사를 이해한다.

성경의 저자들은 하느님과 인간의 관계 속에 들어 있는 모순을 알고 있었다. "그렇다. 하늘과 하늘 위의 또 하늘, 그리고 땅과 그 위에 있는 것 모두가 너희 하느님 야훼의 것이다. 그런데 야훼께서는 유독 너희 선조들에게 마음을 쏟아 사랑해 주신 것이다. 그래서 세상에 민족이 많이 있지만 그 가운데서도 너희를 그들의 후손이라고 해서 오늘 이처럼 선택하신 것이다(신명기 10:14~15)."

　인류 역사상 예언자들만큼 인간을 진지하게 생각한 사람들도 없었다. 인간은 하느님의 형상일 뿐 아니라 하느님의 영속적인 관심사다. 하느님의 정념이라는 관념은 인간의 실존에 새로운 차원을 덧보태준다. 인간의 행실은 자신의 삶에 영향을 미칠 뿐 아니라, 그것이 인간을 향한 행실인 한, 하느님의 삶에도 영향을 미친다. 인간은 인간이기에 단순한 피조물의 차원을 넘어선다. 그는 하느님과 함께 사는 배우자요 파트너며 대리인인 것이다.

정념의 하느님과 전적 타자

　신성의 신비와 특수성을 철저하게 무시하는 극단적 합리주의에 대한 반동으로 현대의 신학자들은 다른 극단으로 치닫는 경향이 있다. 하느님은 전적인 타자(the Wholly Other)다. 종교는 순수성을 지키기 위하여 악마적이 되어야 하고 특수하기 위하여 이성(理性)에 반(反)해야 하며 하느님은 당신이 창조하신 것들과 아무것도 공유하지 못한다고.[5]

　예언자들의 하느님은 전적인 타자, 밑 모를 어둠으로 둘러싸여 있는 낯설고 괴상하고 섬뜩한 존재가 아니다. 그들의 하느님은 계약의 하느님으로서, 그분의 뜻을 그들은 알고 그것을 세상에 전달하도록 위임을 받고 있는 것이다. 그들이 선포하는 하느님은 멀리 떨어져 있는 신이 아니다. 그분은 가까이 있고 인간사에 간섭하시고 관심을 쏟으시는 분이다. 침묵하시는 분은 인간의 반정립(反定立, antithesis)일 수 있겠지만 예언은 사람을 만나시는 하느님이다.

　전적인 타자는 인간의 의식에 대한 뚜렷한 반정립이다. 그러나 모든 존재는, 인간의 마음에 떠오르는 것이라면 어떤 것이든지 그 마음에 타자로서 정립된다. 성경의 사람들이 만나고 있는 것은 초월적인 관계성, 하느님의 주장과 명령이다.

절대적 반정립은 히브리인들의 머리에 낯설다. 야훼께서 당신의 길을 모세에게 알려주셨다(시편 103:7)는 사실을 바탕으로 삼아 성경은 모든 것을 의식한다.

침묵이 그분을 에워싸고 어둠이 그분을 감싼다. 그러나 그 어둠 너머에 의미가 있다. 하느님은 **신비 너머에 있는 의미**다.

> (그분은) 안개에, 구름에 둘러싸이고 정의와 공정이 그 옥좌의 바탕이요.(시편 97:2)

예언자들은 누미너스[numinous, 신령과의 교섭시에 느끼는 매혹과 두려움의 교감—옮긴이]를 최고 범주로 삼지 않는다. 만일 그랬더라면, 사람들이 두려워하고 거룩한 것으로 분별해 놓은 성물(聖物)을 공격하지 않았을 것이다. 그들이 무엇보다 먼저 생각한 것은 누멘(numen, 神靈)이 아니라 하느님의 정념이었다.

본디부터 불합리와는 거리가 먼 하느님의 정념은, 예언자가 감정적으로는 물론이요 도덕적으로도 납득할 수 있는 마음 상태다.

아브라함과 예언자들이 만났던 것은 누멘이 아니라 충만한 하느님의 보살피심이었다. 도덕률은 모호해질 수는 있을지언정 결코 없어지지는 않는다. 하느님이 아브라함에게 말을 건네시는 행위 자체가 아브라함에게는 하느님의 돌보심이었다. 외아들을 바치라는 명령에 아브라함이 아무런 질문도 하지 않은 것은 그가 소돔을 살리기 위하여 탄원할 때 하느님의 응답을 받았던 경험이 있기 때문이었다(창세기 18:23 이하). 그리고 예언자들 또한 하느님의 사랑과 자비에 대한 확신이 있었기에 그분의 진노를 받아들일 수 있었다.

성경이 말하는 성(聖)은 괴상함과 동의어가 아니다. 하느님은 이렛날을 괴상하거나 무시무시한 날이 아니라, "거룩한 날"로 정하시어 복을 주셨다(창세기 2:3). 전적 타자는 인간과 맺는 모든 관계들 밖에 있다. 이에 반하여, "이스라엘의 거룩하신 분"이라는 표현의 소유격 자체가 하느님과 인간의 관계를 암시한다. 거룩하신 분은 그 장엄함과 가차 없는 명령으로 사람을 떨게 하지만 스스로 무가치한 존재임을 깨닫고 뉘우치는 마음을 품게도 하신다. 성(聖)은 타자면서 타자가 아니다. 하느님이 거룩하시듯이 사람도 거룩해지리라고 말할 수 있는 근거가 여기에 있다.

예언자의 인생관

예언자들은, 하느님과 인간 사이를 갈라놓는 구렁을 하느님의 정념으로 뛰어넘을 수 있다고 생각한다. 그분의 존재가 도무지 불가해한 것임에도 불구하고 하느님은 세상에 관계하시며 세상일에 관심을 두신다. 인간과 신들 사이의 비극적인 반정립은, 바빌로니아의 어느 고난받는 의인이 남긴 유명한 기도문 속에 잘 표현되어 있다.

> 나는 오로지 기도와 간구만을 생각하고 있었습니다. 간구가 나의 관심사였고 희생 제사는 나의 법이었습니다. 신들을 예배하는 날이 나의 기쁨이었고 여신들께 행렬 기도 바치는 날이 나의 유익이며 부였습니다…나는 나의 손에게 성스런 의식(儀式)을 가르쳤습니다…오. 이 모든 일이 오직 한 신에게 기쁨을 준다 해도 좋겠습니다! **인간에게는 아름답게 보이는 것이 신에게는 추하기만 하고, 인간에게는 혐오스러운 것이 신에게는 가장 큰 즐거움입니다.** 그 누가 하늘에 있는 신들의 뜻을, 지혜 가득한 신들의 계획을 〔이해할 수 있도록〕 배웠습니까? 누가 그것을 알 수 있습니까? 언제, 어리석은 인간들이 신들의 길을 이해한 적이 있었습니까?[6]

이것은 절망의 간곡한 표현이다. 인간은 신들의 능력을 알고 있다. 그러나 그들의 뜻을 헤아리지 못하며, 그들이 무엇을 선하게 보는지 알 수가 없다. 그리하여 신들과 인간이 서로 충돌한다. 둘 사이에는 만남이 없고, 무엇이 가장 값진 것인지도 모른다. "하느님의 진노, 질병, 더러움, 죄, 모두가 결국은 같은 것이다. 우리는 비록 스스로 알지 못하거나 바라지 않는다 해도 하느님을 공격하고 있다. 우리는 하느님의 적수들이다. 똑같은 이유로 그분 역시 우리의 적수다.”[7]

이 기도는 비극적인 인생관을 표현하고 있다. 이와는 정반대로, 예언자들의 인생관은 그와 같은 충돌과 끝없는 어둠을 조금도 담고 있지 않다.

이 두 인생관이 대조를 이루는 것은 죄의 본질에 대한 두 가지 다른 개념에서 연유한다. 여러 종교들은 죄를 인간이 그 안에서 태어난 상황으로, 인간의 존재 그 자체 속에 포함되어 있어서 개인의 능력으로는 어떻게 할 수없는 것으로 생각한다. 죄는 발생하는 어떤 것이 아니라 존재하는 어떤 것이며 신들과 인간의 관계에 상관없이 행해지는 어떤 것이다. “우리는 지금 존재해선 안 되는 모습으로 존재하고 있는 고로 불가피하게도 해서는 안 될 짓을 하고 있다. 따라서 우리는 마음과 본성을 완전히 변화시킬 필요가 있다. 그것이 거듭남이다. 비록 범죄는 행위(operari)로 이루어지지만, 그 범죄의 뿌리는 우리의 본질(essentia)과 실존(existentia) 안에 있다. 이것들에서 행위가 필연적으로 나오기 때문이다. 우리의 진정한 죄로 말미암아 원죄가 있는 것이다.”[8]

메소포타미아 사람들은 그들이 신들의 섭리 아래에 있음을 알고 있지만 그 섭리들이 반드시 옳다고 믿을 만한 아무 까닭을 모른다. 그래서 그들의 참회 기도 속에는 잘못을 저지른 자신을 책망하는 말들이 많이 있지만, 신의 뜻에 복종하지 않은 것에 대한 깨달음은 별반 없다. 그들은 절망하지만 뉘우치지는 않고 후회는 하지만 회개는 모른다.

예언자들이 알고 있는 죄는, 궁극적이며 다른 모양으로 바꿀 수 없게 고정되어 있는, 혹은 독자적인 어떤 상태가 아니다. 그것은 하느님과 인간 사이의 관계가 어지럽혀진 것이다. 그것은 명사가 아니라 부사며 인간의 회개와 하느님의 용서로써 극복될 수 있는 상태다.

하느님의 정념은 인간과 하느님 사이를 갈라놓는 구렁 위에 놓여진 다리와 같다. 그것은 하느님과 인간 사이의 관계가 반대와 긴장으로 이루어진 변증법이 아님을 암시한다. 인간은 그의 본질상 신성의 반정립이 아니다. 비록 그의 구체적 실존에서는 하느님께 거역하고 도전할 수 있겠지만, 인간의 태도가 하느님에게 영향을 미칠 수 있다는, 하느님이 세계와 긴밀한 관계 아래 있다는 사실은 창조주와 피조물 사이의 어떤 유비(類比)를 암시한다. 예언자들은 하느님과 인간의 불일치뿐만 아니라 상호 관계도 강조한다. 인간이 하느님께 자신을 내어맡기는 것뿐만 아니라 하느님이 인간과 정혼을 하신 사실도 강조한다. 하느님과 세상 사이의 불균형(disparity)은 인간이 아니라 하느님 안에서 극복된다.

하느님의 무한하고 절대적인 의지, 그 영원함과 완전함에 마주 서면 인간의 덧없는 모습은 완벽한 반정립으로 보이게 마련이다. 그러나 예언자들은 동정을 베푸시는 하느님, 관심하고 참여하시는 하느님을 대면한다. 그리고 바로 그 관심의 울타리 안에서 하느님과 인간은 만나는 것이다. 하느님의 정념은 영원과 역사가 만나는 교차점이며 하느님과 인간 사이에 이루어지는 모든 관계들의 개요다. 정념은 그 자체가 궁극의 실재가 아니라 역동적인 양상이므로, 바로 그 때문에 하느님과 그분의 백성 사이에 살아 있는 만남이 이루어질 수 있는 것이다.

하느님의 정념이 내포하고 있는 의미의 특수함과 풍부함, 그리고 종교적인 상황을 이해하는 데 없어서는 안 되는 그 본질적인 중요성은 이제 우리를 이끌어 그것을 하나의 나름대로 특수한(sui generis) 신학적 범주로 다루게끔 한다.

정념과 계약

하느님과 세계의 관계가 어떤 형식으로 드러날 수 있을 것인지를 생각할 때에, 신성한 정념이라는 관념이 지니고 있는 결정적인 중요성이 분명해진다. 하느님이 도덕 질서의 수호자로서 이 세계가 법에 따르도록 지켜주신다고 주장하는 윤리적 유일신론은, 하느님의 지식과 관심의 폭을 윤리적인 의미에 국한시킬 것이다. 인간과 맺은 하느님의 일반적인 관계는 대체로 보편 원리의 선(線)을 따라 이루어진다. 하느님의 정념만이 홀로 이 엄격함을 깨 뜨리고 특이한 것, 특별한 것, 독특한 것을 위한 새로운 차원들을 창조할 수 있다.

성경에서 가장 높은 자리에 우뚝 서 있는 것은 법도 아니며 질서도 아니다. 우주를 창조하시고 그 우주의 법과 질서를 세우신 살아 계신 하느님이 가장 높은 자리에 홀로 서신다. 이는 법을 최고로 보는 개념, 예컨대 대승 불교의 달마(Dharma, 達磨)에서 발견되는 개념과 근본적으로 다르다. 토라(Torah, 法)가 있기 전에 먼저 계약이 있었다.

현대 문명과는 반대로, 히브리인은 약정(約定, contract)의 세계가 아니라 계약(covenant)의 세계에서 살았다. 그들은 약정[동등한 자격을 가진 상대방과 법에 기초하여 세우는, 이를테면 상업적 계약 등을 뜻함―옮긴이]이라는 것을 몰랐다. 이스라엘의 하느님은 "약정과 현금 거래 관계 따위에는 별로 관심이 없다, 비굴한 복종과 아첨에 별로 관심이 없듯이. 그분은 계약 관계에 관심을 쏟으신다." 당신의 파트너와 맺으시는 그분의 계약은 그대로 박애와 사랑의 베풂이다. 하느님과 이스라엘의 공동체를 진행시키는 필요불가결하고 살아 움직이는 도구가 바로 법이다.

예언은 하느님과 인간 사이에 책정된 것이 약정이 아니라 계약이라는 사실을 끊임없이 상기시켜 준다. 계약보다 먼저 사랑이, 선조들에 대한 사랑이 있다(신명기 4:37; 10:15). 그리고 하느님과 이스라엘 사이에 맺어진 계약은 법적인 것으로가 아니라 인격적인 관계로, 협동과 참여와 긴장으로 이해되어야 한다. 하느님의 삶이 백성의 삶과 상호작용을 한다. 계약 속에서 사는 것은 하느님과 당신 백성의 사귐을 더불어 나누는 것이다. 성경이 말하는 종교는, 인간이 혼자서 이루는 무엇이 아니라 만인에 대한 하느님의 관심과 더불어 이루는 무엇이다.

하느님의 정념이라는 관념은, 무감각한 종교에는 알려지지 않은, 하느님과 인간 사이의 여러 형태의 관계들 위에 빛을 비추어준다. 하느님과 이스라엘 사이의 계약이 그 한 예다. 하느님의 정념이라는 범주가 거기에 새로운 차원을 덧보탠다. 계약은 특수한 행위로서, 하느님과 인간 사이의 상호 관계를 맺어준다. 그것은 하나의 사법적인 위탁으로 인식된다. 반면에 정념은 계속되는 관심과 참여를 의미한다. 그것은 하나의 감정적인 정혼(定婚)으로 인식된다. 엄밀한 계약 관념의 견지에서 보면, 하느님과 백성 사이의 관계는 다만 두 가지 형태만이 가능하다. 계약의 지속이냐 아니면 소멸이냐가 그것이다. 이 엄격한 '이것이냐 아니냐'가 정념이라는 말 속에 함축되어 있는 관계의 다양한 형태들로 대체된다.

정념의 의미

위의 분석을 통하여 우리는, 하느님의 정념을 하느님의 본질적 속성으로, 어떤 객관적인 것으로, 혹은 인간이 마주치게 되는 어떤 궁극적인 것으로 인식해서는 안 되며, 하느님의 의지의 한 표현으로 인식해야 한다는 점을 알게 되었다. 그것은 본체라기보다는 기능이다. 신성한 존재의 속성도, 변하지 않는 질(質)도, 절대적인 내용도 아니다. 그것은 차라리 그분의 행위 속에서 나타나는 어떤 상황 혹은 인격적인 연루다.

그것은 격정도 무모한 감정도 아니며, 결단과 결정에 뿌리를 내린 의도적인 행위다. 임의로 취하는 태도가 아니라 기질로 가득 찬 태도다. 반사적인 행위가 아니라 전이적인 행위다. 되풀이하거니와 정념의 본질적인 의미를 영혼의 어떤 상태를 드러내는 것이라는 식의 심리학적 의미로 파악하려고 해서는 안 된다. 그것은 역사 속에서 발생하는 사건들의 영향을 받아 역사를 돌보는 존재로서 하느님이 그 역사 속에 참여하심을 가리키는 신학적 의미로 파악해야 한다.

하느님은 결코 중립적이 아니다, 결코 선과 악 저 너머에 있지 않다―이것이 정념이 의미하는 바다. 그분은 언제나 정의의 편에 서신다. 정념은 인간의 경험을 이름한 것이 아니라 인간이 경험한 무엇을 이름한 것이다. 그것은 예언자들이 만난 어떤 것이며, 자연과 마찬가지로 역사 속에서도 빈번하게 발생하고 현재에도 일어나고 있는 어떤 것이다.

예언자들은 결코 하느님의 정념을 그분의 본질과 동일시하지 않는다. 왜냐하면 그들이 보기에 정념은 절대적인 어떤 것이 아니라 관계의 한 형식이기 때문이다. 참으로, 만일 하느님의 정념이 특수한 구조로 이루어진 그분의 속성이었다면 그들은 예언을 할 수도 없었을 것이다. 만일 그 정념의 구조가 백성들이 "돌아선" 다음에도 변할 수 없도록 요지부동으로 굳어진 것이었다면 예언은 그 기능을 잃었을 것이다. 그런데 실은 예언자들의 예언이 백성들에게 강한 영향을 미침으로써 하느님의 정념을 변화시킬 수가 있었다.

요약컨대 하느님의 정념은 영원한 것과 일시적인 것, 의미와 신비, 형이상학적인 것과 역사적인 것의 하나됨이다. 그것이야말로 하느님과 인간 사이의 관계, 창조주와 피조물의 상호 관계, 이스라엘의 거룩하신 분과 당신의 백성 사이의 대화에 진정한 바탕이 된다. 예언자의 예언자됨은 미래를 내다보는 데 있지 않고 지금 여기에 있는 하느님의 정념을 꿰뚫어보는 데 있다.

제2장
비교와 대조

하느님의 자기충족성

예언자들의 정념의 신학이 지니고 있는 특성은 다른 신학적 관점들과 비교해볼 때 더 잘 드러날 수 있겠다. 실로, 종교 사상사에 나타난 여러 가지 신(神)-개념들은 정념을 어떻게 이해하고 있느냐를 살펴봄으로써 평가할 수 있을 것이다.

정념이라는 관념은 역설이면서 신비다. 만물을 창조하신 분이, 당신이 창조한 것들 가운데 보잘것도 없는 한 분자가 저질러놓은 일에 영향을 받는다는 말인가? 정념은 그분의 관심을 드러내는 것이면서 그분의 힘을 감추는 것이다. 인간의 심성은 하느님을 절대적인 위엄과 시들지 않는 장엄함과 전지전능함과 완전함을 갖춘 분으로 보려는 경향이 있다. 가장 보편적으로 알려진 생각은, 하느님이 이 세계의 메카니즘을 처음으로 시동 건 제1원인이라는 것이다. 그 뒤로 세계는 제 안에 내재하는 법칙과 과정에 따라 계속 돌아가고 있다. 최고 존재(the Supreme Being)가 인간의 살림살이에 끼어든다는 것은 아무래도 납득하기 어려운 주장이 아닐 수 없다.

선(善, the Good)이라는 이데아가 플라톤에게는 하느님이었다. '선'이라는 말의 의미가 그의 신-개념 이해를 결정하였다. 그는 이렇게 말하고 있다. "선은 그것을 지닌 존재가 언제나 그리고 모든 점에서 가장 완벽하게 충족하며 다른 어떤 것도 필요하지 않다는 점에서 다른 모든 것과 본질적으로 다르다."[1]

만일 하느님이 완벽하게 스스로 충족되는 존재라면 그의 밖에 있는 온 세상과 어떤 관계도 맺을 필요가 없다. 그렇게 되면 하느님에게 세상이 필요하지 않으며, 인간이 그의 탁월함을 더욱 탁월하게 할 아무 짓도 할 수 없다는 원리가 분명해진다. "스스로 충족하는 사람은 다른 사람들의 도움이 필요하지 않으며 그들의 사랑이나 사회 생활도 필요하지 않다. 오로지 혼자서 살아갈 수가 있기 때문이다. 신(神)의 경우에 이것은 특별히 그렇다. 확실히, 그는 아무것도 필요하지 않기 때문에 친구들이 새삼스럽게 필요하지도 않고 앞으로도 필요하지 않을 것이다."[2]

그러므로 철학적인 신학자들은, 인간은 최고 존재를 의존하지만 최고 존재는 인간이 필요하지 않으며 인간사에 초연해 있다고 주장한다. 종교는 하나의 독백이며 순수한 향신성(向神性, theotropism)이라는 것이다(628쪽을 보라).

신들의 자기 충족성에 대한 가장 일관된 주석은 에피쿠로스에 의하여, 신들이 인간의 제물과 신을 두려워하는 인간의 심성에 크게 기대고 있다는 대중적인 믿음에 대한 반작용으로서 발전되었다. 헤아릴 수 없이 많은 사람들에게 종교는 그들의 혼을 무겁게 짓누르는 속박이었다. "신의 힘을 놓고 보았을 때, 신들에 대한 두려움(desidaimonia)은 의심의 여지 없이 끊임없는 공포감이었을 것이다"라고 테오프라스투스는 적고 있다. 사람들은 어쩌다가 자기도 모르게 종교 의식에 불참함으로써 신성(神聖)을 건드리게 되는 것이나 아닌지 늘 두려워하며 전전긍긍했다.[3]

그리스인들은 언제나 신들을 영원 불멸하는 존재요 최상의 행복을 누리는 존재라고 생각했다. 행복의 첫 번째 조건이 근심 걱정의 부재인데, 그것은 오직 태연자약한 상태(ataraxia)에 의해서, 이 세상, 정치, 사건들 그리고 정적과 평화를 어지럽히는 제반 관심들로부터 거리를 멀리하고 살아감으로써 획득할 수가 있다. 그러므로 에피쿠로스는 신들이 인간사에 스스로 관심을 둔다는 주장은 터무니없는 소리라고 생각했던 것이다. 인간에게 적합한 것으로 통하는 것이 신들에게도 적합한 것으로 통한다. 이 세상의 정치나 인간사에 아주 조금만 관심을 두어도 그것이 그들의 평온함과 행복을 둘러 엎을 것이다. 그런즉 인간사에 아무 흥미도 없이 사는 현자들처럼 아무 염려가 없는 실존이야말로 신의 실존에 대한 바른 개념이 된다. 신들은 안녕을 누리는 데 필요한 모든 것을 소유하고 있으므로 별들 사이의 공간에서 지복(至福)과 안정을 누리며 살아간다. 그들은 세상에 무관심하고 인간의 예배가 필요하지도 않다.[4] "영원 불멸하고 복된 자연(Nature)은 스스로 괴로워하지도 않으며 남을 괴롭게 하지도 않는다. 그리하여 자연은 분노하지도 않고 자애를 베풀지도 않는다. 이 모든 것이 나약한 것들에게만 속한 때문이다."[5] "신들은 우리에게 주목하지 않는다." 왜냐하면, "축복받고 썩지 않는 자는 스스로 괴로워하지도 않고 남을 괴롭히지도 않기" 때문이다(6쪽을 보라). 그런즉 "분노와 자애는 축복받고 영원 불멸하는 존재의 본질로부터 함께 추방당한다."[6]

힌두의 견해도 이와 비슷하다. 최고 존재는 "자신의 신성의 본질과 기능을 모든 사람에게 올바로 알리는 일에 결코 욕심부리지 않는다. 그는 질투하는 신이 아니다. 반면에 그는 인류(Homo Sapiens)의 구름낀 마음을 에워싸고 있는 온갖 서로 다른 환영들을 허락하며 인자하게 즐기기까지 한다. 그는 모든 종류의 신앙과 신조들을 다 받아들이고 이해해 준다. 비록 그는 스스로 완전한 사랑이며, 그들의 이해가 어느 정도의 수준이든 상관없이 자기를 숭배하는 자들에게 쏠리지만 그럼에도 불구하고 철저하게 무관심하다."[7]

현대의 자연신론자(Deists)들에게는, 하느님의 초월이 그가 세상과 완전히 떨어져 있음을 뜻한다. 그들은 하느님이 자연이나 인간과 그 어떤 인격적인 관계도 맺고 있지 않다고 주장한다. 우주와 하느님의 관계는 시계와 시계 만드는 자의 관계와 같다. 하느님은 우주를 존재하게 하신 다음, 그 우주가 돌아가도록 단번에 모든 추진력을 그 속에 넣어주었다. 그의 창조가 완벽하므로 어떤 수선도 필요하지 않다. 우주의 자연적인 운행에 신이 간섭한다는 믿음은, 창조주가 완벽하다는 생각 때문에 발붙일 곳이 없다. 도덕적인 세계와 맺는 하느님의 관계도 비슷하다. 그는 물리적인 법과 함께 도덕률도 만들었다. 그러나 물질의 세계든 도덕의 세계든 그것들이 발동되는 구체적인 상황과 경우로부터는 거리를 두고 떨어져 있다. 인과응보의 원리에 의하여 보상과 형벌이 자동적으로 정확하게 이루어지므로 하느님이 인간사에 유별나게 간섭할 필요도 없고 여지도 없다. 계시는 역사의 특수한 순간에 발생하는 일련의 사건들로 인식되지 않는다. 그것은 한 번 있은 행위다. 하느님이 인간에게 자연 이성을 부여한 행위가 곧 계시라는 말이다.

이러한 개념은 이미, 아리스토텔레스가 『형이상학』(*Metaphysics*)에서 전개한 신론(神論) 속에 예시되어 있다. 그가 보기에 신(Deity)은 움직이지 않는 동인이며, 영원하고 온전히 활동적이며 불변·부동하고 스스로 충족되며 다른 모든 것들로부터 전적으로 분리되어 있는 존재다. 그는 세상에 작용을 하는데, 스스로 활동하는 것이 아니라 세상이 그의 작용을 원하는 간절한 동경을 통하여 작용한다. 기계적으로가 아니라 최후의 원인으로서 작용한다. 신이 자신의 내부에 고요히 머물러 행하는 유일한 행위는 생각이다. 생각만이 그의 유일한 행위다. 신은 무엇을 생각하는가? 순수한 신의 생각은, 생각할 대상이 필요하지 않다. 생각 자체가 끊임없이 계속되고 불변하는 생각의 내용이다. 그것은 생각을 생각하는 것, 자의식이다.

우리는 예언자들의 생각이 이와 어떻게 다른지를 다음과 같이 살펴볼 수 있겠다. 앞에서 보았듯이 플라톤에게는 사물들이 초월자와 맺는 관계가, 현상이 이데아 속에 참여(metexis)하는 것으로써 드러난다. 선(善)은 다른 어떤 것도 필요하지 않다는 점에서 다른 모든 것들과 다르다. 아리스토텔레스는 이데아를 더 분명하게 명시했다. 신은 아무것도 필요 없으므로 벗도 필요하지 않고 또 실제로 없다. 더 이상 끌어올리거나 깎아내릴 여지가 전혀 없이 완벽한 자기 충족적 존재는 자기 자신이 아닌 그 어떤 것도 필요할 이유가 없다. 예언자들에게는 세계와 초월자의 관계가 하느님(정념)이 세계에 참여하시는 것으로써 드러난다. 세상과 맺은 그분의 관계는 자기 충족이 아닌 관심과 참여로 드러난다.

하느님이 자기 충족을 하는 존재라는 생각은 인간이 자기 충족을 하는 존재라는 생각으로 녹아 들어갔다. 인간이 스스로 평화와 완전함을 찾고 실존의 의미를 충족시킬 수 있다는 확신은 기술 공학의 발달과 함께 더욱 굳어졌다. 인간의 운명이 오직 그의 사회적 각성과 능력의 활용에 달려 있다는 주장이 강조되었다. 역사의 흐름은 협동과 이익 추구의 상승하는 조화 속에서 영구히 계속되는 과정으로 인식되었다. 인간은 너무나도 훌륭하므로 따로 어떤 초자연적인 안내를 받을 필요가 없다.

성경의 종교는 하느님이 인간에게 말을 건네는 것으로, 하느님이 인간과 계약을 맺는 것으로 시작된다. 하느님은 인간이 필요하다.[8] 인간에게 무관심하고 무감각한 최고 존재는 하나의 관념을 나타내기는 하겠지만, 이스라엘의 살아 계신 하느님을 나타내지는 못한다.

예언자들은, "야훼가 무슨 복을 주랴? 무슨 화를 주랴?(스바니야 1:12)" "야훼는 우리를 보지 않는다. 야훼는 이 땅을 버렸다(에제키엘 8:12; 참조, 9:9)" "야훼께서는 나의 고생길 같은 것은 관심도 하지 않으신다. 하느님께서는 내 권리 따위, 알은 체도 않으신다(이사야 40:27; 참조, 29:15; 시편 10:4; 14:2; 94:7)"고 말하는 자들과 공개적으로 논쟁한다.

도(道), 길

노자의 **도**(道) 또한 예언자들의 하느님관(觀)에 반정립을 이룬다. 도는 모든 사물이 나오는 궁극적인 바탕이요, 이름지어 부를 수도 없고 한정도 내릴 수 없는 현묘한 어둠이다. 도는 영원한 침묵, 끝없는 고요, 우주 질서의 변함없는 법으로서 만물 속에 깃들어 있다. 도를 따라 욕망에서 벗어나 자유로와지는 것이 인간의 최고 덕행이다. 인간은 모든 욕망과 기호를 버리고, 모든 탐욕과 열정을 포기하며 도의 겸허하면서 힘 있는 고요를 본받아야만 한다. 동요와 경망은 마땅히 피해야 한다. 모든 욕망으로부터 벗어나는 이 내면의 자유와 더불어 오는 것이 무위(無爲)의 삶, 즉 어떤 특별한 목적이 있는 행위의 부재다. 평온과 고요가, 도와 조화를 이루어 사는 삶의 전형적인 모습이다.

"하늘과 땅은 인(仁)을 베풀지 않는다. 모든 만물을 추구〔芻狗, 짚으로 만든 개로서 제사 때 쓰고 버림. 하찮은 것을 뜻한다─옮긴이〕로 여긴다. 성인(聖人)도 인을 베풀지 않는다. 백성을 추구로 여긴다(天地不仁以萬物爲芻狗, 聖人不仁以百姓爲芻狗)."[9] 도(道)가 있은 다음에 생겨난 하늘(有物混成先天地生)[10]은 다투지도 않고 말하지도 않고 부르지도 않지만 사람들이 스스로 그에게 온다(不召而自來).[11] 하늘에는 친절한 감정이 없다. 그러나 바로 그래서 가장 큰 친절이 하늘로부터 내리는 것이다. "천둥 벼락과 휘몰아치는 바람은 계획도 없이 닥쳐든다."[12]

유교의 최고 존재도 절대적인 거리와 냉담함을 지닌다. 유교는 인간이 하늘에서 그 성품을 내려 받았다고 보고 있으면서도, 덕을 이룸에 있어서 하늘과 인간의 교제를 별로 중요시하지 않는다.

하느님은 본질적으로 우주의 도리(道理)다. 역사의 흐름, 개인의 운명 속에서와 마찬가지로 자연계 현상 속에서도 작용하는 도리다. 그 도리는 비인격적이다. 하늘은 말하지도 않고 사람이 하는 말을 듣지도 않기 때문이다. 그것은 "우리의 것이 아닌, 의(義)를 만들어 내는 어떤 것"이다. 불변하는 도리 안에서 "인간의 운명은 그들의 행실에 따라 정확하게 결정된다." 그리고 "하늘에다 대고 그것을 바꿔 달라고 조르는 것은 쓸데없는 짓이다."[13]

이에 대조적으로, 이스라엘의 하느님은 법이 아니라 법을 주신 분이다. 그가 세운 법질서는 딱딱하게 굳어진 불변의 틀이 아니라 역사적, 역동적 실재며 드라마다. 예언자들이 외쳐댄 것은 그분의 침묵이 아니라 그분의 정념이었다. 그분의 길을 이해하려면 그분의 뜻에 복종해야만 한다.

정념과 카르마

힌두의 유명한 카르마(karma, 業) 교리를 예언자들의 사고에 대조되는 것으로 열거할 수 있을 것이다. 카르마 교리는 처음부터 윤회설을 강조하면서 모든 개인의 고통과 복락이 전생에 행한 업의 결과라고 주장한다.

엄격한 베단타 철학의 관점에서 보면, 카르마란 고통의 양이 거듭되는 윤회 전생을 통하여 저지른 잘못의 양과 똑같다는 응보의 법을 말한다. 카르마는 스스로 효능을 발휘하여 추호도 어긋남 없이 명백하게 자동적으로 작용한다. 그 어떤 신(神)에게도 이를 간섭하여 죄인들을 그들의 업보로부터 벗어나게 함으로써 아름다운 조절의 엄정함을 깨뜨릴 권리가 없다.

카르마와 그 뷔파카(vipāka), 행위와 그 열매는 서로 얽혀 있어서 풀어지지 않는다. 모든 행동, 말, 생각에는 필연적으로 결과가 따라온다. 행동은 어김없이 곧장 결과를 초래한다. 범죄에는 형벌이 따르고 선행에는 보상이 따른다. 이 모든 일이 신의 간섭 없이 이루어진다. 은총도, 자유도, 회개도, 속죄도 없다. 있는 것이라고는 다만 비인격적인 질서, 불가피하고 자동적인 응보가 있을 따름.

불교에서 말하는 교화란, 거듭되는 윤회 전생을 통하여 인과율(카르마)로부터 벗어나려고 하는 지극하고 오랜 싸움을 의미한다.[14]

카르마 교리와는 대조적으로 정념의 신학에서 보는 응보는 비인격적인 힘의 눈 먼 작용이 아니라 신성한 인격자(the divine Person)의 자유와 인간의 자유에 의하여 결정되는 것이다. 사람들이 저지르는 범죄의 깊이를 살펴볼 때, 인간의 처지가 하느님의 심판대 앞에 버티고 서 있을 수 없을 지경이라는 확신을 품게 된다. 그러나 인간이 자신의 행실로 말미암아 파멸을 당할 수밖에 없는 때에라도 하느님의 자비와 은총이 그들을 구원한다. 어째서 공의가 이 세상에 문자 그대로 적용되지 않는지, 하느님의 정념이 그 까닭을 설명할 것이다.

하느님에게 가는 길은 행위와 응보의 상호작용에 의해서만 통하는 것이 아니다. 하느님과 인간 사이의 여러 가지 다른 관계들—접근과 만남의 다양한 양태들, 또한 주체이신 하느님께 향한 인간 내면의 정향(定向)—이 정념이라는 개념에 의하여 가능해지고 타당해진다.

야훼께서는 자비하시고 은혜로우시며
화를 참으시고 사랑이 넘치신다…
우리의 죄를 그대로 묻지 않으시고
우리의 잘못을 그대로 갚지 않으신다.
높기가 땅과 하늘에 비길 수 있고
경외하는 자에게는 그 사랑 그지없으시다.
동에서 서가 먼 것처럼
우리의 죄를 멀리 치우시고
아비가 자식을 어여삐 여기듯이
야훼께서는 당신 경외하는 자를 어여삐 여기시니
우리의 됨됨이를 알고 계시며
우리가 한낱 티끌임을 아시기 때문이다.(시편 103:8, 10~14)

보상과 형벌 그 위에 하느님의 정념이라는 신비가 있다. 죄가 불가피하게
형벌을 초래하지는 않는다. 행위와 응보 사이에, "자비와 은총의 신, 좀처럼
화를 내지 아니하고 사랑과 진실이 넘치는 신(출애굽기 34:6~7)"이신 야훼 하
느님이 있다. 그분은 "사람이 한낱 고깃덩어리(시편 78:39)"임을 기억하신다.
실로, 예언자들의 중심 메시지는 돌아오라는 것이었다.

불의한 자는 그 가던 길을 돌이켜라.
허영에 들뜬 자는 생각을 고쳐라.
야훼께 돌아오너라,
자비롭게 맞아주시리라.
우리의 하느님께 돌아오너라,
너그럽게 용서해 주시리라.(이사야 55:7; 참조, 아모스 5:14; 호세아 14:14;
예레미야 3:14 이하, 에제키엘 18:21 이하; 23:11~21)

아마도 예언자가 하느님의 용서하시는 크신 능력을 강조한 다음, 이렇게 말한 것은 이 역설을 염두에 두었기 때문이리라.

> "내 생각은 너희 생각과 같지 않다.
> 나의 길은 너희 길과 같지 않다."
> 야훼의 말씀이시다.
> "하늘이 땅에서 아득하듯
> 나의 길은 너희 길보다 높다.
> 나의 생각은 너희 생각보다 높다."(이사야 55:8~9)

인간이 져야 할 책임은 확실하고 엄정하다. "웅덩이를 파는 자는 제가 그 속에 빠지고 돌을 굴리는 자는 제가 그 밑에 깔린다(잠언 26:27)." "저 민족들은 저희가 판 구덩이에 빠지고 저희가 친 덫에 걸리리라(시편 9:15)." 그리고 예언자는 이스라엘을 두고도 이렇게 말했다. "바람을 심어 회리바람을 거둘 것들(호세아 8:7)." 그러나 돌아서는 죄인한테 사랑과 친절을 베푸시는 하느님에게로 돌아가는 것은 어디까지나 사람이 할 일이요 할 수 있는 일이다. "거역하며 저지르던 죄악을 다 벗어버리고 새 마음을 먹고 새 뜻을 품어라. 이스라엘 족속들아, 너희가 죽다니 될 말이냐?(에제키엘 18:31; 참조, 예레미야 24:7; 시편 51)"

정념과 모이라

성경이 말하는 하느님은 세상 만물을 홀로 다스리는 지고의 야훼시다. 하느님의 개념을 절대적인 통치권자와 결합시키는 이 사고 방식은 다른 종교적 사고 방식들과 대조를 이룬다. 예컨대 제우스는 가장 높은 신으로 알려져 있지만 최고의 능력을 지닌 자로는 인식되지 않고 있다. 그의 아들인 사르페돈이 살해당할 지경에 처했을 때 제우스는 땅 위에 피를 비처럼 뿌렸다. 그

러나 그는 자신이 한 인간의 목숨조차 구해낼 수 없음을 알고 아들을 운명에 맡긴다.[15]

그리스 사상의 밑바닥에는, 모든 신들 위에 어렴풋하나마 비인격적인 모습을 한 운명(Fate, *Moira*)이 있다는 확신이 뿌리박고 있다. 그 운명은, 기술(technē)을 멸시하는 필연(anankē)으로 무장하고 복수의 여신들(Furies, *Erinyes*)을 짝으로 삼고 있다. 그에게는 시력과 지성이 부여되어 있기도 하고 그런 것들이 없기도 하다. 제우스 자신이 두려워한 것은 그 운명의 단호한 판결 능력이었다. 피티아[Pythia, 아폴로의 여사제―옮긴이]는 크로에수스에게, "신이라 해도 운명의 판결을 피할 수는 없다"고 말한다. 크로에수스는 그의 5대 선조가 저지른 죄로 인한 고통을 겪어야만 했다. "아폴로는 그 형벌이 크로에수스 생전에는 내리지 않고 그의 아들 대(代)로 지연되기를 간절히 바랐다. 그러나 그는 운명을 설득시킬 수가 없었다."[16]

그리스인들에게는 운명이 궁극적인 이데아요 신비였다. 그것은 신화론적인 개념의 옷을 벗긴 다음에도 여전히 그리스인들에게 강한 영향력을 행사하였다. 예를 들면 플라톤의 『티마이오스』(*Timaeus*)에서 하느님, 데미우르고스[Demiurgos, 세계를 형성하는 자―옮긴이], 섭리자, 영혼, 정신(nous)은 선(善)의 살아 있고 지적이며 목적이 있는 근원이자 대리자를 말한다. 그리고 신의 창조 행위에 대한 거역은 아낭케 혹은 물질(matter)의 눈 먼 반항에서 온다. 아낭케는 논리적인 필연이 아니라 아무런 목적도 추구하지 않으면서 떠돌아다니는 원인이다. 이 아낭케를 설득시키는 것이 정신, 데미우르고스 혹은 조물주의 할 일이다. 그러나 이 일은 완전하게는 이행되지 않는다. "이 세상에는 합리화되지 않는 '야만스런 사실'의 찌꺼기가 있기" 때문이다. 그러므로 창조적인 능력은 비합리적인 아낭케에 의하여 제한된다.[17] "신조차도 필연과 더불어 싸울 힘은 없다."[18] 플라톤은 특히 인간사에 관련하여 예정된 운명의 질서가 있음을 당연하게 여겼다. 그러나 그 운명이 누구 또는 무엇에 의하여 결정되는지는 설명하지 않았다.[19]

여러 문명들 속에서 우리는 인간이 그를 바로 이 생애에, 바로 이 시간과 공간에 뿌리내리도록 한 태초의 결정하는 힘에 예속된 존재라고 보는 기본적인 인식을 발견한다. 왜 인간이 태어났고 왜 바로 지금 여기에서 그의 인생이 굴러가는지, 이 수수께끼는 풀리지 않는다. 그것은 그의 운명(lot)일 뿐이다. 그리스인들은 그것(운명)을, 선과 악을 넘어서는 순수한 힘으로 경험했다. 운명은 변경되지 않고 비인격적이며 보이지도 않고 벼락처럼 내려친다. 미래는 과거와 같다, 이미 결정되어 있다.

"운명의 신비스런 힘은 무섭기만 하다."[20] 이것이 그리스 비극의 주조음이다. 인간은 그의 파멸을 미리 예정한 무서운 힘의 희생자로 묘사된다. 소포클레스의 「안티고네」에서는, "인간이 예정된 재앙으로부터 벗어날 길은 없나니 결코 기도하지 말라"는 합창이 울려퍼진다.[21] 스토아파는 운명이 온 우주에 속속들이 배어 있는 힘이라고 주장했다. 스토아파 학자들의 대부분은 운명이 섭리(Providence)와 동일하다고 보았는데, 클레안테스(Cleanthes)는 악의 존재를 설명하다가 운명에는 섭리가 미치지 않는 구석이 있음을 인정했다.

이와 비슷하게 메소포타미아 사람들도 필연(a Necessity)이 신들보다도 위에 있으면서 모든 것들을 다스린다는 생각을 했다. 그리고 신들을 지배하는 이 필연은 나아가서 온 인류 위에 군림하게 되어 있었다.[22] 그들은 "실존의 풍요함과 아울러 비참함을 표현하는, 흔히 고통받는 신들이라는 착상으로 이어지는 운명관을 발전시켰다."[23]

에집트인들도 예정된 운명이라는 분명한 개념을 지니고 있었다. 아마르나 왕조 때부터, 운명과 숙명(Fortune)은 모든 것을 다스리며 좌우하는 신들로서 개인의 자유를 억압한다고 생각했다.[24]

메소포타미아의 신전에서 싹이 튼 점성학은 로마와 그리스에 유행하면서부터 고대 문명의 지극히 중요한 요소가 되었다.[25] 사회의 모든 계층이, 하늘에 있는 별들의 움직임이 인간의 운명에 영향을 미친다는 운명론적 신앙에 물들어 있었다.[26] 고대로부터 중세에 이르기까지 뛰어난 인재들이 거기에 열렬한 충성을 바쳤으며 황제들조차 점성술에 호소하였다. 성경의 저자들이 이 신기한 미신에 영향받지 않았다는 사실은 놀랍기만 하다. 오히려 예언자

는 경멸하여 이르기를,

> 다른 민족들의 생활 태도를 배우지 말라.
> 다른 민족들이 보고 떠는
> 하늘의 조짐을 보고 떨지 말라.
> 다른 나라 사람들이 보고 떠는 것은 장승에 지나지 않는다.(예레미야 10:2)[27]

하느님의 정념은 운명을 믿는 신앙 또는 불가피한 필연이 인간사를 지배한다는 생각에 정면으로 반정립을 이룬다. 모든 결단을 잠정적인 것으로 만들고, 인간이 살면서 행하는 행위에 따라 바뀌기도 하는 역동적인 하느님의 정념은 운명을 정복한다. 최종적인 힘은, 인간이 체념 속에서 복종하는 도무지 알 수 없고 맹목적이며 악의까지 품고 있는 운명의 힘이 아니라 정의와 자비를 베푸시는 하느님이다. 인간은 그분에게로 돌아가라는 요청을 받고 있으며, 돌아감으로써 이미 판결된 내용이 바뀌게 할 수도 있는 것이다.

힘과 정념

일반적으로 종교를 해석하면서, 하느님이란 무엇보다도 "어떤 힘의 경험을 이름한 것"이라고들 주장한다. 그 힘은 신비스럽고 더 이상은 없는 극점(ne plus ultra)이다. 이런 해석은 다른 형태의 종교를 이해하는 데는 유효할는지 모르나 예언자들에게는 적용되지 않는다. 예언자들에게는 신성의 실재가 힘으로서가 아니라 정념으로서 감지되며, 하느님에 대한 가장 고상한 관념도 무한한 지혜나 무한한 힘이 아니라 무한한 관심이다. 그분은 남들을 잡아먹고 살지 않는 분으로서 남들을 보살피신다.

정념의 하느님은 이슬람의 하느님과도 대조적이다. 알라는 자비한 분이지만 철두철미 전능한 분으로서 그의 의지는 절대적이고 인간의 어떤 행실에 의하여 바뀌거나 제한받지 않는다. 그는 인간의 특별한 상황과 처지에 상관하지 않고 행동한다. 모든 것이 오직 그에 의하여 결정되는 까닭에 알라와 인간 사이에 오가는 것은 성경에서 보이듯이 대화 또는 상호 관계가 아니라 독백이다. 알라와 인간의 관계가 아니라 알라 자신이 이슬람의 중심이다. "코란은 알라를 인류의 아버지로 그리지 않는다. 그는 그 정도보다는 훨씬 더 높은 자리에 앉아 있다."[28]

예언자가 신성을 경험하는 경우에 그 궁극적인 대상은 하느님의 힘이 아니다. 그것은 누미너스[神靈]의 현묘함과 불가사의함도 아니고, 인간을 주목하여 살피며 인간에게 연민에 찬 반응을 보여주는 신성한 심성(心性, the Mind)이다. 예언자가 의식한 궁극적인 실재는 힘이 아니라 영(靈)이다.

신들의 악의

원시 종교에서는 신들의 힘이 계속되는 위협으로 느껴졌다. 그들이 인간과 접촉하는 것은 인간의 안녕을 도모하기 위해서가 아니며, 원시인은 항상 그들을 달래려고 애를 쓴다. 극히 드문 예외가 있긴 하지만, 인간은 신들의 변덕에 두려움과 종교의 힘을 가지고 매달려야 한다. 원시 종교의 특징이 '악마적 공포'다. 그것은 "나의 이성이나 나의 도덕에는 도무지 관심을 두지 않는 어떤 힘에 대한 공포다…공포, 전율, 공포로 말미암은 광기…이 모두 악마에게서 받는 것들이다. 이것은 세상의 절대적인 공포성, 우리 둘레에 거미줄을 치고 우리를 잡으려고 하는 알 수 없는 힘을 나타낸다…일어나는 모든 것들의 악의에 찬 부적절함, 삶의 바닥에 깔려 있는 부조리는 기억할 수 없는 까마득한 시절부터 이 세상에 거주해 온 온갖 무섭고 괴상한 도깨비들한테서 그 형태를 물려받았다."[29]

이 '악마적 공포'는 환상적인 신상(神像)들을 만들어내었고 신령스런 감정의 꽤 높이 발전된 형태들 속에서도 여전히 사라지지 않고 있다. "'악령' 숭배가 '신들' 예배로 대체된 지 오랜 뒤에도 이 신들은 숭배자들의 느낌에 여전히 '유령'으로 남아 있다."[30]

"선(善)을 하느님의 본질적인 속성으로 보는 관념은 조직된 예배나 기성 신앙 속에서조차 널리 받아들여지지 않았다."[31] 인도-유럽의 만신전(萬神殿)에 모셔진 신들은 도덕에 관심이 없다.[32] 지고신(至高神)들조차 악의와 잔혹성을 벗어나지 못하고 있으며 어떤 하등신(下等神)들은 악신(惡神)의 모습으로 등장한다. 예컨대 원시 힌두교의 루드라[33]와 인드라[34]가 그런 신들이다. 그들의 모습은 『바가바드 기타』(Bhagavad Gita)에서, 특히 박티(bhakti) 교리와 함께 비슈누가 자기에게 헌신하는 자들에게 은혜를 베푼다는 이야기가 기록되어 있는 11장에서 보게 되는 종교적 차원과는 전혀 다른 차원을 보여주고 있다.

붉은 악마로 알려진 에집트의 신, 셋(Seth)도 어둠의 힘이다. 그는 자연의 신인 자기 동생 오시리스를 살해한다. 오시리스는 처음에는 인간을 미워하다가 차츰차츰 인간에게 자선을 베풀게 되어 에집트인들에게 농사를 가르쳤다.[35]

트라키아의 신 아레스(Ares)는 사람들을 학살하고 마을들을 약탈하기를 즐기며 싸움을 위한 싸움을 좋아한다. 그는 여러 장소에서 숭배를 받고 뒤에 그를 향하여 강한 열정을 품었던 아프로디테와 결혼했다.

그리스의 종교에서 신들은 인간의 친구들로 여겨지지 않는다. 그리스의 저술가들은 신들의 복수심, 적의, 인색함을 끊임없이 비난한다. "호메로스의 시, 헤시오도스의 작품, 격언시들, 그리고 후대의 문학 작품들 속에 반영되어 있는 신인동형동성적(神人同形同性的) 종교의 신들은 모두 힘이 있고 인간과 멀리 떨어져 있으며 조금도 친절을 베풀지 않는다. 그들은 선을 베풀기도 하고 악을 베풀기도 하는데 다소 변덕스럽다. 그리고 죽음을 넘어설 희망이라고는 거의 없다…그 결과는, 비관주의가 아니라면, 적어도 피할 수 없는 것 앞에서 체념하는 태도다. 그리고 신들에 대한 두려움은 쉽사리 단순한 미신 혹은 공포로 바뀐다."[36]

사람들이 신들로부터 형벌을 받을 경우, 도덕적인 근거에서 받는 것은 아니다. 왜냐하면 신들도 그와 같은 죄를 범하고 있기 때문이다. 그들은 신들에게 대들었기 때문에 벌을 받는다. 영원한 형벌을 선고받은 소수자들—익시온, 티티오스, 탄탈로스, 시시포스—은 모두 제우스에게 모욕을 준 자들이다. 익시온은 헤라를 욕보였다. 여기에 내포된 유일한 패덕(悖德)은 제우스의 특권을 범한 것이었다. 시시포스의 죄목은 제우스의 음모를 드러냈다는 것이다. 프로메테우스의 신화는, 신들의 형벌이 어떤 동기로 이루어지는가를 보여주는 뛰어난 본보기다. 그가 저지른 범죄라는 것은, 신들에게만 부여된 힘을 인간의 손에 넘겨주려고 했다는 것이었다. 제우스가 분개하는 이유는 그의 독재가 중단되지나 않을까 하는 두려움 때문이었다. 시시포스 이야기가 말해주고 있듯이, 신들의 행위가 선하든 악하든 그것을 비판하거나 간섭하는 것은 인간의 몫이 아니다.[37]

시시포스는 지하 세계에서, 무거운 돌을 산정에 올려놓으면 굴러내리고 그것을 다시 올려놓는 일을 영원히 계속해야 하는 형벌을 받고 있다. 그가 이런 벌을 받는 이유는, 제우스가 자기 딸인 에기나를 강제로 옮겨다 놓은 장소를 아소포스에게 일러줌으로써 제우스를 모독했다는 것이었다.

호메로스의 시에 보면, 인간들이나 신들이나 모두가 자기 자신이 아닌 제삼자에게 저질러진 범죄에는 관심이 없다. 때로는 신들이 인간에게 범죄를 강요하기도 한다. 인간이 신들의 성격에 대하여 어떻게 생각했는지, 다음 한마디 말에서 알 수가 있다. "아버지 제우스여, 뭇 신들 가운데서 당신이 가장 심술궂나이다. 당신은 인간을 태어나게 하셨으나 그들에게 조금도 긍휼을 베풀지 않사옵고 오히려 그들을 비참한 궁지와 고통으로 몰아넣고 있나이다."[38] "스스로 쾌락을 누리려는 목적 아래 인류에게 행복과 불행을 주는 신이 제우스다."[39] "인간을 비참한 소용돌이에 던져 고통 속에서 살아가게 하는 것이 신들의 몫이다. 그러나 그들 자신은 슬퍼하지 않는다."[40]

자주 인용되고 있는, 인간이 잘못된 판단을 내리고 정의를 모독했으므로 제우스의 벌을 자초했다는 「일리아드」의 대목은 「일리아드」의 주제와 어울리지 않는다. 그런 견해는 헤시오도스에게서 흔히 발견되는 것이고 또 실제로 그와 같은 대목이 헤시오도스에 나와 있느니만큼[41] 「일리아드」의 그 구절이 헤시오도스에게서 따온 것이라는 결론은 "반박의 여지가 없을 듯하다."[42]

플라톤도 신들의 악한 모습을 말하고 있다.[43] 제우스의 힘과 의로움을 격찬한 아이스킬로스[Aeschylus, 525~456 B.C. 그리스의 비극 시인 ─옮긴이]조차 「묶여 있는 프로메테우스」라는 그의 비극에서 제우스를 인간의 적으로 그리고 있다. 프로메테우스는 문명의 가장 중요한 도구인 불을 선물함으로써 인류를 구했다. 아이스킬로스는, 제우스가 신들과 인간을 변덕스럽고 공정하지 못하고 추악하게 다스린다고 말하고 있다.[44]

소포클레스의 말을 들어보면 "제우스는 늘 새로 제정된 법에 따라 변덕스런 힘으로 세상을 다스린다." 그는 "신들 사이의 독재자"다. 그는 "기도를 들은 척 만 척하며" "무뚝뚝하고 무엇이 옳은지를 제멋대로 결정한다." 소포클레스와 헤로도토스 그리고 다른 사람들의 말을 들어보면, 제우스는 인간들에게 스스로 범죄를 강요해 놓고는 그 인간들을 벌한다. 또는 무고한 사람에게 헤아릴 수 없는 재앙을 제멋대로 내리기도 한다.

수메르-아카디아의 신들도, 인자한 엔키와 윤리적인 샤마슈라는 특출한 예외가 있긴 하지만, 대체로 인간에게 동정심을 베풀지 않는다. 사랑과 동정이 하는 역할은 거의 없다. "인간이란, 신들에게 먹을 것과 거할 곳을 제공하여 그들로 하여금 여가를 즐기며 살 수 있게 하는 것 외에는 별로 쓸모가 없는 거추장스런 존재였다."[45] "농노가 영주와 친밀한 관계를 맺는 일이 거의 없는 것과 마찬가지로 메소포타미아의 개인은 신들을 어떤 특별한 위기에 처했을 때에나, 그것도 중개인을 통하여 호소하는 대상으로서 멀리 떨어져 있는 힘으로 우러러보았다." 개인이 가깝고도 인격적인 관계를 맺을 수 있는 유일한 신은 그의 가신(家神) 또는 수호신이다. 사람들은 각자 다른 어느 신보다도 자기의 신에게 복종하고 그 신을 숭배했다. 집집마다 가신에게 매일 예배하고 제물을 바치는 작은 예배실이 있었다. 성읍이 약탈자에게 짓밟혔을 때에 사람들은 그 성읍의 신을 비난하였다. "이 성읍의 여신 니다바에게 이 부끄러운 멍에를 지워라!"[46]

신들의 질투

신들의 질투(phthonos)에 대한 관념은 그리스 사상에서 대단히 중요한 역할을 하고 있다. "신들이 인간에게 적당한 이유도 없이 재난을 내리고 자기네끼리 높은 자리와 특권을 두고 시새우며 심지어 다른 신들의 재물을 보고는 악의로 가득 차는 때가 있다"[47]고 그들은 생각했다. 페넬로페는 남편을 환영하는 자리에서 경계를 풀지 않은 것을 변명하며 이렇게 말한다. "저에게 화를 내지 마세요, 오디세우스…신들이 우리에게 슬픔을 주었고, 우리로 하여금 함께 젊은 시절을 즐기고 늙은 날의 문턱을 넘어서지 못하도록 시기한 것 또한 신들입니다."[48]

인간에게 떨어진 많은 악들이 신들의 질투에서 나온 것이다. 그들은 "질투를 앙심으로 바꾸고, 높은 지위에 오른 자들을 그들의 행복이 범죄로 이어지기 때문이 아니라 높은 지위에 올랐다는 이유 하나로 꺾어버린다." 핀다로스〔Pindar, 522?~443?, 그리스의 서정시인―옮긴이〕는 그의 한 송시(頌詩)에서, 승리자의 가족이 "신들의 앙갚음으로 고통을 당하지 않기를" 빈다.[49]

헤로도토스가 역사 기술에 착수한 동기들 가운데 중요한 하나가 바로 신들의 질투였다. 그는 신들이 인간에게 해악을 입히되 간혹 "어슴푸레한 행복"을 맛보게 하다가는 다시 파멸시켜 버린다고 믿었다. 그는 솔론으로 하여금, "나는 신들이 질투심으로 가득 차 있으며 우리의 운명을 괴롭히는 일을 즐기고 있음을 알고 있다"고 말하게 하는데 그 어조에는 조금도 불경스러움이 깃들어 있지 않다. "신들은 몹시 시새우며 인간의 정황을 괴롭히는 일을 즐긴다…그는 가끔 인간에게 지복(至福)을 내리는데, 다만 그것을 뿌리째 뽑아버리기 위해서이다."[50] "교만이 아니라 성공이, 오만이 아니라 높은 지위가 그를 자극한다. 그는 자기 자신 말고 그 누구도 위대해지거나 행복해지는 것을 좋아하지 않는다."[51] 인간에게 죽음이 삶보다 훨씬 더 좋은 까닭이 바로 이 때문이다.[52] "그러므로 헤로도토스는, 신들의 질투가 신의 정의라는 개념과는 조금도 어울리지 않는다고 생각한다. 다만 신들의 질투라는 것을 그리스와 페르시아의 전쟁이라는 더 큰 도식에 적용시킬 때 비로소 그는 그 속에 참된 윤리적 관념의 싹이 들어 있음을 발견하게 된다."[53]

"소포클레스, 헤로도토스 그리고 어쩌면 아이스킬로스까지도, 신들에게 까닭 없이 인간을 파멸시키려는 속성이 있다고 본다. 그들은 선한 자나 악한 자나 차별하지 않고 괴롭히는데, 그래도 신들에게 또는 이웃 피조물들에게 죄를 범한 자들은 다른 자들보다 더 많이 신의 진노를 산다. 그러나 신들이 똑같은 편애와 함께 분노를 퍼붓는 무리가 있는데, 많은 재물과 권력과 명성 또는 행복으로 사람들의 이목을 끄는 자들이 바로 그들이다. 그런 자들이 신들의 질투심을 불러일으킨다고 그리스인들은 생각했다."[54]

"여자의 배에서 난 인간이 어찌 신의 교활함을 능가할 것인가?"라고 아이스킬로스는 빈정댄다.[55] 로마의 시인들도, "신들이 공놀이하듯 인간을 가지고 논다"[56]고 주장한다. 베르길리우스도, "가차없이 화를 내는 잔혹한 쥬노"를 읊고 있다.[57]

이에 반하여 성경은, "그리스 비극처럼 제우스와 프로메테우스의 상극을 보여주지 않는다. 하느님은 까닭 없이 조리에 닿지 않는 질투를 하지 않는다. 그리고 인간이 무엇인가를 창조하기 위하여 반드시 하느님의 징벌을 각오해야만 하는 것도 아니다."[58]

제3장
정념의 철학

하느님의 정념에 대한 거부

2천 년이 넘도록 유다교와 그리스도교의 신학자들은 성경에 끊임없이 언급되고 있는 하느님의 정념에 대하여 매우 난처해 했다. 그들이 난처해 한 이유는 무엇이었던가? 왜 그들은 정념이라는 관념을 반대했던가? 그것은 그들이 고전적 그리스 사상에 뿌리를 둔 철학의 전제들을 받아들인 데서 연유했던 듯하다.

이 전제들을 앞에 놓고 그 타당성을 검토하며, 이 전제들이 나타내고 있는 특별한 철학적 관점을 밝히고 과연 그 관점이 진리로 가는 유일한 길인지 아닌지, 또는 어떤 다른 길이 있어서 궁극적인 실재를 좀더 그럴듯하게 밝혀주고 있는지 여부를 알아보는 것이 이제부터 우리가 할 일이다.

신은 피동일 수 없다

"그리스인은 언제나 열정을 경험할 때 그것이 신비하고 놀라운 어떤 것이라고 느끼고 자기 속에 있는 힘을 경험할 때에는 자기가 그 힘을 소유한 것이 아니라 그 힘이 자기를 소유했다고 느낀다." 호메로스의 영웅들과 고대의 사람들은 그런 경험을 **아테**(ate)로, "인간의 몸과 마음을 도구로 사용하는 악마(daemon)의 직접적인 역사(役事)로"[1] 해석하였다. 스토아 학파의 창설자인 제논(Zeno)의 스승, 크세노크라테스(Xenocrates)조차 인간의 모든 감정 특히 갑작스런 분노는 인간의 혼 안에 살고 있는 악한 영들에 의하여 생겨나는 것이라고 주장하였다.[2]

'정념'(파토스, pathos)이라는 단어 자체가 라틴어인 **파시오**(passio)와 함께 **파티**(pati) 즉 **당하다**(to suffer)라는 어원을 가지고 있는데, 인간에게 피해를 주는 어떤 일이 인간에게 일어나는 상태 혹은 상황을 뜻한다.[3] 이 단어는 열정(passions)과 함께 아픔이나 즐거움 같은 감정들을 나타내는 데도 사용되고 있다. 그런 감정들은 자아 밖에 있는 어떤 것에 의하여 일어나는 상태라고 이해되었으므로, 그 동안에 인간의 마음이 감정 또는 열정에 피동적으로 지배당하고 있는 것이다. 그렇게 외부의 영향을 받고 있는 인간은 자기 자신이 동인(動因)에게 의존된 관계 속에 갇혀 있음을 발견하게 되는데, 그것은 인과관계처럼 빈틈이 없는 관계다. 인간이 그런 상태에 처해 있음은 결국 그가 약자임을 말해주는 것이다. 인간의 존엄성은 그가 스스로 결단하여 행동하는 데서 찾아볼 수 있는 것이기 때문이다.

사람들은 처음부터 신은 그런 식으로 영향을 받지 않는다고 생각했다. 신(神, the Deity), 최고 원인은, 바로 자기 자신에 의하여 움직여진 어떤 것에 의하여 영향을 받거나 혹은 당하지 않는다. 신의 존엄성에 비추어, 신의 피동성은 있을 수가 없다. 바로 이 근거—제1원인(조물주)과 그의 존엄이라는 개념—에서 신의 정념은 부인되었다.

실제로, 아리스토텔레스는 물질로서의 물질(matter *qua* matter)을 피동의 원리(pathētikon)로 생각했다. "당하는 것(to suffer) 즉 움직여지는 것이 물질의 특성이다. 그러나 움직이는 것 즉 행하는 것은 다른 힘에 속한다."[4] 신(神)은, 행동이 바로 그의 본질인 하나의 원리다.[5] 스토아파 역시 신격(神格)에서 행동의 원리를 보고 물질에서 피동의 원리를 보았다.[6] 신과 능동력을 하나로 보는 스토아의 뒤를 이어 필로[Philo, A.D. 1세기경 알렉산드리아의 유다 철학자—옮긴이]도, "행동하는 것은 신의 전유품이다. 그 어떤 피조물에게도 이것을 돌릴 수 없다. 피조물의 전유품은 행동을 겪는 것이다"[7]라고 주장한다. 성경이 하느님의 것으로 기록하고 있는 숱한 속성들이 필로에 의하여 한 가지 속성, 즉 행동이라는 속성으로 환원되었다. 이 점에서 마이모니데스[Maimonides, 12세기의 유다 철학자―옮긴이]가 필로의 뒤를 잇는다.

필로가 보기에, 성경이 하느님과 다른 모든 존재와의 동일성을 부인하는 것은 하느님의 형체 없음뿐만 아니라 전혀 아무런 감정도 없음을 암시한다. 그렇다면 모세는 왜, "인간의 본성을 묘사하는 것과 같은 말투로 하느님의 질투, 분노, 성냄 등 비슷한 감정들을 언급하고 있는가?" 이에 대하여 필로는 이렇게 답한다. "그는 말하자면 위협하고 분개하고 때로는 가차없이 화를 내는 제1원인(the Supreme Cause)의 모습을 그림으로써 악을 멸절시킬 수 있기를 바랐다…어리석은 자에게 훈계가 먹혀들게 하는 방법은 그것밖에 없었다."[8] 성경이 인간적인 술어로 신의 존재를 서술하는 것은 인간을 교육하기 위해서다. 이렇게 인간을 교육하기 위하여 성경이 신인동형동성설(神人同形同性說)을 택하고 있다고 해석하는 것은 유다교와 그리스도교 문학에서 발견되는 문제 해결의 한 전형적인 방법이다.

감정에 대한 경멸

플라톤 철학의 주요 목적들 가운데 하나는 인간의 혼이 이중성으로 에워싸여 있음을 밝히는 것이다. 인간의 혼 속에는 신성(神性)에까지 닿도록 끌어올리는 요소가 있는가 하면 육신의 더러움으로 끌어내리는 힘이 있다는 것이다. 전자는 합리적이고 죽지 않는 성분이며 후자는 비합리적이고 죽는 성분이다. 왜냐하면 플라톤이 보기에 인간의 혼은 '되어감'(Becoming)이라는 낮은 세계와 '영원한 있음'(Being)이라는 높은 세계에 함께 예속되어 있기 때문이다. 그것은 두 세계의 특징을 아울러 지니고 있다. 이데아의 세계에 부합되는 합리적 요소와, 지각의 세계에 부합되는 비합리적 요소들―의지와 욕구―이 그것이다. 『공화국』(Republic) 제9권의 끝부분에서 플라톤은 인간의 복합된 본성을 직유 형식으로 설명한다. 그것은 머리가 여럿 달린 괴물, 사자, 인간의 모습을 하고 있다. 사자의 모습은 괴물의 모습보다 작고 인간의 모습은 사자의 모습보다 작다. 이 셋을 하나로 뭉쳐놓으면 그것이 바로 인간이다. 겉으로는 하나인데 속으로는 여러 힘들이 얽혀 있다. 우리 안에 있는 열정은 우리를 서로 다르고 반대되는 길로 끌고 당기는 밧줄과 끈 같다는 것이다.

플라톤은 인간의 혼이 세 가지 요소들, 즉 욕구와 충동과 합리라는 요소로 구성되어 있다고 본다. 개인의 합리적인 성분은 데미우르고스에 의하여 만들어졌고 비합리적인 성분은 더 저급한 신들에 의하여 만들어졌다. 전자는 나뉘지도 않고 죽지도 않는데 후자는 더 나은 부분과 더 못한 부분으로 구성되어 있다. 더 나은 부분은 에너지, 용기 그리고 야망으로 분출되며 더 못한 부분은 욕망, 식욕, 음식물 섭취로 기능한다.[9] 합리적인 혼은 인간 속에 있는 신의 힘으로서, 머리에 자리잡고 있다. 충동적인 혼인 마음(the heart)은 감정이 앉아 있는 자리다. 한편 탐욕적인 혼은 그 욕망과 열정을 거느리고 신체의 가장 낮은 부분으로 내려가 횡경막 아래에 자리를 잡는다. 각 요소는 나름대로 가치를 지니고 있으며 이 모든 요소의 조화가 바로 정의다. 그러나 역시 최고의 자리는 이성이 차지하고 있으며 마차를 모는 자로서 다른 요소들을 지배하고 다스린다.

아리스토텔레스는 플라톤에게 이의를 제기하여, 인간의 혼의 통일성을 가르친다. "인간의 혼이 나뉘어질 수 있어서 어느 부분은 생각을 하고 다른 부분은 욕망을 한다고 말하는 사람들이 있다. 만일 저절로 나뉘어지는 것이라면, 인간의 혼을 하나로 붙잡고 있는 것은 무엇인가? 그것이 몸뚱이가 아님은 분명하다. 오히려 반대로 혼이 몸을 하나로 잡고 있는 것 같다. 여하튼 혼이 떠나면 몸은 썩어서 사라진다. 그런즉 혼의 통일성이 다른 어떤 것에서 기인하는 것이라고 한다면 그 다른 어떤 것은 정확하게 말해서, 혼이라고 하겠다. 혼의 통일이 혼에 기인한다고 보지 못할 까닭이 무엇인가?"[10] 플라톤과 마찬가지로 아리스토텔레스도 지식을 최고의 덕목으로 본다. 감정은 합리적인 삶을 돕는 요소 또는 방해하는 요소다. 그러나 그 어떤 감정도 그 자체가 나쁘지는 않다. 그것들은 자연 그대로의 상태에 머물러 있고, 다만 윤리적인 것들이 되려면 훈련을 받아야 한다. 윤리는 지성과 훈련을 통하여, 욕망과 감정을 중용(中庸)의 자리에 가두어놓음으로써 이루어진다.[11] 아리스토텔레스는 과하게 정열적인 인간을 비난하는 것과 똑같이 감각이 없는 인간도 비난한다. 열정은 덕(德)도 아니고 패덕(悖德)도 아니다. 우리는 우리의 열정 때문에 칭찬들을 것도 없고 꾸중들을 것도 없다.[12]

스트라토[Strato, B.C. 3세기 그리스의 소요학파 철학자―옮긴이], 스토아파, 에피쿠로스파도 혼의 이중성을 부인했다. 스트라토는 인간의 혼을, 몸의 구석구석에 퍼져 있는 단일한 힘으로 보았다.[13] 스토아파는 혼의 완전한 동질성을 강조했다. 이성은 기본이 되는 힘으로서, 다른 모든 요소들이 이성의 부분 또는 파생이라고 그들은 주장했다.[14] 반면에 에피쿠로스파는 인간의 혼이 육체적인 것이라고 가르쳤다. 그것은 몸이며 몸의 부분이다. 몸과 혼은 실질적으로 하나다.[15]

그러나 플라톤이 생각한 것들 가운데 한 가지는 후학들한테 그대로 받아들여졌고 나아가서 스토아파는 그것을 발전시켰다. 인간의 영혼을, 위층에는 이성이 살고 아래층에는 감정이 사는 이층집으로 보는 견해가 그것이다. 이 두 거주자는 그 길과 방법이 서로 다르다. 이성은 감정적인 삶과 섞이지 않고 날카롭게 대립한다. 감정은 인간의 동물성에 속하고 이성은 인간의 신성에 속한다. 감정은 제멋대로고 다육질(多肉質)이며 악과 재앙의 근원이다. 이성은 질서요 빛이며 인간을 동물의 차원보다 더 높은 데로 끌어올리는 힘이다.

이렇게 이성을 선호하였기에 그리스 철학은 신의 본성에서 모든 감정을 몰아낼 수 있었고 동시에 사유와 명상을 신의 것으로 돌릴 수가 있었다. 크세노파네스[Xenophanes, B.C. 6세기 그리스의 자연철학자, 엘레아 학파의 선구자―옮긴이]는 신이 사유만으로 모든 사물을 움직인다고 보았다.[16] 엠페도클레스(Empedocles)는, "신은 거룩하고 말로 표현할 수 없는 마음(mind)으로서, 그의 번개같은 생각으로 온 우주를 관통한다"고 한다.[17] 아낙사고라스

(Anaxagoras)와 다른 학자들의 말을 빌면, 그는 최고 정신(nous) 또는 우주의 마음이다. 그리고 플라톤한테도 신은 정신이며 그의 존재의 핵심은 사유다.[18] 그는 기쁨과 슬픔을 넘어선다.[19]

무감각한 신의 완벽한 본보기가 바로 아리스토텔레스의 신이다. 아리스토텔레스의 신은, 다른 모든 것을 움직이게 하면서 자신은 움직이지 않는 제1원인으로서 정념도 없고 아쉬운 것도 없다. 영원히 스스로 자기 속에 머물면서 그가 하는 유일한 일은 생각하는 것인데, 그 생각은 생각을 생각하는 생각이다. 모든 사물에 무관심한 그는 자기 자신 말고는 그 어떤 것도 생각하지 않는다. 사물들은 그를 그리워하여 그 동경으로 말미암아 움직이는데, 그러나 여전히 떨어져 있다.

그런즉 신에게서 무슨 덕행이, 비록 정의로운 행동이라 하더라도, 나온다는 것은 있을 수 없는 일이다. 행위라는 것은 신에는 덧없고 무가치한 것이다. "여전히 모두들 자기가 살아 있고 따라서 움직이고 있다고들 생각한다. 우리는 그들이 엔디미온[달의 여신 셀레네의 사랑을 받아 영원히 잠들어 있는 양치기 소년―옮긴이]처럼 잠자고 있다고는 생각할 수가 없다. 이제 우리가 살아 있는 한 존재로부터 행동을 제거한다면 남아 있는 것은 명상밖에 무엇이 있겠는가? 그러므로 하느님의 행위는 다른 모든 것을 능가하는 명상이 아닐 수 없다."[20]

카르네아데스[Carneades, B.C. 2세기 그리스의 철학자―옮긴이]는 신에게 그의 본성과 모순되는 속성을 부여하지 않는 한 살아 있고 합리적인 존재라고 생각할 수 없다는 논증을 폈다. 만일 신이 무한하다면, 그가 어떤 성질을 소유하고 인격적인 생명을 살아간다고 생각할 수는 없다. 신의 본성을 제한하지 않고는 인격적인 속성을 그에게 부여할 수 없기 때문이다. 그를 살아 있는 존재로 생각하는 데도 마찬가지 모순이 있다. 모든 살아 있는 존재는 여러 부분들과 열정으로 구성되어 있고 그러므로 파괴될 수가 있기 때문이다. 비슷한 이유로 우리는 그에게 덕이나 지성이 있다고도 말할 수 없다. 신에게 느낌이 있다는 가정은 신성(神性)이라는 관념과 공존할 수가 없다.[21]

중세기 유다 스콜라 학파 역시 신에게 인간의 성질을 문자 그대로 작용시킬 수 없다는 철학자들에게 동의했다. 유다 할레뷔[Judah Halevi, 11세기 스페인의 유다인 시인·의사·철학자—옮긴이]조차도, 자비와 동정은 영혼의 나약함과 본성의 조급함을 드러내는 표징으로서 하느님의 속성으로 보아서는 안 된다고 했다. "그분은 정의로운 심판관이시다. 그분은 당신의 본성을 조금도 바꾸지 않고 누구에게는 동정하고 누구에게는 화를 내는 일이 전혀 없이, 이 사람에게는 궁핍을 내리고 저 사람에게는 부를 내린다."[22]

마이모니데스는 육체성이나 피동성을 함축하고 있는 그 어떤 속성도 하느님에게 적용시킬 수 없다고 했다. 모든 피동성은 변화를 암시하기 때문이다. 변화를 일으킨 자는 변화를 당한 자와 동일할 수가 없다. 만일 하느님이 다른 무엇엔가에 의하여 영향을 받는다면 이는 하느님 말고 다른 무엇이 있어서 그에게 행위를 하고 그를 변화시킨다는 말이 된다. 마이모니데스는 "모든 열정[passion, '수동적'이라는 뜻도 포함된 말임—옮긴이]은 악하다"는 스토아파의 견해를 받아들여, 하느님의 어떤 속성을 기술하고 있는 성경의 구절들을, 그분의 본질의 성품을 서술한 것이 아니라 그분의 일을 이해하기 위한 인위적인 방법들이라고 해석한다. 따라서 그분이 동정을 베푸신다는 말은, 문자 그대로 그분이 동정심을 느낀다는 뜻이 아니라 우리가 동정심을 느껴서 무슨 일을 하는 것과 비슷하게 당신의 피조물에게 행하신다는 말이 된다.[23] '아픔' 또는 '슬픔'이라는 술어도 하느님에게 적용될 경우에는 마찬가지다.[24] 크레스카스[Crescas, 14세기 스페인의 유다 철학자—옮긴이]는 오직 사랑만이 하느님의 속성일 수 있다고 본다. 사람이 마땅히 하느님을 사랑해야 하듯이, 하느님도 사람을 사랑하신다는 것이다.[25]

스피노자는 "신은 열정으로부터 자유롭다. 그는 즐거움이나 슬픔 따위 어떤 감정에도 영향을 받지 않는다"는 전제의 결론으로, "엄격하게 말하자면, 신은 사랑하지도 않고 미워하지도 않는다. 신은 아무도 사랑하지 않고 아무도 미워하지 않는다"[26]고 주장한다. 그러므로 만일 우리가 하느님을 사랑한다면 우리는 하느님이 우리의 사랑에 보상해 주시기를 바라서는 안 된다. 왜

나하면 그렇게 할 때 그분은 우리의 기쁨이나 슬픔에 영향을 받아 움직임으로써 당신의 온전함을 잃게 될 것이기 때문이다.

정념과 냉정

스토아파는 열정, 충동, 욕망―넓은 뜻의 감정들―을 불합리하고 부자연스러우며 악의 근원이라고 보았다. 바르게 살아간다는 것은 감정을 이성으로 다스리고 의지에 따라 행동하는 것이었다. 정념은 사람이 스스로 결단하는 일에 가장 큰 위험을 주는 것이며 그런가 하면 '냉정'(冷情, apathy)―모든 감정을 억압함―은 가장 훌륭한 도덕적 사명으로 생각했다.

스토아 학파에서 위대한 이상으로 여겼던 냉정함(apatheia)의 교리는 상당히 일찍부터 알려져 있었던 것 같다. 플라톤이 이 극단적인 교리를 반박하고 나섰다. "나는 알고 싶다. 과연 우리들 가운데 누가, 지혜와 마음과 지식과 모든 것에 대한 기억을 가지고 있으면서 즐거움이나 아픔을 느끼지 못하고 이런 유사한 감정에 전혀 무감각한 상태로 살아가기를 기꺼이 용납할 것인가?"[27]

견유학파(犬儒學派)에도 냉정함이라는 이상으로 쏠리는 경향이 있다. 그러나 철인(哲人)에게 모든 감정으로부터 자유로울 것을 요구한 사람은 스토아의 창시자인 제논이었다. 사람의 지혜는 그가 자신의 열정과 어떻게 관계 맺고 있느냐에서 드러난다. 자신의 행동을 정복하는 것이 곧 세계를 정복하는 것이다.

제논은 정념을, "인간의 혼 속에서, 이성과 혼의 본성 자체를 반대하는 움직임"으로 정의내렸다.[28] 제논이 인간의 혼 속에 비합리적인 요소 또는 부분이 있어서 그리로부터 정념이 나온다고 본 데 반하여 크리시푸스[Chrysippus, B.C. 3세기 그리스의 스토아 철학자―옮긴이〕는 그런 부분의 존재를 부인하였다. 인간의 혼 속에는 오직 이성이 있을 뿐이요 다른 아무것도 없다. 정념은 판단의 착오에서, 선과 악에 대한 착각에서 오는 것이다. 왜냐하면 열정에 빠질 경우 모든 것을 한정된 관점에서 판단하게 되기 때문이다. 예컨 대, 돈에 미치는 것은 돈이 바람직한 것이라는 생각이 있어서다. 이와 같은 철저한 주지주의(主知主義)는, 앎이 덕이라는 소크라테스의 견해에 심리학 적 바탕을 마련해 주었다.[29] 감정과 열정은 자기 결단과 혼의 조화를 무너뜨 림으로써 정신 건강을 해치고, 그 속에 빠져버리면 마침내 영혼이 고질병에 걸린다.[30]

크리시푸스는, 감정 ─분노 혹은 동정─이 사람의 혼이 살아가는 데 반 드시 필요한 부분이며 적절한 한계 안에 머물러 있도록만 하면 바르게 살아 가는 데 도움이 된다는 소요학파(逍遙學派, Peripatetics)의 주장을 부인하였 다. 그는 덕을 아는 지식은 감정의 도움 없이도 그것 자체로 충분하다고 주 장했다. 나아가서 감정을 적절한 한계 안에 가두어놓는다는 말은 감정이 무 엇인지를 모르고 하는 말이다. 감정은 한계를 모른다. 감정을 통제하는 것 으로는 충분하지 못하다. 감정은 철저히 근절되어야 한다.[31] 왜냐하면 감정 은 조절하는 것보다 뿌리 뽑는 것이 더 쉽기 때문이다.[32] 참된 덕은 감정이 더 이상 없는 데서만 존재할 수 있다. 지혜로운 사람은 냉정의 경지에 이르 도록 애써야 한다. 감정으로부터 완전히 해방되도록 노력해야 한다.[33] 그는 감정이라고는 조금도 없어서 화를 내지도 않고 겁내거나 불쌍한 마음을 품 지도 않는다.[34]

후기 아리스토텔레스 학파, 에피쿠로스 학파, 회의론자들, 스토아파는 모 두 행복이란 외부의 사건들이나 상황과 상관없는 순전히 마음의 상태라는 데 동의했다. 그리고 유일한 행복은 마음의 평화 혹은 정신적인 안정, 냉담 함에서 오는 것이라고들 했다. 외부의 여러 요인들과 내부의 감정에서 솟아 나는 온갖 동요를 피함으로서 냉정을 지킬 수 있을 것이다. 지혜로운 자는 **냉정**(apatheia, 감정과 열정이 없음. 감정과 흥미를 돋구는 것에 대한 무관심)과 **절대 주권**(autarkeia, 독립, 자기 충족)을 얻기 위해 애써야만 한다. 자기 충 족을 이루고 스스로 자기 속에 철수함으로써 그는 외부의 상황에 면역이 되 어 마침내 주변에서 일어나는 일들의 영향을 받지 않게 될 것이다. 격정을 숫구치게 하는 그릇된 생각이나 편견은 사람이 외부의 일에 의존하고 있기 때문에 생겨나는 것이다. 냉정을 획득함으로써 현명한 사람은 모든 감정을 근절시킨다.

그리스인들이 고전적인 이상으로 삼은 것은 개인의 실존에서 내적인 조화를 이루는 것이었다. 그것은 이성이 충동을 통제해야 한다는 요구 사항을 함축하고 있다. 그러기에 그들은 눈앞의 쾌락을 물리침으로써 얻는 자기 통제 능력(sophrosyne)을 기본적인 덕(德)으로 생각했던 것이다. 위에서 살펴보았거니와, 제논은 그의 냉정에 관한 교리에서 감정과 열정의 완전한 근절을 윤리적인 전제조건으로 삼았다. 다른 학파들도, 이처럼 철저한 견해에는 반대했지만 역시 악의 뿌리가 인간의 비합리적인 행위 속에서 발견된다는 사실은 인정했다.[35)]

인간의 혼이 이중으로 구성되어 있다는 생각은 오랜 세월 유행하였고 서양 사상에 깊숙이 침투되었다.[36)] 신학이 이 이원론을 받아들이게 되자 신에게 사유하는 힘만 남겨두고 감정의 세계를 모두 배제해 버렸다. 인간에게 요구되는 것은 하느님 안에서 충족되어야 한다. 하느님의 무감정(apathēs to theion)은 유다교와 그리스도교 신학자들의 신론에 기본적인 원리가 되었다. 열정이 인간 내부의 부자연스런 어지럼힘이라면 그러니까 더군다나(a fortiori) 그것은 하느님 안에 존재할 수 없다.

서양 도덕론과 냉정

플라톤의 이원론적 개념과 특히 스토아파의 감정에 대한 경멸은 그 후대의 도덕적, 종교적 사유에 깊은 영향을 미쳤다. 도덕은 자주 열정의 억압, 이성에 의한 욕망 억제와 동일시되었다. 열정과 악덕, 감정과 나약함은 흔히 동의어로 사용되었다. 그리고 이성과 무자비함, 지식과 악은 서로 배타적이라는 주장이 묵계로 통한 듯하다.

도덕 철학의 역사에서 스토아파의 윤리적 관념만큼 오래 영향력을 행사한 학설은 없다.[37] 유다교와 그리스도교의 도덕론은 스토아파의 이상과 유착하는 경향을 보이고 있다. 그리스도교와 세속의 윤리에서는 냉정함이 도덕적 탐색에서 항로를 안내하는 별 노릇을 해왔다. 알렉산드리아의 클레멘트[Clement of Alexandria, 2세기의 초기 그리스도교 교부—옮긴이]는, 열정으로부터 완전히 해방되는 것이 요지부동하는 하느님처럼 되는 것과 거의 같다고 했다. 완전한 인간은 용기, 두려움, 유쾌함, 분노, 질투 피조물에 대한 사랑 등 모든 애착(affections)을 넘어서 있다고 그는 말한다. 냉정함에 대한 클레멘트의 교리는 그리스도인의 이상적인 삶의 틀을 만드는 데 큰 공헌을 했다.[38] 자신의 열정을 근절시킨 사람이 성자로 인정받았다. 데카르트까지도 감정과 열정이 마음을 어지럽힌다고 보았다. 그런 어지럽힘 속에서 마음은 수동적이기 때문에, 분명하고도 확실한 지식을 통하여 마음을 그런 상태에서 해방시키도록 노력하지 않으면 안 된다.[39]

스피노자도 같은 스토아파의 이상을 가르쳤다. 그는 감정을 "뒤섞인 관념들"로 정의하고, 열정은 그것의 정체를 앎으로써, 모든 사물들의 필연적인 체계를 이해함으로써 극복될 수 있다고 생각했다. 그의 『윤리학』(Ethics) 제4권은 '인간의 속박 혹은 감정들의 힘에 관하여'라는 제목을 달고 있다.[40]

칸트는 도덕적인 삶으로부터 충동과 기호를 추방하려고 했다. 의무는 의무 그 자체를 위하여, 법에 대한 공경심에서 이행되어야 한다. 결코 어떤 기호 또는 열정으로 하는 것이어서는 안 된다. 열정은 순수한 실천이성에 치명적인 상처를 입힌다. 그것은 예외 없이 악하다.[41] 칸트는 말한다. "냉정의 원리는, 그것에 따라서 현자가 결코 감정에 굴복하지 아니하고 자기 친구에게 닥친 불행에 대하여 동정을 느끼는 일까지도 없게 되는 바, 스토아 학파의 정확하고 탁월한 도덕" 원리다. 감정은 사람을 (정도의 차이는 있겠지만) 눈멀게 하기 때문이다.[42]

이 칸트의 견해에 헤겔이 도전했다. "충동과 열정은 인간의 모든 행동을 살아 있게 하는 피다…우리는 그 어떤 위대한 일도 열정 없이는 이루어지지 않았다고 단언할 수 있다." 칸트의 잘못되고 추상적인 견해는 인간의 마음을 독자적인 '요소들'로 떨어뜨려 놓은 데 근거한다고 그는 주장한다. 칸트에 따르면 '실천이성'과 '지상명령'은 여기 이쪽 편에 있다. 충동과 기호는 이것들 너머 저쪽 편에 있으면서 늘 실천이성과 싸우지만 어떤 경우에도 독립되어 있다. 그러나, 바로 이 충동들 속에 '실천이성'이 함축되어 있으며 그것들 자체가 실천이성의 아직 완성되지 못하고 개발되지 못한 형태임이 밝혀지면, 그와 같은 추상적인 견해는 이내 불가능해진다.[43]

이성과 감정

우리는 이성과 감정 사이에 그 둘을 갈라놓는 단호한 금을 긋는 훈련을 받아왔다. 이성은 순수하게 자연 발생하는 것으로, 추론하여 단정을 내리고 논리의 척도를 따라 개념들을 정의한다. 반면에 감정은 순수하게 수용적인 것으로서 대상에 대한 인식이나 진술이 포함되지 않은 하나의 느낌이다. 그러나 이런 대조는 종교 경험에 적용시킬 경우 반드시 그렇다고 하기가 어렵다. 과연 종교적 사유는 그 밑바닥에 소용돌이쳐 흐르고 있는 감정의 흐름과 완전히 분리될 수 있는 것일까? 종교적 이성은 단순한 사유 이상이고 종교적 감정은 단순한 느낌 이상이다. 종교적 경험에서는 자연 발생과 수용이 서로를 내포하고 있다. 감동적인 삶 속에는 이성이 전혀 없는 것일까?

참으로, 만일 감정이 비이성적이라면 그것은 인간의 사유를 왜곡시킬 것이다. 그러나 이성이 감정적일 수 있듯이 감정도 이성적일 수 있다. 그리고 인간의 원리를 순수하게 지키기 위하여 삶 속에 박혀 있는 감정의 뿌리를 억눌러야 하는 것도 아니다. 수용과 자연 발생은 서로를 함축한다. 둘을 갈라놓으면 둘 다 상처를 입는다.

이성은 객관화하려는 능력 또는 비인격적인 술어로 생각할 수 있는 능력이라고 정의내릴 수 있을 것이다. 인격적인 술어로, 또는 주관적으로 생각하다 보면 우리는 하느님의 본성에서 이성을 배제시키고 오직 감정만을 그에게 돌려야 할 것이다. 하느님 안에서 비인격적 추론을 하는 것은 신성이 결여된 관념들 속에서 작업하는 것을 의미한다. 나아가, 순수한 이성은 구체적인 사실을 하나의 추상적인 개념인 양 이해하고 특수한 존재를 일반화라는 술어으로 이해한다. 그러나 성경을 보면, 인간이 하느님에게 하나의 추상적인 관념이 아니고 그분의 심판 또한 일반화 작업이 아닌 것이 바로 하느님의 위대하심이다. 오히려 추상이 아니라 구체적인 사실로서 인생을 실현하려면, 인간은 그를 느껴야만 하고 그를 감정적으로 깨달아야만 한다.

하느님이 인간의 곤궁에 대하여 진지하게 손을 쓰신다고 하기보다 감정적으로 눈 먼 소경이라고 주장하는 것이 그분의 위엄에 대한 우리의 생각에 더 잘 어울리는 것일까? 하느님을 방관자가 아닌 동참자로 인식하고, 인간을 하느님의 머릿속에 있는 한 관념이 아닌 관심으로 이해하려면 하느님의 정념이라는 범주를 연루시키지 않을 수가 없다. 성경의 정신에는, 멀리 떨어져 있으며 감정이 없는 하느님이란 아무래도 낯선 생각이다.

성경이 보는 감정

인간의 감정 생활에 대한 그리스식 이해를 지배한 관념들이 히브리식 사유에 대한 우리의 이해에 영향을 미치게 해서는 안 된다. 성경은 육체와 영혼의 이분법도 모르고 육체, 영혼, 정신의 삼분법도 모르며 영혼 속의 삼분법도 모른다. 내면 생활에 계급을 만들지도 않고 영혼 내부에 칸막이를 세우려고 하지도 않는다. "성격과 작용하는 기능으로서의 혼의 전부"[44]인 마음(the heart, 혹은 가슴)은, 모든 내적인 기능과 감정과 지식이 함께 앉아 있는 자리다. 다른 말로 표현하면, 마음(the mind)은 동떨어져 있는 하나의 멤버가 아니라 그것 자체가 열정으로 변모된다. 왜냐하면 그 둘은 "서로 나뉘어서 거리를 두지 않고, 열정과 이성은 마음이 더 낮게 혹은 더 못하게 변모된 것일 따름"[45]이기 때문이다. 성경에는 열정이 혼의 동요 또는 나약함을 뜻한다는 견해도 찾아볼 수 없고,[46] 열정 자체가 악하다거나 그러한 열정은 옳은 생각 또는 옳은 삶과 양립할 수 없다는 전제도 별로 찾아볼 수 없다.

율법서에도 예언서에도 욕망이나 열정이 부정되어야 한다는 암시가 없다. 고행주의는 성경 인물들의 이상이 아니었다. 악의 뿌리는 열정 속에, 고동치는 가슴 속에 있지 않고 오히려 굳어진 가슴에, 그 냉담과 무감각 속에 박혀 있다(309쪽을 보라). 성경의 저자들은 감정이나 열정을 말소시키기는커녕 오히려 그것들을 위로부터 받은 영감으로, 더 높은 힘의 반영으로 생각했다. 성경에는 감정에 대한 경멸도, 냉담에 대한 찬양도 없다. 정념, 감정적인 몰입, 열정적인 참여는 종교적 실존의 한 부분이다. 시인들의 부르짖음은 감정의 폭발이다. 예언서를 읽다보면 우리는 그들의 열정과 활기 넘친 상상에 감동을 받게 된다. 그들의 우선 목적은 인간의 혼을 움직이는 것, 담대하고 힘찬 모습으로 시선을 모으는 것이다. 그러므로 예언자들은 어떤 생각을 냉정하게 시인하는 것이 아니라 열정과 상상력으로 말을 토하는 것이다.

스토아파 성인(聖人)에게는 냉정이 이상적인 상태다. 예언자에게는 동정(同情, sympathy)이 이상적인 상태다. 그리스인들은 행복과 고요가 신들에게서 나온다고 보았다. 예언자들은 하느님이 관심과 동정심으로 세상과 관계를 맺는다고 생각했다. 니체가 일찍이 말한 대로, "구약의 몇몇 이들보다 더…아름답게 죽음의 위엄과 정열의 신성화(神聖化)를 표현한 자는 없었다. 그리스인들도 이들에게 가서 배울 바가 있었으리라."[47]

유다인에게는 야훼에 대한 외경(畏敬, yirath hashem)이 그리스인에게는 자기 통제의 능력(sōphrosynē)이고 인도인에게는 최고 신에 대한 믿음과 사랑(bhakti)이다. "야훼를 경외하는 것이 지혜의 근본"이라고 「시편」의 저자는 말한다(111:10). 열정을 피동으로 보는 것이 성경 인물들의 경험에는 좀처럼 맞아떨어지지 않는다.[48] 성경은 열정을 원동력으로, 샘으로, 자극으로 여긴다. 위대한 일은 기(氣)가, 정념이 가득 찬 사람들에 의해서 이루어진다.

이와 같은 확고한 견해로 보면 정념이 더 이상 누명을 쓰지 않게 되고, 하느님 이해에 있어서 정념이라는 관념을 피할 이유가 없어진다. 정념은 더 이상 내적인 속박, 충동의 노예가 되거나 열정에 종속되는 것이 아니라 오히려 사람과의 관계 속에서만 느껴지는 자발적이고 교감적인 감정이다. 냉정하고 금욕적인 하느님은 성경의 인물에게 위엄이나 장엄이 아니라 빈곤과 허무를 잔뜩 안겨줄 따름이리라. 후대의 종교 철학은 다만 제멋대로 하는 풍유(諷諭) 작업을 통하여 성경에서 냉정한 하느님을 억지로 찾아낼 수가 있었다.

추상으로 생겨난 신에 대하여 이론 작업이 시작되는 순간부터, 신은 너무나도 장엄한 고로 이 작은 행성에서 일어나는 사소한 사건들에 영향을 받을 수 없다는 생각이 줄기차게 내려왔다. 추상의 신은, 고독하게 영원의 광휘 속에 거하는 높고 힘 있는 제1원인으로서 인간의 기도 따위에 귀를 기울이지 않는다. 그리고 자신이 존재하도록 작용해서 존재하는 어떤 것에 영향을 받는다는 것은 신의 품위에 어울리지 않는 일이다. 이것은 사랑보다 자존심을, 자비보다 범절을 강조하는 교리적인 존엄이다.

움직이지 않는 제1동인(primum movens immobile)과 대조적으로 예언자들의 하느님은 당신의 피조물들을 돌보고 이 세상에 대하여 늘 생각한다. 그분은 인류 역사에 참여하고 인간의 행위에 영향을 받는다. 영원한 하느님이 시간 속에서 일어나는 일에 관심을 둔다는 것은 유례가 없는 학설이다.

> 지극히 높으신 이, 보좌에 영원히 앉아 계시는 이,
> 거룩하신 분이라 불리는 이께서 말씀하신다.
> "나는 높고 거룩한 보좌에 앉아 있으면서도
> 얻어맞아 용기를 잃은 사람들과 함께 살며
> 잃은 용기를 되살려주고
> 상한 마음을 아물게 해주리라." (이사야 57:15)

하느님의 위엄은 그분이 감정을 나타내실 수 있음을 뜻한다. 성경의 눈으로 보면 감정을 표하는 순간들이 사색하는 행위 못지 않게 신령하다.

인류학적 의미

　하느님의 정념이라는 관념은 또한 인류학적 의미를 지니고 있다. 그것은 하느님께 대한 인간 쪽의 관련이다. 성경은 하느님께 대한 인간의 관련을 부정하는 것은 인간에 대한 하느님의 관련을 부정하는 것과 마찬가지로 인정할 수 없다고 본다. 이 원리는 하느님이 인간 역사 속에 참여하심에 대한 근본적인 확인, 이 세상에서 일어나는 사건들이 그분에게 관련되어 있고 그분의 반응을 불러일으킨다는 확신에 이르게 한다. 하느님이 실제로 고통을 겪으신다는 사실이 이를 극명하게 보여준다. 예언자들의 확신, 그 밑바닥 중심에는 하느님이 세상일에 관심을 두신다는 분명한 사실이 박혀 있다.

　하느님의 정념이라는 관념은, 이렇게 역사와 인간 행실의 의미에 연루된 것에서 한 걸음 더 나아가 인간 본성에 대하여 더 고상한 평가를 내리게 한다. 인간의 몸과 영혼이 지닌 고귀한 존엄성과 신성함에 대한 의식은 유다교와 그리스도교의 전통에서 신인동형동성설이 그토록 발전한 까닭을 설명해 준다. 신인동형동성설을 철저하게 반대하는 데는 그와 같은 의식을 부정하는 일이 한 몫을 감당했던 것이다(358쪽을 보라).

　인간이 하느님의 형상으로 창조되었다는 선언과 "나 야훼 너희 하느님이 거룩하니 너희도 거룩한 사람이 되어라(레위기 19:2)"라는 계명은 **신의 형상을 한 인류학**(theomorphic anthropology)이라고나 부를 수 있는 것을 가리키고 있다. 영혼, 생각, 느낌, 열정까지도 자주 하느님이 고취한 것들로 여겨진다. 하느님의 정념을 신인동형설적인 것으로 생각하는 것보다 예언자의 열정을 신의 열정과 비슷한 것으로 서술하는 것이 더 적절할는지 모르겠다.

존재론적 전제

　정념은 내면 생활의 변화를 나타낸다. 영구히 계속되는 상태가 아니라 발생하는 어떤 것을 나타낸다. 그리스의 철학자들에게는 신이 불변하고 자신의 모습을 절대적으로 영구히 보존하는 고로[49] 최고 존재의 초월과 독립과 절대성에 모순이 되는 신의 정념을 용인할 수가 없었다. 참으로, 신이 어떤 정념을 품고 있다고 또는 자기가 존재하게 한 존재물들에 의하여 어떤 영향을 받는다고 주장하는 것은 그가 절대자임을 부인하는 것이 아닐 수 없다. 정념이란 한 상태에서 다른 상태로 움직이는 것이며 선택하고 변화하는 것이다. 그러니 움직이지 않고 변화되지 않는 최고 존재의 개념과 공존할 수가 없을 수밖에.

신성(神性)을 고정된 것으로 보는 관념은 사상의 두 가닥에서 나온 것이다. 안정에 대한 존재론적 개념과 감정이 영혼을 어지럽힌다고 보는 심리학적 견해가 그것이다. 앞에서 심리학적 견해를 분석했으니 이제는 존재론적 개념을 조사해 보기로 하자.

신이 움직일 수 없는 존재라는 생각을 맨 처음 한 사람은 크세노파네스였던 듯하다. 호메로스한테서는 신들의 재빠른 움직임이 신적인 능력을 나타내는 표징으로 묘사되고 있다. 그러나 크세노파네스는 전능이란 휴식, 절대적인 고요 그리고 부동성을 뜻한다고 주장한다. "아무런 노력도 하지 않고 그는 오로지 마음의 힘으로써 만물을 움직인다. 그는 언제나 같은 자리에 전혀 미동도 하지 않고 앉아 있다. 시간을 따라 장소를 옮긴다는 것은 그에게 있을 수 없는 일이다."[50] 그러나 신의 부동성이라는 개념이 본격적인 중요성을 획득한 것은, 아마도 크세노파네스의 제자였을 엘레아의 파르메니데스(Parmenides of Elea, 약 515~449 B.C.E.)한테서였다.

파르메니데스는 존재와 비존재의 양자택일성을 날카롭게 강조하면서, 존재는 비존재가 존재할 수 없음으로써 존재하며, 그것은 인식될 수도 없고 말로 표현될 수도 없다고 가르쳤다. 그는 존재는 여럿일 수가 없다고 주장했다. 존재는 하나일 수밖에 없다. 왜냐하면 모든 것들이 변하고 움직이는데, 이는 존재 자체의 본질인 불변성에 반대되는 것이기 때문이다. 그런즉 복수형인 **온타**(onta, 현존하는 또는 주어진 사물들)가 있는 것이 아니라 단수인 **온**(on, 있음)이 있을 뿐이다. 그것은 "태어나지도 않았고 죽지도 않으며 완전하고 움직이지 않고 무궁하다. 그것은 있은 적도 없고 있을 것도 아니며, 지금 **있다**. 단 한번에, 계속되는 있음으로."[51]

파르메니데스는 있음(being)이라는 개념 속에는 됨(becoming)이 끼어들 수 없다고 강조하면서 발생, 증식, 변화, 운동이 모두 환영에 불과하다고 했다. 그의 사상은 "세계를 형성하고 있는 모든 특징들을 치워버림으로써 실재로부터 세계라는 형질을 벗겨 버리려는"[52] 시도였다.

파르메니데스의 제자인 제논은 운동의 실재를 반박하는 유명한 논쟁을 발전시켰다. 부동성, 불변성, 비타협성이 서로 밀착되어 있다.

엘레아 학파에 반대하여 헤라클레이토스(Heraclitus)는 이렇게 가르쳤다. "모든 것이 흐른다. 머물러 있는 것은 없다. 모든 것이 무너진다. 붙박혀 있는 것은 없다." 고정된 채 영속되는 듯이 보이는 것은 천천히 변화하는 것일 따름이다. 변화, 바뀜, 긴장이 실존의 본질이다. 만일 다툼이 소멸된다면 그때에는 모든 것이 존재하기를 그만둘 것이다. 신이라고 해서 예외는 아니다. 특별한 신들과 반신반인(半神半人)들은, 결국 신으로부터 다른 어떤 것으로 변모될 것이다.[53]

파르메니데스 이후의 거의 모든 그리스 철학자들은 이 두 관점을 조화시키고자 애를 썼다.[54] 그리하여 널리 받아들여진 해결책은, 존재(being)는 그 말의 참뜻 그대로, 창조되지 않았고 파멸되지 않으며 변하지 않는다는, 그리고 됨(becoming)은 존재의 영원하고 변함없는 요소들의 배합과 분열이라는 파르메니데스의 주장을 받아들이는 것이었다. 무(無)로부터의 창조는 없고 무(無)로 소멸되는 것도 없다. 요소들(the elements)이 결합하고 흩어지고 할 따름이다.[55]

플라톤은 모든 것이 영원히 흐른다는 헤라클레이토스의 이론을 감각의 영역에 제한시키면서, 관념(이데아)의 영역에서는 파르메니데스의 참 존재를 보았다. 그는 참 지식의 대상인 이데아가 파르메니데스의 존재처럼 변함이 없고 영원하다고 주장하는 데 조금도 망설이지 않았다. 이데아는 "언제나 있고" "결코 바뀜이 없으며" "요지부동으로 동일하다."[56] 아리스토텔레스도 참 존재는 변하거나 움직일 수 없다고 강조한다. 그는 "영원하고 움직여지지 않으며…무감각하고 불변하는"[57] 것이 실체(substance)라고 설명한다.

파르메니데스는, "알고자 하는 것 말고는 다른 욕망을 모르고, 논리 말고는 다른 속박을 못 느끼며 신과 감정으로부터 무관심하게 버림받은 사상가"라고 알려졌다. 파르메니데스와 엘레아 학파의 후계자들에게는 신이라는 개념이 존재라는 개념 속으로 흡수되어 사라진다. 다신론과 일신론이 함께 배제된다.[58]

파르메니데스가 노골적으로 존재와 신을 동일시한 일은 없지만, 절대 존재와 그의 속성들에 대한 파르메니데스의 이론은 거듭거듭 철학적 신학의 바탕으로 받아들여졌다. 신의 본성에 관한 대부분의 사색은, 변할 수 없음(unchangeableness)을 신의 본질적인 속성으로 삼는다.

참 존재와 변화는 양립할 수 없다는 원리는 섹스투스 엠피리쿠스[Sextus Empiricus, B.C. 2세기경 로마의 회의주의 철학자—옮긴이]가 "신이 무감각하다고 본 철학자들의 도그마"[59]라고 부른 것으로 이어졌다. 실로 엘레아파 존재론의 당연한 결과로서, 신을 고정된 존재로 보는 관점은 대부분 철학자들의 공동 재산이 되었다.[60] 완전한 휴식과 부동성이야말로 신의 탁월함을 나타내는 전형적인 요소로 여겨졌다. 신(the Deity)은 절대 고요 속에 머물러 있는 존재다.[61]

참 존재는 변함이 없으며 변화는 타락을 뜻한다는 엘레아 학파의 전제는 마음에 반영된 존재에 연관시킬 경우에만 타당하다. 현실에서 우리가 만나는 존재는 움직임 자체다. 만일 우리가 존재물들로부터 멀리 떨어져 그것들을 초월하는 어떤 존재를 생각한다면 엘레아 학파의 개념에 도달하게 될 것이다. 그러나 모든 존재물들 속에 함축되어 있거나 혹은 모든 존재물들의 근원인 존재에 관한 존재론은, 존재가 행위나 운동과 분리될 수 없음을 발견하고 그리하여 신적 존재에 관한 역동적인 개념을 요청하게 될 것이다.[62]

중세기의 유다교와 그리스도교 학자들도, 신의 완전함은 절대적인 불변함을 뜻한다고 보았다. 토마스 아퀴나스(Thomas Aquinas)에게 신은 어떤 가능성도 혼합되어 있지 않은 **순수 행위**(actus purus)다.[63] 어떤 식으로든 변하는 것은 일단 가능성 안에 갇혀 있는 것이다. 그러므로 신이 어떤 식으로든 변할 수 없음은 명백한 일이다. 열정이란 변하는 것이므로 신의 참 존재와는 양립할 수가 없다.

존재 중심론에서 오는 난처함

존재에 대한 그리스인의 개념은 성경적 사고의 기본 범주와 날카로운 반정립을 이룬다. 파르메니데스는 강조한다. "존재에는 존재로 됨(coming-into-being)이 없다…존재의 태어남을 어디에서 찾아볼 수 있겠는가? 어떻게, 언제 그것이 태어날 수 있었겠는가? 존재하지 않는 것에서 그것이 왔다고 생각하거나 말할 수는 없는 일이다. 존재하지 않는 것은 생각할 수도 없고 말할 수도 없기 때문이다. 그리고 무엇이 어떤 필요로 그것을 하필이면 그때에 무(無)에서 나오게 했는가? 그런즉 그것은 전체든지 아니면 아무것도 아니든지."

그러나 과연 존재를 사유의 궁극적인 주제로 삼아야 할 것인가? 존재가 존재한다는 사실 자체가 존재의 근원을 묻는 질문 못지 않게 우리를 어리둥절하게 한다. 존재에 대한 놀람과 존재의 신비를 무시하는 존재론은, 마음의 순수한 놀라움을 억압하고 존재를 당연한 것으로 여기는 잘못을 범하고 있는 것이다. 존재의 존재로-됨이 "생각할 수도 없고 말로 표현할 수도 없음"은 사실이다. 그러나 어떤 사물이 생각과 표현의 한계를 초월해 있다고 해서 그 사물이 사물이기를 그치는 건 아니다. 실로, 존재론의 주제인 존재**로서의** 존재(being *as* being)야말로 "생각도 할 수 없고 말도 할 수 없는" 것이다.

존재의 궁극성을 받아들이는 것은 논점 선취[a petitio principii, 아직 증명되지 않은 것을 전제로 논증함―옮긴이]의 잘못을 범하는 것. 그것은 문제를 해답으로 잘못 받아들인 것이다. 지고의 그리고 궁극적인 문제는, **존재**가 아니라 **존재의 신비**다. 왜 아무것도 없지 않고 존재가 존재하는가? 우리는 어떤 존재든지, 그것이 존재하지 않을 수도 있다는 가능성을 인식하지 않고서는 생각할 수가 없다. 우리는 언제나 존재의 있음과 함께 존재의 없음 앞에 노출되어 있다. 그러므로 우리가 직면하고 있는 것은 하나의 궁극적인 개념이 아니라 한 쌍의 개념이다. 이 두 개념이 모두 존재의 신비에 의하여 초월되고 있다.

성경은 존재로 시작하지 않고 존재에 대한 놀람으로 시작한다. 성경의 인물은 이른바 존재 중심론에서 오는 곤경에서 벗어나 있다. 그에게는 존재가 **모든 것**이 아니다. 그는 주어진 것에 넋을 잃지도 않고 그것이 사라질 것을 이미 알고 있다. 파르메니데스는 비존재(not-being)를 납득할 수 없지만("무〔無, nothingness〕는 가능하지 않다"), 성경의 사람은 무(無) 또는 존재의 끝이 불가능하지 않다. 존재의 우발성을 알기에 존재를 궁극적 실재와 동일시할 수가 없다. 존재는 스스로 증명하지도 않고 스스로 설명하지도 않는다. 존재는 어떻게 존재가 가능한가를 묻는 질문을 가리킨다. 존재를 존재하게 하는 행위, 즉 창조가 문제들의 사다리에서 존재보다 더 높은 칸에 있다. 창조는 선명하게 들여다보이는 개념이 아니다. 그렇다고 해서, 존재로서의 존재는 선명하게 분간되는 개념인가? 창조는 신비다. 존재로서의 존재는 추상이다.

신학은 존재의 근원을 묻다가 감히 존재의 뒤로 들어가려 한다. 그 근원이라는 개념이 존재를 암시하고 있음은 사실이다. 그러나 한 실재를 존재하게 한 '존재'에게, 모든 인식될 수 있는 존재를 신비스럽게 초월하는 그런 존재가 부여되어 있음 또한 사실이다. 그러기에, 존재론은 **존재로서의 존재**(being as being)를 묻고 신학은 **창조로서의 존재**(being as creation) 즉, 신성한 행위로서의 존재를 묻는다. 계속되는 창조라는 관점에서 보면, 존재로서의 존재는 없다. 계속되는 '존재로-됨'이 있을 뿐이다. 존재는 행동이면서 사건이다.

그리스의 철학자들은 자연 세계를 사색의 출발점으로 삼았다. 그들의 목적은 최고 원리라는 관념─아낙시만드로스〔Anaximander, B.C. 6세기 그리스의 자연철학자─옮긴이〕의 무제한자(apeiron), 아리스토텔레스의 완전한 존재자(ens perfectissimum), 스토아의 세계를 형성하는 불[火] — 을 전개하는 것이었다. 그들은 이 관념을 두고, "이것은 신성(the divine)이다"라고 확신했다. 아낙시만드로스 이래로 계속 사용되고 있으며 "그리스 철학의 신기원을 이룬"[64] 제1원리를 가리키는 '신성'(神性)이라는 말은 후대 철학자들이 어떤 과정을 밟아 왔는지를 암시해 주고 있다. 그것은 언제나 제1원리다. 그로부터 개인 실존의 질(質)이 기인한다. 이런 귀인(歸因)은 인간으로 하여금 개인의 광신에 빠지게 하든지 대중의 신앙에 휩쓸리게 한다. 그것은 무엇인가를 파생시키는 성품을 지닌 신이며, 명사로 바뀐 형용사다.

그리스 철학에는 존재가 궁극자다. 성경에는 하느님이 궁극자다. 그리스 철학에서는 존재론이 사유의 출발점이고 성경에서는 하느님이 사유의 출발점이다. 존재론은 존재가 최고 개념이라고 주장한다. 그것은 존재로서의 존재를 묻는다. 신학은 존재를 최고 개념으로 볼 수가 없음을 발견한다.

성경의 존재론은 존재를 행위에서 떨어뜨려놓고 보지 않는다. **있는** 것은 **행하는** 것. 이스라엘의 하느님은 행동하시는 하느님, 강한 행위의 하느님이다. 성경은 그분이 어떻게 존재하시느냐를 말하지 않고 어떻게 행동하시느냐를 말한다. 성경은 그분의 정념의 행위를, 역사 속에서 행하시는 행위를 말하고 있다. 하느님은 "참 존재"로서가 아니라 "항상 행동하는 분(semper agens)"으로 인식된다. 여기에서는 기본 범주가 부동성이 아니라 행동이다. 역사 사건들로부터 멀리 떨어져 있는 절대 초월이 아니라 운동, 자연 창조, 역사 안에서 행위함이 최고 존재의 속성이다.

이런 존재론이 발전된 지적 풍토에서는, 유례가 없고 독특한 사건들의 영속적인 의미가 차지할 자리가 없다. 그리스의 사유는 역사가 아니라 우주(cosmos)에 관심을 둔다. 역사란 그 우발성과 가변성 때문에 철학의 주제가 될 수 없었다.

반면에 예언자들은 역사에 사로잡혀 있었고, 출애굽이라든가 시나이 산에서 하느님과 계약을 맺고 가나안 땅을 점령하는 등 특수한 사건들의 영속하는 의미에 깊은 관심을 쏟고 있었다. 역사의 장에 관심을 일으키는 일, 인간의 본성에 변화를 가져오는 일이 그들의 무거운 사명이었다. 영감을 받는 바로 그것이 특별한 행위였다.

신학이 가변적인 철학이나 과학에서 범주들을 빌어오는 대신, 심층 신학의 통찰에서 얻는 신학 고유의 범주들을 가지고 학문에 힘쓰는 일이야말로 대단히 중요하다. 철학이 궁극적인 것으로 여기는 것을 신학에서도 궁극적인 것으로 받아들여서는 안 된다. 사람이 무엇을 말하고 사람이 무엇을 생각하는가, 이것이 철학적 분석의 궁극적 주제다. 신학의 궁극적 주제는 사람이 객관화할 수 없는 것, 그가 개념화하기를 거부하는 것이다.

철학은 그 주제를 객관화한다. 상상은 상(像)을 창조하고 이성은 개념을 주조한다. 모든 개념 작업은 제한이며 한정이며 축소다. 무엇이 존재의 원인인가?―이 질문으로 말미암아 궁극자는 한 범주로 한정된다. '원인'은 여러 개념들 가운데 한 개념이다. '무엇'은 '누구'와 다르다. 종교의 질문 속에는 '누구'에 대한 기대가 들어 있고 사변의 질문 속에는 '무엇'에 대한 기대가 들어 있다. 그동안 우리는, 신을 완전한 초월자로 우주의 원인 또는 작자(作者)로 보는 관념은, 그의 손으로 만든 작품이라고 은유적으로 언급되는 결과와는 전혀 닿아 있지 않다는 말을 들어왔다. 그의 손으로 만들어진 작품은,

타일러(Tylor)가 주목한, 줄루(Zulus) 족의 그것과도 같은 아름다운 사상의 원시 무대로 우리를 돌아가게 한다. 타일러는 줄루 족의 조상을 더듬어올라가 이 세상을 창조한 아주아주 늙은이인 웅쿨룽쿨루에게 닿았다. 우리는 창세기의 첫 마디, "한 처음에 하느님이 하늘과 땅을 만드셨다"에서 대단히 아름다운 단순성을 만난다. 이런 말은 원인을 캐묻는 질문에 일시적인 만족을 준다. 그러나 그것이 형이상학적으로 충분치 못함을 깨닫기 위하여 "하느님은 누가 만들었느냐?"는 아이의 질문으로 돌아갈 필요는 없다. 누군가 지당하게 말했듯이, "신을 만든 자 또는 그와 비슷한 개념에 돌아가는 것으로 만족하는 것은 그의 사색의 태만함을 나타내는 표시일 따름이다."[65]

이런 주장은 성경이 "누가 세계를 만들었느냐?"라는 큰 질문에 대하여 창세기를 통해 "하느님이 만드셨다"고 대답하는 것이라는 가설 위에 근거한다. 그러나 성경은 "하느님이 천지를 지으셨다"는 말이 아니라 **"한 처음에** (In the beginning)"라는 말로 시작한다. 핵심이 되는 메시지는 세계가 어떤 원인에 의해서 만들어졌다는 것이 아니라 세계가 궁극이 아니라는 것이다. "한 처음에"라는 한마디가 대단히 중요하다. 그 한마디는 존재를 한정하고 생각(마음)을 한정한다.

가장 중요한 질문은 "누가 세상을 만들었느냐?"가 아니라 "누가 세상을 초월하느냐?"다. 성경은 대답한다. "천지를 창조하신 분이 세상을 초월하신다."

"우리로 하여금 하느님에 관하여 질문하게 하는 것은 존재의 유한함"이 아니라, 모든 존재의 장엄함과 신비함이다. 유한한 피조물이 되었음을 수치스러워할 건 없다. 유한함은 우리의 부끄러움이 아니라 구실이다. 우리는 무한을 감당할 수가 없다. 우리가 수치스러워할 일은 주제넘게 무모한 자가 되는 것, 자신이 유한함을 망각하는 것, 마치 스스로 무한한 존재인 양 행동하는 것이다.

하느님은 가설이자 결론이다. 그분은 어떤 전제에서 유출되지 않는다. 그러므로 하느님에 대한 개념은 다른 어떤 개념 속에 함축될 수가 없다. 하나의 가설은 독단이거나 아니면 타당한 것이거나, 둘 중의 하나다. 그러나 우리가 잡을 수 없는 존재(a Being)에 대한 이 참된 관심과 그릇된 관심 사이의 구분은 우리 자신의 편견에 상관없이 그런 구분이 타당함을 가정한다. 그러나 그런 가정은, 인간 밖에 있는 진리를 염두에 두지 않고서는 터무니없는 것이 되리라.

하느님은, 만일 그가 바닥이라면 또한 꼭대기다. 당신은 질문 속에서 그를 무시하는 한 대답 속에서 그를 찾을 수 없다.

하느님에 관한 질문 속에서 우리는 자신의 자아를 살펴본다. 우리는 우리가 묻고 있는 대상의 장엄함과 탁월함을 감지하고 있는가? 우리는 우리가 묻고 있는 대상에게 온 마음을 기울여 관심을 두고 있는가? 문제 속에 들어가 있지 않는 한 우리는 문제를 알 수조차 없다.

논리적 전제

최고 존재의 통일성(unity)이라는 관념은 크세노파네스 이후 신성(神性)에 대한 철학적 고찰에 중요한 역할을 했다. 그것은 외부의 복수성(複數性), 즉 신 외에 또 다른 최고 존재의 존재를 미리 배제시켰을 뿐 아니라 내부의 복수성 혹은 신의 본성 안의 복합성도 발을 붙이지 못하게 했다. 마침내, 신의 단일은 숫자적으로뿐 아니라 형이상학적 의미로도 이해되었다. 이 때문에 하느님 안에 어떤 속성이 있음을 암시하는 주장은 신의 통일성을 옹호하는 주장과 모순인 듯이 느껴졌다.

엘레아 학파이자 소크라테스의 동료이기도 한 메가라의 에우클리데스(Euclides of Megara)는 모든 감각의 참됨을 부정하고 이성의 작용만을 신뢰하라고 권면했다. 오직 하나(the One)만이, 혹은 옹글음(the Whole)만이 참이다. 여럿과 부분들은 스스로 참이라고 주장할 수 없다. 하나를 계속되는 유형의 충일함으로 본 파르메니데스와는 달리 유클리데스는 하나를 선(善), 신(神), 지혜 그리고 마음과 동일시했다. "이런 식으로 절대자는 철학사에 처음으로 나타났다. 그리고 그것이 단일한 실재라는 주장은 모든 현상 안에 내재된 모순에 근거하고 있었다."[66]

모든 사유가 생각하는 자와 생각되는 대상이라는 이중성을 전제하고 있기에, 플로티누스는 신이 스스로 생각하는 대상이라는 점을 부정했다. 그에게 하나는 그냥 복수의 부정만은 아니었다. 따라서 단순히 숫자 개념만으로 이해해서는 안 되었다. "하나는 둘이라는 수를 만들어 내는 단위들(units) 가운데 하나가 아니다."[67] 절대자를 '한님'(the One)이라고 부름으로써 우리는 그의 내부의 분열을 미리 배제코자 하는 것이다.

마이모니데스의 말을 빌리면, "통일성에 대한 믿음은 본질적으로 무엇과도 섞이지 않은 단일한 동질적 본질에 대한 믿음일 따름이다. 관념들의 복수가 아니라 단 하나의 관념을 믿는 것이다." 하나의 속성은, 그것이 속성이 된 본질과 같거나 아니면 다르다. 만일 그것이 같다면 그 속성을 귀속시키는 것이 동의어 중복(예, 인간은 사람이다)이거나 아니면 단어의 정의를 내리는 것(예, 인간은 이성을 사용하는 동물이다)이다. 그런 속성은 하느님에게는 연관시킬 수가 없다. 하느님은 정의될 수 없는 분이므로 그에 대한 어떤 정의로 서술될 수가 없다. 반면에 만일 속성이 그 속성을 띤 사물과 동일하지 않다면, 그래서 하나의 관념이 그 사물에 덧보태진 것이라면, 그것은 그 본질의 우유성(偶有性)을 나타낸다. 그러나 그런 속성은 신성한 존재 속에 (본질과 우연한 발생의) 복수성이 있음을 암시한다.[68]

이 모든 어려움은, 성경의 통찰을 엄격한 합리적 범주 속에 우겨넣으려고 하기 때문에 생기는 것들이다. 의심할 나위 없이 통일성에 대한 성경의 이해에 중심이 되는 것은 합리적인 구성이다. 그러나 성경이 의도하는 바는 추상을, 보편적인 관념을 강조하는 것이 아니라 신성한 존재의 충분함을 강조하는 것이다. 창조주가 구원자라는 사실을, 자연의 주인이 역사의 주인이라는 사실을 확실하게 하는 것이다. **하느님**의 하나이심은 그냥 보통 하나임 이상을 의미한다. 그것은 그분이 여럿이 아니라 한 분임을, 독특하고 모든 것을 품으면서 모든 것 속에 들어가 계심을 의미한다고 하겠다.[69]

제4장
신인동감동정설

도덕적 문제로서의 신인동감동정설

시(是)와 비(非)에 대한 신화 시대의 사유와 성찰은, 인간의 생각이 서로 연관되기는커녕 사뭇 다른 방향으로 치달아 다시는 결합될 수 없음을 보여주고 있다. 그래서 종교의 영역과 도덕적 노력의 영역이 별개가 되었다. 신들조차도 예의범절과 상관이 없다. 후대에 와서야 사람은 신이라는 개념이 담고 있는 위엄과 고결함을 깨닫게 되어, 이 개념에서 범절에 어긋나는 요소를 모두 제거하기에 이르렀다. 때로는 예의 범절이 인간에게 금하는 것이 신에게 온당하지 못한 것과 비슷한 것이라는 단순한 통찰로 충분했다.

그리스의 문명인들이 신인동형동성설(神人同形同性說, anthropomorphism)을 싫어한 것은 무엇보다도 그들의 도덕적 감수성을 모욕하는 개념들에 대한 반발 때문이었다. "호메로스와 헤시오도스는, 도둑질, 간음, 속고 속이는 일 따위 인간들 사이에서 벌어지는 온갖 부끄럽고 창피한 짓들을 신들도 저지르고 있다고 기록했다."[1]고 크세노파네스는 비난했다. 플라톤은 신들의 변덕과 부패를 탄핵했다. 사악한 자들이 그들에게 제물을 바치고 어르면서 탄원하여 징벌을 면제받는다는 것이었다.[2] 모든 신들의 본성 안에 처음부터 시기와 질투가 들어 있었다는 생각은 특별히 플라톤과 아리스토텔레스를 불쾌하게 했다.[3]

암피트리온[Amphitryon, 아르고스와 테베의 왕, 제우스가 그의 아내 알크메네와 동침하여 헤라클레스를 낳았다. ─옮긴이]은 제우스에게 "당신의 슬기는 슬기롭지 못하고 당신의 정의는 정의롭지 못하다"고 말한다. 테세우스는 신들에 관하여 더 상세히 말한다. "그들은 도리에 어긋나는 혼인으로 얽혀 있고 보좌를 차지하기 위하여 아비들에게 패역(悖逆)을 저지르고 있지 않는가? 지금도 그들은 올림푸스에서 범죄를 저지르며 부끄러운 줄도 모르고 살아간다."[4]

　살아계신 하느님의 독특함과 초월을 강하게 느끼고 있던 예언자들, 시인들 그리고 「지혜서」의 저자들은 하느님의 정념을 말한다고 해서 그것이 한 분이고 독특하며 초월해 계신 하느님을 이해하는 데 지장을 줄 지도 모른다는 걱정은 하지 않았다. 크세노파네스가 호메로스 대신 성경을 읽었더라면 과연 신성의 인성화에 그토록 항의했을까, 의심해 볼 만한 일이다. 그의 비난을 불러일으킨 것은 호메로스의 신들이 품고 있는 끝없는 탐욕, 변덕스러움, 막무가내의 이기주의와 독선 등이었다. 그는 신들이 추악하다는 관념을 경멸했다.

　유다의 사상가들에게는 신인동감동정설(神人同感同情說, anthropopathy)이 도덕적으로 별 문제가 되지 않았다. 하느님의 정념은 다른 전제들로 말미암아 유다 신학의 주제가 되었다.

신학적 전제

　사람들이 하느님의 정념이라는 관념을 거부하는 가장 큰 이유는, 신에게 인간의 속성을 부여하는 것을 뜻하는 신인동형동성설(神人同形同性說)에 대한 두려움이다. 종교인들은 신이 인간이나 동물처럼 몸과 지체를 가지고 있다는 생각을 싫어할 뿐만 아니라 최고 존재가 감정이나 열정을 속성으로 지니고 있다는 생각[신인동감동정설]도 견딜 수가 없다. 하느님의 정념이라는 관념이 신인동형동성설에서, 더 정확하게 말하면 신인동감동정설에서 나왔기에 그것을 무시하거나 아니면 그 의미를 지워버리려는 노력이 여러 가지로 있어 왔다.

예언자들이 천지를 지으신 분의 위엄과 초월을, 인간의 실패와 나약함과 함께 너무나도 깊이 알고 있었으므로 하느님에게 인간의 성품을 부여하는 길을 모색해야 했다고 보는 것은 지나친 단순화이다. 성경은 하느님을 언급할 때 있는 사실을 단순히 서술하고자 하지 않고 그분을 찬양하고 기린다. 단순하게 하느님을 인격화하는 것은 그분을 경멸하는 것이라 하지 않을 수 없다.

신인동형동성설은 인간이 신이 될 수도 있다는 생각과 어울리는 설이다. 고대 종교 세계에서 널리 퍼져 있던 이 믿음의 유무(有無)가 신인동형동성설의 진위를 가리는 시금석이 될 것이다.

그러나 성경의 사람에게는 그런 믿음이야말로 지독한 신성모독이었다. 예언자는 제 마음속으로,

> 내가 하늘에 오르리라.
> 나의 보좌를 저 높은 하느님의 별들 위에 두고
> 신들의 회의장이 있는 저 북극산에 자리잡으리라.(이사야 14:13)

라고 다짐하던 바빌론 왕이 깊은 구렁의 바닥으로 떨어지는 모습을 그리고 있다(이사야 14:15).

예언자는 인간―그의 모든 생리적 기능 또는 사회적 의존―이 하느님의 본성과 확실히 분리되어 있다고 생각했다. 인간은 결코 신으로 인식될 수 없으므로 하느님의 정념이라는 말이 하느님과 인간의 차이를 왜곡시킬 위험은 없었다.

우리가 신인동형동성설을 세우는 방법은 몇 가지가 있다. 상상과 표현을 동일화하는 것, 신의 독특성과 초월성을 모르는 것, 신의 도덕적 본성을 인간의 이욕에 맞추는 것, 신을 인간과 상관없는 그 자신의 실존 안에서 묘사하고 서술하는 노력을 기울이는 것.

우리는 하느님의 정념을 말하는 예언자의 선언에다가 신인동감동정설이라는 단어를 적용하는 것이 과연 타당한 일인지를 묻고자 하는 경향이 있다.

그 단어는 상상과 표현이 일치되는 종교에 적용될 때에 타당하다. 그런 종교에서는 신들이 그 모습과 생존 양식과 열정과 하는 일에 있어서 사람들과 똑같이 묘사되고 사람들과 똑같이 인식된다. 거기에는 신화가 있고 신상(神像)들이 있다. 이에 반하여, 성경의 인물은 하느님을 상상으로 아는 바가 없다. 그가 어디에서 어떻게 사는지 모른다. 그는 신이지 인간이 아니다(호세아 11:9; 이사야 31:3). 인간은 그를 보면 살지를 못한다(출애굽기 33:20). 천신들조차도 그를 보지 않으려고 얼굴을 가린다(이사야 6:2).

> 야훼와 능히 견줄 만한 이,
> 저 하늘에도 구름 위에도 없사옵니다.(시편 89:6)

> 하느님이 누구의 모습이라도 닮았단 말이냐?
> 어떤 모습이 그를 닮을 수 있다는 말이냐?(이사야 40:18)

신화(神話)는 거절당하고, 신상(神像)은 구역질만 나게 한다.

언어와 그것이 나타내는 의미

하느님의 정념을 신인동형동성설로 이해하는 잘못은 신학 특유의 범주를 일반 심리학적 범주로 생각하는 데 있다. 이는 예언자들이 사용한 언어가 지니고 있는 복합적 성격에 기인한다. 그들은 불가피하게 타자성과 유사성, 독특성과 보편성을 섞은 언어로 하느님에 대해 언급해야만 했다. 사람은 초인간이나 지닐 수 있을 듯한 정념보다는 사람의 감정과 유사한 정념을 더 쉽게 이해할 수 있다. 우리는 이 근본적인 범주를 하느님의 인간화의 한 형태로 생각함으로써 그 깊은 뜻을 잃어버렸다. 정념의 타자성과 독특성은 전후 맥락에서 떨어뜨려 그 특징을 살피는 방법이 아니라, 전체 구조 속에서 살펴보아야 비로소 이해될 수 있다. 인간의 본성에 관한 언설과 대조를 이루는 그 독특한 언어의 용법을 살펴보아야만 한다.

우리는 신인동형동성설적 개념들과 신인동형동성설적 표현이 서로 다르다는 사실을 언제나 기억해야만 한다. 후자를 사용한다고 해서 그것이 반드시 전자에 대한 믿음을 입증하는 것은 아니다. 자주 하느님은 사람의 모습으로, 또는 사람의 감정과 같은 감정을 지니고 있는 것으로 묘사된다. 창조주를 사람의 모습으로 그린 미켈란젤로는 제2계명을 철저히 지키는 사람들에게 끊임없이 충격을 안겨주겠지만, 그렇다고 그가 하느님이 인간의 모습을 하고 있었다고 믿었다는 비난을 받아야 할 이유는 없다.

한 특별한 시대에 관념들을 만들어내고 배양하는 데 사용되는 모든 언어는 상대적이다. 마찬가지로 우리 시대의 관념에 대한 우리의 이해 역시 상대적이다. 고대의 언어를 읽어서 그 언어가 표출코자 했던 사상이 무엇인지, 당시의 동시대인들에게 전달코자 했던 관념이 무엇인지 정확히 알아내기는 쉬운 일이 아니다.

예언자들이 신인동형동성설적인 언어로 전달하고자 했던 것은 무엇인가?

그들이 정념들을 언급한 것은, 높은 의미를 낮은 차원에 있는 인간들이 잘 이해할 수 있도록 조정하는 방법으로서의 타협이 아니다. 그것은 오히려 인간의 언어를 높은 의미에 조정한 것이다. 심리학적 언어의 외연에 신학적 내포가 부여된 것이다. 언제나 도덕적으로 규제되고 도덕적으로 요청되는 하느님의 정념에 대한 성경의 표현들 속에서 신앙인은 하느님이 인간과 같다는 생각보다는 초인간적인 능력을 감지하게 된다.

자신을 전혀 돌아보지 아니하고 가난한 자와 빼앗긴 자에게 지극한 관심을 기울이는 하느님의 정념을 인간의 속성으로 생각하기는 힘든 일이다. 그런 속성을 지닌 인간이 어디에 있단 말인가? 성경 어디를 봐도 천년 만년 변함없이 사랑하고 그 자비와 은총과 사랑과 진실에 모자람이 없고 화내기를 더디하는 그런 사람에 대한 언급은 없다. 정념은 인간의 세계에 스스로 관계 맺으시는 하느님의 실재를 가장 그럴 듯하게 보여주는 하나의 생각(a thought)이다. 그것은 하나의 신학적 범주로서, 신화에 등장하는 신들의 모습에서 발견되는 바 신의 모습으로 투사된 인간의 특징이라기보다는, 인간과 맺는 하느님의 관계를 순수하게 꿰뚫어보는 것이다.

도덕을 최상의 공명정대한 요구이자 개인이 몰두하고 궁극적으로 관심을 둘 대상으로 종합하는, 자기를 돌보지 않는 정념은 인간적인 성분과 초인간적인 게쉬탈트(Gestalt, 형태)로 이루어진다. 절대로 자기를 돌보지 않는 것과 악인에게도 쏟아붓는 사랑은 인성보다는 신성에 더 가깝다. 그리고 만일 이것들이 인간의 본성이 지닌 특성이라면 그것은 사람이 신의 속성을 부여받은 것이다.

정의에 대한 하느님의 무한한 관심은 하느님이 인간의 모습을 한 것(anthropomorphism)이 아니다. 반대로 인간의 정의에 대한 관심이 하느님을 닮은 것(theomorphism)이다. 하느님의 지혜에 대한 우리의 개념은 인간 이성, 하느님의 창조 안에서 판독되는 무한한 지혜에 대한 희미한 반영과 암시 등을 틀로 삼아 주조된 것이 아니다. 그 지고한 관심을 묘사하는 데 예언자들이 채택한 언어는 모든 신인동형동성설을 끝내기 위한 신인동형동성설이다.

예언은 본질적으로 하느님의 길이 인간의 길과는 다르다는 선언이다. 그분은 이용당할 수가 없는 분이다. 그분은 안전을 보장하는 분도 아니다. 저 끝에 정의로운 하느님이 계시다는 사실, 오직 정의만을 관심하는 하느님이 계시다는 사실을 믿는 믿음은, 그 안에서 영원 또는 초월이라는 관념이 신인동형동성(神人同形同性)이 된다는 뜻에서 신인동형동성설이다.

신인동형동성설의 지혜로움과 어리석음

크세노파네스가 남긴 유명한 말처럼, "만일 소와 말과 사자한테 손이 있어서 사람이 만들어내는 것과 같은 예술 작품을 만들고 그림을 그릴 수 있다면, 말은 신의 모습을 말처럼 그리고 소는 신의 모습을 소처럼 그릴 것이다 …에디오피아 사람들의 신은 들창코에 검은 머리요, 트라키아 사람들의 신은 갈색눈에 붉은 머리다.["]5)

근본적인 잘못은 인간이 신을 **어떻게** 그려내느냐에 있지 않고, 그를 그려내는 사실 그 자체에 있다. 성경적 신앙의 가장 위대한 혁명은 그 어떤 신상(神像)도 단호하게 배척하였다는 것이다. "너희는 위로 하늘에 있는 것이나, 아래로 땅 위에 있는 것이나, 땅 아래 물 속에 있는 어떤 것이든지 그 모양을 본따 새긴 우상을 섬기지 못한다(출애굽기 20:4)." "야훼께서 호렙의 불길 속에서 너희에게 말씀하시던 날 너희는 아무 모습도 보지 못하지 않았느냐?(신명기 4:15)" 하느님과 하느님의 상(像)은 같지 않다.

소와 사자와 말은 저처럼 생긴 하느님을 그릴 것이다. 우리는 그들보다 지혜롭다. 그러니 하느님을 우리와 다른 모습으로 그려야 할 것인가? 인간과 전혀 반대되는 모습이 신의 진정한 모습이라고 할 수 있을까? 만일 인간에게 하느님과 공유하는 것이 아무 것도 없다면, 그는 하느님이 어떤 분인지 결코 알 수 없을 것이며 하느님이 인간과 다르다는 사실조차 모를 것이다.

소는 소의 모양으로 하느님을 그리고, 삼각형들의 공동체는 삼각형 하느님을 예배할 것이다. 이런 식의 말이 모두 거짓인 것은 그 유창한 말솜씨 때문이다. 소가 어떻게 그림을 그리는가? 삼각형들이 어떻게 예배를 하는가?

신인동형동성설을 문제삼는 것은 종교적 사유의 과정에서 생겨나는 뒷생각(afterthought)이다. 그것은 어떤 비평가가 문학 작품을 일정한 개념적 기준에서 분석하여 그 언어의 형식을 비판하거나 칭찬하는 것과 마찬가지로 순수한 언설을 반성, 숙고하는 것이다. 그러나 작가의 생각과 비평가의 생각은 본질적으로 다른 점이 있다. 언어에 기대어 통찰을 설명하는 것과 개념에 기대어 언어를 설명하는 것은 서로 다르다. 창조하는 사람들은 그들이 말하는 것을 옹호하고 상세하게 진술하는 일보다 그들의 느낌을 사라지지 않게 지키는 일에 더 열심이다. 통찰을 언어로 옮기는 일은 개념적인 기준에 따라서가 아니라 불가사의한 사실들이 주는 감명을 받아서 이루어진다. 통찰이 이루어지는 순간과 노력하는 역설 사이의 긴장을 무시한다면, 개념은 붙잡을 수 있겠지만 사실은 잃어버리고 말 것이다. 그러므로 종교적인 경험이라는 사실을 앞에 둔 사람은 일반 법칙이라는 자(尺)로 그것을 재려 하지 않는다. 그 경험에 대한 반응을 거리를 두고 분석할 수 있을 때에 그는 비로소 일반 법칙의 척도로 종교 언어의 비상식적인 부분을 재기 시작하는 것이다.

신성이 의미하는 바를 감히 전달코자 하는 모든 표현의 특징이 그 엉뚱함에 있다. 다행하게도 창조적인 사유는 언제나, 엉뚱함을 깨닫는다 해도 상처를 입지 않으며 비평가들이 눈살을 찌푸려도 개의치 않는다. 사물을 바로 보려면 그 사물을 전체적으로 파악하려고 애쓰기를 잊지 말아야 한다.

하느님에 관하여 마치 그가 인간인 듯이 말하는 것은, 반드시 그를 인격화하는 것 또는 인간의 모습으로 그를 찍어내는 것을 뜻하지는 않는다. 하느님을 인격화하는 것과 인격적인 술어로 그분에 관하여 말하는 것 사이에는, 존재하는 모든 것들을 헤아리고 무게 달아보려는 것과 '우주'라는 단어를 사용하는 것처럼 큰 차이가 있다.

우리들 대부분은 인간을 존재의 최고점으로, 실재의 정점으로 여긴다. 우리는 무엇을 인격화하는 것이 그것을 영광스럽게 하는 것이라고 생각한다. 그러나 우리들 가운데는 때로, 인간이란 최상이 아니며 신령한 실재를 인격화하는 것은 오히려 그것을 깎아내리는 것임을 깨닫는 사람들도 얼마간 있지 않는가? 인격화란 무엇을 찌그러뜨리고 반대하는 것일 수도 있다.[6]

하느님의 정념이라는 관념은 하느님의 인격화가 아니다. 그것은 신성한 실재의 예증이며 그분의 관심을 설명하는 삽화 또는 조명이다. 그것이 표현해 내는 것은 실체가 아니라 하나의 행위 혹은 관계다.

신인동형동성설의 오류를 두려워하다 보면, 예컨대 이스라엘을 하느님의 배필로 선언한 호세아의 다음과 같은 말을 비난할 수도 있게 된다. "너와 나는 약혼한 사이, 우리 사이는 영원히 변할 수 없다. 나의 약혼 선물은 정의와 공평, 한결같은 사랑과 뜨거운 애정이다(호세아 2:21)." 그러나 하느님이 이스라엘과 약혼했다는 관념은 예언자로 하여금 어떤 정신적인 상(像, a mental image)을 그리게 하지는 않았다. 예언자의 마음 속에는 그 은유와 일치되는 아무런 모습도 떠오르지 않았다. 그것은 또한, 그것에서 어떤 논리적 결론을 이끌어 낼 수 있는 명확한 개념을 결정하지도 않았고 신앙의 정확한 형식을 규정하는 도그마를 만들어 내지도 않았다.

비평의 할 일은 무엇보다도, 그런 관념들이 주제넘게 과장되어 눈에 보이는 혹은 말(言語)로 된 우상이 되지 못하게 지키는 것이다. 신성한 모험은 언제나 신성모독으로 마감될 위험이 있다. 인간의 심성으로 그려 보이거나 언어로 말할 수 없는 것을 표현해 보려는 신성한 모험은 언제나 오류를 저지를 위험을 안고 있다. 그렇다고 하여 창조하는 마음과 비평하는 마음이 적의를 품고 충돌하게 해서는 안 된다. 개념 작업을 분명하게 하는 일에는 비평이 창작을 앞서야 하겠지만, 직접 꿰뚫어보고 경험하는 일에는 뒤져야만 할 것이다.

하느님에 대한 사유의 방법은 그분에 대한 사유의 내용 못지 않게 중요하다. 무지에서 출발하여, 완전함이라는 속성으로 서술되는 바 하나뿐인 최고 존재(至高者)라는 관념에 도달하기까지, 개념에서 개념으로 올라가는 추론적인 방법이 있다. 한편 당황(embarrassment)에서 출발하여, 자기를 당황하게 한 근원으로 알게 되는 하나뿐인 초월 존재(초월자)를 보게 되기까지, 통찰에서 통찰로 올라가는 방법도 있다. 인간은 그분을 묘사할 수가 없다. 다만 찬양할 수 있을 뿐이다.[7]

하느님을 완전한 존재로 보는 관념은 성경적인 것이 아니다. 그것은 예언자적 종교의 산물이 아니라 그리스 철학의 산물이다. 그분의 실재에 대한 인간의 직접적이고 불가피한 응답이라기보다는 이성의 작용으로 인한 공리(公理)다. 십계명에서 하느님은 당신의 완전하심을 말하지 아니하고 인간을 노예 상태에서 해방시키신 당신을 말씀하신다. 흠이나 결핍이 없는 존재의 상태를 의미하는 완전함이라는 술어는 하느님께 대한 우리의 감정을 나타내는 찬양의 말은 될 수 있겠지만, 그러나 인간으로서 그분의 본질을 이름하여 그렇게 말하는 것은 오히려 그분을 평가하고 보증하는 셈이 된다. 성경의 언어는 결코 그와 같은 오만 무례를 저지르지 않는다. 성경은 다만 "그분의 하신 일(신명기 32:4)" "그분의 길(사무엘하 22:31)" 혹은 "토라(시편 19:7)"를 완전하다(tamim)고 말할 뿐이다. 우리는 성경에서 "오, 이스라엘아 들어라. 하느님은 완전하시다!"는 말을 들어 볼 수가 없다.

현존의 언어

우리가 '하느님'(God)이라는 단어를 사용할 때 그 단어로써 뜻하는 바는 무엇인가? 그 말은 여러 가지로 사용되는 말이다. 우주 안에서 역사하는 이데아 혹은 힘을 뜻하기도 하고 자연 속에 반영된 지혜 혹은 전능한 통치자 혹은 제1원인을 뜻하기도 한다. 이 모든 말들은 관념을 나타낸다. 그것들은 하느님의 실재에 대한 아무런 감각도 전달해 주지 않는다. 어떻게 하면 인간은 앉아서 '하느님'이라는 말을 하다가 일어서서 그분의 실재하심을 느낄 수 있을 것인가?

이것이야말로 인간이 할 수 있는 가장 진지한 도전이다. 하느님은 우리의 눈으로 볼 수 없고 우리의 마음으로 잡을 수 없는 존재다. 그 어떤 상(像)도 만들 수 없고 그 어떤 개념도 꾸밀 수 없다. 어떻게 그분의 실재를 느끼고 생각하고 표현할 수 있을까?

궁극적인 존재를 이해하는 합리적인 방법을 모색한 그리스 철학은 과연 신이 존재하느냐 아니냐에 대한 비극적인 불확실성을 끝내 넘어설 수가 없었다. 크세노파네스가 남긴 기억할 만한 말대로 "신들에 대하여 분명하고 확실하게 안 사람은 지금까지 없었고 앞으로도 없으리라…그리고 모든 사물들에 대하여도 마찬가지다. 왜냐하면 그가 아무리 많은 것을 우연히 알아 맞춘다 해도 여전히 그는 아무것도 모르기 때문이다. 다만 견해(opinion)가 모든 사물들을 덮고 있을 뿐이다."[8] 플라톤도 말한다. "이성이 스스로 변증법의 힘을 빌어 얻는 더 높은 지식은…가설을 단계와 출발점으로 삼아 그 가설을 넘어 전체의 제1원리를 향해 날아오르려 한다. 그리고 이것에 매달리고 또 이것에 의존하는 저것에 매달리면서 계속 발걸음을 옮기는데 그 어떤 감지되는 대상의 도움도 받지 못하고 다시 하락한다. 그것은 관념에서 관

넘을 통과하여 관념 안에서 끝나고 만다."⁹⁾

플라톤은 **한 이데아의 모습 안에서**(in the image of an idea) 하느님을 생각한다. 예언자들은 **인격적인 현존의 모습 안에서**(in the image of personal presence) 하느님을 생각한다. 예언자에게 하느님은, 한 인간이 어떤 관념(이데아)의 진리를 파악하는 것과 동일한 방법으로 그의 실존을 파악할 수 있는, 그런 존재가 아니었다. 그분은 절대로 실재하며 당신의 현존으로 사람을 부들부들 떨게 하시는 그런 존재였다.

그들은 **본질**(essence)의 언어를 쓸 수 없었다. 그들은 **현존**(presence)의 언어를 써야만 했다. 예언자들은 그분을 묘사하려고(to depict) 하지 않았다. 그들은 그분을 나타내려고(to present), 현존하게 하려고(to make Him present)했다. 그렇게 하는 데는 추상 언어가 아니라 장엄하고 격렬한 언어만이 그나마 유용하다.

세상이 있다, 그러니 하느님이 있다. 플라톤은 서양의 두뇌 속에 보이지 않는 영원한 이데아들에 대한 의식을 심었다. 보이는 세계는 그 이데아들의 복제품일 따름이다. 예언자들은 서양인의 두뇌에 보이지 않는 영원한 하느님에 관한 의식을 심었다. 보이는 세계는 그 하느님의 뜻으로 창조된 피조물이다.

나의 정념은 너희 정념과 다르다

우리의 하느님 이해에는 함정이 둘 있다. 하느님을 인간화(humanization)하는 것과 하느님을 마비시킴(anesthetization)이 그것이다. 둘 다 하느님의 뜻의 윤리적 완전무결에 대한 우리의 이해를 위협한다. 인간화는 하느님을 백성의 맹우(盟友)로 생각하게 한다. 그들이 옳든 그르든 하느님은 당신의 백성을 저버리지 않는다. 하느님의 신성한 분노라는 관념은 그런 지독한 자아도취를 산산 조각내 버린다.

하느님을 마비시킴은 그분을, 사람에게 한 마디 말도 못하고 그 뜻은 끝내 알 수가 없는 하나의 신비(a mystery)로 전락시킨다. 하느님에게 직접 소명을 받고 당신의 말씀을 사람들에게 전달하라는 명령을 받은 예언자 자신의 경험으로 이런 무관계는 부정되었다.

우리는 사상이나 동정이 인간에게서 발견된다는 이유로 인간 안에 제한되어 있다고 생각하기가 쉽다. 그렇다면 같은 논리로, 존재란 인간과 사물의 특징인 까닭에 인간과 사물에만 한정된다고 주장해야 할 것이다. 시각은 그것이 인간의 기능이라는 이유로 하느님에게는 없는 것이라고 말할 수 없다. 그렇지만 하느님의 시각·생각과 인간의 시각·생각 사이에는 절대적인 차이가 있다. 하느님과 인간의 사이는 옹기장이와 흙의 사이와 같다.

> 아, 너희가 비참하게 되리라!
> 자기의 흉계를 야훼께 감쪽같이 숨기려는 자들아!
> "누가 우리를 보랴! 누가 우리를 알아보랴!"
> 중얼거리면서 어둠 속에 몸을 숨기고
> 못하는 짓이 없는 자들아!
> 너희가 어림도 없는 짓을 하는구나.
> 옹기흙이 어찌 옹기장이와 같은 대접을 받겠느냐?
> 작품이 제작자를 두고
> "그가 나를 만들지 않았다"라고 말할 수 있느냐?
> 옹기그릇이 옹기장이를 두고
> "그의 재주는 형편없다"라고 말할 수 있느냐? (이사야 29:15~16)

무엇이 하느님의 정념의 본바탕인지, 그것은 인간에게 하나의 신비다. 이사야가 하느님의 생각에 대하여 말한 내용(55:8~9)은 그대로 그분의 정념에도 적용할 수 있을 것이다.—"내 정념은 너희 정념과 같지 않다. 나의 길은 너희 길과 같지 않다." 야훼의 말씀이시다. "하늘이 땅에서 아득하듯 나의 길은 너희 길보다 높다. 나의 정념은 너희 정념보다 높다."

성경은 인간의 언어로 말한다. 성경은 인간의 문제들을 다루고 그 술어는 인간들의 단어를 빌어온 것이다. 신조어를 많이 만들어내지 않으면서, 빌어온 단어에 새 의미를 부여한다. 예언자들은 하느님의 비신인동형설적(非神人同形設的, nonanthropomorphic) 존재를 전달하기 위하여 신인동형설적 언어를 사용해야만 했다.

성경의 언어가 담당해야 했던 가장 어려운 문제는, 어떻게 하느님의 초월에 대한 깨달음과 그분의 생생한 삶과 관심에 대한 경험을 조화시키냐는 것이었다. 만일 성경이 신인동형동성설적 언어의 사용을 꺼려했다면 "야훼는 나의 목자, 아쉬울 것 없어라"고 말하지는 않았을 것이다. 그러나 반면에 시인이 "목자"라는 말을 사용하면서 그 머리 속에 목자의 모습을 담고 있었다고 주장한다면, 그것은 이 구절의 의미를 제대로 이해하지 못한 것이다.

언어로는 표현되지 않는 것을 부적절한 언어로 표현하려니까 그런 어려움에 부딪치지 않을 수가 없다. 어떤 언어가 정확하게 들어맞는다고 한다면 그것은 눈가림이거나 속임수일 것이다.

다른 사람들에게는 하느님이 멀리 떨어져 있는 듯하지만 예언자들에게는 하느님이 끊임없이 참여할 것을 요청하신다. 예언자들은 자신이 경험한 것을 사람들에게 요구한다. 비범한 순간에 경험하는 순간적인 굴복이 아니라 영속적인 순종의 태도를, "넋을 잃고" 미치는 것이 아니라 온몸으로 그분을 사랑할 것을, 자신의 운명을 잃는 게 아니라 자신의 운명을 기억하기를, 부르는 음성을 듣고 선택받기를 요구한다.

신성한 법뿐만 아니라 신성한 삶을 밝히는 것, 계약뿐만 아니라 정념도 밝히는 것, 그분의 존재의 영원한 불변함뿐만 아니라 시간 속에서 표현되는 그분의 정념을 증언하는 것, 절대적인 하느님의 주권뿐만 아니라 인간과 맺으시는 직접적인 관계를 설명하는 것이 예언자가 한 가장 중요한 일이었다.

하느님은 마음의 지평선 위에 있는 한 점이 아니라, 인간을 감싸고 있으며 그를 살아 있게 하는 공기와도 같다. 그분은 사물이 아니라 사건(happening)이시다. 시인은 인간에게 하느님의 하신 일을 묵상하라고 하겠지만 예언자는 하느님의 행위를 보라고 한다. 그들은 역사 속에서 하느님을 깨달을 뿐 아니라 하느님 안에서 역사를 깨닫는다.

정념을 나타내는 모든 표현은 하느님의 살아계심을 밝히려는 시도들이다. 우리는 그분에 관한 우리의 모든 언설이 터무니없이 부적절하다는 사실을 결코 잊어서는 안 된다. 그러나 그 말들을, 정확한 묘사가 아니라 은근한 암시로, 노골적인 기술이 아니라 삼가면서 하는 조심스런 말로 받아들이면 그분의 실재를 깨닫는 데 보탬이 된다.

"이 온 우주의 아버지, 조물주를 찾아내는 일은 있을 수 없는 일이다. 그러나 막상 그분을 찾아낸다 하더라도 모든 인간에게 그분을 말해주는 일 또한 불가능하다."[10] 인간의 머리는 플라톤이 설정해 놓은 한계를 결코 넘어설 수가 없다. 사람이 하느님에 관하여 알고 있는 것이 무엇인가? 그분의 하신 일이다. 어디에서 그분의 선하심을 찾을 것인가? 그분의 하신 일 속에서다. 이미 이 우주에 주어진 선보다 더 큰 선은 없다. 예언자들은 이 세상에서 발견되는 자비를 초월하는 자비에 관하여 말하고 있다. 그들은 하느님을, 그분의 하신 일을 보아서만이 아니라 그분의 말씀을 들어서 알고 있다.

하느님은 생명, 인간, 의(義)에 대한 당신의 관심 속에서 살아계신다. 그분의 관심은 연민 바로 그것이다. 비록 그것이 표현되는 방식은 가차없이 엄격하지만, 인간은 무감각하여 하느님이 부르시는 음성을 듣지 못한다. 그는 절망하는 순간에 비로소 무엇인가 궁극적인 것을 깨닫는다.

> 사람을 먼지로 돌아가게 하시며
> "사람아, 돌아가라" 하시오니.(시편 90:3)

그분의 진노하심은 견딜 수 없을 만큼 두렵다. 그러나 그것은 당신의 영원한 관심을 표현하시는 수단이다.

바빌론 사람들이나 에집트 사람들은 자비로운 하느님 또는 성내는 하느님을 몰랐다. 자비나 분노가 드문드문 발생하는 반응이 아니라 **계속되는 돌봄과 관심**의 표현이라고 본 것은 예언자들이 처음이었다. 하느님의 신성한 정념은 과거, 현재, 미래의 모든 삶을 얼싸안는다. 모든 사건과 모든 사물이 그분에게 연결되어 있다. 그것은 모든 역사를 초월하는 영원이라는 속성뿐만 아니라 모든 민족을 포용하고 인간과 동물을 아울러 감싸는 보편성이라는 속성을 지닌 관심이다.

예언자들이 하느님은 살아계시다고 말할 때 그 말은, 그분이 생물학적 혹은 심리학적 의미로 살아계시다는 뜻이 아니다. 그들은 결코 하느님을 어떤 사물이나 유기체로, 어떤 힘이나 원인으로 생각하지 않았다. 그들이 생각한 하느님의 삶(God's life)은, 창조하고 명령하고 표현하고 응답하는 의식적인 행위들의 통일(a unity)이었다. 그분은 사물성(事物性, thinghood)의 술어가 아니라 행위의 술어로, 순간의 술어로 인식되었다. 사물은 힘으로 또는 원인으로 생각될 수도 있다. 인생은 의지의 발현이며, 타자에 대한 관심과 배려의 일관된 표현이다.

역사는 단순한 우연의 사슬로서 버림받은 유기물인가? 인류의 존속은 인간 홀로 걱정해야 할 문제인가? 인간의 삶은 스스로 자신을 돌봐야만 하는 그런 삶인가? 성경의 종교는 궁극 원인에 관한 사색에서 발전하고 진화된 것이 아니다. 성경의 전제는, 궁극적인 원인이 있듯이 궁극적인 관심이 있다는 것이다. 인간의 삶은 하느님이 돌보는 삶이요 그분에게 연관된 삶이다.

"하느님이 살아 계시다"는 말은 그분이 인간들 가운데 있는 한 인격자(a Person)라는 뜻이 아니다. 시인이나 예언자는 말하리라. "그것은 내가 나 자신의 생명보다 나에 대한 그분의 돌보심을 더욱 소중히 여긴다는 뜻이다." "당신의 사랑(ḥesed), 이 목숨보다 소중하기에(시편 63:3)."

> 이 몸과 이 마음이 사그라져도
> 내 마음의 반석, 나의 몫은 언제나 하느님⋯
> 야훼는 나의 목자,
> 아쉬울 것 없어라.(시편 73:76; 23:1)

제5장
진노의 의미와 신비

우리를 당황케 하는 분노

예언자들의 가르침을 주석하는 이들은 그들의 견해와 편견에 부합되는 듯한 구절들을 길게 설명하기가 일쑤다. 우리는 예언자들이 말하는 하느님이, 우리 모두가 바람직한 것으로 여기는 온갖 덕목들을 고루 갖추고 있는 분이라고 알고 있다. 단호한 어조, 무시무시한 위협, 가차없는 요구, 피할 수 없는 운명의 선포 등은 보통 지나쳐버리고 만다. 이 세상에는 백합꽃이 있는 것과 마찬가지로 태풍도 있다. 예언자들은 정의를 설파하고 하느님의 무궁한 사랑을 기렸다. 그러나 그들은 또한 인간의 외람됨에 빠질 위험성을 경계하고 우상숭배와 무자비함을 비난하였으며 무엇보다도 하느님의 거룩한 진노가 얼마나 심각한 것인지를 분명히 선포하였다.

주께서 진노하시면 누가 당하랴.
주께서 분노를 터뜨리시면 누가 맞서랴.
주의 분노가 불같이 일면
바위도 깨진다.(나훔 1:6)

야훼만이 참 신,
살아 계시는 하느님, 영원한 임금이시다.

한번 분노를 터뜨리시면 땅이 덜덜 떠는데
어느 민족이 이 하느님의 노여움을 당해내랴?(예레미야 10:10)

한편, 성경이 특히 예언서가 되풀이 언급하는 하느님의 분노에 대한 메시지를 받아들이는 사람들 가운데도, 어떤 사람들은 뒤로 물러나고 어떤 사람들은 그 말을 은유적으로 읽는가 하면 반발하는 사람들도 있다. 어쨌든 성경을 읽으면서 하느님의 진노에 대한 말씀에 눈을 감을 수는 없게 되어 있다.[1] 그 구절들을 은유적 표현으로 또는 환유(換喩, metonymy)로 읽어서[2] '진노'를 '징벌'과 동의어로 푸는 것도 성경의 본뜻을 잘못 읽고 해석하는 것이다. 과연 고대의 히브리인들은 신의 존재에서 열정을 배제시켰던 것일까? 그러면서도 신의 분노를 그토록 사실적으로 그렸고 또 신의 존재 바닥에 그런 감정이 깔려 있다고 생각할 수 있었을까? 그렇지 않다. 하느님이 진정 화를 내신 게 아니라 그런 척했다는 식으로 생각하는 것은, 성경과 전혀 맥이 닿지 않는 속임수요 사기에 불과하다. 장차 이루어질 일을 예고할 때나 지나간 일을 설명할 때, 하느님의 분노를 언급한 말들은 준엄한 사실을 그대로 가리키는 것이지, 그냥 말투로만 그런 것은 아니다.

"유다인들은 우리네와는 달리 진노를 경험했고 그것을 거룩한 진노라고 발음했다. 그들은, 유럽인은 생각조차 할 수 없는 인간의 암울한 현장의 한복판에서 그리고 그 절정에서, 그 거룩한 진노가 뒤섞여 자신을 드러내는 것을 보았던 것이다."[3]

오늘 우리는 하느님의 분노에 대한 예언자들의 이해를 어떻게 받아들일 것인가? 이 책의 2부 3장에서 우리는 하느님의 정념에 반대하는 몇 가지 이유들을 분석했다. 하느님의 분노라는 관념을 반대하는 이유는 그 밖에도 더 있다.

도덕 교사들은 다른 어떤 감정들보다 분노라는 감정을 더욱 맹렬하게 탄핵하고 있다.[4] 그것은 사람을 해치는 못된 감정이며 악마적인 힘으로서, 어떤 상황에서도 마땅히 억제해야만 하는 것으로 묘사되었다. 그러나 사실상

이런 것들은 분노의 겉으로 나타나는 모습이지 그 본질은 아니다. 물론 분노가 악에 위험할 만큼 가까이 접근하는 감정이긴 하다. 그러나 그것을 악과 동일시하는 것은 잘못이다. 그것은 다른 것과 섞여서는 악할 수 있겠지만, 그 본질이 악하지는 않다. 그것은 불[火]과도 같아서 복을 주기도 하고 목숨을 앗기도 한다. 적의와 섞이면 비난받아 마땅한 것이 되고 적의에 항거하면 도덕적으로 필요한 것이 된다. 이 불을 켜두는 쪽이나 꺼버리는 쪽이나 다 위험을 안고 있다. 완전히 억압해 버리면 추한 악이 날뛰는 앞에서도 무릎 꿇고 항복해 버릴 수가 있고, 솟구치는 대로 내버려두면 오히려 재앙을 초래할 수가 있다. 분노는 목숨이 위험할 만큼 무섭게 폭발할 수도 있지만, 완전히 근절시켜 버리면 도덕적 감수성이고 뭐고 다 소용이 없게 된다. 인내는 참으로 고상한 자질이지만, 의분(義憤)이 결핍될 경우에는 그 혼을 나태하게 만들뿐이다. "무엇이나 다 정한 때가 있다. 하늘 아래서 벌어지는 무슨 일이나 다 때가 있다…입을 열 때가 있으면 입을 다물 때가 있다. 사랑할 때가 있으면 미워할 때가 있고… (전도서 3:1, 7~8)"[5]

신성한 정념의 한 모습

문제를 제대로 이해하기 어렵게 되는 이유는, 우리가 분노라는 정념을 표현하는 술어들의 모호함과 동음이의성을 파악하지 못하는 데 있다. 심리학적 술어로서 그 단어들은 격심한 불쾌감으로 인한 감정적인 흥분, 자기 통제력의 상실, 일시적인 정신 착란 상태, 그리고 앙갚음하려는 열망을 가리킨다. 그러므로 분노는 우리가 제어하고 재갈을 물려야 한다는 말을 들을 만한 열정이다. 야곱은 시몬과 레위, 두 아들이 성을 냈다고 하여, 그것이 마땅한 분노였음에도 불구하고 그들을 저주하였다. "저주받으리라. 화가 나면 모질게 굴고 골이 나면 잔인해지는 것들!(창세기 49:7)" 에돔은 "동기간의 정을 끊고…사뭇 증오심에 불타올라 끝내 앙심을 풀지 않은" 죄 때문에 형벌을 선고받았다(아모스 1:11). 「잠언」에 보면, 분노는 싸움을 일으키고(30:33) 바보들의 것(14:29)이다. "화를 잘 내면 말썽을 일으키고 골을 잘 내면 실수가 많다(29:22)." "성미가 사나운 사람은 벌을 받는다(19:19)." "화내지 말고 격분을 가라앉혀라(시편 37:8)." "어리석은 사람이나 짜증을 부린다(전도서 7:9)." "자기의 화를 다스리는 사람은 용사보다 낫다. 제 마음을 다스리는 사람은 성을 탈취하는 것보다 낫다(16:32)."

하느님의 의(義)를 그토록 한결같이 선포한 예언자들이 그분에게 비난받을 만한 도덕적 기질이 있다고, "그분의 의에 단점이 있다"고 말했을 리는 없다. 하느님의 분노를 정념의 신학이라는 빛으로가 아니라 심리학의 빛으로 보는 한, 정당한 이해는 불가능하다. "여기 강제력을 행사하고, 자기 통제를 하지 않으며 정의라는 기준을 무시하고 사람 해치기를 즐기는 하느님이 있다." ─이것이 과연 예언자들의 말 속에 담겨져 있는 언외의 의미일까? 하느님의 분노는 하느님의 통치권, 의로움 그리고 자유에 대한 성경의 이해를 드러내는 심오한 관념들 가운데 하나다.

예언자들은 하느님의 분노가 영문이 없으며 예측도 할 수 없는 불합리한 것이라고는 결코 생각하지 않았다. 그것은 우연히 자연 발생하는 것이 아니라 인간의 행실에 의해 발생하는 반응이다. 실로 예언자들의 주요한 임무가, 하느님의 분노는 인간의 행실과 상관없이 터뜨려지는 눈 먼 폭발력이 아니라 시(是)와 비(非)에 대한 관심으로 말미암아 파생되는 고의적이고 의도적인 것임을 입증할 만한 사실들을 증언하고 주장하는 것이다. 이것이 성경적 사유의 전제다.

> 야훼는 모든 것을 인자하게 보살피시고
> 그 부드러운 사랑은 모든 피조물에 미친다.(시편 145:9)

그분은 당신이 만드신 우주를 향하여 자비로우신 목적을 지니고 있다. 땅은 그분의 선물이요 비는 그분의 축복이다.

하느님의 분노는 그것만 따로 떼어서 보면 안 된다. 성스런 정념의 한 국면으로, 인간에 대한 하느님의 응답의 한 양태로 보아야 한다. 그것은 전체로서의 정념이 지니는 특색을 나누어 가지고 있다. 그것은 하느님의 의지로 제한을 받고 있으며 인간의 죄로 말미암아 파생된다. 그것은 독립된 어떤 힘이라기보다는 도구며, 자연 발생적인 것이 아니라 피동적인 것이다. 그것은 지배적인 열정이 아니라 부차적인 감정으로서 하느님이 인간을 대하시는 여러 방법들 가운데 하나일 따름이다.

정념은 사랑을 내포한다. 그러나 그것을 넘어선다. 인간과 맺으시는 하느님의 관계는 인간 쪽의 상태나 시비곡직(是非曲直)에 관계없이 그것들을 모른 척하고 선(善)을 무분별하게 부어주는 것이 아니라 오히려 예민하고 다양하게 반응하는 것이다.

'분노'라는 말은 앙심, 무모함, 불법 등의 의미를 함축하고 있다. 그러나 성경이 말하는 분노는 우리가 **의분**(義憤)이라고 말하는 바, 비열하고 수치스러운 또는 죄악된 것을 볼 때 솟구치는 분노다. 그것은 악을 참지 못하고 "죄악을 억제하기 위하여 스스로 일어나는 혼의 움직임"이다. 백성들이 금송아지를 숭배했을 때 하느님이 모세에게 하신 말씀 속에 신성한 분노의 자연 발생적인 기질이 표현되어 있다(출애굽기 32:10). 모세의 동의 없이는 하느님의 분노가 백성들에게 퍼부어지지 않았을 것이다.[6]

의분은 의로운 재판관인 그분의 한 부분이다. "나의 하느님은 의로우신 재판관, 매일같이 진노하시는 하느님이시다(시편 7:11, 사역)." 편파심을 보여주지 않는 것이 심판관의 반드시 갖추어야 할 속성이다(출애굽기 23:3; 신명기 16:19). 그러나 사람들에게 공명정대하려고 악에게 불편부당할 수는 없다. 성경이 말하는 재판관은 송사를 잘 판단하여 언도를 내릴 수 있는 능력을 갖춘 사람일뿐만 아니라, 불의가 자행될 때 그 일로 아파하고 낙심하는 사람이기도 하다.

먼저 하느님의 관심이 있어서, 그리로부터 분노가 나오는 것이다. 하느님이 사람들에게 화를 내시는 것은 그들에게 깊은 관심이 있기 때문이다. 분노와 자비는 반대가 아니라 서로 얽혀 있다. 그래서 하바꾹은, "진노 속에서 자비를 기억하소서(3:2, 사역)"라고 기도하는 것이다. 그분의 사랑이 중단된다는 것을 상상조차 할 수 없다. 그러기에 「시편」의 저자는 "그분의 진노가 따스한 사랑을 삼키셨는가?(77:9)"고 의아하게 여기고 있는 것이다.

하느님의 진노가 인간에게 가져다줄 엄청난 공포에도 불구하고 예언자는 그의 신뢰와 이해에 조금도 흔들림이 없다. 신성한 것은 그 무엇도 두려워할 이유가 없다. 이것이 예언자의 위대한 점이다. 그는 공포를 노래로 바꿔버릴 수가 있다. 야훼께서 에집트를 치실 때 그 뜻은 치는 데 있지 않고 고쳐주는 데 있기 때문이다(이사야 19:22).

> 어서 야훼께로 돌아가자!
> 그분은 우리를 잡아 찢으시지만
> 아물게 해주시고
> 우리를 치시지만 싸매주신다.(호세아 6:1)

무관심이라는 악

우리들 대부분이 묵과하여 저지르기도 하는 악이 있다. 악에 대한 무관심이 그것이다. 우리는 사람들에게 저질러지는 잘못에 대하여 중립을 지키고 불편부당하며 쉽사리 동요되지 않는다. 악에 대한 무관심은 악 자체보다 더 음흉하고 교활하다. 그것은 더 보편적이고 더 잘 전염되며 더 위험스럽다. 말없는 합리화로 인해, 하나의 예외로서 분출했던 악은 상습이 되고 다음에는 용납되고 만다.[7]

악을 아는 지식은 첫 사람이 이미 획득한 것이다. 예언자들이 비로소 발견한 것이 아니다. 예언자들이 인류에게 끼친 최대의 공헌은 무관심이라는 악을 발견한 것이었다. 인간은 점잖으면서 악할 수 있고 경건하면서 죄를 저지를 수 있다. 나는 나의 형제를 지키는 자다(창세기 4:9 참조).

예언자는 타인들에게 가해진 해악을 아파하는 사람이다. 가해가 저질러지는 곳이면 어디서든지 예언자 자신이 피해자인 양 등장한다. 그는 성난 음성으로 부르짖는다. 하느님의 진노는 슬픈 노래가 된다. 그의 모든 예언은, 하느님은 악에 무관심하지 않다는 거대한 부르짖음이다. 그분은 언제나 관심하시고, 인간이 인간에게 행하는 일에 개별적으로 영향을 받으신다. 그분은 정념의 하느님이시다. 무관심을 끝장내는 것! —이것이 하느님의 분노가 품고 있는 목적들 가운데 하나다.

진노의 메시지는 과연 두렵기만 하다. 그러나 원한과 잔혹성이 저지르는 일을 보고 절망의 낭떠러지에 몰린 자들은, 악이 역사의 정점은 아니며 악이 최후를 장식하는 것도 아니라는 생각에서 위안을 얻게 될 것이다.

하느님은 못본 척하시는가? 하느님은 시(是)와 비(非)를 가리시는가? 의인이 고통을 겪고 악인이 잘 되는 이 세상에서 가장 애태우는 질문이다. 만일 인간의 고뇌가 불쾌한 감정상의 문제라면, 동정어린 말 한 마디라든가 책망하는 말 한 마디로도 충분히 풀어줄 수 있으리라. 잔혹한 자들의 광포(狂暴)와 하느님을 저버리는 난폭함에 시달리는 세대에는 그 어떤 저주도 실은 충분치 못하다.

불의에 대한 인간의 감각은 불의에 대한 하느님의 감각을 닮았지만, 그보다 못하다. 가난한 자들을 착취하는 것이 우리가 볼 적에는 못된 짓이고, 하느님이 보시기에는 재앙이다. 우리의 반응은 불만을 표시하는 것일 따름인데, 하느님의 반응은 언어로 옮길 수가 없는 어떤 것이다. 가난한 자의 인권이 짓밟히고 과부와 고아들이 억압을 당할 때 하느님이 분노하시는 것은 그분의 잔인성이 표면화된 것일까?

분노의 우발성

하느님의 인내 혹은 관용의 의미를 살펴보지 않고는 하느님의 분노의 의미를 이해할 수가 없다. 예언자들은 하느님이 참고 오래 견디며 화를 더디 내시는('erekh appayim) 분임을 때로는 노골적으로 때로는 암시적으로 강조한다(출애굽기 34:6; 민수기 14:18; 예레미야 15:15; 요엘 2:13; 요나 4:2; 나훔 1:3; 시편 86:15; 103:8; 145:8; 느헤미야 9:17). 인내는 "하느님의 속성들" 가운데 하나다. 그러나 그것이 냉담 또는 무관심은 결코 아니다.[8] 인간의 변덕을 감수하고 악의 잔인함을 오히려 웃어넘기는 하느님의 모습은 그들이 생각하는 하느님의 모습과 정반대였다. 하느님의 인내하심은 당신의 의분을 자제하시는 것이다.

하느님의 용서를 막연한 내버려둠으로 오해해서는 안 된다. 참고 견디심이 더 이상 축복으로 계속될 수 없는 그런 한계가 있다.[9] 용서는 절대적인 것도 아니며 무조건적인 것도 아니다. 우리는 죄인을 용서할 수 있다. 그러나 죄를 용서하는 것이 옳은 일일까? 나는 나에게 저질러진 잘못을 용서할 수 있다. 그러나 남들에게 저질러진 잘못을 용서할 권리가 나에게 있는가? 무조건의 용서는 악덕을 부르는 아름다운 유혹으로서, 판도라의 상자 속에서나 발견될 것이다. 분노는 인간이 용서를 받아야 하는 존재며 그 용서가 당연히 받게끔 되어 있는 것이 아님을 상기시켜 준다. 하느님은 오래 참으시고 동정과 사랑을 베풀며 성실하신 분이다. 그러나 그분은 또한 명령하고 강요하며 무섭고 위험스러운 분이시다.

예언자들이 선포한 하느님의 분노는 우발적으로 발생하고 최종적인 것이 아닌 데 그 본질이 있다. 그것을 일으키는 것도 인간이요 그것을 취소시킬 수 있는 것도 인간이다. 예언자들의 주요 사명들 가운데 하나가 사람들에게 회개할 것을 권고하는 것이다. "여러분의 하느님 야훼의 말씀을 따라 생활 태도를 고치시오. 그렇게만 하면 야훼께서는 여러분에게 내리시려던 재앙을 거두실 것이오(예레미야 26:13)." 거듭거듭 우리는 듣는다. "나는 너희에게 내릴 재앙을 옹기장이처럼 마련하여 두었다. 너희를 벌할 계획을 이미 꾸며 놓았다. 그러니 모두들 악한 길을 버리고 돌아오너라. 너희 행실과 소행을 뜯어고쳐라(예레미야 18:11)." "너희의 생활 태도를 깨끗이 고쳐라. 너희 사이에 억울한 일이 없도록 하여라. 유랑인과 고아와 과부를 억누르지 말라. 이곳에서 죄 없는 사람을 죽여 피를 흘리지 말라. 다른 신을 따라가 재앙을 불러들이지 말라. 그래야 한 옛날에 너희 조상에게 길이 살라고 준 이 땅에서 너희를 살게 하리라(예레미야 7:5~7)."

전지전능하신 분이 일단 선포한 자신의 말을 바꾸기도 한다는 것, 이것이야말로 히브리 신앙의 신비스러운 역설이다. 인간에게 그분의 계획을 수정토록 할 힘이 있다는 것이다. 예레미야는 하느님이 당신의 결단보다 더 위대하시다는 사실을 깨우쳤다. 하느님의 분노는 도구적이며 가설적이고 조건부이며 당신의 뜻에 예속되어 있다.[10] 사람들이 그들의 행실을 고친다면 하느님의 분노는 사라질 것이다.[11] "성 잘내는 앙심"이라는 표현과는 거리가 멀게, 분노의 메시지 속에는 회개하여 구원받으라는 권면이 들어 있다. 하느님의 분노는 분노를 없애려는 분노다. 그것은 갑작스럽고 불합리하고 본능적인 흥분이 아니라 악하고 잘못된 것에 대한 하느님의 정의의 자유롭고 신중한 반응이다. 격렬함에도 불구하고 기도에 의하여 돌이켜질 수도 있다.[12]

하느님의 분노는 분노를 위한 분노가 아니다. 앞에서 말했듯이, 하느님의 분노는 사람들을 회개하게 하려는 도구로서 사용되었으며, 그 목적은 분노 자체가 사라지게 하는 데 있고 분노가 사라짐으로써 바랐던 목적을 이루는 것이다. 하느님께서 괜히 분노하시지 않는다는 사실이 요나 이야기로 극화되어 나타났다. 예언자 요나는 하느님한테서, 아시리아의 수도인 니느웨로 가서 임박한 파멸을 선고하라고 명령을 받았다. "그들의 사악함이 야훼의 목전에 닿았기 때문"이었다. 요나는 하느님이 "애처롭고 불쌍한 것을 그냥 보아 넘기지 못하시고 좀처럼 화를 내지 않으시며 사랑이 한없으시어, 악을 보고 멸하려 하시다가도 금방 뉘우치시는 분"인 줄 알았으므로 맡겨진 일을 피하여 도망치려고 했다. 하느님한테서 도망치다가 요나는 풍랑을 만난다. 배에 탄 다른 사람들을 살리려고 스스로 물에 빠진 요나는 마침내 하느님의 손에 건짐을 받는다. 니느웨로 가라는 두 번째 명령을 듣고 요나는 순종하여 아시리아의 수도에서 이렇게 외친다. "사십 일이 지나면 니느웨는 잿더미가 된다." 예언자의 말 한 마디는 그곳 사람들을 회개하여 악한 길에서 돌아서게 했다(3:8). 그들은 말했다. "하느님께서 노여움을 푸시고 우리를 멸하시려던 뜻을 돌이키실지 아느냐?(3:9)" 하느님께서는 그들이 악한 행실을 버리고 돌아서는 것을 보시고 "뜻을 돌이켜 그들에게 내리시려던 재앙을 거두셨다(3:10)." 그래서 니느웨는 구원을 받았다.

하느님의 변심은 요나를 대단히 불쾌하게 했다. 그는 정확하게 일수(日數)까지 대면서 니느웨의 멸망을 선포했던 것이다. 그것은 가차없는 신의 판결이었다. 그러나 하느님의 말씀을 하느님의 말씀으로 보증해 주는 것은 그 엄격함이나 단호함에 있지 않았다. 하느님 말씀의 확실함과 단호함에 목숨을 걸고 있던 요나에게 위 사실의 확인은 그대로 절망이었다. "야훼님, 당장 이 목숨을 거두어 주십시오. 이렇게 사느니 차라리 죽는 것이 더 낫겠습니다(4:3)." 이것이 그의 기도였다.

예언자는 완전히 외톨이였다. 인간에게는 화가 나고 하느님에게는 실망했다. 인간은 사악하고 하느님은 믿을 수가 없다. 그는 성읍을 떠나 초막을 치고 그 그늘에 앉아, 장차 무슨 일이 벌어지는지 살펴보기로 했다. "그때 하느님께서는 요나의 머리 위로 아주까리가 자라서 그늘을 드리워 더위를 면하게 해주셨다. 요나는 그 아주까리 덕분에 기분이 좋았다(4:6)." 그러나 이튿날 새벽에 하느님은 그 아주까리를 말라죽게 했다. 소금기 머금은 동풍과 따가운 햇살이 요나의 머리 위에 쏟아졌다. 요나는 기절할 지경이 되어 다시 말했다. "이렇게 사느니 차라리 죽는 것이 낫다." 그러자 하느님께서 요나에게 이르셨다. "너는 이 아주까리가 자라는 데 아무 한 일도 없으면서 그것이 하루 사이에 자랐다가 밤 사이에 죽었다고 해서 그토록 아까워하느냐? 이 니느웨에는 앞뒤를 가리지 못하는 어린이만 해도 십이만이나 되고 가축도 많이 있다. 내가 어찌 이 큰 도시를 아끼지 않겠느냐?(4:5~11)"

요나에게 주신 하느님의 대답은, 하느님의 동정이 세상을 향한 당신의 합리적인 일관성을 뒤집기도 한다는 사실을 강조하고 있다. 만일 하느님의 말씀이 어떤 도그마나 절대적인 판결문처럼 최종적이며 분명한 말씀으로 붙박혀 있다면 역사는 훨씬 더 이지적인 것이 되리라. 만일 하느님의 분노가 자동적으로 발생된다면, 사악함이 일단 어느 지경에 이르매 저절로 하느님의 벌이 그 사악함을 파멸시킨다면, 역사는 이해하기가 더 쉬울 것이다. 그러나 정의와 분노 너머에 동정이라는 신비가 있다.

그들이 선을 행하매 내가 기뻐하리라

하느님의 분노는 신비와 공포로 가득 찬 공간에 불어닥치는 폭풍이 아니다. 세계는 어둡고 인간의 고뇌는 갈수록 심해진다. 그러나 예언자는 사람의 마음을 하느님의 심중(心中)에로 쏠리게 하는 빛을 비추고 있다. 하느님은 재갈물리지 않은 분노를 기뻐하시지 않는다. 그러면 하느님은 무엇을 기뻐하시는가? "나의 뜻을 깨치고 사랑과 법과 정의를 세상에 펴는 일…이것이 내가 기뻐하는 일이다. 야훼의 말이다(예레미야 9:23)." "이 백성이 잘되는 것이 즐거워, **마음과 정성을 쏟아** 이 백성을 이 땅에 뿌리박고 살게 하리라(예레미야 32:41)." 하느님께서는 오직 축복을, 당신의 마음과 정성을 쏟아 베푸신다. 사람이 사람에게 친절 베푸는 것을 좋아하시므로 당신 몸소 친절 베푸시기를 좋아하시는 것이다.

이스라엘의 하느님은 모든 일에 친절하고 동정을 베푸시는 분이기에 당신이 선택하신 민족과 계약을, 피차 권리와 의무를 지니는 상호관계를 맺으신다. 만일 그들의 행실이 계약을 위반하면 그분은 끝까지 항변하여 마침내 그들의 성실함을 회복시켜 놓을 것이다. "그분은 계약 불이행자가 형벌을 받고 마는 것이 아니라(그것은 사소한 일이다), 예전의 인격적 관계로 다시 돌아가게 되기 전에는 휴식할 수도 없고 휴식하지도 아니하시리라."[13]

하느님은 친절한 것을 좋아하시지만, 분노의 정념으로 빠져드는 순간들도 있다. 여기에 하느님이 만드시고 바다와 땅을 다스리게 하신 인간이 있다. 여기에 하느님이 뽑으시고 고통과 종살이에서 건져주신 백성, 당신의 법과 땅과 재물과 예언자들을 주신 백성이 있다. 그런데 살아 계신 하느님의 증인이 되고 뭇 민족의 빛이 되어야 할 그 백성이 그분의 가르침을 배반하여 우상을 섬기고 그분을 저버렸다. 세상의 재판정에서는 그분의 억울한 항의 소리가 되풀이하여 울렸다. 그런데도 백성은 예언자들의 말을 듣지 못했다. 그러자 마침내 그분의 인내가 분노로 바뀌는 순간이 닥쳤다.

> 야훼의 분노가 폭풍처럼 터져나온다.
> 태풍처럼 악인들의 머리 위를 휘몰아친다.
> 마음대로 다 하신 다음에야
> 야훼의 분노는 가라앉을 것이다.
> 훗날 그때가 되어야
> 너희는 눈이 열려 깨달을 것이다.(예레미야 23:19~20; 참조, 30:23~24)

예언자가 그분의 분노를 불과 폭풍에 비교한 것이, 어떤 학자들로 하여금 그분의 분노가 아무 이성이나 헤아림도 없이 내려치는 "예측할 수 없고 변덕스러운 자연의 숨은 힘과 비슷하다"고 생각하게 하였다. 예레미야는 처음에 이런 말을 들었다. "나는 나의 백성이 저지른 모든 죄를…심판하리라(1:16)." 임박한 심판을 예고하는 음성이 그에게 들렸다. "나도 이제는 결판을 내야겠다(4:12)." 그리고 예루살렘에 재앙이 임하여 파괴와 비참이 덮친 다음에, 어둠의 까닭을 밝히는 음성이 들려왔다.

> 너희 죄가 너무 많고
> 잘못이 너무 커서
> 내가 그렇게 한 것이다.(예레미야 30:15)

정의가, 미쉬팟(mishpat)이 그분의 분노를 헤아리는 척도다. 인간의 잔혹함에 상처입은 피해자에 대한 하느님의 연민과 동정이 분노를 폭발시킨 것이다. 실로, 고아를 학대하는 데 대한 하느님의 분개심이 동정에 의하여 촉발된 정의심 아니고 무엇이겠는가? 그와 같은 인간에 대한 잘못된 대접을 하느님은 그냥 두고 볼 수가 없는 것이다.

이런 짓을 보고도 나더러 벌하지 말라고 하느냐?

이 따위 족속에게 어찌 내가 분풀이를 하지 않겠느냐?(예레미야 5:29)

하느님의 분노는 근본적인 그분의 속성이 아니라 일시적이며 반사적인 표현이다. 그것은 "그분의 마음 속셈"을 이루려는 수단이다. 사람들은 그것이 잘 납득되지 않겠지만 "훗날 때가" 되면 "눈이 열려 깨달을 것이다(예레미야 23:20)."

분노는 잠시뿐

신(神)이 인간에게 심술궂고 앙심을 품고 있다는 고대의 관념은 현대인에게 여전히 남아 있는 듯하다. 그 결과 히브리 성경의 하느님에 관한 술어들도 그와 같은 관념으로 해석되곤 한다. 심술궂고 악의에 찬 신들에게는 화를 내는 것이 습관 또는 성질에 속한다. 그러나 예언자들은 하느님의 분노가 그분의 성질이라고는 결코 말하지 않는다. 그분의 자비보다 분노를 선포한 예언자들조차, 드러내놓고 또는 암시적으로 그분의 자비가 분노보다 크심을 강조한다.

그분의 분노는 지나가 버리고 그분의 사랑은 영원히 계속된다. "나는 한결같은 사랑으로 너를 사랑하여 너에게 변함없는 자비를 베풀었다(예레미야 31:3)." "너와 나는 약혼한 사이, 우리 사이는 영원히 변할 수 없다. 나의 약혼 선물은…한결같은 사랑과 뜨거운 애정이다(호세아 2:21)."

우리는 되풀이하여 하느님의 사랑과 친절은 영원하다는 말을 듣게 된다(예레미야 33:11; 시편 100:5; 106:1; 107:1; 118:1~4; 136:1~26; 에즈라 3:11). 성경 어디에도 그분의 분노가 영원히 계속된다는 말은 없다.[14]

그분은 테러를 명령하고 공포를 일으키는 하느님인가? 예언자 미가는 부르짖는다.

하느님 같은 신이 어디 있겠습니까?
남에게 넘겨줄 수 없어 남기신 이 적은 무리,
아무리 못할 짓을 했어도 용서해 주시고
아무리 거스르는 짓을 했어도 눈감아주시는 하느님,
하느님의 기쁨이야
한결같은 사랑을 베푸시는 일 아니십니까?
그러니 어찌 노여움을 끝내 품고 계시겠습니까?
마음을 돌이키시어 우리를 불쌍히 여기시고
우리의 온갖 죄악을 부수어주십시오.
깊은 바다에 쓸어 넣어주십시오.
한옛날 우리 선조들에게 맹세하신 대로
우리 야곱의 후손에게,
우리 아브라함의 후손에게,
거짓 없는 사랑, 한결같은 사랑을 베풀어주십시오.(미가 7:18~20)

 하느님의 분노는 언제나 순간적인 것으로, 늘 계속되는 것이 아니라 경우에 따라 발생하는 것으로 서술되어 있다. 설사 신의 분노라도 잠깐 이상 계속되어서는 안 된다고 표현된 랍비들의 생각도, 이미 예언자들의 말 속에 담겨져 있었던 것 같다.

내 백성아, 어서 너의 골방으로 들어가거라.
들어가서 문을 꼭 닫아걸어라.
주의 노여움이 풀릴 때까지
잠깐 숨어 있어라…
˝내가 잠깐 너를 내버려두었지만
큰 자비를 기울여 너를 거두어들이리라.
내가 분이 복받쳐

내 얼굴을 잠간 너에게서 숨겼지만
이제 영원한 사랑으로 너에게 자비를 베풀리라."
너를 건지시는 야훼의 말씀이시다.(이사야 26:20; 54:7~8)

그의 진노는 잠시뿐이고
그 어지심은 영원하시니
저녁에 눈물 흘려도
아침이면 기쁘리라.(시편 30:5)

"내가 언제까지 따지기만 하랴?
항상 노여워하기만 하랴?
사람은 나에게서 용기를 얻고
나에게서 생명의 숨결을 받는다.
그들이 너무 못되게 욕심부리므로
나는 성이 났다.
화가 나서 그들을 치고 얼굴을 돌렸다.
그래도 배신하고 제멋대로 가버릴 때
나는 그들이 어디로 가는지 눈여겨보았다.
내가 그들의 병을 고쳐주며 위로하고
한껏 격려해 주리라.
슬피 울던 입술에서
이런 찬미가 터져나오게 하리라.
'태평천하일세, 태평천하일세.
멀리도 가까이도 태평천하일세.'"
야훼께서 약속해 주셨다.
"내가 너를 고쳐주마."(이사야 57:16~19)

자비로움과 은혜로움, 라훔 베-한눈(rahum ve-hannun, 출애굽기 34:6; 시편 86:15; 103:8) 또는 한눈 베-라훔(hannun ve-rahum, 요엘 2:13; 요나 4:2; 시편 111:4; 112:4; 116:5; 145:8; 느헤미야 9:17, 31; 역대기하 30:9)[15]은 성경에서 하느님을 생각할 때 서로 떨어뜨릴 수 없는 품성이다.

> 야훼께서는 자비하시고 은혜로우시며
> 화를 참으시고 사랑이 넘치신다.
> 끝까지 따지지 아니하시고
> 앙심을 오래 품지 않으신다.
> 우리 죄를 그대로 묻지 않으시고
> 우리의 잘못을 그대로 갚지 않으신다.
> 높기가 땅과 하늘에 비길 수 있고
> 경외하는 자에게는 그 사랑 그지없으시다.
> 동에서 서가 먼 것처럼 우리의 죄를 멀리 치우시고
> 아비가 자식을 어여삐 여기듯이
> 야훼께서는 당신 경외하는 자를 어여삐 여기시니
> 우리의 됨됨이를 알고 계시며
> 우리가 한낱 티끌임을 아시기 때문이다.(시편 103:8~14)

이스라엘이 묻기를,

> 과연 영원히 화를 내실까?
> 끝까지 진노하실까?(예레미야 3:5)

이에 들려오는 대답은,

> 나를 배반하였던 이스라엘아, 돌아오너라.

똑똑히 들어라.

나는 마음이 모질지 못하여

너희에게 무서운 얼굴을 못하겠구나.

아무리 화가 나도 그 마음을 언제까지나 지니지는 못하겠구나.(예레미야

3:12)

예언자는 잠깐 동안의 진노와 영원히 계속되는 사랑을 대조하여 표현한다.

"내가 분이 복받쳐

내 얼굴을 잠깐 너에게서 숨겼지만

이제 영원한 사랑으로 너에게 자비를 베풀리라."

너를 건지시는 야훼의 말씀이시다.(이사야 54:8)

하느님의 속성을 나타내는 성경의 여러 구절에 사용된 형용사는 "선하다"

"의롭다" "자비롭다" "은혜롭다" 등이다. 단 한 번, "성난(혹은 진노한) 하느

님〔angry God, 『공동번역』에는 "원수를 갚으시는 하느님" —옮긴이〕"이라는 표

현이 나와 있다(나훔 1:2). 그분의 분노는 본질적인 속성이 아니라 행위며 일

시적인 상태다. 이 차이는 모든 성경 말씀을 이해하는 데 근본적으로 중요한

다음 구절 속에 잘 암시되어 있다. "나는 야훼다. 야훼다. 자비와 은총의 신

이다. 좀처럼 화를 내지 아니하고 사랑과 진실이 넘치는 신이다. 수천 대에

이르기까지 사랑을 베푸는 신, 거슬러 반항하고 실수하는 죄를 용서해 주는

신이다. 그렇다고 벌하지 않는 신은 아니다. 조상이 거스르는 죄를 아들 손

자들을 거쳐 삼사 대까지 벌한다(출애굽기 34:6~7)."

분노의 진의는 돌보심에

하느님의 분노의 진의는 그분의 돌보심에 있다. 그분의 돌보심의 확실함

보다 더 위대한 것은 없다. 그분의 분노는 파괴와 슬픔을 가져오기는 하지만, 그러나 절망을 안겨주지는 않는다. 예언자는 그것을 받아들일 뿐만 아니라 감사한다. 이것이 신앙의 절정이다.

> 그 날, 너희는 이렇게 감사의 노래를 부르리라.
> "당신, 야훼께 감사를 드립니다.
> 당신께서 한때 나에게 노하셨으나
> 이제 그 노여움을 푸시어
> 나를 위로해 주십니다." (이사야 12:1)[16]

하느님의 분노에 시달림을 받을 때 예언자는 그 고통에 무관심하지도 않고 당황하지도 않는다. 진노는 목적이 아니고 고통 또한 절대적인 것이 아니기 때문이다. 그것은 어둠이지만 그러나 하느님이 만드신 어둠이기에 그 어둠 속에는 하느님이 있고 빛이 있다.

> 원수들아,
> 우리가 이 꼴이 되었다고 좋아하지 말라.[17]
> 지금은 쓰러졌지만, 일어설 날이 온다.
> 지금은 어둠 속에서 새우지만
> 야훼께서 우리의 빛이 되어 주실 날이 온다.
> 우리는 야훼께 죄를 얻었으니
> 야훼께서 우리를 법으로 다스리시고 재판을 내리시기까지
> 그분의 진노를 참고 받아야 한다.
> 그러다가 마침내 우리에게 밝은 세상을 보이시면
> 그제야 우리는 눈이 열려
> 여태 해오신 일이 옳았음을 알게 되리라. (미가 7:8~9)

예루살렘이 함락되자 적군은 성소를 약탈하고 백성을 학살하였다.

> 나의 주께서 야곱의 보금자리를 모두 사정없이 허무셨고
> 진노하시어 유다 수도의 성채들을 쳐부수시고
> 통치자와 신하들을 욕보이셨다. (애가 2:2)

그러나 아침이 되면 하느님의 자비가 새롭게 피어날 것이고 따라서 사람들은 슬픔 속에서도 희망할 수가 있거니와 이것이야말로 단련의 신령한 방법이다.

> 야훼께서는 당신을 바라며 찾는 사람에게
> 사랑을 베푸신다.
> 야훼께서 건져 주시기를 조용히 기다리는 것이
> 좋은 일이다. (애가 3:25~26)

욥이 아내에게 "우리가 하느님에게서 좋은 것을 받았는데 나쁜 것이라고 하여 감히 어찌 거절할 수 있단 말이오?(2:10)"라고 한 말 속에 그 기본적인 태도가 표현되어 있다. 성경의 사람은, 당신의 백성에 대한 하느님의 미쁘심과 그분의 정의를 확신하고 있었기에 "그분이 나를 죽이신다 해도 나는 그분을 믿으리라(욥기 13:15, 사역)"고 말할 수가 있었다.

나쁜 것을 받아들인 까닭은 그것이 하느님에게서 온 것이기 때문이었다. 그러자 사람들은 인간에게 일어나는 모든 불행의 책임을 하느님에게 돌리는 것이 옳은지 의심하기 시작했다. 다윗의 시절에 발생한 매우 이상스런 재난을 두고 한 자료에서는 그것이 하느님의 분노로 인한 것이었다고 하고 다른 자료에서는 어둠의 세력이 저지른 것이었다고 한다.[18] 이 나중의 생각은 하느님의 진노라는 신비를 풀어보려는, 그것을 좀더 높은 정의와 더 심오한 책임이라는 술어로 헤아려 보려는 예언자들의 노력에 정면으로 배치된다.

역사의 궁극적인 의미는 하느님의 관심의 연속성 속에 들어 있다. 그분의 진노는 감정의 폭발도 아니고 비이성적인 격정도 아니며 그분의 계속되는 돌보심의 한 부분인 것이다. 예언자들은 인간들이 저지르는 범죄와 그들에게 떨어지는 재앙을 그냥 두고 볼 수가 없었으므로, 하느님의 심장은 돌이 아니라는 사실을 스스로 기억하고 남들에게도 상기시켜 주어야만 했다.

하느님에게 역겨운 것

분노는 하느님의 심판에 부수되는 감정이다. 그러나 분노가 곧 심판은 아니다. 그것은 하느님의 정의의 인격적인 차원이다. 하느님은 심판관이요 안내자며 법을 내리신 분일 뿐 아니라, 당신 몸소 인간에게 행하시는 일과 마찬가지로 인간이 인간에게 행하는 일에 영향을 입으시는 사랑하는 아버지다.

백성이 금송아지를 숭배한 뒤에 하느님이 모세에게 주신 말씀을 주의 깊게 읽어보면 그분의 분노가 인격적인 참여로서 발생하는 그 뜻을 알아볼 수가 있다. "나를 말리지 말아라. **내 분노를 저들에게 쏟아부어**(사역), 저들을 모조리 쓸어버리리라…(출애굽기 32:10)" 만일 이 구절이 "나를 말리지 말아라. 내가 저들을 모조리 쓸어버리리라…"는 식으로 우리에게 전달되었다면, 우리는 아무런 인격적 참여 없이 온 백성을 쓸어버리는 감각도 없고 돌같은 심장을 가진 하느님의 모습을 떠올리게 될 것이다.

어린아이들이 부모와 맺는 관계는 완전한 의존의 관계라고 할 수 있겠다. 아이들은 사랑을 받지 못할 때 비참해진다. 이와 비슷하게, 아이들과 맺는 부모의 관계는 정신적인 의존의 관계라고 할 수 있을 것이다. 사랑을 할 수 없게 될 때 부모는 비참해진다. 대체로 자식보다는 부모가 이 의존 관계의 의미를 더 잘 알고 있다. 그리고 이 관계가 상처를 입을 때에는 자식이 겪는 아픔보다 부모의 아픔이 더 심하다.

하느님의 분노는 필요 불가결한 비극으로서 인간에게는 재난이요 하느님에게는 슬픔이다. 그것은 그분이 즐겨 부리시는 감정이 아니라 안타까움으로 한숨쉬며 내뿜는 감정이다. "사람이 미워서 괴롭히거나 벌하지는 않으신다(애가 3:33)." "나 만군의 야훼가 이스라엘의 하느님으로서 말한다. 너희까지도 그런 못된 짓을 하여 벌을 자청하다니, 어찌된 일이냐?…너희는 벌을 자청하여 천하 만민에게 욕을 먹고 조롱을 받으려느냐?(예레미야 44:7, 8)"

하느님은 화내는 일이 역겨우시다. 아름답고 기름진 포도밭 같은 이스라엘을 보면서(이사야 5:1 이하), 스스로 "나에게는 진노가 없다"고 말씀하시는 것이 그분의 꿈이다.

> 그날에 사람들이 부를 노래,
> "소담스런 포도밭 노래를 불러라.
> 나 야훼는 포도밭지기다.
> 쉬지 않고 물을 주며
> 잎이 마를세라 밤낮으로 보살핀다.
> 나에게는 진노가 없다."(이사야 27:2~3, 마지막 줄 사역)

> 아무리 노여운들 내가 다시 분을 터뜨리겠느냐?
> 에브라임을 다시 멸하겠느냐?
> 나는 사람이 아니고 신이다.
> 나는 거룩한 신으로 너희 가운데 와 있지만
> 너희를 멸하러 온 것은 아니다.(호세아 11:9)

이 구절이 의도하는 바는 하느님의 분노를 해명하려는 것이다. 하느님이 인간과 전혀 다른 분이시듯 그분의 분노 또한 인간의 분노와 전혀 다르다. 하느님께서는 벌을 내리시되 파멸시키지는 않으신다. 그분은 당신의 분노를 능히 제어하시는, 분노의 주인[19]이시기 때문이다. "나는 사람이 아니고 신이다."

보류된 사랑으로서의 분노

하느님의 분노는 **보류된** 사랑으로, 일시 중단된 자비, 숨어 있는 자비로 볼 수 있다. 사랑하기에 터뜨리는 분노는 그 성질상 막간극(幕間劇)이다. 그것은 마치 동정과 연민이 재개되기를 기다리고 있는 것과도 같다. "나는 그 민족들을 정든 고향에서 내쫓고…그러나 그 백성들을 다시 가엾게 여겨 각기 제 고장, 제 땅으로 돌아가 살게 하리라(예레미야 12:14, 15)."

> 주께서는 마냥 내버려두시지는 않는다.
> 주께서는 사랑이 그지없으시어
> 심하게 벌하시다가도 불쌍히 여기신다.(애가 3:31~32)

보류된 자비니 일시 중단된 사랑이니 하는 것은, 진노가 하느님에게 무엇을 뜻하는지를 설명해 보려는 단어들이다. 그 말은 하느님의 진노가 인간에게 뜻하는 바를 전달해 주지는 못한다. 심판, 파멸, 고뇌 등은 우리로 하여금 무자비함이 그냥 자비가 없는 것보다 더 혹독하다는 느낌이 들게 한다. 일단 난폭한 사건들이 터지게 되면 사악한 자와 함께 무고한 자도 고난을 겪는다.

"보류된 사랑"이라는 술어는 겁주는 말씀을 나타내는가?

> 그러므로 나는 이 백성에게 사자처럼 대하고
> 표범처럼 길목에서 노리며
> 새끼 빼앗긴 곰같이 달려들어
> 가슴을 찢어주리라.
> 개들이 그 자리에서 뜯어먹고
> 들짐승이 찢어발기리라.(호세아 13:7~8)

처음에는 위협이던 것이 나중에 현실이 되었다.

> 주께서 곰처럼, 숨어 엎드린 사자처럼
> 나를 노리시며
> 앞길에 가시덤불을 우거지게 하여
> 내 몸을 갈가리 찢게 하시고
> 나를 과녁으로 삼아
> 화살을 메워 쏘시는구나.(애가 3:10~12)

그리고 "나의 주께서 원수인 양 이스라엘을 삼키셨다(애가 2:5)"는 가장 비통한 선언도, 어떤 교의로서가 아니라 경악스러운 외침으로서 터져 나온 것이었다. 그러나 후대의 한 예언자는 그 부조리를 설명해 보려고 했다.

> 그들은 거역하였다.
> 그의 극진하신 마음을 아프게 해드렸다.
> 그래서 그는 그들의 원수가 되시어
> 몸소 그들과 싸우셨다.(이사야 63:10)

하느님의 진노는 기분 나쁜 것도 아니며 엉뚱한 것도 아니고 지극히 당연한 것이다.

하느님이 이스라엘에 안겨준 재난 위에는 슬픈 곡조가 맴돌고 있다. "죄가 많고 허물이 커서, 원수를 치듯이 나는 너희를 때려 심한 벌을 내리지 않을 수 없었다…그렇지만 이젠 너희를 집어삼킨 자들이 도로 먹힐 차례다(예레미야 30:14~16)."

하느님의 진노는 가혹하지만 그러나 그것을 인간에게 전달하는 것은 그분의 사랑이다. "사랑이란 식어버린 진노일 뿐"[20]이라는 견해는 성경의 사상을 극도로 오해한 실례다.

하느님의 분노는 사람을 비참하게 하고 슬프게 할 것이다. 그러나 그보다 더 괴롭고 더 견딜 수 없는 고통이 있다. 하느님에게 버림을 받는 것이 그것이다. 버림받고 포기당하고 거절받는 형벌은 포로가 되어 끌려가는 형벌보다 훨씬 더 가혹하다. 그분의 분노 또한 그분이 역사 속에 현존하심을 보여주는 징표다. 그분의 분노는 그분의 관심의 표현이기도 하다.

이것이 바로 예언자들이 선포한 바 하느님의 동정의 숭엄함이다. 그것은 가장 격렬한 분노를 초월하는 사랑이며 인간의 나약함을 충분히 이해하는 가운데 이루어지는 사랑이다.

분노와 숭엄함

우리가 성경에 나타나는 하느님의 분노가 가차없이 단호함을 보고 당황하는 것은 현대인의 일반적인 기질 때문이기도 하다. 우리에게는 영적이라는 말이 천상의, 고요한, 온순한, 가벼운, 보이지 않는 등을 뜻한다. 우리는 아름다움에는 반응한다. 숭엄함은 견디지를 못한다. 우리는 보드라운 신앙심에는 마음이 동한다. 그래서 하느님은 사랑스러운 분이며 다정하고 친근하신 분이라고 생각하고 싶어한다. 마치 신앙이란 위안의 샘이기만 한 듯이. 그러나 순교를 각오하지는 않는다.

우리 생각에는 엄한 견책을 내리겠노라고 위협하는 것은 온화의 결핍을 말해주는 것일 따름이다. 그것은 우리가 인간이 저지른 잘못의 엄청남을 제대로 알지 못하고, 정의를 행하라는 하느님의 요구를 거절한 인간들에 의하여 초래된 고통의 크기를 실감하지 못하고 있기 때문이 아닐까? 용서하는 엄정함이 있는 것과 마찬가지로 벌하는 긍휼이 있다. 사랑으로 정복되지 않는 자들은 엄격함으로 길들일 수밖에 없는 법.

이 세계의 범죄가 단순한 사건들에 불과하고 가난한 자의 괴로움이 숱한 인간사들 가운데 하나일 뿐인, 그런 자들에게는 예언자들이 선포하는 하느님이 그냥 엄격하고 독선적이고 수수께끼 같고 도무지 알 수가 없는 분이리

라. 그러나 하느님을 생각하면서 인간의 고통에 무관심할 수도 없고 인간의 고통에 무관심하면서 하느님을 생각할 수도 없는 일이다.

인간의 가슴에 사랑보다 더 달콤한 것은 없다. 그러나 사랑을 하려면 동정심을 억제하는 일이 반드시 필요하다. 어떤 외과의사가 피 흐르는 상처를 보고 애처로운 동정심에 빠져들면 수술에 실패할 것이다. 그는 생명을 건지기 위하여 자신의 감정을 억압하지 않으면 안 된다. 그는 치료하기 위하여 상처를 내야만 한다. 참 사랑, 참 자비는 단순한 감정에, 우리가 감상이라고 부르는 지나친 감성에 빠져들어 가서는 안 된다.

그 어떤 단일 속성으로는 하느님과 인간의 관계를 설명할 수가 없다. 정의가 그분의 본성일진대, 인간의 악한 행실에도 솟아나는 그분의 사랑은 당신의 본성과 충돌하지 않을 수 없다. 인간에 대한 지극한 관심 때문에, 그분의 정의는 당신의 자비에 의하여 제동걸린다. 하느님의 분노는 사랑의 반대가 아니라 그 짝이다. 참 사랑에 요구되는 정의를 위한 도움이다.

감성이 죽으면 진리와 정의가 약해진다. 하느님의 진리와 정의에 힘을 넣어 주는 것은 그분의 분노다. 역사에는 분노만이 홀로 악을 정복할 수 있는 그런 순간들이 있다. 하느님의 분노는 부드러움과 다정함이 실패로 돌아간 뒤에 선포된다.

맺는 말

요컨대, 분노라는 정념은 하느님의 본성 속에 처음부터 자리잡고 있는 속성이나 기질이 아니라 어떤 기분, 마음의 상태로 보아야 한다. 분노는 생겨나고 진행되는 과정이 처음부터 자비와 다르다. 그것은 자연 발생하는 폭발이 아니라 인간에 의하여 생겨나고 제한받기도 하는 하나의 상태다. 성경에는 하느님의 은혜에 대한, 인간에게 마땅히 받을 만큼보다 더 많이 부어지는 자비에 대한 믿음이 있다. 하느님의 독선에 대한 도덕적 타당성도 없이 홀로 타오르고 괴로워하는 하느님의 분노에 대한 믿음은 없다. 나아가서 분노라는 정념은 일시적인 상태다.[21] 사랑을 서술하는 말들 ─ "야훼는 어지신 분, 그 사랑 영원하여라(예레미야 33:11; 시편 100:5; 에즈라 3:11; 역대기상 16:34; 역대기하 5:13; 7:3)" ─ 은 분노를 서술하는 데 사용되지 않는다. "영원히 화를 내실까? 언제까지나 진노하실까?(예레미야 3:5, 사역)" 겁이 난 백성들은 이렇게 물었다. 이에 대하여 예언자는 강하게 구원을 예고하였다. "내가 언제까지나 따지기만 하랴? 항상 노여워하기만 하랴? 사람은 나에게서 용기를 얻고 나에게서 생명의 숨결을 받는다(이사야 57:16)."

규범적이고 근원적인 정념은 사랑 또는 자비다. 분노는 그 앞과 뒤에 동정과 연민이 있다(예레미야 12:15; 33:26). 백성을 벌하기 위하여 하느님의 "사랑과 자비"가 억압을 받아야 한다(예레미야 16:5). "나는 자비롭다(예레미야 3:12, 사역)" "나는 사랑과 법과 정의를 이 땅에 펼치는 야훼다. 이것이 내가 기뻐하는 일이다(예레미야 9:23, 사역)" ─ 이것이 예레미야가 들은 하느님의 말씀이었다. 화를 내는 순간에도 그분의 사랑은 여전히 살아 있다.

> 나를 배반하였던 이스라엘아, 돌아오너라.
> 똑똑히 들어라.
> 나는 마음이 모질지 못하여
> 너희에게 무서운 얼굴을 못하겠구나.
> 아무리 화가 나도 그 마음을 언제까지나 지니지는 못하겠구나…
> 오냐! 에브라임은 내 아들이다.
> 눈에 넣어도 아프지 않은 나의 귀염둥이다.
> 책망을 하면서도
> 나는 한번도 잊은 일이 없었다.
> 가엾은 생각에 내 마음은 아프기만 하였다.
> 내가 진정으로 하는 말이다. (예레미야 3:12; 31:20)

하느님의 정념을, 자비든 분노든 간에 하느님의 충동으로, 인간의 행실에 대한 자동적인 반응으로 생각해서는 안 된다. 그것은 성질이나 성향의 특별한 기질에서 나오는 것도 아니다. 불합리한 것도 아니며 불가항력적인 것도 아니다. 정념은 한 결단에서, 의지의 행위에서 나온다. 그것은 격정의 어둠이 아니라 도덕적 판단의 빛에서 파생한다.

> 그렇게 죄를 짓고
> 우리 어찌 벌을 면할 수 있겠습니까마는
> 야훼여, 주님의 이름에
> 욕이 돌아가지는 않아야 하지 않겠습니까?(예레미야 14:7)

예언자가 이렇게 기도할 수 있었던 것은, 그분의 자비가 그분의 정의보다 크시다는 확신 때문이었다.

제6장
이라 데이

진노하시는 하느님

하느님의 정념이 내포한 의미는 오랫동안 뜨거운 학문적 토론의 주제가 되어온 신의 분노(ira dei) 문제로 인하여 그리스도교 신학의 역사에서 초점을 모았다. 철학적 신론(神論)의 영향 아래, 영지주의(靈知主義) 학파 내에는 신인 동정설에 대한 날카로운 반대운동이 일어났다. 이 운동의 절정은 여러 가지 이유를 들어 은혜로운 하느님과 의로운 하느님 사이에 확연한 단절이 있다고 주장한 마르키온[Marcion, 2세기경 초기 기독교회에서 이단시된 성서학자—옮긴이]한테서 이루어졌다. 그는 구약성경의 의로운 창조주, 자신의 분노를 특히 강조하면서도 대개는 동시에 애정을 강조하는 조물주의 불완전함을 통렬하게 공격하였다.

마르키온은 하느님을 사랑과 은총으로 이해하는 것으로 출발하여 토라를 대단히 싫어한, 자칭 바울로의 충실한 후계자[1]였다. 그는 자신의 이해력으로는 화를 내시는 하느님에 대한, 특히 인간의 비참함과 이 세계의 본질에 대한 성경의 언급들을 도무지 액면 그대로 받아들일 수 없음을 발견했다. 그가 본 이 세상은, "어리석고 고약하며 인간 쓰레기들이 우글거리는 비참한 구멍으로서 조소거리밖에 되지 않는" 곳이었다. 그로서는 은총과 선(善)의 하느님께서 "역겹기만 한 살림살이 도구들과 태어나서 썩을 때까지 구역질나는 인간 육체의 불결함"[2]을 창조하셨다는 것은 납득이 되지 않는 일이었다.

"창조주 또는 의로운 하느님에 대한 마르키온의 비판에 바탕이 된 것은, 하느님은 무감각하신(impassible) 분이라는 확신이었다."[3] "내가 악을 만들었다(이사야 45:7, 사역)"고 말하는 히브리 성경의 하느님은 스스로 선한 분일 수가 없다. "그분은 세계의 형성자, 우주의 창조자였다. 그러나 예수가 계시한 그 하느님은 아니었다."

그는, 한쪽은 "공정하고 엄격하며 전쟁에 능하고 다른 한쪽은 온유하고 조용하며 매우 선하고 빼어나다"[4]고 주장했다. 마르키온은 한 걸음 더 나아가 히브리 성경의 하느님은 "악을 만든 신, 전쟁을 좋아하는 신, 목적을 강하게 밀고 나가지 못하며 자기 자신과 모순이기조차 한 신"[5]으로서 무지하고 잔혹하며[6] 한결같지 못하고 변덕스러우며[7] 사악하다고[8] 생각했다.

인간에게만 알려지지 않은 게 아니고 창조주에게도 알려지지 않았던 선한 하느님이, 창조주의 작품을 원상태로 돌려놓기로 결심한다. 예수는 조물주(the Demiurge)의 노예가 된 인간을 해방시키는 것이 목적인, 그 하느님의 밀사(密使)다. 인간은 창조자에 대한 충절을 거부하고 그의 작품과 맺어진 모든 연결을 끊어야 한다. 이와 같은 세계관을 가졌기에 마르키온은 떳떳하게 결혼을 비난하고 임신을 불쾌하게 여겼다.[9]

마르키온은 그리스도교에서 유다교의 모든 흔적을 없애고 싶어했다. 그는 이 일을 히브리 성경과 복음서가 완전히 정반대임을 보여줌으로써 이루고자 했다. 히브리 성경을 철두철미(in toto) 부인하고는 그 자리에 새 성경을 놓았는데, 그 성경의 중심은 바울로의 서신들이었다. 마르키온의 성경에 서술된 선하신 하느님은 "화를 내실 수도 없고 모든 외부의 영향으로부터 벗어나 계시며 전적으로 냉정하신"[10] 분이었다.

마르키온은 그리스도교 사상에 엄청난 도전을 했고 교회의 역사에 거대한 위기를 몰아왔다. 144년, 교회는 그를 추방하였고 그의 교리들을 파문하였다.[11]

마르키온에 대한 반박

　마르키온주의를 반박하는 한 노작(勞作)에서 테르툴리아누스[Tertullian, 2~3세기 카르타고의 교부—옮긴이]는, 분노가 재판관이신 하느님의 필요불가 결한 속성이라고 주장했다. "만일 그분이 질투도 하지 않고 화도 내지 않는 분이라면, 해치지도 않고 상처를 주지도 않는 분이라면…수련과 고행이 무 슨 의미가 있는 건지 나는 알 수가 없다."[12]

　그러나 신의 분노를 확신하면서도 그는, 성부(聖父)는 화를 내는 일이 없고 신성한 분노는 성자(聖子)한테서만 나오는 것이라고 보았다. "그런즉 당신이 바람직한 하느님의 모습이라고 주장하는 것들은 아버지한테서 발견된다. 그 리고 어쩌면 보이지 않고 온유하며 가까이 하기 어려운 철학자들의 하느님한 테서도 발견된다고 하겠다. 반면에 당신이 무가치한 것이라고 비난하는 것들 은 아버지의 증인이며 종인, 보이고 들리고 말을 하는 아들한테서 발견된다. 그는 자기 몸으로써 인간과 하느님을, 하느님의 크신 행실과 인간의 나약함 을 한데 묶으셨다."[13] 결국 그는 의로운 하느님과 선한 하느님의 이원론을 거 부한 대신에, "무감각한 아버지와 성급한 아들"[14]이라는 새 이원론을 만들어 낸 셈이다. 마르키온이 불쾌하게 여겼던 성경의 모든 구절들을 테르툴리아누 스는 로고스(Logos)한테 돌렸다. 그의 사상에서 로고스가 차지했던 부분은 뒤에 후기 플라톤주의에 의하여 "신들에 관련된 모든 불쾌한 것들의 책임을 뒤집어쓴 악령들(demons)"[15]의 차지가 되었다.

　이교도에 대한 유다교와 그리스도교의 논쟁에서, 이교 신들의 열정(passions)이 아주 좋은 공격 목표가 되었다.[16] 그래서 마르키온이 제기한 질문은 그리스도교 교회 내부에 하느님의 피동성에 관한 문제를 논쟁의 주제로 떠 올렸다. 마르키온과 싸우려면 하느님의 열정이라는 문제를 다루지 않을 수 가 없었던 것이다.

　2세기의 그리스도교 변증자들은 하느님이 무감각하신 분이며 화를 내실 수 없는 분이라는 이론을 수용하면서도 여전히 하느님의 분노의 위협과 현현을 말하고 있다.[17] 아르노비우스(Arnobius)와 락탄티우스(Lactantius) 사이에 이 문제에 대한 상세한 논쟁이 오고 갔다.

260년경에 태어난 아르노비우스는 말년에 그리스도교로 개종한 북아프리카의 수사학(修辭學) 교사였는데, 자신의 저서인 『반(反) 이교도론』(*Adversus Nationes*)에서 인간의 비천함과 하느님의 탁월함을 비교 강조했다. 인간은 하느님의 자식이 아니다. 그렇다고 주장하는 자는 신성모독의 불경죄를 범하는 것이다. 인간은 파리, 진딧물, 나방, 기타 곤충들이 그분한테서 나온 것이 아닌 것과 마찬가지로 그분한테서 나온 존재가 아니다. 하느님은 너무나도 높으신 분이기에 인간의 행실 따위에, 인간들에게 발생하는 선이니 악이니 하는 것에 조금도 관련되어 있지 않다. 인간에게 흥미를 갖는다는 것은 하느님으로서는 온당치 못한 일이다. 신인동형동성설(神人同形同性說) 따위는 철저하게 배척받아야 한다. "만일 원숭이나 개 또는 돼지가 스스로 자기네는 인간을 종교적으로 숭배할 의무가 있다고 하면서 저희들 모습으로 인간을 만들어 버린다면 당신은 그것을 좋아하겠는가? 혹은 제비들이 인간에게 날아다닐 수 있는 능력을 영광스런 선물로 바친다면, 당신은 그것을 기꺼이 받아들이겠는가?" 분노를 "들짐승이나 야수들과 가장 근접해 있으며, 그것을 경험하는 자의 운명을 해치고 파멸의 위험으로 몰고 가는 열정"으로 정의하면서 아르노비우스는 하느님이 화를 내신다고 말하는 것은 신성모독이라고 생각했다.[18]

아르노비우스에 반대하는 견해는 그의 동향인이며 제자인 락탄티우스에 의하여 제시되었다. 그는 하느님의 분노라는 주제를 매우 중요하게 생각하여, 『신의 분노』(*De Ira Dei*)라는 제목으로 책을 썼다. 그는 하느님이 인간을 돌보신다면 인간이 선을 행할 때 사랑으로 대하실 것이요 죄를 지을 때에는 화를 내셔야 마땅하다고 주장했다. 그리고 그것이 그럴 수밖에 없는 것은, 악을 보고 화를 내지 않는 자는 선을 사랑하지 않고 반대로 악을 미워하는 자가 선을 사랑하기 때문이라는 것이다. 열정이, 스토아파에서 가르친 것처럼, 그 자체가 병든 것은 아니라고 락탄티우스는 강조했다. 적절한 한계 안에 가두어놓기만 하면 덕행의 기회가 된다. 하느님께서는 섭리가 있어 그것들을 인간의 몸 속에 두셨고 패덕(悖德)의 질료가 되게 정하셨다. 그리고 패덕은 덕이 무너지게 하는 질료가 되게 하셨다. 그는 "하느님은 어떤 감정으로도 움직이지 않는다"는 주장에 반대하였다.

락탄티우스는 분노를 "죄를 억제하기 위하여 스스로 일어나는 영혼의 움직임"으로 정의했다. 따라서 분노는 인간 속에 있어야만 하고 그래서 그의 영향을 받게 되어 있는 사람들의 패덕과 범죄를 바로잡아 줄 수 있으며, 그러니까 또한 하느님한테도 없을 수가 없는 것이다. 당신의 법이 짓밟히고 있는 것을 보고도 하느님이 화를 내지 않는다는 것은 불가능한 일이다. 하느님은 인간의 죄악에 자극을 받으신다. 당신 몸소 인간과 인격적인 관계를 맺으셨기 때문이다.

그 다음 세대는 클레멘트와 오리게네스(Origenes)의 견해가 휩쓸었다. 성경에서 하느님의 속성으로 서술된 분노 또는 다른 어떤 감정(affectus)들은 문자 그대로 읽어서는 안 된다. 성경의 언어가 인간의 능력에 맞도록 적용된 것이므로 그 영적인 진리는 언어의 비문자적 의미 속에서 찾아내야만 한다.[19] 클레멘트와 오리게네스는 필로의 뒤를 따라 하느님의 분노, 뉘우침, 질투 등을 문자 그대로 읽지 않았다. "우리는 어린아이들과 말을 할 때 우리가 알고 있는 가장 고상한 말을 쓰지 않고 아이들의 수준에 맞는 말을 사용한다 …마찬가지로 하느님의 로고스[말씀]는 성경을 기록할 때 읽는 자들의 능력에 맞고 그들에게 유익한 방식으로 기록했던 것이다."[20] 하느님의 진노는 "그분 쪽에서 행하시는 감정적인 반동이 아니라 수많은 죄를 범하는 자들을 엄격한 방법들로 교정하기 위하여 사용하시는 어떤 것"[21]이다.

4세기에 이르면, 하느님이 무감각하시다는 이론은 일반화된 원리가 된다. 아우구스티누스도 히브리 성경이 하느님 안에 열정이 있다고 서술한 것은 "원어의 특별한 어법 때문이든가 아니면 인간이 알아듣게 하려다가 실수한 것이든가" 둘 중의 하나라고 생각했다. 누구든 하느님이 피동적인 분이라고 진짜로 생각한다면 그는 "신성을 모독하고 불경죄를 범하는" 것이다.[22]

"인간을 보조하러 내려오는 하느님에 대한 확고한 불신"과 "엄격하고 잔인한 하느님에 대한 감상적인 개념"[23]을 아울러 지니고 있던 루터는, "교황 아래에서" 이루어졌던 것보다 훨씬 더 강하게 자기가 하느님의 진노를 말하고 있다고 자랑하곤 했다.

그리스도가 그것들로부터 인간을 해방시킨 원수들 또는 '폭군들' 가운데는 율법과 진노가 있다. 율법을 '폭군'으로 보는 점에서 루터는 바울로를 따른다. 진노가 포함되어 있는 것은 주목할 만하다. "비록 하느님의 진노가 그분의 의지와 같은 것이라 하더라도, 루터의 말에 따르면 그것은 모든 폭군들 가운데서도 가장 두렵고 무서운 폭군이다. 그것은 스스로 하느님의 사랑을 반대하는 폭군이다. 바로 이 점에서 루터는 하느님 자신의 투쟁과 승리라는 관념을 역설적으로 날카롭게 제시하였다…그 투쟁은 하느님의 존재 안에서 이루어지고 있는 것 같이 보인다…루터는 여기서 우리에게, 하느님의 저주, 진노와 하느님의 축복, 사랑 사이의 갈등과 모순을 제공한다."[24]

잔존한 마르키온주의

이스라엘의 하느님에 대한 마르키온의 주장은 오늘날까지도 서양인의 마음 속에 고집스럽게 남아 있다. 현대의 학자들조차 이스라엘의 하느님을 그가 마치 몰록[Moloch, 고대 페니키아의 신, 아이를 제물로 요구함—옮긴이]인양 말하는 데 주저하지 않는다. 우리는 지금도 이스라엘의 하느님이 "파멸을 즐기고 느닷없이 교활하게 파괴하며, 무자비하게 벌하고 잔혹함을 요구하며 악을 만들어 내는 존재로서 위험하고도 무지하게 화를 내는 파괴자요 악한"[25]으로 여겨진다는 말을 듣는다.

이스라엘의 하느님은 여전히 "엄격하고 독선적이며 불가해하고 무섭기조차 한"[26] 분으로 묘사되고 있다. "구약의 하느님은 힘의 하느님이요 신약의 하느님은 사랑의 하느님이다."[27]

"유다교 신학은 궁극적인 하느님의 목적을 설명함에 있어서" 인간과 하늘의 정의를 앙갚음으로 보는 이론을 "결코 뛰어넘어 본 적이 없는 것 같다. 구약에 수없이 표현된 하느님에 대한 유다교의 서술이 지닌 결점은 그분한테 격분, 난폭함, 질투 따위 인간의 덧없는 감정들을 유발시키는 강렬한 보복 감정이 있다고 한 점이다. 그래서 사려깊고 세련된 이단자 마르키온은 이스라엘의 하느님을, 의롭지만 전적으로 선한 분은 아니라고 말했던 것이다. 그리고 오늘날의 그리스도교에도 최후 심판 교리 속에 유다교의 흔적이 그대로 남아 있다. 처음부터 유다인의 생각과 결속되어 있었던 것이다."[28]

아즈텍(Aztec)의 신 테즈카틀리포카(Tezcatlipoca)는 포악한 신령이다. 그는 "하늘과 땅의 모든 힘을 거머잡고 있는데, 선보다는 악을 더 많이 저지르고 의롭기보다는 심술궂고 무자비하며 모든 불화와 싸움을 만들어내는가 하면 피해자들한테서 저주를 받는⋯거대한 원수"다. "냉혹하고 무자비하고 난폭하게 벌을 주고, 고통 주는 것을 대단히 즐기는 이 포악한 신은, 빛깔만 좀 흐리게 하면, 그대로 구약의 하느님 모습이다."[29] 남부 캘리포니아 루이세노 인디언들의 신(神) 청기취니쉬는, "살펴보고 벌을 주는 살아 있는 신"으로서 이스라엘 하느님의 한 종(種)으로 여겨졌다.[30] 또한 우리는, "예언자들조차 정의로운 하느님이라는 그들의 이상에 맞게 옮겨넣지 못한 바, 성 잘 내고 앙갚음하는 성격 때문에⋯[이스라엘의 하느님은] 베다교의 바루나(Vedic Varuna)와 비교되었다"[31]는 말도 듣는다.

수많은 물줄기들 위를 보이지 않게 맴돌고 있는 마르키온의 정신은 때로 그 모습을 분명하게 드러내기도 한다. 그리스도교 교리와 역사 분야의 권위자인 아돌프 하르낙(A. Harnack)은 마르키온에 대해 쓴 한 책에서, 마르키온이 요구한 것은 옳았다고 주장한다. 구약은 마땅히 교회에서 추방당해야 한다는 것이다. 교회의 문제는 너무나도 허약하고 소심해서 이 진실을 용납하지 못한다는 점이다. "2세기의 구약성경 배척은 위대한 교회가 거절하길 잘한 하나의 과오였다. 16세기의 구약 폐지는 종교 개혁 운동이 피할 수 없었던 숙명적 유산이었다. 그러나 19세기 이래 개신교가 구약을 정경(正經)으로 소중히 여긴 것은 종교와 교회를 마비시킨 무능력의 결과다. 깨끗이 청소하고 고백과 가르침을 통해 진리에 경의를 표하는 것이 오늘의 개신교에서 요구되는 영웅적인 행위다. 그런데 그것은 거의 너무 늦었다."[32]

서양 세계의 역사는 여러 세대들이 예언자들의 정신을 이해 또는 오해하고, 존경 또는 거부한 바에 따라 기록되고 평가될 수 있을 것이다. 분노의 하느님을 주제로 한 설왕설래가 끊임없이 되풀이되는 것이 성경을 피상적으로 알고 있기 때문인지, 아니면 뿌리깊은 적의 때문인지는 대단히 심각한 문제로 남아 있다.

악마성이냐 역동성이냐

하느님의 감정을 기록한 성경 구절이 주는 당황스러움은 이른바 '역사학파' 로 하여금 성경 비판의 진화적인 발전을 가져오게 하였다. 고대에는 이스라엘이 오직 무섭고 신비스런 하느님만을 알고 있었다고 주장되었다. 그들이 하느님을 착하고 사랑하시는 분으로 생각하게 된 것은 나중의 일이었다.

우리는 이스라엘이 "그때까지도 많은 것을 악령과 공유하고 있었던 하느님의 본질에서 모든 불길한 것들이 나온다고 떠넘기지" 않을 수 없었다는 말을 듣는다.[33] 그래서 그들은 질투하고 무섭고 난폭한 하느님이라는 개념을 발전시켰다는 것이다. 사람들은 악령적 요소가 구약성경의 기본 바탕에 깔려 있다고 생각했다.[34] 성경의 종교가 마술을 배척한 것조차 하느님의 악령적 본성에 의하여 설명되었다. "그와 같은 괴상하고 무서운 하느님 앞에서, 하느님과 악령들의 모든 능력을 하나로 합해 가진 하느님 앞에서 마술은 완전히 사라졌다. 악령일 뿐 아니라 하느님이기도 한 그분 하느님 앞에서 요술은 버틸 수가 없었던 것이다."[35]

사실과 부합되지도 않고 근본적인 성경의 관(觀)과도 맞지 않는 이런 견해는, 정념을 지닌 하느님의 의미를 제대로 이해 못하고 특별히 정념의 한 형태로서의 분노의 의미를 이해하지 못한 결과로 나온 것이다. 우리는 이스라엘의 하느님이 감상적인 분이라기보다는 숭엄한 분임을 잊어서는 안 된다. 그리고 친절을 냉담과, 격렬함을 악랄함과, 역동성을 악마성과 혼동하는 일이 있어서는 안 된다. 성경이 말하는 폭풍처럼 격렬한 하느님의 현현을, 냉담하면서도 손발이 잘 맞는 신의 모습으로 혼동해서는 안 된다. 하느님의 격렬한 나타나심은 사랑과 분노, 자비와 정의가 얽혀 이루어진 정념의 한 모습으로 보아야 한다.

"〔하느님의 진노가〕 그 어떤 도덕적 자질에도 관심이 없다는 사실은 구약 성경의 여러 구절들에서 명백하게 드러나고 있다. 그것이 '촉발되어' 확연히 드러나는 과정에는 도무지 종잡을 수 없는 어떤 것이 있다. 그것은 누군가가 적절하게 표현했듯이, '자연의 숨어 있는 힘'과 같고, 무엇이든지 가까이 다가오기만 하면 방전(放電)하는 비축된 전기력과도 같다. 그것은 '헤아려 알 수가 없고' 그리고 '변덕스럽다.'"[36] 이런 식으로 쉽게 일반화하는 것은 잘못이다.

억압받는 자들의 신음 소리가 당신의 귀에 닿을 때, 하느님의 분노는 폭발한다. "너희는 너희에게 몸 붙여 사는 사람을 구박하거나 학대하지 말아라. 너희도 에집트 땅에서 몸 붙여 살지 않았느냐? 과부와 고아를 괴롭히지 말아라. 너희가 그들을 괴롭혀 그들이 나에게 울부짖어 호소하면, 나는 반드시 그 호소를 들어주리라. 나는 분노를 터뜨려 너희를 칼에 맞아 죽게 하리라. 그리하면 너희 아내는 과부가 되고, 너희 아들은 고아가 될 것이다(출애굽기 22:20~23)."[37]

제7장
동정의 종교

신학과 종교

예언자들의 하느님 인식의 주관적인 측면과 객관적인 측면을 구분하는 일이 중요하다. 객관적 측면이란 예언자에게 그의 의식을 초월하는 실재로서 주어진 것을 말한다. 주관적 측면은 그 실재에 대한 예언자의 태도 또는 반응을 말한다. 객관적 측면은 예언-신학의 주제로 삼아 적절하겠고 주관적 측면은 예언-종교의 주제로 삼아 적절하겠다.

예언자가 의식한 하느님-실재의 근본적인 모습을 우리는 정념이라고 보았다. 그 실재에 대한 예언자들의 태도 또는 반응이 동정임을 우리는 또한 보았다. 정념이 예언-신학을 이해하는 데 근본적인 개념이듯이, 예언-종교를 이해하는 데는 동정이 근본적인 개념이다. 이제 우리가 할 일은 예언자의 동정(prophetic sympathy)이 의미하는 바를 분석해 보는 것이다.

신성(神性)에 인간이 어떻게 반응하는가는 그가 신성을 어떻게 이해하느냐와 부합된다. 신성을 신비스런 완전함으로 알 때 그의 반응은 두렵고 떨리는 것이다. 절대적인 의지로 볼 때에는 무조건적인 복종이 그의 반응이 되고, 정념으로 볼 때에는 동정이 그의 반응이다.

이와 같은 분류 작업은 마치 신성의 어느 한 측면을 알면 다른 측면에 대하여는 모르거나 희미하게 알아도 된다는 듯이 절대시되어서는 안 된다. 그러나 그 어떤 실재나 주제도 그 모든 측면이 한꺼번에 온전히 파악될 수는 없는 일이다. 예언자에게는 하느님의 정념이, 그가 대면하는 것으로서는 그래도 뚜렷이 드러나고 자신을 비틀거리게 만드는 국면이다. 비록 사람들로 하여금 하느님의 요구를 들어드리게 하는 것이 그의 목적이긴 하지만, 우리가 앞에서 보았듯이 예언자 자신이 내면에서 하느님의 정념과 인격적인 일치를 이루는 것이 그의 삶의 알속이었다. 하느님의 말씀과 율법 그 자체가 아니라 하느님의 참여하시는 양태가 그의 종교적 인식의 초점이 된다. 하느님의 정념이 그의 태도, 희망, 기도 속에 반영되었다. 예언자는 하느님의 관심의 긴밀함에 감동받는다. 그 하느님의 긴밀한 관심으로 이루어진 상황에 반응하는 예언자의 기본 태도가 동정이다. 그것은 계시의 순간 그에게 전달된 하느님의 요구에 개인적으로 응답해 드리는 방도(way)다.

그의 삶을 다른 사람들의 삶과 구별짓는 것은 하느님의 메시지를 듣고 전달하는 것만이 아니다. 예언자는 하느님의 정념을 듣고 깨달아 알 뿐 아니라 그것에 영혼 깊숙이 동요된다. 하느님의 말씀을 위한 그의 봉사는, 그것을 정신적으로 전유하는 것으로써만이 아니라 그 말씀의 기본 의도와 감정적인 내용에 조화를 이루는 존재가 됨으로써 성취된다.

다른 태도를 갖춘다는 것은 예언자로서 부자연스럽게 느껴질 것이다. 그의 사명은 하느님의 정념을 사람들에게 선포하는 것이다. 어떻게 그가 무관심하고 태연하게 요지부동일 수 있겠는가? 하느님의 참여를 목전에 두고 판단 중지한다는 것은 하느님에게 무감각한 것이라 하겠다.

심령 생활의 통일성을 잘 알고 있으며 정신적 구조의 내부를 열정으로 채우고 있는 성경의 사람에게는, 감정 없는 냉정함이 종교적 의식의 형식일 수는 없다. 그의 정신에는 감정적인 동정의 종교가 스스로 거리를 둔 복종의 종교보다 더 잘 맞는다. 인간은 온 마음과 온 영혼과 온 힘으로 자기의 하느님을 사랑해야 하는 것이다.

동정하는 인간으로서의 예언자

스토아의 현인인 냉정한 인간(homo apathetikos)과 반대로, 예언자는 동정하는 인간(homo sympathetikos)[1]이다. 하느님의 정념이 그를 휘덮고 있다. 그것이 그를 움직인다. 그것은 홍수처럼 그의 영혼을 엄습하여 그의 내면 생활, 사상, 느낌, 소망, 희망을 사로잡는다. 그의 마음과 생각을 장악하고 세상에 맞설 용기를 심어준다.

예언자들의 말은 가끔 천둥소리처럼 울리고 발작을 일으키는 것처럼 들리기도 한다. 그러나 우리에게는 거친 주정주의(主情主義)로 보이는 것이, 전능하신 분의 감정을 인간의 빈약한 언어로 전달해야만 하는 예언자에게는 오히려 답답하기만 할 것이다. 그의 동정은 그가 느껴 알게 된 신성(神性)에 응답하는 가운데 흘러넘치게 된 강렬한 감정의 분출이다. 느낌을 직관하는 유일한 길은 그것을 느끼는 것이다. 사람은 구체적인 고통이나 쾌락을 그냥 지적으로만 알 수는 없다. 그런 지성은 단순히 관계들을 조사해 보는 것이며, 느낌은 단순한 합리적 형식이 아니기 때문이다. 다른 사람의 상황에 서 보는 것을 의미하는 감정이입(empathy)과는 달리, 동정(sympathy)은 다른 사람과 더불어 살아가는 것을 의미한다.

종교적 동정의 특징은 자기 극복이 아니라 자기 헌신이다. 감정의 억압이 아니라 감정의 방향 수정이다. 말없는 복종이 아니라 하느님과 능동적으로 합동 작업하는 것이며, 스스로 존재하는 하느님을 그리워하는 사랑이 아니라 하느님의 관심에 영혼의 조화를 이루는 것이다. 예언자가 된다는 것은 하느님의 관심에 자신의 관심을 일치시키는 것을 의미한다.

동정은 한 사람이 다른 사람의 현존에 자기를 열어놓는 상태를 말한다. 그것은 동정을 일으키게 하는 느낌을 느끼는 느낌이자, 감정적인 고독의 반대다. 예언자적 동정 속에서 인간은 초월자의 현존과 감정에 자기를 개방한다. 그는 무엇이 하느님에게 일어나고 있는지 스스로 알고 있다.

그런즉 동정은 대화적인 구조를 지닌다. 예언자들의 실존을 특징지우는 것은 실로, 그들이 느끼는 자와 그 느낌에 동감하는 자 사이의 관계든 아니면 함께 느끼는 관계든, 인격적인 관계를 맺고 있다는 사실이다. 신령을 체험하여 느끼는 으시시함이나 두려움 따위와는 달리 동정은 언제나 인간에게 또는 인간들에게 연관되어 있다.

그러나 동정 그 자체가 목적은 아니다. 감상적인 종교 생활을 느낌으로써 살아가라고 가르치는 것보다 더 예언자들의 본심에서 거리가 먼 것도 없다. 단순한 느낌이 아니라 행동이, 세계의 참상과 사회의 정의롭지 못함과 하느님으로부터 소외된 인간을 위로할 것이다. 오직 행동만이 하느님과 인간 사이의 긴장을 풀어줄 것이다. 전체 상황의 관점에서 볼 때 정념과 동정은 충족이라기보다는 요구다. 예언자의 동정은 즐거움이 아니다. 무아경과는 달리 그것은 목표가 아니다. 그것은 도전적인 감각이요 위탁이며 긴장 상태고 간담을 서늘하게 하는 놀라움이며 당황이다.

예언자들은 그들의 동정을 드러내놓고 말하지는 않았다. 그러나 표현되는 일은 드물었어도 그들의 거의 모든 말 속에는 동정이 메아리쳤다. 예언자들은 그들의 사적 경험을 길게 되풀이 말하는 습관이 없었다. 그들의 수줍음과 과묵함이 개인의 감정을 가볍게 말하지 못하도록 막았을 것이다.

예언자들의 말투가 삼인칭에서 일인칭으로 곧잘 넘어가는 것은, 그들이 그만큼 격렬한 동정을 느꼈거나 하느님의 정념과 감정적인 동화를 이루었다는 증거라고 설명할 수 있다.[2] 하느님을 삼인칭으로 말하기 시작한 예언이 어느 사이에 하느님을 일인칭으로 말하고 있다.[3] 반대로, 하느님을 일인칭으로 말하기 시작한 예언이 하느님을 삼인칭으로 말하는 예언자의 선포로 바뀌기도 한다.[4]

동정과 종교적 실존

예언자의 동정은 초월하는 영성에 대한 종교적 의식이 닿을 수 있는 정점들 가운데 하나다. 예컨대 정적주의(靜寂主義)나 애모주의(愛慕主義) 종교에서 볼 수 있는 것처럼 하느님을 일방적으로 흠모하는 감정적 관계와는 반대로, 그것은 인간의 영혼이 지니고 있는 모든 잠재력을 불러내고 모든 사고와 느낌을 가능하게 만드는 여러 얼굴을 가진 태도다. 하느님의 정념의 다양한 모습에 직면하면 그에 상응하는 동정의 방식이 생겨난다. 분개와 평온, 격렬함과 겸허함이 서로 교차되면서 마지막 목적을 이루기 위하여 작용한다.

동정의 종교는 수평적으로 살아가는 인간들 안에서는 약동하지 않는다. 가치의 확인, 느낌과 애정에 대한 종교적 정당화는 정념이 동하는 수직적 차원에서 솟아난다. 이 영적인 자원들을 풍요하게 하는 데서 뜨거운 삶의 놀라운 광경이 펼쳐지게 되는 것이다.

예언자의 의식 속에서 "모든 합리주의와 비합리주의에 관한 구호들을 무색하게 만들어버리는 방식으로 신비적인 사유와 합리적인 사유가 뒤섞인다."[5] 예언자는 풀리지 않는 수수께끼다. 그러나 우리는 예언자들을 심리학적으로 이해하는 열쇠가 동정이라는 현상임을 알고 있다. 그것은 우리로 하여금, 자신이 감정적으로 하느님과 일치되어 있음을 알게 된 예언자의 열렬함을 이해하고, 그토록 사랑하는 민족을 등지지 않을 수 없게 만드는 그의 분노를 이해하게 해준다. 그는 말과 행실로 사람들에게 감동을 줄뿐만 아니라, 하느님과 내적으로 일치되어 있음이 느껴지는 강렬한 태도로 또한 감동을 준다.

예언자들한테 무슨 기질 또는 능력이 있어서 하느님의 음성을 들을 수가 있었나?—이것은 중세기로부터 오늘까지 많은 사상가들을 사로잡아 온 질문이다. 그러나 사실상 하느님의 비밀에 관한 것을 설명한 사람은 아무도 없었고, 그분의 은밀한 방을 여는 열쇠는 어디에도 없다. 무아경(ecstasy)이란 진짜 문제에 대한 가짜 답이다. 동정의 이론도 또한 그 신비를 벗기지 못한다. 동정은 예언자가 된 결과로 나타나는 것이지, 그것이 예언자를 만들어내는 것은 아니다. 어떤 식으로든 하느님께 동정한다는 것은 먼저 어떤 식으로든 하느님의 본성 또는 정념을 알았다는 말이다. 예언자가 동정이라는 통로를 통하여 하느님의 정념을 아는 것은 아니다. 예언자가 하느님의 정념을 나누고 있다면 그보다 먼저 그것을 알고 있어야 하기 때문이다.

동정은 예언자적 감각이다. 하느님과 나란히 서서, 예언자는 일어나는 사건들의 신성한 국면들을 느낀다. 물론 그와 같은 감수성을 그는 자기가 스스로 지니고 있는 재능이라고 생각하지 않는다. 동정은 하나의 응답이다. 스스로 나타나는 표명도 아니고 순수한 자연 발생도 아니다. 예언자는 응답하기 위하여 불리워야 하고 갖기 위하여 받아야 한다.

이 세상을 향한 하느님의 염려와 슬픔을 아는 산 지식과 하느님의 고통을 더불어 나누는 예언자의 경험은 그토록 분명하고 강렬하며 권위가 있어서 완전한 순종과 헌신을 가능하게 하는 바, 그로써 종교적 실존이 무엇인지를 이해하게도 한다. 아마도 동정 안에서, 종교의 궁극적 의미와 가치와 존귀함을 찾아볼 수 있으리라. 영혼의 깊은 곳이 하느님에 대한 이해와 초월적인 가능성과의 조화가 태어나는 지점이 된다.

하느님에게 조율되는 것—이것이 바로 예언자들의 삶이 받는 보상이자 그들의 삶을 다른 삶과 구분지어 주는 것이다. 아무도 그 강약을 측정하지 못하고 화음의 정도를 재지 못한다. 그것은 느낌 이상이다. 그것은 존재 방식이다. 무아경의 그 순간적인 황홀함에 반하여, 하느님에게 동정하는 것은 지속되는 태도다.

인간의 하느님 사랑은 성경이 일찍부터 표현하고 있는 바다. 십계명에는 "…나를 사랑하는 사람에게는 그 후손 수천 대에 이르기까지 한결같은 사랑을 베푼다(출애굽기 20:6)"고 기록되어 있고 드보라의 노래 속에도 "…임을 사랑하는 이들은 해처럼 힘차게 떠오르게 하소서(판관기 5:31)"라는 구절이 있다.

「이사야」 41장 8절에는 하느님이 아브라함에게 "나의 벗"[6]이라고 말씀하신다. 「신명기」 33장 12절에는 베냐민을 두고 "야훼의 귀염둥이"라고 부르는 대목도 있다. 이사야는 그의 포도원 노래를 이렇게 시작한다. "임의 포도밭을 노래한 사랑의 노래를 내가 임(yedid)에게 불러 드리리라(이사야 5:1)."

이스라엘은 하느님을 "나의 아버지, 당신은 내 젊은 날의 친구(alluph ne 'urai)"라고 불렀다(예레미야 3:4, 사역).

이와 같은 관계는 아리스토텔레스 같은 사상가에게는 납득이 되지 않았을 것이다. 그는 친구 사이란 평등한 상대끼리 이루어지는 것이라고 생각했다. "이것은 두 사람 사이가 덕 또는 패덕, 물질 또는 그 밖의 모든 것에 대하여 크게 서로 다르다는 사실로써 증명이 된다. 그런 사람들은 우정을 나눌 수가 없다. 우리와 신들의 관계에서도 그것은 분명히 드러난다."[7]

아리스토텔레스의 말을 들어보면 인간과 하느님은 우정을 나눌 수 없게 되어 있다. "우정은 애정을 되돌려 받을 수 있을 때라야 가능하다. 그런데 신과의 우정은 사랑이 되돌아올 수 없게 되어 있고 도대체 사랑을 할 수도 없게 되어 있다. 어떤 사람이 제우스를 사랑했노라고 말한다면 이상하게 들렸을 것이다."[8]

간절한 권면의 의미

도대체 무슨 괴로움이 있어서 예언자는 사람들에게 그토록 심한 말을 토해야만 하는가? 그것은 경보인가? 재앙의 위협인가? 예언자가 사람들에게 당장 주고자 하는 내적인 충격은 무엇인가? 그들의 마음에 공포를 심어주려는 것인가? 놀라게 하려는 것인가? 예언자의 목적은 백성을 회개하게 하는 것, 속사람을 새롭게 하는 것, 사랑을 회복하는 것, 이스라엘을 하느님과 화해시키는 것이다. 예언자의 마음의 공포가 홀로 사랑의 씨앗을 심는 것이라고 할 수 있을까?

불안과 근심이 예언자의 감성을 솟아나게 하는 것은 아니다. 또한 그 자신의 긍휼한 마음과 벌어지는 사건에 대하여 안타까워할 수 있는 능력이 그의 말투에 그토록 격렬함을 넣어주는 것도 아니다.

예언자는 그의 혼에 하느님의 사랑과 함께 하느님의 분노를 담아, 황홀한 열기에 사로잡혀 있는 사람이다. 솟구치는 축복을 내다보면서 그의 혼을 살아 있게 하는 것은 사랑이고, 솟구치는 공포를 내다보면서 그의 마음을 불길 속에 던져 태워버리는 것은 분노다. 그 분노가 초래할 결과와 함께 분노 자체를 내다볼 때 예언자의 혼은 무서운 상처를 입는다. 다른 말로 하면 예언자에게 충격을 주는 것은 앞으로 일어날 일에 대한 그의 내다봄뿐 아니라 당장 눈에 보이는 현실이다.

하느님의 분노에는 두 가지 국면이 있다. 그것이 하느님에게 어떤 영향을 미치는가와 인간에게 어떤 영향을 미칠 것인가 그것이다. 분노의 역사적인 의미는 그것의 결과로 일어나는 재난이며, 그 본래적인 의미는 하느님의 마음이 겪는 아픔이다.

인간에게는 하느님의 분노가 아픔에 대한 두려움을 불러일으키고, 하느님에게는 **분노가 곧 아픔**이다. 거듭거듭 예언자는 분노의 의미하는 바가, 하느님의 상(相) 아래에 있음(sub specie dei), 슬픔, 백성의 불충(不忠)에서 온 환멸을 가리킨다고 말한다. 그는 하느님의 인내와 하느님의 격분 사이에 파생하는 긴장을 더불어나눈다.

분노는 교란, 다툼, 불화를 의미한다. 그것을 선포하는 목적은 두려움만이 아니라 뉘우침, 아픔, 비애를 맛보게 하려는 것이다. 분노를 전하는 메시지는 인간으로 하여금 형벌의 위험을 생각나게 할 뿐 아니라 하느님의 괴로워하심 또한 생각나게 하려는 것이다. 뉘우침, 부끄러워함, 회개에 희망이 있다. 하느님 심중(心中)의 괴로움도 사라진다.

사람은 마술로써 자연을 다스리고 신들을 자기 뜻대로 움직이려고 한다. 마술의 도움을 받아 그는, "사물에 대하여 선취권을 행사하고 자기 귀 속에서 울리는 영(靈)의 대합주곡을 지휘하기도 한다. 비가 내리게 하려고 그는 물을 퍼 올린다. 모본을 제시하며 명령하고 만물이 자기에게 복종한다는 환상에 빠진다."[9] 저주 또는 축복은 주문 한마디로 현실이 된다. 그것은 힘을 지니고 있으며 그 힘의 영향력은 확실하다. 이에 반하여 예언자들의 말은 하느님의 뜻에 동의하는 데서, 그분의 정념에 동정하는 데서 그 힘이 나온다. 이스라엘 자손을 저주해 달라는 부탁을 받고 발람은 이렇게 고백한다.

발락이 나를 아람에서 데려왔겠다.

모압 임금이 나를 동쪽 산골에서 데려왔겠다.

와서 제 편이 되어 야곱을 저주해 달라고

와서 제 편이 되어 이스라엘을 욕해 달라고 하였지만

하느님께서 저주하시지 않는 자를 내가 어찌 저주하랴.

야훼께서 욕하시지 않는 자를 내가 어찌 욕하랴.(민수기 23:7~8)

동정의 형태

예언자들의 내면적 인생의 바탕이라고도 할 동정은 다양한 형태로 나타난다. 그 모든 형태가 본질적인 요소로서 공유하고 있는 것은 하느님에게 눈길을 집중하는 것, 하느님의 감정을 아는 것, 하느님의 정념에 열렬히 관심하는 것, 하느님과 동정적 일치를 이루는 것이다. 그러나 막스 쉘러(Marx Scheler)는 동정의 두 가지 형태를 분류하였다. 첫째, 같이 느끼는 것 혹은 하느님**과 함께**(*with* God) 동정함, 둘째, 나중에 느끼는 것 혹은 하느님**에게**(*for* God) 동정함.[10]

첫 번째 형태의 동정은 두 사람이 그들의 사랑하던 친구 장례식에 서서 나누는 것이다. 그들은 "같은" 슬픔과 "같은" 아픔을 공유한다. 그것은 갑(甲)이 이 슬픔을 느끼고 을(乙)이 그것을 또한 느끼는 것이 아니다. 여기서는 둘이서 **한 느낌을 함께 느끼는** 것이다. "갑의 슬픔은 을에게 '남의' 슬픔이 아니다. 그들의 친구 병(丙)이 자리를 함께 하여 '그들과 함께' 혹은 '그들의 슬픔에 덧보태어' 동정을 베푸는 그런 식의 슬픔이 아니다." 그런 슬픔일 경우, 갑의 슬픔과 을의 슬픔은 별개다. 한쪽의 슬픔은 다른 쪽의 슬픔에 의하여 생겨나는 것도 아니고 더 슬퍼지는 것도 아니다. "반면에 그들은 그것을 함께 느낀다. 함께 느끼고 함께 체험한다는 뜻에서 그렇다. 같은 상황에 처해 있을 뿐만 아니라 그 상황에 대한 감정의 민감함에 있어서도 같다." 여기서는 슬픔과 비통함이 하나면서 동일하다.

예언자들은 하느님과 함께 동일한 대상 또는 현실을, 말하자면 이스라엘 백성의 정신적·도덕적 곤경을 대하고 있기에, 신성한 정념의 기준과 동기가 같은 모양으로 그들 안에서 작용하고 있기에, 그 슬픔이나 분노, 사랑 또는 의분을 나타내는 데 있어서 하느님과 똑같은 모습을 보여줄 수 있는 것이다.

두 번째 형태의 동정은 나중에 느끼는 느낌 또는 하느님께 대한 동정이다. 그것은 하느님의 체험에 대하여 기쁨 또는 슬픔을 느끼는 예언자의 의도적인 느낌을 말한다. 여기서는 먼저 하느님의 정념이 갑의 것으로서 표현되고 그 표현된 정념에 예언자의 기본적인 연민의 정이 쏠리는 것이다. 다른 말로 하면, 예언자의 동정과 하느님의 정념이 현상학적으로 첫 번째 경우처럼 **하나의** 사실이 아니라 서로 다른 두 사실이라는 말이다.

그와 같은 하느님께 대한 동정은 야훼의 처지와 정념을 이해하는 데서 솟아난다. 하느님은 예언자 속에 비슷한 정념을 불러일으키신다. 예언자는 그 정념이 어떤 것인지 직관함으로써 비로소 하느님의 정념에 반응할 수 있다. 하느님께 대한 예언자의 개인적인 관심은 그의 감정을 곧장 하느님의 주어진 정념에 쏠리게 한다. 그는 백성들을 주목하여 보면서—백성은 하느님의 정념의 원인이다—동시에 하느님의 정념을 주의깊게 살핀다. 이 동정의 복합 구조가 예언자의 전형적인 체험 양태다. 이는 하느님의 아픔을 함께 아파하고 비슷한 대상과의 관계에서 하느님의 경험을 반향하는 것이면서 또한 하느님과 동정어린 사귐을 나누는 것이기도 하다.

이 관계 속에서 하느님의 정념과 인간의 동정 사이에 직접적인 상응이 이루어지는데, 후자의 성격은 전자의 성격에 따라 결정된다. 예언자는 자신의 느낌이 하느님의 느낌에 따라 생겨나는 것임을 늘 기억하고 있다.

그러므로 예언자는 자기가 무엇을 느끼느냐가 아니라 하느님이 무엇을 느끼느냐에 따라 인도받는다. 하느님을 열렬하게 동정하는 순간, 예언자는 하느님의 정념에 의하여 움직여진다. 그런데 그 하느님은 당신의 백성들로 인하여 환멸을 느끼고 있는 분이다. 그의 주요 관심사는 상황이 아니다. 그의 선포는 모두 하느님의 시각에서 만들어진 것들이다.

그것은 어떤 상황에 대한 개인적이고 직접적인 반응일 경우가 거의 없고, 대부분이 하느님의 견해를 그대로 발언한 것이며 하느님의 견해에 동의한 것이다. 그러나 한편 그는 하느님의 편에 서면서 동시에 백성들을 옹호한다. 그럼으로써 참으로 하느님의 정념은 연민임을 증명한다. 연민이야말로 하느님이 인간과 맺으시는 관계의 뿌리이기 때문이다.

'동정'이라는 말을 종교적 범주로 사용한 것은 이 책이 처음일 것이다. 이 말은 우주론적 의미가 아니라 인간학적 의미를 지닌다. 하느님의 정념과 맺는 인간의 긴밀한 관계다. 이 관념은 철학적 동감론의 범신론(pantheism)을 벗어나고 윤리적 동정론의 비관론(pessimism)을 벗어날 때에 비로소 타당하다. 그것은 종교적 인간학의 특이한 범주로서, 종교 체험의 단일한 양태를 서술하며 그렇게 함으로써 우리로 하여금 예언자들의 인격 구조를 이해할 수 있게 해준다.

정념으로서의 영

표준 사전에 보면 **루아흐**(ruaḥ)라는 단어는 "움직이는 공기, 숨, 바람, 텅 빈 사물, 영(spirit), 마음"을 뜻한다. 루아흐라는 단어가 정념, 열정 또는 감정—혼의 상태—을 나타내는 데 많이 사용되고 있음이 누락되었다. 다른 단어와 합해져서는 정념 혹은 감정의 특별한 양태를 나타낸다. 아주 특별한 경우에는 생각을 뜻하기도 하지만 대단히 드문 일이다.

에사오의 아내들은 이사악에게 "상심한 **마음**" 또는 슬픔을 안겨주었다 (창세기 26:35; 참조, 잠언 14:10). 에집트에서 종살이하던 이스라엘 자손들의 내면 상태는 지친 상태 또는 비통한 상태였다(출애굽기 6:9).[11] 한나는 크나큰 고뇌와 불안 속에서, 자신이 서럽고 괴로운 여자라고 말하였다(사무엘상 1:15). "버림받은 여자, 가슴에 상처를 입은 너를 야훼께서 부르신다(이사야 54:6)." 몸을 더럽힌 여자의 남편이 "질투심"에 휩싸인다(민수기 5:14, 30). 야훼께서는 "얻어맞아 용기를 잃은 사람들과 함께 살며 잃은 용기를 되살려주고 상한 **마음**을 아물게(이사야 57:15)" 해주신다. 그분은 "억눌려 그 **마음**이 찢어지고 나의 말을 송구스럽게 받는 사람(이사야 66:2)"을 특별히 굽어보신다. 그분은 "실망한 사람 옆에 함께 계시고 낙심한 사람들을 붙들어 주신다(시편 34:18)." "시온에서 슬퍼하는 사람에게 희망을 주고…침울한 **마음**에서 찬양이 울려퍼지게(이사야 61:3)" 하는 것이 예언자의 할 일이었다. 하느님께 바칠 만한 제물은 "찢어진 마음뿐(시편 51:17)"이다.

그것은 깊은 아픔 또는 고뇌의 뜻으로 사용되고 있다("너희는 가슴이 쓰려 아우성치고 **마음**이 찢겨 울부짖으리라[이사야 65:14]."). "내 입은 말로 차 있어 터질 듯하고 뱃속에선 **태풍**이 이는 것 같구나(욥기 32:18)." 욥은 가슴이 메어 하소연하고 **마음**이 아파 울부짖지 않을 수 없다(7:11).

같은 말이 사랑의 열정이라는 뜻으로 사용되기도 한다. "음탕한 **바람**(호세아 4:12 ; 5:4)", "그분의 **기운**(에제키엘 3:14)", "꺾인 **정신**(잠언 18:14)" 등. 그것은 또 격렬하고 휘몰아 감싸는 열정을 뜻할 때 사용된다. 분노와 결부될 때 특히 그렇다. "함부로 화를 내지 않는 사람은 용사보다 낫다. 제 **마음**을 다스리는 사람은 성을 탈취하는 것보다 낫다(잠언 16:32)." 「잠언」에서는 열정을 제어하는 것이 높이 칭찬받는다. "경험이 쌓일수록 말수가 적어지고 슬기를 깨칠수록 **감정**을 억제한다(17:27)."

「전도서」는 인간이 자신의 열정을 다스릴 수 있다는 생각을 받아들이지 않는다. "사람은 아무도…꺼져가는 제 **숨결**을 붙잡지 못한다(8:8)."

루아흐(ruaḥ)라는 단어는 열정(passion)을 뜻하는 총칭이면서 또한 분노를 나타내기도 한다. "화내는 일에 조급하지 말아라(전도서 7:9, 사역)." "성을 잘 내지 않는 사람이야말로 현명한 사람이다. 성급한〔루아흐가 짧은〕사람은 어리석은 사람이다(잠언 14:29)." "이 말을 듣고서야 그들은 노기가 풀렸다(판관기 8:3)." 그것은 또한 우리가 흔히 '기분'(mood)이라고 부르는 일시적인 감정 또는 마음의 상태를 묘사하는 데 사용되기도 한다. "마음이 즐거우면 얼굴이 밝아지고 속에 걱정이 있으면 기가 꺾인다(잠언 15:13)." 「시편」의 저자는 맥이 빠지고 그 열기와 격렬함이 스러지는 순간들을 경험한다.

"내가 숨이 넘어갈 듯 허덕일 때(142:3; 143:7)" "야훼여, 어서 대답해 주소서. 숨이 넘어갑니다. 나를 외면하지 마소서(시편 143:7)." 여기서는 그 말이 지성을 뜻하는 경우가 거의 없다.[12]

감정이나 열정을 비난 경멸하는 뜻에서 그 둘을 영(靈)으로부터 분리시키는 것은 비성서적이다. 이성이 그것을 인식하는 대상을 지배할 능력을 지니고 있다고 봄으로써, 말하자면 사유를 능동적이며 움직이는 원리로 보고 사유의 대상을 수동적이며 인식되는 질료로 봄으로써 감정을 경멸할 수가 있었다. 그러나 한 대상을 생각하는 행위 자체가 그 대상에 의하여 움직여지는 행위다. 생각함으로써 우리는 대상을 만드는 것이 아니라 그것에게 도전을 받고 있는 것이다. 그러므로 생각은 감정(emotion)의 한 부분이다. 우리가 생각하는 것은 동요되었기 때문이다. 이 사실을 우리는 거의 모르고 있다. 감정은 동요되고 있음을 아는 의식이라고 정의내릴 수 있겠다.

감정은 영으로 충만해짐과 분리될 수 없다. 그것은 무엇보다도 움직이는 상태를 말한다. 흔히 영은 열정, 신경질적 에너지의 과도한 발산, 강화된 생산력, 증가된 내면의 힘, 증가된 원동력, 충동 따위를 방출한다.

영은 열정 또는 감정을 내포하고 있지만 그 어느 것 속에 갇힐 수는 없다. 영은 초개인적인 힘, 의지 또는 지혜를 나누어 가진다는 뜻을 함축하고 있다. 감정 속에서 우리는 그것이 우리의 감정임을 의식하고, 영으로 충만한 상태에서 우리는 "위에서 오는 영(이사야 32:15)"을 받고, 나누고, 그것과 결속되어 있음을 의식한다. 열정은 움직임이요, 영은 목적이다.

루아흐가 인간에게 적용될 때 주로 정념을 의미하게 되는데, 성경의 몇 구절에서는 그 정점이 하느님께 적용된 루아흐의 뜻으로 통하기도 한다.[13] "그들은 거역하였다. 그의 극진하신 **마음**을 아프게 해드렸다(이사야 63:10)." 이 구절에서 아픔을 느끼기도 하는 마음은 정념과 분명하게 결부되어 있다.

예언자는 하느님의 정념으로 가득 차 있는 자임을 자처한다.

　　　그러나 나에게는

야곱의 비행과
이스라엘의 죄를 밝힐
정의와 능력,
야훼의 **루아흐**(ruaḥ),
그리고 힘이 충만하다.(미가 3:8, 사역)

예언자는 '이쉬 하–루아흐'(ish ha-ruaḥ), 하느님의 정념으로 가득 차 있는 사람이라고 불리운다(호세아 9:7).

우주의 동감

예언자의 동정(prophetic sympathy)을, 철학사에서 가끔 전개시킨 우주의 동감(cosmic sympathy)과 같은 것으로 보아서는 안 된다.

스토아 학파는 우주를 이성이 부여된 살아 있는 사물로 본다. 그 안에 속한 모든 부분들이 동감이라는 사슬로 연결되어 있다. 이 동감을 바탕삼아 그들은 미래를 점칠 수 있다고 믿었다.[14] 포시도니우스(Posidonius)는 우주적 동감 교리를 사상의 중심으로 삼았다.[15]

같은 방식으로 플로티누스(Plotinus)도, 우주는 지각이 있고 살아 있는 존재로서 모든 살아 있는 존재들이 그 안에서 살아가고 있으며 그 모든 구성분자들에게 가 닿는 영혼을 지니고 있다고 주장한다. 모든 독립된 사물은 우주의 물질적인 구조 속에 짜여 들어가 있으면서 또한 그 한–영혼(All-Soul)에 포함됨으로써 우주의 불가결한 부분인 것이다. 각각의 사물은 우주와 그 혼에 함께 참여함으로써, 그리고 그 참여의 정도에 따라 다른 사물들한테서 영향을 받는다.[16] 감(感)의 친교가 모든 사물을 하나로 묶는다. 우리가 경험하는 바에 기꺼이 따르는 것은 우리가 그 일치에 예속되어 있기 때문이요 그 친교에 가담해 있기 때문이다.[17] 하나의 유기체 속에서와 마찬가지로 우주의 모든 부분들 사이에 동감과 일치가 이루어지고 있는 것이다.[18]

그 어떤 능동적인 생각이나 의식적인 의도 없이 이루어지는 이런 동감은 예언자들의 동정과 전혀 다르다. 성경은 하느님과 인간이 유기적으로 하나라고 믿지 않는다. 하느님은 인간을 초월해 계시고 인간은 그 본성이 하느님의 뜻에 무감각하다. 동정은 인간이 처음부터 물려받은 것이 아니다. 플로티누스가 말하는 동감은 반사적인 행위다. 그것은 비인격적이다. 그것은 한 사람이 다른 사람과 감정적인 일치 속으로 들어가는 행위가 아니라 여러 존재들이 같은 힘에 의하여 움직여지는 과정이다. 예언자들의 동정은 의지를 행사하는 것이며, 인간이 하느님과 감정적 동화를 이루는 것이다.

게다가 우주의 동감은 도덕적으로 중성(中性)이다. 그것은 유기체의 생명현상에서 빌어온 관념이다. 반면에 예언자들의 동정은 시(是)와 비(非)를 따짐으로써 발생하는 도덕적 행위다. 그것은 연민이라는 현상과 관련되어 있다.

페트루스 요하니스 올리뷔(Petrus Johannis Olivi, 1248~1298)는 지식이 감각에서 오는 것임을 설명했는데, 지식은 인과율 때문이 아니라 영혼의 능력들이 연결되어 있기 때문에 감각과 다르다고 했다. "만일 두 힘이 서로 연결된다면 하나의 움직임이 다른 것 속에서 일치되는 움직임을 만든다. 그런데 그것은 앞의 힘이 나중 힘에게 **작용**한 때문이 아니라 나중 힘과 **연결**되어 있기 때문이다."[19] 이븐 가비롤(Ibn Gabirol)과 함께 올리뷔는 영혼이 동일한 영적 물(物, matter)에 함께 연관되어 묶여진 여러 가지(성장시키는, 감각하는, 지각하는) 꼴들(forms)로 조합된 단일체라고 주장한다. "그들의 물(物)이 동일하므로 이 여러 꼴들 가운데 하나가 움직이면 바로 그 물을 움직이게 되고 그렇게 되면 다른 꼴들이 스스로 지니고 있는 지각 능력으로 그 물(物)의 움직임을 알게 된다. 그러므로 한 기능이 다른 기능에게 직접 무슨 행위를 하는 것이 아니라, 동일한 물의 여러 꼴들이 처음부터 서로 연결되어 있는 것이다."[20]

올리뷔의 이론은 여러 기능들이 작용할 때 심리적으로 상호 관계됨을 다룬 수아레즈[Suarez, 16세기 스콜라 철학자―옮긴이]의 이론과 비슷하다. "이 놀라운 조화는 저급한 기능이 작용을 할 때, 고급한 기능들이 그 어떤 원인이 될 만한 영향을 직접 받지 않았음에도 스스로 그에 상응하는 종(種)을 생산해 내는 사실로써 설명이 된다."[21] 동감을 범신론적 의미에서 조화의 바탕으로 보는 사상은, 네테스하임의 아그리파(Agrippa of Nettesheim, 1486~1535)도 가르쳤다.

열광과 동정

예언자들은 자기 자신과 자기의 느낌을 확실히 알듯이 하느님의 정념이 실재함을 확실히 알고 있었다. 인간이 자기의 혼을 느끼듯이 하느님의 정념을 느끼는 것─이것이 동정의 종교의 참 의미다. 종교적 열광에 빠지면 인간은 자기 자신을 신(神)인 듯 경험한다. 동정에 처하면 하느님을 자기 자신인 듯 경험한다. 열광 속에서 인간은 스스로 높이 올라간다. 동정 속에서 인간은 신성(神性)이 자기 속에 있음을 느낀다. 거기에는 존재의 용해됨이나 신비스런 합일이 없고, 뜻과 느낌의 긴밀한 조화, 동정으로 이루어지는 합일이라고나 할 상태가 있을 뿐이다.[22] 그것은 인간의 비밀과 하느님의 관심 사이에 이루어지는 조화요 일치다. 인간은 자신이 하느님의 존재와 하나가 되었다고 느끼지 않고, 다만 하느님의 정념에 감정적으로 하나가 될 뿐이다. 이 의식에서의 일치, 뜻과 경험의 일치, 인격과 영감의 일치가 예언자 정신의 본질과 핵심을 잘 나타내 준다.

예언자는 속으로 변화된 사람이다. 그의 속 삶은 하느님의 정념으로 이루어진다. 그것이야말로 **신인동형**(神人同形)이다. 하느님의 뜻을 위하여 있고, 그것을 통하여 하느님의 관심이 인간의 열정으로 바뀌는 동정은 초월의 충만함이다. 스스로 높이 오르려는 갈망에서 생겨나는 열광은 인간을 그가 애써 도달하려는 목적 이상으로 높이 올려 주는 일이 없다.

동정 속에서 우리는 개인과 신성(神性) 사이의 동일성(identity)을 발견한다. 예언자는 신성 속에 용해된 인간이 아니다. 그는 다만 하느님의 정념에 자신을 감정적으로 일치시킬 따름이다. 그것은 뜻과 감정, 의식과 메시지의 하나됨이다.

정념, 열정 그리고 동정

고대 종교는 행복하고 평온한 신(神)들, 악령적이고 고약한 신들만 알고 있었던 게 아니라 고통을 겪는 신의 신화도 알고 있었다. 그의 운명은 숭배자들의 가슴에 깊은 감정적 호소를 하며 악한 힘과 우연한 잠깐 동안의 해방 앞에서의 무력함을 상징으로 보여준다. 고통을 겪는 신이 인간들에게 얼마나 강렬한 호소력을 지니고 있었는지는, 신전뿐만 아니라 널리 민간에서도 그를 숭배하는 의식(儀式)이 거행되었다는 사실로 입증된다.[23]

근동(近東)의 여러 지역에서는 자연 생명이 정기적으로 소멸하고 다시 살아나는 것을 한 신(神)이 적수에게 죽임당하는 것으로 여겼다. 그가 죽으면 어머니 여신이 곡을 하면서 그를 재생시키려고 찾아나선다. 그 신이 마침내 발견되어 죽음에서 풀려나면, 그의 부활과 함께 모든 식물이 소생하는 것이다. 에집트에서는 오시리스(Osiris)가 고통을 겪는 신이고, 이시스(Isis)가 그를 위해 애곡하며 죽음에서 살려낸다. 메소포타미아에서는 어머니 신(神) 이슈타르(Ishtar)가 탐무즈(Tammuz)의 죽음을 애곡하고 살려내는 것이 일년 중 가장 중요한 제전(祭典)이었다. 시리아와 그리스에서는 아프로디테가 아도니스(Adonis, 페니키아어 '아돈'[adon, '주님']의 그리스식 표기)를 살려냈다.

로마에서도 해마다 10월 28일에는 오시리스를 위해 애곡하고 찾고 발견하고 다시 기뻐하는 제전이 베풀어졌다. 사제들과 민중이 함께 큰 소리로 울고 슬픔을 나타내는 온갖 표현을 다 하는 가운데 네프티스[Nephys, 죽음의 여신—옮긴이]와 아누비스[Anubis, 사자(死者)의 안내인—옮긴이]를 거느린 이시스가 살해당한 오시리스를 찾아다니다가 마침내 그의 찢겨나간 몸뚱이를 찾는다. 발견했다는 부르짖음과 함께 슬픔은 기쁨으로 바뀐다.

이 의식의 중요한 점은, 신이 고통을 받고 죽는 데 있을 뿐만 아니라 어머니 신이 슬퍼하고 애곡을 하는 데에도 있다. 아들을 잃은 어머니나 남편을 잃은 아내의 모습은 동정의 감정을 더욱 많이 자아내게 한다. 대중의 제전이나 그리스-로마 시대의 밀의제사(密儀祭祀)에서, 숭배자들은 신의 고통과 수난을 함께 경험하고 신과 더불어 슬픔과 기쁨의 운명을 나눴다.

신의 정념은 위의 수난의 주제와 뚜렷하게 다르다. 예언자의 동정은 숭배자들이 신의 수난에 동참하는 것과 같은 것이 결코 아니다. 신의 수난에서는 신이 순교자다. 그의 고통은 결국 따져보면 그의 무능에서 온 것이다. 예언자가 말하는 정념의 하느님은 하늘과 땅의 최고 지배자로서 인간의 행실에 관심이 깊어 감정적으로 영향을 받으시는 분이다. 그런데 고통받는 신과 애곡하는 여신의 신화에서는 아도니스가 수돼지로 변장한 원수에게 살해당하고 오시리스는 그의 형제인 셋(Seth)에게 살해당한다. 그 신화의 주제는 신의 죽음에 대한 애절한 슬픔이다. 반면에 정념은 도덕적 의분 또는 동정심으로 인한 고통이다. 저쪽에서는 신이 희생자요, 이쪽에서는 신이 당신의 창조물에 관심하는 주님이다. 저쪽에서는 애통하는 감정이 흘러넘치고,[24] 이쪽에서는 신의 의로움과 미쁨을 요청하는 동정이 흘러넘친다.

수난(passion)은 신의 개인적이고 사적인 고통이다. 그 모든 것은 비록 인간의 삶에 영향을 끼치는 사건이긴 하지만 어디까지나 신의 생명 내부에서 발생한다. 정념은 하나의 연관된 상태로서 언제나 인간과 연루되어 있다. 그것은 인간의 삶에서 발생하는 것들에 대한 반응이다. "고통받는 신과 애곡하는 여신의 신화 속에서, 메소포타미아인들의 종교 심리를 특징지은 복합 감정이 적절하게 표현되어 있다. 불확실한 신성(神性)에 대한 뿌리깊은 불안, 생명의 덧없음과 아무것도 더 이상 희망하지 못하게 하는 죽음에 대한 슬픔, 인생의 풍요함을 아는 환희가 그것이다."[25] 여기서 표현되고 있는 것은 인간의 자연적인 곤경이다. 반면에 예언자들은 인간의 도덕적, 역사적 곤경에 관심을 둔다.

수난극은 과거에 이루어진 비극적 운명을 재공연하는 것이거나, 그 영원한 재생을 상징화하는 것이다. 예언자의 정념에는 재공연이 없다. 하느님의 정념은 현재의 상황이다. 그리고 한 가지 예외가 있긴 하지만, 신성한 정념의 재공연은 없다.[26] 있는 것은 다만 깨달음뿐, 내적인 동일화와 그것을 말로 표현하려는 노력이 있을 뿐이다. 예언자들에게 주어진 것은 인간의 행실에 대한 야훼의 자유스런 반응으로서의 하느님의 정념이다. 수난극에서 주어진 것은 한 신이 수난을 당하다가 마침내 적수에게 죽임을 당하는 신의 죽음이다. 후자는 신체적 고통이요 전자는 도덕적인 고통이다. 죽어가는 신의 고통은 제사 의식의 대상이 될 수 있고 정념은 감정적인 친교를 통해서만 인식될 수 있다. 수난 제사의 본디 목적은 죽은 신이 다시 살아나게 하는 것이었고, 그것은 성경에 비추어볼 때 터무니없고 불쾌한 생각이 아닐 수 없었다.[27]

하느님 본받음과 동정

고대 에집트 사람들은, 왕은 오시리스(Osiris)가 하는 일을 한다고들 말했다. 플라톤의 『테아이테토스』(*Theaetetus*)에는 인간이 가능한 한 신처럼 되어야 한다는 말이 있다.[28] 그리스 밀교 의식의 강조점은 제사에 참여하는 자가 가능한 한 신성에 근접하여 신과 비슷해야 한다는 것이었다. 이시스(Isis)와 미트라(Mithras) 제사의 핵심 주제는 '신을 본받음'(imitatio dei)이었다.[29] 조로아스터교에서는 흙을 가는 모든 행위, 예컨대 가래질이나 써레질 등을 악령과 싸우는 아후라 마즈다(Ahura Mazda, 빛의 신)를 본받는 것이라고 생각했다.[30] 바울로는 그리스도가 우리의 모범이시며 따라서 그리스도인의 경건 생활은 예수의 삶을 본받는 것이어야 한다고 가르쳤다(로마서 6:4 이하; 에페소서 5:1).

이 종교적 훈련의 모양은 여러 제의에 따라 다르게 표현되고 있지만 바탕은 동일한 경향을 지니고 있으며 한 가지 공통되는 목적을 지향하고 있다. 인간의 삶이 하느님의 삶과 비슷해지는 것이다.

하느님을 본받는 것은 넓게 보아 역시 성경적인 주제라고 하겠지만(레위기 19:2 참조) 예언자가 지니고 있던 동정은 하느님을 본받음과 결코 동일한 것이 아니다. 그 둘 사이의 유사점이 확연하기 때문에 둘의 차이점은 더욱 중요하다. **본받음**은 구체적인 역사 현장에서 실제 생활로써 구현되는 것이다. **동정**은 내면의 영적 실재를 대상으로 삼아 이루어지는 것으로서 혼의 한 기질이다. 본받음의 원형은 변함이 없는 본(本)으로서, 일정한 전통적 지식에 의해 그 길을 따라 갈 수가 있다. 반면에 정념은 상황에 따라 끊임없이 변한다. 동정의 내용은 그 어떤 예정에 의하여 고정되어 있지 않다. 그 안을 채우고 있는 것은 단순히 살아계신 하느님을 바라는 마음뿐이다.

본받음은 과거에 관심을 두고 동정은 현재 일어나는 일에 관심을 둔다. 신비적인 본받음은 역사에서 멀리 떨어져나가는 것이요, 동정이 문제로 삼는 것은 구체적인 역사 상황이다.

하느님의 정념이 하느님과 당신 백성 사이의 관련을 뜻하듯이, 동정은 신들의 사적 운명에 관심을 갖는 본받음이 세계를 부정하는 것과 달리 인간 실존에 주목함으로써 발동된다. 동정은 정념과 마찬가지로 사람들을 향하고 있다. 정념과 동정은 나란히 달린다. 그러나 본받음 속에서 인간은 본(本)을 향하여 돌아선다.

예언자들의 유별난 행동과 경험의 의미는 인간 행위라는 범위 너머에서 충족된다. 마찬가지로 그의 동정은 그것 자체가 목적은 아니다. 반면에 본받음은 인간의 고양을 목적으로 삼는데 그 자체로써 충족된다. 동정의 목적은 하느님처럼 되는 데 있지 않고 예언자가 하느님의 정념에 근접함으로써 받는 것과 같은 감정을 느끼는 데 있다. 동정 안에서는 위기의 순간에 하느님의 정념이 구체적으로 체험된다. 본받음 안에서는 고정된 본(本)이 전달된다. 전자의 경우 필요한 것은 동화 또는 창조적 이해요, 후자의 경우에는 단순한 지식만으로도 때로 충분하다.

본받음 안에서는 신의 전 존재가 본(本)으로 받아들여진다. 동정 안에서는 신의 정념이라는 국면만이 본(本)으로 받아들여진다.[31]

제8장
예언과 무아경

영혼의 육신 이탈

종교적 경험의 모든 형태들 가운데 무아경(無我境, ecstasy)만큼 심리학자와 역사가를 매혹시켜 온 것은 없다. 그것은 흔히 보편적인 현상으로 인식되었고 그것을 해명하면 종교가 어떻게 해서 있게 되었는지, 그 수수께끼가 풀릴 것으로들 생각했다. 예언자들의 영감도 무아경의 일종이라고 생각되었다.

무아경 이론은 두 가지 성과를 이루었다. 하나는 성경의 예언을 종교사의 다른 현상들과 마찬가지로 인류학의 공통 분모 속에 집어넣은 것이다. 그리하여 예언자들은 간편하게 고대 혹은 원시 사회의 특수한 전형적 현상으로 분류 처리되었다. 둘째는 수수께끼 같은 현상에 심리학적 설명을 제시한 것이다. 그 이론의 타당성을 분석해 보기 전에 우리는 무아경이 함축하는 의미가 무엇인지 알아보고 아울러 그 이론이 예언 해석에 어떻게 적용되었는지 그 역사를 더듬어보아야겠다.

'무아경'(엑스타시스, ekstasis)이라는 말을 만들어낸 그리스인들은, 그 말을 문자 그대로 혼(soul)이 더 이상 제자리에 있지 않고 육체(body)를 떠난 혼수 상태 혹은 신과 합일된 상태로 이해하였다.[1] 그것은 삶의 더 높은 형태로 올라가는 방법, 또는 적어도 비범한 자질을 받아들일 수 있는 방법이었다.

심리학의 관점에서 보면 무아경은 "의식이 둘레에서 중심으로 쏠려들어감", 마음이 어떤 생각이나 욕구에 몰입되어 다른 모든 것이 사라지는 상태를 말한다. 무아경에 들어간 사람한테는 외부의 어떤 메시지도 전달되지 않고 시간과 공간에 대한 깨달음도 사라지며 자기 자신에 대한 의식도 사라진다. 어떤 준비를 갖추면 그런 상태에 들어갈 수가 있는데, 최면제, 알코올, 음악, 춤 등 여러 가지 수단이 이용된다. 그러나 명상과 완전한 정신 집중, 기도 등으로 무아경에 들어가는 수도 있다.[2]

무아경에는 두 가지 기본적인 형태가 있다. 하나는 거칠게 타오르는 형태로서 과도한 흥분과 감정적 긴장에서 야기되는 광란 상태다. 다른 하나는 침착한 혹은 명상적인 형태로서 완벽한 정적 속에서 혼이 기쁨을 누리고 의식이라는 한계 너머로 솟아오르게 한다. 사람은 보통의 상태에서 잡을 수 없는 높은 존재와 교제하려는 욕망 때문에 무아경으로 들어가려고 한다. 그가 어떤 형태의 무아경으로 들어가고자 하는가는 그 높은 존재의 성격을 어떻게 파악하고 있느냐에 달려 있는 것 같다. 만일 그 신(神)을 감각적인 존재로 생각한다면 거칠게 타오르는 무아경이 그 신과 교제하는 길이 될 것이다. 만일 그 신을 보이지 않고 멀리 떨어져 있으며 신비스럽고 혹은 불가해한 존재로 생각한다면 고요한 무아경으로 들어갈 것이다. 디오니소스의 광란과 신플라톤주의가 주장하는 황홀경(trance)을 그 예로 들 수 있겠다.

무아경은 전세계의 원시인들이 지녔던 바, 잠자거나 병들거나 혼수 상태에 빠졌을 때 혼이 육신을 잠시 떠난다는 믿음의 일부다.[3]

헤로도토스는 프로콘네수스의 아리스테아스(Aristeas of Proconnesus)가 죽은 뒤에도 "바커스의 광포에 사로잡혀" 멀고 먼 북녘의 사람들을 기적적으로 방문했다고 기록하고 있다. 클라조메네의 헤르모티무스(Hermotimus of Clazomenae)—뒤에 피타고라스의 전신으로 생각된—는 몇 년 동안씩 그 혼이 육신을 떠나 공간을 떠돌며 신비스런 것들을 배웠고 그러는 동안 육신이 시체처럼 누워 있었다는 이야기도 있다. 한번은 그의 혼이 떠나 있는 사이에 적들이 생명 없는 그의 몸에 불을 놓아 혼이 돌아오지 못하게 하였다.[4] 페르시아 전쟁이 터지기 10년 전에 이미 그 전쟁을 예고한 일이 있고[5] 아테네 시민들로 하여금 희생 제사를 드려 전염병을 물리칠 수 있게 도와주었다는 크레타 사람 에피메니데스(Epimenides)는 자기 뜻대로 혼을 육신에게서 떠나게 할 힘이 있었고 그 혼은 나중에 다시 몸으로 돌아왔다고 한다.[6]

신성한 발작

무아경과 연관되어 신접(神接) 혹은 광신이라는 현상이 있다. 초자연적인 신령한 힘이 있어서 사람을 영구히 또는 잠깐 동안 사로잡아 악을 행하거나 선을 행하게 한다는 믿음은 이 세계의 여러 곳에서 발견된다. 예컨대, 질병은 악마가 사람 몸에 들어와 그를 사로잡고 있기 때문에 생기는 것이다. 신체나 심령으로 변태적인 모습이 나타나면 그것은 신이나 어떤 영이 현존하고 있다는 증거로 생각되었다. 쐐기꼴 문자로 주문이 새겨진 바빌로니아의 거대한 비석은, 어떤 악령이나 귀신이 사람을 병들게 하므로 먼저 그것을 쫓아버려야 병을 고칠 수 있다는 믿음을 바탕 삼아 세워진 것이다. 이른바 참회 시편이라고 불리는 노래들은 탄원하는 자의 뉘우침이 아니라 어떤 초자연적인 불행에서 온 것으로 믿는 구체적인 신체의 질병에 그 기원을 두고 있다. 현대 의학이 한 병균을 다른 병균들로부터 분리하듯이 고대 바빌로니아 사람들은 한 악령을 다른 악령들로부터 분리하였다.

사로잡힌 사람은 병들거나 미쳐 날뛴다. 그러나 어떤 경우에는 영감을 받는다. 그러면 그의 말이나 행동은 그의 내부에 거하는 높은 힘에 의하여 생겨날 뿐 아니라 지속되기도 한다고 여겨진다. 그렇게 사로잡힌 바 된 사람을 마법사, 신의 사도 또는 예언자라고 불렀다.

"신체적으로 감지되는 신성한 혹은 악마적인 존재로 자신의 신체를 가득 채우려는 시도, 또는 그것들과 하나가 되려는 시도는 일찍이 있었던 뚜렷한 현상의 한 부분으로서 나중에 그 현상에서 종교적 감정이 파생되었다." 그들은 "성적인 결합으로 혹은 악령의 앉는 자리라고 생각되는 것을 삼켜버림으로써 신의 실체를 뚫고 들어갈 수 있다"고 생각하기도 했다.[7]

그리스인들은 그런 상태를 신성한 발작이라고, 신으로 가득 차 있는 상태,

그의 속에 신이 들어 있는(entheos) 상태라고 서술하였다.

그러므로 신접 혹은 광신은 무아경과 근본적으로 다르다. 그러나 그 둘은 흔히 동시에 더불어 나타나므로 혼동되는 일이 잦다. 신접은 신이 인간의 몸 속에 거하는 상태고 무아경은 혼이 몸을 이탈한 상태, 혼이 신을 향해 나아가며 그와 하나가 되기를 갈망하는 상태다.[8] 신접한 자는 자신이 어떤 더 큰 힘에 휩쓸려 들어가 있음을 느낀다. 그 힘은 그를 이전의 그에게서 완전히 들어 올려 새로운 통찰로 채우고 새 힘과 새 생명을 준다. 그런 상태는 신과 어울려 주는 광란의 춤이나 성적 상징을 사용하는 제의(祭儀) 또는 술을 마심으로써 이를 수 있다. 아폴로의 여사제 피티아는 땅의 갈라진 틈에서 나온 독사한테서 영감을 받았다. 피티아는 그녀의 신체 구석구석을 통하여 자신의 길을 가려는 신에게 사로잡혀 그의 배타적인 인도에 따르지 않을 수 없었다는 것이다.[9] 디오니소스 비밀제(秘密際, orgies)의 중심되는 의식은 신을 먹는 것(theophagy)이었다. 황홀경에 빠진 숭배자들은 신의 화육신(化肉身)인 동물을 찢어 날고기를 삼켰다. 신을 죽이고 그 살을 먹고 피를 삼킴으로써 그들은 신의 힘으로 충만하게 되었고 신의 경지에 이식되었던 것이다.[10]

높은 힘이 들어올 수 있게 하기 위하여 인간은 자신을 다스리는 능력을 박탈당해야만 한다. 그는 영을 받아들이기 위하여 자신의 마음을 포기해야 한다. 의식의 상실, 곧 무아경이 신접에 들어가는 데 전제되는 조건이다. 무아경은 혼이 몸을 벗어나는, 혹은 몸의 위로 올라가는 상태를 말한다.[11] 그것은 호흡과 혈액 순환이 쇠약해지는 상태다. 때로는 황홀의 경지가 너무 깊어 완전한 무감각 증세가 일어나기도 한다.[12] 주술사는 언제나 이 방법을 사용하여, 황홀경 속에서 질병의 치료법을 알아보려고 했다. "하나의 비범한 상태인 무아경은 몽유병과 유사한 일단의 히스테리적-최면술적 현상들 가운데 하나다. 그 절정에 이르면 망상증이 된다. 그와 같은 병리학적 상태로서의 무아경은 인류 자체만큼 오래된 것이다."[13]

신들린 광기

그리스에서는 디오니소스제가 대중 무아경으로 들어가는 관문이었다. "디오니소스 숭배자들은 자기네가 신에게 사로잡혔다고 믿었다. 한 걸음 더 나아가 그들은 신과 일체가 되었다고, 실제로 그들이 **신이 되었다**고 확신하였다. 이것은 흥분된 상태에서 그런 감각을 느낌으로써 생겨나는 확신인데, 비밀제를 지내는 모든 종교들에서 찾아볼 수 있다. 사바지오스를 숭배하는 자들은 사보이가 되었고 쿠베베를 숭배하는 자들은 쿠베보이가 되었으며 바커스를 섬기는 자들은 바코이가 되었다. 에집트에서는 오시리스를 숭배하는 자들이 죽은 뒤에 오시리스가 되었다."[14] 디오니소스제의 엑스타시스, 즉 잠시 혼의 떠남은, 혼이 순전한 망상의 세계를 목적도 없이 그냥 떠돌아다니는 것이 아니라 혼이 몸을 떠나 신과 하나가 되려고 날아오르는 성스런 광기인 히에로마니아(hieromania)로 생각되었다. "이제 그의 혼은 신 안에, 신과 더불어 있다(enthousiasmos). 이런 상태에 들어가 있는 사람은 엔테오이(entheoi)다. 그들은 신 안에서 살며 신 안에서 존재한다…이 신 안의 존재(entheos)는 순전히 신의 능력으로 이루어진다. 신이 그를 통해 말하고 행동한다. 신 안에 존재하는 자는 자기 자신을 의식하지 못한다."[15]

소아시아는 일반적으로 밀의(密儀) 종교의 발생지로 알려져 있다. 디오니소스는 오늘날 보편적으로 알려진 바와 같이, 본디가 그리스의 신이 아니었다. 그는 트라키아에서 그리스로 수입된 신인데, 트라키아에서는 사보스 또는 사바지오스라는 이름으로 숭배받았다.[16] 그리스 역사의 새벽이 밝기 얼마쯤 전에 그를 숭배하는 제의가 온 그리스에 퍼졌다. 처음에는 반대에 부딪치기도 했지만 이내 그 새로운 제의는 승승장구 그리스 전역을 휩쓸고 테베를 그리스의 대도시로 만들었고 뒤에는 델피에서 완전히 자리를 굳혔다. 델피의 사제들과 아폴로 신탁을 전하는 자들은 디오니소스제의 열심 있는 옹호자들이 되었다. 모든 그리스 사람들이 그 황홀한 무아경을 익숙하게 경험하였고 신과의 합일을 열광적으로 갈망하게 되었다.

숭배자들은 몸에 새끼양 가죽을 두르고 머리에는 담쟁이덩굴로 만든 화관을 쓴 채 인도자를 따라 험한 산 속으로 들어가서는 축제를 벌였다. 사람을 흥분시키는 데 필요한 조건은 모두 구비되었다. 캄캄한 밤에 피리 불고 북과 꽹과리를 치는 음악과 춤이 있고 게다가 신의 특별한 선물인 술이 있었다. 이 모든 것이 합력하여 무아경 또는 열광의 상태를 만들어내었다. 그것은 초인간적인 힘의 발산으로 자신을 드러내기도 했고 자기 포기의 감정을 불러일으키기도 했다.[17] 그들이 뱀 또는 단도(短刀)들을 운반할 때에는 흐트러진 머리가 바람에 휘날렸고 여자들은 횃불 사이에서 미친 듯이 춤을 추며 꽹과리, 북, 피리가 어울려 만들어내는 광란의 음악 소리에 따라 빙글빙글 돌면서 목청껏 소리를 질러댔다. 본성의 울타리를 벗어난 광신자들은 잠깐 동안 신과 합일된 기분을 느꼈고 그 상태는 그들이 죽은 뒤에도 계속될 것만 같았다. 이윽고 넋이 나간 상태에서 그들은 황소나 염소에게 덤벼들어, 그것이 신의 화육신이라 생각하고는 맨손이나 이빨로 그 고기를 찢어 삼켰다. 날고기를 먹는 동안에 그 신의 피와 영이 그들을 충만하게 채웠고, 그들은 신의 능력을 소유하게 되었다.[18]

아폴로제(祭)도 비밀제의 흥분과 열광에서 예외가 아니었다.[19] 아폴로를 빛과 아름다움의 신으로, 언제나 부드럽게 합리적이고 명료한 한계의 신으로 생각하려는 사람들은 아폴로제가 지니고 있는 황홀한 요소가 디오니소스의 영향을 받은 것이라고 주장한다.[20] 만일 아폴로가 날뛰는 바커스에게 영향을 주어 조금 가라앉게 했다면, 디오니소스는 델피의 아폴로 여사제인 피티아에게 상당한 만큼의 황홀경을 넣어 주었다. 그러나 엑스타시스가 본디부터 아폴로제에 있었던 것은 아니다. 아폴로적 종교의 점쟁이들이 경험한 엑스타시스는 디오니소스의 숭배자들한테서 빌어온 것이었다.[21]

디오니소스제와 똑같이 열광적인 제의가 트라키아의 위대한 모신(母神), 키벨레(Cybele)를 숭배하는 제사에서 발견된다. 키벨레제(祭)는 프리기아인들이 출현하기 이전(약 900 B.C.E.)의 선사 시대에 소아시아의 아나톨리아에서 기원하여 프리기아에서 강하게 결집되었다. 이 제의는 소아시아에서

트라키아와 섬들로 전파되어 마침내 그리스에도 상륙했다. 그리스에서는 "뭇 신들의 어머니" 레아를 숭배하는 제사와 섞였다. 기원전 205년경, 시빌리아의 한 신탁이 발견되어 로마인에게 위대한 어머니(Magna Deum Mater)를 숭배하는 제사를 소개하였다. 그 뒤로 키벨레제는 로마에서도 거행되었다.

위대한 어머니는 코리반테스(Corybantes)라고 불리우는 정령들을 데리고 다녔는데, 그들은 위대한 어머니가 숲이 우거진 산들 위로 횃불을 밝히고 돌아다닐 때 춤을 추고 열광적인 음악을 연주하며 수행을 했다. 코리반테스라는 이름은 뒤에 프리기아에서, 여신을 섬기는 거세된 사제를 가리키는 이름이 되었다.[22]

숭배자들이 신과의 합일을 얻고자 하여 베푸는 위대한 어머니제(祭)에서는 숭배자를 신의 아들로 받아들이고 신이 그 아들과 성교를 나눈다. 광란은 사제들을 흥분시키고 그 여신의 숭배자들을 열광의 절정에 오르게 한다. 피리, 꽹과리, 북, 캐스터네츠 등을 불고 두드리는 시끄러운 음악에 맞추어 키벨레와 레아의 숭배자들은 소리를 질러대며 미친 듯이 춤을 추는 것이었다. 위대한 어머니의 여사제들이 질러대는 "모든 청중을 떨게 만드는" 기성(奇聲)은 흡사 광인의 쇳소리와도 같았다. 사제들은 미칠 지경으로 흥분하여 마침내 자기 몸을 채찍으로 때리고 칼로 찔러서 자기 몸을 무력화시킴으로써 위대한 어머니에게 완전히 헌신한다는 것을 상징으로 보여주었다.

몇 세기 뒤에 로마인들 사이에서 행하여진 습관을 가지고 소아시아의 제의를 탐구한다는 것은 약간 무리임이 사실이나 그 불쾌감을 주는 의식과 키벨레제의 산당(山堂)이 셈족의 예배와 유사하다는 점은 부인할 수 없는 사실이다. 위대한 어머니와 아스다롯(Ashtoreth)의 유사성은 거의 완벽하다.[23]

아풀레이우스(Apuleius)는 당시 시리아의 떠돌이 사제들에 대한 기록에서, 그들이 한 부자의 시골 저택에 들어가는 모습을 묘사하고 있다. "집안으로 들어가는 순간 그들은 머리와 어깨를 숙이고 뱀처럼 꿈틀거리며 시끄러운 잡음을 내는 것과 동시에 미친 듯이 집안 구석구석으로 돌진해 들어갔다.

그들은 헝클어진 머리를 펄럭이며 원을 그리고 돌다가 이따금씩 자신의 근육을 이빨로 물어뜯었다. 한동안 같은 짓을 되풀이하고 나서 그들은 가지고 다니던 칼로 팔뚝을 베기 시작했다. 그중 한 사람이 다른 사람들보다 더 크게 헐떡거리며 몸부림쳤다. 마치 어떤 신의 숨결이 그의 심장에서 맥박을 치거나 하는 듯이 깊고 잦은 한숨을 토해냈다. 이윽고 그는 온몸을 쥐어짜는 듯한 광란 상태로 들어갔다. 과연 신은 인간을 더 훌륭하게 만들기는커녕 오히려 유약하고 병들게 하려는 듯했다!"[24]

셈족의 무아경

모든 셈족(族)이 무아경 또는 광란을 경험한 것 같지는 않다. 질병을 다루는 복잡한 체계를 발전시킨 바빌로니아 사람들은 병이란 악령에게 사로잡힌 결과라고 생각했다. 그러나 사람이 착한 영 또는 신에게 사로잡힌다는 것을 실제로는 믿지 않았다.[25] 바빌로니아와 아시리아 사람들의 종교 생활에 중요한 역할을 한 고도로 발달된 점술은 과학 또는 기술의 일종으로서 광란적인 요소는 포함되어 있지 않았다.[26]

페니키아에서 우리는 무아경의 한 예를 본다. 11세기의 이른바 골레니셰프 사본(Papyrus Golenischeff)에 보면, 한 에집트 사람이 비블로스(Byblos)의 왕자가 신들에게 제물을 바칠 때 그 제사에 참석한 신이 젊은이 하나를 잡아 신접한 사람으로 만들었다는 이야기를 하고 있다. 그 젊은이는 신접한 상태에서 왕자에게, 그의 땅을 통과하는 에집트인과 그 에집트인이 호신을 위해 가지고 다니는 신에게 적의를 보여야 한다는 내용의 신의 뜻을 전달했다. 그러나 왕자는 성급하게 그 젊은이를 내쫓아버렸다.[27]

아라비아에 이슬람교가 생겨나기 전, 한 카힌(kahin), 즉 점쟁이가 무아경에서 영감을 받았다는 기록이 있다. "그의 예언은 운문 형식이었고…황홀한 언어를 사용했다. 그는…사람들에게 그들의 동료가 아니라 그들의 신으로서 말했다. 그들은 그의 '종들'이며 '하인들'이었다. 그들은 신에게만 쓰는 말로써 그에게 대답했다. '오, 우리의 주여, 당신 곁에 있게 하소서!'"[28]

플리니(Pliny)는 에집트에서 황소가 아피스라는 이름의 신으로 숭배되었음을 기록하고 있다. 아피스제(祭)의 행렬이 이어지는 동안 황소를 둘러싼 소년들이 그를 찬양하는 노래를 불렀다. 그러다가 군중은 갑자기 영감을 받아 장차의 일을 예언하는 것이었다.[29]

히타이트 사람들 가운데도 신과 하나가 되었다고 주장한 광신자들이 있었다. 그들은 신이 자기에게 나타나 자기를 통하여 말한다고 주장했다.[30]

신플라톤주의의 무아경

위에서 말했듯이 무아경은 여러 다른 차원에서 다양한 형태로 발생한다. 플로티누스처럼 경건하고 고상하고 위엄 있는 사람의 무아경과 대마초를 피우는 낙타 몰이꾼들의 무아경은 다르다. 가장 흔한 무아경의 형태는 앞에서 살펴본 여러 제의에서 이루어지는 것과 같은 난폭하고 거친 광란의 무아경이다. 그것은 집단 최면술이나 또는 어떤 신비가의 인도로 이루어질 수 있다. 미친 듯한 음주 가무나 의사(疑似) 제의로도 그런 무아경에 들어갈 수 있다. 그러나 오르페우스를 시조로 삼는 소수의 디오니소스 숭배자들(Orphics)은 다른 방법으로 무아경에 들어가고자 했다. 인간은 육신의 광란이 아니라 정신적인 무아경을 통해서 신의 생명을 얻을 수도 있다. 술취함으로써가 아니라 금욕과 정결 의식을 통하여 신성하게 되는 것이다.[31] 바로 이것이 철학적 신비주의 전통에서 중요한 역할을 한 무아경의 형태다.

각 개인이 신과의 합일을 스스로 느끼는 경험으로서의 무아경은, 그리스도교 신비가들이나 회교의 수피들(Sufis)도 잘 알고 있었다. 인도의 요가 수행에서도 부분적인 유사점을 찾아볼 수 있다.

필로와 플로티누스의 통찰의 근원

신비스런 통찰의 근원으로서의 무아경은, 플라톤한테서 그 조짐이 이미 나타나고 있지만 필로와 신(新)플라톤주의에 이르러 비로소 나타났다고 하겠다.

아마도 '엑스타시스'라는 말을 학술적인 의미로 맨 처음 사용한 사람은 알렉산드리아의 필로였던 것 같다. 육체는 혼을 가두어둔 집이며 참 진리로 들어가는 문이라는 피타고라스의 가설을 받아들이고 인간의 정신(mind, nous)이 신의 영(spirit)과 날카로운 대조를 이룬다고 확신한 필로는, 최고의 지식이란 오직 무아경에 들어가는 행위로써 얻을 수 있다고 주장한다. 평상의 상태에서는 다만 합리적인 지식을 얻을 수 있을 뿐이다. "인간의 정신이 사랑으로 정복될 때, 가장 깊은 곳에 있는 사원(寺院)에 이르기 위하여 모든 집중력을 집중시킬 때, 신의 강제하는 힘 아래에서 앞으로 나가기 위해 모든 노력과 수고를 아끼지 않을 때, 인간은 자신과 모든 것을 잊고 오직 그분만 생각하며 기억하게 된다."[32] "정신이 신에게 사로잡히고 신으로 가득 채워질 때, 그 정신은 더 이상 자신 안에 있지 않다. 신의 영을 자기 안에 거하도록 받아들였기 때문이다."[33] "코리반의 희열로 가득 찬 것과 같은 침착한 열광에 사로잡힌"[34] 인간의 혼은 "예언자들이 영감을 받는 것처럼 영감받은 희열로 충만하다." 왜냐하면 더 높은 지식은 "정신이 더 이상 스스로 자신을 지키지 않고 신의 영감에 굴복할 때" 얻어지기 때문이다.[35] "인간의 정신이 인식할 수 있는 사물들의 아치(arch) 맨꼭대기에…둥실 떠올라 마치 위대한 왕 자신에게로 가고 있는 것 같았다. 그러나 그를 보고자 하는 갈망 한복판으로, 응축된 빛의 순수하고 강한 빛줄기가 분류(奔流)처럼 내려꽂혀 그 눈부심으로 이해(理解)의 눈이 앞을 제대로 볼 수가 없게 되었다."[36]

아브라함도 "황혼 무렵에 황홀경이 그를 덮었다"고 한다. 인간의 정신이 저물어갈 때에, "무아경과 신의 사로잡음과 광기가 우리 위에 내려온다. 신의 빛이 비출 때에 인간의 빛은 저물어가고 신의 빛이 저물 때 인간의 새벽은 밝아오기 때문이다. 이것이 바로 예언자들의 생애에 일어난 일들이다. 예언자의 정신은 하느님의 영이 임할 때에 물러나고 영이 떠날 때에 다시 돌아온다. 무한자와 유한자가 같은 방을 함께 쓸 수는 없는 일이다."[37]

필로는 자신의 무아경 체험을 이렇게 서술하고 있다.

> 나는 내 경험을 기록하는 것이 부끄럽지 않다. 그것은 수천 번이나 나에게 일어난 일이다. 어떤 때는 늘 하던 대로 철학적 교의를 서술하겠다는 결심을 하고 서술할 주제도 분명하게 생각을 했는데 나의 이해력이 단 한 문장도 만들어내지 못하고 오히려 자신의 자기 기만을 비난하며 마침내 아무것도 이루지 못한 채 포기하고 말았다. 그런데 바로 그때, 그분을 향하여 혼의 자궁이 열리고 닫히는 바로 그분의 힘에 대한 놀람으로 나 자신이 가득 차 있는 것이었다. 또 어떤 때에는 나의 작업이 모두 비워져 버리고 갑자기 위로부터 소나기처럼 쏟아지는 생각들로 가득 차, 하느님의 영감으로 나 자신이 미친 듯한 열광으로 충만하여 내가 어디에 있는지 옆에 누가 있는지 알수가 없었으며 발언된 말, 기록된 글 그리고 나 자신까지도 의식되지 않았다. 나는 언어, 생각, 빛의 즐거움, 선명한 비전, 사물들의 뚜렷한 차이점을 눈으로 보아 알 듯이 분명하게 보며 알 수 있었던 것이다.[38]

스스로 구원의 길임을 자처하고 나선 신플라톤주의는, 생각의 체계로서도 역시 무아경이라는 관념에 새로운 의미를 부여했다. 신플라톤주의에서는 인간의 혼이 갇혀 있던 감각의 세계에서 해방되어 신에게로 돌아가는 길은 그것이 나온 바 근원으로 치솟아 올라가는 데 있다고 보았다. 숙고와 명상은 거의 아무런 도움도 되지 못한다.

플로티누스는 철학의 궁극적 목적이 신적 일치와 완전한 결합, 합일을 획득하는 데 있다고 생각했다. 그러나 그와 같은 결합은 무아경 속에서만 이루어질 수 있다.[39] "무아경 속에서 이성 작용은 정지되고 모든 지각과 언어와 그 자신까지도 사라진다."[40] 그리고 무아경 속에서 인간의 혼은 완전히 휩쓸려, 한님(the One)이 위엄있게 스스로를 나타내는 세계로 옮겨져 들어간다. "다른 어떤 원리의 빛으로가 아니라 지고자(至高者)에 의하여 지고자를 보는 것, 이것이야말로 인간 영혼의 참 목적이다…그러나 어떻게 이 일은 이루어지는가? 자신에게서 모든 것을 벗겨라."[41] 무아경 안에는 신에 대한 그 어떤 지식도 섞여 있지 않다. 지고자는 지식으로 파악되지 않는 존재이기 때문이다. 무아경의 목적은 인간의 유한한 인격을 풀어 그를 신의 무한함에 조율시킬 수 있게 하고 측량할 수 없는 궁극자를 직관으로 이해할 수 있도록 하는 것이다. 그런 이해는 자아가 신성 속에 흡수됨으로써, 자아와 신성의 신비스런 합일(union) 안에서 비로소 가능하다.

> 인간의 혼은 자신으로부터 선과 악과 다른 모든 것을 치워버려야 한다. 그래서 한님(the One) 한 분만을 받아들일 수 있어야 한다. 한님은 홀로이므로…혼이 모든 보이는 사물들로부터 등을 돌리고, 가능한 만큼 스스로 아름답게 만들며 한님처럼 될 때(준비하고 꾸미는 방법은 그것을 해본 자들이 알고 있다), 그리고 한님이 홀연 자신 안에서 나타나는 것을 볼 때, 그 둘 사이에는 간격이 없고 더 이상 둘이 아니라 하나이므로, 그것이 눈에 보이는 동안에는 둘 사이를 분간할 수 없으므로, 그 합일을 세상의 연인들이 모방하여 서로의 존재를 혼화(混和)하려고 하는 것이다. 혼은 더 이상 육체를 의식하지 않는다. 그리고 그것이 인간인지, 혹은 살아 있는 존재인지, 혹은 진짜로 실재하는 어떤 것인지 말을 할 수가 없다. 그런 것들을 생각하는 일이 무가치해 보이고 또 그럴 만큼 한가하지도 못하기 때문이다. 그러나 일단 한님을 찾은 다음에는 그 한님의 현존에서 자신을 발견하고 그 한님을 만나고자 하며 자기 대신 한님을 묵상한다. 이제 혼은 자신이 무엇인지를 살펴볼 겨를이 없다. 이런 상태에 들어간 인간의 혼은 그 상태를 다른 어떤 것과도, 하늘의 하늘과도 바꾸려 하지 않는다. 이보다 더 좋은 것, 더 복된 것은 없기 때문이다…한님과 함께 있는 동안 혹은 그를 보고 있는 동안, 인간의

혼은 어떤 악도 두려워하지 않는다. 그와 함께 있을 수만 있다면 주변의 모든 것이 무너져도 만족한다. 오로지 행복할 따름이다.[42]

제9장
무아경 이론

그리스화된 유다이즘의 경우

알렉산드리아의 필로는 우리가 알고 있는 성경의 예언에 대한 이해에 괄목할 만한 접근을 발전시킨 첫 번째 인물이다. 그는 그리스 사상과 유다교 교리를 연결시키는 일에 몰두하여, 성경의 예언자들을 서술하는 데 서슴지 않고 그리스 밀교(密敎)의 관념과 전문 용어들을 사용하였다.[1] 그의 종합적인 예언자론(prophetology)은 그 뒤로 예언 해석의 모퉁이돌이 되었다. 필로는 그리스의 신탁 종교에서 무아경이라는 관념을 가져다가 그것이 예언자의 명백한 표상이라고 설명했다. 그가 보기에 예언자는 도사(道士, hierophant)였다. 도사란 옛 그리스 종교에서 신비(神秘) 의식을 주례한 사제를 일컫는 말이다. 예언자들이 처해 있는 상태란, "신접한(entheos) 상태 또는 미쳐 있는(mania) 상태"[2]였고, "예언자를 예언적이게 하는 것은 그가…신의 영감을 받고 신에게 사로잡히는 경험을 한다는 사실"[3]이었다. 필로는 특히 모세에게 "무아경 없는 예언 없다"[4]는 자신의 기본 원리를 적용시킨다. 예언자는 야훼의 피동적인 도구일 따름이다. 그는 전적인 피동성과 무의식이라는 상태 안에서 어떤 깨달음의 빛을 얻는다.[5]

필로의 말을 들어보면, "하느님에게 사로잡힌 예언자가 갑자기 나타나 예언적인 신탁을 전한다. 그가 하는 말 한마디도 그의 말이 아니다. 참으로 신의 영감 아래 지배당하는 자는 자기가 언제 말을 할 것인지 모르기 때문이다. 다만 그는 '타자'(Another)가 시키는 말을 거역 못하고 **전달하는 기능**을 할 뿐이다. 예언자들은 하느님의 해설자들이요, 하느님은 당신의 뜻을 펴기 위하여 예언자들의 기관(器官)을 모두 사용하신다."[6] "그의 말하는 기관인 입술과 혀는 전적으로 '타자'에게 고용되어 있다…그 '타자'는 예언자의 현(絃)을 숙련된 솜씨로 정확하게 뜯어 달콤한 음악을 연주하고 모든 화음을 실어 보낸다."[7]

하느님의 영이 임할 때 인간의 "정신은 퇴거한다"는 필로의 이론에 비추어 볼 때, 그가 예언자를 단순한 도구로 본 것은 당연한 결과다. "유한자와 무한자가 같은 방을 함께 쓸 수는 없기" 때문이다.[8]

그리스어 번역판인 『70인역 성경』에는 '엑스타시스'(ekstasis)라는 말이 히브리어 '두려움' 또는 '공포'를 그리스어로 옮길 때 사용되고 있다. 같은 말이 예언자들의 경험과 연결되어 사용되는 일은 없다. 그러나 아브라함이 환상을 보는 대목에서 이 단어가 나온다. "그러자 해가 질 무렵 **깊은 잠**(tardemah)이 아브라함을 덮었다. 그리고 보라, 큰 어둠의 공포가 그를 덮어씌웠다(창세기 15:12, 사역)." 여기서 깊은 잠을 뜻하는 **타르데마**(tardemah)가 『70인역』에서 '엑스타시'로 번역되었다.[9] 이 번역은 필로로 하여금, 이 구절에서 사용된 단어가 "예언자들이 사로잡힌 바, 신접(神接) 또는 미쳐 있는 상태"를 의미한다고 생각하게 했다. '해'(sun)는 인간의 정신을 나타낸다. 정신의 빛줄기가 우리 주변을 밝히고 있을 때, 정오의 햇살처럼 그것이 우리의 혼 속으로 뚫고 들어올 때, 그런 때에 우리는 스스로 충족하며 그 무엇에도 사로잡혀 넋을 잃지 않는다. 그러나 그것이 저물어가는 때가 되면 자동적으로 무아경, 신접 상태, 광기가 우리 위에 드리운다. 신의 빛이 밝아올 때 인간의 빛은 저물고 신의 빛이 저물 때 인간의 새벽은 밝아오기 때문이다. 바로 이것이 예언자들한테 정기적으로 일어난 일이다. 성령이 임하면 그의 정신은 물러났다가 성령이 떠나면 다시 돌아온다. 유한자와 무한자는 같은 방을 함께 쓸 수가 없다. 그러므로 이성이 저물고 어둠이 그 주변을 감싸면, 무아경과 영감받은 광기가 생겨나는 것이다.[10]

예언자들에게 '무아경' 또는 '광란' 등의 말을 전혀 사용하지 않은 요세푸스[Josephus, A.D. 1세기의 유다 역사가―옮긴이]는[11] 신의 영감을 받은 상태를 일컬어 신접된 상태라고 말한다.[12] 그는 발람을, "더 이상 자신의 주인이 못 되고 신의 영에 사로잡혀서 영감받은 발언"을 한 자라고 기술하였다. 발람을 청해다가 이스라엘 백성을 저주해 달라고 한 발락이 오히려 이스라엘을 찬양한 발람을 나무라자 발람은 이렇게 대꾸했다. "생각해 보시오. 우리가 하느님의 영에 사로잡혔는데 이런 일을 두고 입을 다물거나 말하는 것을 우리 마음대로 할 수 있겠소? 그 영이 당신의 뜻대로 그와 같은 말을 우리 입술에 주시는데, 우리는 아무것도 모르오…일단 그분이 우리 안에 들어오시면, 우리 안에 있는 그 어떤 것도 우리 것이 아니오."[13]

랍비 문학의 경우

성경에는 무아경에 해당하는 말이 없다. 그러나 필로처럼 아마도 그의 영향을 받아서 수라에 학술원을 세운 바빌로니아의 유명한 아모라[Babylonian Amora, B.C. 6세기 바빌로니아에 유배된 유다인들의 후예로서 『탈무드』를 기초한 율법학자들―옮긴이]인 랍(Rab, 247 B.C.E. 사망)은 「창세기」 2장 21절의 타르데마를 무아경으로 해석한 듯하다. 그는 타르데마가 성경에서 세 가지 의미로 사용되고 있다고 말한다.[14] 첫째, 아담이 빠졌던 깊은 잠,[15] 둘째, 아브라함이 겪었던 것과 같은 신비경 또는 예언자의 경험,[16] 그리고 셋째, 간담을 서늘케 하는 두려움 또는 망연자실한 상태.[17] 랍의 뒤를 이어 다른 랍비들은 네 번째 종류의 타르데마, 즉 광기라는 것이 있다고들 말했다. 이 랍비들은 아브라함이 예언자스럽게 경험한 신비경에 관해 언급한 랍의 견해를 반대하지 않는다.[18] 그들은 단순히 타르데마란 말이 미친 상태를 가리키는 말로 성경에서 사용되고 있음을 덧붙여 말했을 뿐이다.

이사야의 글을 보면 거짓 예언자들이[19] 미친 상태로서의 타르데마에[20] 빠진 것으로 되어 있다.

어리둥절 쩔쩔매며 서로 쳐다보아라.

앞이 캄캄하게 눈이 멀어라.

술 소리만 듣고도 취하여라.

독주 소리만 듣고도 비틀거려라.

야훼께서 너희 머리 위에

깊은 잠〔타르데마〕의 영을 쏟아부으셨다.(이 부분 사역)

너희 예언자의 눈을 감기시고

너희 선견자의 머리를 덮어버리셨다.(이사야 29:9~10)

랍비들은 3세기경 팔레스타인과 시리아에서 널리 자행되던 난폭한 무아지경의 현상을 빈정대는 시선으로 바라보았다. 팔레스타인의 티베리아에서 활동한 지도자격 학자인 랍비 요하난(Rabbi Yohanan, 279 C.E. 사망)한테서 그 빈정대는 태도를 찾아볼 수 있다. 그는 이렇게 말했다. "성전이 무너져버린 뒤로 예언자의 영감은 예언자들한테서 아이들과 미치광이에게로 넘어갔다."[21]

랍비들은 예언자들의 무아경 현상을 잘 알고 있으면서도, 이스라엘의 예언자들이 무아지경 상태에서 영감을 받았다고 보는 필로의 견해를 받아들이지는 않았다. 그들은 주장하기를, 무아경은 모세를 이교의 예언자인 발람과 구분지어 주는 표지라고 했다. "모세는 의식 능력을 고스란히 가지고 있는 상태에서 계시를 받았다…반면에 발람은 계시를 받는 순간 넘어져 엎드려졌다고 했다(민수기 24:4)."[22] 또 다른 한 랍비는, 무아경의 부재가 히브리 예언자들을 다른 예언자들한테서 구분지어 준다고 보았다. 이에 관련하여 랍비 엘르아잘(Rabbi Eleazar)은 「이사야」 8장 19절을 인용한다. "그들이 너에게 '중얼중얼 뇌까리는 무당과 박수들에게 물어보아라' 고 말한다만 그들은 무슨 말을 하고 있는 건지도 모르면서 중얼중얼 뇌까리고 있는 것이다(사역)."[23] 이것은 히브리 예언자들의 메시지가 분명하고 모호하지 않으며 그들이 메시지를 받는 순간이나 전하는 동안 결코 의식을 잃지는 않았다는 랍비들의 주장을 뒷받침해 주고 있는 듯하다.[24]

그러나 유다 신비주의의 고전인 『조할』(Zohar)은 모세가 무아경에 빠지지 않았다고 한 것을 제외하면 대체로 예언에 관한 필로의 이론을 따르고 있는 듯하다. "모세는 똑바로 서서 어떤 감각도 무뎌지지 않은 채 하느님의 메시지를 받았고 그것을 모두 이해하였다. 그래서 하느님이 그에게 '하나도 숨기지 않고 모두 말해준'는 기록이(민수기 12:8) 있는 것이다. 그런데 다른 예언자들은 기진한 상태에서 땅에 얼굴을 대어야 했고 하늘의 메시지를 분명하게 받을 수가 없었다."[25] 마이모니데스의 말을 들어보면, 예언자들이 보는 환상(vision)은 "(예언자의 꿈과 달리) 그가 깨어 있을 때 보게 되는 두렵고 무서운 어떤 것이다. 다니엘이 그것을 분명하게 말해주고 있다. '그 장엄한 모습을 보다가 나는 사색이 되었다. 맥이 빠져 꼼짝할 수 없게 되었다.' (다니엘 10:8) 그는 계속한다. '나는 그만 정신을 잃고 땅에 쓰러졌다.' (10:9) 그런 상태에서는 감각은 더 이상 기능하지 아니하고 능동 지성(Active Intellect)은 이성 작용을 하는 기관들과 그 기관들을 통하여 상상 작용을 하는 기관들에게 영향을 주어 그것을 완전하고 살아 있게 만든다."[26]

모세와 다른 예언자들의 다른 점을 거론하면서 마이모니데스는 단언한다. "모든 예언자들이 밤에만, 꿈 속에서만 계시를 본다. 낮에 볼 경우에도 깊은 잠 속에 취해서다. '너희 가운데 예언자가 있다면 나는 그에게 환상으로 내 뜻을 알리고 꿈으로 말해줄 것이다' (민수기 12:6)라고 말씀하신 그대로다. 예언 활동이 진행되는 동안 그들의 근육은 떨렸고 육체의 힘은 모두 빠졌으며 생각은 어지러웠다. 그리하여 눈으로 보는 환상을 머리로 이해하지도 못했다. 아브라함에 관하여, '보라, 큰 어둠의 공포가 그를 덮었다' (창세기 15:12, 사역)고 기록된 그대로다." 모세 홀로 예외였다. "모든 예언자들이 두려움과 간담을 서늘케 하는 놀라움으로 가득 차 온몸의 힘이 다 빠진다. 그러나 우리의 스승이신 모세만은 그렇지 않다. 성경은 하느님께서 그에게, '친구끼리 말을 주고받듯이 얼굴을 마주 대시고' (출애굽기 33:11) 말씀하셨다고 기록했다. 사람이 친구가 말을 할 때 놀라지 않듯이 모세의 마음은 끄떡도 하지 않고 아주 정상의 상태에서 예언의 말씀을 이해하였다."[27]

그러나 마이모니데스는 예언자들의 이성작용의 휴지(休止)를 말하기는 커녕 오히려 그와 반대로 예언자들의 지적 능력의 역할을 강조하였다.

교회 교부들의 경우

예언자들이 무아경에서 예언을 한다고 본 필로의 견해는 초기 교회 교부들에게도 그대로 전수되었다. 아테나고라스(Athenagoras, 177년경)는 예언자들이, "성령의 충동을 받아 그들이 생각하고 있는 차원보다 높이 올라가서 영감받은 바를 선포했다. 성령께서는 마치 피리부는 자가 피리를 다루듯이 그들을 부리셨던 것이다"[28]라고 말했다. 이와 비슷하게 순교자 유스티누스(Justin Martyr)도 "신(神)의 채(악기의 손잡이, 북채, 장구채 등)인 성령이 하늘에서 내려와" 예언자들을 "시더 또는 류트[둘 다 오늘의 기타 비슷한 악기—옮긴이]처럼" 다루었다고 주장했다.[29] 『트리포와의 대화』(Dialogue with Trypho)에서 그는 예언자 즈가리야가 여호수아, 사탄 그리고 한 천사를 본 것은(즈가리야 2:10~3:2) 깨어 있는 상태에서가 아니라 무아지경에서였다고 강조한다.[30] 무아경은 2세기 교회에서 일반적으로 받아들여진 예언의 형태였다.[31]

몬타누스 운동(Montanist movement)의 출현은 2세기 중엽 직후에 무아경을 전면으로 끌어내었다. 프리기아의 여신 키벨레(Cybele)를 숭배하던 제사장이었다가 그리스도교 신자로 개종한 몬타누스는 요한복음에서 일찍이 언급된 성령의 시대가 바야흐로 동이 텄고 자신은 성령의 대변인이라고 선언하였다. 그를 반대한 유세비우스는 이렇게 말했다. "그는 신접한 상태에 빠져 비정상적인 무아지경에서 미치광이가 되어 횡설수설 이상한 소리들을 지껄여댔다. 말하자면 그것은, 교회가 처음부터 전통을 이어 세대에서 세대로 물려받은 방법과 사뭇 다른 방식의 예언이었다."[32] 몬타누스는 예언자임을 자처하는 몇 사람과 어울렸고, 프리기아에서 시작된 운동은 소아시아 전역에 급속히 퍼져 수많은 추종자들을 만들어냈다.

무아경을 "최고 경지에 이른 계시의 밖으로 드러난 표지"라고 봄으로써 몬타누스파는 교회의 강한 반발을 샀고 이어서 날카로운 논쟁을 불러일으켰다. 몬타누스파에서는 구약과 신약을 막론하여 어느 예언자가 무아경 속에서 예언을 했는지 증명할 수 없을 것이라고, 2세기의 한 익명의 장로는 기록하고 있다.

몬타누스파는 「창세기」 2장 21절과 「시편」 116편 11절을 자기네 주장의 근거로 삼았다. 그러나 그들은 무아경과 성경과 전승에서 알려진 바 영감의 형식 사이의 다른 점을 부인할 수가 없었다. 그들의 적대자들은 몬타누스가 진짜 예언자가 아니라고 주장했다. 왜냐하면 그는 무아지경 속에서 말을 했기 때문이라는 것이었다. 참 예언자들은 비록 무아경에서 말씀을 받기는 해도 제정신이 다시 돌아오기 전에는 그 말씀을 입 밖에 내지 않았다는 것이다.[33]

몬타누스파 예언자들의 무아경에 진절머리가 난 교회 교부들은, 무아경과 참 예언은 양립할 수 없다고 못박았다. "지혜와 지식의 영이 어떻게 인간의 감각 그 어느 하나라도 박탈할 수 있겠는가?"[34]

"가짜 예언자는 부끄러움도, 두려움도 모르는 무아지경에 빠진다. 자청한 무지에서 출발하여 그는 앞에서 말했듯이 부지불식간에 미친 상태로 들어간다. 몬타누스의 지지자들은 구약과 신약의 그 어떤 예언자도 자신의 혼을 잃어버렸다고 입증할 수가 없다."[35] 반면에 몬타누스파를 변호한 테르툴리아누스(Tertullian)는 이 문제를 다룬 저술을 한 권 내었는데, 예언자가 받는 계시를 광란(raving)이나 일시적 광희(狂喜, delirium)와 일치시키면서 무아경을 예언자가 지고한 상태에 이르렀음을 증명하는 보증으로 보았다. "한 인간이 성령에 사로잡힐 때, 특히 그가 하느님의 영광을 보거나 또는 하느님이 그를 통해서 말씀하실 때, 그는 자신의 감각을 잃어버리지 않을 수가 없다. 하느님의 힘이 그를 덮어씌우기 때문이다."[36]

몬타누스 자신이 툭하면 무아경에 빠지는 그런 사람은 아니었다. 그러나 동시대인들한테서 반발을 산 것은 그가 말한 무아경의 성격이었다.[37] 오리게네스(origen)는 성령의 영향 아래 있는 동안에도 예언자들의 의지와 판단력은 정상 상태에 있음을 대단히 강조한다. 그는 마음이 제대로 자리잡고 있으며 의지력을 잃지 아니하고 실성 상태에 이르지 아니한 것을 참 예언을 알아보는 표준으로 삼았다. 그리고 그것이 성경의 영감과 점쟁이의 영감의 다른 점을 말해 주고 있다고 보았다.[38]

일반적으로 교회 교부들이 예언자들이 경험하는 모든 종류의 무아경을 다 부인한 것은 아니다. 아우구스티누스의 말대로 하면, 정신의 이탈로서의 무아경은 부인되었지만, 감각 기능의 정신적 이탈, 즉 "자신의 감각 밖에 있는 어떤 생명, 그리고 계시의 대상을 향한 그 생명의 안내를 받아 인간이 정신적인 행위를 하게 되는 것"은 인정되었다. 이 이론이 중세기를 지배했다.

17세기의 루터파 교조주의자들은 언어상의 영감이라는 교리를 극단적으로 발전시켰다. 성경의 모든 단어가 하느님의 영감을 받아 기록된 것이며 하느님의 구술이라는 것이다. 예언자들은 성령의 손이며 필기자(penman), **하느님의 필생**(筆生)일 따름이다. 그러나 이 모네르지즘[Monergism, 모든 것이 오직 성령의 역사(役事)라고 주장하는 교리 —옮긴이]에 바탕한 영감론도, 하느님이 당신의 필생들을 비인간화시켜 단순한 기계로 만드셨다는 뜻은 아니었다. 그들은 "열광주의자들이 스스로 말하고 이방인들이 자기네 예언자들의 무아경을 설명할 때 말하듯이 의식이 없는 상태는 아니었다. 또한 예언자들이 예언을 기록하면서 그 내용을 이해하지 못했다고 보아서도 안 된다. 그런 상태는 일찍이 몬타누스파, 프리기아인들, 카타프리기아인들 그리고 프리스킬라인들이 가르쳤던 정신이상일 뿐이다."[39] 영감은 무엇보다도 우선 인간의 마음이 어떤 초자연적이고 비상한 조명으로 깨우침을 받는다는 뜻을 지니고 있다.

언어상으로 영감을 받았다는 교리가 18세기에 이르러 차츰차츰 사라지면서,[40] 예언자의 영감에 관한 기계론적인 개념이 수정된 형태로 재등장하였다.

현대 학자들의 견해

19세기에 이르러 무아경 이론은 성경의 예언자들에 관한 골치 아픈 수수께끼를 치워버리는 데 대단히 큰 가치를 발휘하였다. 그들의 경험에 무슨 유별난 것이라곤 아무것도 없었다. 무아경은,

> 예언자들을 다른 민족들의 점술가들과 나란히 서게 하는 특징이다. 그들은 스스로 무아경의 상태에 처하기 위하여 평상(平常)의 수단들을 사용한다 …합리적인 의식이란 예언자들한테는 어디까지나 부차적인 것이다. 그들은 평상시와는 전혀 다른 상태에 빠져들어가 있었던 것이다…정상인의 눈으로 볼 때 예언자들은 광인의 모습으로 나타났다. 그러므로 예언자가 처한 상태와 광기 사이에는 어떤 연결점이 있다고 보지 않을 수 없다…이 특징이 예언자들을 다른 민족의 점술가들과 같은 선상에 나란히 세운다. 그들은 무아경에 스스로 들어가기 위하여 평상의 수단들을 사용한다.[41]

이스라엘의 예언을 다른 종교들의 비슷한 현상들과 비교함으로써 설명해 보려고 한 사람들도 있었다. 모든 종교 현상들 사이에는 근본적으로 유사성이 있다는 전제 위에서, 예언자의 상태는 인도 고행자들의 광희(狂喜, rapture), 그리스 주신제(酒神祭)에 참석한 자들과 바커스제(祭) 신도들의 열광, 그리고 그리스-로마 저술가들의 글에 묘사되어 있는 아라비아 광신자들의 황홀경, 시리아 사제들의 난폭한 몸짓 따위와 동일시되었다. 이와 같은 여러 가지 자료들을 수집함으로써 학자들은 예언자가 지닌 의식 세계의 구조와 역사적 뿌리에 뚫고 들어갔다고 믿었다.

예언자는 초자연적인 지식을 지니고 있는 동안만큼은, 무아경 속에서 자신의 정신력을 일시적으로 자극시켜 하나의 환상을 불러일으키는 방법으로써 그 지식을 붙들어두었다.[42] 많은 저술가들이 무아경 이론을 주장하였다.[43] 그중 어떤 이들은 성경에 기록되어 있는 예언의 메시지는 모두가 황홀

경에서 나온 것이라는 견해를 고집했다.[44]

사람들은 예언자들이 무아경을 경험하는 어느 정도의 광인임을 당연한 일로 여기고 있다. 그런 광기에 들어가면 신경과 감정이 흥분하여 평상시처럼 두뇌를 통제할 수 없게 되며 그 당자(當者)의 행동은 더 낮은 신경계의 반사 작용에 지배된다고 한다. 세계의 모든 곳에서 그와 같은 발작 상태에 있는 사람들은 초자연적인 존재의 지배를 받고 있는 것으로 생각되어 왔다. "당자는 환상을 보고 꿈을 꾼다. 그는 웃고 땅 위를 뒹굴고 경중경중 뛰고 몸을 마구 비틀고 목을 꺾기도 하고 피부 색깔이 달라지기도 한다. 그의 몸은 격렬하게 떨리다가 굳어지고 마침내 발작 상태로 들어간다." 잠재의식의 어두컴컴한 영역으로부터, "오래 잊고 있던 추억들, 감동들, 확신들 따위 일시적인 의식 경험과 정신 상태들을 한데 모으는 여러 가지 요소들이 나온다. 그리고 우리의 의지와는 상관없이, 우리가 헤아릴 수조차 없는 환상, 꿈, 충동, 미신 등 우리 아닌 다른 사람에게 속해 있는 것인 듯하지만 실은 우리의 것인 여러 요소들이 나타난다. 그것들을 불러내는 것은 까마득한 옛날부터 우리에게 유물로 전해져 내려왔고 우리 자신의 정신 기제 속에서 배양된 뇌세포다."[45]

몇 가지 대표적인 설명을 인용한다면,

모든 형태의 예언이 공유하는 기본적인 경험은 무아경이다.[46]

우리가 지금 가지고 있는 예언자들의 신탁의 대부분은, 아마도 예언자들이 스스로 무아경에 들어가서 들은 바 그 내용을 기록한 것들이다.[47]

심리학의 관점으로 볼 때 포로기 이전의 예언자들은 대부분이 자주 무아경을 경험한 자들이었다. 적어도 호세아, 이사야, 예레미야, 에제키엘은 의심할 나위가 없다. 그들 모든 예언자들이 다 무아경을 경험했다고 말해도 그리 큰 잘못은 아닐 것이다. 비록 그들이 경험한 무아경의 종류와 정도에 차

이가 있다고는 하더라도.[48]

우리는 이제 예언자의 공적 활동상을 눈앞에 그려볼 수 있다. 그는 때로는 평상시에, 때로는 특별한 날에 민중들과 섞여 있어서 그를 따로 구분하기가 어렵다. 그런데 갑자기 그에게 어떤 일이 생긴다. 그의 시선이 고정되고 손발이 이상하게 떨리며 말하는 투가 달라진다. 사람들은 성령이 그에게 임하는 것을 알아차린다. 발작 상태가 지나가고, 그는 둘레에 모여 선 사람들에게 자기가 듣고 본 바를 이야기해 준다. 그는 어떤 상징적인 몸짓을 할 수도 있다. 그 몸짓에 대하여 그는 무아경 속에서 경험한 것들에 대한 분명한 기억으로 설명할 것이다. 그와 같은 현시는 흔히 있는 일이었고, 그래서 그들을 추종하는 자들도 많이 있었다.[49]

무아경은 "그것이 없으면 예언자도 그의 청중도 만족할 수 없었던 하나의 기준"이었다는 주장이 있어 왔다.[50]

횔셔(G. Hölscher)는 (분트[Wundt]가 자신의 『대중심리학』[Völkerpsychologie]에서 예언을 일반화한 것을 제외하면) 예언자의 경험을 현대 심리학이라는 방법으로 조직적으로 서술한 첫 번째 인물이다. 분트의 생리학적 심리학과 대중 심리학의 원리들을 적용하여, 그는 예언론을 비정상적인, 생리학적으로 정의되는 상태에서 끄집어내어 예언자의 경험, 행동, 표현을 무아경에서 생겨나는 현상으로 풀이하였다. 사무엘 시대에 있었던 이른바 '예언자학교'(사무엘상 10:5 이하; 14:18 이하) 이야기들이 무아경 운동과 그에 따라오는 전형적인 현상들을 보여주는 것으로서 이 이론을 뒷받침해 준다고 생각되었다. 후기 예언자들의 흥분된 몸짓들, 그들의 활발한 몸짓 언어(에제키엘 6:11; 21:17), 난폭한 표현(예레미야 4:19; 6:11; 20:8~9), 격렬한 정신 집중(예레미야 4:23, 26; 25:15 이하) 등이 모두 무아경을 나타내는 표지라는 것이다.[51]

무아경을 경험하는 예언자들의 일상적인 정신도 거의 같은 술어로 서술되고 있다. 무아경에 들어가는 목적은 황홀함과 실신 상태를 통하여 신과 하나가 되는 데 있다. 이 합일 개념은 주술 제의의 바닥에 깔려 있는 개념들로부터 솟아난 것이라고 횔셔는 보았다.

> 모든 축제들, 특히 광란의 주신제(酒神祭) 등에서 이루어지는, 흉내내는 춤을 포함한 제사 행위는 인간이 신의 행위를 본땀으로써 그것을 주술적으로 뒷받침해 준다는 믿음에 바탕을 둔다. 제주(祭主)들의 흥분이 높아지고 의식이 몽롱해지면 춤추는 자들은 그들이 표현하는 경험과 점차적으로 하나가 된다. 마침내 넘치는 격정 속에서 그들은 스스로 변화되어 입신(入神)의 경지에 들어가는 것을 인식하게 되고 신의 숨결을 느끼게 된다. 그리하여 축제와 긴장 속에서 그토록 하나가 되고자 원했던 신과 자신이 합일된 듯한 느낌을 받는 것이다.[52]

이런 생각이 이스라엘의 예언 정신과 양립될 수 없다는 점은 횔셔 자신도 잘 알고 있었다. 유다인들은 하느님과 인간 사이에 건널 수 없는 간격이 있음을 강하게 믿고 있었으며 따라서 그들의 종교는 신격화, 즉 신과 하나가 된다는 생각을 처음부터 못마땅하게 여겼던 것이다. 그래서 횔셔는 이 곤란한 문제를 하느님의 자리에 영 또는 악령이 들어가 무아경 경험의 인자(因子)가 된다고 생각함으로써 풀어보고자 했다. 이런 식으로 생각하여 하느님과 인간의 합일이라는 관념을 피할 수는 있었지만, 고전적인 예언자들의 경우에도 의식의 깊은 곳에서 무아경이 솟아났다고 말하지 않을 수 없었다. 따라서 횔셔는 "예언자들은 하느님을 섬기고 그분의 명령에 복종하여 말한다. 하느님께서 환상 속에서 보여주시거나 말씀해 주신 것을 반복하여 말하고 보여준다. 그러나 그뿐만이 아니다. 그들은 마치 자신이 하느님인 양, 무아경 속에서 자신을 하느님과 일치시키며 말한다"[53]고 생각했다.

이른바 나비이즘(nabiism)이라고 하는 원시 예언과 고전적인 예언 사이의 연결은 흔히 다음과 같이 이해되었다. 「사무엘상」 9장 9절에는 "전에는 이스라엘 사람이 하느님께 물어보고 싶은 일이 있으면 선견자에게 가자고 하였다. 오늘날 예언자라는 사람을 전에는 선견자(ro'eh)라고 하였다"는 편집자의 주(註)가 기록되어 있다. 이 주는 우리에게, 일찍이 선견자와 예언자가 구분되어 있었음을 말해준다. 실제로 「사무엘상」 9장 1절에서 10장 6절 사이에는 선견자(9:11, 18)와 예언자(10:5, 10~12)가 서로 구분되어 있다. 그리고 그 구분은 기원전 9세기경까지도 그대로 유지되었다. 한편 기원전 8세기의 위대한 예언자들이 남긴 저술에서는 이 구분이 사라져가고 있으며, 후대의 자료들에서는 이 두 개념이 섞여서 사용되고 있다(사무엘하 14:11; 열왕기하 7:13; 이사야 29:10). 그런즉, 오랜 옛날에는 '나비'(nabi)가 자신의 내적 경험으로 본 초자연적인 계시를 무아경 속에서 사람들에게 전달하는 사람이었다고 하겠다. 한편 '로에'(ro'eh) 또는 '호제'(ḥozeh)는 무아경이라는 방법이 아니라 여러 가지 인식 수단들로 초자연적 지식을 얻은 선견자들이었다. 그들이 즐겨 사용한 수단들 가운데는 환상을 본다든가 비몽사몽간에 또는 꿈 속에서 어떤 환영을 보는 것이 있었다.[54]

'나비'라는 말은, 더 높은 존재의 영감을 통하여 방언 또는 신비한 언어를 말하는 선물을 받은 사람을 가리키는 듯하다. 이런 종류의 말은 다른 사람들과 통화를 하기 위한 말이 아니다. 지나치는 구경꾼들은 그 말을 한마디도 알아들을 수 없게 되어 있다. '나비'는 신비한 지식을 가진 자로 등장하여 장차 일어날 일들을 예견한다. 그러나 장차 일을 예고하는 것이 '나비'의 본질에 속하는 것은 아니다. 그들은 무아경을 경험하는 것이 신비스런 기질에 그 뿌리를 두고 있다는 점에서 점쟁이나 주술사들과 다르다. 점술이나 주술은 습득된 지식에 바탕을 둔 것들이다. 물론 그들은 황홀한 지경에 들어가기 위하여 여러 가지 의식을 치르기도 한다. 시끄러운 음악(사무엘상 10:5)이나 자기 몸에 피를 내는 것[55] 따위가 무아경을 자아내기 위한 수단으로 사용된다. 반대로 미친 상태와는 거리가 먼 선견자들은 수풀에서 살랑거리는 소리를 듣거나(사무엘하 5:24 참조), 새들이 날아가는 것을 보고(창세기 15:11 참조) 그 현상을 해석함으로써 신의 뜻을 미리 알 수가 있다.[56]

휠셔는 이 두 요소('나비'와 '로에')가 서로 섞인 데서 뒤의 고전적 예언이 발생된 것으로 보고, 점치는 일도 본디 셈족한테서 발견되는 현상으로 생각한다. 무아경에서 하는 예언은 셈족에게는 낯선 일이고 사막에서는 발견되지도 않는다. 초기 유목 생활을 하던 때의 이스라엘 사람들은 무아경이라는 현상을 모르고 있었고 뒤에 가나안 문화의 영향을 받아 발전된 것으로 보인다.[57] 무아경은 트라키아 또는 소아시아에서 그리스인과 히브리인에게로 기원전 1천년쯤에 전파되어 퍼져나간 것 같다. 나비이즘은 "이스라엘 토착 점술의 정신적 지도자들에 의하여 점차적으로 변형되었다."[58] 키텔(R. Kittel)은 이 정화의 과정이 자신의 순수한 목적에 따라 나비이즘을 변화시키고자 했던 사무엘의 영도 아래 비롯되었다고 생각한다. "그리하여 그는 나비이즘을 새로운 길로 인도하였고 본디부터 있던 반이교도적 광란을 청산 또는 승화시켜 나갔다. 그 모양을 뒤에 나타난 모양으로 바꿔나간 셈이다."[59] 어쨌든 이 옛날의 예언자들은 무아경 속에서 활동한 자들로 묘사되었다. 그들은 "격렬한 열광에 빠져 시골을 돌아다니는 무리를 이루었다. 누구든지 그들 곁으로 가까이 가는 자는 그들의 발작증이 자신에게도 덮쒸우지 못하게 조심하지 않으면 안 되었다"[60] 그들 예언자 무리는 예언자의 영(靈)을 품어야만 했고 그래서 영이 내릴 때까지 특별한 의식을 행하였다. "옷을 벗어던지고…신들린 상태에 빠져 하루 밤낮을 알몸으로 쓰러져 있었다(사무엘상 19:24)." 이 신들린 상태를 사람들은 무아경의 상태로 보고 있다. 신중한 수련과 준비가 그 특색이다. 그래서 예컨대 엘리야, 아모스, 호세아, 이사야, 예레미야는 무아경에 들어갔다고 하고 에제키엘은 황홀한 무아경에서 반은 두려워하고 반은 기뻐했다고 하는 것이다.

무아경을 경험한 "예언자들은 하느님의 명령에 순종하여 그분의 이름으로 말하고, 환상 속에서 또는 하느님이 직접 그들에게 들려주시고 보여주신 말씀과 계시를 그대로 전달할 뿐만 아니라, 무아경에 들어가 말을 하고 있는 동안 자신이 하느님인 양 하느님과 자신을 완전히 일치시켜 말한다."[61] 하느님에 대한 그들의 태도의 뚜렷한 특징은 자신이 "하느님과 하나라고 의식하고

있다"는 점이다.[62]

휠셔의 견해가 과연 옳은 것인지, 가치 있고 타당한 것인지 아닌지를 두고 많은 논쟁이 벌어졌다. 많은 학자들이 그의 견해를 모두 받아들였고 또 전적으로 반대한 이들도 있으며, 그의 주장은 옛날의 예언자들과 연관되는 부분에 한하여 타당하다고 보아 일부만 받아들인 학자들도 있다.

비평가들은 휠셔가 전혀 이질적인 현상들과 역사적으로 어지럽게 전개된 일들을 억지로 같은 평면 위에 두고 봄으로써 그릇된 결론에 도달했음을 밝혀냈다.[63] 실제로 그는 원시 히브리 예언의 형태를 묘사한 글과 고전적 문서 예언자들이 한 언설을 결부시켜 보고 있으며, 무당과 박수들, 점쟁이들, 환상가들 그리고 그리스 시대의 묵시 문학적 저술들에 나타난 온갖 신탁 전수자들에 대한 기록을 동일한 차원에서 보고 있다. 그리하여 그 연속선상에서 성경에 나타난 모든 예언의 통일되고 전형적인 그림을 그려냈던 것이다. 여러 세기를 격하여 발생된 현상들을(가장 오랜 예언자들과 묵시서의 출현 사이에는 1천년의 간격이 있다) 동일하게 보는 부당함은 차치하고라도, 문서 예언자들과 이른바 '나비'로 불리는 원시 예언자의 형태 사이에 있는 무시 못할 간격에 비추어 볼 때 그의 방법론은 무리가 아닐 수 없다.

모든 학자들이 무아경 이론을 받아들인 것은 아니다. 스미드(W. Robertson Smith)는 이렇게 주장한다. "구약의 예언자들은 청중 앞에 결코 무아경의 상태에서 나타나지 않았다. 그럼으로써, 자신의 지적 자기 통제를 상실할 만큼 신(神)의 지배 아래 있는 모습으로 나타났던 이교(異敎)의 점쟁이 무당들과는 뚜렷이 달랐다⋯참 예언자들은 괴상한 무아경 상태에서 자신을 드러내 보임으로써 자기가 신의 메시지를 전하고 있음을 입증하려 했던 이교적 유행을 따르지 않았다."[64]

쾨니히(Eduard König)는 무아경 속에서 떠돌아다니던 예언자들 무리가 세련되고 얌전해지는 과정을 거쳐 뒤의 예언자들로 진화되었다는 견해를 가장 완강하게 반대한 학자들 가운데 하나다. 그는 거듭하여 예언자들의 정신이 맑은 상태였고 소명을 받는 순간에도 자의식을 잃지 않았음을 강조하고 있다. 그리고 무아경이라는 현상이 예언 활동이 생겨나는 데 아무런 의미도, 영향도 끼치지 못했다고 주장한다. 더욱 최근의 성경 연구에서는 학자들이 무아경 이론을 오히려 불편하게 받아들이고 있다. 무아경 이론을 적용해서는 별다른 결실을 거둘 수 없다고들 생각하게 된 것이다.[65]

제10장
무아경 이론의 검토

이제 우리가 할 일은, 예언이란 정신없이 열광하는 광란의 상태에서 이루어지는 현상이라고 주장하는 이른바 무아경 이론이 과연 옳은 것인지 따져보는 것이다. 우리의 분석 작업은 원시 예언자들은 제외하고 문서 예언자들에게 국한될 것이다.

여기서 우리가 다루어야 할 것은 심리적인 문제, 즉 예언자의 심리 상태만은 아니다. 예언자들의 행태가 보여주는 특이함과 예언자들의 의식의 본질이 우리가 다루어야 할 주제다. 무아경 이론은 예언자의 행위를 다른 것과 비교하여 그럴 듯한 것으로 설명해 오히려 우리로 하여금 예언의 참 모습을 이해하지 못하게 하고 나아가 예언의 본질을 곡해하게 만들기도 한다. 우리는 우선 예언자의 의식이라는 관점에서 무아경 이론을 검토해야겠다. 그것은 예언자의 인격을 이해하는 일에 여러 가지로 연관이 되어 있기 때문이다.

묵계된 가설

무아경 이론은 비교 종교학의 방법과 현대 심리학의 교리들을 아울러 적용하여 성경의 예언을 이해해 보려는 시도다. 따라서 그것은 예언자들의 경험이 원시 사회의 여러 밀의(密儀) 종교 사제들의 경험과 같은 종류의 것이라는 가설로부터 출발한다. 위대한 예언자들의 언설에서 그들이 무아경을 경험했다는 확실한 증거를 찾아보기가 힘들자, 무아경 이론의 주창자들은 유추(analogy)의 방법으로 자신의 주장하는 바를 입증하려고 한다. 그들은 점을 치는 사람들, 바알교의 예언자들, 디오니소스제나 키벨레제에 참석하는 열광적인 신도들, 시베리아와 라프족의 무당들이 경험하는 황홀경, 핀란드의 무녀들, 17, 18세기 세벤느의 예언자들 또는 중세기 신비주의자들의 경험을 성경의 예언자들의 그것과 비교한다.[1] 그러나 이토록 시공간상으로 널리 분산되어 있으며 그 본질이 근본적으로 크게 다른 현상들을 함께 비교한다는 것이 과연 납득될 수 있는 일일까?

나아가서 무아경 이론은 예언이라는 수수께끼 같은 현상을 풀기까지 한다. 예언자란 의식을 잃고는 잠재의식의 충동과 연상에 사로잡힌 인간이다. 탈인격화된 상태에서 발생되는 것들을 그는 신의 영감이라고 말한다. 그는 자신이 하느님의 영에 사로잡혔다고 생각하겠지만 사실은 내적인 강제력에 휩쓸려들어간 희생자일 뿐이다. 예언자들을 환각이나 자기 암시의 희생자로 보는 이와 같은 견해는, 과학적 탐구의 대상이 될 수 없는 예언자들의 언설을 사실적인 결눈질로 보게 한다. 과연 그와 같은 견해가 우리의 문제를 순수하게 이해하는 데 보탬이 될 것인가? 아마도 그것이 춤추는 점쟁이 무당이나 박수의 황홀경을 이해하는 데는 도움이 되겠지만, 예언자들의 의식을 이해하는 데는 아무런 도움도 주지 못한다.[2] 실제로 무아경 이론은, 예언자들의 독특한 인간성을 오히려 모호하게 하는 데 기여한 바 크다.

우리는 현대 심리학의 방법론을 예언자들의 인격 이해에 적용하는 것이 무리임을 간과해서는 안 된다. 그들은 현대인들과 근본적으로 다른 관습 속에서 다른 세계를 산 사람들이다. 오늘날에 정신착란의 증상으로 인정되는 어떤 형태를 고대 팔레스타인에 살던 사람들에게 그대로 적용하는 것은 역사상의 오류를 범하는 것이다. 그것은 "고대 예언자들의 경험을 현대 심리학적 방법론에 그대로 적용시켜 해석할 수 있다고 '미리' 확인하는 오류"[3]를 범하는 것이다. 무아경 이론은 예언 활동을 포함하여, 종교의 마당에서 발생하는 모든 현상의 기원이 인간의 잠재의식 속에서 발견된다는 주장이다. 그러나 이것은 의문의 여지가 얼마든지 있는 하나의 가정일 뿐이다.[4]

누가 예언자인가

과연 무아경이 예언자들이 경험하지 않으면 안 되는 그런 것이라면 모세, 아모스, 호세아, 이사야, 예레미야는 예언자로 분류될 수 없을 것이다. 그들이 무아경을 경험한 흔적을 찾아볼 수 없기 때문이다.

예언자들이 그들에게 임한 하느님의 말씀에 사로잡힌 것은 사실이다. 그러나 그의 경험에서 뚜렷이 드러나는 모습은 자신이 신에게 사로잡혔다는 의식이다.

아모스는 환상 속에서 동족에게 내릴 형벌을 보았을 때, 이렇게 호소할 수가 있었다.

> 야훼, 나의 주님.
> 야곱은 약할 대로 약해졌습니다.
> 이 이상 더 견뎌낼 것 같지 않습니다.
> 용서해 주십시오.(아모스 7:2)

이사야도 환상 속에서 소명을 받을 때에(이사야 6장) 자신이 "입술이 부정한 자"임을 알고 있으며 또 자신의 부정이 없어지고 죄는 용서받았음을 의식하고 있다. 그는 "내가 여기 있사오니 나를 보내소서"라고 말할 수 있으며 "주여, 언제까지입니까?"라고 자신의 절망과 측은지심을 표현할 수도 있다. 예레미야도 하느님의 부르심을 받을 때 그분의 명령이 무엇을 의미하는지 알고 있으며, "오, 하느님. 보십시오. 저는 말이 어눌한 철부지입니다"라고 말함으로써 거절의 의사를 표명하기도 한다.

에제키엘의 경우에는 하느님의 모습을 뵙는 순간 그 영광에 눈이 부셔 얼굴을 땅에 대고 쓰러진 것은 사실이다. 그러나 그가 다시 두 발로 버티고 일어선 다음에야 말씀이 그에게 임했다. 그는 두 발로 서서 의식이 분명한 가운데 말씀을 받았다(1:28~2:1). 다니엘한테서도 같은 정황을 찾아볼 수 있다

(10:8~10).

　무아경 이론은 본디 그리스 문화가 지배하던 시기에, 예언자의 인격이 완전히 바뀐 것이 그가 하느님의 음성을 들었음을 입증하는 것임을 암시하기 위하여, 그리고 그의 정신 능력의 상실을 강조하여 영감을 받는 일에 예언자가 맡은 역할은 하나도 없고 메시지 자체가 오로지 신의 것임을 입증하기 위하여 발전된 이론이었다. 오늘에는 예언자의 경험을 하나의 정신이상으로, 세계 각처에서 발견되는 무아경의 전형적인 형태로 분류하기 위하여 무아경 이론을 적용하고 있다. 이스라엘의 예언자들이 빠져들어갔다고 생각되는 무아경의 종류는 고요하고 명상적인 것이 아니라 농경 제의에서 발견되는 것처럼 거칠고 난폭한 것이다.[5]

광란

　무아경에 빠지는 예언자들은 에집트와 메소포타미아에서는 알려지지 않았지만 시리아와 가나안의 제의에서는 중요한 몫을 차지하고 있었다. 열왕기상 18장 26절 이하에서 우리는 바알의 예언자들이 황소를 잡아 제단에 올려놓고는 아침부터 정오까지 바알의 이름을 부르며 소동을 피웠다는 이야기를 읽는다. "'오, 바알이여, 대답하소서.' 그러나 대답은커녕 아무런 소리도 들리지 않았다. 그들 예언자들은 자기네가 만든 제단을 돌면서 절뚝거리는 춤을 추었다…그들은 더 크게 소리쳤다. 자기네 의식을 따라 칼과 창으로 몸에 상처를 내어 피까지 흘렸다. 한낮이 지나 제사 시간이 될 때까지 그들은 신접한 모습으로 날뛰었다. 그러나 여전히 대답은커녕 아무 소리도, 아무 기적도 없었다." 그와 같은 무아경적 현상은 가나안 토착민들의 신인 바알의 제의가 지니고 있는 열광적인 성격에 적합한 것이었다. 바알제(祭)는 들판에서 행하는 의식적(儀式的)인 성행위, 성창(聖娼)제도, 음주 가무가 매우 중요한 역할을 차지하는 제의였다. 숭배자들은 숭배하는 대상과 하나가 되기를 염원하여, 거친 춤과 고함소리와 술의 힘을 빌어 스스로 광란 상태에 들어갔다.

이스라엘의 종교가 당면한 최대의 도전은 많은 히브리인들이 바알의 제사에 휩쓸려들어가는 것이었다. 바알의 예언자들과 엘리야의 대결은, **누가** 참하느님이냐는 문제뿐 아니라 인간이 그분에게 **어떻게** 접근하느냐는 문제를 극화하여 보여주고 있다. 엘리야는 칼이나 창을 가지고 자신의 몸을 찌르거나 어떤 광란 상태에 들어가거나 하지 않았다. 그는 무너진 제단을 다시 쌓고 그 위에 희생 제물을 건설한 다음 기도를 드렸다. 그의 기도는 분명한 목적을 담은 호소로서 무아경에서 질러대는 소리와는 거리가 먼 것이었다. "오, 아브라함과 이사악과 이스라엘의 하느님 야훼여, 이제 당신께서 이스라엘의 하느님이시고 제가 당신의 종이며 제가 한 모든 일이 당신의 말씀을 좇아 한 것임을 모든 사람으로 하여금 알게 하여주십시오(열왕기상 18:36)." 학자들이 예언자의 무아경을 토론하면서, 모세 때와 아모스 때 사이의 지도자격 예언자들한테서 그들이 무아경에 들어갔다는 기록을 찾아볼 수 없다는 사실을 간과해 버린 것은 참으로 이상한 일이다.

열정적으로 그리고 냉혹하게, 예언자들은 바알제(祭)의 술에 취하여 벌이는 성적 난장판을 비난하고 그것에 대항하여 싸웠다. 음주에 대항해 싸운 금주론자들의 투쟁은 단순히 도덕적 운동이 아니라 술에 취해 벌이는 제사 의식에 대항하는 투쟁이었다.[6] 예언자들이 그토록 비난하고 저주한 짓들을 스스로 했다고 생각할 수 있겠는가? 이사야 자신이 술에 취해 비틀거리며 떠들어대는 자들을 비난하지 않았던가?

> 술에 취해 비틀거리고 독주에 취해 헤매는 이 자들은 누군가?
> 독주에 취해 비틀거리는 이 자들은
> 바로 사제와 예언자들이 아닌가?
> 아주 술독에 빠져버렸구나.
> 저렇듯이 독주에 취하여 헤매다니!
> 비틀거리며 계시를 본다 하고

뒤뚱거리며 재판을 하다니!(이사야 28:7)

「열왕기상」에는 바알의 예언자들이 주동이 되어 벌어지는 광란의 제사를 노골적으로 비웃는 대목이 자주 나온다. 고전적 예언자들이 스스로 무아경을 부정하는 것을 이보다 더 어떻게 분명히 표현할 수 있었겠는가?

정상 상태에서는 근접할 수 없는 어떤 것이 흥분 상태에서는 그에게 주어진다는 이것이 바로 무아경의 전제다. 술취함은 인간을 좀더 높은 실존의 차원에 올려놓고 영적인 깨달음을 촉진시킨다는 것이다. "친구들이여, 술에 취하면 그대들은 신과 연결된 줄이 있음을, 아무도 저 혼자서만 존재하지는 않는다는 사실을 분명히 알 수가 있다."[7] 인간적인 게 적을수록 신적인 게 많고, 인간의 정신이 적을수록 신성한 것이 많다.

이사야는 술에 취하는 것을 하느님의 영감을 받는 것으로 보지 않고 오히려 그것을 "어지러운 마음" 또는 "주정꾼이 토하면서 비틀거리는 것"과 같다고 본다(이사야 19:14). "아, 너희가 비참하게 되리라…밤늦게까지 술독에 빠져 있는 자들아…너희가 비참하게 되리라. 술이 센 자들아! 독한 술을 잘 빚는 자들아!(이사야 5:11, 22)" 음란과 독주는 사람의 마음을 앗아간다(호세아 4:11). "술은 조금도 믿을 것이 못 된다(하바꾹 2:5, 사역)." "포도주를 마시면 방자해지고 술에 빠져 곤드라지는 것은 슬기로운 일이 못 된다(잠언 20:1)." 술에 취한 자의 눈은 예언자의 환상을 보지 못하고 그 대신 "이상한 것들"만 본다. 그의 마음은 하느님의 말씀이 아니라 "허튼 소리"만 토한다(잠언 23:33).

예언자 요엘은 술취함과 음란과 노름이 서로 얽혀 난장판을 이룬다고 말한다(4:3). 성경은 알맞은 정도의 흥분 상태를 인정하면서 그것의 과도한 사용은 비난한다. 사제들에게는 철저한 금욕 생활이 의무였고(레위기 10:8~9) 금주론자들과 나지르인들은 포도로 만든 어떤 것도 입에 대지 않겠다는 맹세를 해야만 했다.

신과의 합일

고대 종교인들이 무아경을 경험한 것은 어떻게든지 신과 하나가 되고자하는, 또는 신에게 사로잡히고자 하는 갈망에 그 뿌리를 내리고 있다.[8] 이론상으로는 그런 갈망이 터무니없는 것일 수가 없다. 예컨대 그리스인들은 신과 인간을 서로 전혀 다른 존재라고 생각하지 않았다. 신들도 인간과 마찬가지로 피조물이었다. 그들은 인간보다 크고 아름다우며 더 슬기롭고 힘도 세고 늙지도 않으며 죽지도 않는다. 그러나 한편 그들은 도덕적이나 육체적으로 인간과 다른 어떤 존재로 여겨진 일이 거의 없다.[9] 인간스러운 열정과 충동에 사로잡혀 그들은 바보짓도 하고 패역한 짓도 서슴지 않는다.[10] 또한 신들과 야수들 사이에도 분명한 분계(分界)가 없었다. 신들은 때때로 야수의 몸으로 화육하여 나타났다.[11] 그런데 신이 인간의 모습으로 화육하는 것이 불가능한 일이었겠는가?

위대한 신비주의자들은 여러 가지 동기로, 그리고 다른 영 안에서, **신비스러운 합일**을 갈망한다. 무아경 속에서 "우리는 모두…자기 자신이 신격(神格)으로 끌어올려져 영광스럽고 자유로운 모습이 되어 있음을 환상으로 본다. 또는 자신이 바로 신격임을 알게 된다."[12]

> 개인과 절대자 사이의 장벽을 극복하는 것이 위대한 신비주의의 성취다. 신비로운 상태 속에서 우리는 절대자와 하나가 되며 또한 자신이 하나임을 알게 된다. 이것은 영속적이고 굉장한 신비의 전통으로서, 풍토나 신조에 따라 변경될 수가 없다. 힌두교, 신플라톤주의, 수피즘, 그리스도교에서 우리는 동일한 신비주의의 발생을 본다. 그리하여 고전적인 신비주의는 생일도 따로 없고 고향도 따로 없다는 생각을 하지 않을 수 없게 한다…되풀이하여 신과의 합일을 말하는 그들의 발언은 언어 이전부터 있었던 것이며 결코 낡아지지 않는다.[13]

이와 같은 신과 하나가 되려는 갈망—수많은 신비가들의 지상 목표인—은 성경의 사람에게는 낯선 것이다. 그에게는 "신과의 합일"이라는 말 자체가 신성모독이다. 하느님에 대한 그의 사랑과 하느님이 가까이 계심을 느끼고 싶어하는 그의 열망은 대단하지만 동시에 그는 하느님의 위엄을 생각하는 순간 두려움으로 몸을 떨지 않을 수 없다. 그분의 현존 앞에서 아브라함은 자신이 "티끌이나 재만도 못한(창세기 18:27)" 존재임을 알고 있다. 모세는 인간의 능력으로는 하느님의 얼굴을 뵐 수 없다는 말을 듣는다. "그러나 나의 얼굴만은 보지 못한다. 나를 보고 나서 사는 사람이 없다(출애굽기 33:20)." 그의 음성을 듣는 것만도 보통 사람은 견딜 수가 없는 일이다. 시나이에서 이스라엘의 후손들은 모세에게 말했다. "당신이 우리에게 말해주시오. 잘 듣겠습니다. 하느님께서 직접 우리에게 말씀하신다면 우리는 죽을 것입니다(출애굽기 20:19; 참조, 신명기 4:30; 5:24~26)." 하느님의 천사를 보는 것도 죽음을 각오해야 하는 일이었다(판관기 6:22~23).

불 붙은 떨기나무를 보았을 때 모세는 "가까이 오지 말라"는 말을 들었다(출애굽기 3:5). "모세는 하느님 뵙기가 무서워 얼굴을 가렸다(출애굽기 3:6)." 모세뿐만 아니라 이스라엘의 모든 예언자들이 다 그랬다. 이사야는 환상 속에서 만군의 야훼를 잠깐 뵙고는 자신이 주제넘은 짓을 했다는 생각으로 두려워 떨며 말했다. "큰일났구나. 이제 나는 죽었다. 나는 입술이 더러운 사람, 입술이 더러운 사람들 틈에 끼어 살면서 만군의 야훼, 나의 왕을 눈으로 뵙다니(이사야 6:5)."

하느님의 위엄을 본다는 것은 기쁨이 아니라 아픔이다. 그것은 둘 사이의 건널 수 없는 간격이 깨어진 것이다. 하느님은 거룩, 거룩, 거룩하시고 인간은 입술이 더럽다. 그는 천신들의 합창에도 가담할 수가 없다. 그의 입술은 불로 깨끗하게 정화되어야 한다.

다신론적인 종교에서 인간은 신에게 경의를 표할 수는 있지만, 신과 인간 사이의 궁극적인 차이를 알지 못한다. 그러나 예언자들은 알고 있다. "진흙이 옹기장이 손에 달렸듯이 너희 이스라엘 가문이 내 손에 달린 줄 모르느냐?(예레미야 18:6; 이사야 29:16)"—이것이 예언자들이 들은 하느님의 말씀이다. 오시리스, 아티스, 아도니스는 사람이었다가 죽어서 신으로 부활한 존재들이다. 그러므로 신들과의 합일은 영원불멸을 획득하는 실현 가능한 수단이다. 이스라엘에서는 그렇지 않다.[14]

예언자의 의식은 근접할 수 없는 하느님의 성스러움에 대하여 몸을 떠는 것이다. 예언자는 하느님과 인간 사이에 다리 놓을 수 없는 구렁과 극복되지 않는 거리가 있음을 알고 있다. 야훼가 "인간이 아니고 신"이듯이, 인간은 "고깃덩이요 정신이 아니며(호세아 11:9; 이사야 31:3)" 한낱 숨결에 지나지 않는다(시편 144:4). 히브리 성경에 나타난 하느님 이해의 핵심인즉, 그분이 자연계와 섞이지 않은 고결한 분이라는 것이다.[15]

인격의 소멸

인간은 광신(狂信)에 들어가기 위하여 자신의 주체성을 버리지 않으면 안된다. 그는 신성의 옷을 입기 위하여 인성을 벗어야만 한다. 신에게 사로잡히기 위하여 자기 소멸이라는 대가를 지불해야 하는 것이다. 구체적인 과거는 가버렸고 오직 추상적인 현재만이 남아 있다.

예언자의 인격성은 소멸되어 사라지는 대신 싱싱하게 살아 있으며 그가 인식하는 바에 열렬하게 포함되어 있다. 예언자의 행위는 구체적인 인간과 살아 있는 하느님의 만남이다. 예언자는 사로잡힐 뿐 아니라 응답을 한다. 그의 행위는 흔히, 시대에 대한 인식과 과거 사건의 추억 그리고 현재의 곤경에 대한 관심이 섞여서 오가는 하느님과의 대화다. 인격체로서의 하느님이 인격을 갖춘 예언자를 만난다. 하느님은 당신의 정념 속에서, 그리고 예언자는 특정한 인간들에게 자기가 해야 할 일을 분명히 알고 역사 속에서 서로 만난다.

환상을 볼 때에도 예언자의 주체성은 사라져 없어지지 않고 오히려 그와 반대로 그 사건의 충격을 받아 더욱 강해진다. 태풍 같은 바람 속에서도 그의 의식은 흐려지지 않고 자유롭게 살펴보며 자유롭게 응답한다.

무아경으로 들어가려는 의지

무아경에 들어가는 사람들은 무아경에 들어가려는 의지가 먼저 있어서 그 의지에 따라 움직인 것이다. 그는 정상 상태에서는 저절로 맛볼 수 없게 되어 있는 어떤 경험을 나누고자, 여러 가지 흥분시키는 수단들을 통하여 자신의 목적을 이루려고 애를 쓴다. 연극적인 몸짓, 춤, 음악, 술, 마약, 약초, 신성한 샘물을 마시는 것, 동물의 피를 삼키는 것 따위가 그로 하여금 자아의 울타리를 벗어나게 하는 흥분 상태를 자아낸다. 반면에 예언자는 예언을 하겠다는 의지에 따라 움직이는 사람이 아니다. 그는 오히려 자신의 의지에 반하는 일을 한다. 그는 깨달음을 얻고자 열망하지 않는다. 그가 깨달음을 얻는 게 아니라 깨달음이 그를 부른다. 예언자가 하느님에게 나아가기로 마음먹고 그 길을 찾기 전에 하느님이 예언자에게 오신다.

무아경은 하느님께 대한 인간의 관심에 의하여, 깨달음을 받고자 하는 인간의 의지에 의하여 이루어진다. 예언은, 적어도 예언자의 생각에는, 인간에 대한 하느님의 관심에 의하여 예언자로 하여금 백성을 깨우치게끔 하려는 하느님의 의지에 의하여 이루어진다.

예언자는 계시를 받기 위하여 무슨 의식(儀式)을 행하지 않는다. 하느님으로부터 영감을 받으려고 무슨 의식을 거행했다는 이야기를 우리는 듣지 못한다. 영감의 순간은 예고도 준비도 없이 예언자에게 닥친다. 그것을 위하여 예언자는 아무런 노력도 하지 않는다. 갑자기, 뜻밖에, 미리 기대하거나 준비하지도 않고 있다가 예언자는 하느님의 음성을 듣게 된다.

하느님과 통화하려는 간절한 갈망의 결과로 이루어지는 신비스러운 경험과는 달리 계시는 예언자의 의지에 반하여 발생한다. 그것은 예언자에게 베풀어지는 호의가 아니라 두렵기만 한 짐이다. 이사야에게는 하느님을 아는 것이, 자기 힘으로는 도저히 견딜 수 없는 충격과 절망과 고통으로밖에는 받아들일 수가 없는 모험이다(이사야 6:5). 모세는 얼굴을 가리고 하느님 우러러 뵙기를 두려워했다(출애굽기 3:6). 부르심을 받았을 때 예언자들은 물러서고 거절하고 혼자 있게 해달라고 빌었다. "오, 하느님, 제발 저 말고 다른 사람을 보내소서." 이것이 모세의 응답이었다.

무아경은 무아경이 있기 전에 먼저 내적인 잠재력, 영혼의 기질, 타고난 성향 등이 있어야 한다. 원시 부족들 사이에서는 무아경에서 점을 치는 일이 어떤 특별한 가문에 속한 자들에게 독점되다시피 했다. 시베리아의 샤만은 아버지한테서 아들에게로, 때로는 그 딸에게로 내려 전해지는 세습무(世襲巫)다.[16] 이렇게 재능을 물려받은 자는 특별한 의식을 행하거나 기술을 연마하여 주어진 직분을 감당할 준비를 갖추어야만 한다.[17]

의식의 거부

무아경에 대한 갈망의 바닥에는, 평상시의 의식(意識)이 오히려 미망(迷妄, will-o'-the-wisp)이며 완전한 굴복이 최상의 행위라는 생각이 깔려 있다. 사회에서 격리되고, 세상에서 소외되고, 문명을 거부하고, 자아를 완전히 기피하는 것이 무아경을 갈망하는 자들의 궁극적인 사고 방식이다. 이와 같은 의식의 거부는, 평상시 의식이 있는 상태의 마음으로는 더 높은 진리를 제대로 파악할 수 없을 뿐 아니라 신의 영감을 받기에 부적합하다는 생각에서 나온다. 영감을 받으려면 마땅히 의식을 중단해야 한다. 의식을 거부함과 함께, 의식이 사라질 때 비로소 그 문이 열린다고 믿는 황홀한 광희(狂喜)의 상태를 높이 평가한다. 성속(聖俗)의 모든 개념을 뿌리 뽑아버리고 인간과 사회에 대한 모든 관심을 비우며 이 세상과 연결된 모든 끈을 황홀하게 끊어버리면, 인격적 주체성이 완전히 상실되는 상태에 도달하게 된다.

이런 전제들—의식의 거부, 황홀한 상태에 대한 높은 가치 평가—은 예언자들한테는 낯선 것들이다.[18] 그들의 인간과 사회에 대한 간절한 관심은 무아경을 갈망하는 자들의 정신과 양립될 수가 없다. 예언자들이 남긴 기록에는 무아경으로 들어가려면 반드시 경험해야 하는 의식의 공동화(空洞化)나 자의식의 상실 혹은 계시를 받는 동안 정신력의 일시 중단 등에 대한 이야기를 찾아볼 수가 없다. '마음의 심연'에서, 또는 '의식의 밑바닥'에서 생겨나는 신비스러운 통찰과는 달리 예언자들의 깨달음은 마음의 충만한 빛 속에서, 의식의 한복판에서 생겨나는 것 같다.

예언자들한테는 의식의 붕괴도 없고 세상의 어리석음에 대한 망각도 없다. 그의 마음은 흐려지지 않고 그의 의지는 몽롱해지지 않는다. 그의 예언은 사제들의 실책과 부자들의 냉담 그리고 재판관들의 부정부패를 똑똑히 기억하고 의식한다. 그의 감정은 격렬하고 난폭하기도 하지만 그렇다고 해서 그의 지성을 난파시키지는 않는다. 예언의 이지적인 성격은 거의 모든 예언의 형태 속에 반영되어 있다. 그 메시지는 당시의 상황에 반드시 들어맞는 것이었으며, 그 상황을 반전시킬 힘을 지닌 자들의 마음을 바꿀 수가 있었다. 그들에게 당신의 이름으로 말하도록 영감을 주신 분은 신비의 하느님이 아니라 역사를 섭리하시고 당신의 뜻과 법을 사람들에게 일찍 알려주신 하느님이었다. 예언자란 무슨 특출한 경험을 한 자가 아니라 사명을 지닌 자, 그 사명을 온몸으로 실천하는 것으로 자신의 존재를 입증하는 그런 자다. 예언의 이지적인 성격은 또한 나아가서 예언의 내용 속에도 반영되어 있다. 무아경을 헤매는 신비주의자들의 더듬거리는 말과는 달리 예언자들의 발언은 불꽃과도 같고 벽돌을 부수는 큰 망치와도 같다.

무아경에 들어가는 자들이 자신을 더욱 풍요하게 하기 위하여 의식을 거부하는 데 반하여 예언자들은 자신을 거부하여 의식을 더욱 풍요롭게 한다.

통화를 넘어서

무아경은 통화(通話)가 불가능한 경험이다. 무아경의 신비스런 상태 속에서 인간의 혼은 그 혼의 근거와 연결되기 위하여 생각과 감정의 차원을 넘어 솟아야 한다. 그것은 말없는 합일, 언어와 세상사를 초월하여 "단독자에게 단독으로 도약하는" 순간이다. 그런 경험의 내용인즉슨, 의식의 경계선 너머로 번쩍이는 신비스런 섬광과도 같은 것이다. 그것을 언어로 잡거나 범주에 가둘 수는 없다. 그것은 발언될 수가 없는 것이다. 그것은 마음으로 만나는 것이라기보다 혼으로 감동하는 것이며 통화를 넘어서는 잠깐 동안의 깨달음이다.[19]

무아경을 경험하는 자들은 그러므로 자신의 경험이 말로 옮겨질 수 없는 것임을 끊임없이 강조한다.[20] 그것을 언어로 표현할 수 없는 이유는 인간의 언어가 속의 생각이나 세계의 겉모습을 묘사하는 데에만 기능을 발휘할 뿐 무아경 속의 그 목적도 없는 경험을 나타낼 수는 없기 때문이다. 의식과 무아경 사이에는 건널 수 없는 틈이 있다. 무아경의 내용은 기억 속에 담아둘 수도 없고 우리의 언어로 표현할 수도 없다.

무아경에서 토한 말들의 내용을 살펴보면 그것들이 우리의 지식에 보탬이 되는 부분이 거의 없음을 알게 된다. 무아경에 빠진 자들이 신의 존재나 속성에 대하여 새로운 것을 알려주는 바가 없다는 사실을 발견하고 놀라움을 표시한 학자도 있다.[21] 무아경의 경험은 주관적인 경험의 영역에는 공헌하는 바가 있겠지만 객관적인 통찰이나 이해에는 아무런 보탬도 주지 못한다.

반면에 예언은 만일 그것이 표현되지 않는다면 아무런 의미도 없다. 전달되게끔 되어 있는 언어, 타인에게 전달되어야 하는 메시지가 곧 예언의 실체다. 신비주의자의 습관은 자꾸만 감추는 것이고 예언자의 하는 일은 드러내는 것이다.

영감으로 깨달은 바를 전달하는 것이 주된 일이었던 예언자들이 무아경의 황홀한 상태에서 그 전달할 말을 받았다고 보는 것이 과연 타당한 일일까? 만일 예언자들이 무아경을 경험했다는 가설을 받아들여야만 한다면, 우리는 그들이 있을 수 없는 이중 생활을 하여, 알아들을 수 있는 말로 연설을 하면서 또한 알 수 없는 신비 체험을 동시에 했다고 보지 않으면 안 된다. 그런즉 그들의 연설 자체가 무아경에서 나오는 것이어야 하므로 이와 같은 이중성은 더욱 이해하기가 어렵다.

무아경 또는 신비스러운 깨달음은 그것 자체로써 충족된다. 예언은 예언 자체의 너머를 가리킨다. 예언의 목적은 한 인간을 높이 끌어올리는 데 있지 않다. 예언자에게 말을 건네시는 하느님의 목적은 역사 속에 의(義)를, 사회 속에 정의를 세우고 백성들을 경건한 신앙인으로 살게 하는 데 있다. 말을 받았으면 이어서 그 말을 선포해야만 한다. 예언자의 역할은 중재자의 역할이다. 그는 발신자도 아니며 마지막 수신자도 아니다. 그는 하느님과 사람들 사이에 서 있다. 같은 뜻에서, 예언자가 받는 영감은 더 큰 과정 속의 한 단계요 연극의 한 부분이다. 예언이 있기 전에 먼저 사람들의 삶에 대한 하느님의 반응과 계시코자 하는 그분의 결심이 있고, 예언이 있은 뒤에는 그것을 전달코자 하는 예언자의 노력과 사람들의 응답이 따른다.

무아경, 신비스런 깨달음은 하나의 완성이며 보상이다. 예언은 결코 자체로써 완성되지 않는다. 그것은 승리도 아니고 완성도 아니다. 그것은 하나의 짐이며 긴장이고 부름이며 전장으로 나오라는 나팔소리다. 예언자의 행위 속에는 미완성이라는 유산이 언제나 내포되어 있다. 예언자가 자기 경험의 가치를, 그 경험 자체가 아니라 그 경험으로 전달된 메시지에서 찾는다는 사실이 바로 그의 예언을 신접(神接)한 무아경 현상과 다른 것으로 구분지어 준다.

신비 체험의 사사로움

신비주의자는 개인적인 충동에 의하여 황홀경에 들어간다. 자신의 생애, 자신의 영적 상태에 대한 관심이 그의 경험의 배경을 형성한다. 그의 재능, 통찰, 영감이 개인으로서의 그의 실존의 자기 강화를 이룬다. 그가 쌓아온 경험의 이력에 개인적인 노력이 보태어져서 탁월한 자전적 특질을 만들어낸다. 무아경은 비전적(秘傳的)인 것이다.[22]

반면에 예언 사건의 동기, 내용, 목적은 뚜렷한 초개인적 성격을 지닌다. 예언은 예언자의 사적인 일이 아니다. 예언자는 자신의 개인적 구원에 관심하지 않고, 그의 경험의 배경에는 민중의 삶이 있다. 그의 목적은 개인의 깨달음에 있지 않고 민중의 깨달음에 있다. 영적인 자기 강화가 아니라 사람들을 이끌어 하느님을 섬기게 하는 것이 그의 목적이다. 민중 없는 예언자는 아무것도 아니다.

무아경은 그것 자체가 목적이다

무아경은 그것 자체가 목적이다. 예언은 한 목적으로 가는 수단이다. 무아경에 들어가는 자는 무아경에 들어감으로써 그의 목적이 완수된다. 예언자는 예언할 메시지를 얻는 것이 목적이다. 그의 경험은 하나의 틀이고 그릇이며 가르침이 그 내용이자 실체다. 무아경에 들어간 자의 광희(狂喜)는 지식을 조금도 키워주지 못한다. 무아경의 신비스런 문이 열림으로써 이 세상에 어떤 새로운 관념이 들어오리라고는 기대할 수가 없다. 그리고 일반적으로 무아경은 어떤 말이나 영감으로 분명한 메시지를 전달하지 못한다. 그러나 자신이 영감받은 사실보다 그 영감을 통해 받은 바 메시지를 우리에게 전달코자 하는 예언자는 예언 행위가 아니라 말씀을 더욱 본질적인 것으로 여긴다.

무아경은 존재의 한 형태요, 자기를 변화시키는 행위다. 예언자의 경험은 말씀을, 주어진 지식을 받는 행위요 이해하는 행위다. 예언 활동은 말씀을 남기고 무아경은 언어로 표현되지 않는 순간에 대한 기억을 남긴다.[23]

예언자들이 이해한 바 가장 중요한 원리는 **하느님이 예언자들에게 말씀을 전하려고 하신다**는 사실이다.

> 당신의 종 예언자들에게
> 속을 털어놓지 않으시고는
> 주 야훼, 아무 일도 하지 않으신다.(아모스 3:7)

"야훼께서는 속으로 생각하셨다. '내가 장차 하려는 일을 어찌 아브라함에게 숨기랴.' (창세기 18:17)" 그러므로 예언자들은 하느님이 그들에게 말씀하신다는 신비를 사건의 실체로 보지 않는다. 그들의 경험의 실체와 가치는 통화된 내용, 전달해야 할 말씀에 있다. 그들의 숱한 발언들 가운데도 하느님과 통화한 사실 그 자체에 관한 발언은 거의 없다. 예언의 일차적인 목적은 인간을 더 높은 데로 이끌어올리는 것이 아니라 깨달음을 사람들에게 나눠주는 것이다.

하느님의 정념에 사로잡힌 예언자의 선포는 세상과 맺으시는 하느님의 관계를 적극적으로 확인하는 것이며, 예언 행위 자체 또한 그의 혼이 지고자와 합일되는 것이 아니라 이스라엘의 하느님과 만나는 것이다. 예언자의 경험은 그 속에서 생각이 사라지고 의지가 와해되는 그런 경험이 아니다. 예언자는 남에게 전달할 수 있는 메시지를 받으며, 자신이 동정으로 응답할 수 있는 정념을 느끼는 것이다. 정념을 잃어버린 사람은 정념의 하느님을 경험할 처지가 못 된다. 하느님한테서 받은 메시지를 희미한 신탁이나 암시로가 아니라 뚜렷하고 분명한 언어로 전달해야 하는 예언자는 한 순간도 자신의 의식을 잃어버릴 수가 없다. 예언자는 분명히 타자를 만난다. 그렇지 않다면 그가 할 일이 없을 것이다. 또한 그는 자신의 인격을 조금도 상실하지 않는다. 그렇지 않다면 그는 할 일을 할 수 없을 것이다.

천상과 장터

이 세상 너머의 세상을 동경하는 신비주의는 시간에 얽매이지 않는 실재를 인식하고자 한다. 그것은 인간의 영혼을 휘둘러 세상의 골칫거리와 근심걱정 따위를 무시하게 한다. "이곳에서 살아가는 삶은 지상의 물건들과 함께 가라앉고 패배하며 날개를 꺾인다…우리의 선(善)은 저곳에 있다…그곳에서 우리 인간의 혼은 천상의 아프로디테요 이곳에서는 매춘부가 되어버린 아프로디테다…이곳에서 우리가 사랑하는 것은 상처를 남기면서 소멸되어 간다…우리의 사랑은 흉내를 내는 것일 따름이며 모든 것이 잘못되었으므로 우리의 사랑 또한 뒤틀리고 만다. 우리의 선은 이곳에 있지 않았다. 이것은 우리가 찾아야 할 것이 아니었다. 저기에만 우리의 진정한 사랑이 있고 그곳에서 우리는 사랑과 더불어 있을 것이며 더 이상 낯선 육체에 갇혀 있지 않은 참 사랑을 하게 되리라.”[24]

반면에 예언자들이 관심하는 세계는 천상의 신비로운 세계가 아니라 장터에서 벌어지는 사건들이다. 저 너머에 있는 영적인 실재들이 아니라 사람들의 삶이요 영원한 영광이 아니라 사회의 병폐다. 그는 궁핍한 자를 짓밟고 가난한 자를 파멸시키는 자들에게, 가짜 저울로 곡가(穀價)를 조작하고 못쓰게 된 곡물을 파는 자들에게(아모스 8:4~6) 비난의 말을 퍼붓는다. 예언자의 귀가 듣는 것은 하느님의 말씀이지만 그 말씀 속에 담겨져 있는 것은 세상을 향한 하느님의 관심이다.

이스라엘의 하느님이 지금 여기에 관심을 두시는지라 예언자의 눈길은 당대의 사회, 정치적 문제들에 쏠려 있다. 신비주의자는 무한자에 대한 명상 속에 몰입하고 예언자는 유한하고 분명한 것, 인간의 오만과 위선, 사소한 비리와 어리석은 우상숭배를 빠뜨리지 않고 살핀다. 바로 이 때문에 예언자는 하느님의 영감을 받는 것만으로 충분하지 못하고 이 세계에 관한 정보에도 밝아야 하는 것이다. 그에게는 이 세계와 세계의 운명이 매우 소중한 것이다. 그는 문명을 증오하지 않는다. 그가 증오하는 것은 다만 문명의 남용이다.

철저한 초월

무아경은 흔히 철저한 초월의 신학에 기인한다. 신이 절대적 타자로 세상 위에 존재하고 인간에게 무관심하며 역사에 부재하고 어떤 방식으로도 인간의 의식으로 파악되지 않는 그런 곳에서는 인간이 그에게 나아가고 신과 인간 사이의 심연을 건너뛰는 방법으로 무아경이 대두된다. 그리하여 에피쿠로스가 신들이 지상 생활에 어떤 영향을 미친다는 생각을 쑥 들어가게 한 뒤로

신플라톤주의는 무아경이라는 수단으로 초월자와 합일을 이루고자 했다.[25]

신비주의자들의 행위에서 중요한 것은 **무엇이 발생하느냐**다. 예언자들의 행위에서 중요한 것은 **무엇이 발언되느냐**다. 무아경은 순전히 내면적으로 경험되는 상태다. 형식은 있지만 내용은 없는 경험이다. 예언은 하나의 관계를 경험하는 것이다. 메시지를 받는 것이다. 예언은 형식과 내용을 갖추고 있다. 무아경은 현존을 지각하는 것이며 예언은 한 인격자(a Person)를 만나는 것이다. 무아경은 단차원적이다. 경험하는 주체자와 경험 그 자체 사이에 간격이 없다. 인간이 신과 하나가 된다. 예언은 만남이다. 하느님은 하느님이요 인간은 인간이다. 둘이 서로 만나지만 결코 섞여서 하나가 되지는 않는다. 사귐은 있지만 결코 융화되어 하나가 되는 일은 없다.

성경을 보면 하느님이 절대적 초월자라는 개념 속에 감금된 적은 없다. 세상을 창조하신 야훼께서는 이 세상 안에서 당신의 현존을 나타내신다. 그분은 인간에게 관심을 두시고 역사 속에 현존하신다. 인간의 기도를 들으시고 그분의 미쁘심은 인간이 의존할 만한 반석이 된다. 성경이 근본적으로 믿는 것은 하느님의 힘과 사랑이 역사 속에서 활동하신다는 신(神) 현현(顯現)의 전통이다. 예언은 한 개인이 무아경 속에서 하느님을 찾으려는 모험으로 이해할 것이 아니라, 하느님이 역사의 중요한 고비마다에서 인간에게 가까이 오시는 현현(theophany)의 전통 안에서 이해해야만 한다(창세기 12:7; 18:1; 26:2; 32:31; 출애굽기 3:16; 24:10; 33:11, 23; 참조, 판관기 5:4 이하; 이사야 30:27; 하바꾹 3:6 이하; 시편 18:8 이하).

소크라테스는 이렇게 말했다고 한다. "신의 선물인 광기가 있다. 위대한 축복들이 광기를 통하여 우리에게 온다."[26] (565쪽 이하를 보라.) 이에 반하여 예언자 이사야는 아마도 이렇게 말했으리라. "이 위대한 축복은 계시를 통하여 우리에게 온다."

신의 계시를 갈망한 신플라톤주의자들한테는 신의 현현이라는 관념이 낯선 것이었다. 다만 프로클루스(Proclus)한테서 우리는 신들의 나타남에 대한 믿음을 찾아볼 수가 있다.[27] 그런즉 우리는 다음과 같은 대조를 생각해 볼 수 있을 것이다. 신플라톤주의는 무아경의 전통을 알고 있었으며 예언자들은 신 현현의 전통을 알고 있었다. 그들의 종교적 경험은 그들이 받아들인 전통에 따라 이루어졌다.

인간과 신의 이원성과 불일치가 오히려 신과 인간의 완전한 합일을 믿게 했다는 사실에서 우리는 하나의 전형적인 모순을 발견한다. 그와 같은 합일을 경험하는 순간에는 무아경에 빠진 자가 신과 인간의 이원성을 생각하고 있을 리가 없다. 이원성의 원리는 무아경에 들어간 자의 모든 의식이 사라질 때 함께 사라진다. 반면에 예언자들은 하느님의 부르심을 받는 순간에도 신과 인간 사이의 거리와 간격을 생생하게 그리고 아프게 인식하고 있다.

주체-주체 구조

예언자들은 영감을 주는 신(神)을 살아 있는 실재로 경험한다. 그들은 환상을 볼 때뿐만 아니라 다른 활동을 할 때에도 하느님을 살아 있는 실재로 경험한다. "하느님의 손"이 그들에게 임했다. 그들이 이해한 말씀 자체가 감촉할 수 있는 실재다. "말씀 내리시는 대로 저는 받아 삼켰습니다(예레미야 15:16)." 그들이 강조한 것은 환상을 본 경험이 아니라 감촉되는 진리의 말씀이다. "그 예언자들은 내 이름을 팔아서 거짓말을 하였다⋯엉뚱한 것을 보고 허황한 점이나 치고⋯(예레미야 14:14)" "그들은 허깨비를 보고 계시를 받았다고 한다(즈가리야 10:2; 참조, 에제키엘 7:23; 13:3)." "그것들은 꿈을 꿀 따름이다(예레미야 23:25~32; 29:8; 즈가리야 10:2)." 그리고 제 속에 떠오르는 생각을 말한다(예레미야 23:16). 이것이 거짓 예언자들에 대한 그들의 비난이었다.

예언자들이 받은 모든 예언의 내용, 즉 말씀은 알 수 없는 신비에서가 아니라 영감을 주는 인격자에게서 나온다. 예언자가 받는 영감은 그가 영감을 받을 때에 예언자의 인격이 하느님의 신격 앞에 일대 일로 마주선다는 점에서, 무아경이나 시인(詩人)의 영감과 다르다. 그것은 주체-주체의 구조(a subject-subject structure)를 특징으로 삼는다. 스스로 의식하는 살아 있는 예언자의 '나'가 영감을 주는 살아 있는 하느님의 '나'와 만나는 것이다.

무아경에 빠지는 자와는 달리, 예언자는 받는 자면서 동시에 참여하는 자다. 그는 자기에게 계시된 것에 응답함으로써 계시를 대화로 바꿔놓는다. 예언자들은 그들의 경험한 바가 단순히 음성을 듣거나 그분의 현존을 뵙는 피동적인 수용이 아니라 하느님과의 대화였다고 주장한다. 대답하고 탄원하고 항변함으로써 예언자들은 받는 바 말씀에 반응한다. 예언자들은 이 대화에 참여하여, 때로는 만남의 방향을 바꾸기도 하고 하느님으로 하여금 새로운 태도로 결심을 돌이키게 하기도 한다. 어떻게 보면 예언은 하느님의 계시와 인간의 협동-계시(co-revelation)로 이루어진다고 하겠다.[28]

예언자의 영감은 섬광처럼 오는 것일 수 있다. 그러나 그 섬광은 영속하는 빛의 섬광이다. 이스라엘 예언자들이 받은 영감은 모두가 하나의 계시를 나누어 받은 것들이다. 그것들은 발작적인 반응도 아니고 토막토막 나타나는 신의 뜻들도 아니다. 예언자들이 얻은 모든 통찰의 바닥에는 모든 것을 포함하는 뜻과 영속성이 흐르고 있다. 그들의 말 한마디 한마디 속에 이스라엘과 맺으신 하느님의 계약과 그 계약을 지키라는 하느님의 요구가 들어 있다. 따라서 예언의 말을 선포하게끔 고무시킨 예언자들의 일상생활은 발작적으로 일어나는 사건들의 연속이 아니라 거대한 드라마의 부분들로 이해되어야 한다.

제11장
예언과 시적 영감

시의 한 형식인 예언

무엇이 예언의 본성이며 기원인가? 그것은 어디에서 오는가? 그것을 어떻게 설명할 것인가? 감히 시(詩)를 정의하고자 한 사람은 별로 찾아볼 수 없다. 그런데도 서슴지 않고 예언을 시의 한 형식으로 정의내린 학자들이 있다.

몇몇 학자들은 위대한 예언자들의 경험을 무아경으로 볼 수는 없다고 주장하면서, 예언자들의 영감을 시인과 예술가들이 창작의 순간에 맛보는 경험과 일치시켜 본다. 예언자는 자주 황홀한 정신에 사로잡히는 시인과 같다는 것이다. 시인은 뜻밖에 갑자기 사로잡힐 때도 있지만 펜을 들고 책상머리에 앉아 창작의 순간을 준비하는 때도 있다. 어떤 특별한 내용에 정신을 집중시키고 있으면 그의 혼이 덮쳐오는 생각과 상상에 휩싸여 흥분 상태로 들어가는 것이다.[1]

수수께끼는 풀렸다. 예언자는 시인이다. 그의 경험은 시인이라면 익히 알고 있는 경험이다. 시인이 시적 영감으로 알고 있는 것을 예언자는 하느님의 계시라고 부르는 것이다.[2] "심리학적으로 살펴볼 때, 예언자의 영감은 위대한 시인이나 예술가의 시가광(詩歌狂, furor poeticus)과 질적으로 다를 바 없다."[3] "예술가의 영감은 '예언자들에게 임한 야훼의 손'이 의미하는 것과 같은 것이다."[4]

예언자를 일반인들과 구분지어 주는 것은 그가 인생의 어떤 국면에 관하여 상당히 고차원적이고 통일된 깨달음을 지니고 있다는 점이다. 시인과 마찬가지로 그는 감수성, 정열, 다정다감함 그리고 무엇보다도 상상력을 부여받았다. 예언은 시적 상상의 소산이다. **예언은 시다.** 시에서는 모든 것이 가능하다. 나무들이 생일을 축하하기도 하고 하느님이 인간에게 말을 하기도 한다. 예언자는 "하느님의 말씀이 나에게 임했다"는 선언을 하나의 시적 상상으로서 하고 있는 것이다〔이 문단은 저자의 견해가 아님—옮긴이〕.

우리가 문제로 삼아야 할 것은 예언 언어의 시적 성격이라든가 시인의 상상력과 예언자의 상상력의 긴밀한 인척 관계가 아니라 예언자의 의식에 반영된 예언자의 경험에 관한 문제다. 그 경험은 과연 "위대한 시인이나 예술가의 시가광과 질적으로 다를 바가 없다"고 할 것인가?

간과 또는 부주의

성경을 둘러싸고 있는 지극히 성스러운 분위기 때문인지 성경의 심미적 문학성과 아울러 히브리 예언과 시의 인척 관계가 오랫동안 세인의 주목을 끌지 못한 채 방치되어 왔다. 경전을 궁극적 진리, 영생에 대한 궁극적 안내자로 읽는 데 모든 정신을 집중시킴으로써, 그 안에 들어 있는 순수한 시와 아름다움은 거의 보지 못했다. 세대에서 세대로, 성경은 교화를 위한 도그마, 율법, 기도로서 읽혔다. 성경을 문학이나 역사로 읽는 것은 가당찮은 일이었다. 신앙심이 돈독한 자와 특히 신비주의자들은 성경을 심미적으로 평가하는 것을 신성에 대한 모독으로 생각했다.[5]

성경의 문학성을 평가한 초기의 증언은 아우구스투스 사후에 바로 발표된 듯한 롱기누스(Longinus)의 논문 「장엄(莊嚴)에 관하여」(On the Sublime)에서 찾아볼 수 있다. 아마도 모세와 호메로스를 아울러 존경하는 유다인이었을[6] 롱기누스는 자신의 이론을 펴면서 창세기를 언급한다. "평범한 사람이 아닌 유다의 율법을 내려준 그 사람〔모세〕은 하느님의 힘을 받아 그것을 세상에 펼칠 능력이 있는지라, 그의 율법서 첫머리를 이렇게 쓰고 있다. '그리고 하느님이 말씀하셨다…' 그 하느님이 하신 말씀은 어떤 것이었나? '빛이 있어라' 그러자 빛이 있었다. '땅이 있어라' 그러자 땅이 있었다."[7] 롱기누스는 창세기를 호메로스 곁에 나란히 놓았다. 어떤 점에서는 호메로스보다 더 앞에 두었다. 창세기의 심미적 가치는 필로의 저술들에서도 평가받고 있다.[8] 요세푸스는 홍해(紅海)의 노래가 모세의 축복과 함께 육보 격시(六步格詩)로 기록되었다고 주장한다.[9] 성경을 단순히 시로 읽어서는 안 된다고 한 랍비들의 문헌에서 우리는 성경을 시로 읽는 사람들이 있었다는 반증을 얻을 수 있다.

라바(Raba)는 이렇게 설명했다. "다윗은 왜 벌을 받았던가? 그것은 그가 토라의 말씀을 노래로 불렀기 때문이다. '나그네살이하는 이 내 집에서 당신 뜻을 노래로 따르리이다.' (시편 119:54) 거룩하신 분께서─그분에게 축복을─그에게 말씀하셨다. '토라의 말씀이 기록된 바, 너의 눈이 어쩌다가 그 위에 닿으면 그것은 사라지고(토라는 인간의 이해력을 넘어선다) 너는 노래를 부르는구나!…'"[10] 다니엘서를 어쩌면 토라까지도 단순한 문학이라고 보는 견해에 반대하여 다니엘서의 장절(章節)이 의도적으로 "뒤섞여 있어서 그 이야기가 하나의 시(詩) 작품으로가 아니라 신의 영감에 의하여 구성된 것으로 보지 않을 수 없게 한다"[11]는 주장이 있다.

그리스도교 학자들의 주석에는 성경의 문자가 육신이고 그 안에 담겨져 있는 영적인 의미는 하느님의 것이라는 원리가 편만해 있다. "문자의 베일을 관통하여 거룩한 영을 보는 자는 복 있는 자다."[12] 신약성경의 천박한 그리스어와 빈약한 수사(修辭)를 이유로 들어 성경이 신의 영감으로 기록되었다는 믿음을 부인한 적그리스도인의 도전에 직면했을 때를 제외하면 성경의 문학성이 거론된 경우가 거의 없다. 이들의 도전에 아우구스티누스는, "수사학의 모든 힘과 아름다움"이 성스런 경전 속에서 발견된다고 주장한다. 그는 실례를 예언서와 바울로의 서신들에서 인용하여 들었다.[13]

하나의 예외가 스페인에서 10세기 중엽에 시작되어 12세기 초엽에 이루어진 유다인 성경 주석에서 발견된다. 그 주석에 따르면 성경에 사용된 단어의 의미는 문법적인 해석으로 풀어낼 수가 있다. 말하자면 설교적 해석으로 단어의 문법적 의미를 모호하게 하면 안 된다는 것이다. 스페인 사람이면서 히브리 문법학자인 요나 이븐 야나(Jonah Ibn Janah)와 아불 왈릿 이븐 메르완(Abul-Walid Ibn Merwan, 10세기 말 사망)은 아랍의 수사학과 은유들을 끄집어내어, 성경의 표현들을 그가 아랍 문학에서 친숙하게 알고 있는 메타포나 문채로 설명하고자 했다. 언어학적 연구의 출현과 히브리 시문학의 르네상스는 성경의 문학성에 대한 인식을 더욱 예민하게 만들었다. 시문학은 성경에서 그 문학적 능력의 비밀을 캐어보려고 했고 성경의 단어 선택과 표현의 형태 등을 설명하려고 했다. 저명한 시인이었던 모세 이븐 에즈라(Moses Ibn Ezra, 1070~1138?)는 수사학과 시문학을 다룬 그의 저술에서 성경 속에 담겨져 있는 시들을 주목하라고 했다.[14]

성경의 문학적·시적 성격을 언급한 학자들은 그 밖에도 유다 할레뷔(1149년 사망),[15] 사무엘 이븐 티본(1230년 사망),[16] 예후다 알 하리지(1235년경 사망),[17] 이사악 아브라바넬(1508년 사망),[18] 아자리아 데이 로시(1578년 사망),[19] 그리고 16세기 이탈리아의 시인이자 문법학자인 사무엘 아체볼티(Samuel Archevolti) 등이 있다.[20] 그러나 문학적인 접근은 신비주의자들 쪽에 날카로운 반대 바람을 일으켰다.

『조할』(Zohar)의 저자는 성경의 문학적인 형식과 역사 기록으로서의 타당성에 관심하는 학자들을 알고 있었다. 이 사실은 그런 접근 방식을 맹렬하게 비난한 그의 주장에서 반증된다.

　　토라의 어느 구절이 우리에게 역사의 한 토막을 말해줄 뿐 다른 아무것도 아니라고 주장하는 자에게 파멸이 있어라! 만일 그러하다면 토라는 지금 우리 앞에 있는 저 분명한 토라, 즉 천상의 토라, 진리의 토라일 수가 없다. 살과 피를 가지고 있는 왕이라 해도 통속적인 말을 하거나 그것을 기록하는 것이 위엄을 깎는 일이라 할진대 하물며 가장 높으신 왕, 거룩하신 분께서—그분에게 축복을—토라를 채우고 있는 신성한 주인공들 가운데 하나가 되어, 이사악이나 하갈의 일화들, 야곱과 라반의 대화, 발람과 그의 노새가 한 말들, 발락의 이야기, 지브리의 연설 따위를 수집하여 그것으로 토라를 만들었다는 것이 가당키나 한 일인가? 만일 그렇다면 왜 그것을 "진리의 법"이라고 부르는가? 어째서 우리는 "야훼의 법은 그릇됨이 없어…야훼의 계명은 맑아서…야훼의 법령은 참되어 옳지 않은 것이 없다. 금보다, 순금덩이보다 더 좋고 꿀보다, 송이꿀보다 더 달다(시편 19:8~11)"고 말하는가? 실로 토라의 말 한마디 한마디가 천상의 것들을 가리키고 있으며 이 이야기 저 이야기가 나름대로 의미를 지니고 있으면서 모든 것을 알고 있는 토라의 법령을 비추고 있는 것이다.[21]

『조할』은 다시 주장한다.

토라를 단순한 이야기책이나 일상적인 일들을 기록한 책이라고 보는 자가 있다는 사실은 참으로 한심한 일이다. 그것이 진정 그러하다면 우리는 일상사를 다루는 토라를 작문할 수 있을 것이다. 그것도 더 훌륭하게 해낼 수 있을 것이다. 그렇다. 세상의 왕자들은 우리가 그런 토라를 작성하는 데 모델로 사용할 만큼 값진 책들을 지니고 있을지도 모른다. 그러나 토라는 그 모든 단어들 속에 천상의 진리와 신비를 담고 있다. 높은 세계와 낮은 세계의 완전한 균형을 살펴보라. 이곳 낮은 세계의 이스라엘은 높은 데 있는 천사들에 의하여 균형을 잡고 있다. 그 천사들은 "바람으로 변한 당신의 천사들(시편 104:4, 사역)"이다. 천사들은 땅에 내려올 때 이 땅의 옷을 걸쳐야 한다. 그렇지 않으면 이 지상에 머물 수가 없을 뿐 아니라 세상이 그들을 견딜 수도 없기 때문이다.
천사들의 역할이 그러할진대 하물며 토라—그들을 만들고 세계를 만들고 온 세상이 지탱되도록 버텨주고 있는—의 역할이야 더 말할 게 있으랴. 그런즉 만일 토라가 이 세상의 옷을 스스로 입지 않았다면 세상은 그를 견뎌낼 수 없었을 것이다. 따라서 토라의 이야기들은 다만 그 겉옷일 따름이며 그 겉옷을 토라로 여기는 자들은 화를 입으리니, 그런 자들이 다음 세상에서 나눠 받을 몫이 없으리라. 그래서 다윗은 "나의 눈을 열어주시어 당신 법의 그 놀라운 일을 보게 하소서(시편 119:18)"라고 했던 것이다. 말하자면 겉옷 안에 있는 것을 보게 해달라는 말이다. 이를 살펴보라. 사람이 입은 겉옷은 가장 잘 보이는 부분이다. 무심한 자들은 사람을 볼 때 그 겉옷만을 보고 만다. 그러나 겉옷의 자랑은 그것을 입은 자의 몸에 있고, 몸의 자랑은 영혼에 있다. 마찬가지로 토라에게는 토라의 계율로 이루어진 몸이 있고 그 몸을 우리는 '구훼 토라'(gufe torah, 토라의 몸)라고 부르며, 세속적인 이야기들로 만들어진 겉옷이 그 토라의 몸을 감싸고 있는 것이다. 무심한 사람들은 다만 그 겉옷, 즉 단순한 이야기들만 본다. 슬기로운 자들은 그 몸을 꿰뚫어본다. 그러나 참으로 슬기로운 자, 시나이 산에 섰던, 가장 높은 왕의 신하들만이 그 영혼을, 모든 것의 뿌리인 원리를, 즉 진정한 토라를 옳게 꿰뚫어보는 것이다. 앞으로도 그런 자들만이 토라의 영혼을(영혼의 영혼을) 꿰뚫어볼 수 있으리라…[22]

중세기의 방대한 성경 주석 문학에서는 성경을 심미적인 각도에서 보는 글들은 동떨어진 모험으로 여기저기 산재해 있을 뿐이다. 성경의 문학성에 대한 본격적인 깨달음은, 18세기 계몽 철학이 일어나 성경이 영감으로 이루어진 것이라는 종래의 관념을 반박하면서 비롯되었다. 그것은 영국에서 시작되었다.

합리주의자들은 더 이상 성경을 하느님의 말씀으로 읽지 않고 인간에 의하여 구성된 산물로 보아(스피노자는 성경도 다른 책들과 마찬가지로 해석되어야 한다는 원칙을 주장했다) 순수한 역사적 주석을 요구했고, 낭만주의자들은 심미적인 이해를 시도했다. 어찌보면, 심미적인 감상이 신의 영감을 믿는 믿음을 대신한 셈이다.

영감을 경멸함

17세기의 자연신론자(Deist)들은 탐구의 자유를 옹호하고 이성을 진리 탐구와 판단의 유일한 도구로 주장하면서, 계시를 미신의 재판(再版)으로 보았다. 참 종교의 핵심이 되는 요소는 이성의 '자연 빛'으로 획득될 수 있기 때문이라는 것이었다. 여기에 덧보태어 성경에 대한 전통적인 견해를 비판하면서 예언자의 계시라는 개념 자체를 의문시하였다.

때로 "현대의 마르키온"으로 불리기도 한 토마스 모건(Thomas Morgan, 1743년 사망)은 예언의 증거와 권위를 부인하고 도덕률만이 고귀한 것이며 그것으로 충분하다고 주장했다. 그는 매튜 틴달(Matthew Tindal)과 함께 자연 종교가 그 자체로서 완전하다고 생각했고, 예언자들이 영감을 받았다는 주장을 부인하였다. 그들이 앞날의 일을 미리 말할 수 있었던 것은 남들보다 지혜로웠고 역사의 흐름을 잘 살펴볼 수 있었기 때문이라고 그는 주장했다. 만일 그들이 스스로 하느님이 보내심을 받았노라고 주장했다면 그것은 미신에 빠져 있는 동시대인들에게 어떤 감명을 주려는 목적이 있어서였다는 것이다. 그렇게 함으로써 대중의 신앙에 보조를 맞춰야만 했다.[25] 모세를 호메로스나 오비드보다 훨씬 더 매력적인 작가라고 생각한 모건은 성경을 "감각과 이성"의 심판 아래 굴복시키려고 했다.

기적적인 것, 신비스러운 것, 초자연적인 것들은 영국과 프랑스에서 광범위하게 거부되었다. 스피노자는 합리적 지식의 술어로 성경을 의심하였다. 존 로크(1632~1704)는 성경의 가치가 "무식한 인류 대중을 구원의 길로 이끄는 하느님에 의하여 기획된 저술들의 모음"이라는 점에 있다고 보았다.

로크의 절친한 친구인 안토니 콜린스(Anthony Collins, 1676~1729)는 모든 신앙은 자유로운 탐구를 그 바탕으로 삼아야 하며 이성의 활용은 곧 자연적 계시를 포기하는 것을 의미한다고 주장했다. 그에게는 예언(그가 말하는 예언이란 앞일을 미리 말하는 것임)이란 터무니없는 짓이거나 아니면 사건 발생 이후에 고안된 확인에 불과했다. 콜린스는 성경의 예언자들을 직업적인 점쟁이들과 혼동하여, 그들의 예언이란 돈을 주고 살 수 있는 상품이었다고 말했다.[24] 그러나 한 초기 저술에서 그는 예언자들을 대학에서 훈련받아 기성 종교와 싸웠던 자유 사상가들과 비슷한 존재로 보기도 했다.[25]

합리주의적 시대 정신에 발을 맞추어 시인들은 시의 논리와 명료성에 치중해야만 했다. 창의성이나 상상은 부차적인 것이었다. 영감이라는 것은 개념조차 부인되었다. 고대 시인들(당시에는 시인들이 곧 정치가들임)이 영감을 받았다고 주장한 것은 "통치를 용이하게 하기 위한 불가피한 속임수"[26]였다고 변명되었다. 토마스 홉스(Thomas Hobbes)는 영감이라는 것을 "자연의 원리와 자신의 사유로 얼마든지 지혜롭게 말할 수 있는 인간이 마치 백파이프(악기의 일종)처럼 자기는 영감을 받아 말하는 것이라고 생각하고 싶어하는 낡은 관습을 무모하게 답습하는 것"이라고 보았다.[27] "시는 우선 머리에 호소하는 것이어야 했다. 가슴에 대고 호소하려는 것은 비웃음을 받았다. 일반 상식이 최고 통치자였고 환상이나 감정의 표현 따위는 조롱과 경멸을 받을 뿐이었다."[28] 모든 주제들은 스스로 추리에 적합한 것이어야 한다. 이성이 모든 진리의 시금석이었다. 로크는 "지식의 그 어느 지역도 이성으로부터 독립된 구역으로 생각되어서는 안 된다"고 강조하면서 이성이란 모든 인간, 모든 영역에서 동일한 것이라고 했다. 영(靈)과 통화를 한다는 것은 불필요한 일이며 또한 불가능한 일이었다. "그러므로 자기 내면에서 어떤 영이 말하는 것을 들었다거나 사람들 사이에서 해야 할 특별한 사명을 받았다고 스스로 주장하는 자는 비정상적인 망상이나 뇌에 병이 들어 그 결과로 고통을 받는 것이다. 혹은 연약한 자나 교육받지 못한 자를 고의로 그렇게 속이는 것이다."[29]

이성, 체면 그리고 점잖은 행동이 당시의 표어였다.

저명 인사들인 볼테르와 포프, 문학의 고전주의와 철학의 회의론 등에 힘입어, 종교계에서 열광주의와 신비주의를 탐탁지 않게 여기듯이 문학 세계에서는 상상, 감상주의 등을 대단히 못마땅하게 생각했다. "신비주의는 증오의 대상이었고 점잖은 체면은 칭송을 받았다."

그러나 합리주의에 대한 열정이 언제까지나 계속되지는 않았다. 볼테르와 포프가 아직 정상의 자리에 있을 때에 이미 사람들은 자신이 "이성의 도구가 아니라 감성을 지닌 피조물이며 시체처럼 굳은 철학이 아니라 뜨거운 종교적 신앙을 원하고 있다"는 사실을 깨닫기 시작했다. 개인적 신앙의 부흥 속에서 시작된 감리교 운동은 성령이 그리스도인의 마음에 직접 역사(役事)하심을 강조하였다. 문학에서도 이성의 금언(金言)에 싫증이 난 18세기의 비평가들과 열광주의 시인들은 영감, 내면의 빛, 특별한 신의 명령과 계시 등 합리주의자들이 그토록 멸시하던 종교적 요소들을 그들의 작품 속에 다시 끌어들이려고 했다.

열광주의 시인이란 초자연적 세계에서 사는 사람, 시라고 하는 하늘의 선물을 부여받고 사람들을 진리의 아름다움으로 인도하고자 이 세상에 파견된 사람이었다. 하늘의 영감을 받은 자로서, 열광주의 시인은 자신이 예언자라고 생각했다. "예언자인 그에게는 인류에게 주는, 하늘이 계시한 메시지가 있었다. 인간은 마땅히 도시의 사치와 패덕을 버리고 평화, 순진함, 덕이 어울려 살고 있는 자연의 아름다움 속에 묻혀야 한다. 거기서는 천사들이 그의 발걸음을 일일이 지켜줄 것이다."[30]

시와 종교의 영역에서 열광주의를 다시 평가하고 이에 곁들여 자연과 시문학 속에 들어 있는 장엄함에 대하여 새로이 이해하게 되자 성경의 시편들이 재발견되기에 이르렀다. 문학 비평가들은 성경을 심미적 관점에서 보기 시작하였고 특히 그것을 그리스의 시와 비교하였다. 성경의 시적 가치를 극찬한 저술가들도 나타났다. 시인들은 성경의 주제들을 시로 작품화하라는 권유를 받았고, 히브리 정신이 이방인의 정신을 능가하듯이 히브리 시가 이방의 시를 능가한다는 주장도 생겨났다.[31] 그리하여 흔히 "한 책의 사람들 [homines unius libri, 성경 한 권으로 사는 사람들이라는 뜻—옮긴이]"이라고 불린 영국인들이 현대에 이르러 성경의 문학성을 평가한 첫 번째 사람들이 되었다.

이 새로운 각성은 앞에서 언급한 바 있는 롱기누스의 유명한 에세이 「장엄에 관하여」에서도 두드러지게 나타났다. 그의 에세이는 1636년 옥스퍼드에서 라틴어판이 나왔고 1652년에 영어판이 나왔다. 이 글은 18세기 영국인들의 심성에 강한 영향을 미쳤다.「창세기」1장 3절에 대한 그의 언급은 성경 속에 함축되어 있는 장엄함(the sublime)에게로 독자의 이목이 쏠리게 했다. 이어서 성경의 우아하고 시적인 질(質)을 찬양하는 책들이 나타나기 시작했다.[32]

　헨리 레슬리(Henry Leslie)는 1639년에 성경의 권위에 대하여 이렇게 말했다. "성경이 보도하는 바에 대해서는 별로 신임이 가지 않는다. 그러나 그것을 정독하면, 그 이야기 자체의 신성함, 스타일의 장엄함, 언설의 감명 깊음 등을 생각하면, 성경이 실로 하느님에게서 온 것임을 확신하지 않을 수 없다." 1715년에 한 작가는 성경 속에서 "종교의 체(體)뿐 아니라 수사학의 체계도 찾아볼 수 있으며 무신론자만이 그 신성한 기록의 장엄함을 보지 못할 수 있음"을 입증코자 했다. 1725년에 다른 한 작가는 성경의 장엄함을 옹호하면서 히브리 성경이 그 장엄함을 극도로 나타내고 있으며 그리스의 저작들보다 훨씬 더 장엄하다는 사실을 보여주려고 했다.[33] 오늘날 성경이 모든 책들 가운데 가장 장엄한 책임은 일반적으로 받아들여지고 있는 상식이다.

　이 새로운 접근은 영국 국교의 로버트 로우드(Robert Lowth, 1710~1787) 주교가 옥스퍼드에서 시문학 교수의 자격으로 행한 1741년의 강좌에서 체계화되었다. 그 강좌는 1753년『히브리 성시(聖詩)에 관한 학문적 서설』이라는 제목으로 출판되어 성경을 문학으로 다룬 아마도 첫 번째 저술이 되었다.[34] 로우드는 "호메로스, 핀다로스 또는 호라티우스의 작품들은 많은 주목을 받고 또 우리의 칭송을 독점하고 있는데, 모세나 다윗이나 이사야의 작품들은 그 속에서 태고의 순수한 시(詩)의 견본을 볼 수 있음에도 불구하고 전적으로 도외시되고 있다"는 사실을 의아하게 여겼다. 그보다 더 "아름답고 우아하며 고결한 작품"은 없다는 것이었다. 뒤에 '히브리 성시에 관한 강좌'라는 제목으로 영역된『서설』은 영국과 유럽 대륙에 큰 영향을 끼쳤다.[35] 그들의 주요 강조점은 성경을 시로 보고 일반 문학 비평의 기준으로 검토하자는 데 있었다.

문학으로서의 성경

로우드는 예언서의 시적 성격에 주목하였고 '시적 열정'이 예언자의 영감과 동일한 근원에서 나온다는 논리를 전개하였다. 이어서 예언자를 시인으로 보고 예언자의 영감을 시적 열정으로 보며, 예언자의 말을 순수하고 단순한 신적 진리의 저장소가 아니라 신적 진리가 인간의 생산품으로 그 모습을 갖춘 것이라고 보는 견해가 뒤따랐다. 요한 헤르더(Johann G. Herder, 1744~1803)가 이 일을 전담했다. 그는 「인류의 가장 오래된 기록」(Die aelteste Urkunde des Menschengeschlechts)이라는 에세이에서 성경의 고대 시가들 — 창조 이야기와 홍수 설화 그리고 모세의 이야기 — 은 동양의 민족들이 부르던 노래로 생각해야 한다는 이론을 전개했다.[36] 헤르더가 보기에 모세의 창조 역사를 신의 계시로 보는 일반적인 해석은 허점이 많을 뿐 아니라 해롭기만 한 것이었다. 왜냐하면 그것은 사람의 마음에 거짓된 관념을 채우고 과학자들을 핍박하는 데 이르기 때문이라는 것이었다. 그는 에덴 동산, 대홍수, 바벨탑의 이야기들을 프로메테우스나 판도라 등 그리스의 기원 설화들과 비교한다.[37] 그의 방법론은 『신학 서신』(Theological Letters)과 완결시키지 못한 그의 주저인 『히브리 시가(詩歌)의 정신』(Vom Geiste der Ebraeischen Poesie)(1782~1783)에서 더욱 자세히 전개되었다. 헤르더가 보았듯이 성경의 인간적인 요소는 대단히 중요하게 취급되어야 한다. 한 특정한 시대에, 특정한 사람들에 의하여, 특정한 상황에서, 특정한 민족과 언어의 사고 방식과 역사적 지리적 조건을 안고 기록된 문학 작품인 성경은 그리스의 역사서나 희곡을 읽을 때와 마찬가지로 그 내용을 당대의 지역적 배경에 놓고 보는 인간적인 방법으로 읽어야만 한다.[38] 성경의 시가(詩歌)에 대한 헤르더의 심미적 열정은 성경과의 세속적인 만남을 가능하게 했고, 그런 만남은 교의적 정통주의와 노골적인 합리주의가 성경학자들의 지배적인 태도가 된 시대에 특별히 환영받았다. 그가 남긴 유산은 한 세기 뒤에야 받아들여졌다.

신의 영감이라는 신학적인 관념은 사람들의 낭만적인 개념에 의하여, 문학 속에서 자신을 스스로 표현하는 것으로 바뀌었다. 로우드의 책은 『히브리 성시(聖詩)』라는 제목이었는데 헤르더에 와서는 『히브리 시가(詩歌)』가 되어 '성'(聖)이라는 말이 사라졌다.[39]

계시는 모든 때에 발생한다. 모든 시대가 밝히고 드러낸다.[40] 그런즉 예언자의 영감은 부정되어서는 안 된다. 그러나 또한 절대시되어서도 안 된다. 그것은 자연, 철학, 예술의 모든 분야에서 하느님이 위대한 종교 사상가들이나 시인들을 통하여 말씀하시는 바, 그들이 받는 영감과 동일한 것이다. 예언자의 영감은 순수하고 심오한 종교적 열광주의 또는 진정한 확신의 승화된 형태일 뿐이다.

이와 같은 새로운 접근 방식은 낭만주의 운동을 추진하던 시인과 사상가들의 열렬한 환영을 받았다. 그들은 모든 민족이 저마다 특수한 성취를 위해 기여하는 고유한 실체라고 보았으며 그리스, 로마의 과중한 신화와 고전적 모델들의 대용품이 될만한 것을 애써 찾고 있었던 것이다. 그들은 고전문학 밖에서 발견되는 문학을 높이 평가하여 예컨대, 고대 스칸디나비아인들의 시가와 특히 켈트의 부흥(Celtic Revival)이라고 부르는 것을 발견하였다. 이 운동은 1750년경에 영국의 교양인들 사이에서 시작되어 영국의 시가 속에 고대 켈트 족의 신화, 역사, 문학을 삽입하게 하였다. 영국의 시인들은 고대 드루이드 승려(Druids), 방랑시인(Bards) 등의 의식과 신앙에 관계된 사실을 열심히 찾아 헤맸다.[41]

자연 시가와 자유스런 감정 표현의 아름다움에 대한 감수성이 새롭게 깨어나면서 퍼시(Thomas Percy)의 『고대 영시(英詩)의 유산』(*Reliques of Ancient English Poetry*)(런던, 1765)이라는 저서가 출판되었다. 이 책은 많은 사람을 자극하여, 그때까지 무시당해 왔던 자기네 문학의 전통 시가의 풍요한 유산을 발견하게 하였다. 독일에서는 헤르더가 퍼시의 책에 영향을 입어 문학의 자연성과 자발성의 가치를 정당하게 평가한 첫 번째 사람이 되었다. 청교도주의 시대가 시인을 예언자로 보려고 했다면 이번에는 예언자를 시인으로 보려고 했다.[42] 히브리 예언자의 모습은 켈트 족의 방랑시인, 음유시인 또는 고대 스칸디나비아의 음송시인과 비슷했다.[43]

예언서의 심미적 성격을 중점적으로 살피고 예언자들을 종교 시인으로 보려는 경향은 아이크호른(J.G. Eichhorn)의 『히브리 예언자들』(*Die Hebraeischen Propheten*, 1816~1819)에서 정점에 이르렀다. 이 책으로부터 성경을 "유다의 민족적 천재들이 만든 산물"로 보는 대중적인 개념이 비롯되었다.

성경을 아무런 종교적 끈으로 묶지 않고 순수한 '문학'으로 읽을 수 있게 한 이 새로운 경향은 성경 연구의 한 형식을 보여줄 뿐 아니라 또 다른 도전을 불러일으키기도 했다. 계몽주의의 합리성은 부정된 게 아니라 수정되었고, 심미적 감상은 신학적 접근의 대용품으로 남았다.[44]

시적 영감과 신의 영감

> 모든 점에서 시의 선물은 신의 영감과 분리될 수가 없다. 이 영감은 어디서나 지식을 수반한다. 과거의 경우에는 역사와 족보의 형태로, 현재의 경우에는 과학적인 정보의 형태로, 미래의 경우에는 좁은 뜻의 예언이라는 형태로…변함없이 우리는 시인과 선견자가 초자연적인 힘들과 만나 영감을 받고, 예언의 말을 하는 동안에는 평상시의 실존으로부터 더 높이 끌어올려진 상태에 있다는 사실을 발견한다. 일반적으로 우리는 예언적인 분위기를 임의로 이끌어내는 공인된 절차가 성행되고 있음을 본다. 시인과 선견자의 당당한 주장들은 널리 받아들여지고 있으며, 언제 어디서 보아도 그는 높은 자리를 차지하고 있다.[45]

"시인이 열광과 신의 영감으로 쓴 것은 무엇이든지 가장 아름답다"고 데모크리투스는 말했다. 그는 호메로스를 영감을 받은 자로 보았다.[46] "샘처럼 시인은 들어오는 모든 것을 흘러 넘치게 한다"고 플라톤은 말했다.[47] 직관이 섬광처럼 나오는 영감은 모든 시작(詩作)의 근원이다. "모든 훌륭한 시인은 서사시인이든 서정시인이든 그들의 기술로 아름다운 시를 짓는 게 아니라 영감을 받았기 때문에, 사로잡혔기 때문에 짓는 것이다"[48] "시는 사람에게 시를 짓는 특별한 재능을, 또는 그의 내부에 광기가 깃들기를 요구한다"고 아리스토텔레스는 말한다.[49]

고대 그리스의 시인들은 제우스와 므네모시네(기억) 사이에 태어난 시인 뮤즈한테서 시를 짓는 재능을 받았다고 생각했다. 뮤즈는 배움과 예술, 특히 시와 음악의 재능을 주는 여신이었다. 델피에서는 뮤즈를 아폴로와 함께 숭배하였다. 아폴로는 가끔 무사게테스(Musagetes) 혹은 뮤즈들의 인도자로 불리웠다.[50] 고전 시가에서는 영감을 받고자 뮤즈에게 탄원을 한다. 그래서 『오딧세이』는 "오, 뮤즈여. 나에게 말해다오…"라는 말로 시작된다. 기원전 8세기에는 뮤즈에게 탄원하는 말로 시작하는 것이 모든 서사시의 고정된 형식이었다.

아모스와 동시대 사람이며 역시 아모스처럼 목자였던 헤시오도스는 이 주제를 개인이 경험한 이야기 속에서 전개시켰다. 그는 뮤즈의 성산(聖山)인 헬리오콘의 기슭에 있는 자기 집 근처에서 아버지의 양을 치다가 이전의 어떤 시인도 받지 못한 사명을 뮤즈들로부터 영감으로 받았다고 이야기한다. "그들은 내 속에, 미래의 일과 이전 시대의 일들을 밝힐 수 있도록 신성한 노래의 선물을 불어넣어 주었다."[51] 그리하여 그의 작품 『신통기』(神統記, Theogony)는 신적인 존재들의 계시로써 시작되고 있다. 헤시오도스가 진짜 그런 경험을 해서 말한 것인지, 아니면 시적으로 이야기하는 방식을 사용하고 있는 것인지는 우리로서는 분명히 말할 수가 없다. 다만 분명한 사실은 『신통기』가 신들의 족보에 관해서는 표준이 될 만한 권위가 있음에도 불구하고 성전(聖典)으로 여길 만한 특징을 갖추지도 않았고 신의 뜻을 표현한 것으로 여김받지도 않는다는 점이다. 헤시오도스에 관한 이야기를 우리는 그 책이 담고 있는 신화적 형식에 비추어 보아 한 사건 또는 상징적·신화적 창조에 대한 서술로 보아야 할 것인가?

헤시오도스의 개념은 예언자들이 의식한 영감과는 결코 동일한 것이 아니다. 그것은 인간의 값진 발명은 모두가 신들한테서, 예컨대, 농사법은 데메테르, 길쌈은 아테나, 말(馬) 길들이는 법은 포세이돈한테서 나왔다고 보는 신화적 관점에서 파생된 것이다. 마찬가지 방법으로 시인은 시를 짓는 기술을 신한테서 받았다. 그러나 시 그 자체는 신의 메시지가 아니라 인간의 작품일 뿐이다. 인간의 요구를 충족시켜 주는 것과는 달리 더 중요한 것을 목적하는, 하느님의 특별한 관심으로서의 예언자적 영감이 이 신화에는 암시되어 있지 않다.

빌라모비츠–묄렌도르프(Wilamowitz-Moellendorff)에 의하면 헤시오도스의 경험은 "참으로 유일한 시적 헌정이다…칼리마쿠스, 엔니우스, 프로페르티우스를 위시하여 고답파 시인들(Parnassians)에 이르기까지의 숱한 그의 후계자들은 헤시오도스의 싯구들에서 잘못되고 오해된 신화적 이야기들을 그대로 따서 읊고 있다. 이 모든 것은 심심풀이 이야기다. 재미도 있고 재치도 있지만 심심풀이 이야기일 뿐이다. 헤시오도스한테서 찾아볼 수 있는 것이라고는 자기 혼자서 내면 깊숙이 느끼고 경험한, 그리하여 자기만의 것이 된 심심풀이 이야기뿐이다."[52] 따라서 후대의 시인들이 뮤즈를 언급한 것은 우리의 문제를 푸는 데 보탬이 되지 않는다.

이탈리아 엘레아의 파르메니데스도 헤시오도스의 발자취를 따라간 듯하다. 자신의 유명한 시의 서곡(序曲)에서 파르메니데스는 태양 처녀들의 시중을 받으며 마차를 타고 한 여신의 궁전에까지 안내를 받았다고 고백한다. 여신은 그를 환영하고 두 가지 길을 가르쳐 주었는데 하나는 진리의 길이고 다른 하나는 의견의 길이다. 의견의 길은 언제나 진리인 것은 아니다. 그가 여신의 궁에 올라가 그 여신한테서 나머지 구절들을 들은 것으로 되어 있는 이야기는 경험 자체를 이야기하려는 것은 아니고, 당시의 문학에서 지옥에 내려가는 것과 마찬가지로 보편화된, 천당으로 올라간 경험을 회고하려는 것이었다는 주장이 일반적으로 받아들여지고 있다. 뒤에 플라톤의 『파이드로스』(*Phaedrus*)와 단테의 『신곡』(神曲)에서 이것이 모방되고 있다. 파르메니데스의 「서곡」을 무시하거나 하나의 은유로 해석하는 대부분의 학자들과는 반대로 제이거(W. Jager)는 이렇게 주장했다. "파르메니데스가 빛의 세계에서 환상을 본 것은 순수한 종교적 체험이다…그것은 개인의 고결한 내적 신체험으로서, 자신이 계시받은 바 진실을 선포할 책임이 있다고 생각하며 그의 개종자들 사이에 신앙 공동체를 수립할 길을 모색하는, 신봉자의 열정이 혼합된 체험이다."[53]

인도에서는 베다교의 사제들이 황홀경으로 들어가기 위하여 만든 흥분제 음료인 소마(soma, 蘇摩)가 신의 이름이기도 하다. 베다교의 제신들 가운데 세 번째의 자리를 차지하고 있는 소마는 시인들에게 영감을 주는 신으로 알려져 있다. 『리그베다』(*Rigveda*)의 제9권에 수록된 찬미가는 신성한 풀인 소마와 그 풀로 만든 즙을 노래한다. 소마는 인간에게 여러 가지 복을 내리는데 시인에게는 영감을 준다.

"아랍 사람들 사이에서는 시인이 '샤이르'(shâ'ir, 탁월한 '식자'〔識者〕)인데, 이름이 암시하는 대로 영들한테서 마력적인 능력을 받아 지식을 갖춘 사람이다. 그의 시는 예술이 아니라 초자연적인 지식이다."[54]

성 비드(Venerable Bede, 673~735)에 따르면, 영국의 초기 그리스도교인 시인인 케드몬(Caedmon, 7세기)은 목자였는데 시인이 되라는 하늘의 소명을 받았다고 한다. 저녁이 되면 마을 사람들이 하프를 돌려가면서 차례로 노래하는 것이 관습이었다. 케드몬은 일찍이 노래를 배운 바가 없었으므로 하프가 자기에게 돌아올 즈음 무리를 떠나곤 했다. 그러던 어느 날 밤 꿈에 한 낯선 사람이 나타나더니 그에게 "창조된 세계의 시작"을 노래하라고 명령했다. 그는 처음에는 못한다고 했지만 그러나 이윽고 "자신이 한 번도 들어보지 못한 구절들"을 읊고 있음을 발견하게 되었다.[55]

영감에 대한 변호

　고대의 시인들은 문학상 기술의 법칙을 넘어, 창작 행위의 본질이라든가 그들의 작업의 기원에 관한 개인적인 표현을 거의 남기지 않았다. 예언자들의 자기네 경험에 관한 서술은 영감에 관한 아주 오래된 증언들에 속한다. 근대에 이르러서야 사람들은 영감과 기원의 문제와 씨름을 하기 시작했다. 개인주의와 개인 예술가들의 역사가 시작되었던 문예부흥기에는 그와 같은 개인적 기록들이 드물지 않았다(레오나르도 다 빈치, 레오네 바티스타 알베르티, 벤베누토 첼리니, 미켈란젤로, 알브레히트 뒤러 등). 그 뒤로 그와 같은 증언은 상당히 많이 수집되었다.

　현대의 많은 예술가들과 과학자들이 몽롱한 창작 분위기에 젖어 있다가 갑자기 어떤 깨달음과 함께 분명한 착상이 떠오르는 순간을 스스로 경험했다고 기록하고 있다.[56] 그들의 주장을 수집하고 분류하는 작업이 이루어졌고,[57] 여러 가지 해석들이 덧보태졌다. 형이상학적인 관점은 영감의 초월적 신비를 강조하고, 합리주의적 관점은 창조 과정 속에서 의도적인 의식(意識) 행위를 보며, 실증론적 심리학은 그것을 잠재의식 속에 숨어 있던 들끓는 연상을 풀어놓는 것으로 설명한다. 현대 심리학자들이 창조 과정을 설명하려는 마당에서 사용하는 여러 가지 방법들 가운데는, 작자의 전기를 살펴보는 법, 그의 병력을 보는 법(예술가의 상상과 정신적, 육체적 질병은 어떤 공통의 특징을 보여준다는 이론에 근거하여), 예술가의 작품에 대해 심리적으로 분석하는 법, 경험을 살펴보는 법, 인종이나 체질을 분석하는 법, 그리고 체계적으로 하나씩 의심해 보는 방법 등이 있다.

　야곱 뵈메(Jacob Boehme, 1575~1624)는 이렇게 기록했다. "나는 어떻게 그 일이 내 안에, 나의 의지와 상관도 없이 일어나는지를 모른다고 하느님 앞에서 분명히 밝힌다. 나는 언제 기록해야 하는지도 모른다. 만일 내가 쓴다면 그것은 성령께서 나를 움직이시고 나에게 위대하고 놀라운 지식을 전달해 주시기 때문이다."[58]

윌리암 블레이크(William Blake, 1757~1827)는 그의 시 「밀턴」에 대하여 이렇게 말했다. "나는 이 시를 직접적인 구술을 받아 한 번에 열두 줄 또는 스무 줄이나 서른 줄씩, 미리 착상하거나 예상하는 일도 없이, 때로는 나의 의지에 반하여 썼다. 그런즉 이 시가 쓰어진 때를 구태여 설명한다면 무실존(無實存, non existent)에 속한 때라고 하겠다. 〔나는〕 비서일 뿐이고 저자는 영원 속에 있다."[59]

디킨스는 그가 쓰려고 자리에 앉았을 때 "어떤 은총의 힘"이 그것을 모두 보여주었다고 밝혔다. 대커리(Thackeray)는 "신비로운 힘"이 그의 펜을 움직이고 있는 것 같았다고 했다. 차이코프스키는 그의 작곡을 "우리가 영감이라고 부르는 초자연적이고 설명 불가능한 힘의 결과"로 설명했다.[60]

괴테는 자신이 어떤 황홀경 비슷한 상태에서 글을 쓴 적이 있다고 고백했다. "그와 같은 최면 상태에서 책상 위에 백지를 얹어놓고 그 앞에 비스듬히 앉아 있으면 어느덧 더 쓸 여백이 없음을 발견하곤 했다. 나는 이 작품(『젊은 베르테르의 슬픔』)을 거의 무의식 상태에서, 몽유병자처럼 썼다."[61] "노래가 나를 만들었지 내가 노래를 만든 것이 아니다. 노래들이 내 안에서 제 능력을 발휘했다." "나는 새들이 지저귀듯이 자신을 노래한다."[62] 그는 에커만(Eckermann)에게 이렇게 말했다. "그 어떤 최고의 생산도 영원히 남을 발견도, 귀중한 열매를 맺는 위대한 사상도, 한 인간의 능력으로 되는 것은 아니다. 그와 같은 것들은 지상의 통제 너머에 있다. 인간은 그것들을 위에서 내려오는 뜻밖의 선물로, 하느님의 순수한 자녀로 여겨 기쁨으로 받아들이고 감사해야만 한다. 그가 자신의 능력과 충동으로 행위한다고 믿으면 악마적 요소가 작용하여 제멋대로 인간을 부리며 인간을 굴복시키는 수도 있다." 인간은 자신을 더 높은 힘의 도구로 여겨야 한다. 그럴 경우 그는, "신의 영감을 받을 만한 가치가 있는 그릇"[63]이 되는 것이다. 괴테는 바이런에게, 자기는 마치 여인들이 아이들을 낳듯이 시의 구절들을 낳았다고 말했다. 여인들은 자기가 낳는 아이들에 대하여 미처 생각하지도 않고 그들이 어떻게 해서 세상에 나오게 되는지도 모른다.[64]

"언제 그리고 어떻게 〔나의 악상이〕 나오는지 나는 모른다. 또 그것을 억지로 나오게 할 수도 없다"고 모차르트는 말했다.[65] 『짜라투스트라』의 기원을 서술하면서 니체는 그것이 철저한 무의식적 요소로 창조되었으며 동시에 초월적인 기원에서 나온 것임을 강조했다.

> 19세기도 마감되려 하는 이때에 그 누가, 이전의 생동하던 시대에 시인들이 말하던 영감의 의미를 분명히 말할 수 있겠는가? 만일 자신이 없다면 내가 그것을 설명코자 한다. 만일 인간에게 미신의 아주 작은 나머지라도 남아 있다면, 인간은 그가 어떤 강력한 힘의 화육(化育) 또는 대변인 또는 중개인이라는 생각을 완전히 거절할 수는 없을 것이다. 계시라는 개념이 아주 단순하게 그 상황을 묘사하고 있다. 내가 말하는 계시란, 대단히 발작적이며 혼란스러운 어떤 것이 갑자기 설명할 수 없을 정도로 명확하고 정확하게 눈에 보이고 귀에 들리게 되는 것을 의미한다. 인간은 듣는다, 그는 찾아 헤매지 않는다. 인간은 잡는다, 주는 자가 누군지를 묻지 않는다. 한 생각이 나도 모르게 번갯불처럼 순간적으로 번쩍 떠오른다. 나는 결코 그것을 선택할 수가 없다. 무서운 긴장에서 풀려나며 때로 눈물이 터져나오는 무아경의 순간이 있다. 그 무아경이 계속되는 동안 인간은 자기도 모르는 사이에 성급하게도 되고 아주 느리게 되기도 한다. 인간의 힘으로는 도저히 감당할 수 없는 그런 느낌이 있다. 그러면서 동시에 그의 머리에서 발끝까지를 관통하는 어떤 전율을 아주 분명하게 의식한다. 가장 고통스럽고 우울한 느낌도 조화를 거스르지 않으며 오히려 이 넘치는 빛 속에 빠뜨릴 수 없는 빛깔이 되는 그런 심오한 행복이 있다…모든 것이 전혀 의지와 상관없이 일어난다. 마치 자유, 독립, 힘, 신성함의 폭발 속에서처럼. 상상과 비유들의 자연발생성은 너무나 뚜렷하다. 인간은 무엇이 상상되고 비유되는지를 지각하지 못한다. 모든 것이 가장 직접적이고 분명하며 단순한 표현의 수단으로서 나타난다. 만일 내가 『짜라투스트라』의 한 구절을 회상할 수 있다면 그것은 그 구절 자체가 비유로서 자신을 드러내는 것과 같다고 하겠다…이것이 **내**

가 영감받은 경험이다. 나는 수천 년쯤 거슬러올라가면 누군가 나에게 "그것은 나의 것이기도 하다!"고 말한 사람을 만나리라는 점을 의심하지 않는다.[66]

현대의 해석들

"하늘에서 아름다움에 대한 사랑과 시적 기쁨과 영감이 섬광처럼 인간의 가슴으로 내려온다"는 고대의 견해에 반대하여, 19세기 후반에 새로운 견해가 나타났다. 예술적인 착상은 무의식의 어둠 속에서 그 흔적을 찾을 수 있는 것이며, 그 표현과 실행의 본질적인 요소는 지적인 노력, 취미, 숙련된 기술이라는 견해이다. 에드가 알란 포우[67]와 오귀스트 로댕[68]을 포함한 많은 예술가들과 심리학자들은 예술 작품이 예술가의 노력 없이 순전히 영감에 의하여 이루어질 수 있다는 견해를 반박하였다. 순수한 직관인 양 불현듯이 마음에 솟아나는 듯한 착상은 언제나 오랜 숙고와 철저한 정신적 노력의 결과다.[69] 영감을 둘러싼 신적인 또는 초월적인 영기(靈氣)는 걷혔다. 알려지지 않은 것이라 하여 신성과 동일시할 수는 없는 일이다. 한 예술 작품의 신비스런 기원이라고 할 감정의 황홀함, 열광, 기쁨 등을 신성한 인자(因子)로 보아야 할 이유는 어디에도 없다.[70] 또한 영감을 무의식적이고 순전히 생리학적인 본성에서 나오는 행위라고 보는 사람들도 나타났다. 어떤 경우에도 영감은 결정적인 순간에 "잠재되어 있는 착상들과 감정의 복합 심리를 선택적으로 새로이 종합하며 황홀한 감정에서 뿜어져나오는" 창조적이고 상상력 풍부한 행위로 남는다.[71]

에두아르드 폰 하르트만(Eduard von Hartmann)의 형이상학적 이론에 따르면, 영감은 무의식에서 심리적 요인(감정, 사상, 욕구)이 자기도 모르는 사이에 솟아나는 것으로 설명된다. 하르트만은 무의식을 절대자와 동일시한다. 따라서 신비주의자나 시인에게서 무의식인 절대자가 의식으로 솟아나는 것이다. 하르트만은 이 과정에서 "마야(Maya)의 너울을 직관적으로 걷어버림 또는 개인의 장벽을 감정적으로 뛰어넘음"을 본다.[72] 윌리엄 제임스

(William James)는 영감을, 인간 심성의 표면에 일어나는 인과의 연결이 초월자에 의하여 단절되는 것이라고 설명한다. 리보트(Ribot)의 견해로는 창조적인 상상이란 지적 요소, 감정적 요소 그리고 무의식적 요소들로 혼합 구성된 현상이다. 그는 일반적으로 말하는 '영감'을 눈에 보이지 않게 진행된 과정의 결과라고 정의한다. 그것은 무의식적인 작업의 끝 또는 의식적인 작업의 시작을 가리킨다.[73]

창작이 이루어지는 순간의 상태는 대개 갑작스럽고 수동적이며 부지불식간에(그것은 의지와 관계없다. 생각이 있다 해서 끄집어낼 수 있는 게 아니다) 이루어지며, 그 기원을 잘 알 수가 없고("시는 어두운 심성에서 어떻게 나오는 줄 모르게 솟아나는 것 같다"), 비인격적으로 혹은 한 개인보다 더 높은 어떤 힘에 자신이 굴복하는 것을 의식하는 가운데, 자신 안에서 일어나는 현상이면서도 낯설기만 하고, 그것을 경험한 자가 "나는 그렇게 되리라고 계산하지 않았다"고 말할 수밖에 없는 그런 상태다. 자신이 어떤 관념의 발생에 아무런 몫도 담당하지 않았다는 느낌, "자신의 의지를 부려본 경험, 자기에게 예속되어 있는 감각이 결여되어 있다"는 그런 느낌이 들 때가 있다. 그것은 자기가 단순히 "사상의 무대일 뿐이라는, 말하자면 단순히 수동적인 역할을 할 뿐이라는" 의식이다. 그것은 또한 "말하는 것은 내가 아니다. 그것이 내 안에서, 나의 의지와 상관없이 또는 나의 의지를 거슬러 생각한다"는 느낌 또는 확신이다.[74]

지난 60여 년 동안에 가장 지배적이었던 경향은 창조의 과정을, 직접 관찰되지는 않지만 반(半)의식, 반(半)무의식 또는 잠재의식 상태로 불리는 의식과 유사한 어떤 심성의 활동으로 설명하는 것이었다. 시인은 "거역 못할 의식으로 배양되고 또 그것을 배양하기도 하는, 특수하게 감각적이고 활발한 잠재의식적 기질을 지닌 사람"이다.[75] 영감을 받아서 알게 되는 생각이나 관념들의 자질이, 적절하게 잡히기 전에는 억압되어 있던 감명을 만들어낸다. 이런 감명들의 대부분은 잠재의식 속에서 존속되며, 그 안에서 어느 정도 광범위한 복합 심리를 형성한다. 그러다가 그 복합 심리가 충분히 격렬해

지면, 그것들은 모든 장벽을 무너뜨리고 솟구쳐나오는 것이다.[76]

　이런 견해는 일견 그럴듯해 보이기는 하지만 결국 아무 설명도 못해주고 있다. 잠재의식이라는 것 자체가 심리학의 불가사의들 가운데 하나인즉슨, 잠재의식과 연결된 모든 견해가 결국 한 수수께끼를 이곳에서 저곳으로 옮겨놓는 것을 뜻할 따름이다. 또한 우리에게는, 정상적인 의식 상태에서는 부정하는 창조의 능력을 잠재의식 상태에 귀속시킬 아무런 명분도 없다. 잠재의식이 시를 낳는 경우가 그토록 드문 까닭은 무엇인가?

　지그문트 프로이트는 예술 작업이 그 창조의 양식을 보면 꿈과, 특히 백일몽과 비슷하다고 주장한다. 꿈이 우리에게 환상의 세계에서 욕구를 충족시키는 경험을 제공하듯이, 예술가는 그의 창조를 통하여 자신의 바라는 바를 충족시킨다. 리비도(libido) 혹은 성욕이 끝없는 표현욕의 근원으로 작용한다. 꿈꾸는 사람과 달리 예술가가 자신의 심리적 억압과 동경을 상징하는 예술 작품들을 통하여 희망, 욕망, 좌절을 남에게 전달하는 까닭이 바로 이것이다. 그러므로 예술이란 억압받는 욕망을 위장된 형태로 만족시키는 대용품이라는 것이다.

　예술적인 천품(天稟)의 본질 또는 기원에 관하여 프로이트는, 정신분석학이 이 신비스런 능력 혹은 예술가의 재능을 특별히 설명해 내지 못했다는 사실을 시인했다. 레오나르도 다 빈치에 관한 에세이의 마지막에서 프로이트는 예술가의 예능이 무엇인지는 정신분석학으로 알아내기 힘든 것임을 고백하였다. 참으로 정신분석학은 예술가의 재능이 어떤 것인지 해명하지 못하며 예술가가 작업하는 방법을 설명해 내지도 못한다. 예술가의 창조 능력은 어디서 오는가? 이것은 심리학의 질문이 아니다. 정신분석가는 시인의 문제 앞에서는 어쩔 수 없이 두 손을 들게 된다. 그러나 프로이트의 많은 추종자들은 그에게 동의하지 않았다.

　프로이트가 노이로제의 원인을 어렸을 적의 경험들과 그 경험들에 대한 개인의 특수한 반응에서 찾았듯이 그의 학파에서는 어렸을 때 받은 어떤 인상이 그를 예술가가 되게 이끈 것으로 보아야 한다고 주장했다. 예술가의 반응이 신경증과 다른 것은 그것이 "정신 장애를 일으키는 충격(trauma)을 극복하고 거기에서 초래되는 것을 억제할 능력을 갖추고 있다"는 점이다.

이것이냐 저것이냐

단순함을 갈망하는 마음은 언제나 이것이냐 저것이냐(either-or) 식으로 생각하는 것에 매력을 느낀다. 한 현상은 자연적인 것이거나 아니면 신적인 것이어야 한다. 신학을 만족시키려면 영감은 오로지 초자연적인 것이어야 하며 예언자는 단순한 도구요 그릇이어야 한다. 심리학을 만족시키려면 영감은 오로지 자연적인 것이어야 하며 다른 현상들과 동등한 것이어야 한다. 옛날에는 예언 활동을 무아경에 들어간 상태로 보는 이론이 초인간적인 영감이라는 개념을 보호하기 위하여 인간의 자발성의 역할을 모두 없애버렸다. 현대에는 예언 활동을 시인의 창작 행위로 보는 이론이 예언을 인간의 자발성에서 나오는 행위로 세우기 위하여 초인간적인 영감이라는 개념을 없애버렸다. 두 이론이 모두 수수께끼 자체를 파괴함으로써, 처음부터 설명될 수 없는 것을 '해명'코자 함으로써 나름대로 해결책을 제시하고 있다.

이 이론들은 예언자를 바로잡아, 그들이 환영의 희생자였음을 밝혀내기도 할 것이다. 그러나 과연 이 이론들은 검증될 수 있을까? 무아경이 과연 이사야를 낳는가? 시인의 영감이 예레미야나 모세를 설명해 낼 것인가?

이스라엘에서도 시가(詩歌)는 하느님의 영한테서 받는 재능으로 생각했다(사무엘하 23:2 참조). 모세 이븐 에즈라도 "히브리어로는 시인이 예언자로 불리운다"고 주장했다.[79] 그러나 그는 예언과 시가를 동일시하려는 의도는 분명히 없었다. 실제로 에제키엘은 당시 사람들이 자신의 예언을 '시가'로 받아들이는 데 대해서 불평을 토로했다. "아, 주 야훼여, 그러지 않아도 사람들은 저를 보고 비꼬는 말밖에 할 줄 모르는 놈이라고 합니다(에제키엘 21:5)." "너는 수금을 뜯으며 고운 소리로 사랑의 노래나 읊는 사람으로 보일 것이다. 그래서 그들은 네 말을 듣기는 하겠지만, 그대로 실행하지 아니하리라(에제키엘 33:32)."[78)]

창조 행위의 난해성

예언자들을 연구하는 학도들 중에는 황홀경 이론을 설명하는 자들에 비하여 시적 영감에 근거한 유추법(analogy)을 설명하는 자들의 수가 더 적다. 아마도 그 까닭은 시인이 창조하는 상태에서 연상되는 분명한 관념의 도식이 없기 때문이리라. 그렇지만 이 두 현상의 다른 점을 분석할 필요는 여전히 있다.

시인들의 의식에 '영감'이라는 단어는 무슨 의미를 지니고 있는가? 시인 자신들이 주장한 내용과 심리학자들의 해석에 담겨 있는 요점들을 살펴보기로 하자. 그것들이 많은 부정(否定)을 담고 있음이 우선 주목된다. 무아경 이론이 자주 부정의 신학과 연결되듯이 시인의 영감에 대한 이해의 바닥에 맴돌고 있는 관념은 철저하게 '부정의 심리학'에 의존하고 있는 듯하다. 거의 모든 발언의 에누리없는 결론은 확인이나 해명이 아니라 직접으로든 간접으로든 '무지한 자'(ignoramus)라는 고백이다. 이 현상의 골치 아픈 난해성은 바로 시인의 경험 자체가 해독하기 어려운 것이라는 데 있다. 게다가 시인 자신도 그 수수께끼를 풀어보려고 하지 않는다. 그는 심리학적 변화를 그대로 겪고 새로운 의식의 흐름에 휩쓸려들어가며, 그 흐름의 근원이라 할까 원천이라 할까는 여전히 모호한 채 남아 있는 것이다. 창조 행위의 정확한 정체는 계속하여 인간의 이해를 피해 달아난다. 그것은 다만 스스로 나타내는 만큼 서술될 뿐이다. 그것은 어렴풋이 감각될 수는 있지만 결코 파악되거나 설명되지는 않는다.

"사람은 그것을 누가 주는지 묻지 않는다"고 니체는 말했다. 그가 받은 영감은 정체를 알 수 없는 데서 온 것이다. 여기에 있는 것은 영감이고, 그것의 근원은 알 수가 없다. 그가 만나는 것은 하나의 흐름이요 그 흐름의 원천은 아니다. 창조 행위 자체는 일종의 자동 현상(automatism)이다. 그것은 의식적으로 통제할 수 있는 것이 아니다. 니체의 말을 다시 인용한다면 "사람이 속수무책일 수밖에 없는 그런 감정이 있다." 그것은 마치 인간의 인격적인 힘이 일시 중단되고 그의 몸의 형체가 사라지는 것과도 흡사하다. 시인은 주체로서 또는 한 인격체로서 영감의 순간을 만나지 않는다. 그는 그 순간을 "단순한 그릇"으로서(괴테), 익명자로 만난다. "인간은 어떤 전능한 힘의 화육(化育) 또는 대변자, 또는 중개인에 불과하다"고 니체는 말했다.

대조적으로 예언 행위는 분명한 자의식 안에서 이루어진다. 예언자는 자기 자신에게 수수께끼가 아니며 자기 경험의 근원에 대하여 당황하거나 무지하지 않다. 그는 누가 자기를 만나주는지 안다. 자기 경험의 근원(the Source)을 분명하게 알고 있기에 그는 확실하고도 단호하게 하느님의 영감을 받았노라 고백하며 그분의 이름으로 말한다.

중성의 발언

시인의 의식이 안고 있는 뚜렷한 특징은 영감을 받는 순간 그의 감성이 수동적이라는 점이다. 그의 혼을 사로잡는 힘에 의하여 그의 자아는 수동성 속에 가라앉는다. 시작(詩作)은 능동적인 작업이라기보다는 수동적이며 부지불식간에 이루어지는 과정이라는 말을 우리는 듣는다. 많은 시인들이 창작의 최고 경지에 이르면 그들이 상상력을 부리는 것이 아니라 상상이 그들을 부린다고 말한다.

그러나 시인이 영감을 받는 일에 수동적이라고 해도 어떤 다른 주체가 그의 자리를 대신 차지하여 시를 쓰는 그런 경험을 말하고 있는 것은 아니다. 시인이 영감을 받는 행위의 뚜렷한 특징은 그것이 막연하고 희미하며 모호하다는 데 있다. 시인 자신의 '나'도 아니고 초월하는 '나'도 아닌 것이 그의 마음을 점령하고 있는 것이다. 시인들은 그냥 "그것이 나에게 왔다"고 말한다. 그들의 말 속에는 제 삼인칭을 가리키는 중성(中性)의 발언이 지배적이다. 그들이 말하는 상(像)은 대개 비인격적이며 익명으로 되어 있다. "한 빛줄기가, 한 홍수가 내 의식 속으로 넘쳐흘렀다"는 식으로.

소크라테스는 말했다. "나는 시인들이 그들의 지혜로 작품을 쓰는 것이 아니라, 여러 가지로 좋은 말을 하면서도 자기네가 무슨 말을 하고 있는지 모르는 점쟁이들이나 예언자들처럼, 어떤 중성적인 힘과 영감에 의하여 쓴다는 사실을 이내 발견했다."[79] 괴테는 『파우스트』에 대하여 에커만에게 이렇게 말했다. "그들은 나에게 『파우스트』에서 어떤 관념을 형상화하려고 했느냐는 질문을 한다. 마치 내가 그것을 스스로 알고 대답해 줄 수 있으리라는 듯이…시인인 나는 추상적인 어떤 것을 내 시의 어느 한 줄기 속에도 형상화하려고 하지 않았다. 나는 마음으로 감동한 것을 받아들였고…시인인 나는 다른 사람들도 같은 감명을 받게 하고자 그것을 손질하여…그들 앞에 내놓은 것뿐이다…."[80]

반면에 예언자는 자기가 무슨 말을 하고 있는지 분명히 안다. 의도가 감명보다 훨씬 더 중요하다. 그의 목적은 자기의 견해를 예술적으로 정교하게 꾸며 만드는 데 있지 않고 강력하게 펼쳐보이는 데 있다. 그가 제일 중요하게 관심하는 것은 형식이 아니라 메시지다.

언제나 알 수 없는 근원으로부터 갑자기 뜻밖에 불쑥 솟아나오는[81] 시인의 영감과는 반대로, 예언자의 영감은 예언자 자신이 그 영감의 근원을 알고 있을 뿐만 아니라 영감으로 받은 메시지가(이전 시대의 메시지 내용과 연결된다는 점에서) 전체적인 일관성을 유지하고 있으며, 자신이 먼저 출현했던 예언자들과 연결되어 있는 사슬의 한 고리임을 스스로 알고, 그가 받은 계시들이 서로 연속되어 있음을 안다는 점에서 구분된다. 그에게 임한 말씀은 긴밀하게 연결된 계시들로 일관성이 있으며, 그의 받은 바 사명감과 깨달음을 밝혀 보여준다. 그의 경험에는, 경험하는 내용과 경험하는 주체가 일치되어 있다.

시인의 표현과 심미적·심리학적 정의가 함께 지니고 있는 공통점은, 시인의 영감의 비인격적인 본질을 특별히 강조하는 데 있다. 이것은 시인 자신의 영감을 받는 자로서의 자의식과 함께 영감의 근원에 대한 의식에도 적용된다.

그런즉 시인의 영감은 주체자가 없는 경험, 그 어떤 인격적 참여도 이루어지지 않는 경험인 듯하다. 그는 무엇인지 정체를 알 수 없는 근원 앞에 스스로 노출되며, 그가 맡은 역할은 다만 피동적으로 받아들이는 것, 단순한 객체가 되는 것일 따름이다. 그 구조를 살펴본즉, **객체-객체-관계**(object-object-relationship)로 이루어지는 경험이라고 하겠다. 비록 그것이 신비스럽고 압도적인 것이라 해도 그와 같은 영감으로는 어떤 시인도 "하느님이 말씀하셨다"는 말로써 자신의 시를 시작할 수가 없다.

반면에 예언자의 영감은 그가 받은 메시지 속에 임재하시는 하느님과 그분에 대한 분명한 의식이 핵심이 되어 예언자를 오히려 전율하게 한다. 거기에는 다른 '나'인 인격적 존재(a personal Being)가 들어와 있음을 확실히 아는 경험이 있고, 어떤 알 수 없는 근원에서 혹은 어딘지도 모를 곳에서 하나의 관념이 불쑥 나타나는 것이 아니라 언제나 가장 힘 있는 모든 것의 주체(Subject)가 그에게 친히 통화를 한다. 예언자는 그를 만나 받아들이면서 그 행위에 스스로 참여하기도 한다. 그 구조를 살펴본즉, **주체-주체-관계**(subject-subject-relationship)로 이루어지는 경험이라고 하겠다.

시인의 영감은 시인의 의식과 그 창조 작업의 비밀을 이해하는 데 대단히 중요한 것이기는 하지만 그의 작업 자체를 평가하는 데 없어서 안 될 만큼 중요한 것은 아니다. 반면, 예언자에게는 영감 자체가 예언의 본질이며 그의 정체와 그의 하는 일을 정당화시켜 준다.

제12장
예언과 정신이상

시가와 광기

우리가 그리스 문명으로부터 물려받은 이상스런 유산들 가운데는 위대한 시가(詩歌)들이란 광기(madness)를 통하여 나타난다는 신념이 들어 있다. 이 영향력 막강한 개념을 맨 먼저 만들어낸 사람들 가운데 하나가 데모크리투스다. 그는 호메로스를 영감을 받은 자라고 칭송하였으며 가장 훌륭한 시는 시인이 신과 성스런 숨[氣]에 사로잡혀 쓴 것들이라고 말했다. 그는 "누구든지 광기 없이는 위대한 시인이 될 수 없다"고 했다.[1] 이와 비슷하게 플라톤도 확신을 가지고 "우리 모두가 잘 알고 있으며 또 인정하는 전통에 따르면 시인은 뮤즈의 청동 제단 위에 앉아 있을 때 자기 정신이 아니다"[2]라고 했다. 그는 "뮤즈한테 사로잡힌 자들의 광기"에 관하여 이렇게 말했다. "그러나 뮤즈의 광기를 조금도 그 혼에 담지 않은 자가 문에 이르러 생각하기를 기술의 힘으로 신전에 들어서리라 하거니와 그는, 그리고 그의 시는 결단코 들어가지 못한다. 광인(狂人)과 경쟁을 할 때에 정신이 멀쩡한 사람은 자취도 없이 사라져 아무 데도 없다."[3]

나아가서 플라톤은 이렇게 말했다. "모든 훌륭한 시인은, 서정 시인이든 서사 시인이든, 기술로써 아름다운 시를 짓는 게 아니라 영감을 받고 사로잡혔기 때문에 시를 짓는 것이다. 코리반트의 방랑자들이 춤을 출 때에 제정신이 아니듯이 서정 시인들은 아름다운 가락을 지어낼 때에 제정신이 아니다.

그들은 음률과 박자의 힘 아래로 영감을 받고 사로잡혀서 끌려들어간다
···시인은 빛이요 날개 달린 성스런 존재다. 영감을 받아 모든 감각을 잃어
버리고 정신이 나가기까지는 아무런 착상도 떠오르지 않는다···기술로가 아
니라 신성한 힘으로 시인은 노래하기 때문이다."[4]

　시인이 창조하는 과정이 광기를 지닌 상태와 비슷하거나 동일하다는 플
라톤의 견해는, 시인은 광기를 지닌 사람(manikos)이라는 주장으로 발전했
다.[5] 시인이 발광(發狂) 상태에서 시를 짓는다는 이 생각은 세네카, 키케로
등 고대의 여러 사상가들한테서 메아리쳤다. "광기가 섞이지 않은 위대한
천재는 없다."[6] "정열의 불꽃에 타오르지 않는 자, 미쳐 날뛰는 그 무엇에
사로잡히지 않는 자는 위대한 시인일 수가 없다."[7] 황홀경, 영감, 시적 열
광, 디오니소스의 광란, 기운, 사로잡힘 따위가 시인을 설명하는 말로 사용
되었다.

광기에 대한 평가

　주지주의(主知主義)의 위대한 아버지들―데모크리투스, 소크라테스, 플
라톤 등 우리가 건전한 정신의 모델로 존경하는―이 정신나간 상태를 그토
록 진지하게 평가했다는 사실은 그들이 순진한 주지주의의 결함을 알고 있
었음을 강력하게 나타낸다. 그들이 그런 태도를 취한 것은 광기가 저주요 질
병임을 몰랐기 때문은 아니었다. 이는 "신들이 파멸시키는 자는 우선 미친
다"는 그리스의 속담에서도 입증되거니와 플라톤도 광기를 신의 형벌이라
고 말했다. 또 그는 광기의 여러 형태들을 말하면서, 어떤 것은 질병에서 나
오고 또 어떤 것은 "악하고 정열이 과한 기질"에서 나와 좋지 못한 교육 때
문에 더 커진다고도 했다.[8] 정신이상자들 역시 비록 외면당하기는 했지만
신령한 힘이 충만한 자로 여겨졌고 초자연적인 세계와 연결이 되어 있어서
때가 되면 보통 사람들은 쓸 수 없는 힘을 발휘한다고 생각했다. 아이아스
[Ajax, 트로이 전쟁 당시 그리스의 영웅―옮긴이]는 미친 상태에서 "악마가 아

니고는 그 어느 인간도 가르쳐주지 않았을"[9] 불길한 말을 토한다. 무대 위에서는 되풀이하여 정신이상 상태에서 나타나는 인물들이 경외심을 자아내는 인물로 묘사되었다.

플라톤의 말로는 "아무도 자기의 수완으로는 예언할 내용과 영감을 얻지 못한다. 그러나 영감을 주는 말을 듣든지, 그의 지성이 잠 속에 빠지든지, 아니면 어떤 정신질환이나 귀신에 홀려서 미치든지 할 때에 비로소 예언할 내용과 영감을 얻는다."[10] 어떤 신에게 사로잡혀 영감을 받을 때에 점쟁이들과 예언자들은 "여러 가지 말을 하지만 자기가 무슨 말을 하고 있는지 모른다."[11] "바커스의 처녀들은 디오니소스에게 사로잡혀 있을 때에 강에서 우유와 꿀을 마셨다. 그러나 제정신일 때에는 그러지 않았다."[12] 앞에서 말했듯이 뮤즈들은 시인의 마음을 사로잡아 그들을 광기로 몰아간다. 이 신성한 광기 없이 지망자가 시의 문을 두드리는 것은 헛된 짓이다. 왜냐하면 멀쩡한 감각으로 만든 시는 언제나 광기로 쓴 시에 의하여 시들어버리고 말기 때문이다.

이런 진지한 평가로 인해서 그들은 시의 창조가 광기에서 나오는 신비라고 생각했던 것이다. 소크라테스의 유명한 선언에서도 이에 대한 하나의 예증을 찾아볼 수 있다.

> 신의 선물인 광기가 있다. **가장 큰 축복들은 미친 상태에서 우리에게 온다.** 예언은 광기요, 델피의 여예언자들과 도도나의 여사제들은 공적으로나 사적으로나 제정신을 잃었을 때 헬라스(그리스)에게 위대한 은전(恩典)을 베풀었지, 온건한 정신일 때에는 거의 못 베풀었거나 전혀 못 베풀었기 때문이다. 그리고 저 시빌(Sibyl, 巫女)과 다른 영감받은 자들이 숱한 사람들에게 장차 일어날 일을 일러주어 그들을 파멸에서 지켜주었을 때, 그들이 어떻게 그 일을 했는지 내가 새삼스럽게 말해주어야만 하겠는가?…옛 사람들이 증언하듯이 예언자의 행위가 복점관(卜占官)의 행위보다 훨씬 더 완벽하고 유익하듯이 **광기는 숙고보다 훌륭하다. 숙고는 오로지 인간의**

일이지만 광기는 신들한데서 나오기 때문이다.[13]

어째서 미쳐 있는 상태를 최고의 영적인 시혜(施惠)의 상태로 여겨야만 했던가? 어째서 인간은 높은 곳으로 오르기 위하여 밑바닥으로 내려가야만 했던가?

소크라테스의 말을 따라서 철학자들은 "너 자신을 알라"를 표어로 삼아야 했다. 그러나 자기-앎이라는 황금우리(새장)는 너무나도 좁아서 인간이 자기 자신과 더불어 살 수가 없었다. 광기는 그 본질상, 사람이 자신과 더불어 살아가는 데 대한 실망을 경험하는 데서 생겨나며 마침내 자아로부터 분열되는 현상이라고 설명될 수 있을 것이다. 광기는 인간이 자신을 넘어 초월에 이르고자 하는 필사적인 시도다.

그토록 많은 신봉자들을 거느렸던 디오니소스 광란은 모든 규범들과 결정화를 깨뜨리고자 함으로써 단순히 "자연으로 돌아옴"이나 열정의 재연 혹은 합리주의에 반대하여 감정에 굴복하는 것 이상이었다. 거듭하여 인간은 자신의 내면에서 나오는 빛이 얼마나 공허하며 얼마나 희미하며 얼마나 돌발적인 것인지를 발견하게 된다. 그의 내부에는 자신을 뛰어 넘고 자신의 행위에 혼을 불어넣을 만한 능력이 충분치 못하다. 그가 자기를 벗어나게 할 수 있는 큰 힘과 만나기를 기대하고 또 틀, 질서, 한계, 자아 등의 너머에 있는 무엇과 연결되기를 기대하는 것은 광란의 상태 속에서다.

인간을 이끌어 재앙을 숭배하고 괴물을 축성(祝聖)케 하는 혼돈에는 뿌리 깊은 매력이 있다. 사람들은 전쟁, 폭력, 파괴 속에서 감정적 고양을 모색한다.

그 혼돈의 매력은 예술과 종교의 세계에 대한 우리의 이해에 빛깔을 입힌다. 인간으로서 멀쩡한 정신으로 영감을 받고, 평범하면서 성스럽기란 생각조차 할 수 없는 일인 듯하다. 인간의 마음은 맑아지기 위하여 뒤집어져야 하고 어떤 대상이 성스런 것으로 인식되려면 불길한 것으로 보여야 한다. 모순이 없는 일관성보다는 기괴함이 신비와 잘 어울리는 것 같이 보인다. 신들은 흔히 섬뜩하고 불쾌한 모습으로 그려진다. 인도 예술은 머리가 많고 팔이 여러 개 달린 모습으로 신들을 즐겨 표현한다. 메두사의 머리 혹은 무시무시한 괴물인 고르곤이 제우스와 아테나의 방패를 장식하고 있다.

천재와 정신이상

이 문제는 19세기 후반 부활하여 정신과 의사들의 학문적 연구 과제가 되었다. 모든 정신적 현상을 생리학적 원인에 결부시키려는 오귀스트 콩트 (Auguste Comte)의 과장된 경향에 영향을 받아 그들은 심성의 재능을 뇌 구조의 이상(異常)으로 설명코자 했다. 모로(Moreau)는 1859년에 출간한 저서에서 이 문제를 체계적으로 탐구한 첫 번째 인물이 되었다. 그는 천재란 정신질환자이며 노이로제에 걸린 사람이고, 두뇌 **조직**에 이상이 있는 병적 상태를 말한다는 견해를 발전시켰다. 극도로 민감한 신경 조직이 위대한 정신적 에너지(천재) 또는 정신질환의 원인으로 규명되었다. 이 두 형태가 모두 영감이라는 현상 속에 현존한다. 두뇌의 온전한 정상 상태와 탁월한 정신적 재능은 서로 배타적이다.

정신이상 혹은 광기의 어떤 형태가 천재를 만들어내는 정신적 조건들과 연관되어 있거나 혹은 동일한 것이라는 관념은 세자르 롬브로소(Cesare Lombroso, 1836~1909)의 저서에서 아주 잘 정리되었다. 롬브로소의 저서는 정신병리학과 창조성의 연관에 대한 실험 자료들을 제시한 첫 번째 노작들 가운데 하나다.

롬브로소에 따르면 천재는 병든 마음(정신)이 겉으로 나타난 것이다. 천재와 정신이상 사이의 인척 관계는 천재를 지닌 인간들한테서 노이로제, 정신이상, 우울증, 과대망상증, 환각증 따위 병리 현상들이 빈번하게 나타나는 것으로써 입증이 된다. 여러 나라 말로 번역되어 많은 독자들에게 읽혀진 롬브로소의 『천재』(*L' Homo di Genio*)(1888)는 같은 주제를 다룬 방대한 저술들이 태어나게 했다.[14] 진주가 병든 분비물이듯이 천재의 발산은 흔히 병든 신경 조직과 뒤틀린 비장(脾臟)의 영향이라는 견해, 창조적인 인간은 결국 조울증의 희생자로서 그의 조울증이 창조의 동기가 된다는 견해가 널리 유행했다.

이를 주제로 한 문헌은 괄목할 만큼 많아졌지만, 그러나 막상 문제를 푸는 일에는 아무런 성과도 거두지 못했다. 조금 더 세련된 견해에 따르면, 천재는 유전적으로 정신이상에 연관되어 있지만 미친 심성의 산물은 아니다. 실제로 정신이상은 창조성을 거역한다. 천재들은 정신이 멀쩡할 때에 가장 창조적이다.[15] 비록 정신의학적 조사에서 천재들 가운데 이 세련된 견해에 따라 심리적으로 건강한 사람이라고 볼 수 있는 자의 수가 적다는 사실이 판명되기는 했지만, 정신이상과 천재가 결부되어 있다는 견해가 만장일치의 이의 없는 견해는 아닌 것이다.[16] 어떤 학자들은 천재를 배출하고, 천재의 태어남과 소멸을 자극하는 요인들을 지적한다. 또 창조성과 정신이상 사이에는 그 어떤 내부적 혹은 인과적 관계도 없다고 하면서 인간을 창조적이게 만들어주는 요인들은 병리학과 전혀 관계가 없다고 주장하는 학자들도 있다.[17] 과거의 탁월한 천재들에 관한 입수 가능한 자료들을 검토해 보는 시도가 여러 번 이루어졌고 현존하는 천재들에 대한 탐구 조사도 많이 이루어졌지만, 천재가 정신이상에 결부되어 있다는 견해를 확실하게 확인시켜 주지는 못하고 있다. 오히려 그런 견해는 쉽게 흥분하는 기질과 실제의 정신병을 구분하지 못하고 있음을 반영한다.[18] 또한 천재는 간질 발작 중 나타난다는 롱브로소의 이론도 조심스런 연구 결과 확증되지 않았다. 질병이 결정적 요인은 아니다. 그러나 질병이 때에 따라 이미 발산되고 있는 천재의 효소(酵素)로서 기능할 수는 있다.

천재는 정신이상도 노이로제도 아니다. 천재는 그 자체로서 특수한(sui generis) 현상이다. 천재를 지닌 인간이 "가벼운 신경 계통의 질환"으로 고통받는 것은 부인 못할 사실이다.[19] 그러나 이런 질환은 그의 창조 정신이 전달코자 하는 것에 대하여 무관심하거나 적대적이기까지 한 사회에 기인하는 것일 수도 있다. 거절 또는 오해, 정신적 압박과 긴장, 완전한 헌신에 필수적으로 수반되는 자기 부정의 행위, 직관을 표현하고자 할 때에 겪게 되는 고뇌 등은 너무나도 강렬하여 인간의 감각적인 균형에 영향을 끼치지 않을 수가 없다. 창조적인 인간이 어떻게든 목숨을 부지한다는 것은 그 자체가 기적이다.

지금까지 천재는 질병보다 건강의 산물임을, 증상이 비슷하다고 해서 같은 것은 아님을, 천재는 심리학적 개념이 아님을, 정신이상과 천재 사이에는 아무런 원인 고리가 없음을 주장한 셈이다. 그러나 광기는 천재의 결과일 수 있다. 천재를 지닌 인간이 미쳐버린 세상에 살면서 상처를 입지 않기란 너무나도 어려운 일이다.

롱브로소 이론의 오류는 원인을 결과로 본 데 있다. 천재가 그 재능의 대가로 따돌림을 받거나 어떤 고뇌를 지불해야 하는 것은 사실이다. 그러나 그 고뇌는 천재의 원인 또는 본질이 아니라 결과다.

예언과 광기

천재와 광기를 동일시하는 풍조에 따라 학자들은, 예언이란 병적인 조건에 기인하여 정신의 성장에 따른 마음의 동요에서 혹은 신경 조직의 교란에서 오는 결과라고 주장하기에 이르렀다. "예언과 정신이상 사이에는 긴밀한 관계가 있다. 심령의 경험에, 자동 적용[automations, 무의식적인 창작 행위 등─옮긴이]에 흐르기 쉬운 기질은 천재가 되든지 아니면 정신 질환에 걸려 우울증 환자나 노골적인 정신이상자가 되게 마련이다."[20]

'나비'(nabi)라는 말의 어원과 예언자들의 어떤 행동 양태가 이 이론을 뒷받침하는 데 인용되었다. '나비'는 미친 듯이 게거품을 물고 큰소리로 말하는 사람을 가리키는 말이며,[21] 그 본디의 뜻은 '광기', '정신이상'이었다는 해석이 있다. 따라서 '나비'는 어떤 초자연적인 힘에 사로잡혀 움직이는 사람을 의미했다. 그러기에 "정신이상자는 이스라엘 사람들에게 신성한 존재였다. 그들은 광인이란 초자연적인 힘에 사로잡힌 사람이라고 믿었다."[22]

"이사야와 예레미야가 환상 속에서 소명을 받는 것은 정신 병리학적 현상으로서, 점쟁이들이나 무당들이 무아경에서 환상을 보는 것과 흡사하다."[23] "아모스나 예레미야 같은 인물들은 당시 사람들 눈에 그 증상이 간질병자나 정신병자의 그것과 너무나도 비슷해서, 무아경에 빠진 자들과 쉽사리 구분되지 않았다."[24] 브룸(E.C. Broome)에 따르면 에제키엘은 편집광적 정신 분열증을 내포한 이상 행태를 보여주고 있다. 그의 성격 속에는 "순수한 정신분열증", "주기적 긴장병", "강력한 초능력", "거세와 무의식적인 성의 퇴행에 대한 광상(狂想), 정신분열적 퇴행, 박해에 대한 망상 등을 수반하는 자아도취-자기 학대적 갈등"이 함축되어 있다. 그러나 브룸은 우리에게 에제키엘의 "종교적 의미가 우리의 편집증 진단으로 손상될 수는 없음"을 분명히 밝힌다.[25] 나아가서 에제키엘이 강직증(强直症) 발작을 일으켰다고 보는 학자들도 있다.[26]

예언과 노이로제

정신분석은 "정신이상에 대한 롱브로소의 물질적 이론을 극복하거나 정신적 설명으로 그의 합리적 설명을 보충하는 일에 성공하지 못했다. 정신분석이 한 일이란 정신이상을 노이로제로 대체하여 〔이것이 롱브로소가 본디 뜻한 바의 바탕이었다〕,…예술가를 신경증(neurosis) 환자와 일치시키거나(새드거, 스테켈) 혹은 열등감이라는 것을 바탕으로 삼아 예술가를 설명해 보려는 것(아들러)이 고작이었다."[27]

정신분석학의 원리를 적용하여 작가들은 자주, 예언자가 영감을 받는 것은 노이로제가 될 수도 있는 어떤 뒤틀린 경험에서 파생되는 마음의 상태에 들어간 것이라고 보는 견해를 발전시켰다. 예언자들의 환상을 보는 경험에서, 무례한 몸가짐과 선정적인 외모에서 학자들은 비정상인 정신 상태의 모습을 찾아보려고 했다. 예언자의 경험이 안고 있는 비밀은 그들이 무아경에 사로잡히고 정신적인 착란에 들어가려고 하는 데 있다고 생각되었다.

우리는 정신분석학이 제시한 예언자 호세아에 대한 설명을 예로 들 수 있다. 그가 음란한 여자와 결혼하는 것을 보면 그에게 관능적인 기질과 비정상적으로 정열적인 성품이 있었음을 짐작할 수가 있다. 「호세아」를 읽는 독자는 예언자의 감정이 특별히 성의 문제에 깊이 얽혀 있다는 인상을 받는다.

> 호세아의 성생활은 잠재의식 속에서 계속되었다. 호세아 자신은 그것을 의식하지 못했고 따라서 그의 책에도 나타나 있지 않다…그것은 간접적인 방법으로 표현된다. 성적 충동은 그의 내부에서 억제되었다. 그의 성욕은 그것을 해방시킬 어떤 점을 찾고 있었다. 그는 그 점(a point)을, 하느님의 위엄을 위하여 어떻게 해서든지 온 나라의 매음을 비난하고 동시대인들 앞에 그것을 죄로서 폭로시켜야 한다는 의무감 속에서 발견하였다. 그렇게 함으로써 그의 성욕은 무의식의 깊은 곳에서 스스로 나와 표출될 수 있었던 것이다.[28]

> 호세아는 성적 강박관념으로 괴로워했다. 그것은 그를 자신이 가장 두려워한 존재가 되게끔 몰아갔다. 그는 '성 콤플렉스'에 사로잡혀 있었고 "특별한 격정과 열정"을 몸에 지니고 있었다. 그와 같은 격정과 열정은 사람들의 "일평생을 관통하여 흐르면서, 적절히 승화되면 그들에게 비상한 능력과 인상(印象)을 심어준다. 〔그런즉 호세아한테서〕 우리는 잠재의식의 강박관념과 의식적 사고의 순수성 사이에 갈등이 있음을 본다…그는 자신의 훌륭한 본성이 혐오하고 있는 계층에 속한 한 여자에 대한 거역 못할 사랑에 휩쓸려든 자신을 발견했다…마침내 자기 영혼의 고뇌와 스스로 경험하는 무한한 사랑 속에서 그는 하느님의 마음을 발견했던 것이다."[29]

또 다른 견해에 따르면, 호세아의 결혼은 이른바 아니마-경험(anima-experience)이라고 하는 심리학적 뿌리를 가지고 있다. 융(Jung)은 '아니마'〔영혼, 정신, 생명―옮긴이〕를, 집합적 무의식의 여성(女性) 상징으로 보았다. 그것은 어떤 인간이 자신의 내부에서 접근해 오는 것에 대하여 가지는 태도를 나타낸다. 그러므로 고멜[호세아의 아내―옮긴이]은 "예언자를 위한 일종의 시빌(Sibyl, 巫女)"이었다고 하겠다.[30]

멀리서 하는 정신분석의 위험성

수천 년 전에 살았던 한 인간의 잠재의식을, 남아 있는 문헌에 바탕하여 해부하려는 시도가 내포하고 있는 학문적 위험성은 그 작업 자체를 무모한 것으로 만들어버릴 만큼 큰 것이다. 19세기의 어떤 의사들은 흔히 이 방법을 사용하여, 문헌에 남은 증상을 근거로 의학적인 진단을 내리기도 했다. 예컨대 그들은 바이런의 시를 연구하여 그가 담석증을 앓았다고 했고, 비슷한 방법으로 포프는 고혈압이었다고 했다. 잠재의식의 영역과 문학적 형상화의 차원 사이에 있을 수밖에 없는 간격에 덧붙여, 우리는 예언자의 인격을 분석하는 데 있어 그의 언어, 역사관, 감정의 동향 그리고 영적 감수성의 엄청난 차이와 거리를 반드시 계산에 넣어야 한다.

예언자의 정신 건강에 대한 확실한 진단은 우리가 할 수 있는 것이 못 된다. 예언자를 면담하거나 시험하기 위하여 실험실로 데려올 수도 없고, 우리의 인식 범위를 벗어난 경험들에 관하여 바르게 질문하는 데 반드시 있어야하는 정밀함도 우리에게는 없으며, 예언자의 응답 속에 함축되었을 그의 혼의 감수성을 이해하는 데 필요한 감정이입(empathy)도 불가능하다. 스펙트럼 분석은 태양과 천체를 연구하는 데는 참으로 적절하고, 멀리 떨어져 있는 실체의 화학적 구조를 탐구하는 데에도 훌륭한 방법이지만, 먼 과거의 영적 순간들을 이해하는 데에는 별로 효력이 없다.

예언자를 정신병원에 입원해야 할 환자로 취급하려는 경향과, 예언자를 해부하여 그가 모자라는 자임을 알아내려는 해석 방법은 우리로 하여금 예언자의 의식에서 본질적이고 창조적인 것을 짐짓 보지 못하게 만드는 잘못된 과정을 보여줄 뿐이다. 예언자의 인격을 구성하고 특징지우는 특수한 요소들에 가까이 가기 위하여 예언자에게 스스로 몰두하는 대신 이 기술은 예언자를 기성품 틀에 맞춰넣으려고 한다. 창조 과정에서 부여된 특수한 가치들을 심리학의 공식으로 연역해 내려면 그것들을 모두 파괴시킴으로써만 가능할 것이다.

그런 절차를 밟는 것이 타당한 경우가 하나 있으니, 문명이 예언자의 영감을 진지하게 다루지 못하는 그 무능을 변명할 경우가 그것이다. 그러나 예언자들을 진지하게 다루지 못하는 것은 하나의 태도이지 무엇에 대한 해명은 아니다.

문서 예언자들의 병리학적 증상들

무엇이 그런 진단을 정당화하는가? 무슨 증상이 있어서? 다음의 두 해설에서 몇 가지 대답을 찾아볼 수 있을 것이다.

첫 번째 해설:

우리는 호세아, 이사야, 예레미야, 에제키엘이 "무아경에 들어갔음을 고백하고 있으며 의심할 나위없이 무아경을 경험했고 그들의 무아경은 여러 가지 병리학적 증상과 형태를 수반 혹은 전제했다"는 말을 듣는다(주 31)을 보라). 이 증상과 행태란 어떤 것들인가?

1. 예레미야는 야훼의 소명을 받고, 재난이 예견되었으므로 혼자 남아 있었다.

2. 이사야는 야훼의 "명령을 받고(?) 여자 예언자와 성교하여 낳은 아이에게 미리 지어두었던 이름을 주었다(이사야 8:3). 예언자들의 이상하고도 상징적인 자녀 이름들이 자주 발견된다."

3. "영이 그들 머리 위에 내릴 때, 예언자들은 얼굴이 일그러졌고 숨소리가 약해졌으며 때로는 자기도 모르게 땅바닥 위에 쓰러져 한동안 보지도 못

하고 말도 하지 못하면서 온몸을 경련했다(이사야 21장 참조)."

4. 이사야는 "3년 동안 옷을 벗고 맨발로 다니며 에집트와 에디오피아의 운명을 나타내는 상징이 되었다. 그와 같이 에집트와 에디오피아에서 사로잡힌 포로들은…알몸과 맨발로…아시리아 왕에게 끌려가 에집트의 치욕이 되었다(이사야 20:3~4)."

5. 예레미야는 "술취한 사람같이" 되었고 그의 뼈마디는 모두 떨렸다(예레미야 23:9).

6. "예레미야는 이중 자아로 분열되었다. 그는 하느님에게 말해야 하는 책임을 면제해 달라고 간청했다. 스스로 원하지 않으면서도 자신한테서 오지는 않은 어떤 영감받은 말을 해야만 했던 것이다. 참으로 그의 연설은 그에게 무섭기만 한 운명이었다. 말을 하지 않으면 큰 고통을 겪어야 했다. 속에서 불길이 치솟아 그를 사로잡았고, 말을 하지 않고는 무거운 압박을 견뎌낼수가 없었다. 예레미야는 이와 같은 상태를 경험하지 못한 사람은 예언자로여기지 않았다. 그가 예언자라고 인정한 사람은 '제 속 마음에서 나오는' 말이 아니라 그러한 강제력에 붙잡혀 말을 하는 자였다."[31]

이제 위의 증명을 검토해 보자.

1. "혼자 있는 것"을 병상(病狀)으로 보는 것이 옳은가? 무엇을 상상하거나 묵상할 때에 혼자 있을 필요가 있는 게 아닌가? 정신의 영역에서 어떤 중요한 일이, 고독이라는 보호와 축복 없이 과연 이루어지는가? 엘리야는 가르멜 산에 있는(열왕기하 4:25) 언덕 꼭대기에서(열왕기하 1:9) 혼자 살았던 것 같다. 그러나 과연 혼자 사는 것이 예언자들만의 특징인가? "혼자 있는 것은 모든 위대한 정신들의 운명이다. 때로 한탄스럽게 여겨지기도 하지만 그러나 그래도 두 개의 악 가운데 덜 가혹하고 한탄스런 것으로 선택되는, 운명이다." 이것은 쇼펜하우어의 말이다. 한 사람의 생애에서 그래도 좀더 훌륭한 순간들은 그의 혼이 홀로 있을 때에 발생하지 않는가? 예레미야는 사회에서 몸을 빼쳐나오려는 욕망에 사로잡혀 있었는데, 이것을 정신질환의

증상으로 보기란 어려운 일이다. 그의 경험을 자세히 살펴보면, 아마도 그는 사람들과 더불어 있을 때에 가장 외로웠고 혼자 있을 때에 가장 덜 외로웠던 것 같다. 그가 사람들의 자기 만족을 더 이상 견딜 수가 없었을 때에 들판에 나가 혼자서 살 꿈을 꾼 것이 과연 이상스런 일일까?

2. 이름을 지어주는 일은 성경에 자주 언급되는 매우 중요한 행사로서, 후손들한테만이 아니라 공동체에도 적용되었다. 하갈은 천사에게 다음과 같은 말을 들었다. "너는 아들을 배었으니 낳거든 이름을 이스마엘이라 하여라 …네 아들은…모든 골육의 형제들과 등지고 살리라(창세기 16:11~12)." 성경에 나오는 많은 이름들이 "이상스럽고 상징적"이다. 그리고 어떤 이름들은 장차 일어날 일을 미리 말해주는 뜻에서 "예언적"이기도 하다. 예를 들면 라멕은 아들의 이름을 노아라고 짓고는 이렇게 말했다. "이 아들은…고생하며 일하던 우리를 한숨 돌리게 해주리라(창세기 5:29)." 이 노아라는 이름은 이사야의 경우와 마찬가지로, 백성들을 위하여 마련되어 있는 것을 가리키는 이름이었다.

3. 어떤 예언자들은 영감을 받는 순간에 놀라서 흥분했노라고 말하고 있다. 그러나 이런 반응을 무아경에 빠진 상태 또는 정신이 혼미한 상태로 보는 것은 무리가 아닐 수 없다. 예언자의 상태를 살펴보면, 그는 자주 간담을 서늘케 하는 놀라움을 경험한다. 사람들은 모두 평온하게 살아가고 있는데 홀로 다가오는 재난을 내다보며 절망과 낙담으로 살아가는 사람이 예언자다. 만일 다가오고 있는 확실한 재난을 보면서도 그가 아무런 충격도 받지 않고 초조한 기색도 보이지 않았다면 우리는 그를 비정상인, 냉혈한, 목석이라고 해야 할 것이다. 이사야가 자기의 고뇌를 표현하는 데 사용한 언어는 성경의 다른 저자들도 익히 사용하고 있는 것들이다.

4. 예언자가 옷을 벗으라는(문자 그대로는, "네 허리에서 굵은 베를 풀어라") 말을 들었을 때 그 말은 겉옷을 벗고 간단한 속옷만 입으라는, 즉 노예처럼 입으라는 그런 말이었다(참조, 이사야 3:17; 47:2~3). 겉옷을 입지 않고 걸어 다니는 것은 또한 슬픔을 나타내는 방식이기도 했다(미가 1:8 참조).[32] 이와

비슷하게 신을 신지 않고 다니는 것은 큰 슬픔이나 가난을 나타내는 것이었다(참조, 사무엘하 15:30; 에제키엘 24:17, 23). 슬픔의 표시로 신을 벗는 것은 오늘에도 남아 있는 유다인의 풍습이다. 이 이야기는 두 가지로 해석될 수 있겠다. "이사야가 예루살렘 거리를 벌거숭이 몸으로 다닌 것은 분명한 노출증으로서, 오늘에도 그런 증상을 육상 경기장이나 해수욕장에서 볼 수 있다"는 해석이 그중 하나다. 다른 해석은, 여기서 하느님의 뜻에 대한 완전한 복종을 볼 수 있다는 것이다. "예언자는 자신의 온몸을 예언에 던졌다. 그는 입술만이 아니라 인격 전부를, 하느님의 말씀을 담아 나르는 운반 기구로 삼았다."[33]

5. 「예레미야」 23장 9절에 서술된 상태에 관해서는 앞의 202~203쪽에서 언급한 바 있다.

6. "이중 자아로 분열되는" 내면의 갈등을 과연 병상(病狀)이라고 볼 것인가? 괴테도 『파우스트』의 유명한 일절에서 동일한 현상을 이렇게 표현하고 있지 않은가.

> 오호라, 나의 가슴 속에는
> 두 영(靈)이 거하는구나.
> 그리고 서로 물러서며 또한
> 제 형제를 몰아내는구나.(I, 2)

두 번째 해설:

아마도 십중팔구, 예언자들과 '베네 네비임'(bene nebi'im)은 그 대부분이 심리적 비정상인, 조잡한 환상과 상상에 사로잡힌 **신경증 환자 또는 간질 환자**였을 것이다. 하느님의 사람답게 그들은 어디서나 몸짓과 옷과 말투에서 여느 사람들과 달랐다. 그들은 털가죽 외투를 거쳤고(즈가리야 13:4) 가죽띠로 허리를 묶었다(열왕기하 1:8). 상처가 나서 피가 흐르는 몸으로 대중 앞에 나타나는 일은 드문 일이 아니었다(즈가리야 13:6; 열왕기상 20:35).… 그들은 대중에게 미치광이와 바보들로 대접받았다(열왕기하 9:11; 호세아 9:7; 예레미야 29:26). 그러나 이 광기에는 나름대로 조리가 있었다. 그것은 사람들에게 나무람과 함께 두려움을 심어주었다. 예언자의 광기에도 불구하고 사람들은 그를 믿고 두려워했다.[34]

이 해설에 담겨 있는 요점들을 검토해 보기로 하자.

1. 오늘에도 많은 랍비들, 목사들, 사제들 그리고 수도승들은 "그 몸짓과 의복과 말투에서 여느 사람들과" 다르지 않은가? 성경의 법에 따르면 사제들은 특별한 규칙과 규율을 지키게 되어 있었다. 마이모니데스는 말하기를 "현인(賢人)은 그의 지혜와 도덕적 원칙들이 여느 사람과 다르므로 현인이다. 이와 마찬가지로 그는 모든 행동에서, 먹는 것과 마시는 것…말, 걸음걸이, 의복…에서 현인다워야만 한다…"고 했다.

2. 털옷을 입고 가죽띠를 매는 것 또한 정신질환의 증세로 볼 수는 없다. 사람들이 아마포(린네르)로 옷을 지어 입은 것은 모피로 옷을 지어 입은 것보다 더 나중의 일이었다. 현대의 관습이 싫은 자들은 여전히 양이나 낙타의 털가죽으로 만든 옷을 입고 있었다. 은둔자들은 흔히 염소 가죽이나 낙타털로 만든 옷을 입었다. 오늘에도 비슷한 의복을 입고 사는 수도회의 수도자들이 있다.[35]

3. 제 몸에 상처를 입히는 짓은 바알의 예언자들이 한 짓이었다. 엘리야는 그들의 행태와 전혀 다른 모습을 보여주었다(열왕기상 18:28). 다른 이야기(열왕기상 20:35~47)에는 흔히 오해받거니와, 한 예언자가 하느님의 명령을 받아 친구에게 "나를 때리라!"고 말하는 대목이 있다. 이 이상한 행위(자기 몸에 상처를 입히는 것과는 다르다)를, 정신이상의 증세 또는 무아경의 황홀함을 얻기 위한 수단으로 분류하는 것은 아무래도 무리다. 예언자가 자기 몸에 상처를 입힌 것은 "스스로 하느님의 말씀에 의한 순교자의 실례로서 왕 앞에 설 수 있고자" 원했던 때문이다.[36]

즈가리야가 말하는(13:3~6) "예언자"의 가슴에 난 상처들을, 이스라엘 예언의 특성을 보여주는 전형적인 흉터로 보는 사람들도 있다. "이스라엘의 무아경 경험자들은 시리아와 소아시아의 무아경 경험자들처럼 칼로 자기 몸을 찌르고 베었다."[37] 그러나 즈가리야가 말하고 있는 예언자란 "더러운 영을 받아" 대중에게 예언자로 나타나지만 사실은 예언자를 사칭하는 자들이다. 예언자를 사칭하는 자들을 선동했던 더러운 영들은 철저하게 축귀(逐鬼)당할 것이고 그렇게 되면 신성한 영감을 사칭한 자는 곧장 파멸에 빠질 것이다. 그들의 몸에 난 상처는 저주와 파멸의 상징이었다(민수기 25:8 참조).[38]

4. 예언자가 광인으로 불리우는 대목을 분석해 보자.

> 이스라엘은 알라.
> 벌 내릴 날이 다가왔다.
> 너희가 목젖까지 악이 차올라
> 하느님을 거스르기만 하는구나.
> "이 어리석은 예언자야,
> 신들린 미친 녀석아" 하면서…(호세아 9:7)

만일 이 구절을 예언자가 과연 미친 녀석이라고 긍정하는 구절로 읽는다면, 호세아가 자신이 어리석은 바보요 미치광이라고 고백하고 확인하는 대목으로 받아들여야 한다. 그러나 반대로 이 구절은, 사람들이 호세아의 어떤 행동을 보고 그토록 심한 말을 하는 것에 대한 예언자의 강한 반발로 읽어야 한다.

예레미야가 공공연히 거짓말쟁이라고 비난한 자칭 예언자, 나흘렘 사람 스마야는 성전을 관리하는 사제에게 편지를 보내어, "예언자 행세를 하며 미치광이처럼 구는 자가 있으면 누구든지 벌하게" 되어 있는데 왜 예레미야를 그냥 두느냐고 항의했다(예레미야 29:24 이하). 여기서 스마야가 사용하고 있는 "미치광이"라는 단어는 예레미야가 자기를 포함한 "예언자들"을 비방한

데 대한 증오와 분개심을 나타내는 말이지, 말 그대로 예레미야의 정신 상태를 나타내는 것은 아니다. 북왕국의 사령관이 장교들한테서 "그 미친 녀석이 왜 왔었소?"라는 질문을 받은 것도 마찬가지다(열왕기하 9:11).

예언자를 미치광이로 보는 사람들의 견해를 바탕하여 결론을 내리고, 예언자의 의식이 비정상의 모습을 담고 있다고 추론하는 것은 결코 정당한 일이 못 된다. 사람들은 천재를 지닌 사람을 미치광이로 보고 싶어하며, 열광적인 광희(狂喜)의 감정 속에서 신비스런 심성의 착란을 보려고 한다.

> 무리들은 미쳤다고 심판하지만
> 당신의 눈에는 제정신이겠지요.(호라티우스, 『풍자』, I권, 6)

> Demens judicio vulgi,
> Sanus fortasse tuo.

어떤 사람이 다른 사람들에게서 받은 인상을 신뢰할 만한 판단의 근거로 삼을 수는 없는 일이다. 한나는 야훼께 기도를 드릴 때에 "속으로 기도하고 있었으므로 입술만 움직일 뿐, 소리가 들리지 않았다(사무엘상 1:13)." 그런데 엘리 사제는 그녀를 술취한 여자로 대했다. 어디서든 사회의 눈으로 보면 평범, 상식, 통념 따위와 타협하기를 거절하는 사람은 정신이 어딘가 비뚤어져 있거나 반쯤 미친 사람 또는 편집광자(偏執狂者)로 보이게 되어 있다.

안티오쿠스가 보기에 엘르아잘 사제와 그의 동지들이 돼지고기를 먹느니 고문을 받아 죽기를 선택하는 것은 미친 짓이었다(마카베오4서 8:5; 10:13).

아울루스 겔리우스(Aulus Gellius, C.E. 163 사망)는 유명한 문법학자 도미티우스가 "태어나면서부터 성품이 까다롭고 심술궂었으므로" 인사누스(Insanus), 즉 미치광이라는 별명을 얻었다고 말했다. 동시대인들에게 불평을 털어놓으면서 도미티우스는 이렇게 말했다고 한다. "당신들 뛰어난 철학자들이 단어와 단어의 권위 말고는 다른 아무 것에도 관심을 기울이지 않는 오늘에, 그 어떤 좋은 것도 희망할 여지가 없다…문법학자인 내가 인생과 행태를 탐색하고 있으니, 당신네 철학자들은 장송곡(mortualia) 또는 '바람에 날리는 종잇장' 일 따름이다."[39]

예언자가 정신병자였다는 이론의 바탕이 되는 전제는 흔히 인용되는 대로 "고대 사회의 어디에서나 그랬듯이 이스라엘에서도 정신이상 상태가 성스런 것으로 여겨졌으며 광인과 접촉하는 것이 랍비들의 시대에 여전히 금기였다"는[40] 견해와, 동양에서는—따라서 이스라엘에서는—광기가 "신의 (또는 악신의) 세계와 닿아 있음을 나타내는 표징"[41]으로 통했다는 견해다. 그러나 이런 견해는 근거가 없다(501~502쪽을 보라). 입증해 줄 증거가 없고 다만 다른 문명권에서 발생한 사건들이 이 견해를 변명해 줄 뿐이다. 그러나 이런 견해를 밑받침해 주는 일방적인 종교적 획일화의 바다에 깔려 있는 가설을 이스라엘의 종교를 연구하는 데 적용시키는 것은 위험한 일이 아닐 수 없다. 광기(狂氣, shiggaon)는 성스런 것으로 여겨지기는커녕 이스라엘이 하느님께 복종하지 않을 경우 받게 되는 재앙들 가운데 하나다(신명기 28:28; 즈가리야 12:4; 사무엘상 20:30; 28:30; 다니엘 4장). 정신병에 관한 언급이 드물다는 사실(히브리 성경에는 두 차례밖에 없음)은 그리스의 문학에 광기와 광인에 대한 언급이 헤아릴 수 없이 나타나고 있는 사실과 정반대의 현상을 보여주고 있다.[42]

행동 양태들의 상대성

위에서 말한 견해들은 어디서든지 비슷한 습관성 행동들을 살펴봄으로써 인간의 기초 심리학을 세울 수 있다는 가설, 혹은 그 역으로, 비슷한 행동들은 그것들이 나타나는 장과는 관계없이 동일한 의미를 함축한다는 가설에 바탕을 둔다. 많은 인류학자들이 현대인과 고대인의 사고방식과 행동 양태의 커다란 차이점을 제대로 인식하는 일에 실패하였다.[43] 문화의 간격과 정신의 간격은 쉽게 극복될 수 있는 게 못 된다. 따라서 우리는 오늘의 사회에서 노이로제 증상으로 통하는 행동 양태들이 고대 사회에서도 노이로제로 여겨졌으리라고 쉽게 생각해서는 안 된다. 노이로제니 정신이상이니 하는 것들은 우리의 특수한 사회에서 만들어진 말이다. 20세기 서양 사회에서는 이상하고도 비정상적인 것으로 보이는 습관이나 몸짓이 같은 세기 동남 아시아에서는 전혀 정상적이고 지당한 것일 수도 있다.

비록 예언자들의 행위가 노이로제의 증상을 보인다 하더라도 여전히 우리는 그 증상이 그들의 경험의 원인인지 아니면 결과인지를 물어보아야 한다. 학질이 한 인간을 백만장자로 만들지 못하듯이 노이로제가 한 인간을 예언자로 만들지는 못한다. 반면에 예언자들이 시대의 문제를 다루는 방식과 그들이 제시한 해답이 모든 시대에 들어맞는 듯이 보이는 사실은 모든 시대의 모든 사람들로 하여금, 예언자들은 가장 현명한 인간들 가운데 있다는 상식적인 말을 되뇌게 한다. 그들의 메시지는 사람들의 생각보다 몇 세대 앞질러 간다. 우리가 그것들을 의심한다면 우리의 정신 상태가 정상이라고 믿기 어렵게 될 것이다. 참으로 그것이 비정상이라면 우리는 우리의 정상을 부끄러워해야 할 노릇이다.

우리는 위대한 예언자들의 경험과 태도를, 우리의 경험의 폭 안에서 우리 자신의 태도나 개념 따위에 맞추어 해석하려고 해서는 안 된다. 우리들한테는 바깥 세계를 인식하지 않으면서 살아간다는 것이 있을 수 없는 일이지만 예언자들한테는 이 세계의 창조주를 인식하지 않으면서 살아가는 것이 있을 수 없는 일이다. 우리가 정신 착란에서 오는 것이라고 생각하는 어떤 현상이 그들에게는 더 높은 영적 질서에서 오는 현상일 수가 있다. 정상과 떨어진 것이라고 해서 반드시 병적인 것은 아니다. 예언자가 평범한 사람들하고는 색다른 인간으로 보이게 하는 어떤 모습을 보인다고 해서, 그의 인격이 어떻게 됐다고 쉽사리 결론을 내릴 수는 없는 일이다.[44]

사람들은 예언자의 행동에서 '괴벽스러움'을 찾아볼 수 없을 때 오히려 놀라게 될 것이다. 살과 피를 가진 인간이 하느님의 현존으로 압도당할 때 여전히 평온하고 건강하며 점잖기를 기대할 수 있을까? 자신은 조금도 상하지 않으면서 하느님의 의분을 전달하고 그 잔혹한 절망과 숭엄한 기대를 지탱해낼 수 있을까? 나아가서 "예술가가 되면서 병들지 않는 일은 불가능하다"는 니체의 유명한 말대로 예언자들의 삶 속에서 어떤 질병의 흔적이 발견된다 하더라도 그들이 주장한 바를 거부하는 것은 여전히 어리석은 짓이다. 어떤 사람이, 건강과 자만으로 미개한 자들은 알지 못하는 것을 보기 위하여 병이 들어야만 했다고 말하는 것이 더 의미심장하지 않겠는가?[45]

나비의 어원

'나비'(nabi)와 그 동사형인 '니바'(nibba'), '히트나베'(hitnabbe')의 어원과 정확한 의미는 많은 논쟁을 불러일으켰지만 여전히 모호한 점이 많다. 그 동사는 아카디아 어로 '부르다'(to call)인 '나부'(nabū)와 연결되어 있는 듯하다.[46] "기름부음을 받은 자"인 '메시아'(māshiah), "종의 신분으로 성전에 제공된 자"인 '나딘'(nathin), "감옥에 갇힌 자"인 '아시르'('āsir)와 마찬가지로 수동태인 '나비'는 밖에서 오는 어떤 행위의 대상이 된 인간을 가리키는 듯하다. 그런즉 '나비'는 문자 그대로 (하느님의) 부름을 받은 자, (하느님이 주신) 천직을 지닌 자, 또한 마찬가지로 악마 혹은 거짓 신의 힘에 복종하는 자, 그 부름이나 힘이 자신에게 덧씌운 상태를 그대로 유지하는 자를 의미한다.

'부르다, 알리다'라는 동사의 뜻과 결부시키면 '나비'는 대변인, 메시지를 전달하도록 지정된 자, 다른 누군가의 권위를 힘입어 말하는 자를 가리킨다.[47] 모세가 파라오에게 가기를 거부하자 하느님은 그에게, 그의 이름으로 말할 아론을 붙여주셨다. 그 뒤로 아론은 모세의 '나비' 즉 예언자로 불리웠다(출애굽기 7:1).[48]

그러나 예언자와 하느님 사이의 통화 또는 관계의 양식을 암시하는 이 의미만으로는 히브리어의 동사형인 '히트나베'와 '니바'를 해석하는 데 충분하지 못하다. 명사에서 유래된 이 동사들은 어떤 행동의 양태를, 예언자가 메시지를 전달하는 순간의 특별한 격렬함을 암시하는 듯하다. 그래서 '거품이 일다', '솟구치다'를 뜻하는 어간, '나바아'(naba'a)와 연결되었다고 보는 학자들도 있다. 그러나 이런 견해는 널리 수용되지 않았다.

이 동사들이 외침—하느님의 이름으로 말을 전함—뿐만 아니라 그 말이 전달되는 상태까지도 가리키고 있음은 명백하다. 예언자는 고요한 상태에서 불편부당하고 조용하며 거리를 유지하는 사신(使臣)으로서 말하는 일이 거의 없다. 그는 격하게 흥분한 상태에서, 메시지 자체의 격정에 동감하며 말을 한다. 그러나 이런 동감 또는 감정의 연대는 그 외모만 볼 때 광희(狂喜) 또는 순수한 무아경에 흡사하다. 이것은 예언자가 영감을 받는 순간에도 똑같이 적용된다.[49]

아브라함은 아비멜렉의 꿈을 알고 있을 뿐, 아무런 예언을 하지 않는데도 '나비'라고 불린다(창세기 20:7). 엘닷과 메닷도 예언을 한다(민수기 11:26). 민수기 12장 6절에 보면 하느님이 꿈 속에서 '나비'에게 말씀하신다. 모세는 죽고 난 뒤에야 '나비'라고 불린다(신명기 34:10). 사무엘은 계속하여 예언자(prophet)가 아닌 선견자(seer, ro'eh)로 불린다(역대기상 9:22; 26:28; 29:29).

동사 '히트나베'가 "억제되지 않는 몸짓으로 행동하다"를 의미하는지는 분명하지 않다. 그 동사는 단순히 "나비로서 행동하다(사무엘상 10:5, 6, 10, 13)"를 의미하며, 바알의 거친 예언자들(열왕기상 18:28~29)과 자제력을 잃은 사울 왕(사무엘상 18:10; 19:24)에게 적용되었다.[50]

히브리어 '나비'를 영어로 번역할 때 사용하는 '프라펫'(prophet, 예언자)은 그리스어 '프로페테스'(prophetes)에서 왔다. 고전 시대에 '프로페테스'는 다른 사람들에게 신의 생각을 말해주는 사람, 신의 해설자로서 신을 위하여 말하는 사람을 가리켰다. 제우스에게는 티레시아스가, 바커스에게는 오르페우스가, 제우스의 아폴로, 아폴로의 피티아가 '프로페테스'였다. 좀 더 뒤에 와서는, 델피에서 하는 피티아의 알아들을 수 없는 신탁 또는 도도나의 살랑거리는 잎들을 해석하는 사람들을 가리켰다. 은유로는 시인들을 뮤즈의 해설자로 볼 때 사용되었다.

'프로페테스'의 어원은 확실히 알 수가 없다. 접두사 '프로'(pro)가 '전'(前)을 뜻하는지 아니면 '~에서'를 뜻하는지 분명치 않다. 예언이 늘 장래의 일을 다루고 있는 까닭에 예고(豫告)와 결부되어서 예언의 개념이 형성되었다.[51] 그리스 종교에서 빌어온 이 단어는 그리스화된 유다인들과 『70인역 성경』의 번역자들에 의하여 히브리어 '나비'(복수형은 '네비임'[nebiim])를 옮기는 데 사용되었다. 이 그리스어는 고전 시대 이후의 그리스도교 영향 아래에서 '프로페타'(propheta)라는 라틴어로 바뀌었고, 이 라틴어에서 현행 유럽어가 파생되었다. 실제로 사용되는 '프라펫'(prophet)이라는 단어가 그 역사적인 원형과 정확하게 똑같은 뜻으로 통하고 있지는 않다.

모호한 것은 히브리어 '나비'도 마찬가지다. 이 단어는 성경에서 무분별하게 사용되고 있어서 야훼의 예언자들을 가리키기도 하고(열왕기상 18:4, 13; 19:10, 14) 바알의 450명 예언자들(열왕기상 18:19, 22, 25, 40), 아세라의 400명 예언자들(열왕기상 18:19) 그리고 또한 "제 망상을 내 말이라고 전하는" 거짓 예언자들을(예레미야 23:26) 가리키기도 한다.

초월이 그 본질이다

심리학적 접근의 오류는 미리 판결내리는 데 있다. 그것은 이제 탐색되어야 할 것을 미리 부인해 버린다. 그래서 예언자의 경험을 설명하는 대신 그것을 해명부터 하려고 한다.

심리학은 인간의 내면 생활을 하나의 연속 또는 과정으로 본다. 그리하여 예언자의 영감도 상상의 영역에서 또는 잠재의식 속에서 시작된 어떤 과정의 연속으로 보려고 한다. 심리학은 예언을 예언자 개인의 체험, 열정, 긴장, 절망 등 그 흔적을 밟아가면 이른바 콤플렉스라고 부르는 것의 산물이라고 해명한다. 그런즉 예언이란 예언자의 경험이 내포하고 있는 서로 다른 요소들 사이에 어떤 특수한 연결을 맺어주는 수단이며, 그의 감각들이 일으키는 충동들의 체계화에 불과하다.

개인적인 요인들과 육체의 기질이 예언자의 경험에 어떤 영향을 미치는 것은 사실이지만, 예언자의 의식의 본질을 나타내 보여주는 것은 그가 모든 개성, 경향, 다양한 흥미 따위를 넘어설 수 있다는 사실에 있다.

한 인간을 예언자가 되게 하는 요인은 무엇인가? 본능의 요구들을 심리적으로 억압하는 데서 예언이 나오는 것인가? 사회에서 실패를 했기에 예언자는 어떤 신비스런 체험 이야기를 만들어낸 것이라고 말할 수 있을까? 혹은 바깥 세상에서 좌절했기 때문에 자신의 꿈 속으로 피신을 한 것일까?

예언은 예술과 마찬가지로 노이로제의 발작이 아니다. 오히려 그것은 실현되는 순간 저 자신을 초월하는 능력을 지니고 있다. 그것은 단순한 자기 표현이 아니라, 자아 혹은 개인의 요구들을 훨씬 뛰어넘어 솟구쳐오르는 능력의 표현이다. 초월이 그 본질이다. 그러므로 중요한 의미는 노이로제의 존재가 아니라 인간이 그것으로 무엇을 하느냐에 있다. 어떤 사람은 수용소에서 최후를 맞겠고 어떤 사람은 예술가가 될 것이다. 노이로제는 어떤 인간을 예술가로 만들어주는 것이라기보다 한 예술가를 촉발하는 것으로 보아야 한다. 이사야가 예언을 만들어낸 것이 아니라 이사야를 만들어낸 것이 바로 예언이었다.

도덕적 부적응자들

예언자는 사회의 통념에, 그 습관적인 거짓에 도저히 적응하지 못하여 고통을 겪는 사람이다. 그는 인간의 약점을 눈감아주지 못한다. 타협이란 예언자가 구역질나도록 역겨워하는 태도다. 타협이 인종(人種)을 오염시켰다. 이것이 그의 모든 사유 속에 흐르고 있는 함축된 의미인 듯하다. 그의 혼 안에 담겨 있는 모든 요소들이 탈선에 대한 무감각을 강렬하게 반발하고 나선다. 예언자가 주변 환경에 전혀 어울리지 못함(maladaptation)은(심리학에서 진단하는 광기와 구분되는) **도덕적인 광기**(moral madness)의 특징을 띤 것으로 볼 수 있겠다.

예언자의 심성은 정신병자의 심성과 마찬가지로, 우리들 대부분에게 익숙한 이 세계와는 다른 세계에서 살고 있는 듯하다. 그러나 예언자와 정신병자는 심리학적으로 근본부터가 다르다. 예언자는 보통 사람들이 인식하는 방법과는 전혀 다른 방식으로 느끼고 듣고 보았으며 현실 세계에서 신비스런 세계로 들어갔다고 주장한다. 그러면서도 여전히 현실에 뿌리를 박고 있으며 자신이 인식한 내용을 그 현실에 적용시킨다. 그의 인식 방법은 다른 사람들의 그것과 사뭇 다르지만 그가 현실에 적용시키는 관념들은 모든 인간의 지고한 존엄성을 깨우쳐주는 자원이 된다. 그러나 정신병자는 일단 정상의 문턱을 넘어 상상의 세계에 몸을 숨긴 다음에는, 자신이 돌아오기를 원한다 해도 다시 현실로 돌아오기가 쉽지 않다. 그를 사로잡은 망상과 환각은 정상인의 삶에 아무런 작용도 하지 않는다.

심리학의 한계

제아무리 심오하고 상상력이 풍부하며 제아무리 끈질기고 정확해도 심리학적 분석이나 사회학적 혹은 인류학적 이론 작업이 예언의 본질에 관한 마지막 결론을 내릴 수는 없다. 그런 분석 혹은 이론 작업은 예언을 너무나도 터무니없는 진부한 상식으로 전락시키는 경향이 있다. 예언자들이 빚어내는 현상은 여전히 도발적이지만, 그것이 불가해함에도 불구하고 놀랄 만큼 현실에 연관되어 있다.

정확한 학문으로 풀어지지 않을 만큼 심오한 질문은 없다는 주장은 해답을 거부하는 듯한 다음의 질문을 만들어낸다. 그와 같은 주장 속에 내포되어 있는 교조적이고 기괴한 억측을 어떻게 설명할 것인가?

예언의 신비 속으로 들어가는 것은 인류의 핵심되는 이야기의 현존 속으로 들어가는 것. 우리에게 그토록 더없이 중요한 이념들, 우리가 그토록 지순하게 안고 있는 순간들이 모두 예언자들한테서 빚으로 얻은 것들이다. 역사의 결정적인 순간에 그것은 우리에게 새벽을 가져다준다. 그리하여 우리는 이사야의 몇 구절을 '세계의 7대 불가사의'와도 바꿀 수 없는 것이다.

우리는 예언자의 언어가 자극적인 흥분 상태를 수반했으리라는 가능성을 배제할 수 없다. 예언자는 격정을 품은 사람이었고 따라서 그의 메시지가 담고 있는 내용이나 그것을 전달하는 말투가 고요함과 연결된 것일 가능성은 거의 없다. 예언자의 전 인격을 특징지어 준 것, 그의 말 속에서 드러나 보이는 내면의 상태, 어느 한 순간에 국한되지 않고 그의 전 실존을 관통하여 흐르는 마음의 상태를 결정지어 준 것은 하느님에 대한 동정이다.

제13장
예언자의 영감에 대한 해석들

그 자신의 마음에서

예언자가 하느님한테서 직접 말씀을 받았다고 주장함으로써 빚어지는 난처스런 당황함을 해소해 보려고 사람들은 끊임없이 그 주장으로부터 신비한 요소를 모두 제거하는 방식으로 예언자의 주장을 해석해 왔다. 예언자가 영감을 받았노라고 주장하는 것을 부정하는 것과, 그들이 영감이라고 말하는 것이 실상은 그들의 상상력이 빚어낸 것이었다는 결론을 예언자들 자신의 말에서 *끄집어내는* 것은 전혀 별개의 일이다. 바로 이 후자가, 예언에 관련된 모든 이론은 성경에서 결론을 맺어야 한다고 주장하면서 스피노자가 자신의 예언론(theory of prophecy)을 발전시키는 가운데 은근슬쩍 이루어놓은 일이다.

히브리 성경의 특이성을 부인하면서 그는 이스라엘의 우월함이 하느님과 백성 사이의 어떤 특별한 관계나 종교적 사명에서 오는 것이 아니라, "통치에 관련된 일들을 성공적으로 치른 데" 있고 그들의 사회 조직과 오랫동안 누릴 수 있었던 행운에서 오는 것이라고 주장했다. 그들이 하느님과 맺은 관계는 다른 민족들이 자기네 신들과 맺은 관계와 다름이 없었다. 그는 말하기를, 이스라엘 사람들은 매우 평범한 신관(神觀)을 지니고 있었으며 모세가 가르친 것도 바른 생활의 규범 이상의 것이 아니었다고 한다. 참으로 "성경의 교의는 고상한 사변이나 철학 이론을 담고 있지 않다. 다만 삼척동자라도 알 수 있을 단순한 사실들을 담고 있을 뿐이다. 만일 〔어떤 예언자가〕 다른 이방인 철학자들은 알아듣지 못할 무슨 특별한 교의를 가르치는 것을 발견한다면 그것 자체가 놀랄 만한 일이겠다." "그런즉, 예언서에서 무슨 영적 지혜나 자연의 지식 따위를 얻으리라고 생각하는 것은 큰 잘못이다."

스피노자는 나아가서, 계시라는 개념을 부정하기 위하여 발전시켰다. 다른 모든 것과 마찬가지로 모든 지식이 '하느님' 한테서 오는 것인 이상, 모든 관념은 옳은 것이든 그른 것이든 '계시'라고 하지 않을 수 없다. 따라서 본능으로 획득한 평범한 지식도 예언자의 그 어떤 지식과 마찬가지로 신성한 것임을 주장할 권리가 있다. 예언자에게 무슨 특별한 지식의 원천이나 수단이 있는 게 아니고, 따라서 예언에 초자연적인 무엇이 있지 않다. 계시는 예언자 자신의 생각(thought)으로 이루어진다. 그것은 예언자 자신이 '하느님'이라는 뜻에서만, 말하자면 그가 하느님 또는 자연(deus sive natura)의 한 부분이라는 뜻에서만 '하느님' 한테서 오는 것이다.[1]

현대 개신교 신학의 아버지라고도 불리는 슐라이에르마허(Schleier-macher)는 신에 대한 교리를 만드는 일에 스피노자의 빚을 많이 졌는데, 예언자들에 관한 합리주의 학파의 수많은 편견에 스스로 얽혀 있었을 뿐 아니라 히브리 성경을 반대하는 완강한 편벽(偏僻) 속에 몸을 숨겼다.[2] 그리스도교는 교리의 체(體)가 아니라 마음의 상태요 열렬한 감정으로 자신을 나타내는 의식(意識)의 한 양태라는 이론을 강하게 옹호한 그는, 이스라엘의 예언자들한테서 무슨 특별한 의식을 발견하지도 못했고 예언자들의 신학적 중요성이라 할 의미가 있다면 그들의 윤리-종교적 신념 속에 있을 뿐이라고 했다. 그는 예언자들의 예언에 두 가지 종류가 있다고 한다. 그 중 하나는 특수한 사건들을 향한 것이었는데 그래서 표현된 관념이나 견해들은 "유다 백성의 선택받음과 하느님의 형벌이라는 유다 종교의 두 중심 개념"에서 파생되어 나온 것들이다. "이 발언들은 대부분 가정법이다." 다른 한 종류는 메시아 예언으로서 "선민과 형벌이라는 유다 개념의 종말을 담고 있는, 하느님의 참 사신(使臣)의 장래에 대한" 예고다.[3] "메시아 예언의 진짜 의미는, 그것이 나타나는 곳에서마다 아무리 모호한 너울을 쓰고 있다 해도 우리에게 그리스도교를 지향하는 인간 본성의 흐름을 나타내 보여준다는 바로 이 점에 있다."[4] "계시란 무엇인가? 우주(the Universe)가 인간에게 보내는 모든 새롭고 근원적인 소식이다 ··· 영감이란 무엇인가? 그것은 참된 도덕성과 자유의 감정을 표현하는 것일 따름이다."[5]

예언자들이 스스로 영감을 받았다는 주장은 현대인에게, 터무니없는 소리까지는 아니더라도 갈수록 괴상한 것이 되었다. 신기하게도, 신비스런 환상에 꽤 익숙했던 시인 블레이크조차 예언자들이 신성을 체험했다는 주장을 부인하는 쪽으로 쏠렸다.

윌리엄 블레이크는 『천국과 지옥의 결혼』(*The Marriage of Heaven and Hell*)에서 이렇게 말하고 있다. "예언자 이사야와 에제키엘이 나와 저녁 식사를 함께 했다. 나는 그들에게 어떻게 그토록 노골적으로 하느님이 당신들에게 말씀하셨다고 말할 수 있었는지, 그렇게 말하는 동안에도 당신들의 말이 오해되거나 사기 협잡의 꼬투리가 될 수도 있다는 생각을 해본 적이 없는지 물어 보았다." 그러자 이사야가 이렇게 대답했다. "나는 나의 유한한 감각 기관으로 하느님을 보거나 듣지는 못했다. 그러나 나는 모든 것 속에 무한자(the Infinite)가 있음을 느껴 알았다. 그리고 나는 정직한 의분(義憤)의 목소리가 하느님의 목소리라는 확신이 들었으므로, 그 확신이 계속되는 동안 결과를 생각하지 않고 기록했다." 블레이크가 직접 이사야한테서 들었다는 이 말은 예언자의 주장을 예언자의 창안으로 묘사한 당시 대중문학에서 그가 읽은 것이 틀림없다.

예언자한테 아무런 초자연적 요소도 없다고 보는 확신은 비평가들이 대단히 중요하게 여기는 원리가 되었다. "우리가 이스라엘의 신앙 생활의 어떤 부분이 하느님한테서 직접 유래한 것이라고 생각하는 한, 직접적이며 또는 초자연적인 계시가 역사의 어느 한 순간에라도 비집고 들어왔음을 시인하는 한, 우리의 생각은 여전히 틀린 것이다 ··· 자연적인 발전이라는 가설만이 이 모든 현상을 설명할 수 있다."[6]

시대 정신

과학적인 탐구의 영역을 벗어나는 모든 경험에 대한 편견으로 말미암아, 하늘의 영감을 받았노라는 예언자들의 주장은 **미리**(a priori) 부정되었다. 예언자들을 도덕적 목적과 인간을 다스리는 데 대한 심오한 확신과 고상한 열정을 지닌 위대한 도덕 스승으로 보았기에, 민족의 죄는 나라의 파멸로 이어지고 만다는 그들의 정확한 통찰은 의(義)라는 원리에 대한 선명한 인식에서 나오는 것으로 확인되었다. 예언자 자신이 '하느님의 말씀'과 그분의 부르심을 받았다고 주장하는 것은 별로 중요한 일이 아니다.

역사는 우리에게, 인간의 사유와 느낌이 그가 살고 있는 시대의 정신에 얼마나 영향을 받는지를 보여주고 있다. 예언자들이 살던 시절에는 신(神)들이 인간에게 스스로 자신을 나타낸다는 믿음이 상식으로 통했다. 따라서 예언자들의 주장은 그들이 당시의 종교적 한계 속에 갇혀 있었음을 입증할 뿐이요, 무슨 높은 능력의 안내를 받은 것이 아니라 그들의 인간적 약점을 나타낼 따름이다. "본질상 예언은 마술도 아니며 자연을 벗어난 것도 아니다. 그것은 참으로 도덕적인 종교성에서 우러나온 확신에 불과하다." 그러므로 예언은 이렇게 정의된다. "하느님의 존재와 뜻에서 나오는 영원한 법과 구원이라는 최종 목표에 대한 예언자의 확신을 미래에 적용시킨 것…이 확신 자체는 영적 묵상의 정적 속에서와 마찬가지로 영적인 열광과 흥분 속에서도 생겨날 수가 있다."[7] 어떤 때에는 오랜 기다림 뒤에 점진적인 발전으로, 또 어떤 때에는 아무 준비도 없이 돌발적으로, 위대한 생각이 선명하고도 강력하게 그의 혼 앞에 나타남으로써, 그 인식의 순간 그의 창조적인 심성 속에는 그가 수년씩이나 추구해야 했을 일이 이미 완성된 상태로 들어있는 것이다.[8]

"이 관념으로 볼 때 예언은, 첫째는 사람들의 윤리적 개념을 신의 수준까지 끌어올리고자 하는, 둘째는 여러 차원의 도덕적, 지적 재능을 가진 사람들—그 중에는 광신자들도 있고 위대한 영적 기질을 가진 자들도 있다—에 의하여 주창된, 셋째로는 사람들의 죄의 난폭하고 거대한 모습을 보여주면서, 사실로보다는 주로 거짓으로 판명된 다양한 예견들로 이루어진 사상의 체계로 정의할 수 있겠다."[9]

이보다 좀더 뒤에는 다음과 같은 견해가 나타나기도 했다.

> 예언자는 어떤 점에서 정신 과학자였다. 인간을 상대하는 하느님의 심성이 그의 연구 대상이었다. 그는 인간의 제반 관계에 대한 하느님의 태도를, 독단적인 상벌 체계 속에 표현되는 태도가 아니라 합리적인 인과의 사슬 속에 표현되는 태도를 발견해 내야만 했다. 그에게는 하느님과의 직접 통화를 통하여 인간의 어떤 행위 속에, 어떤 태도 속에 이미 번영의 씨앗과 재난의 씨앗이 들어 있음을 놀랄 만큼 분명히 꿰뚫어보는 통찰력이 있었다…범죄와 형벌은 서로 떨어진 두 사실이 아니다. 그것들은 하나며 동일한 것인데, 다만 다른 측면에서 다른 각도로 보아서 둘로 보일 따름이다. 이 법칙을 알았기 때문에 예언자는 미래를 미리 예언할 수 있었다. 중력의 '법칙'을 익히 알고 있는 천문학자는 수천 년 뒤 천체가 어떻게 움직일 것인지를 미리 말할 수가 있다. 화학자는 어떤 물질을 혼합하면 무엇이 생겨날지 정확하게 말할 것이다. 똑같은 방식으로, 종교와 윤리 속에 들어 있는 하느님의 법을 충실하게 연구하는 진지한 학생인 예언자는 사회의 상태나 영적 태도에 관한 문제를 정확하게 말할 수 있는 것이다.[10]

우리는 같은 시대에 이런 말도 듣는다. "아모스나 예레미야 같은 사람들은 동시대인들 눈에 무아경을 헤매는 자들과 별로 다를 바가 없었다. 그들이 드러내는 증상은 간질 환자나 미치광이의 그것과 비슷했다."

환영의 희생자가 되기는 언제나 쉽다는 전제는 마땅히 시인되어야 한다. 그러나 어째서 그 '시대 정신'은 아시리아와 바빌로니아에, 페니키아인들과 가나안인들 사이에 예언자를 만들어내지 않았던가? 오늘 우리는 고대 동방의 문헌을 잘 알고 있거니와 만일 예언자들이 없었더라면 고대 이스라엘의 생활과 문학이 어떠했으리라는 점을 쉽게 상상할 수 있다.

이스라엘의 북방 이웃이었던 모압인들이 전쟁터에 나갔을 때 그들의 왕인 메사는 전세가 자신에게 불리한 것을 알게 되자, "세자인 맏아들을 죽여 성 위에서 번제를 드렸다(열왕기하 3:27)." 이스라엘 민족의 임금인 아하즈와 므나쎄도 '민족들의 고약한 풍습을 본받아' 아들을 희생 제물로 바쳤다(열왕기하 16:3; 21:6). 만일 예언자들이 '시대 정신'에 영감을 받았다면 어째서 그토록 "지극히 경건한" 행위에 대하여 두려움과 분노를 나타냈을까? 어째서 이스라엘의 하느님 숭배와 바알 숭배가 같은 것이 아니었을까?

참으로 성경은 그것이 이루어진 역사적 상황에 관하여 우리가 알고 있는 바와 부합되지 않는 어떤 것이다. 만일 그 위대한 통찰이 시나이 반도에서 방랑하며 굶어죽어 간 유랑민들이 아니라 에집트나 아테네의 현자들에게 주어진 것이라면 우리의 일반적인 이해에 더욱 부합되리라. 성경의 놀라운 일들은 모든 인간의 기대에 반한다. 만일 그 경전의 명백한 영적 영광과 인간 신앙의 불가해한 능력이 없다면 터무니없는 이야기책으로 간주되어 사람들에게 거절당했을 것이다.[11]

문학적 장식

예언자가 하늘의 소명을 받았다는 주장을 하나의 문학적 장식(裝飾)으로 보는 견해도 있다.[12] 그들의 언설은 하늘의 소명을 받은 결과가 아니라 자유롭고 자발적인 결단의 산물이었다는 것이다.[13] 예언자들이 묘사한 환상조차도 그들의 경험이 아니라 문학적 장식이나 상상을 기술하는 형식을 나타낸다.[14] 그것들은, "의식적으로 착용된 시의 옷일 뿐이다. 말하자면 영적 진리를 사람들에게 그들이 이해하고 좋아하는 형식으로 분명히 제시하기 위하여 시가 응용된 것이다···따라서 그런 경우, 계시들은 그림처럼 상(像)으로 표현되는 게 아니라 상상에 의하여 그림 속에서 재결합된다. 그것들은 비유와 흡사하다."[15]

"간혹 예언자가 '주께서 말씀하셨다' 고 말할 때 그 말의 뜻이, 요즘 말로 '이러이러한 것이 하느님의 생각(또는 뜻, 또는 목적)이라고 나는 확신한다' 일 경우가 있다."[16] 예언자들이 그토록 자주 사용한 "하느님의 말씀"이라는 말은 하나의 은유요, 열렬한 종교-윤리적 감정의 소산이며 가장 고상하고 대담스런 시적 표현이다.[17]

예언자들의 언설은 그 자신의 마음으로부터 나오는 것이다. 모세의 "예언자로서의 경력은 영적 호기심을 발동하던 때까지 거슬러올라갈 수 있다 … 그런즉 흥미가, 영감의 본질을 가장 진실하게 보여주는 요소다. … 예언자의 본성을 움직여 확실한 결과로 나아가게 하는 것은 하느님과 영적 실재에 대한 끊임없고 간절한 흥미다." 엘리야의 고요하고 세미한 음성은 "틀림없이 그 자신의 명상의 결과"였고, 한편 "예레미야가 자신의 영감받은 바를 표현한 방식은 자기네 영감을 고상하게 승화시키는 예언자들의 일반적인 습관을 그대로 보여주고 있다. 영감을 주는 능력을 이렇게 일부러 상세히 묘사한 것은 신과 예언자 사이의 신성한 통화의 범상하고 특별한 방식을 보여주고 있긴 하지만, 그러나 그것은 오히려 영감의 상식적인 본질을 덮어버리려는, 혹은 어찌 되었든 그를 예언자로 부른 근원이 무엇인지를 모르는 예언자 자신의 심리적 무지를 감추려는 시도다."[18] 예언자는 그 정신이 예민하고 폭넓은 사람이며 윤리가 깊고 신앙이 높은 사람일 뿐이다. 그는 "진리를 꿰뚫는 직관력을 갖춘" 사람이다.[19]

과연 "주께서 말씀하신다" 또는 "야훼의 말씀이 내 뼈 속에서 불처럼 타오른다"는 말을 하나의 문학적 장식으로 보는 일이 타당할까?[20] 자기는 똑같은 문학적 장식을 사용하면서 역시 자기의 마음에서 나오는 생각을 하느님의 이름으로 선포하는 다른 사람들을 서슴지 않고 비난하는 선동가로 예언자를 보는 것이, 과연 역사에 비추어볼 때 옳은 일일까?

설득하는 기술

또 이런 이론도 있다. 예언자들은 그리스의 철학자들처럼 사색 또는 직관으로 깨달음을 얻었는데 사람들에게 그것을 권위 있게 전달코자 계시받는 이야기를 만들어냈다는 것이다. 뚜렷이 드러나는 신학적 특징, 그들의 깨달음이 신에게서 온 것이라는 표현은 모두가 문학적 추고(推敲)의 결과다.[21] 예언자들은 "과거의 이야기들을 미래에 대한 예언의 형식으로 꾸며 만든" 시인들이었다.[22] 사람들에게 감명을 주고 도덕과 정신의 진보를 이루려는 욕심에서, 또한 당시 사람들한테는 그들이 전하려는 메시지에 신의 도장을 받는 것이 효과적임을 잘 알았기에, 예언자들은 하느님으로부터 직접 깨달음을 받았다고 했던 것이다. 목적이 수단을 성화(聖化)한다(Finis sanctificat media). 에제키엘이 바빌로니아에 있으면서 예루살렘에서 일어난 일을 같은 순간에 말할 수 있었고 또 정치적 사건들을 미리 예고할 수 있었음에 대하여는, "이 책의 전반부, 즉 1~31장은 진짜 예언이 아니라 예언으로 위장되었을 뿐이다. 그것들은 예외 없이 '이미 발생한 사건들을 예언한 것'(vaticinia post eventum)", 즉 무엇이 일어났는지 다 알고 있으면서 예언한 것이라는 설명이다. 제2이사야의 예언에 대해서도 같은 설명이다.[23]

마찬가지로 호세아는 예언을 하기 위해서가 아니라 행복한 가정 생활을 하려는 마음에서 고멜과 결혼했다. "그런데 막상 자신이 고멜의 사랑을 독점하지 못했음을 알았을 때 그는 심한 열등의식, 질투심, 복수심을 느꼈으며 동시에 그런 체험을 통하여 고멜을 독점코자 하는 자신의 마음을 하느님의 말씀으로 이해하였고 그녀의 부정(不貞)에서 첫 번째 설교의 본문을 발견했던 것이다."[24]

마키아벨리는 로마인들이 종교를 정치 마당에 쓸모 있는 것으로 만드는 방법을 알고 있었다고 칭찬했다. 그들은 국가를 개혁할 때나 전쟁을 치를 때나 폭동을 조장할 때면 언제나 종교를 이용했다. 정치적 지혜를 발휘한 인물의 한 예로 그는 누마 폼필리우스(Numa Pompilius, 715~673 B.C.E., 로마의 두 번째 왕)를 인용한다. "그는 요정과 만나 대화를 했는데 그 요정이, 자기가 백성에게 권유코자 한 것을 모두 일러주었다고 꾸며댔다⋯ 실제로 신의 권위를 빌지 않고 사람들에게 법을 선포한 자는 없었다."[25]

예언자들이 정신적으로 엄격하고 독선적이 못됨을 익히 아는 사람이라면 스스로 위와 같은 생각을 용납할 수가 없으리라. 거룩하신 하느님의 압도하는 힘에 온몸이 부서지는 듯한 느낌을 받았던 이사야가 과연 환상을 보는 이야기를 꾸며낼 수 있었을까?(이사야 6장) 예언자들은 하느님에 대한 두려움이 너무나 옥죄었으므로 그분의 이름을 헛되이 부를 수 없었다. 무엇보다도 하느님은 속임수를 미워하신다는, 이것이 그들의 사상의 요점이 아닌가?

의(義)를 실천하라는 하느님의 명령을 조국의 이익보다 더 중요하게 여기고 자기네 성소(聖所)보다 더 높은 곳에 모시는—그리고 거짓을 가장 기본되는 악으로 알아 저주하는—그런 사람들이 거짓으로써 살았다는 게 과연 말이 되는가?

무엇보다도 예언은 몇몇 개인의 일생에 있었던 토막 이야기가 아니다. 또한 세대에서 세대로, 진실을 향하여 그토록 뜨거운 열정을 품고 속임수를 사무치게 경멸한 사람들이 이스라엘 백성을 속이려고 음모를 꾸몄다는 주장이야말로 진정 터무니없는 착각이 아닐 수 없다. 모세가 "백성 모두 예언자이길 바란다"고 했을 때 그는 음모를 꾸미는 사기꾼 집단의 출현을 기원한 것이었을까?[26]

한 사람의 주장이 모든 시대의 인간에게 진지한 것으로 받아들여지려면, 겉치레하는 요술 따위로는 어림없는 일이다. 예언자들이 지녔던 그 확신의 강렬함에 의심의 여지가 있을 수 있는가? 우리가 품고 있는 숱한 확신들이 그들의 확신에 견주면 너무나도 희미하고 모호해 보이는 게 사실 아닌가?

혼동

또 다른 견해가 있는데, 예언자의 주장은 그들이 내면의 삶을 정확하게 분석해 내지 못한 결과로, 자기 마음에서 나온 느낌을 밖에서 자기에게 온 관념으로 잘못 안 결과로 해석해야 한다는 것이다. 그런즉 예언은 정신적인 혼동의 결과다. 여기에 이 해설을 입증하는 전형적인 예가 있다. 예언자가 본 환상들은 뇌의 외피에 충혈이 있거나 독극물의 작용 또는 뇌에 빈혈이 있어서 생기는 것들이다. 그것들은 평상의 지각과 간절한 바람(gruebelnde Gedanken)이 혼합된 결과인 환각으로 보아야 한다.[27] 예언자가 보는 모든 환상은 결국 직선으로 진행되는 한 과정의 연속이며, 그것의 궁극적 바탕은 상상이라고 하는 평상의 행위 속에 있다.[28]

앞에서 살펴보았거니와, 예언자들은 그들이 경험한 것들이 그냥 피동으로 수용만 하거나 음성을 듣기만 한 것이 아니라 하느님과 대화를 나눈 것이었음을 분명히 밝혔고, 그 경험한 것들을 기록하면서도 자기가 들은 말씀과 자기 입으로 하는 말을 분명하게 구분했다(아모스 7:2~9; 미가 7:1~10; 이사야 6:5~12; 예레미야 1:6~14). 이 사실이 그들의 분별 능력을 입증해 주지 않는가?

무엇보다도 정황이, 예언자로 하여금 자기 마음에서 우러나오는 소리와 하느님의 소리를 분별하지 않을 수 없게 만들었다.

> 이 땅에는 기막힌 일,
> 놀라 기절할 일뿐이다.
> 예언자들은 나의 말인 양 거짓말을 하고
> 사제들은 제멋대로 가르치는데
> 내 백성은 도리어 그것이 좋다고 하니.(예레미야 5:30~31)

예컨대, 예레미야는 이른바 가짜 예언자들의 정직성을 의심하지 않았다. 그가 비난한 것은 그들이 '꿈'을 하느님의 메시지로 착각한 점이었다. 그래서 야훼, 말씀하신다. "예언자라는 것들이 내 이름을 팔아 예언하는 소리를 나는 다 들었다. '꿈을 꾸었다, 꿈을 꾸었다'고 하면서 거짓말하는 것도 나는 들었다. 제 망상을 내 말이라고 전하는 이 거짓 예언자들이 언제까지 제 마음에 떠오른 생각을 내 말이라고 전할 것인가?…꿈이나 꾸는 예언자는 꿈 이야기나 하여라. 그러나 내 말을 받은 예언자는 내 말을 성실하게 전하여라. 내가 똑똑히 말한다. 검불과 밀알을 어찌 비교하겠느냐? 내 말은 정녕 불같이 타오른다. 망치처럼 바위도 부순다(예레미야 23:25~29)."

예레미야나 에제키엘이 거짓 예언자들의 예언에 비판적인 태도를 나타냈음은 의심할 나위가 없다. 그들은 자기가 하고 싶은 소리를 하면서도 그것을 하느님의 말씀이라고 하는 거짓 예언자들을 저주했다(에제키엘 13:17). 야훼께서도 말씀하셨다. "너희가 허황한 환상을 보고 속임수로 점을 치면서 야훼의 말이라고 하지만, 나는 그런 말을 한 적이 없다(에제키엘 13:7)." "그 [거짓] 예언자들은 내 이름을 팔아서 거짓말을 하였다. 나는 그런 말을 한 적이 없다. 그런 말을 하라고 예언자들을 보낸 적도 없다. 그것들은 엉뚱한 것을 보고 허황한 점이나 치고 제 욕망에서 솟는 생각을 가지고 내 말이라고 전하는 것들이다(예레미야 14:14)." 그들이 가짜 예언자들이 하는 말의 내용뿐 아니라 하느님한테서 말씀을 받았다는 그들의 주장까지도 공박하는 것을 보면, 그들에게 경험과 착각을 분별하는 기준이 있었음이 분명하다. 모방자는 언제나 있게 마련이다. 그러나 진품의 가치는 모방자와 위조품이 아무리 많아도 그 때문에 손상되지 않는다.

예언자들은 쉽사리 속아넘어가는 유치한 사회에다 대고 예언한 것이 아니다. 에집트와 바빌로니아의 문명과 이웃하여 살아온 이스라엘 사람들은 다른 민족들의 생활과 지혜를 익히 알고 있었다. 그들은 예언자의 주장을 고스란히 받아들일 만큼 그렇게 소박하지는 않았다. 예언자들의 활동은 끊임없이 배척받고 도전받고 그리고 불신당했다. 만일 예언 이야기가 성경을 쓴 기자(記者)의 창작이라면, 그것은 백성이 예언의 힘에 의하여 신앙 속에 몰입하는 이야기가 되었을 것이다. 그런데 성경에는 오히려 예언자들에 대한 반대가 노골적으로 기록되어 있다.

무엇이 예언자들에게 그들이 상상으로 꾸며낸 허구가 아니라 신의 사건을 증언하고 있다는 확신을 심어주었는가? 계시가 하늘에서 온 참 계시임은 눈에 보이고 귀에 들리는 무슨 외부의 표시로 입증되는 것이 아니었다. 계시는 음성을 듣거나 빛을 보는 것과 같은, 특별한 감각에 따라 좌우되는 것이 아니었다. 푸른 하늘의 천둥, 난데없이 들리는 소리, 원인을 알 수 없는 효과 따위로는 그것이 곧 하늘과의 통화임을 충분히 입증할 수가 없다. 자연의 어마어마한 크기, 머리 위로 쏟아지는 빛의 소나기는 그것들이 환영은 아니라 해도 자연의 힘을 나타낼 뿐, 하느님을 보여주지는 않는다.

예언자가 계시를 본 것은 단순히 경험하는 행위가 아니라 경험의 대상이 된 행위라는 사실, 인류에게 보낼 사람을 찾으시는 그분에 의하여 노출되고 부름을 받고 압도당하고 사로잡힌 바 된 것이라는 사실이 아마도 그가 본 계시가 참 계시임을 보여주는 표징인 듯하다. 여기서는 하느님이 인간의 경험 내용이 아니라 인간이 하느님의 경험 내용이다.

"참으로 매우 단순한 것"

"예레미야는 사람들에게, 하느님이 예언자 한 사람에게만이 아니라 모든 사람에게 당신을 계시하신다는, 모든 사람의 도덕의식 속에 직접 틀림없이 당신 자신을 계시하신다는 인상을 심어주려고 했다.⋯

그런즉, 원시의 소박한 사람들이 결합시켜 놓았던 모든 기적과 초자연적인 겉옷을 벗기고 알맹이만 남겨보면 예언자의 영감이란 참으로 매우 단순한 것이다. 영감에 대한 이런 견해는 예레미야 혼자만의 것이 아니라 모든 문서 예언자들의 것이었지만 유독 예레미야만이 영감에 대하여 분명한 주관을 가지고 분석적이었으므로 자연스레 가장 합리적이며 분명하게 그것을 표현할 수가 있었다. 아모스, 호세아, 미가, 이사야, 제2이사야가 모두 계시를 말할 때 자신의 마음 속에서 느껴진 신령한 힘 또는 음성을 의미했다는 증거가 있다. 그 중 누구도 이 힘의 충동, 이 음성의 권위 아닌 다른 것을 주장한 바 없다. 그것은 너무나도 단순하고, 너무나도 기초적이며, 너무나도 자명한지라 모든 설명과 논증이 쓸모없는 가외의 것들 같았다. 그들 모두는 받은 바 영감을, 하느님이 나에게 말씀하셨다는 가장 단도직입적인 방식으로 표현했다. 오늘의 정직한 사람은 사람의 도덕 의식이 먼저 신비로써 시작될 수 있는 것인지 의심이 갈 것이나 예언자들은 그렇지 않았다. 그들한테는 그것은 신비가 아니라 하느님의 현현이라는, 선험적인(a priori) 사실이었다. 그것은 하나의 근원이었다. 바로 그 근원에서 그들은 도덕적 에너지와 도덕적 환상을 끄집어냈고, 그 근원이 그들의 예언하는 내용을 구성해 냈고…

예언자들이 도덕 의식을 통하여 알게 되었던 바요, 그들이 하느님께로부터 받은 계시를 구성한, 가장 위대한 기본 진리와 원리들이 그들이 한 예언의 핵심과 본질을 이루었다."[29]

잠재의식의 힘 혹은 민족의 천재

예언은 위대한 인물이나 영웅한테서 볼 수 있는 대로, 인간의 심성 안에 잠재된 힘이 특수하게 밖으로 나타난 것이라고 생각되기도 했다. "영웅은 그가 태어난 세상의 종류에 따라 시인, 예언자, 왕, 사제 등 무엇이든지 될 수가 있다. 고백하거니와 나는 진정 위대한 인물은 모든 종류의 인간이 될 수 있다고 생각한다."[30] 예언자와 천재는 밀접하게 연결되어 있다. 그리스의 역사가 그리스인 천재를 조각가와 철학자로 만들었고 로마의 역사가 로마인 천재를 군인과 정치가로 만들었듯이 이스라엘 역사는 히브리인 천재를 예언자로 만들었다.[31]

무엇보다도, 19세기 후반 이래로는 예언이라는 수수께끼를 풀기 위하여 무의식 또는 잠재의식이라는 개념을 열쇠로 사용하게 되었다. 윌리암 제임스는 이렇게 제의했다.

하나의 가설로서, **저쪽** 편에 무엇이 있든지 간에 우리가 종교 생활을 하면서 우리 자신과 '더욱' 밀접하게 연결되어 있다고 느끼는 것은 **이쪽** 편에 있는, 의식적 삶의 무의식적 계속, 바로 그것이다. 그러므로 심리학적 사실을 바탕으로 삼고 출발하면 우리는 보통 신학자들에게 결여된 '과학'과 연결되어 있는 듯이 보인다. 동시에 신앙인이 외부의 힘에 의하여 움직인다는 신학자의 주장도 옹호된다. 왜냐하면 객관적인 모습을 띠고 주체를 외부에서 조종하는 것은 잠재의식의 영역에서 침입한 특성 가운데 하나이기 때문이다.⋯ 이 주체 속으로 들어가는 문간이야말로 종교 과학에 가장 중요한 것이라고 생각된다. 그것은 여러 다른 견해들을 연결시켜 주기 때문이다. 그러나 그것은 다만 문간(門間)일 뿐이다. 그 문을 들어서자마자 이내 곤란한 문제가 나타난다. 경계를 넘은 우리의 의식을 따라 더 깊숙이 가도록 내버려두면 그것은 우리를 얼마나 멀리까지 데려다놓을 것인가? 바로 여기서 맹신이 시작된다. 여기서 신비주의, 황홀경, 베단티즘, 초월적 관념론이 그 일원론적 해석을 들고 나와, 유한자는 언제나 하느님과 하나요 세상의 영과 같은 것이므로 유한한 자아와 절대 자아가 다시 하나된다고 말한다. 여기서 모든 종교의 예언자들이 저마다 자기의 특수한 신앙을 증명해 준다고 생각하는 환상, 음성, 황홀경 등을 들고 나타나는 것이다.[32]

　　예언자는 흔히 이스라엘의 집단적 천재를 표현한 개인으로 여겨지기도 한다.

만일 한 인간의 혼 속에, 민족의 혼과 인류의 혼, 아니 이 세계의 혼이 지닌 집단적 힘이 얼마간 들어 있다고 한다면, 그리고 만일 인간이 하는 다른 모든 위대한 일과 마찬가지로 예언을 하는 일에서도, 개인의 혼이 우주의 혼 속에, 이 자연과 세계의 위대하고 보편적인 의미 속에 함몰되었다가 쇄신된 힘을 받아 소생한다면, 현재가 과거와 미래에 연결되어 있듯이 개인의 혼은 자신의 미래만이 아니라 민족의 미래 아니 온 인류의 미래까지도 내다볼 수 있다고 하겠다. 인간의 깊은 혼으로부터, 그 안에 있는 하느님의 창조 능력으로부터 모든 위대한 사상, 모든 새로운 것과 특별한 것, 인류를 영원한 목적지로 이끌어주는 모든 것이 솟아난다.[33]

예언자의 환상은 의심할 나위 없이 잠재의식이 창조한 것으로서, 의식적인 반성에 의해 통제받지 않으며 선명하고도 실제로 감각할 수 있는 실재를 지닌 주관적 상들을 만들어낸다.…제임스 교수가 말했듯이, 잠재의식이 문을 열고 신성의 직접 유입을 받아들인 것이든지 아니면…그것이 혼의 잡동사니를 넣어두는 창고든지 간에…계시는 그〔예언자〕의 존재의 감추어진 깊음에서 샘처럼 솟아나 그의 내면의 눈 앞에서 상징을 옷입는다.[34]

그렇다면 예언자들에게 자극을 불어넣은 것이 그의 잠재의식이었단 말인가? 성경이 동경과 상상의 소산인 정신력의 소용돌이에서 솟아난 것인가? 이런 견해는 예언자들의 성실함과 건강함을 의심하지는 않으면서도 그들에게 속고 속이는 자라는 낙인을 찍어준다. 과연 무엇이 진짜로 일어났는지를 좀더 잘 알게 해주기는커녕 수수께끼를 신비로 대체할 뿐이다. 잠재의식이란 너무나도 광범위하고 모호한 가설이므로 우리한테는 초자연이라는 관념 못지 않게 난해한 것이다. 잠재의식의 교활한 영(demon)이 그토록 전능하고 엄청난 힘을 가지고 있으면서 다른 데서는 그 막강한 힘을 부리지 않는 것이야말로 얼마나 이상스런 일인가! 신화들에 의하여 열려진 상상의 오솔길은 분명히 막힌 데가 없었다. 그러나 그 오솔길이 가 닿는 곳은 어디였던가? 어디서 신성한 관념이 역사를 성화(聖化)했던가? 어디서 사람들의 역사가 성스런 경전으로 되었던가?

예언자들이 본 계시가 예언자의 가슴 속에 감추어져 있어서 자신이 알지 못할 뿐만 아니라 그것에 저항하기도 한 충동의 표현이었다는 주장은 그만큼 지혜롭고 그만큼 성스런 영력(靈力)의 행위를 전제하는 바, 그것을 가리키는 이름으로는 하느님 말고 다른 이름이 있을 수가 없다.[35]

예언자들은 외국의 앞잡이였다

예언자들을 외국의 앞잡이(agents) 또는 선동 전문가로 보는 견해도 있다. 이사야나 예레미야를 그들은 그렇게 본다. 예언자는 아시리아와 바빌로니아의 제국주의자 왕들한테서 고정된 봉급을 받으며 유다의 왕에게 접근하여, 자신의 주인인 아시리아와 바빌로니아의 왕들을 위해 일을 했다는 것이다. 그가 하느님의 이름으로 선포한 연설의 내용인즉 실제로는 아시리아와 바빌로니아의 수도에서 준비된 것들이었다. 엘리야는 띠로에서 훈령을 받았고 엘리사는 다마스커스에서, 이사야는 니느웨, 예레미야는 바빌론에서 받았다.[36] 아모스는 한때 엘리사가 예후를 위하여 한 일을, 유다와 아하즈를 위하여 했다. 아하즈의 측근(Gefolgsmann)으로서 그가 해야 할 일이란 사람들을 부추겨 베가를 상대로 전쟁을 일으키게 하고 유다와의 이상적인 통일을 이루기 위하여 그들을 자기편으로 끌어들이는 것이었다.[37] 이사야는 떠들썩한 독립 운동의 뒤에는 집권자들이 불만 가득한 사람들의 시선을 분산시켜 나라를 비참하게 만든 진짜 원인을 바로 보지 못하게 하려는 음모밖에 없음을 알았다. 이것이 아시리아를 대하는 이사야의 자세를 결정했다.[38]

예레미야가 '패배주의' 정책을 고집스럽게 옹호한 것을 보고 어떤 역사가들은 그가 종교와 예언자라는 겉옷으로 위장하고 적대국의 이익을 위하여 교활한 선전을 감행한 바빌로니아 정부의 요원이었다고 한다. 예언을 이와 같은 관점에서 본 대표적인 학자의 주장을 들어본다면,

> 왕이 예레미야를 불러 느부갓네살을 추종하는 방향의 정책에 관하여 의논을 했다면 그것은 그가 '예언자'였기 때문도 아니며 지혜로운 현인이었기 때문도 아니다. 재산과 영향력이 있고 갈대아인 집단의 지도자들 가운데 하나였던 예레미야는 바빌론과 계속 협의를 했고, 그로써 반(反)바빌로니아, 친에집트 무리들에 둘러싸여 정확한 상황 판단을 할 수 없었던 왕보다 더 분명하고 정확하게 정치 판도를 읽어낼 수가 있었다. 예레미야는 궁정 밀실

의 바깥에 선 **정치가**로서 국제관계를 더 완벽하게 꿰뚫어보았다. 그는 필요한 외교적 연결책을 수중에 넣고 있었으며, 바빌론이나 아니면 이미 갈대아인 태수가 점령하고 있던 사마리아를 비롯하여 인접한 지역에서 방해 없이 바빌로니아의 고위층과 협의를 계속할 수 있었기 때문이다.[39]

예언자들은 백성과 왕들을 어떻게 다룰 것인지 그 방법을 터득한 숙련된 정치가들이었고, 때로는 아주 고약한 선동가들이기도 했다. 그들의 공작은 국가를 지탱시킬 수 있는 유일한 힘이었던 왕권의 권위를 손상하기도 했다.[40]

예언자들은 애국자였다

예언자들은 무엇보다도 애국자, 말하자면 조국을 사랑하고 조국의 이익을 위하여 아낌없이 몸을 바친 자들이었다는 견해도 있다. 실로 애국이야말로 그들의 삶을 사로잡은 동기였다는 것이다. "애국이 그들 연설의 정신이었고 도덕은 그들의 목적이었다."[41] 따라서 그들은 "무엇보다도 **정치적 선동가들**(즉, 연설가들)이며 경우에 따라 삐라를 뿌리는 자들(pamphleteers)이었다 … 예언자의 관심을 사로잡은 것은 나라와 백성의 운명이었다. 이 관심은 언제나 대군주들에 대한 비난 형식으로 나타났다. 그리하여 역사가 기록된 이래 처음으로 '선동'이라는 것이 등장한다. 그 무렵은 호메로스의 노래들이 테르시테스(Thersites, 아가멤논을 비난하다가 오디세우스에게 맞아 침묵하게 된, 못생기고 입이 험한 병사)[42]와 같은 인물상을 그려낼 때였다."[43]

이러한 성격 묘사는 예언자적 의식의 특질을 모호하게 만드는 경향이 있다. 무엇보다도 그들이 연설가였다는 사실은 분명하다. 해명되어야 할 것은 그들 자신의 동기와 의식이 무엇이었는지, 동시대인들은 그들을 어떻게 보았는지다. 백성을 향한 그들의 관심은 하느님을 향한 관심과 결코 떨어진 적이 없었다.

예언자는 자신이 백성의 대변자라고는 생각하지 않는다. 가난한 자들에게 정의와 자비와 친절을 베풀라고 요구할 때에도 인민의 보호자 자격으로 하는 것은 아니다. 그는 가난한 자, 억눌린 자가 자기에게 말을 하도록 위임했다고, 또는 백성의 도덕적, 정치적 참상이 그로 하여금 모든 일을 바로잡기 위하여 나서게 했다고는 결코 말하지 않는다. 그는 언제나 한결같이 하느님의 이름으로 말한다.

백성에 대한 애착만으로 예언자가 되지는 않는다. 예언자를 예언자되게 한 것은 이스라엘을 향한 하느님의 애착과 그에 대해 이스라엘이 답례하는 데에 실패한 것이었다. 나라를 구하는 것이 그들의 목적임은 틀림없는 사실이었다. 그러나 그 목적을 위하여 그들이 한 일은 이스라엘과 하느님의 관계를 다시 세우는 것이었다. 집단의 군중심리에 편승하여 "시비(是非) 불문 우리 나라!" 운운하는, 순진하다 할까 아니면 천박한 애국주의는 바로 예언자들이 정면으로 저주한 것이었다. 지극한 낙담의 순간에 예레미야는 부르짖었다. "사막에 머물 만한 으슥한 데라도 있다면 내 백성을 버리고 그리로 떠나가련만!(예레미야 9:1)" 야훼께서 그에게 "너는 이 백성을 너그럽게 보아달라고 빌지 말라(예레미야 14:11)"거나, "너는 이 백성을 너그럽게 보아달라고 빌지 말라. 용서해 달라고 울며 불며 기도하지도 말고 떼를 쓰지도 말라. 나는 너의 소리를 들어주지 않으리라(예레미야 7:16)"고 말씀하실 때도 있다. 실제로 여론(vox populi)은, 적어도 예언자들이 살아 있는 동안에는 나라와 민족에 대한 그들의 충성심을 의심했던 것 같다. 예컨대 아모스와 예레미야는 배반자로 비난을 받았고 노골적인 욕설과 공격을 받았다.

순진한 애국주의는 이른바 거짓 예언자들한테는 어울리는 말이라 하겠다. 이들 좋은 말만 하는 선견자(seer)들은 왕족에게는 총애를 받았고 대중에게는 사랑과 존경을 받았다. 그들이 그토록 평화를 예언할 수 있었던 배짱은 왕족에게 아첨하려는 것이었거나 스스로 부패한 데 원인이 있었고(미가 3:5), 일반인이 가장 소중하게 여기는 목숨, 국가 그리고 안보를 하느님이 지켜주시리라는 확신에 그 뿌리가 깊이 박혀 있었다.

사무엘, 나단, 엘리야는 일찍이 하느님은 왕의 후견자가 아님을 분명히 밝혔고, 위대한 예언자들은 왕뿐만 아니라 나라와 민족을 향해서도 위협의 말을 함으로써 하느님을 무조건의 보호자요 후견자로 보는 고정관념에 도전했다.[44]

토마스 제퍼슨이 한 다음의 말 속에서도 우리는 예언자의 음성이 울리는 소리를 듣는다. "하느님이 공의로우신 분임을 생각하매 내 조국을 위하여 두려워 떨지 않을 수 없다."[45]

예언자의 품위 격하

르낭(E. Renan)의 말에 따르면 8세기 예언자들이란,

> 자기가 쓴 기사를 암송하며 덧붙여서 몇 가지 상징적인 행동으로 주석을 달기도 하는 노방(路傍)의 기자(記者)였다. 그의 목적은 사람들에게 인상을 심어주고 큰 무리를 형성하는 것이었다. 이를 위하여 예언자는 오늘날 광고업자들이 자기네 발명품이라고 생각하는 속임수 작전을 서슴지 않고 사용했다. 그들은 사람들의 왕래가 잦은 한길에 자리를 잡았는데 대개는 성문 근처였다. 자리를 잡은 다음에는 청중을 확보하기 위하여 시선을 끌 만한 온갖 대담한 짓을 했다. 미치광이 시늉도 하고 신조어와 색다른 단어를 사용하는가 하면 지니고 다니던 게시판(플래카드)을 펼쳐보이기도 했다.(이사야 8:1 이하) 군중이 형성되면 그는 자신의 감동적인 구절들을 암송했는데, 때로는 익숙한 어조로 말하여 효과를 얻기도 하고 또 다른 때는 신랄한 조롱을 하기도 했다. 인기 있는 연설가의 유형이 생겨났다. 저속한 외모를 갖춘 광대가 경건한 예식 가운데 자리를 잡았다. 펀치와 쥬디[영국의 유명한 익살 인형극—옮긴이]의 그럴 듯한 변형인 나폴리의 수도자 또한 그 원형을 이스라엘에서 찾아볼 수 있으리라.[46]

구취(G. P. Gooch)는 이렇게 썼다.

르낭은 가끔, 유다인은 종교를 대변하고 그리스인은 지성을 대변한다고 말한다. 그러나 이스라엘 예언자들의 역사적 중요성을 인정하면서도 그는 그들에게 칭찬할 것 못지 않게 책할 것도 있다고 본다. 아모스는 침울하고 속이 좁으며 진노의 날이 다가왔다고 맹렬하게 위협한다. 요엘은 사람들에게 옷이 아니라 심장을 찢으라고(요엘 2:13) 강요한다. 호세아는 마치 삐라를 뿌리는 청교도 같다. 이사야의 명성은, 포로기에 살았던 훨씬 더 위대한 어느 천재가 쓴 글의 저자로 행세하게 된 데서 얻은 것이다. 예언자는 민중의 양심이었다. 그러나 그는 설교가 못지 않게 선전가였고 신학자 못지 않게 정치가였으며 칼뱅, 녹스, 크롬웰의 선배였다. 르낭은 예레미야의 쩽쩽거리는 협량(狹量)함에 대해 경멸감을 감추지 못한다. 그는 예레미야를, 종교 박해의 주춧돌을 놓은 자들 가운데 하나요 군주정체와 국가의 적이라고 조롱한다. 에제키엘은 일찍이 빅토르 위고의 『징벌』〔Chatiments, 나폴레옹 3세를 비난한 시집 이름—옮긴이]과 푸리에[Fourier, 프랑스 사회주의자—옮긴이]의 사회적 환상들을 제시했다. 도덕 기준에만 오로지 골몰하다 보면 문화나 국력에는 신경을 쓰지 못하게 마련이다. 예언자들은 아무튼 정치에는 별 재능이 없는 백성을 파멸로 급히 몰아갔다.[47]

그들은 "종교를 세우고 국가를 무너뜨렸다."[48]

제14장
사건과 경험

영감을 받았다는 의식

자기가 하느님한테서 영감을 받았고 하느님의 이름으로 말을 하는 것이며 하느님에 의하여 백성에게 보내심을 받았다는 확신, 이것이 예언자 의식의 근본이고 중심이다. 다른 사람들은 **경험**을 확신의 근거로 보는데 예언자만은 유독 그의 **경험의 근거를 확신의 근거**로 삼는다는 점에서 독특하다. 그의 생각에 그가 전하는 메시지의 타당성과 특이성은 그의 경험의 순간에만 있는 게 아니라 그 기원에 있다.

반역자 코라와 그의 추종자들이 도전해 왔을 때 모세는 기적을 보여 자신이 하느님의 보내심을 받은 자임을 입증해 보이겠다고 했다. "너희는 이제 일어나는 일을 보고 내가 여태껏 한 모든 일이 **내가 멋대로 한 일이 아니라** 야훼께 보내심을 받아 한 일임을 알게 되리라(민수기 16:28)." 무엇보다도 예언자의 의식의 기초를 이루고 있는 것은 자기가 선포하는 메시지가 자신의 생각에서 나온 것이 아니라는 부정적 확신이었다. 이는 예언자임을 사칭하는 자들에 대한 논박 속에서 항상 표현되었다. 그 거짓 예언자들은 거듭하여, "엉뚱한 것을 보고 허황한 점이나 치고 제 욕망에서 솟는 생각을 가지고 내 말이라고 전하는 것들(예레미야 14:14; 참조, 23:26)"이라는 비난을 받았다. "그들은 내 말을 들은 적이 없는 것들이다. 제 속에 떠오르는 생각을 말하면서 너희를 속이는 것들이다(예레미야 23:16)." "제 마음대로 말하면서 내 말이라고(에제키엘 13:2)" 속이는 예언자들과 동일한 자들이다.

에제키엘은 단호하게 선포했다. "주 야훼가 말한다. 저주받아라, 나의 발현을 보지도 않은 채 멋모르고 제 생각에 끌려다니는 미련한 예언자들아 … 허황한 환상이나 보고 속임수로 점이나 치면서 야훼의 말을 사칭하는 것들이다. 내가 보내지도 않았는데 멋대로 지껄이고는 그대로 이루어지기를 은근히 바라는 것들이다. 너희가 허황한 환상을 보고 속임수로 점을 치면서 야훼의 말이라고 하지만, 나는 그런 말을 한 적이 없다(에제키엘 13:3, 6~7; 참조, 13:17)." "그들은 … 내가 시키지도 않은 말을 하는 것들이다(예레미야 29:23)." "나 야훼가 나흘렘 사람 스마야를 어떻게 할 것인지 전체 포로민에게 이렇게 전하여라. '스마야는 내가 보낸 자가 아니다. 그런데 그는 너희에게 거짓말을 전하고는 그것을 내 말이라고 믿게 하였다. 그런 죄가 있기 때문에 나 야훼가 선언한다. 내가 나흘렘 사람 스마야와 그의 후손을 벌하리라 …' (예레미야 29:31~32)" 또 예레미야는 하나니아에게 이렇게 말했다. "하나니아, 잘 들으시오. 야훼께서 그대를 보내지 않으셨는데 그대는 이 백성에게 거짓말을 하여서 곧이듣고 안심하게 하였소. 그래서 야훼께서는 이렇게 말씀하셨소. '나는 너를 땅 위에서 치워버리겠다. 나를 거역하는 말을 한 벌로 너는 이 해가 가기 전에 죽으리라.' (예레미야 28:15~16)" "야훼께서 나에게 말씀하셨다. '그 예언자들은 내 이름을 팔아서 거짓말을 하였다. 나는 그런 말을 한 적이 없다. 그런 말을 하라고 예언자들을 보낸 적도 없다. 그것들은 엉뚱한 것을 보고 허황한 점이나 치고 제 욕망에서 솟는 생각을 내 말이라고 전하는 것들이다.' (예레미야 14:14)"

여러 가지 방법으로, 말로나 행동으로나 예언자들은 놀라운 주장을 단호히 표현했다. 그들이 거듭하여 선언할 수 있었던 것은, 하느님의 영감을 받았다는 확신이 있기 때문이었다. "야훼께서 말씀하셨다" "야훼의 말씀을 들어라 (호세아 4:1; 이사야 1:10; 28:41; 39:5; 예레미야 2:4; 7:2; 9:20; 29:20; 에제키엘 13:2)." 발람은 하느님이 "내 입에 넣어주시는 말씀"이라고 믿어지는 말만을 할 수가 있었다(민수기 22:38; 24:12~13).

영감을 받지 않고서 그런 표현을 하는 자들을 가리켜 예언자들은 "거짓말쟁이"라고 비난했다. 그들이 남을 비난하면서 스스로 같은 짓을 했다고는 생각할 수 없다. 예언자들이 자신의 진실성을 늘 의식하고 있었음은 의심할 여지가 없다. 그들의 혀는 양심과 버성기는 일이 없었다는 말이다. "만군의 야훼께서 일러주신 것을 너희에게 알려주는 것"이라고 이사야는 분명히 밝혔다(21:10). 그리고 예레미야도 고백하기를,

> 제가 이 백성에게 재앙을 내리시라고 재촉이라도 하였습니까?
> 암담한 날이 오기를 바라기라도 하였습니까?
> 제가 무엇이라고 아뢰었는지 아시지 않습니까?
> 분명히 들으시지 않으셨습니까?(예레미야 17:16)

예언자는 자신의 사명에 자신을 바치겠노라고 스스로 다짐한 결심을 말하지 않는다. 부름을 받은 결정적인 순간을 그대로 서술할 뿐이다. 그는 자기 자신을 "하느님의 사신(使臣)(하깨 1:13)"으로서 하느님에 의하여 그분의 백성에게 파송된 자로 생각한다(예레미야 26:12~14; 이사야 49:5~6). 게다가 그는 어쩌다가 받게 되는 영감이라든가 단순한 한 번의 경험이 발휘하는 능력에 대하여 말하고 있는 게 아니다. 그에게는 살고 죽는 모든 일이 주어진 사명을 위한 것이다. 예레미야는 태어나기도 전에 선택되었다(예레미야 1:5). "요시아가 유다 왕위에 오른 지 13년 되던 해로부터 이 날에 이르기까지 나는 야훼의 말씀을 받아 23년을 하루같이 전하였다(예레미야 25:3)." 성전(聖殿)을 반대하는 예언을 했다는 이유로 사제들과 예언자들이 사형을 선고했을 때 예레미야가 제기한 유일한 항변은, "나는 야훼께 사명을 받고 온 몸이요. 여러분도 다 들으셨겠지만 나는 그분의 분부대로 이 성전과 이 성읍이 어찌 될 것인지를 전하였을 뿐이오…나는 여러분의 손 안에 있소. 그러니 여러분이 좋다고 생각하는 대로, 옳다고 생각하는 대로 하시오(예레미야 26:12, 14)"였다.

예언자라는 것들이 내 이름을 팔아 예언하는 소리를 나는 다 들었다.…제 망상을 내 말이라고 전하는 이 거짓 예언자들이 언제까지 제 마음에 떠오른 생각을 내 말이라고 전할 것인가?… 꿈이나 꾸는 예언자는 꿈 이야기나 하여라. 그러나 내 말을 받은 예언자는 내 말을 성실하게 전하여라. 내가 똑똑히 말한다. 검불과 밀알을 어찌 비교하겠느냐? 내 말은 정녕 불같이 타오른다. 망치처럼 바위도 부순다.…내가 똑똑히 일러둔다. 이런 예언자들이 내 말을 한답시고 혀를 놀리는데, 결코 그냥 두지 않으리라. 내가 똑똑히 일러둔다. 이런 예언자들이 개꿈을 꾸고 거짓말로 허풍을 떨어가며 해몽을 하여 나의 백성을 속이는데, 결코 그냥 두지 않으리라. 나는 그런 말을 하라고 그것들을 보낸 적이 없다. 그것들은 이 백성에게 백해무익한 자들이다.(예레미야 23:25, 26, 28~29, 31~32)

예레미야로서는 경험의 진실성 여부가 자신뿐만 아니라 이스라엘의 생사가 걸린 문제였으므로, '검불'과 '밀알'을 분간하고 '꿈'을 꾸는 예언자와 '하느님의 말씀'을 받은 예언자를 구분짓는 분명한 기준이 있어야만 했다. 나라의 운명에 관한 중요한 예언을 전한 뒤에 그는 본인이 전한 메시지를 십분 이해할 수가 없어서 하느님에게 해명을 해달라고 기도했다(예레미야 32:15 이하). 하느님의 음성은 그의 안에 머물지 않고, 다만 그를 찾아왔을 뿐이다. 그에게는 간청뿐만 아니라 해명도 절실히 필요했다. 그의 기도는 어떤 것은 용납되었고(예레미야 7:3, 6) 어떤 것은 거절당했다(11:14; 14:11; 15:1). 백성들은 예언자에게 물어보았다. "야훼께서 무엇이라고 대답하셨느냐?" 혹은 "야훼께서 무슨 말씀을 하셨느냐(예레미야 23:35)." 그러나 과연 예언자는 언제나 응답을 받았던가? 하느님의 인도하심을 기구해 달라는 백성의 부탁을 받은 예레미야는 말씀이 임하기까지 열흘을 기다려야 한 적도 있었다(42:7).

때로는 영문을 알 수 없는 일로 답답하고 안타까웠다. "어찌하여 이런 변을 당하게 되었는지 알 만한 사람도 하나 없습니다. 어찌하여 이 나라가 망하게 되었는지, 모조리 타서 사람의 그림자도 얼씬하지 않는 사막이 되게 되었는지, 말씀해 주셔야 나가서 전할 수 있지 않겠습니까?(예레미야 9:11)"

예언자가 선포한 말씀이, 그랬으면 좋겠다는 생각에서 나온 것이었던가? 그가 전한 메시지의 내용이 그 자신의 희망이나 기대와 정면으로 반대되는 것일 때도 종종 있었다. 예레미야는 거짓 예언자 하나니야의 말이 맞았으면 좋겠다고 생각한 적도 있다(예레미야 28:6). 그의 기도에 대한 하느님의 응답은 그가 기대한 것과 정반대의 것이기도 했다(예레미야 12:1 이하; 13:1 이하).

하느님의 음성과 그의 소망 사이의 갈등이 그의 기도 속에 암시되었다. 예레미야는 백성에게 자비를 내려달라고 탄원했지만 그가 받은 응답은, "이 백성은 나에게 마음을 붙이지 못하고 사방으로 쏘다니기 좋아하는 것들이라 보기도 싫다. 그래서 이제 그 죄를 잊지 않고 벌하기로 하였다(예레미야 14:10)"였다. 예언자는 고집스럽게 매달렸다. "우리는 스스로 어떤 못할 일을 하였는지 잘 압니다…그러나 주님의 명성을 생각하셔서라도 우리를 천대하지는 마십시오." 그러나 야훼의 대답 또한 여전했다. "비록 모세나 사무엘이 내 앞에 서서 빌더라도, 나는 이 백성을 불쌍히 여기지 않으리라…(예레미야 14:20~15:1)."

예루살렘 성전이 파괴된다는 예레미야의 예언에 성이 난 사제들이 그를 죽이려고 했을 때에도 예레미야는 "야훼께서 나를 보내셨다(26:1)"는 말밖에는 자신을 변호하는 말을 하지 않았다. 그는 계속하여 "나는 틀림없이 야훼께 사명을 받고 온 몸으로서 이 모든 말을 여러분에게 전하여 주었을 뿐(예레미야 26:15)"이라고 주장했다.

예언자의 생애에 무슨 일이 발생하여 그로 하여금 이와 같이 확신 있는 주장을 하게 하였던가? 무엇이 그에게, 자기가 경험한 것이 하느님의 영감이라는 확신을 심어주었던가? 그와 같은 깨우침이 사전에 준비 없이 불현듯 의식의 표면을 뚫고 들어온 것이라는 사실만으로는, 그러니까 반드시 하느님이 그에게 말씀하신 것이라고 주장할 만한 근거가 되지 못한다.

예언자들 자신이 그들이 전하는 말의 근원이 신에게서 나왔음을 확신한 것은 의심할 나위가 없다. 예언자들의 심성을 이해하려면, 이 핵심적인 확신을 그의 심성의 기본이 되는 질로 여겨야만 한다. 따라서 이 확신으로부터 출발하여 예언자의 인격의 본질 구조를 탐구해야 한다.

예언자들이 본 환상이나 들은 음성이 과연 어떤 것이었는지, 진짜로 상(像)을 보고 소리를 들은 것인지 아니면 단순한 주관의 현상이었는지, 그 음성을 황홀경에 들어가서 들었는지 아니면 맑은 정신으로 들었는지, 이것을 밝혀내어 결정하는 것은 우리의 능력으로 할 수 있는 일이 못된다. 어떻게 하느님의 마음이 인간의 마음에 유착될 수 있는지를 생각하거나, 어느 지점에서 신이 일하기 시작하는지, "야훼께서 말씀하신다"는 말투가 언어로 영감받은 메시지를 암시한 건지 또는 언어는 예언자의 것이고 계시되는 것은 그 예언에 담겨 있는 생각뿐이었는지를 묻는 것은 공연한 헛수고다.

우리는 영감이라는 개념을, 예언자가 직접 또는 간접으로, 감각으로 또는 정신으로, 그들을 향해 내려온 초월자의 행위를 깨달아 알게 되는 행위요 경험을 가리키는 말로 사용할 일이다. 우리는 그의 경험의 내용과 여러 가지 양태와 모습들을 분석하려 들지 말고 영감이 예언자의 의식을 결정한 핵심되는 경험으로 주어진 것임을 유의할 일이다.

내용과 형식

앞에서 우리는 예언 행위의 내용을 신의 정념과 예언자의 동정으로 서술했다. 우리는 이제 예언자가 **무엇**을 경험했는지에 관하여 얼마쯤 알게 되었다. 그런데 **어떻게**에 관하여는 거의 물어보지도 않았다. 따라서 이제 우리가 주의를 기울여 생각해 볼 문제는 예언자가 자신의 경험한 바를 어떤 **형식**으로 주장하느냐다.[1]

예언자 본인이 의식하기에 예언 행위란 언어, 사유 혹은 상징으로써 메시지가 전달되는 통화(通話)의 행위다. 메시지의 내용을 예언자가 충분히 이해하느냐, 그것이 자기에게 전해진 것이라는 사실을 스스로 알고 있느냐, 그리고 그와 하느님 사이의 교합(交合) 또는 만남, 즉 메시지가 그에게 전해지는 형식이 예언자의 통화 행위를 결정짓는 요소들이다. 바로 그 만남이 예언의 성격을 특징짓는다.

그 만남의 형식 혹은 본질 구조를 이해하려면, 그 만남에서 우연히 발생되는 부분들 혹은 그 만남 속에 불가결하게 포함되지는 않는 모든 것들을 제외하지 않으면 안 된다. 다른 말로 하면, 계시 그 자체에 필수적으로 있어야 하는 것이 아니면 무엇이든 무시해야 한다는 말이다. 그러므로 우리는 지금 실체의 요소들(예를 들어 정념의 동기)뿐만 아니라 경험의 외부 형식 같은(예를 들어 그것이 듣는 경험이었느냐 보는 경험이었느냐) 부수적인 형식의 요소들을 생각의 대상에서 배제해야 한다.

흔히들 계시와 영감을 심리학적 관점에서 또는 기껏해야 인류학적 관점에서 이해하려고 한다. 그러나 영감에 내재하는 의미를 간과하는 한, 예언자의 영감에 대한 의식을 제대로 이해하기란 불가능하리라. 그런즉 우리가 마땅히 물어야 할 것은 이것이다. 예언자 자신이 생각한 예언이라는 행위의 궁극적인 형식, 수정이나 삭감이 불가능한 형식 또는 본질 구조는 무엇인가?

예언 행위는 우리가 **영감**이라고 부르는 초인격적 사실과 **경험**이라고 부르는 인격적 사실로 구성되어 있다. 우리는 그 영감이 예언자에게 무엇을 뜻하는지를 꿰뚫어 알기 전에는 경험의 의미를 파악할 수 없다. 왜냐하면 경험의 전체 의미와 정당성은 그 행위의 객관적 또는 초인격적 국면의 확실성에 의존하고 있기 때문이다. 현상학적 관점에서 보면 경험**에**(*to* experience) 주어진 것에 대한 깨달음을 토론의 대상에 포함시킬 때에만 우리는 그 경험의 본질을 공정하게 평가할 수 있다. 따라서 우리는 영감에 의하여 비롯된 경험의 특징을 파악할 수 있는 위치에 서기 위하여, 그 경험의 대상으로서 주어진 사실인 영감의 구조를 객관적으로 살펴보아야 한다.

예언자의 경험을 분석하는 우리의 진행 절차에 따라 **경험의 형식**(the form of experience)에 상응하는 **영감의 형식**(the form of inspiration)을 출발점으로 삼기로 하겠다. 모든 실제의 내용을 떠나 영감의 본질적인 독특한 형식으로써 예언자가 보고 경험한 것은 무엇인가?

사건으로서의 영감

예언자의 생각에, 예언 행위는 하나의 경험 이상이다. 그것은 객관적인 사건이다. 이것이 예언의 본질적인 형식이다. 그 동기와 내용이 무엇이든 간에, 영감이 어떤 형태로 오든 간에, 그것은 언제나 하나의 과정이 아니라 사건으로서 이루어진다. 과정과 사건의 차이점은 무엇인가? 과정은 비교적 영속하는 틀을 좇아 정기적으로 발생하며 사건은 정한 때 없이 돌발한다. 과정은 계속되고 안정되어 있으며 획일적일 수 있지만 사건은 우연히 간간이 터진다. 과정은 전형이 있고 사건은 특이하다. 과정은 법을 따르고 사건은 전례를 남긴다. 따라서 "계속되는 계시"라는 말은 "네모난 원"과 똑같은 말이다.

우리는 계시가 "오늘의 현대인이 겪는 매일의 경험"과 거리가 먼 것이라는 사실을 받아들이지 않을 수 없다. 그것을 생각하는 것조차 우리의 머리를 어리둥절하게 한다. 그러나 그것을 우리 자신의 지성이 좋아하는 것에 맞추어 재단해 버린다면, 그것을 탐색하기 전에 파괴하는 것이요 이해할 수 있다고 여겨지는 것을 미리 없애버리는 것이다. 우리는 우리 자신의 경험이라는 범주들을 넘어설 준비가 되어 있어야 한다. 비록 그 과정이 우리의 정신적 일과와 안일함을 뒤집어엎는다 하더라도.[2]

그런즉 영감은 모든 시대에 계속되는 과정이 아니라 한순간에 이루어지는 사건이다. 성경에서 역사의 일반 사건들을 서술할 때 사용되는 술어인 '봐예히'(vayehi) 즉 "그것이 발생했다"는 말이 예언자의 영감을 서술하는 데 사용되고 있다(봐예히 드봐르 아도나이 에일라이 vayehi dvar Adonai eilai). 특히 「예레미야」와 「에제키엘」에서 그렇다.

하느님은 단번에 모두에게 쓸모 있는 그런 분이 아니다. 사람이 간절히 열망하기만 하면 언제든지 찾아뵐 수 있는 분이 아니다. 하느님의 임재에는 다른 한 면(an alternative)이 있으니 하느님의 부재가 그것이다. 하느님은 역사로부터 스스로 몸을 빼쳐 멀어질 수도 있으시다. 압도하는 신의 임재에 노출되어 있으면서 예언자는 그분의 부재를 예언한다.

> 양떼 소떼를 몰고 야훼를 찾아 나선다 해도
> 이미 떠난 그분을 만나지는 못하리라.(호세아 5:6)

> 야훼께서 부르짖는 너희 기도를
> 들어주실 성싶으냐?
> 그렇게 못된 짓만 하는데
> 어찌 외면하시지 않겠느냐?(미가 3:4)

> 나는 야훼를 기다린다. 그가 야곱의 가문을 외면하고 계시지만
> 나는 여전히 그에게 희망을 둔다.(이사야 8:17)

> 앞으로 가 보아도 계시지 않고
> 뒤를 돌아보아도 보이지 않는구나.
> 왼쪽으로 가서 찾아도 눈에 뜨이지 아니하고
> 오른쪽으로 눈을 돌려도 보이지 않는구나.(욥기 23:8~9)

하느님의 말씀을 듣는 것은 항상 발생하지는 않는 하나의 놀라움이다.

> 내가 이 땅에 기근을 내릴 날이 멀지 않았다.
> ―주 야훼의 말씀이시다.
> 양식이 없어 배고픈 것이 아니요
> 물이 없어 목마른 것이 아니라,
> 야훼의 말씀을 들을 수 없어 굶주린 것이다.

이 바다에서 저 바다로 헤매고
북녘에서 동녘으로 돌아다니며
야훼의 말씀을 찾아도 들을 수 없는 세상이다.(아모스 8:11~12)

예언자의 경험은, 따라서 전망을 내다보는 것도 아니요 항상 들려오는 음성을 듣는 것도 아니다. 그것은 예언자의 마음에 주어진 영속하는 어떤 것과 우연히 부딪치는 발견도 아니다. 예언자가 만나는 것은 주어진 어떤 것, 영원한 관념, 미쉬팟, 정의, 법 따위가 아니라 역동하는 어떤 것, 부여하는 행위다. 영원한 말씀이 아니라 발언된 말, 표현된 말, 현존자(a Presence)로부터 솟구치는 말, 시간 속의 말, 말씀 속에서 흘러넘치는 정념이다. 그의 경험은 지속되는 상황을 인식하는 것이라기보다 발생하는 행위를 인식하는 것이다.

하느님의 무아경

예언자의 영감을 예언자의 의식 세계에 일어나는 사건으로 보지 않을 수 없게 하는 또 다른 관점이 있다. 그것은 내면의 경험 이상의 것에 대한 인식에서 온다. 그 결정적 순간에 예언자에게 일어나는 일은 그에게서 터져나오는 것이 아니라 그에게 내려 덮치는 것이다. 나아가서 영감은 그에게 일어나는 행위면서 동시에 그를 넘어서서 일어나는 행위다.

예언자에게 지상의 실재는 그의 경험 자체가 아니라 그의 경험에(to his experience) 주어진 것, 그의 경험 능력을 능가하는 어떤 것이다. 그에게는 하느님이 객체가 아니라 주체시며, 그가 사건을 인식하는 것은 하느님이 당신의 말씀을 주시는 것보다 덜 중요한 일이다(684쪽을 보라). 그는 발동자(發動者)도 아니며 움직이는 힘도 아니다. 그는 사건 속에 있지, 그것 위에 있지는 않다.

그 어떤 인식도 음식을 먹듯이 명백하고 분명하지는 않다. 우리가 보거나 만지는 것은 우리 밖에 있고 우리가 소모하는 것은 우리의 일부가 된다. "말씀 내리는 대로 저는 받아 삼켰습니다…(예레미야 15:16)" 그의 경험은 하느님을 경험한 경험이 아니라 신성한 경험을 경험한 것이다.

예언은 인격적 사건이다. 그것은 단순히 말씀을 주기만 하는 분이 아니라 사람과의 만남에 참여하는 분의 신성한 인격에 의하여 발생하는 사건이다.

그런즉, 예언자가 의식하는 영감은 하나의 감각적 경험이나 내면으로 받아들임을 의식하는 것 이상의 무엇이다. 그것은 그의 **내부가 아니라 너머**에서 발생하는 신성한 행위를, 인간의 심장이 아니라 시야에 발생하는 사건을 경험하는 것이다. 예언자는 단순히 그것을 느끼는 게 아니라 그것을 대면한다.

그것이 예언 행위임을 결정지어 주는 표시는 그것의 초월적인 성격에 있다. 예언자를 꼼짝 못하게 하는 것은 그가 듣는다는 사실뿐 아니라 하느님이 말씀하신다는 사실이다. 그에게 발생하는 어떤 일뿐 아니라 하느님에게 발생하는 어떤 일이 그를 압도한다. 예언자가 맑은 의식을 가지고 예언 행위를 할 수 있는 것은, 그의 의식 너머에서 발생하는 행위, 초월적인 행위, **하느님의 무아경**(an ecstasy of God) 덕분이다. 예언자가 보기에는 하느님이 침묵과 초연함과 당신 존재의 불가사의함에서 나와 인간에게 당신의 뜻을 펼쳐 보이신 것 같이 보인다. 그 깊이와 강렬함에서 그분의 행위는 초월하는 주체 안에서 이루어지지만, 결국은 경험하는 예언자들을 향한다.

예언은 하고 싶다고 해서 억지로 할 수 있는 게 아니다. 예언자는 사람이 말씀을 받기 위하여 '자아'를 떠나야 한다는 식으로, 의식의 포기가 영감을 가져다준다고는 말하지 않는다. 예언은 하느님의 은총으로 오는 것. 무아경은 인간에게 일어나는 것이요, 영감은 인간에게와 마찬가지로 영감을 주는 쪽에도 일어나는 것이다. 무아경은 심리적 과정이요, 예언은 초월자의 행위 속에 그 기원을 둔다.

신성한 사건에 참여함

예언자들은 하느님의 말씀이 어떻게 그들에게 왔는지, 또는 그 말씀이 진짜 하느님의 말씀임을 어떻게 알았는지에 대하여 별로 말해주지 않는다. 아마도 그들의 경험의 본질을 이루고 증거의 근거가 된 것은 신성한 사건에 자신이 참석하고 있음을, "야훼의 원탁 회의에 참석하고 있음"을 스스로 발견한 것이었다. 예언자의 영감 받음은 그냥 들려오는 소리를 듣는 것이 아니라 참여하는 것이었다.

예언자의 경험을 서술하는 데 흔히 사용되는 '환상'(visions)이라는 술어는 하나의 환유(換喩, metonymy)다. 봄(seeing)은 경험의 한 부분이다. 본질적이고 특수하며 결정적인 것은 **예언자의 참여**, 하느님의 사유에 감동하여 그것을 증거함이다. 아모스가 본 몇 가지 환상에 대하여 살펴보자. 한번은 거대한 메뚜기 떼가 덮쳐 지상의 풀을 모두 갉아먹었다. 그 다음에는 맹렬한 불이 일어나 지하수를 말리고 땅 위의 것을 모두 태워버렸다. 그것은 환상이었다. 백성은 이제 곧 무서운 형벌을 받게 될 참이었다. 여기서 기록이 끝났다면 그 의미는 다가오는 재난을 내다보는 것에 국한되었으리라. 그러나 예언자는 눈에 보이는 것을 그대로 받아들이지 않았다. 그는 "당신의 뜻이 이루어지이다"라고 말하지 않았다. 오히려 그는 탄원했다.

> 야훼, 나의 주님, 야곱은 약할 대로 약해졌습니다. 이 이상 더 견뎌낼 것 같지 않습니다. 용서해 주십시오.(또는, 중단해 주십시오)(아모스 7:2)

이에 야훼께서는 뜻을 돌이키셨다. "그만두겠다 … 이것도 그만두겠다 (7:3, 6)."

예언자가 말하는 것은 개인적인 경험이 아니라 엄청나게 놀라운 사건이다. 그 사건이 예언자 자신에게 미치는 영향은 가장 사소한 문제다. 그가 말하는 것은 하늘과 땅을 뒤흔드는 사건에 관해서다.

만민들아, 들어라.
만물들아, 귀를 기울여라.(미가 1:2)

하늘아 들어라, 땅아 귀를 기울여라.
야훼께서 말씀하신다.(이사야 1:2)

야훼께서 시돈에서 고함치시고
예루살렘에서 소리치시니
하늘도 떨고 땅도 떠는구나.(요엘 4:16)

한 나라를 향해 말하는 데는 큰 내면의 힘이 필요하다. 하늘과 땅을 향해
말하는 데는 신(神)의 힘이 필요하다.

예언자들은 개인의 경험의 이름으로, 내면의 깨달음의 이름으로 말하지
않는다. 그들은 신성한 경험의 이름으로, 신성한 사건의 이름으로 말한다.
영감은 단순히 예언자에게 발생한 사건이 아니다. 영감은 예언자가 신성한
사건에 참여하는 순간이다.

"야훼께서 친히 말씀하셨다(이사야 1:20; 40:5; 미가 4:4)." "야훼께서 이렇
게 선고하셨다(이사야 24:3; 예레미야 46:13)." "야훼께서 내 귀에 대고 맹세하
신다(이사야 5:9)." "나의 귀에 일러주셨다(이사야 22:14)."

사건과 그 의미

영감이라는 사건이 이루어지려면 두 주체가 있어야 하는데, 계시를 주는
자와 받는 자가 그들이다. 영감의 본질을 파악하려면 그것이 두 주체에게 의
미하는 바가 무엇인지를 먼저 해명해야 한다. 예언자는 계시 사건이 신성한
존재 그분에게 중요한 의미가 있는 것임을 어떻게 알았던가? 이 질문에 대

답을 하기 전에 먼저 신이라는 관념이 예언자의 생각에 어떤 위치를 차지하고 있는지가 설명되어야 한다.

예언자의 하느님 이해를 다룬 절에서 우리는 예언자가 하느님에 대하여, 그분은 스스로 계시는 분이요 궁극의 존재라고(as He is in Himself, as ultimate Being)는 좀처럼 말하지 않는다는 점을 지적했다(683~684쪽을 보라). 그가 주제로 삼은 것은 인간과 관계를 맺으시는 하느님, 세계와 관계를 맺으시는 하느님이다.

성경의 예언에 관련하여 '자기 계시'(self-revelation)라는 용어를 사용하는 것은 적절하지 않다. 하느님은 결코 당신 자신을 계시하시지 않는다. 그분은 모든 계시 위에 그리고 그 너머에 계신다. 그분은 말씀만을 드러내신다. 결코 당신의 본질을 벗겨 보이지는 않는다. 그분은 당신의 정념만을, 당신의 의지만을 알려주신다. 결국 우리가 제기한 의미에 관한 질문은 다음과 같이 되물어져야 한다. 계시 사건은 신의 정념과 연관해 무엇을 의미하는가? 동시에, 계시 사건은 파트너로서의 예언자에게 무엇을 의미하는가도 물어야 한다. 여기서 다시금, 우리가 관심하는 것이 예언자의 전 실존이 아니라 자기 경험을 어떻게 이해하였는가라는 점을 못박아두어야 한다.

사건의 분석

모든 사건은 본질상 두 개의 상(相)으로 이루어진다. 사건이란 시간 속에서 일어나는 것인지라 시작이 있고, 또 무한히 계속되는 것이 아닌지라 일정한 과정을 밟아야 한다. 그 시작과 전개 과정이 모든 사건의 성격 구조를 형성한다. 첫 번째 상인 시작은 선재하는 본원의 상태에서 일어나는 변화의 영향을 받는다. 두 번째 상인 과정은 일정한 원동력에 따라 전개되려는 성향의 영향을 받는다. 첫 번째 상에서 우리는 중단과 단절을 보고 두 번째 상에서는 계속과 흐름을 본다. 전자를 우리는 **전환**(a turning) 또는 **결단**(a decision)이라는 말로 표현하고 후자는 **지향**(a direction)이라는 말로 표현한다. 그러므로 예언자의 관점에서 볼 때 영감에는 두 개의 국면이 있다. 결단 혹은 전환의 순간이 있고 표현과 지향의 순간이 있다.

우리가 말하는 **전환** 또는 결단이란 무엇을 의미하는가?

모든 사건은 하나의 변화로서, 하나의 전환점으로서 출발한다. 정지된 상태에서 돌아서서 떠나는 것이 사건을 일으키는 것이다. 그 변화 속에 동기에서 발단으로 옮겨가는 전환이 있고, 동기에서 태어나는 사건의 출현이 있다.

전환의 순간은 사건 이전의 것들과 긴밀하게 연계되어 있는 순간이며, 사건의 기원에 위치한 순간이다. 그것이 사건을 일으키는 것이므로 전환의 순간은 사건을 겪는 자의 내부에, 그의 내면 생활에 뿌리내리고 있다. 이 단계에서 사건은 최대의 동기와 최소의 발단을 수반한다.

전환이 막 이루어지는 임계점에서 우리는 사건 뒤에서 사건이 일어나게끔 하는 요인을 본다. 사건의 동적, 잠재적 질을 본다. 새로운 방향을 여는 충동을 본다. 전환 그 자체는 바로 그 발단의 첫 결과다. 그 지점에서 우리는 사건이 사실로서 완전히 실현되기 전에 사건의 전체 구조를 모양짓는 원리를 파악해야만 한다.

대체로 하느님은 침묵하신다. 그분의 의도와 계획은 감추어져 있다. 그런데 그 고요와 초연의 상태로부터 이탈이 일어나 하느님이 숨어계시던 곳에서 계시 행위로 옮겨가는 전환이 발생하는 것이다.

이 변화가, 영속하고 영원할 것만 같던 상태 또는 상황에서 언제나 시간 속에서 특이하게 발생하는 만남의 순간으로 옮겨가는 전이를 초래한다. **영원이 순간에 들어간다**(Eternity enters a moment). 그 순간의 유일성이 언뜻 단절이 없는 일정 불변처럼 보이던 것을 단절시킨다. 무(無)시간의 침묵이란 비인격의 상 안에서나 생각할 수 있는 것이다. 그것은 아무것과도 연관되지 않는 질서요 원리다. 얼굴도 없고 관심도 없다. 전환은 인격적인 것이다. 그것은 발단과 의지를 내포한다. 그것은 교제의 시작이다.

전환은 언제나 의지로 결정된다. 예언자들은 피동적이고 의지나 의도가 전혀 없는 하느님의 현현에 대하여 아는 바가 없다. 그것은 태양에서 광선이

나오듯이 하느님에게서 저절로 나오는 것이 아니다. 그것은 분명한 의지에서 나오는 행위요 그냥 두면 여전히 감추어져 있을 것을 드러내겠다는 결단으로 인하여 이루어지는 행위다. 이런 뜻에서 그것은 하느님의 생명(the life of God) 안에서 이루어지는 행위다.

계시는 하나의 기적 혹은 예언자한테서 일어나는 어떤 행위 이상이었다. 세상이 창조될 때의 방식으로 그분의 말씀이 들려지지는 않았다. 하느님이 "말씀이 있어라"고 하시자 예언자의 귀에 말씀이 들린 것이 아니었다. 하느님은 무(無)에서 말씀을 만들어내지 않으셨다. 그분은 당신 자신의 존재로부터 말씀을 토해내셨다.

예언자가 겪은 사건은 하느님의 의지로부터, 그분의 선수(先手)로 발생된 돌발 사건으로 예언자 자신에게 깊은 인상을 새겨주었다. 그는 자신의 힘으로 영감을 불러일으키거나 제어할 수가 없다. 그것은 하느님한테서 나오는 것이고, 그러기에 온전히 하느님의 의지에 달려 있다. 예언자는 인간의 수단으로, 기도로써도, 영감을 불러낼 수가 없다.

영감이 예언자의 의지와 상관없는 것이라는 사실은 그것의 초월적 성격을 간접으로 그리고 소극적으로 나타내고 있다. 적극적으로 말하면, 전환의 순간은 인간과 통화하겠다는 하느님의 의지의 표현이다. "당신의 종 예언자들에게 속을 털어놓지 않으시고는 주 야훼, 아무 일도 하지 않으신다(아모스 3:7)"는 선언 속에는, 성경의 밑바닥에 흐르는 "야훼께서는 속으로 생각하셨다. '내가 장차 하려는 일을 어찌 아브라함에게 숨기랴?' (창세기 18:17)"는 사고가 담겨 있다.

통화하겠다는 결단은 하느님의 생명 안에서 발생하는 사건이다. 그것은 하느님의 동기에서 곧장 솟아난다. 당신의 생각을 예언자들에게 알리는 것이 하느님의 본성에 속한 것이기 때문이다. 영감이라는 중대한 사건은 인간의 역사와 하느님의 성품, 이 둘에 의하여 조건지워진다.

우리가 말하는 **지향**(direction)이란 무엇을 의미하는가?

한 사람의 의도가 다른 사람에게로 전달되는 통화의 행위는 인격적인 사건이다. 그것은 인간에게 말하는 것을 의미한다. 통화의 행위는 방향을 지닌다. 전환은 사건의 태동이고 지향은 그것의 실현이다. 그것은 한 사람 안에서 일어난 사건이 다른 사람을 위한 사건으로 바뀌는 순간이다. 관계가 성립되었고 사건은 그 목적에 닿았다. 그것은 형식을 갖추었고 최대한의 결과를 낳았다.

신의 현현과 신의 통화를 우리는 반드시 구분해야 한다. 직접으로 명백하게 나타난 것이든(출애굽기 24:9~11) 아니면 자연과 역사에 새겨진 그 흔적을 감지한 것이든(역대기 5:4~5; 하바꾹 3:3) 신의 현현은 예언자를 지향한 것이 아니다. 지향은 예언의 본질이다. "야훼, 시온에서, 예루살렘에서 큰 소리로 부르짖으시니 양떼 풀 뜯던 목장이 탄다. 가르멜 산마루의 풀이 시든다(아모스 1:2)"는 아모스의 말은 어떤 특별한 개인에게 향한 것이 아닌 소명을 서술한다(요엘 3:16 참조). 마찬가지로 이사야가 처음 환상 가운데 들은 말씀, "내가 누구를 보낼 것인가? 누가 우리를 대신하여 갈 것인가?(6:8)"도 어느 특정한 사람에게 향한 것이 아니다. 그것은 지향이 아니라 결단을 함축한다. 9절에 이르러 특정한 사람에게 주는 말씀이 시작된다. "주께서 이르셨다. '너는 가서 이 백성에게 일러라.'" 그러나 예언자의 사명이 하느님 당신께 얼마나 중요한 일인지는 결단의 말씀 속에 담겨 있다.

계시란 들판에서 울부짖는 음성이 아니라 전해오는 말을 받아들이는 행위다. 그것은 단순히 드러내 밝히는 행위가 아니라 누군가**에게**(_to someone_) 드러내 밝히는 행위요, 하느님이 예언자에게 말씀하시는 것이며, 내용이 있는 것을 전하는 행위다. 예언 속에는 목적 없이 자동으로 드러나는 계시가 없다. 하느님의 말씀은 인간을 지향한다.

인간을 지향하지 않는 하느님의 전환과 현존이 욥기에 묘사되어 있다.

> 그가 내 앞을 스쳐 가시건만 보이지 않고
> 지나가시건만 알아볼 수가 없네.(욥기 9:11)

여기에는 계시가 없다.

고대 랍비 문헌에 나오는 음성('밧콜', bath kol)과는 달리 예언자가 듣는 음성은 그를 부르는 음성이다. 예언자가 자기에게 향한 말씀이 아닌 다른 말을 엿듣는 일은 다만 여벌의 일일 따름이다.[3] 말씀은 언제나 그에게 내렸다. **"야훼의 말씀이 나에게 임했다**(예레미야 1:4, 사역)"―이것이 전형의 어투다. 그분의 말씀이 그의 입에 담겨 있는 것이다.

인간에게로 하느님이 돌아서신다(tropos)는 생각이 성경의 예언을 있게 한 기본 전제다. 정념이라는 관념은 형식이 아니라 내용을 묻는 질문에 대한 답이다. 그것은 결코 계시 사건을 의미하지 않는다. 정념은 통화(通話)의 목적어(the object)다. 그러나 그것이 반드시 통화를 낳는 것은 아니다. 그 속에 스스로 자신을 드러내겠다는 욕구가 내재되어 있지 않다.

따라서 이제 우리는 예언의 기본 전제를 다른 어떤 범주에서 찾지 않으면 안 된다. 이 범주는 행위 그 자체로부터, 발단의 성격으로부터 추론될 수 있다. 영원한 분의 전환(tropos)코자 하는 성향, 이것이 예언의 기본이 되는 바탕이다.

나 여기 있다, 나 여기 있다

성경이 보여주는 인류의 전 역사는 **사람을 찾는 하느님**(God in search of man)의 역사다. 거듭되는 인간의 실패에도 하느님은 의인을 찾겠다는 당신의 희망을 포기하지 않으신다. 아담, 카인, 홍수 시대, 바벨탑 시대―이 모두가 인간들의 실패와 반항 이야기다. 그런데도 하느님은 인간을 포기하지 않고, 의로운 세계를 보겠노라 희망에 이어 다시 희망하신다. 노아는 그의 집안으로 말미암아 세상이 더 이상 타락하지 않게 되리라는 기대가 있었기에 구원을 받았다. 하느님은 노아와 그의 후손을 상대로 계약을 맺으셨다. 그러나 포도나무를 심고 술에 취한 것은 바로 노아 자신이었다. 형제와 형제 사이를 가르고, 셈과 야벳을 축복하면서 가나안을 저주하여 형제의 종이 되라고 한 자는 바로 노아 자신이었다. 바벨탑을 쌓아올린 자들의 오만은 거대한 긴장과 혼돈으로 가는 길을 포장했다. 그러나 하느님은 포기하지 않으셨고 사람을 찾던 중 아브라함을 선택하셨다. 아브라함을 선택하심은 그를 통하여 "지상의 모든 종족이 복을 받게" 하려는 뜻이 계셔서였다.

이스라엘의 신앙은 하느님을 추구한 결과로 생긴 것이 아니다. 이스라엘이 하느님을 발견한 것이 아니라 하느님이 이스라엘을 발견하셨다. 성경은 인간에게 접근하시는 하느님에 대한 기록이다.[4)

> 이스라엘은 내가 처음 발견했을 때
> 사막에 열린 포도송이 같았다.
> 너희 조상들은 처음 내 눈에 띄었을 때
> 맏물 무화과 같았다. (호세아 9:10, 사역)

> 야곱을 찾으신 것은 광야에서였다.
> 스산한 울음소리만이 들려오는 빈 들판에서 만나
> 감싸주시고 키워주시며
> 당신의 눈동자처럼 아껴주셨다. (신명기 32:10)

하느님은 부르시고 사람은 대답한다. 이것이 하느님과 인간의 관계를 보는 성경의 관점이다. 하느님은 당신의 손들(hands)이 일하기를 갈망하신다(욥기 14:15; 참조, 7:21). 부르는 소리는 계속되는데 인간이 대답을 못할 때, 이 관계는 깨진다.

> 내가 찾아왔는데 어찌하여 아무도 반기지 않느냐?
> 내가 부르는데 어찌하여 아무도 대답하지 않느냐?…
> 나에게 빌지도 않던 자의 청까지도 나는 들어주었고
> 나를 찾지도 않던 자 또한 만나주었다.

나의 이름을 부르지도 않던 민족에게

"나 여기 있다, 나 여기 있다"[5] 하고 말해주었다.

날마다 나는 배신하는 백성을 두 팔 벌려 기다렸다.

좋지 않은 길을 제멋대로 걷는 그들…

나 또한 그들을 사정없이 괴롭히기로 하였다.

그들이 무서워하는 것을 끌어들이기로 하였다.

내가 불렀으나 아무도 대답하지 않았다.

내가 말하였으나 아무도 듣지 아니하였다. (이사야 50:2; 65:1~2; 66:4)

행여나 이 가운데 이 나라를 위하는 사람이 있어, 담을 고치고 틈을 막으며
이 나라를 멸망시키려는 나의 앞을 막아서는 자라도 있는가 찾아보았지만
그런 사람도 없었다. (에제키엘 22:30)

향인간성과 향신성

이와 같은 구조를 지닌 범주 안에서 볼 때 종교적 사건들은 두 가지 타입
으로 나뉜다. 그것들은 한편으로 초월자가 인간에게 돌아서는 것으로 경험
되거나 아니면 인간이 초월자에게 돌아서는 것으로 체험된다. 전자를 **향인
간성**(向人間性, anthropotropic)이라 부르고 후자를 **향신성**(向神性, theo-
tropic)이라 부를 수 있겠다.

하느님이 직접으로 혹은 간접으로 다가오심을 인식하는 것, 그분의 가르
침과 안내, 말씀과 암시를 받고, 사람을 부르시며 사람을 필요로 하여 사람
에게 돌아서시는 하느님 밑에서 살아감을 인식하는 것이 향인간성의 범주에
속한다. 하느님의 향인간성을 경험하는 가운데 인간은 그가 일으키지 않았
으나 그에게 밀어닥치며 혹은 그의 실존과 상관 있는 사건들의 영향을 입고,
그 안에서 자신에게 쏠리는 초월자의 시선을 느끼게 된다.

예언자가 경험하는 영감이란 그 순수함을 기준하여 볼 때, 하느님이 인간

에게 돌아서시는, 인간을 향하여 돌아서시는 향인간성이라고 하겠다.

　예언자에게 예언자의 사명을 받으라고 하는 소명은 향인간성의 뚜렷한 실례다(아모스 7:14~15; 이사야 6; 예레미야 1:3 이하; 에제키엘 9:2 이하; 호세아 1:2). 개인의 노력을 통해 깨달음을 얻은 부처가 그런 소명을 받았다는 기록은 없다. 그러나 마호메트나 짜라투스트라 같은 예언자들은 그런 소명을 받았다고 주장한다. 그들이 받은 바 소명은 그들의 의식의 바탕을 이루었다. 이것이 예언 행위의 기본 특색이다. 그것은 하느님한테서 먼저 오는 것일 뿐만 아니라 인간을 지향하는 것이다.

　성경의 종교를 특색있게 하는 깨달음의 독특함은 슐라이에르마허가 "절대 의존"이라고 부른 것을 능가한다. 그것은 오히려 인간을 돕고 부르고 인간에게 요구하시는 하느님에 대한 깨달음이다. 그것은 자신이 닿이고 발견되고 추구되어 마침내 잡힌다는, 즉 하느님의 **향인간성**을 느껴 아는 것이다.

　이스라엘의 예언자들이 향인간성을 경험한 고전적 모범 인물들이긴 하지만, 모든 향인간성 경험이 성격상 예언적인 것은 아니다. 그것들은 전혀 예언과 상관없는 사람들한테서도 여러 형태로 발생하고 있으며 일신교(一神教)에서 특히 두드러진 현상인 듯하다.

　인간이 하느님에게 돌아서는 향신성은 의식(儀式), 기도, 명상 등을 통하여 얻게 되는 경험이다. 그것은 하느님과 합일되는 무아경의 상태를 유발하기 위한 수련의 특성을 지니며, 신의 장에 들어가려는 노력이기도 하다.

　기도 역시 결단 혹은 전환의 순간과 지향의 순간으로 이루어진다. 왜냐하면 기도에 들어가는 것과 기도로부터 떨어지는 것이 삶과 사유의 서로 다른 두 마당이기 때문이다. 영혼의 깊은 데로 들어가면 이 둘의 사이에 거리가 생긴다. 한 인간이 추구하는 의식의 절차, 그가 대부분의 삶을 의존하여 살아가는 사고 방식은 특별히 기도에 어울리는 사고 방식과 거리가 멀다. 기도할 수 있기 위하여 인간은, 의식(意識)의 길을 바꾸고 일탈의 순간들을 통과하여 다른 생각의 길로 들어서 다른 방향으로 얼굴을 돌려야만 한다.

　기도에 도달하기 위하여 그가 반드시 밟아야 하는 과정은 하느님에게로 가는 길이다. 기도의 초점이 자기가 아니기 때문이다. 사람은 자기 자신에 대하여 몇 시간이고 명상할 수 있으며 이웃 사람에 대한 동정심으로 몸을 떨 수도 있다. 그러나 그것으로 기도가 이루어지지는 않는다. 기도는 그 마음이 오로지 하느님에게 향할 때, 그분의 선하심과 능력에 쏠릴 때 이루어진다. 잠깐 동안 자신의 관심을 잊고 자기 중심의 생각이 사라질 때, 기도의 문이 열린다. 자신을 잊고 하느님을 깨닫게 되는 순간에는 느낌이 기도가 된다. 탄원이라는 것을 분석해 보면, 그것이 탄원하는 자 자신의 이욕이 아니라 자아를 넘어서는 무엇에 집중되어 있음을 발견한다. 자신의 요구는 사라지고 신의 은총에 대한 생각만이 그 마음 속에 있다. 그러므로 예를 들어, 그분께 빵을 달라고 간구할 때에도 그 마음이 향하고 있는 바는 굶주림이나 양식이 아니라 그분의 자비인 것이다. 이 찰나가 곧 기도다.

기도 중에 우리는 삶의 중심을, 자의식에서 자아 포기로 옮긴다. 하느님은 모든 힘을 향하여 기울어야 하는 중심이시다. 그분이 근원이시고 우리는 그분의 힘의 분출이며 그분의 조수(潮水)의 밀물 썰물이다.[6]

예언자가 향인간성의 탁월한 모범이듯이 사제는 향신성의 탁월한 옹호자다. 이 두 사람의 차이점은 그들이 대변하는 경험의 차이라는 술어로 이해되어야 한다. 예언자는 하느님 편에서 사람들에게 말하는 처지인지라 하느님의 뜻을 드러내 밝혀야 하고, 사제는 사람들을 위하여 하느님 앞에서 행동해야 하는 처지인지라 하느님의 뜻을 실천에 옮겨야 한다. 예언자는 신의 영감에 힘입어 말하고 행동하는데 사제는 자신의 공적 신분에 힘입어 의전(儀典)을 집행한다. 고대에는 제관이 아닌 자도 의식을 베풀 수 있었다.[7] 뒤에 이 특권이 사제에게 한정되었을 때에도 하느님이 어떤 사람을 부르시어 사제가 되라고 하셨다는 주장은 거의 찾아볼 수 없다. 제의를 담당하는 권한이 사제에게 위임된 것은 그가 그런 사명을 받았기 때문이 아니라 그런 자질을 타고났기 때문이었다. 이는 사제직이 세습되었다(출애굽기 28:1)는 사실에서 확인된다.[8] 마술과 축귀(逐鬼)—치유와 점(占), 희생 제사와 기도의 기술—는 사람한테서 시작되어 하느님께로 향하는 행위다.

이 두 타입은 그 내면의 경험에서뿐 아니라 밖으로 나타나는 행동, 그 양식에서도 다르다. 향신성이 표현되는 장은 **제의**(祭儀)다. 그 제의를 가득 채우고 있는 감정은 하느님을 간절히 동경하여 자신을 바치는 것이다. 그 경건한 노정은 사람한테서 하느님에게로 진행한다. 출발 지점은 인간의 장에 있고 종점은 신의 장에 있다. 거기서 인간은 하느님의 도우심, 보호하심 또는 간섭을 바란다. 하느님은 응답해 주시는 분이며 절망하는 자에게 위안을 주시는 분이다. 반대로 예언자의 향인간성이 표현되는 곳은 **역사**(歷史)다. 역사를 가득 채우고 있는 감정은 하느님에 대한 동정, 인간에 대한 동정이며 그 경건한 노정은 하느님으로부터 인간에게로 진행한다. 출발 지점은 신의 정념 속에 있고 종점은 인간의 장에 있다. 여기서 하느님이 바라시는 것은 회개와 행동이다. 사람은 응답을 해야만 하며 자신의 길을 수정해야 한다.

성스런 전통의 수호자요 경문과 제의와 성스런 기술의 주인인 사제는, 때로 신들의 판결이나 뜻을 미리 아는 점쟁이도 되면서 안정된 사회질서를 제공하고, 그럼으로써 그 행위와 외모가 사적이고 예측할 수 없으며 짐작도 할 수 없는 예언자들과 반대되는 자리에 선다.

향신적 경험은 그것 자체가 목적일 수 있음에 반하여, 향인간성은 한 목적을 위한 수단에 불과하다. 전자는 인간의 생애에서 독립된 토막 이야기가 될 수 있지만, 후자는 전인생에 걸쳐 계속되는 관계의 한 부분으로서 발생한다.

향인간성은 예언 속에서 가장 잘 표현되고 향신성은 성시(聖詩) 송독(頌讀)에서 가장 잘 표현된다. 전자의 특성은 위로부터 예언자에게 내리는 선택 또는 소명에 있고 후자의 특성은 회개와 개심(改心)에 있다. 그러나 이 두 타입이 서로 배타한다고 생각해서는 안 된다. 예컨대 예언자의 실존은 이 두 종류의 사건으로 말미암아 지속된다. 그리고 향신적 구조로 이루어지는 회개는 흔히 향인간적 경험에 따라 오는 것이다. 윌리암 제임스가 "높은 힘이 인간 밖에서 흘러들어와 인간 안에서 통수권을 획득했다"고 말한 것처럼.

향인간성과 향신성은 인간의 내부에서 일어나는 사건들의 형태 구조를 서술하는 범주를 훨씬 뛰어넘는다. 그것들은 종교적 사유의 실체를 모양

짓는다.

인간에게 접근하고 인간을 요구하고 당신의 일을 하기를 바라시는 하느님의 사념인 향인간성은, 지금 여기에서 마주치는 가치들에 대한 지상(至上)의 확인뿐만 아니라 역사의 최후 목적과 의미에 대한 확신을 전달한다. 인간에게 곧장 향하는 신의 지향은 인간이 꼭 해야 하는 일의 절박함과 타당함을 일깨워주고, 인간이 어떻게 실패할 수 있으며 어떻게 역사의 진행에 영향을 미칠 만한 행위를 할 수 있는지 가르쳐준다.

향신(向神)의 순간들이 삶의 꼴을 결정하는 곳에서는, 곧장 신에게로 향하는 인간의 지향이 그 극점에 이르러 판단의 유일한 기준과 원리가 될 수 있다. 저 너머에 시선의 초점을 모음으로써 인간은 지금 여기의 요구들과 가치들을 무시하기 시작하여 마침내 모든 행위를 중단하고 도덕적 무관심과 세계 부정에 도달한다.

요약하면 다음의 것들이 예언자의 의식의 관점에서 본 영감의 두드러진 특성이라고 하겠다.

첫째, 그것은 예언자 자신이 이끌어내는 것이 아니라 밖에서, 그의 뜻에 반(反)하기조차 하면서 오는 것이다. 그것은 훈련이나 점진적인 능력의 개발 따위를 전제하지 않는다. 그것은 선택과 은총의 행위로 오는 것.

둘째, 영감은 전혀 신비스럽고 신령하며 엉뚱한 타자한테서 예언자에게 오는 것이 아니다. 그것은 알려져 있는 하느님한테서 온다.

셋째, 그것은 한 과정의 부분이 아니라 사건이다. 그것은 지속되지 않고 발생한다.

넷째, 그것은 하느님의 생명 안에서, 예언자와 관계 맺으시는 하느님 안에서 발생하는 사건이다. 그 안에서 결단과 지향이 한 인간에게 초월자의 행위로서 이루어지는 그런 사건이다.

다섯째, 그것은 일반 정보를 나누어주는 행위가 아니다. 예언은 하느님이 인간에게 인격적으로 통화하시는 것이다. 그것은 하느님과 직접 관련된 것을 다룬다.

여섯째, 그것은 단순한 마음의 상태 이상이다. 마음의 신성한 상태를 이해하는 것, 신성한 사건에 참여하는 것이다. 예언자가 감지하는 시간이란 피동적이며 고요한 있음(現存)이 아니라 가까이 다가옴이요 긴박함이다.

위에서 말했거니와, 예언 행위는 우리가 영감이라고 부르는 초인격적 사실과 체험이라고 부르는 인격적 사실로 이루어진다. 영감의 형식(form)을 향인간성이라고 성격지웠으니 이제 우리가 할 일은 체험의 형식을 서술하는 것이다. 예언자와 사건은 어떤 관계인가?[9]

예언 경험의 형식

모든 사건들 속에 작용하는 의지라는 요소는 언제나 처음의 결단 속에서 표출된다. 그 뒤를 이어 이루어지는 지향과 발전은 결단의 순간에 주어진 것을 펼쳐놓은 것일 따름이다. 예언 사건에서는 결단의 순간이, 예언자 자신이 결정하거나 유발시킬 수 없는 초월자의 행위로만 체험되는 고로 예언자가 자신의 의지를 발휘해 볼 여지가 없다. 그가 얻는 깨달음이란 것도 초월자의 격정과 그 압도하는 힘에 굴복하는 것이므로, 그는 단순히 영감으로 들려오는 소리에 귀를 기울이기만 하는 것이 아니라 그 소리를 거역할 수 없음을 느끼기도 한다. 그는 말씀뿐만 아니라 힘을 체험한다. 그리하여 체험하고 받아들이는 일 외에는 아무 것도 할 수 없는 처지 속으로 끌려들어간다. 예언자는 스스로 원해서 영감을 받는 게 아니다. 받지 않을 수 없기에 받는 것이다. 물론 그렇다고 해서 강제력을 느끼는 그의 감각이 자발적인 수용으로 바뀔 수 있는 가능성마저 배제하는 것은 아니다.

예언자가 자신의 의지대로 경험하는 것이 아니라는 점에서, 그가 전하는 메시지가 자신의 마음에서 우러나오는 것이 아니라는 점이 입증된다. 그러나 예언자의 확신은 그것보다 더 적극적이고 단호하다. 그가 마주치는 것은 미지의, 익명의, 신비스런 사건이 주는 감명이 아니라 신의 향인간성이다.

앞에서 말했듯이, 예언자의 경험은 여전히 감추어져 있을 지식을 얻고자 오랫동안 갈망한 끝에 기회를 잡아 지식을 획득하는 그런 것이 아니다. 그가 순간을 잡는 것이 아니라 순간이 그를 잡는다. 그에게 임한 말씀은 자신의 선택에 따라 가질 수도 있고 가지지 않을 수도 있는 것이 아니라 억지로 강력하게 그를 덮친다. 예언자가 스스로 그것을 피하거나 거절할 수가 없음을 깨닫는 데서 그 향인간적 사건의 힘이 반영되어 나타난다.

예언은 영감으로 얻는 지식 이상이다. 그것은 고요한 통찰도 아니고 단순한 통각(統覺)도 아니다. 그것은 깜짝 놀랄 사건이며, 세상을 울리는 천둥이고 영혼을 비추는 번개다.

그분의 능력과 세력의 현현과 동의어인 "하느님의 손"은(이사야 10:10; 28:2; 신명기 32:36) 예언자가 자신을 꼼짝 못하게 압도한 긴박함, 충동, 절실함 등을 서술할 때 사용하는 명사다. "야훼께서 나에게 말씀하셨다…손으로 나를 붙잡으시고 이르셨다(이사야 8:11)." "주님 손에 잡힌 몸으로 이렇게 …홀로 앉아 있습니다(예레미야 15:17)." "야훼께서 손으로 나를 잡으셨다 (에제키엘 37:1; 3:14, 24). "엘리야는 야훼의 손에 사로잡혀…(열왕기상 18:46)" 예언자는 하느님의 얼굴에 대하여 말하는 일이 거의 없다. 그는 그분의 손을 느낀다.

예언자는 자청하여 사명을 떠맡지 않는다. 그는 강요당한다. 꼼짝 못하고 그 일을 떠맡는다. 선택의 여지가 없다. 받아들이지 않을 수 없었던 지식의 멍에를 쓰고 그는 다시, 그것을 선포하지 않을 수 없음을 깨닫는다.

> 사자가 으르렁거리는데
> 겁내지 않을 자 있겠느냐?
> 주 야훼께서 말씀하시는데
> 그 말씀 전하지 않을 자 있겠느냐?(아모스 3:8)

> 그러나 나에게는
> 거역하기만 하는 야곱의 죄상을 밝히고

못할 짓만 하는 이스라엘의 죄를 당당하게 규탄할
힘과 용기가 차 있다.(미가 3:8)

이사야는 하느님께서 "너는 가서 이 백성에게 일러라(6:9)"고 하시는 말씀을 들었다. "어서 보초를 세워라. 발견되는 대로 보고하여라(이사야 21:6)." 예레미야에게도 말씀이 임했다. "유다 모든 성읍에서 내 집에 예배하러 오는 사람들에게 내가 너에게 전하라고 준 말을 하나도 빼놓지 말고 다 일러주어라(26:2)."

하느님의 말씀을 전해야만 한다는 강박감은 그것을 회피하려는 모든 시도를 무력하게 만들었다.

저는 어수룩하게도 주님의 꾐에 넘어갔습니다.
주님의 억지에 말려들고 말았습니다…
"다시는 주의 이름을 입밖에 내지 말자.
주의 이름으로 하던 말을 이제는 그만두자"고 하여도
뼛속에 갇혀 있는 주님의 말씀이
심장 속에서 불처럼 타올라
견디다 못해 저는 손을 들고 맙니다.(예레미야 20:7, 9)

그리하여 만남의 순간이 지나간 뒤에도 예언자는 여전히 그가 경험한 바 강제하는 힘에 예속되어 있다. 되풀이하거니와 예언의 의미는 신비 경험에서처럼 그것을 받는 자에게 있지 않고, 그 말씀을 전달받아야 할 사람들에게 있다. 예언의 목적은 음성을 듣는 데 있지 않고 사람들의 살아가는 현실에 작용하도록 그것을 전달하는 데 있다. 예언자는 자신의 의지를 떠나서, 때로는 자신의 의지를 거슬러 맡겨진 일을 감당해야 한다. 그는 영감받은 진리를 이해하고 전해야 한다. 그런즉 그는 두 가지 의무가 자신에게 부여되었음을 알고 있다. 받아들이고 경험할 의무와 전달하고 선포할 의무가 그것이다.

우리는 예언 행위에 **형식**과 **내용**, 발생한 것과 발언된 것의 두 가지 상이 있음을 보았다. 예언자의 의식이 품고 있는 변증법적 긴장의 뿌리가 이 경험의 이중성 안에 있다. 그는 능동이며 피동이고 자유로우며 강제당한다. 그는 그 순간의 내용에 응답할 자유가 있으면서, 그 순간을 경험하지 않을 수 없으며 사명을 받아들이지 않을 수 없도록 강제당한다. 그러기에 영감의 충격은 그의 내부에 자유와 강박을 함께 불러일으키고, 자발적으로 행동하면서 강요당하는 피동성을 수용토록 한다. 이 변증법적 긴장의 음조가 예언자의 인격 구조 속에서 주 선율로 흐른다.

예언자의 경험은 만남 또는 직면 이상이다. 그것은 굉장한 출현에 압도당하는 순간이다. 먼 곳에서 말씀이 물결처럼 밀려와 이윽고 예언자의 혼에 상륙하는 것이다. 그것은 전해오는 말을 듣는 것, 통화를 받아들이는 것 이상이다. 말씀에 **압도당하는 것**이라고 말하는 게 더 정확한 표현이다. 영감은 예언자한테만 순간적으로 일어나는 사건이다. 신의 음성은 예언자 자신을 제외한 그 누구에게도 들리지 않는다(사무엘상 3:8). 예언자는 신의 의지가 자신을 가리키고 있음을 경험하고, 하느님을 만나고 말씀을 듣고 그것을 사람들에게 옮기라는 강요에 굴복한다.

가끔 사람들이 주장하는 대로[10] 예언자의 경험이 내면의 붕괴나 비인격화를 수반하는 것은 아니라는 사실을 여기서 새삼스럽게 강조할 필요는 없겠다. 하느님의 현존에 의하여 움직이고 사건을 경험하기는 하지만 그럼에도 불구하고 예언자가 아무런 감정의 반응도 없이 그냥 사건을 겪기만 하는 것은 아니다. 그는 황홀경에 빠지거나 감정 또는 시야를 잃어버리는 일이 없다. 영감을 받는 바로 그 순간에도 그는 이의를 제기하기도 하고 하느님에게 탄원하거나 항의하기도 한다. 영감을 받는다는 것은 그냥 수동으로 받아들이기만 하는 것, 그냥 그릇이나 도구가 되는 것을 의미하지 않는다. 하느님의 손에 사로잡힌 예언자는 자신의 의지력을 잃을 수는 있겠지만, 그러나 마음의 힘을 잃지는 않는다.

제15장
세계 도처의 예언자들

예언자들의 출현

이 지상에는, 적어도 동양에는 이런저런 모양으로 신들의 계시에 관하여 모르는 사람이 거의 없다.[1] 거의 모든 시대 모든 곳에서 남들한테는 주어지지 않은 영력(靈力)을 받았노라고 주장하거나 비밀스런 신의 지식을 알고 있노라고 주장하는, 영감받은 사람들이 출현한다. 그러나 그 어느 종교학도도 이러한 일반 현상으로 만족하지는 않는다. 그는 이 동종(同種) 발생 뒤에 감추어져 있는 주장과 경험들의 이형(異形) 발생을 확인해 보려고 할 것이다. 여기서 우리가 다루고자 하는 문제는 하늘의 계시를 받았노라는 주장들이 다른 종교들 안에도 있느냐 여부가 아니라, 예언자 의식에 사로잡힌 예언적 인간성 혹은 인물들이 이스라엘 밖의 고대 세계에서 발견되느냐 여부다.

널리 다음과 같은 주장들이 퍼져 있다. "히브리 식 예언은 이스라엘에만 국한되어 있지 않다. 그것은 거의 전세계에서 나타나는 현상이다. 거의 모든 시대, 모든 장소에서 광기에 사로잡힌 남자와 여자들의 거칠고 어지러운 말이 그들의 몸 안에 거하는 신의 음성으로 받아들여지고 있다."[2] "영감이라는 주제에 대하여 에집트인, 히브리인, 그리스인의 생각은 대단히 비슷하다. 우리가 흔적을 더듬어올라갈 수 있는 가장 오랜 세월에서부터 그렇다. 로마제국의 시대에는 이방인들, 유다인들, 그리스도교인들이 모두 비슷한 용어로 영감에 관하여 말했다."[3] "우리에게는 저 까마득한 원시인한테서 시작되어, 원시 사회에서 자라나온 여러 가지 문명들…에집트, 히브리, 그리스 문명뿐 아니라 존재하는 모든 문명 속에 줄기차게 계속되어 온 하나의 믿음이 있다. 어딜 가나 우리는 원시의 마법사들이 하던 기능을 그대로 답습하는 점쟁이들과 예언자들을 본다. 어딜 가나 어떤 영이 사람들 몸 속에 들어가 그의 혀를 사용한다는 믿음, 정신 이상의 증세를 보이는 기태(奇態)를 신뢰하는 믿음을 본다."[4]

이런 주장들은 저마다 반(半)은 사실이다. 이 세계 여러 곳에서 우리는 성경의 예언과 외관상 비슷한 현상들을 만난다. 그러나 세밀하게 분석하면, 그것들의 본질적 차이가 드러나고 따라서 위 주장들의 한계를 분명하게 정하지 않을 수 없게 된다. 실제로 흔히 인용되는 현상들 가운데 대부분이 입증 불가능한 것들이다. 어떤 영 또는 귀신에게 씌웠다는 믿음, 혼령의 여행, 텔레파시[정신감응] 통화, 죽음과 재난의 예고, 투명한 돌멩이 안에 각처의 모든 사건들이 드러난다는 수정점(水晶占), 말하는 해골, 다가오는 추수와 가축의 번식을 미리 일러주는 접시점 등은 성경의 예언과 사뭇 다르다.[5]

비교

이스라엘 예언자들은 바빌로니아의 사제(司祭) 집단(바루와 마후〔bārū and mahū〕 집단)과 동일시되곤 했는데, 바빌로니아의 사제 집단은 간장점〔肝臟占, hepatoscopy, 짐승의 간을 조사하여 치는 점—옮긴이〕을 치든 또는 다른 점술을 사용하든 아무튼 점을 치는 자들이었다.[6] 또 이스라엘 예언자들은 그밖에도 다음과 같은 여러 집단들과 비교되고 있다. 아풀레이우스가 서술한 데아 시리아(Dea Syria)의 떠돌이 '사제들', 실론의 베다 교도들 가운데 섞여 있는 '두가나와'(dugganawa),[7] 테레사, 메히트힐트, 바스테나의 비르기타 등 중세기 신비가들,[8] 베링 해협에서 스칸디나비아 경계에 이르는 지역의 우랄 알타이계 종족들 사이에서 발견되는 무당들(영계에 오르고 황천에 내리며 신령들의 비밀을 배워 악령이나 악한 힘을 내쫓을 수 있는 사람들),[9] 이슬람교 이전 아랍인들 사이의 '카힌스'(Kāhins),[10] 모슬렘 탁발승들, 중국의 '탕키'(tâng ki, "신접한 젊은이들", 신이 자기 속에 들어와 축귀하고 장래 일을 내다보게 한다고 믿어서 쉽게 황홀경으로 들어가는 자들),[11] 아프리카의 이른바 예언자들 특히 줄루족 예언자들(스스로 환상을 보았다고 주장하면서 보이지 않는 세계에서 온 묵시적 메시지를 사람들에게 전할 사명을 지니고 있다고 생각함),[12] 그리스의 연사들,[13] 그리고 선동가들.[14]

또 예언자들을 "신비주의라는 심리학의 술어"로 이해코자 하여, 예언자들은 "심리학적으로 신비주의라는 큰 가계(家系)"에 속한다고 본 사람들도 있다.[15]

성경의 예언자들은 '옥스퍼드 모임'[Oxford Group, 1920~1930년대 옥스퍼드 대학교에서 전개된 기독교 신앙 부흥 운동―옮긴이]과도 비교되었다. "그 모임에서 안내(guidance)라고 부른 것은, 예언자들이 '(야훼의) 말씀이 나에게 임했다…'는 표현과 함께 체험하고 가르친 것과 똑같은 것이다. 그들이 생각한 활동 자체, 안내 자체는 예언자들이 자기에게 임했다고 생각한 (야훼의) 말씀 바로 그것이다. 이는 모임이 '고요한 시간'과 그 고요한 시간에 하느님(혹은 성령)이 우리에게 말씀하시는 것을 주제로 하여 펴낸 작은 책자들을 읽어보면 곧장 납득이 갈 것이다."[16]

비교하는 능력은 인간의 두뇌가 해낼 수 있는 탁월한 기능으로서, 서로 다른 점을 찾아내는 능력보다 더 쉽게 발전되었다. 사물들이 공유하는 질은 잘 드러나고 각 사물의 특수성은 곧잘 간과된다.

비교 종교학의 방법은 여러 가지 다른 종교들이 인류가 경험하는 바의 공통점을 어떻게 나타내고 있는지를 보여주는 장점이 있지만, 그러나 반드시 그 표면에 나타나는 일반 현상 뒤의 특수성을 찾아보는 **내재하는 방법**(immanent method)으로 보충되어야 한다. 시대와 내용을 생각하지 않고 그냥 비슷한 현상들만 모아놓고 보는 것은, 눈에 잘 띄지는 않지만 본질적인 차이를 보지 못하게 하는 경향이 있다. 여러 현상들을 주의깊게 분석함으로써 우리는 이스라엘의 예언자들을 다른 고대 종교의 유사한 인물들과 성급하게 일치시키는 오류를 피할 수 있으리라.

우리는 이제 종교사에서 발견되는, 이스라엘의 예언과 유사하다고 보이는 현상들을 검토코자 한다.[17] 이런 검토는 매우 중요하고 또 연구의 폭이 넓을수록 좋다. 그러나 어쩔 수 없이, 우리는 가장 뚜렷한 실례들만을 검토의 대상으로 삼을 수밖에 없다.

분명히, 비교될 주제는 넓은 의미의 계시―인간의 지성이나 행동에 미치는 신성한 영향―가 아니라 한 개인에게 드러나는 말씀 또는 사상을 뜻하는 좁은 의미의 계시다.

낡은 견해들

성경은 예언을 이스라엘이 독점했다고 주장하는 것과는 거리가 멀게, 오히려 히브리인이 아닌 발람의 연설을 길게 기록하고 있다(민수기 22~24장). 아브라함 훨씬 이전에 하느님의 말씀은 노아에게 임했고, 모세의 때에는 발람에게 임했다. 페르시아 제국을 세운 고레스를 두고 예언자는 이렇게 말했다.

> 야훼께서 당신이 기름 부어 세우신 고레스에게 말씀하신다…
> "내가 너를 이끌고 앞장서서
> 언덕을 훤하게 밀고 나가리라…
> 내가 감추어 두었던 보화,
> 숨겨 두었던 재물을 너에게 주면
> 너는 알리라, 내가 바로 야훼임을.
> 내가 바로 너를 지명하여 불러낸
> 이스라엘의 하느님임을!…
> 나는 너를 지명하여 불렀다.
> 나를 알지도 못하는 너에게 이 작위를 내렸다…(이사야 45:1~4)

이방인 왕들도 꿈에 하느님을 보았다(창세기 20:3; 41:1 이하). 불레셋의 점쟁이들도 옳은 조언을 했다(사무엘상 6:2 이하). 반면에 예언자들은 이방인의 신들을 돌과 나무로 된 신으로 보았고 우상 만드는 것을 헛된 짓이라 했으며 그 우상들을 그들이 연출해 낸 신과 일치시켜 보았던 듯하다. 이 신들은 물론 숭배자에게 한 마디 말도 할 수가 없는 것들이었다. "입이 있어도 말을 못하고 눈이 있어도 보지 못하고…(시편 115:5)"「열왕기상」18장에 바알제(祭)를 대하는 예언자들의 행태가 기록되어 있다. 예레미야는 이스라엘의 인접 국가들 사이에 예언자들, 점쟁이들, 마술사들이 있음을 언급하였고(27:9) "바알을 불러 예언하면서 내 백성 이스라엘을 그릇 인도하였다(23:13; 참조, 2:8)"고 "사마리아의 예언자들"을 비난, 저주하였다.

위대한 예언자들은 이스라엘의 진짜 예언자와 가짜 예언자를 분별할 수 있었듯이, 다른 민족의 진짜 예언자와 가짜 예언자도 분별할 수 있었다. 한 예언자의 경험이 "진실한 것"인지 "진실하지 않은 것"인지를 가려내는 일은 우리가 할 수 있는 것이 못 된다. 우리는 다만 "예언자들"이 어떻게 생각하였는지를 그들이 한 말에 비추어 분석해 볼 수 있을 따름이다.

야훼께서 뭇 민족에 예언자를 보내신다는, 당신 스스로 그들에게 말씀하시기도 한다는 것이 유다 문헌에 뚜렷이 흐르고 있는 전승이다.[18]

탄나임[Tannaitic, 유다교 역사에서 율법서와 성경 주석서들이 많이 편찬된 2~3세기경의 시대—옮긴이] 문헌은「신명기」33장 2절을 주석하면서, 이 본문에서 하느님이 시나이 산과 다른 곳들에서 나타나신 걸로 되어 있는 것은 그분이 토라를 모든 민족에게 여기저기서 내리셨는데 그들이 그것을 거절했다는 뜻이라고 주장한다.[19]

이스라엘 열두 지파 대표들이 성막의 제단에 예물을 바치는 대목(민수기 7:13~79)에서 같은 말이 열두 번 되풀이되는 것은, 하느님께서 이방인에게는 이방인 예언자를 보내시고 이스라엘에는 히브리인 예언자를 보내셨음을 강조하는 어투로 보인다. "… '이 두 그릇에는 곡식 예물(minḥah)로서 기름으로 반죽한 밀가루가 가득 담겨 있고.' 이 말은 거룩하신 분께서—그분에게 축복을—뭇 나라들과 이스라엘에 각기 동족에서 예언자를 뽑아 보내셨음을 의미한다. 곡식 예물('민하', minḥah)[20]이라는 말의 뜻은 '야훼의 영이 그 위에 내린다'('웨나하', wenaḥah)(이사야 11:2)는 구절과 '그들에게도 같은 영이 내렸다'('와타나흐', wattanaḥ)(민수기 11:26)는 구절에 암시되어 있다."[21] 초기 교회의 변증가들은 "씨앗의 모습을 한 말씀(logos spermatikos)"이라는 말을 사용했는데, 이 말은 언제 어디서나 활동하고 있는 말씀을 의미했다.[22]

성막 앞에서 뭇 민족은 이스라엘과 더불어 선물로 받은 예언을 나누었다.[23] 나중에 예언이 이스라엘에만 한정된 것은 모세가 그렇게 기도했기 때문이다.[24]

대단히 신빙성 있는 한 자료에서 우리는 이런 글을 읽는다. "하늘과 땅을 향하여 나는 증언한다. 유다인과 유다인 아닌 자, 남자와 여자, 남종과 여종이 모두에게 그가 행한 행실에 따라 거룩하신 영을 내리신다고."[25] 하느님의 성령은 모든 시대 모든 사람에게 내리신다.

비록 선물로 내리는 예언의 보편성이 인정되기는 하지만 토라의 특수성은 의심할 여지가 없다. "당신 말씀을 야곱에게 알리시고 법령들을 이스라엘에게 주셨으니, 다른 민족은 이런 대우 받지 못하였고 당신 법령 아는 사람 아무도 없었다(시편 147:19~20)." 이는 하느님이 그들에게 토라를 주지 않기로 하셨기 때문이 아니라 그들이 받기를 거부했기 때문이었다.[26]

마나와 타부

이른바 원시인이라고 불리는 사람들 사이에는 인간과 자연의 생명 속에 어디나 침투하는 신비한 힘이 작용한다는 믿음이 널리 퍼져 있었다. 북미 인디언 종족들 가운데 이로쿼이족은 그 힘을 가리켜 '오렌다'라 했고, 알곤퀸족은 '마니투'라고 했으며 수족은 '와칸다'라고 했다. 멜라네시아인은 그것을 '마나'(mana)라고 했는데, 비교종교학도들이 원시인의 정신을 설명하는 데 중요한 역할을 하는 개념을 가리키는 데 이 단어를 사용하기 시작했다.[27]

그런데 가끔 그런 시도가 있거니와, 과연 이 신령한 힘을 경험하는 것을 계시라고 할 수 있을까?

'마나'는 초자연적인 힘(occult power)을 의미한다. '마나'라는 말 속에는 인간 존재는 물론이고 거대하고 강력한 자연물 속에도 들어 있는 신비스런 효능, 이동 가능한 힘의 뜻이 함축되어 있다. 내재하는 비력(秘力)은 그 힘의 결과를 통하여 밖으로 드러나 보인다.

'마나'는 막연히 숨어 있다가 때가 되면 저절로 또는 억지로 자신을 방출하여 활동을 한다. 그것을 속에 담고 있는 실체, 이를테면 어떤 사물이나 왕, 마법사 등 특별한 인물이 접촉되거나 더럽혀질 때에 그와 같은 일이 발생하는 것이다.[28] '마나'는 그것에 노출된 사람에게 전기 자극 같은 충격을 주거나 아니면 감전사를 시킬 수도 있다. 자동적인 반사작용이므로 상대에게 힘을 넣어주기도 하고 즉각 반응을 일으키게 하기도 한다. 그것의 결과는 물리적이다. 그것은 응보(應報)를 허용하지 않으며 단순히 반응을 일으킬 뿐이다. 그것은 영원히 침묵을 지켜 자신의 의도나 바람〔望〕을 인간에게 알려주는 일이 없다. 이 침묵 속에 흐르는 끝없는 신비를, 속수무책인 인간은 계속되는 협박으로 느끼는 수밖에 없다.

'마나'를 간직한 사물이나 인간은 '타부', 즉 '접근 금지'다. 이 두 개념은 두 개의 상을 가리키는데 '마나'는 긍정적 상을 가리키고 '타부'는 부정적 상을 가리킨다. '타부'는 어떤 사물이나 개인이 '마나'를 지니고 있기 때문에 "가볍게 접근하면 안 되는" 대상으로서 일상생활에 무심코 사용할 수 없는 것임을 의미한다. '타부'는 '마나'를 손상되지 않도록 지키고, 그 '타부'를 성스럽게 만드는 것은 '마나'다.

전환과 결단의 순간에, 하느님의 본질이 아니라 생각과 의도를 전달하고 전달받는 계시와는 정반대로 '마나'는 침묵 속에서, 오가는 통화 따위는 전혀 없이 즉각 자신을 드러낸다.

원시인은 '마나' 혹은 '타부'를 경험하는 가운데 신이 그 속에서 나타난다고는 주장하지 않는다. '타부'인 대상은 신과 일치되지 않는다. 다만 신이 그것에 접했다고 생각될 뿐이다. 그런데 신이 접한 것과 신이 화신(化身)한 것은 전혀 다른 두 개념이다. 어떤 사물 자체를 신의 표현으로 보는 생각은 원시인한테는 분명히 낯선 생각이다. 어떤 사물이나 인간이 '타부'라면 그것은, 그것이 신의 표현이기 때문이 아니라 신에게 씌웠기 때문이다.

어떤 '타부'인 대상과 그것에 접근하는 인간 사이에 발생하는 것은 과정의 한 부분이다. 그것은 사건이 아니다. 거기에는 결단이 없고 반응이, 분출이 있을 뿐이다. 통화가 아니라 직접 현시가 있고, 의미 부여 대신 힘의 방출이 있다. 계시는 하나의 도약이다. 그것은 인간의 지성이 알 수 있는 술어로 신성이 드러나는 것이다. '마나'를 경험하는 가운데 신령한 힘은 그 신비스러움과 비밀스러움을 여전히 간직한 채 다만 감지될 수 있을 뿐이다.

요약하면, 원시인이 경험한 것은 계시가 아니라 신접(神接), 신의 사건이 아니라 신비스런 과정, 언설이 아니라 효과, 통화가 아니라 반응이다. '마나'와 '타부'에 연관된 관념들의 범위는 신령한 힘의 순전한 사실 주변을 맴돌고 있다. 그 힘은 양면성을 지니고 있어서 세우기도 하고 무너뜨리기도 하며 유익을 가져오기도 하고 재난을 불러오기도 한다. 따라서 원시인에게 이 세계는 두 개의 모습으로 나뉘어, 하나는 공갈 협박으로서의 세계요 다른 하나는 더욱 높아지고 강해지게 하는 자원으로서의 세계다. "원시인에게는 윤리적 분별이 없다."[29] 그것이 정의로 드러났든 동정으로 드러났든, 아무튼 신의 힘이라는 개념은 인간이 신의 선(善)이라는 개념에 눈을 뜨기 오래 전에 이미 그의 마음 속에 들어가 있었다. 반면에 예언자가 보는 계시는 신의 정념에서 발단되어 나름의 기질(ethos)을 품고 선과 악의 술어로 판단되는 인간의 행실에 스스로 관계 맺는다.

점술

보통 사람은 알 수가 없는 장래의 일에 대한 정보를, 인간 아닌 정보 제공자에게 물어서 미리 알아보는 점(占)은 전세계에서 찾아볼 수 있으며 오늘의 이른바 문명인들 사이에서도 여전히 성행하고 있다. 원시인들 가운데는 먼저 점을 쳐보지 않고는 아무 일도 하지 않은 자들도 있었으리라. 고대 근동 세계에서와 마찬가지로 그리스·로마 세계에서도 점술은 높이 평가되어, 간혹 성경의 예언과 아주 가까운 유비로 인용되기도 한다.

바빌로니아와 아시리아에서는 점치는 일이 민족 종교가 해야 할 가장 중요한 사업들 가운데 하나였다. 그들은 다른 어느 민족보다도 정교하고 복잡한 공사(公私)의 점술 제도를 갖추고 있었다. 거대한 신전에는 세월이 흐르면서 점괘를 기록한 문서와 그 점괘대로 현실이 이루어졌는지 여부를 기록한 문서가 거대한 양으로 쌓였다. 기본 점술은 간장점(肝臟占)이었는데, 희생된 양의 간장으로 치는 점이다. '바루'(bārû)라고 불린 점쟁이는 사제면서 해설자, 혹은 신들이 뜻하는 바를 미리 말해주는 자였다. 그는 전문적인 점술가(seer)였고 그의 간장 점술은 "하늘과 땅의 비밀스런 지식"이라고 일컬어졌으며 그의 직분은 세습되었다. 짐승을 잡아 예정된 제사를 드린 다음 점쟁이는 짐승의 간장을 펼쳐 놓고 그 부위와 겉모습을 살핌으로써 미래를 예언할 수 있었다. 희생 제사를 드리기 전에 미리 신에게 일정한 질문을 제기했다가 희생 제물에 나타난 징조를 보아 사제들이 그 질문에 대한 답을 주었던 것이다. 어떤 왕은 고관을 임명한다든가 딸을 시집보내는 따위 중요한 일을 앞두고 반드시 점을 쳤다. 또한 꿈을 해몽하고, 새를 날려보고, 짐승의 움직임이나 별들의 징조를 보고 미래를 점치기도 했다.[30]

그리스에는 신이 영감받은 사제의 입을 통해 신도의 질문에 대답을 해주는 특별한 신탁 장소가 있었다. 점치는 방법에는 여러 가지가 있지만 대개 두 가지 유형으로 나뉠 수 있다. 하나는 맑은 정신으로 합리적인 점을 치는 유형으로서, 점쟁이('만티스', mantis)는 고정된 해명 원리에 따라 징조와 점괘를 풀어 새들의 날아가는 모습이나 희생 제물이 된 짐승의 내장을 보고 신의 뜻을 말해준다. 그는 여전히 인간이고 정신이 말짱하지만 숙련된 점쟁이이기 때문에 신의 뜻을 읽을 수가 있는 것이다. 다른 유형의 점술은 황홀경에 빠져 열광적으로 또는 직관으로 하는 방식인데 신에게 사로잡힌 무당, 여자 점쟁이, '예언자' 들이 정신나간 상태에서 신의 대변자가 되고, 신이 직접 그들의 입술을 통해 말을 한다.[31]

그리스어 '프로페테스' (prophetes, 예언자)는 기성 신탁 신전에 소속된 점술자 또는 기능인에게만 붙여주는 명칭이다. 소속되지 않은 점술가는 '만티스' 라고 불렸다. '만티스' 는 보는 자, 아는 자를 뜻하고 '프로페테스' 는 선포하는 자, 해석하는 자를 뜻한다. 많은 그리스 도시 국가들에서는 해마다 특별한 가문에서 사람을 뽑아 예언자의 직분을 맡겼다.[32]

올림피아의 제우스 신탁에서는 점쟁이들이 예컨대 희생 짐승의 내장을 조사하여 예언을 했다. 에피루스의 가장 오랜 제우스 신탁인 도도나에서는 황홀경에서 하는 점술은 일절 사용되지 않았는데, 제우스의 '말하는 참나무' 를 세우고 그것으로부터 미래에 관한 메시지를 얻어냈다. 사람들은 그 참나무가 잎을 속삭여 제우스의 생각을 표현한다고 믿었다. 숙련된 사제들은 그 잎의 속삭임을 해석하여 납으로 만든 작은 판에 새김으로써 사람들에게 알려 주었다.[33] 제우스는 그 밖에도 새들, 특별히 자신의 새인 독수리를 날림으로써 자기 뜻을 밝히기도 했다. 신의 뜻은 모든 종류의 전조(前兆)와 점괘에 의하여 밝혀질 수가 있었다.

특히 그리스 본토에서는 가장 중요한 신탁의 중심지들이 예언의 신인 아폴로와 연결되었다.[34] 그 누구도 직접 남신이나 여신에게 접근할 수가 없었으며 신의 뜻을 알고자 하는 자는 델피를 위시한 신탁 장소에 나아가 아폴로에게 신의 뜻을 알려달라고 부탁을 해야만 했다. 아마도 사람들은, 올림푸스에 모여 있는 뭇 신들이 각자 다른 신의 바라는 바를 알고 있는데 아폴로는 제우스의 대변자로 인정하여 아예 신들 모두의 대변자로 삼았다고 생각했던 듯하다.[35] 델피에서는 피티아라고 하는 여자가 신전 안에서 신에 성별하여 바친 바위에 놓여진 세 발 달린 솥 위에 앉아 신의 영감을 받았다. 그녀가 무아지경에서 토하는 말 또는 더듬거리는 소리는 아폴로의 음성으로서 제우스의 뜻을 표현하고 있다고 믿어졌다. 그녀의 신탁은 상당히 높게 평가되어 플라톤조차 피티아의 아폴로에게 이상 국가를 위한 몫을 하나 맡겼다.[36] 그렇지만 그녀가 광란의 상태에서 내지르는 소리를 이해할 수 있는 말로 옮기는 역할을 맡은 것은 그녀 자신이 아니라 '예언자'라고 불린 사당(祠堂)의 수호자들이었다.

점치는 방법 가운데 또한 꿈이라는 게 있었다. 꿈은 영계와 만나는 수단, 또는 망령들과 교합하는 것이라고 믿어졌다. 어떤 꿈은 성결 의식을 치른 다음 거룩한 방에 들어가서 잠을 잠으로써 얻을 수가 있었다.

플라톤의 말을 따르면 점술은 신이 인간에게 내린 선물이다. "델피의 예언자와 도도나의 여사제들은 광기에 사로잡힐 때 공사(公私) 간에 많은 은택을 그리스 사람들 위에 베풀었다."[37]

로마인들은 모든 나라들이 점쟁이의 예언, 전조의 해석, 복점관이나 점성가의 점괘 따위를 잘 알고 있으며 그것들을 높이 평가하고 있다고 생각했다.[38] 크리시푸스는 점(占)을 이렇게 정의내렸다. "점이란 신들이 인간에게 주는 전조들을 알아보고 풀이하는 능력이다. 인간을 향한 신들의 뜻을 미리 알아내는 일, 신들이 그 뜻을 어떤 방식으로 드러낼 것인지, 어떻게 하면 신들의 비위를 맞추고 그들이 위협하는 재난을 피할 수 있을 것인지를 미리 알아내는 일이 점쟁이의 임무다."[39]

고대 골족(Gauls)은 점술가들(seers, vates, manteis)이 장래 일을 미리 말할 수 있는 능력을 지녔다고 보았다. 고대 골 족의 '봐테스'(vates)와 맞먹는 존재가 켈트족(Celts)에서는 '휠레'(file)였는데 본디 점쟁이요 마법사였다. 세월이 흐르면서 '휠레'의 직분이 사라져갔고 13세기에서 16세기 사이에는 음영 시인(吟詠詩人, bard)이 그 자리를 대신하였다.

"웨일스와 아일랜드에는 점술에 관계된 사람들의 생애를 담은 이야기들이 사화(史話) 형식으로 남아 있고, 점술가와 현인들이 영감을 받아 음송했다고 하는 노래들이 많이 있다."[40] 켈트와 노르웨이의 문헌에는 점술가들이 어떻게 스스로 영감을 받는 상태에 들어갔는지 그 기술을 설명하고 실제로 점을 치는 방법 따위를 기록한 것이 아주 많이 있다. 점치는 데 사용한 소도구들 가운데는 소금으로 절인 인간의 머리통도 있었다.

예언과 점

셈족의 점치는 행위를 대하는 성경의 태도는 타협 없는 적의, 바로 그것이었다. 점치는 행위는 분명하게 금지되었다. "너희는 술수를 써서 점을 치지 말아라⋯너희는 죽은 사람의 혼백을 불러내는 여인이나 점쟁이들에게 가서 무엇이든지 알아봄으로써 부정을 타는 일이 없도록 하여라(레위기 19:26, 31; 참조, 20:6, 27)." "너희 가운데⋯점쟁이, 복술가, 술객, 마술사, 주문을 외우는 자, 도깨비 또는 귀신을 불러 물어보는 자, 혼백에게 물어보는 자가 있어서도 안 된다. 이런 짓을 하는 자는 모두 야훼께서 미워하신다. 너희 하느님 야훼께서 저 백성들을 너희 앞에서 몰아내시려는 것도 그들이 이런 발칙한 일을 하기 때문이다(신명기 18:10~12)." 그러나 아무리 금지해도 장차 일어날 일을 미리 알고 싶은 인간의 욕망을 모두 막을 수는 없었고, 따라서 점치는 행위는 쉽게 근절되지 않았다.

이사야는 이스라엘 사람들이 불레셋 사람들처럼 점쟁이들을 불러들인다고 비난했다(이사야 2:6). 그는 사람들이 절망 상태에 빠질 때 점쟁이에게 호소하리라는 것을 알고 있었다. "중얼중얼 뇌까리는 무당과 박수에게 물어보아라. 어느 백성이 자기 신들에게 묻지 않겠느냐? 산 사람들의 일을 죽은 자의 혼백에게 묻지 않겠느냐?(이사야 8:19)"[41]

이스라엘 사람들이, 특히 초창기에 나라의 일이나 개인의 일을 인간의 수단으로 미리 알 수가 없을 때 예언자들을 찾아가 물어본 것은 틀림없는 사실이다(사무엘상 9:6; 열왕기상 14:1 이하; 22:6; 열왕기하 19:2). 그러나 예언자 쪽에서 보면, 특히 문서 예언자들의 경우 장차 일을 미리 말해주는 것은 부차적으로 하는 일이었고, 게다가 점술과는 달리 따로 무슨 기술이라든가 주물(呪物) 혹은 신탁이 필요없었다.

「신명기」에 예언과 점이 어떻게 반대되는지 분명하게 밝혀놓았다. "너희가 이제 몰아내려는 이 민족들은 복술가나 점쟁이가 시키는 대로 해야 했지만, 너희에게만은 너희 하느님 야훼께서 그런 것을 허락하지 아니하신다. 너희 하느님 야훼께서는 나와 같은 예언자를 동족 가운데서 일으키시어 세워 주실 것이다…(18:14~15)" 예레미야는 점쟁이를 가짜 예언자와 동일시했다(예레미야 27:9; 14:14; 29:8; 에제키엘 13:6, 9; 21:26; 즈가리야 10:2).

현상을 놓고 살펴보면, 점술에는 예언 사건이 일어나기 위하여 예언자의 생각에 반드시 갖추어져 있어야 한다고 여겨지는 기본 성격이 결여되어 있다. 점이란 신이 인간에게 직접 가르쳐주는 것으로 여겨지지도 않고, 신의 결단 또는 전환으로 비롯되는 행위로서 체험되지도 않는다. 그것은 사람이 어떤 신에게 또는 어떤 비밀스런 힘에게 접근하는 것이다. 점의 목적은 장래에 관한 정보를 얻는 데 있다. 그 정보는 어떤 전조나 점괘에 암시되어 있다고 믿었다. 점치는 기술은 점쟁이가 신에게 직접 영감을 받는 것이 아니다. 비밀이 밝혀지기는 하지만 그것은 신과 인간 사이의 통화로써 밝혀지는 것이 아니다. 거기에는 예컨대 짐승의 간장을 검사함으로써 드러나는 전조가 있는데, 그것들은 점쟁이에게 비밀을 일러주겠노라는 속뜻을 전혀 품고 있지 않다. 거기에는 인간의 경험에 부합하는 초월자의 사건이 없다. 감추인 것을 드러내는 행위가 인간과는 상관이 없다. 점에는 지향이라는 것이 없다. 반대로 예언자는 하느님이 당신 뜻대로 주시는 영감을 받아 그것을 사람들에게 전하는 것이다.

자연에서 이루어지는 현시를 보고 점을 치는 데서도 같은 상황이 전개된다. 천둥 속에서 말하고, 잎들의 살랑거림이나 비둘기의 구구거리는 소리를 통해 말하는 신은 그 자신이 몸소 어느 특정한 인간에게 말을 전하는 것은 아니다.

인간의 선수(先手)로 이루어지는 행위인 점은 간혹 신들로부터 비밀을 억지로 짜내는 듯한 느낌을 수반하여 진행되기도 한다. 고대에는 점술가들이 알아낸 정보가 흔히 천기(天機)로 생각되었고 그래서 점술가들은 천기를 누설한 죄로 벌을 받기도 했다. 그런 비밀을 누설했다 해서 케이론의 딸은 암말이 되었고 디온의 딸들은 바위로 변했으며 테이레시아스와 피네우스는 소경이 되었다.[42] 이와 같이 통화(通話)를 꺼리는 것은 성경의 예언자들과 거리가 먼 현상이다.

성경의 예언이 전제로 삼는 것은 하느님이 요구하고 심판하시는 분이며 예언자는 그 요구와 심판을 사람들에게 전달하라고 보내심을 받은 자라는 사실이다. 점(占)이 전제로 삼는 것은 이 자연이 감추어진 지식의 창고며 그 창고의 문이 점쟁이에 의하여 열린다는 것이다. 예컨대 새들은 사람보다 더 많이 알고 있다. 점쟁이는 열쇠를 들고 있다. 그는 사신이 아니다. 그는 미래를 알고자 하는 자들의 명령과 요청에 따라 점을 친다. 반면에 예언자는 하느님의 선수(先手)로 발단된 사건을 경험한다. 전자는 향신성 행위고 후자는 향인간성 행위다.

점쟁이는 인간의 물음에 대한 신의 답을 얻고자 한다. 예언자는 하느님의 질문에 대한 인간의 답을 찾는다.

되풀이 말한다. 점을 쳐서 알게 되는 것들은 초월자의 선수 또는 결단의 결과로 얻어지는 게 아니다. 어떤 술책을 써서, 혹은 어떤 무아경의 상태에 들어감으로써 비밀을 얻어내려는 인간의 선수로 획득하는 것이다.

인간이 먼저 시도하지 않고 전조나 점괘 따위로 알아보려고 하지 않아도 저절로 드러나는 미래의 비밀도 있다. 자연의 어떤 현상은 신이 인간에게 다가오는 재앙을 미리 일러주는 흉조로 생각되었다. 천둥 벼락, 특히 맑은 날의 천둥과 번개는 제우스의 신탁이었다. 천둥소리를 오른쪽에서 들었으면 그것은 길조였고 따라서 그것을 왼쪽에서 들었을 적군에게는 흉조였다. 이와 같은 전조들이 성경의 예언과 대등한 것들로 인용되어 왔다.

그러나 천둥을 "위로부터 내리는 말씀" 또는 "인간을 가르치는 계시"로 생각하고 그래서 성경의 예언과 대등한 위치에 올려놓는 것은, 어떻게 하나의 은유가 명백하게 드러나는 차이를 오히려 모호하게 만드는지를 보여주는 좋은 실례다. 시끄러운 잡음과 말씀, 천둥의 으르렁거리는 소리와 예언자의 언어 사이에 아무 차이가 없을 수 있는가?[43]

신들과 인간의 직접 왕래는 역사가 기록되기 시작한 뒤부터는 없는 것으로 되어 있다. 그리스 작가들은 선사 시대의 행복한 시절에 신들과 인간들이 함께 살았다고 기록했다. 원시 시대의 사람들은 모두가 신의 계시를 갈망하여, 신에게서 오는 고시(告示)에 귀를 기울였다. 그렇지만 이스라엘 밖 그 어디에, 스스로 하느님이 시켜서 말한다고 믿으며 그들이 전하는 메시지가 비통하고 불길함에도 불구하고 동시대인들은 물론 그 다음 세대의 사람들에게까지 깊은 감명을 준 자들이 있었는가?

황홀경의 점쟁이들

우리는 간혹 점치는 기술 없이 직관 혹은 황홀경에 들어가는 방식으로 미래의 일이나 신의 뜻을 알 수 있다고 주장하는 점쟁이들을 만난다. 니느웨 북동쪽에 있는 도시 아르벨라의 여신 이슈타르(Ishtar)의 여사제가 하는 신탁의 언어는 무아경적 요소가 함축되어 있음을 암시한다.[44]

기원전 7세기경에 이루어진 아시리아의 한 신탁에서는 에살핫돈 왕의 승리를 점친 인간이 스스로 자기는 신과 한 몸이며 신으로서 말한다고 주장한다. "나는 위대한 아르벨라의 여신 이슈타르, 너의 원수를 네 발 아래에서 파멸시킬 여신이다."[45] 여기서 우리가 보는 것은 예언자의 메시지가 아니라 신탁이다.

기원전 11세기경의 에집트 관리 웬 아몬은 의식(儀式)에 쓰는 배를 꾸밀 잡동사니들을 조달하려고 페니키아 해변의 비블로스에 파견되었던 이야기를 기록에 남겼다. 그런데 돈 문제로 분쟁에 휘말려들면서 그의 처지가 불안해져갔다. 비블로스의 왕자는 거의 한 달 동안 매일같이 똑같은 메시지를 그에게 보냈다. "이 항구를 떠나라!" 이 왕자가 "그의 신들에게 제물을 바치고 있을 동안에" 신은 젊은이들 가운데 하나를 택하여 사로잡았다. 그리고 그는 왕자에게 말했다. "〔그〕신을 내놓아라!〔웬 아몬이 수호신으로 지니고 다니던 우상을 말함.〕그를 지니고 다니는 사신(使臣)을 데려오라! 아몬은 그를 내보낸 자다. 그는 그를 오게 한 자다!" 우리는 여기서 요청받지도 않았건만 갑자기 신의 분명한 임무를 떠맡고 나타나는 신의 사신의 한 모습을 본다.[46]

이 기록에서 우리가 주목할 것은 그 젊은이가 신접하기를 스스로 바라지 않았다는, 갑자기 신에게 잡혀서 말을 하게 되었다는 점이다. 그러나 여기 서술된 것이 예언자의 경험은 아니다. 여기에는 신의 이름으로 말하는 자는 없다. 다만 신에 사로잡힌 자로서 말하는 자가 있을 따름이다.[47] (492쪽을 보라.)

웨일스 전설의 유명한 음영 시인이자 점술가인 멀린은 아더왕 이야기에 마법사로 나오기도 하는데, 자기 누이의 아들이 죽은 것을 알고는 광기에 사로잡혀 스코틀랜드의 숲으로 도망을 쳐서는 거기서 사과나무 그늘에 앉아 자기의 돼지에게 예언을 했다.[48]

꿈

꿈이 어떤 신성한 성격을 지니고 있어서 앞날을 미리 알려주기도 한다는 거의 전세계적인 믿음 또한 우리의 주제와 밀접하게 연관되어 있다. 호메로스의 시에는 꿈을 보내는 자가 제우스로 되어 있다. 소크라테스는 선한 인간의 꿈은 순수하고 앞날을 미리 내다본다고 주장했다.[49] 바빌로니아 사람들은 신이 꿈에 나타나 하늘의 뜻을 알리고 미래를 예언한다고 믿었다. 꿈에 그런 지시를 받는 것은 주로 왕이었지만, 일반인들도 마찬가지로 꿈을 꿀 수가 있었다.

성경에도 꿈에 하느님과 인간이 서로 통화하는 대목이 많지만,[50] 꿈과 예언의 차이점은 분명히 강조되고 있다(사무엘상 28:6, 15; 요엘 3:1; 욥기 4:12~16; 7:13~14; 33:14~16). 모세를 비난하고 나섰던 아론과 미리암에게 야훼께서 말씀하셨다. "너희는 내 말을 들어라. 너희 가운데 예언자가 있다면 나는 그에게 환상으로 내 뜻을 알리고 꿈으로 말해줄 것이다. 나의 종 모세는 다르다. 나는 나의 온 집을 그에게 맡겼다. 내가 모세와는 얼굴로 맞대고 말한다…(민수기 12:6~8)" 이 말의 의도는 아론과 미리암이 받은 예언하는 은사(恩賜)를 최소화하려는 데 있는 듯하다. 꿈의 중요성이 자주 언급되고 있긴 하지만 그것이 예언과는 다른 것임을 분명히 한다(신명기 13:1 이하). 예레미야는 하느님의 말씀을 받아 전하는 예언자와 꿈꾸는 자를 날카롭게 분별했다. "검불과 밀알을 어찌 비교하겠느냐?(예레미야 23:28)" 꿈꾸는 자들은 점쟁이, 마술사, 박수 등과 한통속이다(예레미야 27:9).

> 우상들은 헛소리나 하고
> 점쟁이들은 가짜를 보며
> 꿈쟁이들은 거짓 꿈 얘기나 하고
> 공허한 위안을 주니
> 백성은 목자 없는 양떼가 되어
> 고생만 하는구나.(즈가리야 10:2, 사역)

포로기 이후 즈가리야가 밤에 본 환상도 꿈은 아니다. 오직 다니엘한테서만 우리는 꿈이라는 수단을 통한 예언을 발견한다(다니엘 2:1 이하).[51]

소크라테스의 수호신

"인간의 혼은 얼마나 예언적인가?"라고 소크라테스는 말했다.[52] 여러 차례 여러 장소에서 그는 신탁에 대하여 혹은 자기에게 오고 있는 전조에 대하여 말한 바 있다. 신비스런 내면의 음성—"나의 수호신(Daimonion)에게서 오는 암시"—을 듣는 일은 일상으로 겪는 경험이었고, 그는 그 음성을 신의 지시로 받아들였다. 그것은 어떤 준비를 갖추거나 깊이 숙고한 결과로 오는 것이 아니었다. 그는 그 음성을 듣기 위하여 한 발짝도 내딛지 않았다. 그 음성은 그가 자기의 일을 열심히 하고 있을 때 물건이 떨어지듯이 떨어졌다. 다음과 같은 그의 말은 의미가 깊다. "그는 언제나 내가 하고자 하는 일을 하라고 명령하지 않고, 금지시킨다."[53] 그것은 그가 미끄러지거나 실수를 할 만하면, 그 일이 아무리 사소해도 나타나서 경고를 했다. 한번은 강을 건너게 되었는데 자신이 불경의 죄를 범했다고 하면서 정결한 몸이 되기 전에는 강을 건너면 안 된다고 속삭이는 소리가 그의 귀에 들렸다.[54] 그 수호신은 그로 하여금 자신이 신의 돌보심을 받고 있다는 확신을 품게 했고 또 그 확신은 그가 선(善)에 대하여 올곧고 오직 선에 복종하는 사람이 되는 데 깊이 연관되었다.

소크라테스는 이 수호신이 자기에게만 있는 하나의 특이한 현상이라고 생각했다. 그는 고백하기를 "다른 사람들한테는 그런 감독자가 거의 있지 않았다"고 했다.[55] 아테네 사람들은 그와 같은 존재에 대하여 들어본 적이 없었으므로 그것을 새로운 신이라고 생각했다. 한편 크세노폰(Xenophon)은 그것을 점술과 인척 관계로 보았다.[56]

이렇게 주장할 수도 있겠다. "소크라테스한테는 남들은 모르는 청각이 있었다. 그 특수한 현상은 사실이었다. 평소와 좀 다른 말투가 아니었다."[57] 그러나 그것은 예언자가 경험한 것과는 근본에서 다르다. 그것이 전달한 내용, 발생한 방법, 대상이 된 인물, 이 모든 점에서 다르다. 그것은 삶의 방법이라든가 역사의 전망 등이 아니라 경고와 예고를 전해주었다. 그것은 그리스 사람들이 아니라 소크라테스 개인에게만 관심을 두었다. 그가 경험한 것은 목소리를 듣는 것이었고 예언자가 경험한 것은 하느님과의 만남이었다. 익명의 신이 속삭이는 소리를 듣는 것과 천지의 창조주에게 압도당하는 것은 사뭇 다르다. 수호신은 익명의 신으로부터 오는 신호였고 예언자가 들은 말은 이스라엘 하느님의 말씀이었다. 소크라테스의 수호신은 그를 위험에서 지켜주는 친구요 안내자였다. 그는 창조주, 심판관, 왕, 인류의 구원자가 아니었다.

소크라테스의 주장에는 그의 혼 속에서 말하는 신의 음성을 들을 수 있는 능력이 인간에게 있다는 믿음이 연관되어 있다.

"우리 속에 신이 있다. 우리는 하늘에 닿아 있다. 천상으로부터 우리에게 영감이 온다." "우리 속에 신이 있다. 그가 우리를 진동시킬 때 우리의 가슴은 뜨거워진다. 우리에게 영감의 씨앗을 뿌리는 것은 그의 충동이다."[58]

함무라비 법전

함무라비 법전이 새겨져 있는 돌기둥 머리의 양각된 부조(浮彫)가 샤마슈 (Shamash) 신이 함무라비에게 법을 주는 모양을 나타내고 있다는 주장이 자주 거론되어 왔다. 과연 우리는 함무라비가 신 앞에 서 있는 것을 보는데 그 신은 지팡이와 반지를 손에 들고 있다.[59] 왕이 의식을 집행하고 신은 손에 반지와 지팡이 그리고 측량줄을 들고 있는 그림이 여러 곳에서 발견되었다. 반지와 지팡이는 통치권을 상징한다. 지금 신이 함무라비에게 주는 것이 바로 이것들이다. 부조는 법전의 전문(前文)이 담고 있는 내용, 즉 함무라비의 권력이 하늘에서 온 것임을 그림으로 보여주고 있다. 왕권은 하늘에서 내려오며 왕은 그 권력으로 땅과 백성에게 법을 줄 수 있다는 것이 바빌로니아와 아시리아인들의 기본 신앙이었다. 그러나 이 그림은 법을 주는 것을 나타내지는 않는다. 이런 상징물들을 주는 것이 법 혹은 올바른 규범을 주는 것을 의미하지 않는다는 사실은 함무라비와 동시대에 그려진 것으로 보이는 벽화를 보아서도 알 수 있다. 마리(Mari)에서 발견된 그 벽화에는 왕이 비슷한 자세로 무장한 여신한테서 같은 상징물을 받는 모습이 그려져 있다.[60]

법전의 본문은 전문, 법조문 그리고 끝말의 세 부분으로 나뉜다. 전문은 운문 형식으로 기록되었는데, 함무라비를 불러 바빌론의 왕이 되어 그의 보살핌을 받고자 몰려든 인민에게 정의를 펼 것을 명령하는 이야기로 되어 있다. 이야기는 뭇 신들의 아버지인 아눔과 하늘의 신 엔릴이 만물을 다스릴 권한을 바빌론의 수호신이자 함무라비 왕조의 후견신인 마르둑에게 주면서 함께 함무라비를 불러 "정의를 온 땅에 널리 펴고 못된 놈과 악한 놈을 파멸시켜 강자가 약자를 못 살게 구는 일이 없도록 하라"고 명령하는 것으로 진행된다. 전문은 함무라비가 "마르둑이 나에게 백성을 바로 인도하고 땅을 지배하라 하셨기로 나는 땅의 언어로 법과 정의를 세웠고 백성을 번성케 하였노라"고 선언하는 것으로 끝난다.[61]

본문 자체 안에는 계시에 대한 언급이 없다. 반면 전문에는 마르둑이 자기에게 "정의로 땅에 빛나게 하라(1, 27~34)"는 명령을 내렸다고 말함으로써 함무라비 본인이 법을 냈다고 말하는 듯하다. 그래서 그는 "나는 땅의 언어로 법과 정의를 세웠다(5, 20~21)"고 말했던 것이다. 그런즉, 법전의 모든 법 조문은 강력한 왕 함무라비가 세운 것이고 그 법으로 왕은 "땅을 든든한 안내와 훌륭한 통치로 안전하게 지켰다(24:1~8)." 그 누구도 "내가 제정한 땅의 법과 내가 규정한 땅의 법령을 고치지 못한다. 아무도 나의 법을 경멸하지 못하게 하라(25, 68)."

그는 결코 자신을 계시를 받은 자라고 생각하지 않는다. 오히려 그는 자신을 가리켜 "힘 있는 왕, 수메르와 아카드의 땅에 빛을 비추는 바빌론의 태양, 사방(四方) 세계로 하여금 아첨하게 만든 왕이 곧 나(5, 3~9)"라고 한다.

바빌로니아와 아시리아의 사람들은 먼 옛날에는 어떤 사실이나 생각 따위를 신들이 인간에게 일러주었다고 생각했다.[62] "나 함무라비, 정의의 왕, 샤마슈가 법을 맡긴 자(25, 95)"라는 표현은 어떤 특별한 계시보다는 일반적인 신의 영향에 대한 믿음을 담고 있다.

신이 왕에게 '준' 것은 '법'이 아니라 '키툼'(kittum, 우주의 보편 진리)이다. 왕은 '키툼'으로 말미암아 다른 사람들과 구분되고, '키툼'의 보편 원리에 부합 또는 조화되는 법을 제정할 수 있게 된다.[63]

고대인들은 그들의 법이 신들로부터 왔다고 말했다. 크레타 섬 사람들은 그들의 법이 미노스가 아니라 주피터의 것이라고 했다.[64] 스파르타 사람들은 그들의 법을 제정한 자가 리쿠르구스[Lycurgus, 스파르타의 정치가—옮긴이]가 아니라 아폴로라고 믿었다. 로마인들은 누마가 고대 이탈리아의 가장 힘센 신들 가운데 하나인, 여신 에게리아가 불러주는 대로 받아썼다고 생각했다. 에트루리아인들은 타게스라는 신에게서 법을 받았다.[65] 그러나 이런 믿음 속에는, 법이 역사의 한 특정 순간에 한 예언자에게 주어졌다는 주장은 들어 있지 않다. 다만 법이라는 것이 인간에 의하여 창안된 것이 아님을 신화적으로 표현할 뿐이다.

에집트의 '예언자들'

한때 에집트 문서의 상당 부분이 성경의 예언과 밀접한 인척 관계를 보이고 있으므로 그것들이 성경에 나타난 예언의 모델 또는 자료임이 틀림없다는 주장이 있었다.[66] 오늘에는 이 문서들의 예언적 성격이 부인되고 있다.[67]

이들 문서 가운데는 이푸 웨르(Ipu-wer)가 과거와 현재의 에집트 행정부를 비난하는 내용이 있다. 나라가 사회, 경제의 혼란으로 말미암아 행정 마비 상태로 들어갔던 듯하다. 그런데도 파라오는 무엇이 일어나고 있는지 관심이 없었다. "…가난한 자들이 보물을 잔뜩 가지게 되었고, 스스로 신 한 켤레 만들지 못하던 자들이 (이제는) 재산가가 되었다…가난한 자들이 즐기는 동안 귀족들은 슬피 운다…보라, 귀부인들이 이삭을 줍고 귀족들은 집안 일을 한다. (그러나) 널빤지에서(조차) 한 번도 자보지 못하던 자들이 (이제는) 침대에서 잔다…사람들이 서로 제 형제를 죽임은 어찌 된 일인가?" 처음에는 파라오의 잘못을 방면(放免)하려고 했던 이푸 웨르가 마침내는 직무를 회피한 왕을 비난하는 것으로 연설을 마친다.[68]

사회의 병폐를 담대하게 드러내고 왕을 면전에서 겁 없이 비판하는 모습은 성경의 예언자들과 상당히 비슷한 면이 있음을 보여준다. 그러나 사회의 혼란을 비탄하고 왕에게 책임을 상기시켜 주긴 하지만, 사회와 행정의 마비에 대한 인식으로부터 나아가 도덕 또는 정신의 몰락까지 내다보지는 못한다. 에집트의 이푸 웨르는 부자들의 재물이 약탈당하는 것을 안타까워했고 반면에 이스라엘의 예언자들은 풍요 속에서 가난뱅이들이 약탈당하는 것을 저주했다. 이푸 웨르의 "분노와 동정심은 실로, 약자들이 억압을 받기 때문보다는 사회의 기성 질서가 붕괴되기 때문에 터져나온 것이다. 히브리 예언자가 가난한 자를 옹호한 데 반하여 에집트의 이푸 웨르는 적어도 이 경우에는 법과 질서를 지키는 자였다. 그의 눈에는 가난한 자와 부자의 위치가 바뀔 지경으로 사회가 뒤집어진다는 것이 도무지 납득되지 않았다."[69] 에집트의 연설가는 안정을 옹호했고 예언자들은 변혁을 촉구했다. 에집트인은 이스라엘의 예언자처럼 인간의 삶의 조건을 위태롭게 하는 뿌리를 찾으려고 하는 대신에 인간에게 재난과 참상이 떨어지게 된 탓을 신들, 특히 레(Re) 신에게 돌려 그들을 비난한다. 실제로 사회의 무질서를 묘사한 데 이어 계속되는 연설의 주제는 신들에 대한 불평이다.[70]

골레니셰프 사본 중 「네페르 로후의 예언」(The prophecy of Nefer-rohu)이라고 불리는 고문서에는, 파라오가 위안을 받고자 하여 네페르 로후에게 장차의 일을 말해 달라고 요청한 대목이 기록되어 있다. 네페르 로후는 장차 아메니라는 왕이 나타나 행복과 광명이 넘치는 시대를 이룰 것이라고 예언했다.[71]

이 예언이 이스라엘의 메시아 사상과 유사하다는 주장이 있어서 논쟁이 많이 벌어졌지만, 아무래도 이스라엘의 예언자와 네페르 로후 사이의 인척 관계를 밝혀내는 일은 무리가 아닐 수 없다. 네페르 로후는 사제요 점술가요 마법사다. 그는 "자신의 손으로 집필할 수 있는 학자, 고위층, 자기 동배(同輩)들 가운데 누구보다도 재산이 많은 자"다. 또 그는 마술을 행하고 앞날을 미리 예언할 수 있는 만큼의 지혜를 소유한 현자다. 그는 영감을 받는 자가 아니라 점술가다.

게다가, 같은 문서에는 어떻게 한 '예언자'가 나타나 제4왕조의 스네호루 왕 재임시에(2650 B.C.E.) 고대 왕국이 종말을 고하게 될 것인지를 예언하였는지가 기록되어 있다. 실제로 그 문서는 5세기 뒤인 아멘 엠 헷 1세가 치세하던 때(1991~1961 B.C.E.)에 만들어진 것 같다. 아멘 엠 헷 1세는 중 왕국 제12왕조의 첫 왕이다. 중왕국은 에집트를 내전과 무정부 상태에서 건져냈고, 중왕국의 초기 파라오들은 그들의 통치로 이루어진 안정을 영원히 보존하고자 했다. 네페르 로후의 예언을 담은 문서는 틀림없이 이들의 자부심을 보강코자 꾸며진 것이었다.[72]

끝으로 덧붙여 말할 중요한 것은, 이푸 웨르도 네페르 로후의 예언을 기록한 자도 더 높은 존재의 뜻을 왕에게 전달하라는 요청을 받은 자면서도 신의 이름을 입에 올리지 않는다는 사실이다. 그들은 신의 말을 전달하는 통화자가 아니라 사회 비평가로서 말을 했던 것이다.

인도와 중국의 계시와 예언

인도 종교는 인간과 자연을 아울러 초월하는 인격의 하느님이 몸소 살아 있는 한 인간에게 자신을 나타내는, 한 특별한 순간에 발생하는 사건을 계시라고 주장하지 않는다. 그들이 말하는 계시는 본디 인간 속에 들어 있는 것, 시간을 초월해 역사 속의 어느 한 인간에게 국한되지 않는 것이다. 예컨대 『바가바드 기타』에 서술된 신의 현현은 실제로 발생한 사건이나 신의 자기 계시 이야기가 아니다. 마차의 마부로 변장하여 아르주나에게 나타나는 크리슈나는 신으로서가 아니라 신의 화신으로서, 수많은 탄생을 거쳐왔고 다시 선한 사람들을 보호하고 악행하는 자들을 파멸시키기 위해 태어난 자로서 말을 한다. 어느 종족의 지도자 아니면 최고 진리를 추구하는 현인이라고 생각되기도 하는 크리슈나는 그의 백성에게 영웅이 되었고 반신(半神)을 거쳐 마침내 신이 되었는데 나중에 브라만 교에서는 비슈누의 화신이 되었다. 어떤 때는 『바가바드 기타』에서 크리슈나 자신이 유일한 가장 높은 신이며 우주의 창조자요 통치자라고 말하는가 하면 또 다른 때는 비인격적인 세계영(世界靈, Brahman)이 최고의 제1원리로 나타나기도 한다.[73) "내가 곧 베단타(Vedanta, 베단타 철학)의 창시자요 베다(Veda, 경전)를 아는 자 곧 나다."[74)

인도의 대부분 종교들은 경전을 인간이 만들어낸 것이 아니라 초인간적 근원에서 나온 것으로 믿고 받아들인다. 그런 기록들을 '듣는 것'이라는 뜻인 '스루티'(sruti)라고 부르는데, 예를 들면 베다경이 그런 것이다. 경전들의 근원에 관하여는 두 가지 생각의 흐름이 있다. 미맘사(Mimāmsā) 학파의 가르침을 들어보면, 베다는 영원한 언어의 형식을 입고 있어서 이 세계처럼 시작도 끝도 없다. 그것은 계시해 밝혀주는 자 없이 현인들에 의하여 직관되었다. 베다는 어느 인간의 손으로 만들어진 것이 아니므로 그 권위를 의심할 여지가 없고 따라서 베다 안에는 (사실은 없으면서) 있음직한 것도 없고 거짓된 것도 없다. 니야야(Nyāya) 학파의 가르침을 들어보면, 베다는 창세(創世) 때에 하느님에 의하여 구성되었는데 하느님에 의하여 맨처음 태어난 브라흐마와 현인들 그리고 신들에게 계시되었다.

미맘사 학파는 그 누구도 베다의 저자로 기억된 존재가 없고 그 특이함이 아무도 그것을 만들어낼 수 없을 만하기 때문에 베다는 영원하고 그 누구에 의하여 만들어진 것이 아니라고 주장한다. 그들에게는 예언자가 없다. 니야야 학파에 따르면 베다 자체가 하느님이 그 저자임을 입증한다. 만일 누가, 형체도 없는 하느님이 어떻게 베다를 만들고 또 가르치느냐고 묻는다면 하느님은 언제든지 필요하면 스스로 형체를 갖춘다고 대답한다. 처음에는 아무도 드러내어 하느님이 베다의 저자라고 말하지 않았지만 뒤에 니야야의 저술가들은 하느님이 그 저자라고 주장하기에 이른다.[75]

그러나 이 방대한 고대 문헌이 힌두교에서 차지하고 있는 위치는 유다교에서 토라가 차지하고 있는 위치나 이슬람교에서 코란이 차지하고 있는 위치와 사뭇 다르다. 경전이 오류가 없고 영감으로 이루어진 것임을 모두가 인정하고 또 그렇게 가르치면서도 그것이 힌두의 삶과 사상에 미치는 영향은 오히려 가볍다. 소수의 무리들이 그것도 책의 이름만 알고 있는 경전 그 자체와 마찬가지로, 그 자세한 교리는 배운 계층만의 것이다.

무엇보다 중요한 것은 그 대부분의 글이, 계시가 독자들에게 주는 것과 같은 강한 감명을 주지 않는다는 사실이다. 그런 주장을 하고 나서는 사람도 없는 듯하다. 그래서 한 그리스도인은 이렇게 썼던 것이다.

> 스루티 혹은 제1원리의 계시로 통하는 브라흐마나는 제사 의식에 관한 인간의 토론을 담고 있어서 전문적인 신학 토론으로 분류될 수 있지만, 스스로 성스러움을 주장하지는 않는다. 베다 문헌의 가장 오래된 책인 『리그 베다』에는 당신 자신을 인간에게 내어주는 하느님보다는 하느님과 신들에 대한 인간의 찬양과 선망이 담겨 있다… 후기 힌두이즘의 높은 사상에 원천

과 바탕이 된 『우파니샤드』에서도 우리는 대개 신의 계시보다 진리를 꿰뚫는 통찰을 본다. …『바가바드 기타』에 이르면, 비록 엄격히 말해서 제2급의 계시일 뿐이긴 하지만 그래도 상황이 달라진다. 여기서는 단순히 신성한 교사에 의한 교리의 전달이 아니라 최고 신인 크리슈나의 계시를 보게 되는 것이다. 우리는 전혀 베다교의 울타리에 들어 있지 않은 소종파의 책들 속에서도 계시에 대해 똑같이 명확한 주장을 찾아볼 수 있다.[76]

부처는 자기 자신보다 높은 지혜의 근원에서 지식을 얻는다는 뜻의 계시를 철저하게 부정했다. "세상을 배우는 일은 마땅한 일이거니와 그러나 세상을 통해서는 아무 것도 배울 수 없으니 나는 홀로 나요 나를 통하여 두루 배운다"고 그는 말했다.

중국에는 유교와 도교의 경(經)이 있어서 중국인들의 생활 구석구석에 영향을 미친다. 그러나 이런 경들의 권위는 어떤 특별한 하늘의 계시에서 오는 게 아니라 인간 본성의 이상적인 모습을 꿰뚫어본 성현들한테서 나온다.

"중국의 고대 서적들은 무슨 영감을 받았다고 주장하거나 우리가 말하는 계시를 담고 있지 않다. 역사가들, 시인들 그리고 다른 저술가들은 그들의 마음에서 나오는 대로 썼다."[77] 히브리 예언자들은 무슨 범상한 경험을 하지 않고서는 감히 예언을 하려고 마음먹지도 않았다. 비록 공자, 맹자, 묵자(墨子) 등이 "위에서 내린 어떤 사명 의식"을 가지지 않은 것은 아니었으나 "중국의 성현들은 하느님의 음성을 들어 자기네가 할 일을 알게 되었다는 식의 경험을 기록에 남기지 않았다." 그들 역시 히브리 예언자들처럼, "인간을 개조하고 그럼으로써 세계를 개혁하려는 열정을 품었고 의로운 세계를 내다보았으며 하늘이 내린 사명을 의식하고 있었다." 그러나 그들을, 하느님한테서 영감을 받아 그 받은 것을 사람들에게 나누어주는 사람이란 뜻의 예언자로 볼 수는 없다.[78]

마리의 예언자들

중앙 유프라테스의 텔 엘 하리리에서 고대 마리(Mari) 왕국의 옛터를 발굴한 프랑스 고고학자들은 왕실 서고에 있던 대단히 많은 쐐기 문자 토판을 발견하였는데 그 가운데 일부가 출판되었다. 그 중에서도 세 개의 텍스트에 성경의 예언과 비슷한 이야기가 담겨져 있다.[79]

한 텍스트에는 왕성(王城)인 마리의 행정관 이투르 아슈두가 군대를 거느리고 들판에 나가 있는 왕에게 다음과 같이 보고하는 대목이 있다. 아무개 마을의 아무개라는 자가 그에게 와서는, 꿈을 꾸었는데 그 꿈 속에서 자기가 티르콰 시(市)의 다간 신을 모신 성소에 들어가 신의 말을 들었다고 말했다는 것이다. 신은 그에게 말하기를, "지금 가거라. 내가 너를 지므리 림(마리의 왕)에게 보낸다. 가서 (그에게) 일러라. '너의 사신들을 나에게 보내고 너의 모든 문제들을 내 앞에 펼쳐보여라.'" 그러면 보상으로 신이 원수를 이기고 승리하게 해주리라는 것이었다.

그 꿈을 꾼 자는 메시지를 왕에게 직접 전하지 못하고 행정관에게 전하고 있다. 다간 신한테서 온 메시지는 꿈 속에서 받은 것으로 되어 있다.

왕에게 보낸 한 편지에는 이런 대목이 있다. "나의 주인님(즉, 지므리 림 왕)께 말씀드립니다. 당신의 종 키브리 다간이 아래와 같이 (말씀드립니다.) 다간 신과 이쿠룹 일 신은 안전하고 든든합니다. 티르콰 시와 그 주변은 안전하고 든든합니다. 게다가 내가 이 토판을 나의 주인님께 급히 올리는 바로 그 날에 다간 신의 사람 하나가 와서는 이렇게 말해주었습니다. '신이 나에게 (다음의 지시를) 보내셨습니다. 급히 왕에게 보내라! 그들은 야흐둔 림의 혼에게 죽은 자를 위한 제물을 바쳐야 한다.' 이것이 그가 나에게 한 말이었습니다. 나는 그것을 나의 주인님께 전해드립니다. 나의 주인님께서는 뜻대로 하옵소서."

두 번째 편지에서 같은 필자는 왕에게, 희생 제사에 관한 '예언자'의 비슷한 메시지를 보고한다.

이 문서들 속에서 발견되는 놀라운 특징은 "신이 나를 보냈다" 또는 "다간이 나를 보냈다"는 표현을 사용하고 있다는 점이다. 이는 모세가 파라오에게, "히브리인들의 하느님 야훼께서 나를 당신에게 보내셨다(출애굽기 7:16)"고 한 말이나 예레미야가 "야훼께서 나를 보내셨다(예레미야 26:12)"고 한 말을 연상케 한다. 그 문서에 기록된 대로 보면, 메시지는 인간이 요구해서 온 것이 아니라 신이 임의로 준 것이고 '예언자'는 자신이 신의 파견을 받았다고 생각한다.[80) 이런 생각은 성경의 예언자들이 가졌던 중심되는 의식이다(예레미야 6:8 ; 23:21 ; 29:19).

언제나 무엇이든 신에게 알리라는('너의 사신들을 나에게 보내고 너의 모든 문제들을 내 앞에 펼쳐보여라') 권고와 선왕(先王)의 혼에게 바친 제물들은 도대체 무엇인가? 그것은 아시리아의 가장 난폭한 왕이었던 에살핫돈에게 아르벨라의 이슈타르의 여예언자가 군 작전과 관련하여 보낸 메시지와 비슷하다. "나는 아르벨라의 이슈타르다. 나는 아슈르로 하여금 너에게 친절하도록 만들었다.…… 두려워 말고 나를 영광되게 하여라."[81) 이슈타르를 영광스럽게 하라는 말은 "성소의 사제들이 후한 보상을 받고 신전의 예배에 창고의 재물이 넉넉히 쓰이게 하라."는 뜻이었다.[82)

마리의 메시지 전하는 자들은 신들 이름으로 말을 한다. 그런데 그 신들의 제일 관심은 그들과 그들의 사신들이 연관되어 있는 성소(聖所)들의 존속에 쏠려 있다. 신은 자기에게 물어보는 인간이 없으면 무시당한 느낌을 받는데, 이는 사제들이 무시당하는 것을 의미한다. 마리의 '예언자'들은 사제들과 성소들을 위하여 말한다.

왕에게 신의 비위를 달래는 제사를 드리라는 지시를 점쟁이들이 편지나 보고서로 전하는 일은 메소포타미아에서는 흔히 있는 일이었다. 이스라엘 이전 시대까지 거슬러올라가는 기록들이 담고 있는 유일하게 진기한 요소는, 그 메시지라는 것이 점쟁이들이 점치듯이 인간이 먼저 요구를 해서 얻어내는 것이 아니라 신의 선수(先手)로 주어진 것이라는 주장, 그리고 나아가서 메시지를 전하는 자가 왕에게 신의 메시지를 전달한다는, 이를테면 특별히 신성한 사명을 띤 사자(使者)로 등장하는 점이다. 이 정보는 대단히 중요하다. 왜냐하면 아브라함이 가나안으로 이주하기 전에 거하던 지역과 연관되어 있기 때문이다.

참으로 그토록 신들에게 헌신하면서 제사 의식과 성소들이 신의 선물이라고 생각한 사람들이, 바로 그 신들이 최소한 몇몇 개인에게라도 말을 건네는 일이 없다고 생각했다면 그것이야말로 이상스런 노릇이 아닐 수 없다. 이 신들은 인간과 인간의 선물과 경의에 의존하며, 불멸하며 큰 능력을 소유하고 있다는 것만 제외하면 실제로 인간 존재와 대단히 비슷하다. 만일 그들의 심사를 달래줄 수도 있고 그들의 뜻을 조종할 수도 있다면, 만일 신들이 인간의 제물 따위에 감명을 받아 돌아설 수 있다면,[83] 그들로 하여금 어떤 개인에게 말을 하게끔 하는 방법이 없을 이유가 무엇인가? 마리의 '예언자'는 초월신의 대변인이라기보다 제도화된 종교의 일부이다. 그의 영감에는 숭고함이 결여돼 있다. 그는 초월자의 간섭을 경험하지 못한다. 그는 신의 말을 듣고 신의 지시를 경험한다. 그러나 신의 '전환'을 깨달아 아는 일은 없다.

하느님의 이름으로 미래를 예언하거나 말을 하는 것이 성경의 예언자들의 가장 중요한 특징은 아니다. 성경의 예언자는 사람들에게 어떤 특별한 행동을 요구하기 위하여 보내진 사람이 아니다. 그는 사람들의 전체 실존에 대한 하느님의 관심 때문에 보내심을 받은 사람이다. 그는 어떤 특수한 명령이 아니라 백성의 전체 삶에 연관되는 메시지를 전달한다.

이스라엘 예언자들은 자기네에게 말씀하신 분이, 여러 신들 중의 한 신도 아니고 지방의 신도 아니며 이 세상의 많은 힘들 가운데 한 힘도 아니고, 하늘과 땅을 지으신 창조주, 세상을 초월해 계신 한 분이며 독특하신 분, 그분의 지혜를 어느 인간도 추측할 수 없는 하느님이라고 주장한다. 히브리 예언자들 생각에는 그들의 경험과 이방 예언자들의 경험이 서로 다른 것이, 이스라엘의 하느님과 이방 신들이 서로 다른 것처럼 절대적이다.

둘 다 자기네가 예배하는 신(神)의 뜻을 깨달아 알게 되는 점에서는 같다. 마리의 예언자는 신이 스스로 가르쳐주겠노라는 제안을 받는다. 그 신은 왕이 자신의 일들에 관하여 물어 오지 않으므로 무시당한 느낌을 받았던 것이다. 그 신은 꿈 속에서, 어떤 부족이 마리의 왕에게 화친을 맺으러 왔는지 여부를 묻는다. 마리의 예언자는 신을 위하여, 그리고 신들에게 유익을 주기 위하여 말한다. 이스라엘의 예언자는 신을 위하여, 그러나 사람들에게 유익을 주기 위하여 말한다. 둘 다 자신은 보냄을 받은 사자(使者)라고 주장한다. 그러나 다간 신한테서 보냄을 받았다는 생각과 이스라엘의 거룩하신 분한테서 보냄을 받았다는 생각은 근본적으로 다르다.[84] 마리의 예언자는 음식과 정보와 명성을 인간에게 의존하는 신이 참지를 못하여 보낸 자다. 이스라엘의 예언자는 인간의 죄 때문에, 그리고 그 인간이 의(義)를 요구하시는 하느님께 전적으로 의존해야만 하기 때문에 보냄을 받은 자다. "진흙이 옹기장이의 손에 달렸듯이 너희 이스라엘 가문이 내 손에 달린 줄 모르느냐?(예레미야 18:6)" 이는 야훼의 말씀이다.

성경의 예언자, 그 독특함

예언자는 세계 도처에서 찾아볼 수 있는 존재인가?

과연 어떤 사람을 일컬어 예언자라고 할 것인지를 정하는 일은 비판적 학자들의 능력으로 해낼 수 있는 작업도 아니거니와 또 그들의 관심사도 아니다. 예언자의 첫째가는 중요한 모습은 그가 스스로 예언자임을 주장하는 것, 메시지를 남들에게 전달하라는 목적으로 지고자가 몸소 자신에게 말씀하셨음을 스스로 증언하는 것, 초월자의 결단과 지향이 그에게 임한 사건을 스스로 의식하는 것이다.

다른 고대 종교들에도 무당과 점쟁이, 사제와 예언자, 현자와 영감받은 자가 있었다. 그러나 그들 대부분의 무당과 점쟁이들은 무엇을 후대에 남겼는가? 만인을 위한 말씀이요 진리임을 스스로 주장하는 계시는 어디에서 왔는가? 혹은 천지를 창조하신 분의 것임을 자처하는 음성은 어디서 들렸는가?

이스라엘의 예언은 한 개인의 생애에 발생한 토막 이야기가 아니라 민중들의 역사를 비추는 계시이다. 수세기에 걸쳐 진행된 사건들을 한데 묶은 경험의 사슬은 인류 역사에서 유례가 없는 것이었다.

그런즉 예언자는 외톨이가 아니다. 그는 스스로 예언자의 대(代)를 잇는 사슬고리임을 알고 있다(아모스 3:7~8; 참조, 2:12). "너희 조상들이 에집트에서 나오던 날부터 오늘에 이르도록 나의 종 예언자들을 줄곧 보냈다(예레미야 7:25; 참조, 11:7; 25:4; 26:15; 29:19)." 예언자는 선배 예언자들의 경험과 그들이 전한 메시지를 계승함으로써 그가 본 계시 또한 이전 예언자들이 보던 계시와 일관된 것임을 안다. 히브리 예언자는 창시자가 아니다. 그는 아브라함에게 말씀하신 바로 그분의 음성을 듣는다.

예언하는 행위, 계시가 나타나는 순간은 여러 곳에서 많은 사람들이 겪게 되는 것으로 여겨지고 있다. 그러나 아브라함에서 모세까지, 사무엘에서 나단까지, 엘리야에서 아모스까지, 호세아에서 이사야까지, 예레미야에서 말라기까지 오랜 세월 뻗어내려 온 예언자의 계보는 그 어디에서도 유례를 찾아볼 수 없는 현상이다.

조로아스터는 분명히 영감을 받은 자였다. 발람도 그랬다. 그러나 그것은 어둠 속으로 사라진 불꽃이었다. 세상에는 어디든 영감을 받은 자가 있었고 또 이웃 사람들에게 영감을 준 자들도 있었다. 그러나 이스라엘의 예언 역사와 비견할 만한 전통을 가진 나라가 이 지상에 있었던가?

그런즉, 성경의 영감이 다른 고대의 종교들에서 이미 발견된 착상을 그대로 따른 것에 불과하다는 주장은 정확한 것이 못 된다. 또한 성경의 영감이, 영들을 자기 명령에 굴복시키기 위하여 무당들이 사용한 주문이나 마법사들이 늘 사용하던 마술과 다른 것은 종류의 차이라기보다 정도의 차이라는 주장 역시 잘못된 주장이다.

노자도, 부처도, 소크라테스도, 플로티누스도, 공자도, 이푸-웨르도 하느님의 이름으로 말하거나 그분이 자기를 보냈다고 생각하지는 않았다. 그리고 이방 종교의 사제와 예언자들은 천지의 창조주가 아닌 한 특별한 신의 이름으로 말했다.

사람들이 언제 어디서나 신의 세계로부터 오는 안내와 도움을 찾고 환상적인 체험과 초자연적 능력을 동경하며 꿈과 환상 속에서 평범한 눈으로는 볼 수 없는 신비를 보려고 갈망하는 것은 사실이다. 그러나 이스라엘의 예언자들은 그런 경험을 바라지 않았다. 오히려 자기를 부르는 소명에 항거하였다. 묵시적 환상을 보는 자들과는 반대로, 포로기 이전의 예언자들은 하늘의 영광보다 땅의 혼란을 본다. 그들이 일반 사람과 다른 점은 인간의 상황을 신의 비상 사태로 감지한 것이었다.

거의 모든 곳에서 어떤 종류의 계시가 종교적 진리의 기본 원천으로 여겨지는 것은 사실이리라. 그러나 그런 진리를 인간에게 전달하는 초자연적 수단들이란 꿈, 점(占), 이상한 사건들로부터 뽑아내는 추리, 무당과 사제들의 주문 따위다. 성경의 예언은 참으로 유일하게 독특한 현상(sui generis)이다.

제16장
예언자, 사제 그리고 왕

왕의 신격화

"신과 왕은 동양인의 마음에 너무나도 밀접히 짝지워져 있어서 둘 사이를 좀처럼 분간하기 어려운 개념이다."[1] 신화에 보면 레(Re) 신은 에집트의 첫 왕이었고 홍수 뒤에 수메리아를 다스린 통치자들 가운데는 신들이 섞여 있다. 따라서 역사 시대에 들어와서도 왕의 위엄은 신의 그것과 동일시되었다. 왕은 천상의 아버지인 태양신 레의 아들로서 신으로 받들어졌다. 그것은 태양신 레가 왕좌를 이을 후손을 출생시킬 목적으로 살아 있는 왕의 모습을 한 것이었다.

백성은 왕을 신으로 여겼고 그에게 제물을 바쳤다. 왕을 기리는 예배 의식은 특별한 신전에서 특별한 사제들이 집행하였다. 실제로 왕에 대한 예배가 신들에 대한 예배를 그늘에 가리기도 했다. 그래서 메렌라가 다스리던 때에는 한 고관이 성소를 여러 곳에 지어 그곳에서 영생하는 메렌라 왕의 영에게 "뭇 신들보다 더" 많은 찬양과 기도를 바치게 했다. 왕은 또한 각 신의 최고 사제였다. 그는 실제적인 이유로 사제의 기능을 전문 사제들에게 넘겨주었다.[2] 메소포타미아에서는 왕이 신의 아들은 아니었지만, 신이 된 인간으로 여겨졌다. 그는 신이 양자로 삼은 '아들'인데 여러 다른 남신들과 여신들에 의하여 양육되고 길들여지고 교육을 받았다. 수메리아 여러 도시의 통치자들이 양친 가운데 하나가 신이라고 주장하는 일은 드문 일이 아니

669

었으며, 엔나두(B.C.E. 4천년경)로부터 아슈르바니팔(B.C.E. 633년 사망)에 이르기까지의 숱한 통치자들이 신모(神母)의 성스런 젖을 먹고 자랐다고 스스로 생각했다. 어떤 왕들은 여신의 '남편'임을 자처하기도 했다. 동시에 사제이기도 했던 왕은 "언제나 신의 자리에 올라설 지점에 서 있었다. 그럼에도 그는 언제나 버금가는 위치에 있었다." 왕관을 물려줄 때에 공식으로 쓰는 말은 죽은 선왕이 "신이 되었다"는 것이었다.[3]

히타이트 족 사이에서는 왕이 대사제이기도 했다. 그는 의식(儀式)을 관장했고 사제들을 임명, 파면했다. 살아 있는 동안에는 신으로 대접받지 않았지만 죽으면 신격화되었다.[4] 이와 비슷하게 파르티아 아르사킷(Arsacid, 安息國) 왕조의 국왕들도 해와 달의 형제임을 자처했고, 신으로 숭배되었다.[5]

원시 시대에 기원을 둔 이와 같은 개념, 즉 우두머리인 왕은 신비스런 '마나'(초자연력), '오렌다'〔靈力〕또는 '디나미스'(dynamis, 힘)를 소유한 자로서 그를 섬기는 자들한테 '타부'가 된다는 생각은 20세기 오늘에 이르기까지 수많은 문명의 정치사와 종교사에 잠재하는 동기로 상존했다.[6] 신도(神道) 교리에 따르면 일본의 천황은 하늘에서 내려온 신성한 존재였다. 그의 품위를 손상하는 말뿐 아니라 그를 토론의 주제로 삼는 일조차 금지되었다. 그는 제국의 유일한 소유주였고 법과 정의를 만드는 자였다.[7] 로마 황제를 '신이며 주인'(Dominus et Deus)으로 보던 신격화에서부터 중세기 전통을 거쳐 현대에 이르기까지 우리는 왕을 신격화하거나 그에게 신의 장신구를 달아주려는 경향의 흔적을 찾아볼 수 있다. 그 한 예로, 헨리 8세를 두고 당시 사람들이 "그 눈부신 햇살에 천민은 무릎을 꿇고 지혜로운 자라도 똑바로 바라볼 수 없는 태양 같은 분"[8]이라고 한 인유(引喩)를 들 수 있겠다. 왕은 "땅에 거하는 신의 모습"을 대신하기 때문에 그에 대한 저항은 절대 허락되지 않았고, "비록 그가 이교도라 해도" 그 요구에 복종하지 않으면 안 되었다.[9] "영국의 통치자들 같은 절대 군주들은 신적인 종(種)"이며 그 왕들은 "하느님 자신의 신격을 대신한다"고 생각되기도 했다.[10]

이와 같이 생각한 결과 왕은 법 위의 존재로 군림하게 되었다. 14세기 이탈리아 법학자 발두스(Baldus)의 주장에 따르면, 왕에게는 '만능'(plenitude potestatis)이 있었고 그러므로 "법을 초월하여, 법을 거슬러, 법을 벗어나" 무슨 일이든지 할 수가 있었다. 영국의 종교개혁 시대에 틴데일(Tyndale)은 이렇게 말했다. "이 세상에서 왕은 법을 벗어나 있다. 그러므로 옳든 그르든 그는 자기 마음대로 할 수 있으며 오직 하느님에게만 책임을 진다."[11] 제임스 1세(1567~1625)는 "왕은 법 위에 있다"고 말했다. 유명한 법학자 윌리암 블랙스톤 경(Sir William Blackstone, 1723~1780)도 "왕이 오류를 범할 리 없다는 사실이 영국 헌법의 불가결하고 근본적인 원리"[12]라고 했다.

독일의 어떤 학자들은 국가가 법을 제정하는 자이므로 국가가 법보다 위에 있고 따라서 행정부의 관리들은 법원의 심판을 받을 수 없다고 주장했다. 이러한 극단적 전제 정부론에 반대하는 학자들은 국가 역시 법의 제재를 받아야 한다고 주장했다.[13]

권력의 분산

이스라엘에서는 왕의 신격화란 생각조차 할 수 없는 일이었다. 인간에게 신성을 부여하려는 시도는 공포와 재난을 초래할 따름이었다. '다른 곳에서 왕이 신이었다면 이스라엘에서는 신이 왕이었다."[14] "땅은 내 것이요, 너희는 나에게 몸붙여 사는 식객에 불과하다(레위기 25:23)." 고대 히브리인들이 왕의 신격을 신봉했으나 성경에서는 은폐되었다는 이론을 뒷받침하는 몇 가지 주장[15]이 출현하기는 했지만 이는 "극단의 천박한 이론"[16]으로 판결되었다.

왕의 신격화에 대하여 예언자들이 어떻게 생각하고 있었는지 에제키엘을 통하여 짐작해 볼수 있겠다.

너 사람아, 띠로의 우두머리에게 일러주어라.
"주 야훼가 말한다.
네가 으쓱해 가지고

나는 신이다. 바다 한가운데 군림한 신이다―라고 하면서

속으로 신이라도 된 듯 우쭐댄다마는

그러나 너는 신이 아니요 사람이다…

나 이제 뭇 민족 가운데서도

가장 사나운 외국인을 끌어들여 너를 치게 하리라…

너를 구렁에 처넣어

바다 가운데서 무참히 죽게 하리라.

너를 죽이는 사람이 앞에 닥쳐도

너는 감히 자신을 신이라 하겠느냐?(에제키엘 28:2, 7, 8~9; 참조, 이사야 14

:13~14)

왕은 하느님의 아들도, 화신(化身)도, 대리인도 아니었다. 그는 하느님한
테 임명을 받아 하느님의 뜻과 '미쉬팟'에 따라 다스려야 하는 통치자였다.
사회 질서의 핵은 왕도 아니고 사제도 아니었다. 그것은 하느님과 백성 사이
의 계약이었다. 왕은 물론 높은 위치에 앉아 상당한 영향력과 권력을 행사하
는 백성의 보호자요 안내자였다. "야훼께서 기름 부어 세우신 왕, 우리의 숨
결…그마저 원수들의 함정에 빠져 잡히고 말았구나(애가 4:20)." 그러나 다
윗만 제외하고 그 어느 왕도 숭배의 대상이 된 것 같지는 않다. 솔로몬이 명
성을 떨친 것은 그의 품격 때문이 아니라 지혜 때문이었다. 기드온은 왕이
되어 달라는 요청을 받았을 때 대답한 말에서, 군주에 대한 의혹과 왕국 제
도 자체에 대한 반대 의견을 강하게 표현했다. "내가 그대들을 다스릴 것도
아니요, 내 자손이 그대들을 다스릴 것도 아닙니다. 그대들을 다스리실 분은
야훼시오(판관기 8:23)." 기드온의 이런 생각은 백성들 사이에서 사라지지
않았던 듯하고, 이는 다른 민족들한테서 발견되는 태도와 사뭇 다르다. 하느
님만이 통치자여야 하는 곳에서는 그 어떤 왕도, 적어도 이론상으로는 제한
된 권위밖에는 행사할 수 없었으리라. 그러나 현실에서는 권력을 잡으려는
충동과 권력의 영광에 굴복하려는 마음이 그 끝을 몰랐다. 무엇이 왕으로 하

여금 독재 권력을 휘두름으로써 얻게 되는 신비스런 후광을 차지하려고 고집을 부리지 못하게 미리 막아주었던가?

대답은 종교와 사회의 제반 질서 속에서 권력과 권위를 분립한 데 있다고 하겠다. 왕권과 예언 직분과 사제 직분을 분리시킨 것,[17] 이것이야말로 이스라엘의 종교를 이해하는 데 도움이 되는 가장 중요한 사실이다.[18]

왕과 사제

에집트, 아시리아 그리고 페니키아의 왕들은 사제의 권한을 가지고 실제로 사제 노릇을 했다. 한 사람이 왕과 사제의 기능을 아울러 담당하는 것은 원시 사회에서는 보편 현상이었다. 성경에 보면 살렘 왕 멜기세덱은 엘 엘리온(El-Elyon, "지극히 높으신 하느님")을 섬기는 사제였다(창세기 14:18). 실제로 사제의 자리를 왕의 자리 옆에다 두는 것은 권력이 무한하고 거역 불가능한 것이 못 되도록 차등을 두는 것이었다. 로마에서는 통치자가 왕이면서 사제였다(pontifex maximus).

가나안의 왕들도 일반적으로 사제의 권위를 가지고 사제의 일을 했다. 모압에서는 왕이 종교 행사를 지휘했다. 발락 왕은 이스라엘을 저주해 달라고 발람을 청탁해 오기 전에 희생 제사를 집전했다. 그보다 뒤에 메사 왕은 신한테서 이스라엘을 상대로 전쟁을 하라는 지시를 받았다. 그런데 이 지시가 점쟁이를 통해서 내렸다는 기록이 없다. 그가 자기의 맏아들을 제물로 바쳤을 때 그 제사를 왕이 직접 집전했다는 주장도 있다.[19]

이스라엘에서는 왕은 사제가 아니었다. 그는 기름 부음을 받아 성별되고 하느님의 임명을 받았다. 그의 몸에 백성의 희망이 걸렸다. 그러나 성직 기능은 레위 가문에서 세습하였다(신명기 33:8). 초기 시절에는 왕이 성직이라고 볼 수 있는 일을 했고 제물을 바치기도 했다. 그러나 그 모든 행위는 "대단히 특수하고 예외적인 것"이었다. 대개는 예배 집전이 사제의 독점 역할이었다.[20]

그러나 스스로 교만해져서 사제의 특권을 행사하려고 한 왕들도 있었다. 예를 들면 우찌야가 그랬다. 그가 성전에 들어가 제단에 향을 피우려고 했을 때, 대사제가 그에게 말했다. "우찌야, 야훼께 분향하는 일은 왕이 할 일이 아니오. 분향하는 일은 성별된 아론의 후손 사제들이 할 일이오. 이 성소에서 나가시오(역대기하 26:18)." 북왕국에서는 왕들이 베델의 제단에 올라가 사제가 할 일을 간섭했다는 기록이 남아 있다. 거기서 여로보암은 제단에 분향코자 했다(열왕기상 12:33). 베델에서 예언을 하던 아모스가 위협을 느끼게 된 것은, 왕이 사제들과 동맹을 맺고 성전이 왕실에 예속되어 있었기 때문이다. 사제가 아모스에게 말했다. "이 선견자야, 당장 여기를 떠나 유다 나라로 사라져라. 거기 가서나 예언자 노릇을 하며 밥을 벌어먹어라. 다시는 하느님을 팔아 베델에서 입을 열지 말아라. **여기는 왕의 성소요 왕실 성전이다**(아모스 7:12~13)."

예언자와 왕

이스라엘 역사의 탁월한 의미는 예언자들이 누린 자유와 독자성에 있었다. 그들은 왕과 왕족의 죄악을 꾸짖을 수가 있었다. 군주 제도가 시작되면서부터 예언자들은 틈만 있으면 언제든지 왕의 실책을 책망하거나 아니면 아예 왕을 거부했다. 그는 왕에게, 왕의 통치권이 무한한 것이 아니며 왕의 법 위에 야훼의 법이 있음을 상기시켰다. 예언자의 이런 생각은 행정부의 현실적 요청과 자주 충돌을 일으켰다.

예언자가 파멸을 경고하고 왕과 왕족을 책망하는 일과 정반대되는 것은 아시리아의 점술가들에게서 자주 발견되는 바와 같이, "왕의 마음을 안심시키기 위하여 자기가 분명히 본 위협적인 조짐들을 짐짓 묻어버리고 엉뚱한 소리를 하는 것"이었다.[21]

그와 같은 독자성이 있었기에 예언자 나단은 다윗 왕의 면전에서 그가 우리아에게 저지른 범죄를 책망할 수 있었다(사무엘하 12:1~13). 나단의 충고는 나아가 사제들의 행동과 직결되는 문제에까지 미쳤다. 다윗이 성전 건축에서 손을 떼게 된 것도 나단의 예언 때문이었으며 솔로몬이 왕위를 계승하게 된 것도 그의 조정에 의해서였다.

예언자들은 아합 왕의 반대자들을 이끌었고 왕실이 뒤를 밀어주는 바알 숭배와 투쟁하였으며(열왕기상 20:13~35) 그들 중에는 왕비 이세벨 손에 죽은 자도 있었다(열왕기상 18:4, 13, 22; 19:10~14; 열왕기하 9:7).

북왕국의 아합 왕과 그의 아내 이세벨은 나봇이라는 백성한테서 포도원을 사려고 했으나 흥정에 실패하자 불의한 재판으로 그를 죽였다. 아합이 포도원을 차지하고 만족해 하는 바로 그 순간, 엘리야가 나타나 야훼의 이름으로 선언했다. "나봇의 피를 핥던 개들이 같은 자리에서 네 피도 핥으리라(열왕기상 21장)."

나봇에게 뒤집어씌워 마침내 그를 사형에 처했던, "[하느님과] 왕을 욕하였다(열왕기상 21:13)"는 죄목이 이번에는 곧바로 엘리야에게 씌워졌다. "백성의 지도자"를 모욕하는 것은 성경이 정한 범죄였다(출애굽기 22:27). 로마법과 현대법이 통치권의 위엄을 모독하는 것을 대역죄로 간주하는 것과 같다.[22]

아모스가 북왕국의 성전인 베델에 나타나 공개로 "여로보암은 칼을 맞아 죽고 이스라엘 백성은 포로가 되어 이 땅을 떠나리라(아모스 7:11)"고 외쳐댄 것이야말로 대역죄였다. 그러나 대예언자들은 지도자들—왕, 귀족, 사제 그리고 가짜 예언자 등—을 비난하는 일에 거침이 없었으며 일반 백성들보다 더욱 맹렬했다.

오, 나의 겨레야, 너희 지도자들이
너희를 잘못 인도하고
너희의 갈 길을 어지럽히는구나.(이 부분 사역)
야훼께서 재판정에 들어서신다 …
야훼께서 당신 백성의 장로들과 그 우두머리들을 재판하신다.
"내 포도밭에 불을 지른 것은 너희들이다.

너희는 가난한 자에게서 빼앗은 것을 너희 집에 두었다.

어찌하여 너희는 내 백성을 짓밟느냐?

어찌하여 가난한 자의 얼굴을 짓찧느냐?" (이사야 3:12, 14~15)

미가는 "야곱 가문의 어른들은 들어라. 이스라엘 가문의 지도자들은 들어라. 무엇이 바른 일인지 알아야 할 너희가 도리어 선을 미워하고 악을 따르는구나!(3:1)"하고 외쳤다. 그리고 한 익명의 예언자는 이스라엘의 지도자들을 향하여 신랄하게 비난했다. "보초라는 것들은 모두 앞 못 보는 소경이요, 집 지킨다는 개들은 짖지도 못하는 벙어리 … 저 무지막지한 목자들, 모두 제멋대로 놀아나 저만 잘 되겠다고 욕심부리는구나(이사야 56:10, 11)."

예언자들은 군주 제도를 아예 없애자는 데까지는 나가지 않았지만 「시편」의 말대로 "만방을 다스리시는 이, 야훼께" 왕권이 있는지라(22:29) 인간이 스스로 통치권을 독점하는 것은 자칫 사기 협잡 아니면 웃음거리가 될 위험성이 있다고 주장했다. 예언자들은 "야훼께서 온 세상의 임금으로 오르시는(즈가리야 14:9)" 그날을 기다리고 있었다. 그분의 왕권이 뭇 나라에서 거부되었을 때에도 예언자들은 백성에게 "우리를 재판하는 이는 야훼, 우리의 법을 세우는 이도 야훼, 우리를 다스리는 왕도 야훼, 그분만이 우리를 구원하신다(이사야 33:22)"는 사실을 상기시켰다.

게다가 무엇보다도 예언자는 동배(同輩)들 중의 첫째(primus inter pares)가 아니었다. 스스로 주장한 대로 그는 최고 권위자의 목소리였다. 그는 왕의 결심과 사제의 계획에 맞설 뿐만 아니라 그들의 말과 행실을 두려워하지 않았고 나아가 비난도 했다.

예언자와 네비임

왕과 사제 쪽에서도 예언자들이 발휘하는 힘을 자기 편에서 이용하려는 노력이 있었다. 그래서 우리는 스스로 가짜 예언자들에 둘러싸인 왕의 모습과 성전에 소속되어 있는 가짜 예언자들을 보게 된다.

그리스 예언자들, 바빌로니아의 점술가들, 가나안의 네비임(nebiim)[23]은 모두 제사 의식과 밀접한 연관을 맺고 있었으며, 어찌 보면 성소의 간부들이었다고 하겠다. 제사 의식과 성소가 모두 왕한테 예속되어 있었기 때문에 이 세 가지 힘이 모두 한 사람 왕에게 묶여 있었다.

비록 이런 권력 집중이 예루살렘에서 완전히 실현된 적은 없었지만 그래도 사제들은 네비임과 손을 잡는 데 성공하여, 왕실로부터 독립된 그들의 위치를 스스로 포기한 때도 있었던 듯하다.[24]

초기 시절의 네비임이 어떤 사람들이며 그들의 기능이 무엇인지는 분명하지 않다. 문서 예언자들의 기록을 살펴봄으로써 우리는 그들이 나지르인처럼 하느님을 섬기는 사람으로 성별받은 자들이며(아모스 2:11) 그들이 하는 일에는 가르치는 일("가르치는 예언자들"〔이사야 9:14〕), 하느님의 뜻을 해석하고 선포하는 일이 포함되어 있었으리라고 추측해 볼 수는 있다. 영력(靈力)을 소유한 그들은 왕과 민족의 행운이 좌우되는 질문에 대답해 줄 것을 요청받았다. 대예언자들의 시대에 이르러 그들은 영력과 함께 고결성마저 잃어버렸던 듯하다. 그 대신 신의 영감을 외면하고 제 마음속의 환상을 말하였다. 그리하여 왕에게 아첨하면서 안전을 예언하여 그의 마음을 안심시켰던 것이다. 그들은 스스로 독립하여 모든 것에 도전할 수 있는 능력을 잃었다. 그 대신에 전문가가 되어 왕실의 요구에 복종만 하는 자가 되었다(열왕기상 18:19~40; 열왕기하 10:19).

예언자들은 이들 네비임에 대한 비난의 목소리를 거듭거듭 높여, 그들이 "돈을 받고 점을 친다"고도 했다. "예언자라는 것들, 입에 먹을 것만 물려주면 만사 잘 되어간다고 떠들다가도 입에 아무 것도 넣어주지 않으면 트집을 잡는구나! … 그러면서도 야훼께 의지하여, '야훼께서 우리 가운데 계시는데 재앙은 무슨 재앙이냐?' 하는구나!(미가 3:5, 11)" 예루살렘과 성전의 파멸을 내다본 미가의 예언을 미루어, 그들의 태평스런 안심이 그들이 소속했을 성소를 믿기 때문이었음을 짐작할 수 있겠다. 호세아는 네비임과 사제들을 함께 비난했다(4:5, 8~10; 6:9). 이사야는 그들의 타락상을 이렇게 묘사했다.

> 술에 취해 비틀거리고 독주에 취해 헤매는 이 자들은 누군가?
> 독주에 취해 비틀거리는 이 자들은
> 바로 사제와 예언자들이 아닌가?
> 아주 술독에 빠져버렸구나.
> 저렇듯이 독주에 취하여 헤매다니!
> 비틀거리며 계시를 본다 하고
> 뒤뚱거리며 재판을 하다니!
> 술상마다 구역질나게 토해 놓고 떠드는구나.(이사야 28:7~8)

예레미야는 왕과 왕족들과 사제들과 네비임을 무자비하게 비난했다(예레미야 2:26; 4:9; 8:1; 13:13; 32:32; 참조, 14:18; 29:1). 사마리아의 네비임을 두고는 "바알을 불러 예언하면서 내 백성 이스라엘을 그릇 인도하였다(23:13; 참조, 2:8)"고 주장했다. 또 예루살렘의 네비임에 대해서는, "간음하며 헛소리를 따라 가고 못된 것들 편이 되어 주며 잘못을 뉘우치는 사람 하나 없다(23:14)"고 비난했다. "예언자도 사제도 썩어빠져서 내 집에서 못된 짓이나 꾸미고 있다. 나 야훼의 말이다(예레미야 23:11)." "예루살렘의 네비임으로부터 온 땅에 오염이 퍼졌다(이 부분 사역) … 그들은 내 말을 들은 적이 없는 것들이다. 제 속에 떠오르는 생각을 말하면서 너희를 속이는 것들이다(예레미야 23:15, 16)." 「애가」의 저자에 따르면 예루살렘에 큰 재난이 닥친 것은 "예언자들〔네비임〕의 죄, 사제들의 악 때문(4:13)"이었다.[25]

> 예언자나 사제 할 것 없이
> 모두 사기나 치는 것들,
> 내 백성의 상처를 건성으로 치료해 주면서
> "괜찮다" "괜찮다" 하는구나.

사실은 괜찮은 것이 아닌데…

사제라는 것들은 "야훼께서 어디 계시냐?"고 찾지도 않았다.

법 전문가라는 것들은 나의 뜻은 알려고도 하지 않았다.

백성의 목자라는 것들은 나를 거역하기만 하였다.

예언자라는 것들은 바알의 말이나 전하며

아무 데에도 쓸모없는 것들만 따라 다녔다. (예레미야 6:13~14; 2:8; 참조, 5:13)

    가짜 예언자들이 수치도 모르는 야바위였던 것 같지는 않다. 그들은 어쩌면 순수한 애국자들, 백성을 열렬히 사랑하고 국가와 성소에 대한 헌신의 열정이 뜨거웠던 자들이었는지도 모른다. 나라의 이익만을 생각했던 국가 지도자들과 마찬가지로 그들은 예레미야의 독설과 지나친 비난에 분개하였고 그래서 더욱 하느님이 이스라엘에 애착하신다는 신념을 고집했던 것이다.

제17장
결론

간섭과 관심

　정념은 언제나 특수한 기분 또는 특수한 모양으로 드러난다. 우리가 살펴본 대로 정념에는 사랑과 노여움, 슬픔과 기쁨, 자비와 분노 등 여러 가지 다른 표정들이 있다. 그것들이 공동으로 지니고 있는 공분모는 무엇일까? 무엇이 정념의 궁극적 의미인가?

　정념은 어떤 형태로 나타나든 하느님에게, 세상을 운영하고 주의깊게 돌보며 관심하는 그분에게 인간이 깊이 관련되어 있음을 드러낸다. 하느님은 세계를 '살펴보시며' 거기서 일어나는 일들에 자극을 받으신다. 인간은 그분의 돌보심과 심판을 받는 대상이다.

　정념의 공분모와 예언자의 의식의 기본 내용은, **하느님의 돌보심과 관심**이다. 그가 전하는 메시지가 어떤 것이든 그 메시지는 하느님의 돌보심과 관심에 대한 그의 깨달음을 되비치고 있다. 인간에 대한 신의 돌보심, 그분의 역사 참여, 세계에 대한 신의 전망—이것이 바로 예언자가 나누어 받고 사람들에게 전달코자 하는 것이다. 인간에 대한 하느님의 관심이, 사람들을 건져보려고 애쓰는 예언자의 활동의 뿌리가 된다.

　하느님의 감추어진 정념이야말로 큰 비밀이다. 우리 눈에는 보이지 않는 하느님의 애착, 무시되거나 혹은 잊혀지고 마는 그분의 관심이 인류의 역사 위를 맴돌고 있다. 그러나 그 애착이 환멸로 바뀌고 그 관심이 분노의 그늘에 묻히는 그런 순간들이 있다.

이런 관념들은, 존재와 생성이라는 관념이 고전 형이상학의 기본이듯이 성서 신학의 기본이 되며 이교도와 예언자의 경험이 서로 어떻게 다른지를 나타내 준다. 이교에서는 실존이란 경험하는 존재다. 예언자한테는 실존이란 경험하는 관심이다. 그것은 하느님이 자기를 알아주시고 염려하시며 눈여겨보신다는 사실을 끊임없이 깨달으면서, 하느님의 주체에 객체가 되어 살아가는 것이다. 하느님이 자신의 실존에 들어와 계심을 감지하는 것, 자신이 하느님의 비밀임을 스스로 경험하는 것―이것이 가장 값진 깨달음이다 (시편 139:7~18 참조).

그러나 이 정도로 우리가 하느님의 본질에 닿았다 생각해서는 결코 안 된다. 인간에 대한 하느님의 초월적인 돌보심이 예언자의 하느님 이해의 한계를 명확히 규정짓는다. 스스로 계시는 하느님, 그분의 존재는 형이상학에서 다룰 문제다. 예언자 신학의 주제와 주장하는 바는 인간에 대한 하느님의 관심과 하느님과 맺는 인간의 관련이다. 인간에게 알려지는 것은 그분의 존재의 한 모습일 따름이다. 바로 인간에게 쏠리는 그분의 지향성이다.

그런즉 예언 신학의 궁극적 범주는 간섭, 돌봄, 관심이다. 예언자의 종교는 인간이 자신의 궁극적 관심으로 해내는 어떤 것이 아니라 **인간이 하느님의 관심으로 해내는 어떤 것**이라고 정의내릴 수 있겠다.

예언자들의 안내를 받아 생각하는 사람은 이렇게 말할 것이다.―내가 맨 먼저 생각하는 것은 하느님의 임재하심이다. 두 번째로 생각하는 것은 그분의 유일성과 초월이다. 세 번째로 생각하는 것은 그분의 관심과 간섭(정의와 동정)이다. 그러나 좀더 깊이 생각하면 그는 결국 이 세 가지가 하나임을 알게 될 것이다. 이 세상에 하느님이 임재하신다는 것은, 본질상 이 세상을 그분이 관심하신다는 것이다. 한 마디 말이 그 둘을 표현한다. 그 둘은 결국 그분의 유일성(unity)의 표현인 것이다. 하느님의 유일하심은 관심을 의미한다. 유일함은 사랑을 뜻하기 때문이다.

성경의 바닥에 흐르는 사유는 창조가 아니라 당신이 창조하신 것에 대한 하느님의 관심에 쏠려 있다. 그분이 창조하신 것을 보고 경탄하는 것은 모든 사람이 다 겪는 일이다. 그러나 그분의 돌보심을 느껴 아는 사람만이 장차 예언자가 될 수 있다. 모든 사람이 세상을 염려한다. 예언자는 하느님의 염려를 염려한다. 그와 같은 역방향의 과정 속에서 그는 마침내 다른 모든 일에 염려하지 않을 수 있게 되는 것이다.

동정은 인간을 살아계신 하느님께로 열어놓는다. 그분의 관심을 더불어 나누지 않는 한, 우리는 살아계신 하느님에 대하여 아무 것도 모른다.

관계 속의 하느님

예언자는 하느님을 어떤 식으로 생각했던가?

하느님은 불가항력적으로 신비스럽게 인간과 다르신 분이라 추론의 대상일 수가 없었다. 그분은 신화 속에 갇힐 분도 아니며 어떤 개념이나 혹은 상징으로 이해될 수 있는 분도 아니었다. 그분의 임재하심이, 인간과 세상에 부딪치고 간섭하고 관심함으로써 그분의 타자성이라는 난공불락의 장벽을 관통하였다. 하느님의 **본질**과 그분의 내적 존재를 이해하려는, 또는 역사와 무관한 그분의 불가해한 생각을 파악하려는 모든 시도를 포기함으로써, 그리고 그분의 현존과 나타나심 혹은 현시를 이해할 수 있다고 주장함으로써 딜레마는 극복되었다. 예언자들이 경험한 것은 그분이 하신 **말씀**이지 그분의 **있으심**〔存在〕이 아니다.

존재론적으로 볼 때, 존재와 표현의 차이는 본질과 관계 맺음 사이의 차이에서 나오는 것이다. 예언자들이 이해코자 한 것은 하느님의 본질의 신비가 아니라 그분이 인간과 맺으시는 관계의 신비다. 예언자는 스스로 계시는 하느님을 숙고하지 않는다. 그분을 생각하는 예언자의 사유 속에는 언제나 이 세계가 들어 있다. 그의 메시지는 신의 존재를 밝혀내거나 신의 존재에 관계되는 새로운 진리를 제시하고자 하지 않는다. 예언자가 하느님에 관하여 알고 있는 것은 그분의 정념, 이스라엘과 인류와 맺으시는 그분의 관계다. 하느님은 인간의 상황과 맺으시는 당신의 연결 속에서만 이해될 수 있다. 하느님에 관하여 우리가 알 수 있는 것은 인간과의 관계 속에서 그분이 뜻하시고 행하시는 것뿐이다. 예언자는 천상의 신성한 신비들이 아니라 역사의 모순과 모호함을 깊이 생각한다. 그는 결코 저승의 삶을 말하지 않는다. 인간을 향해 돌아서신 하느님의 나타나심을 말할 뿐이다. 그가 경험하는 것은 하느님의 향인간적 순간이다. 스스로 영원히 존재하시는 하느님이 결코 아니다. 예언자는 하느님을 절대 존재로가 아니라 언제나 사람들과 연관지어서 말한다. 그의 말은 하느님의 존재에 대한 해석이 아니라 인간과 하느님의 상호 작용에 대한 해석이다. 계시란 하느님이 당신 자신을 알려주시는 게 아니라 당신의 뜻을 알려주시는 것이다. 하느님이 당신의 존재를 드러내시는 자기 현시가 아니라 당신의 뜻과 정념, 당신 몸소 인간과 관계 맺으시는 방법을 드러내시는 것이다. 인간이 알아보는 것은 계시된 말씀이지, 하느님의 자기 계시가 아니다. 그가 보는 것은 하느님의 본질이 아니라 나타나심이다. 하느님은 정념의 주인이시지 정념 그 자체는 아니다. 예언자의 통찰은 언제나 종속 관계(subjectum relationis)와 하나의 바탕(fundamentum)과 한정된 관계(terminus relationis)를 내포한다. 이 관계의 바탕은 도덕이다. 그리고 하느님의 관점에서 보면 객관적이며 비개인적이다. 관계의 목적은 인간에 있다. 하느님의 정념은 옮아가는 것.

주체이신 하느님

하느님의 주체성이 우리의 결론을 요약한다. 이 말은 두 가지 뜻으로 사용되고 있다. 첫 번째는, 그분은 지고의 주체시라는 뜻이다. 즉, 그분은 모든 예언 사건을 일으키신 발동자요, 부르고 묻고 요구하고 행동하시는 "나"이시다. 두 번째는, 그분은 멀리 떨어져 무관계한 절대자라기보다 간여하고 관심하는 하느님이시라는 뜻이다.

예언자에게 하느님은 언제나 대상인 객체로가 아니라 **주체**로 이해되고 경험되며 인식된다. 그분은 요구하는 분, 행동하는 분으로 나타나신다. 그분의 의도는 존경과 숭배를 받는 데보다 의(義)와 평화를 주는 데 있다. 그분의 바람은 거두어들이는 것이 아니라 나누어 베푸는 것이다. 예언자는 하느님 안에서 인간에게 쏠리지 않은 바람을 결코 보지 못한다.

예언자는 자기 마음 속에 한 대상으로 있는 하느님을 발견하는 게 아니라 하느님의 마음 속에 한 대상으로 있는 자기를 발견한다. 그분을 생각한다는 것은 모든 것에 충만하고 모든 것을 관통하는 그분의 현존에 마음을 여는 것이다. 사물을 생각하는 것은 마음속에 한 개념을 지니는 것이고 그분을 생각한다는 것은 그분의 생각하심에 둘러싸여 있는 것과 같다. 그런즉 그분을 아는 것은 그분에게 알려지는 것이다.

예언자의 경험은 객관적인 현존을 느끼는 것 또는 "거기 있는 어떤 것"을 인식하는 게 아니라, 주관적인 현존을 느끼는 것 또는 **여기 있는 어떤 분**을 인식하는 것이다. 그분은 전 인격이시다. 그분은 인간이 추구하는 객체가 아니라 인간을 끊임없이 찾으시는, 옹근 주체(all-Subject)시다.

이와 같은 사고방식과, 예컨대 신의 절대성과 완벽성에 대한 논증에서 출발해(via eminentiae) 관념을 전개함으로써 하느님에 대한 지식에 철학적으로 접근하는 것 사이에는 큰 차이가 있다. 예언자들이 이해한 하느님은 결코 '그것'(it)이 아니다. 그분은 끊임없이 당신의 영을 주시는 분이며, 인간이 그분을 생각하는 생각 속에서조차 당신 자신을 주체로서 드러내시는 분이다. 그분을 객체화하는 자들은 그분을 왜곡하는 것이다. 그분께 굴복하는 자들은 그분에 의하여 그분께 가까이 가는 자들이다.

'인격적'이란 말을 하느님께 적용하는 것이 과연 타당한 일일까? 우리는 앞에서 한 인간의 두드러진 특색은 그가 자신을 넘어설 수 있음에, 비자아(非自我, nonself)에 주의를 기울일 수 있음에 있다고 생각했다. 사람이 된다는 것은 비자아에 관심을 갖는 것이다. 이 제한된 뜻 안에서 우리는 하느님을 인격적 존재라고 부른다. 그분은 비신성(非神性) 존재에 관심하시는 분이다.

그분은 언제나 스스로 느끼시는 분으로서 [우리에게] 느껴지고, 생각하시는 분으로서 생각되며, 결코 대상인 객체가 아니라 스스로 뜻하고 행동하는 존재로서 지각된다.

그분은 우리를, 보편적 일반적 순수 존재로서가 아니라 특별한 존재 양식 속에서, 한 인간을 대하는 인격적 하느님으로서, 구체적 상황에 필요한 것을 요구하는 특정한 정념 속에서 만나주신다. 예언자의 생각은 그분의 절대하심에, 그분의 불확실한 존재에 쏠려 있지 않고 그분의 '주체적' 존재에, 그분의 표현과 정념과 관계맺음에 쏠린다. 초월과 내재의 이분법은 지나친 단순화다. 하느님은 당신의 내재 속에서 여전히 초월하시고 초월 속에서 관계를 맺으시기 때문이다.

초월자의 기대

예언자다운 통찰의 빛으로 보면 우리가 눈앞에 마주보는 것은 단순히 하느님과의 관계만이 아니라, 하느님에게 뿌리를 둔 하나의 관계 맺음인 살아 있는 현실이다. 인간이 그분과 관계를 맺기에 앞서 먼저 그분이 인간과 맺으시는 관계가 있다.

비록 예언자가 주체로서의 하느님 전체에 자신을 열어놓고 있긴 하지만, 그의 시선을 점령하는 것은 하느님이 인간과 맺으시는 관계다. 하느님과 역사의 기본적인 상호 관계를 계속 확실하게 보고 있으면서도 그는 그것을 자기 자신 안에 있는 인간과 하느님 안에 있는 인간 사이의 관계로 인식하는 것 같다. 한편으로 하느님의 전망과 기대 속에 있는 인간에 관심을 두면서 동시에 자신의 상황 속에 처한 인간에 관심을 두는 것, 이것이 곧 인간과 하느님 사이의 상호 관계를 서술하는 두 술어(terms)다. 되풀이 강조해야겠다. 예언자의 의식은 인간의 정신에서 파생되어 나오는 것이 아니라 하느님 안에 있는 인간의 기대 또는 예상을 바탕 삼아 거기서 나온 것이다.

예언자의 경험을 구성하는 자료는 그에게 주어진 어떤 것(something)이 아니라 그에게 주는 어떤 분(Someone)이요, 사실이 아니라 행위다. 예언 행위 그 자체가 초월하는 주체에 의하여 결정된다. 여기서는 객체가, 인간에게 기대하며 나타내고 지시하고 인간의 마음을 열어주는 주체로서 자신을 나타낸다. 예언은 막연하고 고요하며 신령스런 상(像)에 의하여 일깨워진 갑작스럽고 자발적인 느낌에서가 아니라, 신성한 정념의 계시에 본원을 둔 영감을 경험하는 데서 나온다.

혼(魂)의 본래적 운동은 중심의 둘레를 도는 원에 비교된다. 우리는 늘 한님(the One) 둘레를 돈다. 그 한님이 우리를 에워싸고자 하는 게 아니라 우리가 그를 에워싸고자 하는 것이다. 예언자가 생각했듯이 생각한다면 하느님이 인간의 둘레를 맴돌고 있다고 말할 수 있겠다. 인간이 그분을 알기 전에 먼저 그분이 인간을 아신다. 반면에 그분에 대한 인간의 지식이란 하느님이 인간에게 요구하시는 것만큼만 아는 것일 뿐이다.

신의 무한과 인간 상황의 유한 사이를 갈라놓는 간격을 보면, 인간이 신을 이해한다는 것은 결국 신의 기대와 예상이 무엇인지를 깨달아 아는 결과일 따름이다. 인간이 하느님에게 기대하는 것은 그의 생명을 "야훼께서 보물처럼 감싸주시는(사무엘상 25:29)"[1] 것이다. 하느님에게 미치는 인간의 사랑이 아니라 인간에게 쏠리는 하느님의 사랑 또는 관심—예언자의 의식의 핵심을 이루는 것—이 그와 같은 종교적 교제의 바탕이다. 따라서 하느님께로 인간이 돌아서는 것은 그에 앞선 전제들이 배경을 이루지 않는 한 더 이상 출발점이 아니다. 예언자의 경험이란 신의 경험을 경험하는 것 혹은 하느님에게 경험됨을 깨닫는 것이다.

우리는 그분의 앎이라는 우주 속에, 그분께 소속된 영광 속에 살고 있다. "내가 너를 점지해 주기 전에 나는 너를 뽑아 세웠다(예레미야 1:5)." 우리를 그분이 아신다는 사실을 느껴 알거나 또는 발견하는 것—이것이 우리의 할 일이다. 우리는 그분을 사유의 대상으로 삼음으로써가 아니라 우리가 그분의 사유의 대상임을 발견함으로써 그분께 가까이 다가간다.

신과 인간의 만남의 변증법

예언자의 종교 또는 일반 종교 현상의 특징은 '나' 와 그 나의 종교 체험의 대상인 객체가 상호 결속되어 있다는 점이다. 하느님을 향한 인간의 의향(意向)은 인간을 향한 하느님의 역의향(逆意向)에서 유발된 것이기 때문이다. 여기서 오고 가는 모든 관계는 그 본연의 결단 속에서가 아니라 반동을 유발하는 관계성 속에서 끝난다. 하느님께로 돌아서는 가운데 인간은 그에게 돌아서시는 하느님을 경험한다. 인간이 하느님을 아는 것은 하느님이 인간을 아는 것으로 이해되어야 한다. 하느님을 아는 인간의 지식은 인간을 아는 하느님의 지식 안에서 초월된다. 주체(인간)가 객체 되고 객체(하느님)가 주체 된다. 그것은 서로 주고받으며 이어지는 행위도 아니고 소리와 메아리의 구별 가능한 변조도 아니다. 오히려 그것은 발생하는 모든 종교 현상들 속에 작용하는 이중의 상호 발동, 함께 선수(先手)로 움직이는 힘에 대하여 질문하는 것이다. 하느님을 이해하는 것은 하느님에 의하여 이해되는 것이다. 인간이 하느님을 바라보는 것은 인간을 하느님이 바라보는 것이다. 하느님이 사랑하는 인간을 선택하시는 것과 상관없이 인간이 저 혼자서 하느님을 흠모하고 사랑한다고 말하는 것은 엉뚱한 소리다. 오직 그분이 우리를 생각하시기에 우리가 그분을 생각할 수 있는 것이기 때문이다. 기본이 되는 사실은 우리가 그분에게 보여지고 알려진다는 것이다. 바로 그 사실이 우리가 하느님에 관하여 알고 있는 바의 내용을 이룬다. 따라서 우리의 신학적 사유의 대상이 지니고 있는 궁극적 요소는 초월자이신 하느님의 인간에 대한 관심, 즉 인간이 하느님에게 알려진다는 사실이다.

요가의 신비주의에서는 자아(ego)를 완전히 소멸시키고 만난다는 느낌조차 없어져야지만 신에 대한 깨달음이 이루어질 수 있다. 예언자의 생각으로는 인간은 하느님의 관심과 이해와 전망의 대상이다. 하느님이 인간에 관심을 두고 이해하고 전망하는 목적은 인간으로 하여금 하느님을 관심하고 전망하게 하는 데 있다.

이것이 종교 체험의 특성을 가려내는 시금석이다. 다른 체험들과는 달리, 종교 체험에는 이해와 이해하는 대상, 현실과 그에 대한 반응 사이에 분명하고 확연한 구분을 지을 수가 없다. 종교인은 그것에 대하여 자신의 감정이 자동적으로 반응하는 그런 침묵하고 초연한 상대를 만나고 있는 게 아니다. 예언자의 경험에 비추어본다면 '나' 속에서 대상이 찾아지는 게 아니라 대상 속에서 '나'가 찾아지게 되어 있다. 그가 체험하는 것은 초월자의 관심이 자기에게 집중되어 있는 현실이다.

성경의 사람에게는 "너 자신을 알라"보다 "하느님을 알라(역대기상 28:9)"가 지상 명령이다. 하느님 이해 없이 자기 이해 없다.

부록
정념의 의미에 대한 해설

이 책에서는 "파토스"〔pathos, 이 책에서는 '정념' 으로 번역되었음—옮긴이〕라는 단어가 보통 흔하게 통용되는 의미와 조금 다른 의미로 사용되었다. 이 단어의 의미가 그 동안 어떻게 바뀌어왔는지를 간단히 살펴보기로 하자.

리델-스콧(Liddel-Scott)의 『그리스어-영어 사전』에는 파토스가 "사람이나 사물에 발생하는 무엇; 좋든 나쁘든 사람이 경험하는 것; 감정, 열정; 상태, 상황"을 뜻하는 말로 되어 있다. 일반적으로, 파토스라는 예전의 고전적 관념에는 인간이 그 안에서 바깥 세계와 관계맺는 모든 느낌과 의지의 상태들이 포함되어 있다. 이 책의 319쪽을 보라.

고대의 수사학자들은 언제나 설득의 기술에서 감정(emotion)의 역할을 강조하였다. 감정을 불러일으키는 것이 웅변가의 세 가지 목표 가운데 하나다.(아리스토텔레스 『수사학』〔Rhetoric〕, I, II, 1356A; 키케로 『웅변술』〔De Oratore〕 II, 43, 185) 키케로는 웅변에 교육적 기능(docere)과 청중의 환심을 사고(conciliare) 감동을 주는(movere) 세 가지 기능이 있는데, 에토스(ethos, 정신)와 파토스(pathos, 정념)는 반드시 구분해야 한다고 주장한다. 웅변가는 에토스를 통하여 청중의 마음을 끌고 자기 주장에 흠이 없음을 인정받는다. 한편 웅변가의 장엄한 스타일은 청중의 감정을 일깨우는 데 그 목적이 있다. 파토스를 통하여 그는 인상적인 말솜씨로 청중의 감정을 불러

일으킨다.

그래서 파토스의 힘이 안도클레스(Andokles)와 리시아스(Lysias)에게는 약점이었고,(반면에 그의 에토스는 유명했다) 이사이오스(Isaios)에게는 강점이었으며 데모스테네스(Demosthenes)는 그 방면의 대가였다.(F.Blass, Die *Attische Beredsamkeit*[2판, 라이프치히, 1887], I, 304, 400; II, 534~535; III, 190. 또 W. Suess, 『에토스, 고대 그리스의 수사학에 대한 연구』[*Ethos, Studien zur alteren Griechischen Rhetorik*, 라이프치히, 1910], pp. 129 이하를 보라.) 재거(Jaeger)는, "엄밀히 말해서 우리가 데모스테네스 같은 스타일이라고 말하는, 열정이 넘치는 스타일은 단순한 말솜씨가 아닌, 영혼으로부터 오는 스타일 …"이라고 말한다. (*Demosthenes, the Origin and Growth of His Policy*[데모스테네스, 그의 정치의 기원과 성장], 버클리, 1938, p.124)

감정을 환기시키고 펼쳐보이는 것에 대한 관념은 수사학에서 시로 옮겨갔다. 아리스토텔레스(*Poetics*[시학], XVII, 1455A)는 시인에게, 중심 인물들을 좀더 설득력있게 표현하기 위하여 그들의 역을 실제로 연기해 보고 그들의 감정을 느껴보라고 권한다. 호라티우스는 "청중을 울리고자 한다면, 먼저 몸소 슬퍼해야 한다"(Si vis me flere, dolendum est primum ipsi tibi)고 말한다.(*Ars Poetica*, II, 102)

영어에서 "파토스"라는 단어는, "연설, 저술, 음악 또는 예술적 표현에 있어 동정심이나 슬픈 감정을 유발하는 기질; 감동을 주는 섬세한 또는 우울한 정서의 힘; 감상적인 또는 애련한 성격 또는 영향력"을 의미하게 되었다. 드물게 정신적 또는 육체적 고통을 뜻하기도 한다.(『새 영어 역사 원리 사전』[*A New Dictionary on Historical Principles*], Oxford, 1909, VII, 554) 인간의 상황 안에서 표현하는 단어인 파토스는 일찍이 하나의 심미적인 술어로 사용되었고, 흔히 "보고 듣고 읽는 사람 쪽에서 받는 영향보다는 작가, 연사, 예술가, 남에게 영향을 주고자 하는 사람이 쓰는 기술, 솜씨, 또는 속임수를 의미한다."(『웹스터 동의어 사전』)

장엄(莊嚴, sublime)을 주제로 다루면서 특히 열정(passion)의 중요성을 강조한 롱기누스(Longinus)의 유명한 에세이 「장엄에 관하여」(Peri Hupsos)에 영향을 받아, 파토스라는 술어는 18세기 영국의 미학 이론에서 중요한 역할을 담당하게 되었다. 역설적으로, 감정의 미학적 가치와 장엄에 미치는 정서적 영향에 대한 연구를 촉진시킨 사람은 롱기누스를 프랑스어로 번역한 사람이자 신고전주의 법전의 저자인 부알로(Boileau)였다. 장엄에 연관되어 파토스와 감상(感傷, pathetic)이 토론 주제가 되었다.

18세기 미학을 다룬 논문들에서는 이 술어의 의미론적 위치가 매우 높게 평가되었다. 존 데니스(John Dennis, 1657~1734)는 예술을 열정의 표현으로 보면서 최고의 예술—장엄—은 가장 위대한 열정의 표현이라고 주장한다. "장엄과 감상은 서로 동반자가 되어 오랜 여정을 출발한다."(S.H. 몽크, 『장엄, 18세기 영국의 비판이론에 대한 연구』(*The Sublime, A study of Critical Theories of Eighteenth-Century England*), 뉴욕, 1935, p. 46) 데니스의 설명에 따르면 시문(詩文)은 "감상적이고 운치있는 언어에 의한 자연의 모방"이다. 장엄과 감상은 함께 간다.(앞의 책, p. 53)

이에 대조적으로 존 밸리(J. Baillie)는 『장엄에 관한 에세이』(*An Essay of the Sublime*, 런던, 1747)에서 두 기질이 서로 아무 상관 없다고 주장한다. 장엄은 마음을 들뜨게 하기보다는 가라앉히는 "반면에, 감상의 본질은 열정을 들뜨게 하려는 데 있다."

R.P. 나이트(R.P. Knight)는 "감상이라고 불리는 부드러운 감정과 장엄이라고 불리는 고양된 또는 열광적인 감정"을 구분한다. (『감상의 원리에 대한 분석적 탐구』(*An Analytical inquiry into the Principals of Taste*), London, 1806, III, p.313) 그는 주장하기를, 실생활에서는 장엄과 감상이 서로 나뉘고 반대일 수 있지만(부드러움과 들뜸이 그렇듯이), "시든 모방 예술이든 모든 픽션에서는, 동시에 어느 정도 장엄하지 않고서는 진정한 감상이 있을 수 없다. 우리가 현실에서는 비참한 장면을 대할 때 연민이 냉소를 크게 압도하여 우리는 희미하거나 미약하게 태어나 고통을 겪는 이를 위해 울어주지만, 픽션에서는 마음의 부드러움이나 민감함과 마찬가지로, 활력이 기운차게 전개

되지 않는 한 언제나 냉소가 지배적이기 때문이다"라고 했다. (앞의 책, p. 358) D. 스튜어트(D. Stewart)의 『철학적 에세이』(*Philosophical essay*), V, Edinburgh, 1855, pp. 444, 449~450을 보라.

파토스는 특히 마음을 공포, 당황스러움, 우울함으로 채우는 열정(passion)을 의미하게 되었다. 그것을 표현할 적절한 단어가 독일어에 없었기 때문이라고들 한다. 1771~1774년에 초판이 나온 네 권짜리 미학 사전인 『미술의 일반 이론』(*Allgemeine Theorie der schonen Kunst*)에 실린 그의 「파토스: 감상」에 대한 논설에서 요한 게오르그 슐저(Johann George Sulzer)는 이렇게 말한다. "그런데 때로는 그 단어의 의미가 일반적으로 열정을 포함하는 데까지 확장된 것처럼 보인다. 열정은 그것이 지닌 격렬함과 진지함의 결과로 인간의 영혼을 일종의 외경(畏敬)으로 사로잡는다."

스웨덴 낭만주의의 사도인 토마스 토릴드(Thomas Thorild, 1759~1808)는, 문학적 아름다움의 가장 위대한 표현은 민중들의 손에서 지어진 작품들에 있다고 주장한다. "그리고 제가 [어떤 중세 민담들에서] 발견한 본연의 파토스를, 세계의 위대한 시작품에서는 찾을 수 없노라고 분명히 말씀드릴 수 있습니다…"(G.W. 알렌과 H.H. 클라크, 『문학 비평: 교황에서 크로체까지』 (*Literary Criticism; Pope to Croce*, 뉴욕, 1941, p.127)

쉴러(Schiller)는 그의 에세이 「감상에 관하여」(On the Pathetic)에서 이렇게 말한다. "열정 또는 괴로워하는 본능을 생생하게 표출하지 않으면서 도덕적 자유를 재현하는 일은 불가능하다… 그러므로 감상은, 비극을 쓰는 작가에게 가장 엄격히 요구되는 첫째 조건이다… 감상은 그것이 장엄할 때에만 비로소 미적 가치를 지닌다."

헤겔(Hegel, 1770~1831)은 "파토스"라는 단어를 번역하기가 어렵다고 말한다. "열정(passion)은 거의 언제나 천박함 또는 비열함의 요소에 상반되는 것을 의미한다. 우리는 보통 말할 때, 사람이 자기 열정에 굴복해서는 안 된다고 주장한다. 그런즉 우리가 파토스라는 말을, 비난당할 만한 요소나 이기적인 의미를 조금도 포함시키지 않고, 이보다 더 고상하며 더 보편적인 의미로 사용하고 있는 사실을 이해해야 한다…이런 뜻에서 파토스는 완벽하게 스스로 합리화되는 정서적 삶의 힘이요 합리성과 자유의지의 내용을 이루는 본질적 부분이다…그런즉 신들에게 파토스가 있다고는 말할 수 없다는 우리의 이해를 여기에 첨부할 수 있겠다…파토스가 우리를 움직일 수 있음은 그것이 본질적으로 인간 실존의 생명력이기 때문이다."(『미술 철학』〔The Philosophy of Fine Art〕, F.P.B. Osmaston 옮김, 런던, 1920, I, pp.308~309)

스코틀랜드 시인 로버트 번스(R. Burns, 1759~1796)는 「블랙로크 박사에게 보내는 서신」(Epistle to Dr. Blacklock)에서 이렇게 말한다.

> 젖먹이와 아내에게
> 행복한 집안 풍토를 만들어주는
> 그것은, 인생의
> 인정한 파토스와 장엄이오.

19세기가 시작되면서 시의 본성과 예술에 있어서 감정의 역할에 대한 개념에 변화가 보인다. 감정을 그대로 드러내는 것이 못마땅하게 여겨졌고, 감상과 파토스는 존중받아온 어의적(語義的) 위치를 박탈당했다. 파토스는 고상함이나 장엄함보다 거짓됨 또는 불성실함에 연계되었다. 심지어 코믹한 언외의 의미를 지니기까지 한다.(E. von Hartmann의 『예술 철학』〔Die Philosophy des Schonen〕, 라이프치히, 1887, p.314; J. Volkelt의 『미학의 체계』〔System der Aestetik〕, 뮌헨, 1910, II, p.179, 주1 ; pp. 183 이하를 보라.)

존 러스킨(J. Ruskin, 1819~1900)은 인간 아닌 사물들이 인간의 감정을 지닌 것으로 만드는 '감상적 오류'(pathetic fallacy) 같은 문학적 장치를 지적하면서, 감상적 오류는 "감정이 흥분된 상태에 그 원인이 있으며, 우리를 잠시동안 다소 비합리적으로 만들고…마음이 감정에 강하게 흔들릴 때에 용납하게 되는 것"이라고 말한다.(『현대 화가들』〔Modern Painters〕, III, pt.IV, ch.12)

니체(Nietzsche)는 「바이로이트의 리하르트 바그너」(Richard Wagner in Boyreuth)에서, 바그너 시대 이전의 "음악은 대부분 좁은 울타리 안에서 움직였다. 그것은 인간의 영구불변하는 상태 또는 그리스어로 '에토스'라고 부르는 것에 자신을 연관시켰다. 베토벤에 와서야 비로소 음악은 파토스의 언어, 열정적 의지와 인간 영혼 안에서 발생하는 극적 사건들의 언어를 발견하기 시작했다"고 말한다. 감상적 감정의 억제에 관하여는 『그날의 새벽』(*The Dawn of the Day*), 에딘버러, 1910, pp. 386~508을 보라. 그는 다른 글에서(무사리온 편집, XI, p. 78) "Pathetisch werden heisst: ein Stufe zurucktreten"이라고 한다. 『이 사람을 보라』에서는 "감상적 태도는 위대함과 어울리지 않는다"고 선언한다.

"보통 현대인들이 쓰는 '파토스'와 '감상'은 고통스런 감정이라는 관념에 한정되어 있다."(H.W. Fowler, 『현대 영어 관용어 사전』[*Dictionary of Modern English Usage*], 옥스포드, 1926, p. 425~426)

현대의 한 작가는 주장하기를, "파토스는 수상쩍고 잔인한 감정이고, 실제로든 가상으로든, 적절한 표현의 실패가 그 특성처럼 보인다 ⋯ 자기 연민이나 눈물을 짜내기 위한 인위적 호소에는 고도로 절제된 감정이 제격이다"라고 한다.(N. Frye, 『비평의 해부』[*Anatomy of Criticism*], 프린스턴, 1957, p. 39)

비록 엄밀한 의미에서는 파토스가 "비극이 유발하는 것으로 생각되는 연민에 밀접히 연결되어 있지만, 일반적인 용례로는 묵인하거나 상대적으로 속수무책인 고통 또는 억제할 수 없는 비통함으로 발생되는 슬픔을 가리킨다. 그것은 스토아적 장려(壯麗)나 비극의 주인공이 보여주는 장엄한 정의에 반대된다. 바로 이 분별로 인해서, 햄릿은 비극적인 인물이요 오펠리아는 감상적인 인물이 되는 것이다. 리어왕의 운명은 비극적이요 코델리아의 운명은 감상적이다."(W.F. Thrall과 A. Hibbard, 『문학 입문』[*A Handbook to Literature*], C.H. Holman의 개정판, 뉴욕, 1961, pp. 345 이하)

지은이 주

*주에 사용된 약자는 다음과 같다.

AASOR   Annual of the American Schools of Oriental Research.

ANET   J.B. Pritchard 엮음, *Ancient Near Eastern Texts Relating to the Old Testament*(2판, 프린스턴, 1950).

ERE   J. Hastings 엮음, *Encyclopedia of Religion and Ethics.*

HUCA   Hebrew Union College Annual(신시내티, 오하이오).

JBL   Journal of Biblical Literature.

MGWJ   *Monatsschrift für die Geschichte und Wissenschaft des Judentums.*

ThWBNT   *Theologisches Wörterbuch zum Neuen Testament.*

ZAW   *Zeitschrift für die Alttestamentliche Wissenschaft.*

ZDMG   *Zeitschrift der Deutschen Morgenländischen Gesellschaft.*

머리말

1. 예언사에서 고전 시대의 막은 B.C. 587년의 예루살렘 멸망과 함께 내린다. 그 뒤에 이어지는 포로기에 활약한 예언자들에 대한 이해는 특별한 문제를 안고 있다. 이 책은 기원전 7, 8세기의 고전 예언자 혹은 문서 예언자들을 다룬다. 이사야서의 많은 수수께끼들을 풀어주는 제2이사야를 제외하고 다른 예언자들은 기회 있을 때마다 약간씩 언급하고 말았다.

2. 1936년 크라코프의 Polish Academy of Sciences에서 출판한 『예언자』(*Die Prophetie*). 같은 책이 같은 해 베를린의 Erich Reiss에 의해서도 출판됨.

제1부

제1장 예언자란 도대체 어떤 사람인가

1. *Laws*, VII, 803.〔한국어판은 『법률』, 상서각〕
2. *De Natura Deorum*, II, 167.
3. *Magna Moralia*, II, 8, 1207, 1208, 1209.
4. F. Kauffmann의 *Thomas Mann, The World as Will and Representation*(보스턴, 1957), p. 272에서 인용.
5. *Sifre Deuteronomy*, 342, 첫 부분을 보라. 몇몇 현대 학자들은 포로기 이전의 예언자들에게는 멸망의 메시지만 있었다고 주장한다. 즉 참 예언은 본래가 저주의 예언이라는 것이다. 그러나 이런 주장은 상당한 본문이 후대에 보충해 넣은 것임을 입증하지 않고는 성립되지 않는다. 게다가 때로는 그런 입증이 충분 한 근거를 갖추지도 못하고 있는 형편이다. H. H. Rowley, *The Servant of the Lord*(런던, 1952), p. 125를 보라.
6. R. H. Charles와 A. Guillaume의 서로 다른 견해를 비교해 보라. R.H. Charles, *Critical and Exegetical Commentary on the Book of Daniel*(옥스포드, 1929), p. xxvi와 A. Guillaume, *Prophecy and Divination*(런던, 1938), pp. 111~112 그리고 H. H. Rowley의 앞의 책 참조.
7. 수사학적인 과장법은 성경에서 흔히 발견되는 방법이다. A.D. 2세기 전반기에 팔레스타인에서 살았던 랍비 시므온 가믈리엘은, 「신명기」 1:28을 예로 들어 성경이 과장된 문구를 사용하고 있다고 주장하였다. *Sifre Deuteronomy*, p. 25. 3세기의 랍비 암미도 비슷한 견해를 보였다. *Tamid* 29ª. 또한 E. König의 *Stillistik, Rhetorik, Poetik in Bezug auf die Biblische Literatur*(라이프치히, 1900), p. 69와 C. Douglas의 *Overstatement in the New Testament*(뉴욕, 1931), pp. 3~36 참조.
8. 엘리바즈의 주장을 욥은 받아들였다.(9:2) 또 25:4을 보라.
9. 아주 드물게, 예언자들에게서 기적이 일어난 것으로 되어 있다. 「이사야」 38:7~8을 보라. 기적으로 예언을 입증하는 일은 있을 수 없다. 「신명기」 13:1~3을 보라. 아하즈가 본 것(이사야 7:11)은 기적이라기보다는 징조다. 이 구절의 의미를 알려면 M. Buber의 *The Prophetic Faith*(뉴욕, 1949), p. 138을 보라.
   사무엘이 야훼를 부르자 야훼께서 그 날로 천둥과 비를 내리시어 모든 사람이 사무엘과 야훼를 크게 두려워했다는 기록이 있다(사무엘상 12:18). 기드온(판관기 6:36~40)과 엘리야(열왕기상 18:36~38)는 하느님께 기적으로 징조를 보여달라고 간청했다. 해시계의 기적(이사야 38:1~8)은 예언을 입증하기 위해 이루어진 것이 아니었다. 기적으로 인간의 의심이 깨끗이 사라지지도 않았다. 마술사들도 똑같은 기적을 행할 수 있었으니까(출애 굽기 8:3; 7:11, 22 참조). 예언자가 수단으로 삼은 것은 다만 말(言語)과 예언의 내용을 설명하는 상징적인 행동뿐이었다. 장차 있을 일에 대한 예고도 예언자의 말을 입증하기 위한 것은 아니었다.

10. 특히 이 책의 365~366쪽과 부록 「정념의 의미에 대한 해설」을 보라.

제2장 아모스

1. J. Morgenstern의 *Amos Studies*, I(신시내티, 1941), pp. 161~179에 따르면 아모스가 예언 활동을 시작한 것은 752/1년이었다.

2. 천둥으로 울리는 하느님의 음성에 대해서는 「시편」 18:14; 29:3~9을 보라.

3. "억울한 사람"이라고도 할 수 있음. 빚을 진 사람은 아주 적은 빚을 갚지 못해도 종으로 팔렸다.

4. 「호세아」에서 이 구절의 의미에 대해서는 '다앗 엘로힘' 항목을 보라.

5. J. Wellhausen(*Die Kleinen Propheten*, 베를린, 1892)과 W. Nowack(*Die Kleinen Propheten*, 괴팅겐, 1897)는 "그 말씀을 전하지 않을 자 있겠느냐?"를 "두려워하지 않을 자 있겠느냐?"로 수정한다. Sellin은 이 수정이 아모스의 사상의 흐름을 크게 오해한 것이라 하여 반대한다.

6. Morgenstern, 앞의 책, pp. 418~419.

7. 하느님의 인간에 대한 혐오가 제1인칭으로 표현되는 한편, 그분의 사랑에 관한 증언이 오로지 예언자의 말에서만 발견된다는 사실은 주목할 만하다.

8. 혹은 "목적", 「열왕기상」 18:27을 보라. 라틴어 성경에는 이렇게 되어 있다. Et annuntians homini eloquium suum; 「아모스」 3:7 참조.

9. 특히 R.S. Cripps의 *A Critical and Exegetical Commentary on the Book of Amos*(런던, 1929), pp. 176, 296~297를 보라. Rashi와 Kimhi는 그들의 주석에서, 그것을 회개하라는 긴박한 요구로 보고 있다.

10. 랍비 문헌에서는 기도 준비의 필요성을 이 구절에 근거하여 말하고 있다. *Tosefta Berachoth*, II, 18; *Bab. Berachoth*, 51ᵇ; *Shabbath* 10ᵃ를 참조할 것.

11. 9:8 이하를 쓴 것이 아모스임은 Y. Kaufmann이 *The Religion of Israel*, p. 368에서 입증하고 있다.

12. "나는 너희의 축제를 미워한다"(5:21)는 하느님의 선언과 "악을 미워하라"(5:14)는 예언자의 권면이 서로 비슷한 점을 참조하라.

제3장 호세아

1. S. L. Brown, *The Book of Hosea*(런던, 1932), p. xvi.

2. A. T. Olmstead가 인용한 De Morgan의 *History of Assyria*(뉴욕, 1923), p. 645.

3. *ANET*, p. 283.

4. 사마리아 최후의 왕인 호세아(732~724 B.C.E)에 대한 기록에 보면, 그는 살마네셀 5세의 봉신(封臣)이었으면서도 에집트에 머리를 돌려 도움을 요청했다.(열왕기하 17:3~4 참조) 예언자는 그의 속임수와 폭력을 정죄하였다. 그들은 아시리아와 조약(berith)을 맺었으면서 에집트에 기름을 보냈던 것이다.(호세아 12:1, 2)

5. Pindar, *Nemean Odes*, VI, 1~2, 6~8. 오랜 기간 계속 사멸되기는 했지만, 이방신들은 중세기까지 그리스도교 지배하의 유럽에 살아 있었다. 오르페우스는 예수가 되었고 "주피터는 복음 전도자의 한 사람으로, 페르세우스는 성 조지로, 새턴은 아버지 하느님으로" 표현되기도 했다. 특히 르네상스 동안에 강하게 일어난 신들의 명예 회복은 그 신들을 기억하고 있는 자들에게 향한 교회의 강한 경고와 반대에도 불구하고 끈질기게 계속되었다. J. Seznec의 *The Survival of the Pagan Gods*(뉴욕, 1961), pp. 213, 263을 보라.

6. 사랑의 노래(11장)에 대한 대응부(對應部)는 저주의 노래(8; 참조, 3:11)다. 그러나 되풀이하여 운률이 들려온다(14:5).

7. 이스라엘을 하느님의 배필로 보는 호세아의 생각은 유다이즘 역사에 있어 가장 중요한 개념들 가운데 하나다(참조, 이사야 49:14~15; 62:5). 그리고 「아가」의 전통적인 주석을 미리 보여주고 있다.

8. 'esheth zenunium이란 말은 창녀를 뜻하는 말은 아니다. 창녀란 말은 'ishah zonah 혹은 그냥 zonah라고 한다. Ehrlich가 지적한 대로 'esheth zenunium은 창녀가 될 소질이 다분히 있는 여자 혹은 음탕한 마음이 가득 차 있는 여자를 의미한다(*Randglossen zur Hebräischen Bibel*, V. 163). 'esheth zenunium이 가나안 토착민의 풍요제(祭)에 참여한 여자를 말한다는 견해도 있다. H.W. Wolff, "Hoseas geistige Heimat", *Theologische Literaturzeitung*(1956), pp. 83 이하를 보라. "고멜의 기질은 결혼의 과정에서 드러났다. 이 고통스런 경험으로 인하여 호세아는 세 자녀를 낳은 뒤 그녀가 음란을 피웠다는 사실을 기록한다"(H. Guthe in E. Kautzsch, *Die Heilige Schrift des Alten Testaments*〔4판, 튀빙겐 1923~1924〕). 호세아가 창녀와 결혼했다는 가설은, 하느님과 이스라엘의 역사적 관계를 상징하는 그 사건 자체의 의미를 퇴색하게 한다. 이스라엘이 처음부터 하느님을 배신하는 민족은 아니었다.

9. 첫 아들은 장차 올 예후 왕조의 파멸을 상징하여 이즈르엘이라 하였고 둘째인 딸과 막내인 아들 또한 이스라엘에 대한 야훼의 외면과 거절을 상징하여 "천더기"와 "버린 자식"이

라고 지었다(1:2~9).

10. 호세아의 결혼에 관해서는, W.R. Harper, *Amos and Hosea*, pp. 208~209: H.H. Rowley, *The Servant of the Lord*(런던, 1952), p. 115, 주1; R. Gordis, "Hosea's Marriage and Message", *HUCA*, XXV(1954), 9~34; H.L. Ginsberg, "Studies in Hosea 1~3", *Y. Kaufmann Jubilee Volume*(예루살렘, 1960), pp. 50 이하를 참고하라.

11. 바빌로니안 탈무드에는 실제로 있었던 사건으로 다루어지고 있다.(Pesahim 87a~b) M. Friedmann 엮음, *Seder Eliahu Rabba* p. 187을 보라.

12. *The Guide of the Perplexed*, II, 46.

13. H. Cohen 엮음, *Commentary on Hosea*(뉴욕, 1929), Buber 편집, *Midrash Agada*(뷔엔, 1894), p. 40 참조.

14. E. Sellin, *Einleitung in das Alte Testament*(4판; 라이프치히, 1910), p. 109; Allwohn, *Die Ehe des Propheten Hosea im Psychoanalytischer Beleuchtung*(그레센, 1926), pp. 35 이하; *Alttestamentliche Forschungen, Sonderheft der theologischen Studien und Kritiken*, I(스투트가르텐, 1925)에 실려 있는 K. Budde, "Der Abschnitt Hosea 1~3 und seine grund legende religionsgeschichtliche Bedeutung"을 보라.

15. Wellhausen, Smith 외. 호세아의 아내가 부정하게 된 것은 공동 축제 때였고 그래서 사랑에 절망한 예언자가 근본적인 세계 부정(否定)의 자리에까지 이르렀다고 주장하는 이들도 있다.

16. H. Schmidt, *Die Schriften des Alten Testaments*에 실려 있는 H. Gressmann, II(1), 263을 보라.

17. G. Fohrer, *Die symbolischen Handlungen der Propheten*(취리히, 1953)을 보라.

18. J. Harrison, *Prolegomena to the Study of Greek Religion*(케임브리지, 1908), p. 568.

19. E. Sellin, *Das Zwölfprophetenbuch*(라이프치히, 1929), p. 24.

20. J. Ziegler, *Die Liebe Gottes bei den Propheten*(뮌스터, 1930), p. 67.

21. 앞의 책, p. 68.

22. E. Braumann, "Yada und seine Derivate", *ZAW*, XXVIII(1908), 125를 보라. 그는 "호세아의 daath hashem은 특별히 이스라엘과 야훼 사이의 부부(성)관계의 충족을 말한다"고 주장한다. 또한 S. Mowinckel, *Die Erkenntnis Gotts bei den alttestamentlichen Propheten*(오슬로, 1941); W. Reiss, "Gott nicht Kennen im Alten Testament", *ZAW*, LVIII(1940~41), 70~71; G.J. Botterweck, "Gott erkennen" *im Sprachgebrauch des Alten Testaments*(본, 1951); W. Zimmerli, *Erkenntnis*

Gottes nach dem Buche Ezekiel(취리히, 1954)을 보라. J. Pederson, *Israel*, I~II (런던과 코펜하겐, 1926), p. 109 참조.

23. "야훼께서 옳은 자의 길은 아시나 악한 자의 길은 망하리라."(시편 1:6) 시인이 뜻하는 바는 야훼께서 의인의 길을 지형학적으로 아신다는 것이 아니라, 의인이 걷는 발걸음을 모두 살펴주신다는 것이다. "제 설움 저 밖에 모른다. 제 기쁨 남이 어찌 알랴"(잠언 14:10). 여기서도 "안다"는 말은 "느낀다"(to feel)는 뜻이다. 우리가 알고 있는 것은 낯선 자들도 알 수 있다. 우리가 느끼는 것은 아무도 똑같이 느낄 수 없다. 우리가 아는 것은 보편적이다. 우리가 느끼는 것은 사적이다. 「시편」 131:2, 「욥기」 23:10, 「이사야」 43:2 참조. N.H. Snaith, *The Distinctive Ideas of the Old Testament*(런던, 1947), p. 135 를 보라.

24. Baudissin은 다앗 엘로힘을 "하늘의 의지에 관심하는 것"으로 풀었다(*Archiv für die Religionswissenschaft*, XVIII, 226). 그러나 이 설명만으로는 그 말의 특별한 의미를 다 나타내지 못한다.

제4장 이사야(1~39장)

1. 「열왕기하」 15:3~5; Josephus, *Antiquities*, IX, 10, 4; J. Morgenstern, "The Sin of Uzziah", *HUCA*, XII~XIII(1937~1939), 1 이하를 보라.

2. L. Finkelstein 엮음, *The Jews*(뉴욕, 1949), pp. 39 이하에 실려 있는 W. F. Albright, "The Biblical Period."

3. *ANET*, pp. 281~282; A.T. Olmstead, *History of Assyria*(뉴욕, 1923), pp. 197~198 를 보라.

4. E.J. Kissane, *The Book of Isaiah*, I(더블린, 1941), p. 103과 「느헤미야」 4:2에 대한 언급을 보라.

5. *ANET*, p. 287.

6. J.H. Breasted, *A History of Egypt*(뉴욕, 1912), pp. 547~548.

7. 이 예언은 아마도 에디오피아 왕조의 초기에 이루어졌을 것이다. Kissane, 앞의 책, pp. 202~203 참조.

8. 이 에피소드가 언제 있었는지는 정확하게 알 수 없다. J. Bright, *History of Israel*(필라델피아, 1959), p. 269, 주 53; Albright, 앞의 책, p. 43을 보라. 721~710년 사이 아니면 704~703년(B.C.E.)경의 일이었을 것이다.

9. Kissane, 앞의 책, p. 336을 보라.

10. E.A. Speiser, *New Horizons in Bible Study*(볼티모어, 1958), pp. 8~9.

11. W.F. Albright, *From the Stone Age to Christianity*(2판, 볼티모어, 1957), p. 212 참조.

12. 17:12~14을 참조. 30:27~33을 이사야의 기록으로 보지 않는 학자들도 있으나 주목할 만한 논증은 이루어지지 않고 있다. Kissane, 앞의 책, p. 336을 보라.

13. *ANET*, pp. 287~288; L. Honor, *Sennacherib's Invasion of Palestine*(뉴욕, 1926)을 보라.

14. 「이사야」 13:1~14:2은 아시리아의 왕(사르곤 또는 산헤립)이 죽었을 때 쓰여진 것인데 뒤에 편집자가 바빌론의 패망에 맞추어 삽입한 것이라고 주장하는 비평가들도 있다.

15. 이 표현은 「이사야」 43:24에도 나온다.

16. Küchler, "Der Gedanke des Eifers im Alten Testament", *ZAW*, XXVII, 42 이하.

17. "예언자적 결혼"에 대한 호세아와 이사야의 견해 차이를 비교하면 흥미롭다. 호세아는 동정에서 그 의미를 찾고 이사야는 신의 결단의 실현에서 찾는다.(8:3 이하; 9:5 이하)

18. 뒤에 와서 모압인들은 유다로부터 도망온 자들을 조롱하고 경멸했다.(에제키엘 28:8~11)

19. 어떤 주석가들은 「이사야」 15~16장이 모압의 멸망을 슬퍼하는 애가가 아니라 본디는 "모압의 적군들이 모압의 멸망을 조롱하여 부른 노래"였다고 주장한다. 유다에서 온 한 예언자가 "한때 모압의 땅을 침략하여 점령한 적이 있는 베두인들의 조롱 노래"를 인용한 일은 있다. 그러나 그가 이사야는 아니다. A.H. Van Zyl, *The Moabites*(라이덴, 1960), pp. 20 이하와 Y.Kaufmann이 *The Religion of Israel*(시카고, 1960), p. 382에서 전개한 논증을 참고하라.

20. 이 문제에 관하여는 F. Hesse, "Das Verstockungsproblem im Alten Testament", *BZAW*, LXXIV(베를린, 1955), p. 44 이하; M. Buber, *The Prophetic Faith*(뉴욕, 1949), pp. 130~131; G. von Rad, *Theologie des Alten Testaments*, II(뮌헨, 1961), pp. 162 이하; M.M. Kaplan, "Isaiah 6:1~11", *JBL*, XLV(1926), pp. 251~259를 참조하라.

21. Rash Kimhi, *Commentaries*, 해당 부분 주석.

22. G. von Rad, 앞의 책, pp. 166 이하.

제6장 예레미야

1. 돌아오기를 거절하는 백성에 관해서는 5:3; 8:5; 22:27; 44:5을 보라.

2. P. Volz, *Der Prophet Jeremia*(라이프치히, 1922), p. 60, 또한 E.A. Leslie, *Jeremiah*(뉴

욕, 1954), p. 60을 보라.

3. 야훼께서는 이스라엘을 한때 "푸르고 싱싱한 올리브나무"라고 불렀다(11:16; 참조 2:21).

4. 이 점은 2~3세기의 랍비들에 의해서 감지되었다. 「예레미야」의 관련 구절에 대한 그들의 해석, 특히 「애가」에 대한 미드라시(주석)를 참조할 것.

5. '미쉬나'에 보면 patah가 자주 이런 뜻으로 사용되고 있음을 발견할 수 있다. hazak는 탈무드에 자주 등장한다. 나중에 이 단어의 개념과 의미는 재산권을 언급할 때 중요하게 사용되었다. 그래서 성폭력을 말할 때에는 따로 'anas라는 말을 사용하게 되었다. W. Rudolph, *Jeremia*(튀빙겐, 1947), p. 113을 보라.

6. D. P. Volz, 앞의 책, p.74.

7. 셈 족은 독(毒)과 진노를 서로 뗄 수 없이 연결된 것으로 생각했다. H. Gressmann, *Der Ursprung der Israelitisch-Juedischen Eschatologie*(괴팅겐, 1905), pp. 130~131를 보라.

8. "심장과 뼛속의 타오르는 불"은 흔히 "뼛속의 불"로 묘사되고 있는 열병을 가리키는 말이다. qadachath(레위기 26:16; 신명기 28:22)라는 표현과 'esch shel 'asamoth(바빌로니아 탈무드, *Gittin* 70ᵃ)라는 표현 참조.

9. 동사 'abar는 "성이 나다"는 뜻이다.(신명기 3:26; 시편 78:21, 59 등; 참조, 민수기 5:14)

10. 나는 Rudolph가 그의 책 *Jeremia*, p.159에서 전개한, 30~31장은 요시아 치세 때 작성되었고 유다에 대한 언급들(30:3~4, 8~9; 31:1, 23~30, 38~40)은 후대 편집자들이 삽입시킨 것이라는 견해에 동의하지 않는다.

11. *ANET*, pp.291,294.

12. A.T. Olmstead, *History of Assyria*(뉴욕, 1923), p.640.

13. Y. Kaufmann, *The Religion of Israel*(시카고, 1960), pp.422~423 비교.

제8장 제2이사야

1. Rashi는 그의 *Commentary*에서, 이 구절 속에는 왜 야훼께서 악인들을 번창하게 하시고 이스라엘은 고통을 겪게 하시는가에 대한 답변이 들어 있다고 했다.

2. 고난받는 주의 종의 노래들은 42:1~4; 49:1~6; 50:4~9; 52:13~53:12에 나와 있다. 그 종의 정체가 무엇인지를 밝히고 설명하는 것만큼 학자들의 관심을 끈 문제도 없을 것이다. 여러 문헌을 살펴보려면 C.R. North, *The Suffering Servant in Deutero-Isaiah*(옥스포드, 1956)을 참조하라. 크게 4가지 이론이 제기되고 있다. 고난받는 종이란, 1) 제2이사야와 동시대에 살았던 익명의 인물, 2) 제2이사야 본인, 3) 이스라엘, 4) 순

전히 이상적인 또는 관념적인 인물이라는 것이다. J. Muilenburg는 *The Interpreter's Bible*, V, 408, 411에서, "고난받는 종은 이스라엘이다…이스라엘이, 그리고 이스라엘만이 고난받는 주의 종에 대하여 기록된 모든 것들을 감당할 수 있다. 왜냐하면 이스라엘과 종을 동일시하는 구절이 반복하여 나타나며 근본적인 사실로서 강조되고 있기 때문이다"라고 했다. 41:8 이하; 43:8~13; 44:1, 2, 21; 45:4; 49:3을 보라. H.H. Rowley는 *The Faith of Israel*(런던, 1956), p. 122에서 이렇게 기록하고 있다. "고난받는 종은 이스라엘이면서 동시에 한 개인이기도 하다. 그는 전체 사회를 대표하여 민족의 사명을 극점에 올려놓으면서 온 백성에게 그 사명에 가담할 것을 호소한다. 그리하여 그것은 그의 사명이면서 또한 그 한 개인의 사명만은 아닌 것이 된다…고난받는 종은 오늘과 내일의 이스라엘이다. 그러나 이스라엘은 모두일 수도 있고 소수의 무리일 수도 있고 혹은 그들 가운데 한 사람일 수도 있다."

3. A.J. Heschel, *God in Searching of Man*(New York, 1955), pp. 393~394를 보라.〔한국어판은 『사람을 찾는 하느님』, 종로서적〕

제9장 역사

1. T. Jacobsen, H. Frankfort 외 엮음, *The Intellectual Adventure of Ancient Man*(시카고, 1946), p. 203에서 재인용.〔한국어판은 『고대 인간의 지적 모험』, 대원사〕

2. J. Muilenburg, *The Way of Israel*(뉴욕, 1961), p. 89.

3. John Henry Cardinal Newman, *Discussions and Arguments*(런던, 1872), p. 203.

4. J. C. Herold, *The Mind of Napoleon*(뉴욕, 1955), p. 76.

5. H. von Moltke, A. Toynbee, *War and Civilization*(뉴욕, 1950), p. 16에서 재인용.〔한국어판은 『전쟁과 문명』, 금성출판사〕

6. 성전을 짓지 말라는 야훼의 말씀은 예언자 나단을 통해 다윗에게 전달되었다(사무엘하 7; 역대기상 17). 그러나 여기에 다른 이유가 제시되고 있다. 다윗이 전쟁하느라고 너무 바빠서 성전을 세우지 못했다는 「열왕기상」 5:3의 기록은 흔히 현대 주석가들에 의해서 역대기상 1장에 언급된 이유보다 더 "저열한" 이유로 규명되고 있다. 이 주석가들은 「열왕기상」에 언급된 (성전을 짓지 못한) 이유가, 솔로몬이 띠로의 왕 히람에게 보낸 전갈 속에도 언급되어 있다는 사실을 간과하고 있다.

7. G. Contenau, *Everyday Life in Babylon and Assyria*(런던, 1954), p. 148. 아시리아의 예술은 "죽어가는 인간과 짐승의 고통을 그려내는 데 있어서 굉장하다…피정복자

들의 시체를 먹고 있는 독수리들의 모양이 새겨진 비석과 비교될 만한 고대의 예술품이 아직 발견되지 않았다"(R.H. Bainton, *Christian Attitudes toward War and Peace*[뉴욕, 1960], p. 19). 또한 A.T. Olmstead, *History of Assyria*(뉴욕, 1923), p. 295; D.D. Luckenbill, *Ancient Records of Babylonia and Assyria*, I(시카고 1926), p. 145; H. Schmokel, *Geschichte des alten Vorderasiens*("Handbuch der Orientalistik," II, 3), pp. 252~253를 보라.

8. 아시리아 군대는 여러 민족으로 구성되어 있었다.「이사야」10:8; 13:4; 17:12; 22:6을 보라. 바빌로니아의 경우는「예레미야」34:1을 보라.

9. Driver와 Kissane는 이 시를 이사야의 것이라고 본다. E.J. Kissane, *The Book of Isaiah*(더블린, 1941), p. 369.

10. 이 절의 의미는 정확히 알 수가 없다. 대부분의 비평가들은 587년 예루살렘이 함락된 뒤에 쓰여진 것으로 본다. Kissane에 의하면 "이 시는 다른 어느 때보다 이사야의 때에 부합된다"(앞의 책, p. 270).

11. Rashi에 의하면 이 왕은 호세아(Hoshea)와 아하즈를 가리킨다. Kimhi에 의하면, 므나헴과 아하즈를 가리킨다.

12. 과정과 사건 사이의 구별에 대해서는 616쪽을 보라.

13. 역사에 대한 예언자적 이해의 중요성에 관하여는 M. Eliade, *Cosmos and History: The Myth of the Eternal Return*(뉴욕, 1954)[한국어판은『우주와 역사: 영원회귀의 신화』, 현대사상사]; R. Niebuhr, *Faith and History*(뉴욕, 1949), pp. 126~127; *The Self and the Dramas of History*(뉴욕, 1955), pp. 75 이하; J. P. Hyatt, *Prophetic Religion*(뉴욕, 1947), pp. 76 이하; E. Jacob, *Theology of the Old Testament*(뉴욕, 1958), J. Muilenburg, 앞의 책, pp. 74 이하; A.J. Heschel, *The Sabbath*(뉴욕, 1951)[한국어판은『안식일』, 종로서적]; J. Muilenburg, "The Biblical View of Time," *Havard Theological Review* LIV(1961), p. 225~252를 보라.

14. R.G. Collingwood, *The Idea of History*(옥스포드, 1946), p. 22; 참조, Herodotus, *History*, I, 32.[한국어판은『헤로도토스 역사』, 범우사]

15. H. Bardtke, "*Jeremia der Fremdvölkerprophet*," *ZAW*, LIII(1935), pp. 20 이하를 보라.

16. 예컨대 한 현대의 역사가는 전쟁터에서 잔혹하기로 유명했던 아시리아의 산혜립이 그보다 더 감상적인 아들에게 왕위를 물려주었는데, "만일 아시리아가 좀더 무자비하기를 계속했다면 훨씬 더 오래 지속되었을 것"이라고 기록하고 있다(A. T. Olmstead, *History of Assyria* [뉴욕, 1923], p. 296; 참조, pp. 294~295).

17. W. C. Greene, *Moira*(케임브리지, 1944), p. 92.

18. P. Volz, *Der Prophet Jeremia*(라이프치히, 1922), p. 191을 보라.

19. E. J. Kissane, 앞의 책, p. 207을 보라.

20. Ibn Ezra, *Commentary,* 해당 부분 주석을 보라.

21. 이 두 절은 문맥상 23장에 속한 것으로 볼 수 없다.

22. 「예레미야」 2:18과 비교, 대조하라.

23. Kimhi, *Commentary,* 해당 부분 주석 참조. 5절은 2절에 곧장 이어지는 것 같다. 6절은 11:22의 뒤에 이어진다. 나는 P. Volz의 해석을 따랐다(P. Volz, 앞의 책, pp. 141~142).

24. Kissane은 이 두 절이 이사야의 글임을 강조하고 있다(앞의 책, p.337).

25. 「창세기」 18:18; 22:18; 26:4; 28:14 참조. 또한 C. R. North, *The Old Testament Interpretations of History*(런던, 1946), p. 26을 보라.

26. 이 원고를 마친 다음에야 H. Gross의 *Die Idee des ewigen und allgemeinen Weltfriedens*(트리에르, 1946)를 접할 수 있었다.

27. 「사무엘상」 16:7을 보라.

28. A.B. Ehrlich, *Randglossen zur Hebräischen Bibel,* IV(라이프치히, 1912), p. 73을 보라.

29. 많은 비평가들의 뒤를 이어, Duhm은 19:16~25절이 포로기 이후의 것이라고 주장한다. 여기 나오는 아시리아는 셀루시드 시리아를 뜻하고 에집트는 프톨레미 에집트를 뜻한다. 또 이 예언이 이사야의 것이라고 주장하는 학자들도 있다. Y. Kaufmann, *The Religion of Israel*(Heb.), p. 226, 주 80; (Eng.), p. 350, 주 2; Kissane, 앞의 책, pp. 209~210를 보라. 의미를 찾음에 있어서 이 구절이 이사야의 것인지 아닌지는 별로 문제가 되지 않는다.

30. 비슷한 사상이 「즈가리야」 2:15에서도 발견된다. "그날이 오면 많은 민족이 야훼의 편이 되어 그의 백성이 되리라." 참조 「이사야」 56:1~7, "나의 집은 뭇 백성이 모여 기도하는 집이라 불리리라." 또한 「열왕기상」 8:41~43 ; 「이사야」 45:20; 60:6~7; 66:18~19; 「예레미야」 3:17; 4:2; 12:16; 16:19; 「즈바니야」 3:9~10; 「즈가리야」 8:20~23; 14:16~21; 「말라기」 1:11; 「시편」 22:28; 47:2; 65:3; 67:46; 68:3~33; 76:12; 96:7~8; 102:23; 117:1을 보라.

제10장 징벌

1. L.R. Farnell은 그의 책 *The Attributes of God*(옥스포드, 1925), p. 174에서, 보복 이론

이 처음으로 도전받은 것은 인본주의 윤리학과 희랍의 철학에 의해서라고 한다. 그는, 인간의 형벌이란 사람을 변화시키고 치유하는 목적 아래에서만 행해져야 한다는 플라톤의 이론을 인용하고 호메로스가 *Odyssey* 1, 31에서 신들은 인간에게 이승에서나 저승에서나 악을 보내지 않는다고 한 말을 상기시킨다. 그러나 호메로스에 따르면 형벌의 목적은 보복하고 저지하는 데 있다. 그리스인들에게 정의는 나쁜 행위에 상응하는 보복이었다. 그러므로 "정의와 복수는 아주 전혀 다른 것이 아니다. 그릇된 행위에 대한 보복일 경우는 둘이 같은 것이다. 이런 종류의 정의는 '이는 이로, 눈은 눈으로'라는 고전적인 표현 속에 함축되어 있는 고대인들의 일상적인 정의감이었다. 이것은 그리스인들 사이에서도 그 흔적을 찾아볼 수 있다. 그들에게 있어서 정의는 보복하는 정의다".(M.P. Nilsson, *Greek Piety*[옥스포드, 1948], pp. 35~36). 형벌의 그리스어인 poine는 강제적인 의미를 내포하고 있다. "poine는 악행을 저지른 자를 때로는 타인의 손을 빌려, 때로는 운명의 손길을 통하여, 일반적으로는 그 자신의 잘못된 행실을 통하여 보복의 영(靈)으로서 습격한다" (*Encyclopaedia of Social Science*, XII, 712). 정의가 보복과 아울러 저지의 의도를 지니고 있음이 「신명기」 19:19 이하에 표현되어 있다. K.F. Nägelsbach, *Die Homerische Theologie*(뉘른베르그, 1861), p. 320 참조.

2. Maimonides, *Eight Chapters*, ch. 8을 보라.

3. 성경에는 마음의 굳어짐이 죄의 뿌리로 되어 있다. 그것을 표현하는 말이 여럿 있다. "야훼에게서 마음이 떠나", "고집"(신명기 29:18; 애가 3:65); "낯가죽이 두꺼운 자들, 그 고집이 센 자들"(에제키엘 2:4); "마음이 꺾여 승리를 생각할 수 없는 자들"(이사야 46:12); "마음에 할례를 받지 않은 자들"(예레미야 9:25); "그들은 마음에 기름이 끼었으나"(시편 119:70) 등. 예언자들은 계속하여 이스라엘의 마음이 무디어졌음을 꾸짖는다(이사야 42:20; 48:8; 참조, 시편 106:7; 잠언 28:14; 29:1; E. La B. Cherbonnier, *Hardness of Heart* [뉴욕, 1955]).

4. Kimhi, *Commentary*, 해당 부분의 주석.

제11장 정의

1. 기원전 25세기경 에집트를 다스렸던 Merikare 왕의 비문에서도 이와 비슷한 문장이 발견된다. "악행하는 자의 황소보다 마음 바른 자의 성품이 더 받아들여질 만하다"(*ANET*, pp.417~418). 짐승을 바치는 제사에 대한 예언자들의 태도가 기록되어 있는 후기의 문헌들에 관하여는, R.S. Cripps, *A Critical and Exegetical Commentary on the Book of Amos*(런던, 1929), pp. 342 이하; A.J. Heschel, *Theology of Ancient Judaism*, I

(Heb.; 런던과 뉴욕, 1962), pp. 33 이하를 보라.

2. 예언자들이 제기한 반론이 제의에 대한 철저한 거부였다고 오랫동안 이해되어 왔다. 그런데 최근의 연구에서, 예언자들은 단순히 제의의 남용과 절대화를 비판한 것이라는 주장이 나오고 있다. R. Hentschke가 *Die Stellung der vorexilischen Schriftpropheten zum Kultus*(베를린, 1957), p. 1, 주 6에서 인용한 문헌들을 보라.

3. 희생제의 본디 뜻이 무엇이었는지는 분명치 않다. R. de Vaux, *Ancient Israel* (뉴욕, 1961), pp. 447~448와 pp. 548 이하에 인용된 문헌을 보라.

4. 희생 제사는 특별한 "정치적" 의미를 띠기도 했다. 영토를 지키기 위하여 그것은 다른 무엇보다도 요구되는 것이었고, 오늘날 군대에 나가서 죽어가는 우리 자식들에 비추어 생각해 볼 수 있다. 두 경우 다 뿌리는 안정에 대한 관심에 있다. 제물을 바침으로써 신들을 위안하기를 중단하면 그들의 분노가 내릴 것이다. 희생제는 공격을 막는 수단이었다. 3세기까지만 해도 "대중이 그리스도교인들을 미워한 일반적 동기들 가운데 하나는, 그들이 자신을 제물로 바치려 하지 않을 뿐 아니라 남들도 그렇게 하도록 부추겨서 결국 제국에 신들의 분노를 불러들이고 있다는 것이다. 420년, 알라릭이 이끄는 고트족에 의하여 로마가 함락된 뒤에 민간에 이 편견이 팽만하자 아우구스티누스는 『신국론』(*City of God*)에서 그리스도인이 로마의 불행에 책임이 없다고 해명해야 했다" (A.M.J. Festugière, *Epicurus and His Gods*[옥스포드, 1955], p. 54).

5. 호메로스에게서는, "잔혹성이 하찮지 않은 문제로 제기되고 있긴 하지만, 백성을 다스리는 왕들을 다룸에 있어서나 신들이 인류에게 행한 일들을 다룸에 있어서나 거의 고려되지 않고 있다" (W.K.C. Guthrie, *The Greeks and Their Gods*[런던, 1950], p. 119).

6. Plato, *Laws*, 624, 630, 632. (594~595쪽을 보라.)

7. 플라톤의 『에우티프론』(*Euthyphro*)에서 제기된 문제와 그것의 성서적 사고와의 관계에 대하여는 A.J. Heschel, *God in Search of Man*(뉴욕, 1959), p. 17을 보라. 가난한 자에게 정의를 실천하는 문제에 대한 신들의 관심은 다른 종교들에서도 찾아볼 수 있다. 에집트의 신 아몬-레(Amon-Re)를 사람들은 이렇게 찬양하고 있다. "당신께서는 가난한 자의 음성을 들어주십니다. 내가 절망 가운데서 당신을 부르면 오셔서 나를 구해주십니다. 당신께서는 약한 자에게 기운을 주시고 감옥에 갇힌 자를 구해주십니다" (*ANET*, p. 380). 또 에집트에서는 행정관의 요구에 난처한 처지에 빠진 한 소송 의뢰인을 위한 애절한 기도문이 전해져 오고 있다. "오, 아몬이여! 법정에서 외톨이가 된 이 사람의 호소를 들어주소서. 그는 가난합니다…법정은 서기관들을 위하여 그에게서 은과 금을 빼앗고 그 수행원들을 위해서는 옷을 빼앗고 있습니다. 아몬이여, 총리 대신의 모습으로 나타나시어 이 가난한 자를 구원해 주소서. 이 가난한 자가 정당했음이 드러나게 하소서. 가난한 자로 하여금 부자를 이기게 하소서" (*ANET*, p. 380). 바빌론에는 태양신인 샤마슈(Shamash)

가 불의를 행한 자로부터 뇌물을 받은 그릇된 재판관에게 벌을 주고 "약한 자를 위해 탄원하는" 자를 기뻐하신다고 찬양하는 노래가 있다(D.C. Simpson 엮음, *The Psalmists*[런던, 1926]에 실려 있는 G.R. Driver의 글, p. 169). 또 J. Ferguson, *Moral Values in the Ancient World*(뉴욕, 1959)를 보라.

8. 미쉬팟(mishpat)이라는 단어는 **선과 악을 분간하는 능력**을 뜻하는 것 같다. 그래서 솔로몬왕은 이렇게 기도했던 것이다. "소인에게 명석한 머리를 주시어 당신의 백성을 다스릴 수 있고 흑백을 잘 가려낼 수 있게 해주십시오"(열왕기상 3:9; 참조, 3:11).

9. "야훼여, 내 기도를 들어주소서…당신은 진실하시고 의로우시니(in Thy *tsedakah*) 대답하소서. 이 종을 재판(*mishpat*)에 붙이지 말아주소서. 살아 있는 사람치고 당신 앞에서 무죄한 자 없사옵니다.…야훼여, 당신 이름 영광되도록 나를 살려주소서. 의로우시니 (in Thy *tsedakah*) 이 곤경에서 이 목숨 건져주소서"(시편 143:1~2, 11). 야훼께서 "온 세상을 올바르게 다스리신다"(시편 98:9)는 말인즉 친절하게 다스리신다는 뜻이다. 사람들은 직선적인 정의보다 "무엇이 옳은 법인지"를 그분께 물을 것이다(이사야 58:2). "그들은 백성을 올바른 심판으로 심판해야 한다"(신명기 16:18, 사역)는 말은 동어 반복으로 보기 어렵다. "그러나 주께서는 의로우시니 [『공동번역』에는 '자비로우시니' —옮긴이] 거룩한 산 위의 예루살렘 성에 내리시려던 노여움과 진노를 이제 거두어주십시오." (다니엘 9:16) 쩨다카(tsedakah)라는 단어는 흔히 형사 재판(Strafgerechtigkeit)으로 번역되고 있지만 성경에서는 한 군데도 그런 뜻으로 사용되지 않았다. D.P. Volz, *Prophetengestalten*(스투트가르트, 1949), p. 188, 주 1을 보라.

10. R. Niebuhr, *Pious and Secular America*(뉴욕, 1958), p. 92. 특별히 후기 히브리 문헌에서 tsedakah가 ḥesed(사랑)와 더불어 사용되고 있음은 중요한 사실로 기억할 만하다. 「예레미야」 9:29; 「시편」 36:11; 40:11; 143:11~12; 85:11.

11. E.N. Cahn, *The Sense of Injustice*(뉴욕, 1949), pp. 13~14.

12. S. Ranulf, *The Jealousy of the Gods and Criminal Law at Athens*, I(코펜하겐과 런던, 1933-1934), pp. 20~21.

13. R.J. Bonner와 G.S mith, *The Administration of Justice from Homer to Aristotle*(시카고, 1930). I, 16; II, 39 이하. "소송인의 친구들이나 친족들이 일반적으로 변호를 맡았다. 세월이 흐르면서 그들은 전문가가 되어갔고 변호인에게 주는 돈의 액수도 올라갔다. 그러나, 사적인 소송에서 변호비를 지불하는 것은 법으로 금지되어 있었다. 비록 법에 강제 규정은 없었지만 그래도 소송인의 친척이라든가 친구라는 사실을 증명할 수 없는 변호인을 난처하게 만들기는 했다." 참조, R.J. Bonner, *Lawyers and Litigants in Ancient Athens*(시카고, 1927), pp. 59 이하; R. Pound, *The Lawyer from Anitquity to Modern Times*(세인트 폴, 1953), p. 29.

14. R. J. Bonner, G. Smith, 앞의 책, I, 170.

15. 다른 사람의 주장을 대변해 주는 변호 제도의 등장은 법이론과 실천의 역사에 있어서 위대한 혁명이었다. 에집트인들은 변호인의 말이 문제를 흐리게 할 수 있다고 생각했다. 그리스의 여행가이자 역사가인 디오도루스는 이런 말을 남겼다. "변사의 교활함, 그들의 능란한 화술, 피고의 눈물 따위가 많은 사람으로 하여금 엄격한 법률의 적용과 진실의 기준을 망각하게 하는 데 작용했다."(J.H. Wigmore, *A Panorama of the World's Legal Systems*〔세인트 폴, 1928〕, p. 31에서 인용. 중국과 일본에 관해서는 pp. 178과 485를 보라.) 누지(Nuzi) 문서에는 다른 사람의 주장을 대신할 변호사나 대리인의 법정 출현을 제한하는 단서 조항이 있었던 듯하다. E.A. Speiser, *AASOR*, X(1928~29), 63을 보라.

16. "나 야훼는 정의를 사랑한다. 나는 약탈과 부정을 싫어한다"(이사야 61:8, 사역; 참조, 시편 37:28). "그분은 의와 정의를 사랑하신다"(시편 33:5, 사역). "야훼는 의로우시므로 의로운 행실을 사랑하신다"(시편 11:7, 사역). "당신은 의를 사랑하고 악을 미워하십니다"(시편 45:7, 사역). 야훼는 "정의를 사랑하는 분"으로 불리운다(시편 99:4).

17. "하느님을 알라"(daath elohim)는 호세아의 요구에 대해서는 112쪽 이하를 보라.

18. 유스티니아누스의 『법령집』(*Institutiones*) 첫머리에 "정의는 모든 사람으로 하여금 마땅히 해야 할 일에 가담하도록 단호하고 끈질기게 갈망하는 것"(Iustitia est constans et perpetua voluntas ius suum cuique tribuens)이라는 문구가 적혀 있다.

19. "고아와 과부의 인권을 세워주시는…분"(신명기 10:18): "그가 와서 너에게 아나돗에 있는 밭을 살 권리가 있다 하고…"(예레미야 32:7). "야곱아, 네가 어찌 이런 말을 하느냐?…'하느님께서는 내 권리 따위, 알은 체도 않으신다.'"(이사야 40:27) 부모와 자식들 사이(출애굽 21:9), 이웃 사이(출애굽 21:31), 부자와 가난한 자 사이(출애굽 23:6), 이스라엘과 하느님 사이(예레미야 5:4,5)에 특별한 '미쉬팟'이 구현된다.

20. J. Perdersen, *Israel*, I-II(런던과 코펜하겐, 1926), pp. 348 이하; K.H. Fahlgren, *Sedaka*(웁살라, 1932), pp. 120 이하; N.H. Snaith, *The Distinctive Ideas of the Old Testament*(런던, 1944), p. 76. 「판관기」에는 오드니엘, 기드온, 옙다의 사법적 행위가 한 줄도 기록되어 있지 않다. 그들은 위기에 처하여 백성의 지도자로 봉사하고 승리와 독립을 쟁취함으로써 계약을 지속시켰다.

21. *Republic*, I, 331°의 시모니데스를 보라. 그리고 그에 대한 플라톤의 반박을 보라.〔한국어판은 『국가』, 서광사〕

22. 「신명기」 25:13~14; 24:17 참조. "떠돌이와 고아의 인권을 짓밟지 말라." 잠언 16:11 참조.

23. G. Del Vecchio, *Justice*(뉴욕, 1953), pp. 169 이하; 참조, 열왕기상 3:24.

24. R. S. Cripps는 "결코 마르지 않는 개울처럼"으로 번역한다. "네가 만일 나의 명령을 마

음에 두었더라면 너의 평화는 강물처럼 넘쳐 흐르고 너의 정의는 바다 물결처럼 넘실거렸으리라"(이사야 48:17, 18).

25. 히브리어로는 nisgav, 「이사야」 2:11 참조.

26. Plato, *Protagoras*, 331을 보라.[한국어판은 『프로타고라스』, 범우사]

27. '땅이 깨어져도 정의를' 이라는 표어는 페르디난도 1세(1503~1564)가 내세운 것으로 되어 있다.(T.T. Harbottle, *Dictionary of Quotations*[런던, 1906], p. 70) B. Stevenson에 의하면(*The Home Book of Quotations*[뉴욕, 1944], p. 1030), fiat justitia et ruant coeli(하늘이 무너져도 정의를 행하라)라는 격언은 William Watson 에 의하여 1601년에 처음으로 영어 문헌에 나타났다(Büchmann, *Geflügelte Worte* [27th ed.; 베를린, 1925], p. 527도 참조). 이 격언이 어디서 나왔는지는 불분명하다. G. Del Vecchio는 그의 책 *Justice* (p. 175)에서, 그것이 예언자들에게서 나왔다는 Salvatorelli와 Hühn (*La Biblia*[밀란, 1915], p. 151)의 설을 인용하여, 그 격언이 문자 그대로는 아니라 하더라도 그 본체는 히브리 성경에서 파생된 것이라고 주장하였다. G.F. Moore(*Judaism in the First Centuries of the Christian Era*, II, 196)는, 2세기 갈릴레아의 랍비 요세의 아들인 랍비 엘리에젤이 거류민 사회에서 중재 역할을 금지하며 한 말과 그 격언이 병행구라고 지적하고 있다. "그러나 **법으로 하여금 산을 쪼개게 하라**(법으로 하여금 제 길을 가게 하라). 그래서 모세의 표어는 '법으로 하여금 산을 쪼개게 하라' 였다. 그러나 아론은 〔평화를 사랑했고 평화를 추구했으며〕 인간과 인간 사이에 평화를 이루었다."(*Tosefta, Sanhedrin* I, 3; 괄호 안의 글은 *Bab. Sanhedrin*, 6b; 또 *Yebamoth*, 92ᵃ를 보라) 그러나 산이 쪼개지는 것과 세상이 멸망하는 것은 다르다. 정의가 아니라 하느님 한 분만이 궁극적인 분이다. 그리고 그분의 다스림은 정의와 함께 자비가 따른다. 아키바(Akiba)의 원리인 "법률 문제에는 인정을 보이지 말라" (*Mishnah Kethuboth*, IX, 2)는 인정을 베풀어 올바른 판결을 흐리지 말라는 말이다. 그것은 「출애굽기」 23:3("송사에 있어서 영세민이라고 해서 사정을 보아주어서도 안 된다"), 「레위기」 19:15에서 유래되었다.

28. M. Lazarus, *The Ethics of Judaism*, I(필라델피아, 1900~1901), 135~36.

29. 앞의 책, II, 13.

30. G. Hölscher, *Die Profeten*(라이프치히, 1914), p. 188.

31. A. Kuenen, *The Prophets and Prophecy in Israel*(런던, 1877), p. 589.

32. H.H. Rowley 엮음, *Studies in Old Testament Prophecy*(에딘버러, 1950)에 실린 J. Pedersen, "The Role Played by Inspired Person among the Israelites and the Arabs," pp. 127 이하; "Die Auffassung vom Alten Testament", *ZAW*, XLIX (1931), p. 161 이하를 보라.

33. 이스라엘의 초기 민중 종교는 다신론적 혹은 단일신론적이었다가 문서 예언자들의 영향으로 비로소 유일신론이 수립되었다는 이론에 바탕한 이 견해는 여러 학자들에 의하여 비판되었다. 만일에 유일신론자라는 말이, "만물의 창조자요 정의의 근원이며 에집트, 사막, 팔레스타인 어디서나 똑같이 힘 있으시고 성(性)과 신화가 없는 한 분 하느님의 존재를 믿는 사람"을 뜻한다면 모세는 유일신론자였다(W. F. Albright, *From the Stone Age to Christianity*〔볼티모어, 1940〕, p. 207 참조). 또 Y. Kaufmann, *The Religion of Israel*(시카고, 1960), pp. 221~222를 보라. 유일신론이 모세로부터냐 예언자들로부터냐에 대한 상세한 논쟁에 관해서는 B. Balscheit, *Alter und Aufkommen des Monotheismus in der Israelitischen Religion*(베를린, 1938)을 보라.

34. 「창세기」 1장에는 하느님을, 부를 수 없는 이름이 아닌 엘로힘(elohim)으로 표기하고 제2장에는 부를 수 없는 이름인 야훼(YHWH)와 엘로힘이 함께 표기되어 있는 것을 착안하여 랍비들은, 하느님이 천지를 창조하심에 있어서 처음에는 세상을 엄격한 정의(middath ha-din)로 다스리고자 하셨으나 그러면 세계가 지속될 수 없음을 아시고 정의와 자비(middath ha-rahamim)을 섞어 그 둘이 함께 세상을 다스리게 하셨다고 설명했다. 엘로힘은 엄격한 정의를 뜻하고 부를 수 없는 이름은 자비를 대신한다. 하느님이 자비를 따라 행하실 때에는 부를 수 없는 이름이 사용되고 반면에 그분이 엄격한 정의를 따라 행하신다는 것을 나타내기 위하여 엘로힘이라는 이름이 사용된다는 주장도 있다. 자비가 정의보다 우위에 선다. 인간에게 관계하시는 하느님의 속성인 정의와 자비는 하느님의 다스림이 지닌 양극성을 엿볼 수 있게 한다. 정의는 기준이고 자비는 태도다. 정의는 거리를 떨어뜨림이고 자비는 거리를 없앰이다. 정의는 객관적이고 자비는 인격적이다. 하느님은 정의와 자비 둘 다를 초월하신다. J. Mann, *The Bible as Read and Preached in the Old Synagogue*(Heb.; 신시내티, 1940), p. 271에 나오는 "Yalkut Talmud Torah"와 Rashi, *Commentary*(창세기 1:1 절의); *Genesis Rabba*, p. 12, 15를 보라.

제2부

제1장 정념의 신학

1. P. Heinisch, *Das Wort im Alten Testament und im alten Orient*, "Bibliche Zeitfragen," 7~8 (뮌스터, 1922).

2. "내가 말하는 격정이란, 욕망, 분노, 두려움, 확신, 질투, 기쁨, 다정한 느낌, 증오, 동경, 측은지심 등을 뜻한다. 그리고 일반적으로 즐거움 또는 아픔을 수반하는 의식 상태를 말한다"(아리스토텔레스, *Nicomachean Ethics*, 1105ᵇ, 20 이하[한국어판은 『니코마코스 윤리학』, 서광사]; 참조, *Eudemian Ethics*, 1220ᵇ, 12 이하).

3. Kant, *Critique of Judgment*, par. 29[한국어판은 『판단력 비판』, 이학사]; 참조, W. Wundt, *Einführung in die Psychologie*(라이프치히, 1922), pp. 31 이하.

4. Aeschylus, *Prometheus Bound*, 645 이하.[한국어판은 『그리스 비극1』(현암사)에 수록] 핀다로스는 제우스와 포세이돈의 병적일 만큼 무서운 성적 열정을 말하고 있다. *The Olympian odes*, 1, 40~45.

5. 타자성은 독특한 범주가 아니다. 악은 단순한 비존재(nonexistence)일 뿐이요 좋게 보아도 '타자성'(heteroios)에 불과하다고 플라톤은 말한다(*Parmenides*, 160~162).

6. S. Langdon, *Babylonian Wisdom*(파리, 1923), pp.168~169(굵은 글씨는 필자의 것임) *ANET*, p. 435를 참조하라. 이 기도시의 끝에 가서 신들은 고난받는 자에게 자비를 베풀어 충만한 선(善)을 돌려준다.

7. G. van der Leeuw, *Religion in Essence and Manifestation*(런던, 1938), p. 520.

8. Schopenhauer, *The World as Will and Idea*, II권, 48장.[한국어판은 『의지와 표상으로서의 세계』, 을유문화사]

9. W.F. Lofthouse, "Hen and Hesed in the Old Testament," *ZAW*(1933), pp. 29 이하.

제2장 비교와 대조

1. *Philebus*, 60ᶜ.

2. Aristotle, *Eudemian Ethics*, VII, 1244ᵇ.

3. Theophrastus, *Characters*, XXVIII, 서두, Lucretius의 *De Rerum Natura*, I, 63에 있는 에피쿠로스에 대한 유명한 언급을 참조하라.

4. Diogenes Laertius, *Lives of Eminent Philosophers*, X, 193. G. Bailey, *Epicurus, the Extant Remains*, I(옥스포드, 1926), 76~77; A.M.J. Festugière, *Epicurus and His Gods*(옥스포드, 1955), pp. 57~58. 신들의 영원한 집인 올림푸스에는, "거센 바람도 불지 않고 비나 눈도 오지 않는다. 그 대신 영원히 눈부신 햇빛과 밝은 평화에 묻혀 행복한 신들은 영원히 빛난다."(Homer, *Odyssey*, VI, 42 이하[한국어판은 『오뒷세이아』, 단국대출판부] Büchmann의 *Gefluegelte Worte*〔27판, 베를린, 1925〕, p. 78을 보라.)

5. Sextus Empiricus, *Outlines of Pyrrhonism*, I, 155; III, 219.

6. Cicero, *De Natura Deorum*, I, 45.

7. H. Zimmer, *Philosophies of India*(뉴욕, 1956), p. 396.[한국어판은 『인도의 철학』, 대원사]

8. A.J. Heschel, *Man is not Alone*(뉴욕, 1951), pp. 241 이하[한국어판은 종로서적, 『사람은 혼자가 아니다』, pp. 205 이하]와 *The Theology of Ancient Judaism*, I(*Torah min hashamayim*[Heb.; 런던과 뉴욕]), 73 이하를 보라.

9. *Tao Teh King*(『도덕경』), I, 5, 1, J. Legge 옮김, *The Text of Taoism*(뉴욕, 1959), p. 98에서.

10. 앞의 책, I, 25, 1, p.115.

11. 앞의 책, II, 73, 2, p.164.

12. *Yin Fu King*, 3, 2. *The Text of Taoism*, pp. 703~704에서.

13. G. F. Moore, *History of Religions*, I(뉴욕, 1949), p. 35; 참조, p. 47.

14. H. Zimmer, *Philosophies of India*(뉴욕, 1956), p. 479; H. Oldenberg, *Die Lehre der Upanishaden und die Anfänge des Buddhismus*(괴팅겐, 1915), p. 1.

15. Homer, *Iliad*, XVI, 431~461.[한국어판은 『일리아스』, 단국대출판부]

16. Herodotus, *History*, I, 91.

17. W.C. Greene, *Moira*(케임브리지, 1944), pp. 203 이하.

18. Plato, *Laws*, 741ᵃ.

19. Plato, *Phaedo*, 113ᵃ; *Phaedrus*, 320ᵈ.[한국어판은 『소크라테스의 대화편』(집문당), 『소크라테스의 변명』(민성사) 등 수록]

20. Sophocles, *Antigone*, 951.[한국어판은 『오이디푸스 왕과 안티고네』(계명대출판부) 수록]

21. 앞의 책, 1337 이하.

22. F. Cumont, *Astrology and Religion*(뉴욕과 런던, 1912), p. 28.

23. H. Frankfort, *Kingship and the Gods*(시카고, 1948), pp. 282~283.

24. J.A. Wilson, *The Culture of Ancient Egypt*(시카고, 1951), pp.223, 225, 298~299.

25. 천체들이 생명을 부여받았다는 생각은 천신(天神)들의 존재를 믿는 데서 연유한 것이다. 플라톤은 태양, 달, 별들이 떠돌아다닌다고 생각하는 것은 신성 모독이라고 했다. 그러나 그것들은 신들로 숭배를 받게 될 것이다(*Laws*, VII, 821). 그리스 시대와 그 뒤에도 천신들은 큰 역할을 감당했다. 플라톤의 말을 빌려 말하자면, '필연'은 신도 '설득'하지 못하는 어떤 것으로서, 사이비 과학인 점성학의 결정적인 바탕이 된다. 점성학의 영향은 오늘에도 계속되고 있다.

26. F. Cumont, 앞의 책, pp. 28~35, 45~56, 66~72, 81~100, 153~161, 167~202, F.

Boll, *Sternglaube und Sterndeutung.* (3판, 라이프치히, 1926)

27. 참조, 「이사야」 47:12, 「레위기」 19:26, 「신명기」 18:10, 「산헤드린」 65ᵇ~66ᵃ.

28. *Enzyklopaedie des Islam*, I(라이프치히, 1913), 726.

29. G. van der Leeuw, 앞의 책, p. 134 이하.

30. R. Otto, *The Idea of the Holy*(런던, 1923), p. 17.

31. L.R. Farnell, *The Attributes of God*(옥스포드, 1925), p.164.

32. H. Oldenberg, *Die Religion des Veda*(베를린, 1894), p.284.

33. 시바의 다른 이름 아래 힌두교의 가장 위대한 신들 가운데 하나가 된 강하고 무서운 신, 루드라(Rudra)는 불결하고 오만한 제사 의식의 파괴자로, 공동 묘지를 배회하며 유령과 귀신들을 이끌고 다니는 자로 묘사되고 있다. 신들조차 그의 화살에 맞을까봐 두려워한다. 그를 숭배하는 자들과 그들의 가족은 그에게 죽이지 말아달라고 간청을 한다. "당신의 분노를 발하여 우리의 자녀와 후손과 동족과 가축과 집에 상처를 입히지 마시고 우리네 사람들을 죽이지 마십시오. 이렇게 늘 제물을 바치면서 간절히 빕니다"(*Rigveda*, Mandala I, 찬송 114, 8).

34. 하늘의 강한 주인이자 바라문교의 두목신(神)인 인드라(Indra)는, 어떤 성자들이 극심한 고행으로 자기의 힘을 빼앗아가지나 않을까 늘 겁내고 있다. 그러다가 만일 그런 위험이 생기면 하늘의 요정을 보내어 성자의 고행 수련을 못하도록 유혹하게 한다. 인드라는 여러 성자들은 살해하여 바라문의 가장 극악한 죄로 더럽혀졌다는 평판을 듣고 있다. (H. Zimmer, 앞의 책, pp. 536 이하를 보라.)

35. H. Frankfort, 앞의 책, pp. 22, 183.

36. W.C. Greene, 앞의 책, p.48; 참조, A.J. Festugiere, *Epicurus and His Gods*(옥스포드, 1955), pp. 52 이하.

37. W.K.C. Guthrie, *The Greeks and Their Gods*(런던, 1950), p. 121.

38. *Odyssey*, XX, 201~203.

39. *Odyssey*, I, 346~347.

40. *Iliad.*, XXIV, 525~526.

41. Hesiod, *Works and Days,* 224, 251; 참조, *Iliad*, XVI, 388.

42. P. von der Muehl, *Kritisches Hypomnena zur Ilias*(바젤, 1952), p. 247; S. Ranulf, *The Jealousy of the Gods and Criminal Law at Athens*(코펜하겐과 런던, 1933~34), I, 9; Victor Ehrenberg, *Die Rechtsidee im fruehen Griechentum*(라이프치히, 1921), pp. 69 이하.

43. Plato, *Republic*, 380.

44. *Prometheus Bound*, 189, 150, 975. 또 E.M. Eenigenburg, *The Experience of*

Divine Anger in Greek Tragedy(뉴욕, 1949)를 보라.

45. I. Mendelsohn, *Religions of the Ancient Near East*(뉴욕, 1955), pp. xiii~xiv.

46. T. Jacobsen, "Mesopotamia" in H. Frankfort 엮음, *The Intellectual Adventure of the Ancient Man*(시카고, 1946), pp. 203~204.

47. W.C. Greene, 앞의 책, p. 19. 또 J. Adams, *Religious Teachers*(에딘버러, 1909), pp. 36~39; S. Ranulf, 앞의 책, I, 20~114; 146~158; II, 28~74, H.V. Canter, 「그리스와 라틴 시에 나타난 신들의 악의(惡意)」, *Classical Philology*, XXXII(1937), 131~143; F. Wehrli, *Lathe Biosas*(라이프치히와 베를린, 1931)을 보라.

48. *Odessey* XXIII, 209~212; IV, 181~182; V, 118~120.

49. W.C. Greene, 앞의 책, p. 75.

50. *History*, I, 32; III, 40; VII, 10,46. 또 M. Pohlenz, *Herodotus, der erste Geschischtschreiber des Abendlandes*(1937), p. 237을 보라.

51. E.H. Blakeney 엮음, *The History of Herodotus*(런던, 1910), I, 32, 주1.

52. 앞의 책, I, 31.

53. W.C. Greene, 앞의 책, p. 87. 바킬리데스에 관하여는 p. 81을 보라. 플라톤은 신들의 질투에 관한 이론을 반대했다. *Phaedrus*, 247, *Timaeus* 29〔한국어판은 『티마이오스』, 서광사〕; Aristotle, *Metaphysics*, 983ᵃ; Aeschylus, *Agamemnon*, 750~762.〔한국어판은 『그리스 비극1』(현암사)에 수록〕

54. S. Ranulf, 앞의 책, I, 63.

55. *The Persians*, p. 98.

56. Plautus, *The Captives*, 머리말 1,22.

57. *Aeneid*, 1, 4.〔한국어판은 『아에네이스』, 혜원출판사〕

58. R. Niebuhr, *The Self and the Dramas of History*(뉴욕, 1955), p. 80.

제3장 정념의 철학

1. E.R. Dodds, *The Greeks and the Irrational*(보스톤, 1957), pp. 5 이하; 38 이하; 참조, Plato, *Symposium*〔한국어판은 『소크라테스의 대화록』(집문당) 등 수록〕, 202ᶜ, "사랑은 위대한 악마(daimon)다." Euripides, *Medea*〔한국어판은 『에우리피데스 비극』(단국대출판부)에 수록〕, 1079, "유한한 인간에게 가장 무서운 재난을 안겨 주는 열정. 인간에게는 그 자신의 숙명적인 열정이 그의 신이 되는 것인가?"(Virgil, *Aeneid*, IX, 185; 참조, W.C. Greene, *Moira*〔케임브리지, 1944〕, p. 101).

2. M. Pohlenz, *Vom Zorne Gottes*(괴팅겐, 1909), p. 16; *Die Stoa*(괴팅겐, 1947), II, 77.

3. Arisotle, *Nicomachean Ethics*, 1106ᵃ, 7, "열정(passions)에 관하여는, 우리가 움직임을 당한다는 말을 듣는다."

4. Aristotle, *De Generatione*, 324ᵇ, 18; 335ᵇ, 29~30.

5. Aristotle, *Metaphysics*, 1071ᵇ, 19.

6. C. Baeumker, *Das Problem der Materie in der Greichischen Philosophie* (뮌스터, 1890), p. 331, 주 3; p. 339. 주 7.

7. *De Cherubim*, XXIV, 77.

8. *Quod Deus Immutabilis Est*, XIII, 60, 68.

9. *Timaeus*, 35ᵃ, 69ᶜ, 72ᵈ; *Republic*, 435ᵇ 이하, 438ᵈ 이하, 504ᵃ 이하, 580ᵈ 이하, *Laws*, 644.

10. *De Anima*, I, 411ᵇ; 참조, 404ᵇ, 27.〔한국어판은 『영혼에 관하여』, 궁리〕

11. *Nicomachean Ethics*, 1108ᵃ, 30; 참조, 1104ᵇ, 24. "고통이나 즐거움 없이 덕행을 하기란 불가능하다 … 왜냐하면 덕(德)은 느낌을 의미하고 느낌은 고통 또는 즐거움이기 때문이다 … 덕에는 고통 혹은 즐거움이 수반된다. 만일 누가 고통과 더불어 옳은 일을 한다면, 그는 좋지 않다. 그러므로 덕에는 고통이 아니라 즐거움이 수반된다. 따라서 즐거움은 행동을 방해하는 것이 아닐 뿐만 아니라 실제로 격려한다. 일반적으로, 덕행은 그것으로부터 오는 즐거움이 없이는 있을 수가 없다" (*Magna Moralia*, II, 7, 1206ᵃ, 17 이하).

12. *Nicomachean Ethics*, 1105ᵇ, 29이하.

13. H. Siebeck, *Geschichte der Psychologie*, II, 165; E. Zeller, *Die Philosophie der Greichen*, II(라이프치히, 1919~20), 466.

14. M. Pohlenz, *Die Stoa*, I, 90~91, 226.

15. G.S. Brett, *A History of Psychology*, I(런던, 1912), 183; Diogenes Laertius, *Lives of Eminent Philosophers*, X, 63.

16. H. Diels, *Die Fragmente der Vorsokratiker*(3판, 베를린, 1912), fragment 26. 이에 대조적으로 성경은, "야훼의 말씀으로 하늘이 펼쳐지고 … 말씀 한 마디에 모든 것이 생기고 한 마디 명령에 제자리를 굳혔다"(시편 33:6, 9)고 한다.

17. Diels, 앞의 책, fragment 134.

18. *Philebus*, 22ᶜ, 28ᶜ; *Phaedrus*, 247ᵈ f.

19. *Philebus*, 33ᵇ; *Republic*, II, 377ᶜ 이하.

20. *Nicomachean Ethics*, 1178ᵇ, 7 이하, 또 Ch. Hartshorne, W.L. Reese, *Philosophers Speak of God*(시카고, 1953), pp. 58 이하를 보라. 신을 순수한 사유(思惟)로 보는 중

세기 유다 철학의 신-개념에 대하여는, Jul. Guttmann, *Die Philosophie des Judentums* (뮌헨, 1933), pp. 184, 222, 226과 356의 주를 보라.

21. E. Zeller, *The Stoics, Epicureans, and Sceptics*(런던, 1870), pp. 515~518; R. Richter, *Der Skeptizismus in der Philosophie*, I(라이프치히, 1904), 85이하; Ueberweg-Praechter, *Grundriss der Geschichte der Philosophie der Altertums* (베를린, 1920), p. 611; M.M. Patrik, *The Greek Sceptics*(뉴욕, 1929), pp. 170~171.

22. *Kuzari*, II, a.

23. *The Guide of the Perplexed*, I, 54~55.

24. 앞의 책, 1, 29.

25. 앞의 책, II, vi, 1.

26. *Ethics*, V, XVII.〔한국어판은 『에티카』, 서광사〕 H.A. Wolfson, *Spinoza* (케임브리지, 1934), pp. 285~286.를 보라. Otto von der Pforten은 *Religions-philosophie*(베를린, 1917), p. 100에서, 종교인의 슬기로운 본능은 언제나 신관(神觀)을 형성할 적에 감정이라는 인간 특유의 요소를 사용하지 않도록 막아왔다고 잘못 주장하고 있다. "예언자들이 환상 속에서 신인 동형 동성설을 말하는 것은 적어도 그들이 그 조잡스런 신-개념을 즐긴다거나 그들을 그토록 거친 함정에 몰아넣은 상상이 정교한 조작이기 때문은 아니다"(Redslob, *Der Begriff des Nabi*〔라이프치히, 1839〕).

27. *Philebus*, 21^d, 60^c, 63^c.

28. J. Arnim 엮음, *Stoicorum Veterum Fragmenta*(라이프치히, 1903~1924), pp. 205~206; Diogenes Laertius, *Lives of Eminent Philosophers*, VII, 110.

29. M. Pohlenz, *Die Stoa*, I, 92, 143~144.

30. Diogenes Laertius, 앞의 책, VII, 115; Cicero, *Tusculan Disputations*, IV, 10, 23. 참고, E. Zeller, *The Stoics, Epicureans and Sceptics*, p. 235, 주2.

31. Seneca, *Epistolae* 116, 1.

32. Seneca, *De Ira* 1, 7, 2.

33. Epictetus, *Discourses*, III, 62. Sextus Empiricus, *Outlines of Pyrrhonism*, III, 235. Diogenes Laertius, 앞의 책, VII, 117. '냉담'을 외부 세계의 영향에 무감각한 것을 의미한다고 본 Pyrrho와는 달리, 스토아파는 현자가, 예컨대 범죄를 증언하는 자리에서, 먼저 감정적으로 반응한다고 주장한다.(M. Pohlenz, *Die Stoa*, p. 152. 포시도니우스와 세네카에 대해서는 pp. 224~226, 307~309를 보라.)

34. *Cicero, Tusculan Disputations*, III, 9,20. Seneca, *De Clementia*, II, 5.

35. W.H.S. Jones, *Greek Morality*(런던, 1906), pp. 26, 59 이하; A Bonhoeffer,

Epiktet und das Neue Testament(기센, 1911), pp. 164 이하; R. Bultmann, *Zeitschrift für die neutestamentliche Wissenschaft*(1912), p. 97; R. Hirzel, *Themis, Dike*(라이프치히, 1907), pp. 25 이하, "그리스인들은 두려워하며 마지못해서 연민(pity)의 더 높은 의미를 깨닫게 되었다···호메로스의 영웅들은 그것을 두려워했다. 아가멤논은 자기 아우가 연민의 감정을 품었다고 해서 심하게 비난했고 아킬레스는 친구인 파트로클루스에게 연민을 느낀 사실을 고백하고 용서를 빌었다. 연민에 대하여 영웅들이 품었던 원시적이고 야생적인 공포를 두고 니체는 이렇게 말한다. '연민은 삶-의식(Lebensgefuhl)의 에너지를 더 높여주는, 원기를 돋우는 감정들과 반대되는 것이다'"(G.H. Macurdy, *The Quality of Mercy* 〔뉴헤이븐, 1940〕, p. xi).

36. 신플라톤주의에 대하여는 J. Kroll의 *Hermes Trismegistos*(뮌스터, 1938), pp. 276 이하를 보라.

37. W. Dilthey, *Gesammelte Schriften*, II(라이프치히와 베를린, 1914), 47. J. Macmurray, *Reason and Emotion*(뉴욕, 1938), pp. 123 이하.

38. T. Rüther, *Die sittliche Forderung der Apatheia*("Freiburger Theologische Studien," 63), 1949를 참조하라.

39. R. Falckenberg, *Geschichte der neueren Philosophie*(베를린, 1927), pp. 89 이하.

40. W. Dilthey, 앞의 책, II, 285 이하를 보라.

41. *Anthropologie*, I, 81.

42. 앞의 책, I, 75; 참조, *Critique of Judgment*, par. 29.

43. Hegel, *Philosophy of History*, 서문.

44. J. Pedersen, *Israel*, I-II (런던과 코펜하겐, 1926), 104.

45. Lactantius, *De Ira Dei*, I, 8, 3.

46. 인간의 열정은 본성에 뿌리를 둔 것이 아니며 잘못된 사유에 기인된 것으로서 근절되어야 하고 될 수 있다는 스토아의 견해에 반하여 「제4마카베오」의 저자는, 열정이 하느님에 의하여 인간에게 심어진 것으로서 근절되거나 억압되어서는 안 된다고 주장한다(2:21~23). 그 책의 주제는 이성(理性)이 모세의 법 아래에서 배양된 것으로서(1:17), 열정을 다스리고 최고 주인이 되어야 한다는 것이다. "이성은 열정을 뿌리 뽑는 자가 아니라 맡겨두는 자(antagonist)"라고 저자는 말한다.(3:5; 참조, 1:6) 시락 6:2의 다음 구절을 참조할 것. "열정의 노예가 되지 말라, 그것들이 너의 힘을 황소처럼 탕진하지 못하도록." 이 구절은 앞뒤 문맥이 말해주듯이 더러운 열정을 언급하고 있다. R.H. Charles의 *The Apocrypha and Pseudepigrapha of the Old Testament*, I(옥스포드, 1913), 333의 주석과 *Aboth* IV, 1; *Aboth de Rabbi Nathan* A, 23을 보라. 필로는 모세와 아론으로 하여금, 덕(德)이란 인간의 감정을 통제하는 것인가, 근절하는 것인가

를 놓고 논쟁을 하게 했다. 아론은 아리스토텔레스의 견해를 대변하고 모세는 스토아의 견해를 대변한다. 그는 감정을 완전히 근절시키는 일은 모세 같은 특출한 사람에게만 가능하다고 본다. 대부분의 사람들에게는 감정의 조절이 목표가 된다.(*Legum Allegoria*, III, XLIV, 128~129; XVI, 136; H.A. Wolfson의 *Philo* II[케임브리지, 1947], 274~275를 보라.)

47. *Gesammelte Werke*(무사리온 판), XVI, 373.

48. "느낌은, 우리가 본능적으로 가슴의 감정에 속한 것으로 여기는 피동성으로 성격지워지지 않는다. 이스라엘 사람들에게는 마음(가슴)이 혼이고, 동시에 느끼며 행동하는 기관이 된다"(J. Pedersen, 앞의 책, I-II, 104).

49. Plato, *Republic*, II, 381.

50. Diels, 앞의 책, frag. 25, 26; 참조, K. Freeman, *Ancilla to the Pre-Socratic Philosophers*(옥스포드, 1952), p. 23.

51. Diels, 앞의 책, frag. 8; 참조, K. Freeman, 앞의 책, pp. 43~44.

52. W. Jaeger, *The Theology of the Early Greek Philosophers*(옥스포드, 1947), F.M. Cornford, *Plato and Parmenides*(런던, 1930), p. 36을 보라.

53. Diels, 앞의 책, frag. 20, 27, 66; 참조, P. Wheelwright, *Heraclitus*(프린스턴, 1959), pp. 30~34.

54. J. Adams, *The Religious Teachers of Greece*(에딘버러, 1909), p. 244를 보라.

55. *Cratylus*, 402ᵃ; 참조, Aristotle, *Metaphysics*, 987ᵃ, 34 이하.

56. *Metaphysics*, 1073ᵃ, 11.

57. K. Reinhardt, *Parmenides und die Geschichte der Griechischen philosophie*(본, 1916), p. 256.

58. J. Adams, 앞의 책, pp. 206, 244를 보라.

59. *Outlines of Pyrrhonism*, I, 162.

60. Augustine, *Confessions*, VII, 11; XII, 15.[한국어판은 『성아우구스티누스 고백록』, 범우사]

61. 여기에 스토아는 포함되지 않았다.

62. "지혜는 모든 움직임보다 더 빠르다"고 「지혜서」의 저자는 말한다(7:24). 그는 신과 세계를 중개하는 지혜는 신의 모든 속성을 다 지니고 있다고 보았다.

63. *Summa Theologica*, I, 8, 1; 20, 1.[한국어판은 『신학대전』 제1권, 성바오로출판사]

64. W. Jaeger, 앞의 책, p. 31; p. 203 주44.

65. A.S. Pringle-Pattison, *The Idea of God*(뉴욕, 1917), p. 298.

66. J. Burnet, *Greek Philosophy*, I(런던, 1920), 230 이하; 참조, *Encyclopedia of*

Religion and Ethics, VIII, 523ª에 실린 그의 글, "Megarics."

67. *Enneads*, V, 5, 7.

68. *The Guide of the Perplexed*(Rabin 역), I, 51~52.

69. A.J. Heschel, *Man is not Alone*(뉴욕, 1951), pp. 111이하〔한국어판은 『사람은 혼자가 아니다』, 종로서적, pp. 93 이하〕를 보라.

제4장 신인동감동정설

1. H. Diels, *Fragmente der Vorsokratiker*(3판, 베를린, 1912), frag 11, 12.

2. *Republic*, 378ᶜ.

3. Plato, *Phaedrus*, 247ª; *Timaeus*, 29ᶜ; Aristotle, *Metaphysics*, 983ª.

4. Euripides, *Heracles*, 345, 1316 이하, 1308.

5. K. Freeman, *Ancilla to the Pre-Socratic Philosophers*(옥스포드, 1952), frag. 15, 16.

6. A.J. Heschel, *The Sabbath*(뉴욕, 1951), pp. 59~60를 보라.

7. A.J. Heschel, *Man is not Alone*(뉴욕, 1951), pp. 101~102〔한국어판은 『사람은 혼자가 아니다』, 종로서적, pp. 7~8〕를 보라.

8. Diels, 앞의 책, frag. 34.

9. *Republic*, 511.

10. Plato, *Timaeus*, 28.

제5장 진노의 의미와 신비

1. "이런 말을 듣는 사람들 가운데 어떤 이들은, 존재자(the Existent, 〔神〕)가 비록 진노하기는 하지만 어떤 감정에 쉽사리 사로잡힐 수는 없다고 생각한다. 감정에 휘몰리는 것은 인간의 약함을 보여 주는 표시기 때문이다. 하느님은 육체를 가지지 아니하셨듯이 비합리적인 열정도 가지지 아니하셨다. 〔모세가 그런 식으로 표현한 것은 달리 말하면 알아듣지 못하는 자들을 깨우치기 위해서다.〕 그런고로 이런 말들이 사용된 것은, 하느님의 본성이 그러해서가 아니라 훈련하고 깨우치기 위해서다"(Philo, *Quod Deus Immutabilis Est*, XI, 52-54). "우리는 하느님이 인간의 모습이라고 말하는 해괴한 짓은 피하려고 한다. 그러면서 실제로는 그분이 인간처럼 열정을 품고 계신다는, 경건하지 못한 생각을 받아들인

다. 그리하여 우리는 그분이 손과 발을 놀리고, 들어가고 나가며, 미워하고 싫어하고 따돌리고 화를 낸다고 제멋대로 말한다. 사실상 그런 지체라든가 열정은, 제1원인(The Cause)에게는 있을 수가 없는 것으로서…그런 것들은 우리의 약함을 부축해 주는 버팀목에 불과하다."(Philo, *De Sacrificiis Abelis et Caini*, XXI, 96)

2. 그렇게 읽으면, 한 단어를 다른 단어로 대체하게 된다. 결과가 원인으로 대체되는 것이다 (metonymia causae pro effectu).

3. Nietzsche, *Morgenröte*, 38〔한국어판은 『서광』, 청하〕; W.A. Kaufmann, *Nietzsche* (프린스톤, 1950), p. 263.

4. 분노는 "보복하려는 욕망"(Aristotle, *De Anima*, I, 1)으로, "노골적인 경멸에 대하여 앙 갚음하려는"(*Topica*, 156ᵃ, 33) 욕망으로, "불타는 복수심"(Cicero, *Tusculan Disputations*, IV, 19, 44)으로, "잠깐 동안 미쳐버림"("Ira furor brevis est," Horace, *Epistolae*, I, 2, 62)으로, 남을 해치려는 욕망으로, "상처를 입어서 보복하고자 하여 부글 거리며 뒤집혀 있는 마음 상태"(J. Locke, *An Essay Concerning Human Understanding*, II, 20)로 설명되고 있다. "그 어느 것도 분노만큼 인간의 억제 능력을 무참히 깨뜨리지는 않는다. 몰트케가 전쟁에 대하여 말할 때 그랬듯이, 순수하고 단순한 파괴가 분노의 핵심이요 본질이기 때문이다"(W. James, *The Varieties of Religious Experience* 〔뉴욕, 1958〕, p. 210〔한국어판은 『종교적 경험의 다양성』, 한길사〕). 과연 이런 설명이 분노의 본질을 밝히는 데 어떤 빛을 비추고 있는 건지 의심스럽다.

5. 모세는 몇 번인가 화를 낸 것으로 기록되어 있다(출애굽기 16:20, 레위기 10:17, 민수기 31:14 등). 이 사실은 성서 시대가 지난 뒤에야 문제시되었던 듯하다. 랍비 엘르아잘 벤 아자리아(A.D. 1세기)는 다른 랍비들을 좇아, 모세를 포함하여 그 누구도 화를 내어서는 안 된다고 주장했다. 모세도 세 번이나 화를 냄으로써 과오를 저질렀다는 것이다. *Sifre Numbers*, 157(H.S. Horovitz 엮음, p. 213). 「제4마카베오」 2:17에 보면, 모세는 도단과 아비람 때문에 화가 났지만(민수기 16:15) "그러나 화가 나는 대로 버려두지 않고 이성으로 자신의 분노를 다스렸다." 유다의 문서에는 분노에 대한 극도의 저주가 자주 언급되어 있다. 하느님은 화내지 않는 자를 사랑하신다, *Pesahim* 113ᵇ. "화를 내지 말아라, 그러면 죄를 짓지 않으리라," *Berachoth* 29ᵇ. "화를 내는 자는 우상을 숭배한 자처럼 대하라"는 격언도 있다(Maimonides, *Mishne Torah, Deoth*, II, 3). *Sefer Hasidim, Vulgata*, 145와 마이모니데스의 앞의 책, 그리고 다른 여러 학자들의 책에도 분노의 가차 없는 근절이 언급되어 있다. 후대의 문서에는 분노가 자주 육체적 결함으로 묘사되고 있다. 「시편」 4:5를 **"화를 내라 그리고 죄를 짓지 말라"**로 읽은 『70인역』에는 분노에 대한 철저한 거부가 담겨져 있지 않다. 이 구절을 아랍어 번역과 랍비들의 주석에서는 "하느님 앞에서 무서워 떨라. 그러면 죄를 짓지 않으리라"로 읽는다. 어떤 바빌로니아 랍비들

은 절제된 분노를 표현하고 있다, *Taanith* 4[b]. 어떤 상황에서는 분노가 허용되기도 한다, *Megillah* 6[b]. 이븐 가비롤의 말을 들어보면, "성냄은 비난받을 만한 것이다. 그러나 사람을 바로잡아 주기 위한 분노나 범죄를 막기 위한 분노일 경우에는 오히려 칭찬을 들을 만한 것이다"(*The Improvement of the Moral Qualities*, IV, 1). 아리스토텔레스의『니코마코스 윤리학』(*Nicomachean Ethics*)과「에페소서」4:26, "성을 내되 해질 때까지 계속 내어 악마가 틈타지 못하게 하라"를 참고하라. 여기서는 분노 그 자체가 악으로 취급되지 않고 있다.「마르코」3:5 에는 그리스도가 성을 낸 것으로 되어 있다.

6. "나 야훼 너희의 하느님은 질투하는 신이다"(출애굽기 20:5)는 십계명의 한 구절은, "나는 질투를 다스리는 신이다. 내가 질투의 주인이지 질투가 나의 주인은 아니다"(*Mechilta*, 해당 부분 주석)라는 의미로 해석된다. "인간의 분노는 인간을 좌우한다. 그러나 하느님은 당신의 분노를 좌우하신다. 그래서 야훼는 질투와 복수 위에 계신다고 한 것이다"(나훔 1:2), *Genesis Rabba*, 49, 8(Theodor 엮음, p. 509). "화난 상태면서 동시에 화해하는 상태일 수 없는 것이 인간의 본디 모습이다. 그러나 거룩하신 분께서는—그분께 축복을—화를 내시는 가운데 화해의 준비를 갖추신다. 그래서 말하기를, 그분의 분노는 잠깐이요 사랑은 평생토록 계속된다고 한 것이다"(시편 30:6〔*The Midrash on Psalms*(W. Braude 역), 제 2장 끝부분〕).

7. 플라톤은 교육을, "태어나서 죽을 때까지 미워해야 할 것을 미워하게 하고 사랑해야 할 것을 사랑하게 이끄는 것"으로 정의내린다(*Laws*, II, 653). 참조, Aristotle, *Nicomachean Ethics*, 1125[b], 31. "옳은 일과 옳은 사람들을 위하여 화를 내는 사람, 나아가서 마땅히 해야 할 일을 해야 할 때에 하는 사람은 칭찬을 받는다." 필로도 '의분'(義憤)을 칭찬한다. H.A. Wolfson의 *Philo*, II(케임브리지, 1947), 276을 보라.

8. 동양의 종교에서는 덕(德)으로서의 인내가 **냉정함**, 즉 정신수양을 쌓아 주변 상황에 완전히 무관심한 것과 상당히 가깝다. 인내를 인간의 적극적인 태도로 보는 것은 성경 특유의 생각이다. 그것은 고통과 결핍을 말없이 견디는 것이요, 마침내 하느님의 선하심이 드러나리라는 확신에서 기다리는 것이다.

9. "불의한 자와 패역한 자는 어떤 경우에든 늘 불쌍히 여겨야 한다. 인간은 치료가 가능한 자에게는 동정과 아울러 용서를 베풀고 화를 가라앉힐 수가 있다. 여자처럼 열정에 사로잡혀 악감정을 키우는 일 없이. 그러나 고쳐질 가능성이 없고 전적으로 악한 자에게는 진노의 보복을 가해야 한다. 그런고로 나는, 선량한 사람은 때를 따라 온순하기도 하고 격정적이기도 해야 한다고 말하는 것이다"(Plato, *Laws*, 731).

10. "아무리 노여운들 내가 다시 분을 터뜨리겠느냐?"(호세아 11:9) "나는 나의 이름을 위하여 노여움을 참았고 나의 영광을 위하여 분노를 억제하였으며 너희를 멸하지 아니하였다"(이사야 48:9).

11. "나는 한 민족 한 나라를 뽑아 뒤엎어 없애버리기로 결심하였다가도 벌하려던 민족이 그 악한 길에서 돌아서기만 하면 내리려던 재앙을 거둔다"(예레미야 18:7~8).

12. 모세는 고백한다. "야훼께서 너희에게 크게 노하시어 마침내 너희를 없애버리실 것 같아 나는 두려웠다. 그러나 야훼께서는 다시 한 번 나의 애원을 들어주셨다"(신명기 9:19). 「출애굽기」 32:7~11을 보라.

13. W.F. Lofthouse, *ZAW*, LI(1933), 29 이하.

14. "나의 분노는 불처럼 타올라 오래오래 꺼지지 않으리라"는 「예레미야」 17장 4절은, 분노 자체가 아니라 분노의 결과가 오래 계속된다는 말이다.

15. 「신명기」 4:31에는 라훔만, 「출애굽기」 22:26, 「시편」 116:5 에는 한눈만 기록되어 있다.

16. 나는 랍비들의 해석을 따랐다. Bab, *Niddah* 31ª, Rashi, *Commentary*, 해당 부분 주석; *Leviticus Rabba*, 32장 서두를 보라.

17. 적들의 주먹질을 얻어맞으며 이스라엘은 조롱과 비웃음을 받아야 했다. "네 하느님 야훼가 어디 있느냐?"(시편 42:4; 79:10; 115:2; 요엘 2:17; 오바댜 12 이하; 참조, 시편 25:2; 35:19).

18. 「사무엘하」 24장에는, 야훼께서 이스라엘 백성에게 화가 나서 그들을 괴롭힐 목적으로 다윗에게 인구 조사를 할 마음을 품게 하신 것으로 기록되어 있다. 뒤에「역대기하」 21장에 보면 사탄이 이스라엘을 괴롭히려고 다윗에게 인구 조사를 하게 한 것으로 되어 있다.

19. Ibn Ezra Kimhi, *Commentaries,* 해당 부분 주석.

20. R. Otto, *The Idea of the Holy*(런던, 1923), p.24.

21. 예레미야는 하느님께 말씀드리는 가운데 "분노의 순간"에 대해 말하고 있다 (18:23; 참조, 18:7, 이사야 26:20).

제6장 이라 데이

1. A. Harnack은 이렇게 말했다. "2세기에는 오직 한 사람, 마르키온만이 바울로를 이해했다고(understood) 말할 수 있으리라. 그러나 그것은 바울로에 대한 오해였다고(misunderstood) 덧붙여 말해야 한다." M.S. Enslin, "The Pontic Mouse," *Anglican Theological Review*, XXVII(1945), 15를 보라.

2. A. Harnack, *Marcion, Das Evangelium vom fremden Gott*(라이프치히, 1921), pp. 94, 97; 144ᶠ.; H.R. Niebuhr, *Christ and Culture*(뉴욕, 1951), p. 168을 보라.

3. M. Pohlenz, *Vom Zorne Gottes*(괴팅겐, 1909), p. 21.

4. Tertullian, *Adversus Marcionem*, I, 6.

5. Irenaeus, *Adversus Haereses*, I, 27, 2; Tertullian, 앞의 책, II, 14.

6. Tertullian, 앞의 책, II, 11, 25.

7. Tertullian, *De Idolatria*, 5.

8. Hippolytus, *Refutatio Omnium Haeresium*, VII, 30, 2. 또 H.A. Wolfson, *The Philosophy of the Church Fathers*, I (케임브리지, 1956), 542, 주 34를 보라.

9. 신약성경은 하느님의 진노를 하나의 실재(a reality)로 본다. 예컨대, 「마태오」 3:7; 「루가」 3:7; 「로마서」 1:18 이하; 3:5; 5:9; 12:19; 「에페소서」 2:3; 5:6; 「골로사이」 3:6; 「데살로니카전」 2:16; 5:9; 「묵시록」 14:10; 15; 18:3; 19:5를 보라. 이것을 주제로 한 문헌에는, *Realencyklopädie für protestantische Theologie und Kirch*, XXI(라이프치히, 1908), 722 이하, *ThWBNT.* V, s.v. *orge.*

10. A. Harnack. *Lehrbuch der Dogmengeschichte*, I(프라이부르그, 1894), 260를 보라. 참조, Tertullian의 *Adversus Marcionem*, I, 27, "결코 공격하지 않고 결코 화내지 않고 결코 변하지 않는, 더 나은 신(神)이 발견되었다."

11. 마르시온적 논쟁의 메아리를 랍비 문학에서 찾아보려면, A. Marmorstein, *Studies in Jewish Theology*(런던, 1950), pp. 1 이하를 보라.

12. *Adversus Marcionem*, I, 26.

13. 앞의 책, II, 27.

14. E.F. Micka, *The Problem of Divine Anger in Arnobius and Lactantius*(워싱톤, 1943), p. 30.

15. M. Pohlenz, 앞의 책, p.29.

16. "그들이 인간의 모습을 하고 있음은 인정하자. 그러나 그들은 성을 내고 화를 부리는 존재들이다"(R. Harris, *The Apology of Aristides on Behalf of Christians*[케임브리지, 1893], p. 100).

17. M. Pohlenz, 앞의 책, p. 44; E.F. Micka, 앞의 책, pp. 18~19.

18. M. Pohlenz, 앞의 책, pp. 47 이하; E.F. Micka, 앞의 책, pp. 39 이하.

19. Lactantius, *De Ira Dei*, 5, 10; M. Pohlenz, 앞의 책, pp. 48 이하; E.F. Micka, 앞의 책, pp. 114 이하, Lactantius는 하느님과 그 추종자들을 증오한 자들에게 부어진 하느님의 분노의 역사를 담은 논문, "De Mortibus Persecutorum"을 집필했다. Micka, 앞의 책, p. 130, 주 64를 보라.

20. Origen, *Contra Celsum*, IV, 71.

21. 앞의 책, IV, 72.

22. M. Pohlenz, 앞의 책, p. 128; J.K. Mozley, *The Impassibility of God*(런던, 1926), pp. 104 이하.

23. H. Grisar, *Luther*, I(런던, 1913), 113, 189.

24. G. Aulen, *Christus Victor*(런던, 1950), pp. 130~131.

25. P. Volz, *Das Dämonishe*(튀빙겐, 1924), p. 9.

26. H.J. Muller, *The Uses of the Past*(뉴욕, 1952), p. 83.

27. B. Russell, *History of Western Philosophy*(런던, 1946), p. 608.〔한국어판은 『서양철학사-하』, 집문당〕

28. L.R. Farnell, *The Attributes of God*(옥스포드, 1925), p. 174.

29. R. Pettazzoni, *The All-Knowing God*(런던, 1956), pp. 409, 438. Pettazzoni는 이 교묘한 비교를 "테즈카틀리포카는 결국 하나의 구약의 하느님이다"라고 한 H. Dietschy의 논문(*Anthropos*〔독일, 1940~41〕, p. 336)에서 따왔다. 당시 학계에 만연되었던 나치 이데올로기는 이와 같은 자료들을 의존하여 주목을 끌었을 것이다.

30. M. Eliade, J.M. Kitagawa 엮음, *The History of Religions*(시카고, 1959), p. 6ª.

31. A. Titius, "Die Anfänge der Religion bei Ariern und Semiten," *Studien zur systematischen Theologie*, XVI(하이델베르그, 1934), p.34.

32. A. Harnack, *Marcion*(2판, 라이프치히, 1924), pp.127,222. E.C. 또 Blackman, *Marcion and His Influence*(런던, 1948), p. 122를 보라.

33. G. van der Leeuw, *Religion in Essence and Manifestation*(런던, 1938), pp. 139~140.

34. P. Volz, 앞의 책, p. 5; p. 39를 보라. G. Hölscher, *Geschichte der Israelitischen und Juedischen Religion*(기센, 1922), pp. 67 이하, 85~87.

35. P. Volz, 앞의 책, p. 31. 더 최근의 학자들은 하느님을 자연의 축복을 베푸시는 분이며 이스라엘을 에집트에서 해방시키신 분으로 알게 된 시기를 훨씬 더 전 시대로 올려 잡는 경향이 있다.

36. R. Otto, *The Idea of the Holy*(런던, 1923), p.18.

37. S.D. Goitein은 *Vetus Testamentum*, vol. VI(1956), pp. 1~9에 실린 논문에서, 발음하지 않는 네 문자(YHWH)는 히브리 어근 hwy(아랍어로는 hawa)에서 온 것인데 hwy는 어떤 목적을 두고 쏟는 열렬한 사랑과 헌신을 의미한다(미가 7:3; 잠언 10:3을 보라)고 했다. "그 이름은 미완의 형태로 되어 있다―예컨대 이사악과 야곱의 이름들처럼. 그러므로 이는 **열정적으로 행동하는 자, 열성분자** 를 뜻한다." 하느님의 이름에 대한 이런 해석은 「출애굽기」 33:19에서도 찾아볼 수 있다. 거기서 하느님은 모세에게, "내 모든 선한 모습을 네 앞으로 지나가게 하며 야훼(유다인은 발음하지 않고 4문자로 표기함―역주)라는 이름을 너에게 선포하리라. 나는 돌보고 싶은 자는 돌보아주고 가엾이 여기고 싶은 자는 가엾이 여긴다"고 말씀하셨다. 하느님은 당신의 이름을, "당신께서

그럴 가치가 있다고 보시는 자를 열렬하게 돌봐주시는 당신의 본성을 드러내 보여주기 위하여" 선포하신다. 이와 비슷하게 「출애굽기」 3:14의 이름도 "나는 내가 사랑하는 자를 (뜨겁게) 사랑하리라"는 뜻으로 이해할 수 있다. 다른 말로 하면 "나는 나를 섬기는 이스라엘 백성을 구원하리라"가 된다. 어근 kn' 은 두 가지 의미를 지니고 있다. "감정의 강렬한 힘과 그 방향의 외곬수"가 그것이다. 「출애굽기」 34:14의 "**나의 이름은 질투하는 야훼**"는, "야훼의 본성이 질투하는 신이라는 뜻으로가 아니라 그분의 이름 자체가 정확하게 그런 뜻이라는 말로 이해되어야 할 것이다." 참조, S.D. Goitein이 *Kirjath Sepher*, XIII(예루살렘, 1936~37), 450~452에 실은 *Die Prophetie* 서평.

제7장 동정의 종교

1. 나의 책 *Die Prophetie*(크라코프, 1936)에서 발전시킨 바, 예언자의 인격을 동정이라는 술어로 해석한 나의 시도를 H. Wheeler Robinson은 그의 책 *Redemption and Revelation*(런던, 1942), p. 150 주에서, 그리고 그의 호세아 주석인 *Two Hebrew Prophets*(런던, 1948), pp. 21 이하에서 적용하고 있다. H.W. Robinson 엮음, *Record and Revelation*(옥스포드, 1938), p. 240에 실린 N.W. Porteous의 글; C.R. North, *The Old Testament Interpretation of History*(런던, 1946), pp. 172 이하를 보라. Henry Corbin은 그의 탁월한 논문, "Sympathie et Théopathie chez les 'Fideles d'amour' en Islam", *Eranos Jahrbuch*, XXIV(1956), pp. 199~301와 저서 *L' Imagination créatrice dans le soufisme D' lbn Arabi*(파리, 1958)에서 정념의 신학과 동정의 종교라는 범주를 이슬람교 수피의 종교적 실존에 적용시켰다. 참조, H. Knight, *The Hebrew Prophetic Consciousness*(런던, 1947).

2. A.R. Johnson은 *The One and the Many in the Israelite Conception of God*(카디프, 1961), pp. 33 이하에서, 이 삼인칭과 일인칭의 오고감에 바탕하여, 예언자는 하느님의 대변자일 뿐 아니라 하느님의 인격의 능동적인 "연장"(extension)이었고 그런 뜻에서 인격 속의 하느님(the Lord in Person)이었다고 추론한다. 그러나 이런 생각은 우리가 알고 있는 예언자의 하느님 이해와는 전혀 반대다.

3. 아모스 3:1[a](삼인칭)과 3:1[b](일인칭); 이사야 3:1[a](삼인칭)과 3:4[a](일인칭); 5:1~2(삼인칭); 5:3~6(일인칭)과 5:7(삼인칭); 10:12[a](삼인칭)과 10:12[b](일인칭); 11:3[a](삼인칭)과 11:9[a](일인칭); 22:17(삼인칭)과 22:19[a]~20[b](일인칭); 예레미야 11:17[a](삼인칭)과 11:17[b](일인칭); 23:9(삼인칭)과 23:11(일인칭); 9:1(예언자의 말)과 9:2(하느님의 말); 이사야 53:10[a](삼인칭)과 53:12(일인칭) ; 61:6(삼인칭)과 61:8(일인칭).

4. 이사야 1:2ᵇ~3(일인칭)과 1:4(삼인칭); 예레미야 4:1(일인칭)과 4:2(삼인칭); 4:21(예언 자의 말)과 4:22(하느님의 말); 8:13(일인칭)과 8:14(삼인칭); 나훔 1:12~13(일인칭)과 1:13(삼인칭).

5. R. Kittel, *Gestalten und Gedanken in Israel*(라이프치히, 1925), p. 505.

6. 이것은 G. van der Leeuw가 *Religion in Essence and Manifestation*(런던, 1938), p. 477에서 한 "족장 아브라함을 … 하느님의 벗이라고 부른 것은 아마도 그리스 철학의 영향을 받은 자료에서 기원된 듯하다"는 주장을 반박한다. "하느님의 벗"이라는 말은 *Aboth* VI, 1; *Leviticus Rabba*, 6, 1; *Genesis Rabba*, 69, 2(Theodor 엮음, p. 792)에 도 나온다. 그리스적 유다 문학의 관념에 대한 분석은 E. Peterson의 "Der Gottesfreund, Beitrage zur Geschichte eines religiosen Terminus," *Zeitschrift für Kirchen- geschichte*, XLII, NF 5(1923), 172 이하를 보라.

7. *Nichomachean Ethics*, VIII, 8, 158ᵇ, 33 이하; 비교, P. Wheelwright, *Aristotle*(뉴 욕, 1951), p. 243.

8. *Magna Moralia*, 1208ᵇ, 29~32. 그러나 *Ethica Eudemia*, 1242ª, 33을 보라.

9. S. Reinach, *Orpheus*(런던, 1909), pp. 21~22 또 E. Durkheim, *The Elementary Forms of the Religious Life*(뉴욕, 1961), pp. 57~58를 보라.[한국어판은 『종교적 생 활의 원초적 형태』, 민영사]

10. M. Scheler, *The Nature of Sympathy,* (P. Heath 옮김, 뉴헤이븐, 1954).

11. 여기서 ruaḥ는 '조바심, 참지 못함'을 의미한다고 본다. 잠언 14:29 참조.

12. 이 점에서 ruaḥ는 독일어 mut와 어형론적으로 유사하다. mut라는 독일어는, 고대에는 인간의 혼 전체를 의미했는데(gemüt와 가까움), 뒤에 와서 욕망을 뜻했고 16세기 이후 로는 용기를 뜻하게 되었다.

13. Rashi는 창세기 6:3의 ruaḥ가 야훼의 내적 생명을 의미하는 데 사용되고 있다고 보았 다. "나의 입김이 사람들에게 언제까지나 머물러 있을 수(만족할 수?)는 없다"는 구절을 그는 이렇게 풀었다. "나의 루아흐는 인간 때문에 내 안에서 불만족하거나 다투지는 않 으리라…파멸시키든지 아니면 자비를 보여주든지, 나의 루아흐는 내 안에서 만족했다. 그러나 그런 만족이 영원하지는 않을 것이다."

14. Diogenes Laertius, *Lives of Eminent philosophers*, VII, 149; Cicero, *De Natura Deorum*, II, 19와 *De Divinatione*, II, 33.

15. K. Reinhardt, *Kosmos und Sympathie*(뮌헨, 1926), pp. 92~138; I. Heinemann, *Poseidonios metaphysische Schriften*(브레슬라우, 1928), p. 114.

16. *Enneads*, IV, 4, 32 이하.

17. 앞의 책, IV, 5, 2.

18. 앞의 책, II, 3, 7; 참조, IV, 9, 1; 3, 8; 4, 41; 26.

19. B. Geyer, "Die patristische und scholastische Philosophie," F. Ueberweg, *Grundriss der Geschichte der Philosophie*, II(베를린, 1928), pp. 490~491; *idem*, "Die mittelalterliche Philosophie", M. Dessoir, *Lehrbuch der Philosophie*(베를린, 1926), pp. 357~358.

20. E. Gilson, *History of Christian Philosophy in the Middle Ages*(뉴욕, 1955), pp. 344~345. Gilson은 위의 책 693쪽 주 41에서, 영혼의 힘들의 연결은 올리뷔만의 고유한 생각이 아니라고 했다. 아테나고라스는 희랍 철학자들한테서도 유일신론에 대한 암시가 발견된다고 인정한다. 그러나 그것은 신의 영과 인간의 혼 사이에 이루어지는 동감(sympathy)을 두고 그렇게 추측한 것이었다(*Intercessions for the Christians*, "The Ante-Nicene Fathers of the Church"[그랜드 래피즈, 1950~1951], p. 382).

21. Rössler in *Philosophisches Jahrbuch*(1922), pp. 185~191.

22. "나는 곡예사와 '함께 있는' 자(one with)가 아니다. 다만 나는 그와 '함께'(with)이다"(Edith Stein, M. Scheler가 *The Nature of Sympathy*[뉴헤이븐, 1954], p. 18에서 인용함).

23. 에제키엘은 예루살렘에서 탐무즈 신을 위해 곡하는 여자들을 보았다(에제키엘 8:14).

24. 에집트의 상속을 다룬 신비극에서 호루스는, 죽은 아버지를 두고 이렇게 중얼거린다. "그들은 나의 아버지를 땅 속에 묻어버렸구나.…아버지를 위하여 울지 않을 수 없게 만들었구나"(H. Frankfort, *Kingship and the Gods*[시카고, 1948], p. 288).

25. 앞의 책, p. 283.

26. 호세아의 결혼은 동정의 제사(祭祀)가 아니라 동정의 행위다.

27. "그의 부활에는 예견할 수 없는 요소가 들어 있다. 자연 생명력의 되돌아옴은 인간이 계획을 세워서 어떻게 할 수 있는 것이 아니기 때문이다. 그러나 공동체는 자신의 생존이 달려 있는 재생을 그냥 앉아서 피동적으로 기다리고만 있을 수는 없다. 그리하여 제의적인 '탐색'이 이루어지고 신의 운명에 대한 인간들의 관심이 행렬, 애곡 등 적절한 제사 의식을 통해 표현되는 것이다. 애곡하면서 찾는 것은 신화에서 여신이 하는 역할을 맡아 하는 것이다"(H. Frankfort, 앞의 책, p. 288).

28. "그러므로 우리는 될 수 있는 한 빨리 이 땅에서 도망쳐 신들이 거하는 곳으로 가려고 노력해야 한다. 이것이 가능한 만큼, 도망치는 것은 신처럼 되는 것이다. 그리고 신처럼 되는 것은 의롭고 거룩하고 지혜로와지는 것이다"(*Theaetetus*, 176ᵃ f.).

29. R. Reitzenstein, *Mysterienreligion*(라이프치히와 베를린, 1927), pp. 192 이하; F. Cumont, *Die Mysterien des Mithra*(라이프치히와 베를린, 1923), pp. 143~144.

30. H. Lommel, *Die Religion Zarathustras*, p. 250.

31. 유다이즘에 있어서의 '하느님 본받음' 문제는, M. Buber, "Nachahmung Gottes",
Kampf um Israel, pp. 68~83; Marmorstein, "Die Nachahmung Gottes in der
Agada", *Festschrift für Wohlgemut*, pp.144~159; A.J. Heschel, *Maimonides*(베
를린, 1935), pp. 272 이하; A.J. Heschel; *Theology of Ancient Judaism*, I(런던과
뉴욕, 1962), p. 153~154를 보라.

제8장 예언과 무아경

1. E. Rohde, *Psyche*, II(튀빙겐, 1925), 311 이하; 비교, Schneider, "Die mystisch-
ekstatische Gottesschau im Griechischen und Christlichen Altertum", *Philo-
sophisches Jahrbuch der Görresgesellschaft*, XXI, 24 이하.
2. E. Underhill, *Mysticism*(런던, 1912), p. 363~364; P. Beck, *Die Ekstase*(1906).
3. J.G. Frazer, *Taboo and the Perils of the Soul*(런던, 1920), 2장; Achelis, *Die
Ekstase*(베를린, 1902), p. 21을 보라.
4. Herodotus, *History*, IV, 13~15; E. Rohde, 앞의 책, pp. 94~95를 보라.
5. Plato, *Laws*, 642ᵈ.
6. E. Rohde, 앞의 책, pp. 96 이하. Plutarch의 *Lives*, Solon, XII에 보면 에피메니데스
는 "신들과 가까이 지내는 사이며 신들의 일에 정통한 자라는 평판을 들었다. 그래서 당시
사람들은 그를 발테라는 요정의 아들이며 새로운 쿠레스라고 불렀다."[한국어판은『플루
타크 영웅전』, 범우사]
7. Gruppe, *Griechische Mythologie*(뮌헨, 1906), p. 849.
8. A. Dieterich, *Eine Mithrasliturgie*(라이프치히, 1903), p. 98을 보라.
9. 앞의 책, pp. 97 이하; 이 델피 신전의 여사제와 아폴로의 애정 결합에 관하여는 p. 14를
보라. 참조, L.R. Farnell, *Cults of the Greek States*, III(옥스포드, 1896), 300.
10. Bertholet-Lehmann, *Lehrbuch der Religionsgeschichte*, II(튀빙겐, 1925), p. 293.
11. 인간의 마음은 이 땅의 혼잡한 얽힘에서 완전히 벗어나, 통과 제의에서 밝혀지는 거룩한
것들을 받아들일 준비를 갖추어야만 한다. W.Wundt는 *Völkerpsychologie*, V(라이프
치히, 1910), p. 181에서 무아경을 혼이 육신을 잠시 떠나는 것으로, 의식(意識)이 먼 곳
에 이식되는 것으로, 주변의 상황과 환경에서 떠나는 것으로 정의내렸다.
12. E. Underhill, 앞의 책, p. 359.
13. M. Ebert, *Reallexikon der Vorgeschichte*, s.v. *Ekstase*.
14. J. Harrison, *Prolegomena to the Study of Greek Religion*(뉴욕, 1955), p. 474.

15. E. Rohde, 앞의 책, pp. 19~20.

16. Herodotus, *History*, V, 7; W.W. How와 J. Wells의 1912년 런던판, 주를 보라.

17. 그러나 물론 디오니소스제에 참여한 모든 사람이 그와 같은 경험을 한 것은 아니다. "많은 사람이 바커스의 지팡이를 짚고 있다고 말하지만, 바코이가 된 것은 아주 소수다." (Plato, *Phaedo*, 69).

18. Euripides, *Bacchae*, 120 이하, 680~768, 1043~1147; E.R. Dodds, "Maenadism in the Bacchae," *Harvard Theological Review*, XXXIII(1940), 155~176; J. Geffcken, "Maenads," *ERE*, VIII(1908 이하), 240~241.

19. 그리스어 오르기아(orgia)는 본디 제사의 행위를 의미했다. 이 말은 원칙적으로 엘루시니아의 미스테리아(mysteria)와 디오니소스의 호모파기아(homophagia) 같은 비밀제 또는 신비제를 가리킬 때 사용되었다. 바커스제가 로마에서 박해를 받으면서 이 말은 환락, 특히 지나치게 방자함과 떠들썩함을 뜻하는 현대적 의미를 지니게 되었다(*Oxford English Dictionary*를 보라).

20. 플라톤이 인용한 다음의 전설 속에 열광적인 제의에 대한 반대가 표현되어 있다. 디오니소스는 계모인 헤라에게 자신의 재능을 빼앗겼다. 이에 대한 앙갚음으로 그는 인간에게 술을 주어 미친 듯이 춤추며 날뛰게 만들었다(Plato, *Laws*, 672[h]). U. von Wilamowitz-Moellendorff는 *Der Glaube der Hellenen*, II(베를린, 1932), 66, 주 4에서, 이 반대는 후대의 금욕적 경향에서 나온 것으로서 현대의 금욕 운동과 일치한다고 했다.

21. W.K.C. Guthrie, *The Greeks and Their Gods*(런던, 1950), p. 200~201, 204; 그러나 E. Rohde, 앞의 책, pp. 56 이하를 보라.

22. 그리스인들은 이 이름에서 환각을 일으키게 하는 신성한 광기의 상태를 가리킬 때 사용하는 "미쳐 날뛰다(to corybant)"는 동사를 만들어냈다.

23. G. Showerman, *The Great Mother of the Gods*(위스콘신 대학 학보 43권, 1901), p. 238과 *passim*; E.O. James, *The Cult of the Mother-Goddes*(뉴욕, 1959), pp. 69 이하.

24. H.E. Butler 옮김, *The Metamorphoses or Golden Ass of Apuleius of Madaura*(옥스포드, 1910), VIII, 27; II, 55. 헬리오도루스의 *Aethiopica*(4, 16)에는, 주인공이 띠로의 뱃사람들이 띠로의 신에게 제사드리는 얘기를 들려주는 대목이 있다. "그들은 시리아 풍(風)의 난폭한 음악을 피리로 연주하며 춤을 추었다. 그들은 신들린 사람처럼 원을 그리고 빙글빙글 돌면서 모듬발로 뛰고 껑충껑충 뛰고 무릎으로 기고 온몸을 비틀어댔다. 나는 그들을 뒤에 두고 떠났다."

25. H. Junker, *Prophet und Seher in Israel*(트리에르, 1927), p. 94. 여기서 Junker는

그 반대를 입증하려고 애를 쓰는 데 설득력이 없다. R.C. Thompson의 *The Devils and Evil Spirits of Babylon*(런던, 1903~4)을 보라.

26. 이 점술의 실행에 관하여는, B. Meissner, *Babylonien und Assyrien*, II(하이델베르그, 1925), 18장을 보라.

27. *ANET*, p .26.

28. D.B. Macdonald, *The Religious Attitude and Life in Islam*(시카고, 1909), pp. 31~32.

29. *Naturalis Historia*, VIII, 71장(46).

30. *Kutlurgeschichte des alten Orients*("Handbuch der Altertumswissenschaft," [뮌헨, 1933]), III, 1,3,3,1, p. 139.

31. J. Harrison, 앞의 책, p. 476.

32. *De Somniis*, II, 232.

33. *Questions in Genesin*, III, 9.

34. *De Opificio Mundi*, XXIII, 71.

35. *Quis Rerum Divinarum Heres*, XIV, 69; H.A. Wolfson, *Philo*, II(케임브리지, 1947), pp. 27~28를 보라.

36. *De Opificio Mundi*, 같은 부분.

37. *Quis Rerum Divinarum Heres*, LIII, 264~265. 필로는 여기서, 비밀 제의에서 일반적으로 통하던 개념을 다른 경우에서처럼 사용하고 있다. 무아경 속에서 인간의 정신은 신의 영(pneuma)으로 대체된다. 이 문제 전반에 관하여는 H. Leisegang의 *Der heilige Geist*(라이프치히, 1919)와 J. Pascher의 *Der Koenigsweg*(파데보른, 1931)을 참조하라.

38. *De Migratione Abrahami*, VII, 35. "그러나 더 높은 생각이 있다…그것은 내 영혼 속의 음성으로부터 온다. 그리고 나의 영혼은 신접해 있고 신성하다. 이 음성은 나에게 하느님은 진실로 한 분이지만 그분의 지고하고 중요한 힘은 둘이라고, 선함과 통치권의 둘이라고 말했다. 당신의 선함을 통하여 그분은 존재하는 모든 것을 낳으셨고 당신의 통치권을 통하여 그분은 당신이 낳으신 모든 것을 다스리신다." (*De Cherubim*, IX, 27)

39. 플로티누스의 무아경 이론이 필로의 영향을 받았는지 여부는 밝혀지지 않았다. 이에 대한 견해는, E. Zeller, *Die Philosophie der Griechen*, vol. III, pt. 2(라이프치히, 1920), p. 485; P. Wendland, *Die Hellenistisch-Roemische Kultur*(튀빙겐, 1907), p. 211; F. Heinemann, *Plotinus*(라이프치히, 1921), p. 8~9를 보라.

40. *Enneads*, VI, 9, 11(S. MacKenna와 B.S. Page 옮김).

41. *Enneads*, V, 3, 17.

42. *Enneads*, VI, 7, 34; W.R. Inge, *Plotinus*, II(런던, 1918), 134~135를 보라. "그런 일은 여러 번 있었다. 몸을 벗어나 나 자신 속으로 들어올려지고, 다른 모든 사물과 자기-중심으로부터 떠나고, 신비스런 아름다움을 바라보고, 때때로 가장 부드러운 질서와 결합되어 있음을 확신하게 되고, 고상한 삶을 살아가고, 신과의 일치됨을 얻고, 그 행위를 달성함으로써 그분(It) 안에 자리를 잡고,…"(*Enneads*, IV, 8,1) 플로티누스는 포르피리우스와 함께 있던 6년 동안에 네 번밖에는 무아경을 경험하지 못했다(Porphyry, *Vita Plotini*, p. 23).

섬족의 무아경 개념은 자주 통속화되었다. 그 한 예로, Mantegazza의 *Die Ekstasen des Menschen*(예나, 1888)을 인용할 수 있겠다. 무아경을 전혀 다른 심리적 긴장 상태라고 부르기도 한다. 이 관념은 J. Hauer의 *Die Religionen*(베를린, 1923), pp. 86, 89와 H. Grabert의 *Die ekstatischen Erlebnisse der Mystiker und Psychopathen*, p. 16에 혼합되어 적용되고 있다. 그와 같은 경박하고 기발한 사용은 과학적 학문에서 이 개념을 적용시키기 매우 어렵게 하고 있다. 무아경이라는 관념의 지나친 확대에 제동을 걸고, 분명한 정의와 진정한 연관 안에서 조심스럽게 사용할 필요가 있다.

제9장 무아경 이론

1. 비밀 제의에 대하여는, K. Pruemm, *Religiousgeschichtliches Handbuch für den Raum der altchristtichen Umwelt*(로마, 1954)를 보라.
2. *Quis Rerum Divinarum Heres*, LI, 249.
3. 앞의 책, LII, 258. H. Leisegang, *Der Heilige Geist*(베를린, 1919), p. 142 이하; H.A. Wolfson, *Philo*, II(케임브리지, 1947), 25~26를 보라.
4. H. Leisegang, 앞의 책, pp. 150 이하, 206 이하.
5. "예언자의 말은 한마디도 그 자신의 것이 아니다. 그는 '타자'(Another)에게 강제되어 해설자로서 말을 하는데 자신이 하는 일이 무엇인지도 모르면서 영감으로 충만해 있다. 그것은 마치 그의 이성이 새로운 방문자요 거주자인 성령에게 굴복하고 혼의 성(城)을 내어준 것과도 같다. 성령은 성대(聲帶) 기관을 장악하여 예언적 메시지를 정확하게 표현하도록 구술한다"(*De Specialibus Legibus*, IV, 8, 49).
6. *De Specialibus Legibus*, I, 11, 65.
7. *Quis Rerum Divinarum Heres*, LIII, 266.
8. 앞의 책, LIII, 265. I. Heinemann은 필로의 말의 유래를 거슬러올라가 플라톤에게까지 이른다. F.H. Colson은 *Philo*, VIII, 430에서, "예언자를 대변자로 보는 관념은 예언서

안에서도 자체 입증되고 있다'면서 위 견해를 의심한다. "예언자를 하느님이 연주하는 악기로 보는" 필로의 생각은 "플라톤한테서 온 것이 아니다."

9. 엑스타시는 (1) 미친 상태, (2) 깜짝 놀람, (3) 정신의 평온함, (4) 예언적 광희(狂喜)를 뜻한다고 할 수 있다. "아브라함은 「창세기」 20:7에서 예언자로 불리운다. 고로 15:12의 '엑스타시'는 예언적 광희(狂喜)의 뜻으로 읽어야 할 것이다"(P. Heinisch, *Der Einfluss Philus auf die christliche Exegese*[뮌스터, 1908], p. 113). 또한 Hatch와 Redpath의 *A Concordance to the Septuagint*(옥스포드, 1892)를 보라. 이 견해는 『70인역』이 「창세기」 2:21의 타르데마를 역시 엑스타시스로 옮기고 있다는 사실로 인하여 부정된다. 여기서는 아담의 잠을 말하는 것이므로 예언자와 연결되는 의미는 함축될 수가 없다. 참조, I. Heinemann, "Philons Lehre vom heiligen Geist und der intuitiven Erkenntnis," *MGWJ*, LXIV(1920), p. 26.

10. *Quis Rerum Divinarum Heres*, LI, 249; LIII, 264. "예언자는, 자신이 말을 하고 있는 듯한 때에도 실은 가만히 있는 것이며, 그의 말하는 기관인 입술과 혀는 완전히 '타자(Another)'에게 고용되어 그가 뜻하는 바를 표현할 뿐이다."(53, 266) 「제4에즈라」 12:38의 일곱 번째 환상 대목을 참조하라. "아침이 되자, 보라, 한 음성이 나를 불렀다. '에즈라, 입을 열어 내가 주는 것을 마셔라!' 나는 입을 열었다. 그러자 가득 채워진 컵 한 잔이 내 입에 닿았다…나는 그것을 보았고 마셨다. 그것을 마셨을 때 내 심장에서는 이해력이 솟구쳤고 지혜가 내 가슴에서 자라났으며 내 정신은 모든 것을 기억해 냈다." 무아경이라는 현상을 잘 알고 있던 묵시 문학 저자는 에즈라의 영감이 더 높은 형태의 것임을 암시하고 있는 것 같다. 의식이나 기억을 잃어버리지 않고 에즈라는 오히려 자신의 정신력이 더욱 강해지는 것을 경험했던 것이다. R.H. Charles, *Commentary*(옥스포드, 1929), 해당 부분 주석.

11. 그는 예루살렘의 성전에 불을 지른 로마 군인들에게 enthousian(신접한 자)이라는 말을 적용하고 있다(*Jewish War*, VI, 260). D.A. Schlatter, *Die Theologie des Judentums nach dem Bericht des Josephus*(귀터슬로, 1932), p. 60을 보라.

12. *Jewish Antiquities*, VI, 56, 76(사울); VIII, 346(엘리야); IX, 35(엘리사). 요세푸스는, 그가 로마인들에게 요타파타를 넘겨주기로 결심한 바로 그 순간에 신의 영감을 받아(enthous) "꿈에" 자기에게 왔던 신의 모호한 말의 의미를 읽었노라고 주장한다(*Jewish War*, III, 352~353). 베스파시안이 가말라에 있을 때, 요세푸스는 그가 "신접한 사람" 같았다고 말한다(*Jewish War*, IV, 33).

13. *Jewish Antiquities*, IV, 118~122. 또 A. Poznanski, *Ueber die religionsphiloso-phischen Auffassungen des Flavius Josephus*(할레, 1887), pp. 17~25를 보라.

14. *Genesis Rabba*, XVII, 5; XLIV, 17. 이 미드라쉬는 필로의 「창세기」 15:12 주석을 강

하게 연상시킨다. 필로는 「창세기」 15:12의 주석에서 네 가지 종류의 무아경을 언급한다. (1) 정신 착란을 가져오는 미칠 듯한 격정, (2) 극단적인 놀람, (3) 마음의 고요함, (4) 예언자 계층이 주로 경험하는 신의 사로잡음 혹은 격분. 랍비가 말하는 첫 번째 타입은 필로의 세 번째 타입과 동일하다. "하느님이 아담에게 무아경을 입히시자 그가 잠들었다"(창세기 2:21, 사역). 이것은 "마음의 고요함"을 의미한다. 랍비가 말하는 두 번째 타입은 필로의 네 번째 것과 같다. "하느님께 사로잡히고 영감을 받다." 이것이 창세기 15:12의 의미인 것이다. 랍비가 말하는 세 번째 타입은 필로의 두 번째 것과 같다고 하겠다. 여기서 필로가 말하는 것은 "큰 동요와 간담을 서늘케 하는 두려움"을 자아내는 상태다. 끝으로 랍비가 말하는 네 번째 타입은 필로의 첫 번째 것과 동일하다. 그것은 신명기의 '저주들' 속에 언급되어 있다고 필로는 말한다. "경건하지 못한 자에게는 광기와 시력 상실이 덮치리라. 그리하여 백주에 더듬는 소경들과 조금도 다름이 없는 신세가 되리라"(신명기 27:18~19).

15. "그래서 야훼 하느님께서 아담을 깊이 잠들게 하신 다음(tardemah), 아담의 갈빗대를 하나 뽑고 그 자리를 살로 메우시고는" 그것으로 여자를 만드셨다(창세기 2:21).

16. "해질 무렵, 아브람이 신비경(tardemah)에 빠져들어 심한 두려움에 사로잡혀 있는데, 야훼께서 그에게 이렇게 말씀하셨다. '똑똑히 알아두어라. 네 자손이 남의 나라에 가서 그들의 종이 되어 얹혀 살며 4백 년 동안 압제를 받으리라'"(창세기 15:12~13). 참조, *Mishnah of Rabbi Eliezer*, vi장(Enelow 엮음, p. 110). 여기서는, 구약에서 타르데마가 예언자의 경험을 가리키는 의미로 사용된 것이 이곳 한 군데뿐임을 강조하고 있다. 그런가 하면 *Seder Olam Rabba*, xxi장에서는 「창세기」 2:21의 타르데마도 예언자의 상태를 의미한다고 주장하고 있다. 이 견해는 Clemens Alexandrinus, Tertullian, Aphraates, 기타 교회 교부들을 포함한 많은 학자들에 의하여 주장되었다. L. Ginzberg, *Die Haggada bei den Kirchenvaetern und in der apokryphischen Literatur*(베를린, 1900), p. 35를 보라. 「잠언」 19:15의 랍비 주석에도 타르데마를 예언자의 상태로 보는 은유적 해석이 게시되어 있다. "게으름은 잠(tardemah)을 주조한다"(사역). 랍비들은, "엘리야 시대에 이스라엘이 회개하는 일에 게을렀기 때문에 그들 사이에서 예언이 일어났다"고 해석했다(*Ruth Rabba*, proemium, 2; 참조, *Yalkut Shimoni*, Proverbs, 958).

17. 다윗을 추격하던 사울 왕과 그 부하들이 지브 광야의 한 동굴에서 잠들어 있을 때, 다윗은 동굴 속에 들어가 사울의 머리맡에 있던 창을 가지고 나왔다. 그런데 "야훼께서 그들은 모두 깊이 잠들게(tardemah) 하셨으므로"(사무엘상 26:12) 아무도 그를 보지 못했다. "속은 자와 속이는 것'(욥기 12:16, 사역)이라는 말의 의미는 무엇인가? 랍비 시메온 벤 라키쉬는 이렇게 말했다. '그것은 예언자와 예언이다.' 랍비 요하난은 '미친 자와

광기'라고 했다"(*Midrash Tehillim*, 7, 3, Buber 엮음, p. 64).

18. 그들의 주장은 '또한'(af)이라는 접속사로 시작되고 있다. 이 '또한'이라는 접속사로 시작될 경우 계속되는 주장은 앞의 것에 반대되는 뜻이 아니라 보충한다는 뜻을 암시한다. 따라서, "무아경 그 자체의 주장에 반대하는 분명한 전환이 있었다"는 S. Baron의 추측은(*A Social and Religious History of the Jews*[뉴욕, 1952], II, 315) 정당성이 없다.

19. Kimhi, *Commentary*, 해당 부분 주석을 보라.

20. Shatah와 그 파생어들이 자주 '미치다'는 뜻으로 사용되고 있다. *Toseftah, Baba Kamma*, IV, 4; *Yebamoth*, XIV, I을 보라.

21. *Baba Bathra* 12ᵇ. 흔히 '바보들'을 뜻하는 Shotim은 미친 상태에서 예언을 하는 자들을 암시한다. 이른바 예언을 미치광이의 짓에 결부시키는 경향은 랍비 문학의 여기저기에 나타나 있다.

22. *Sifre Deuteronomy*, end, and the version in *Yalkut*.

23. *Sotah*, 12ᵇ. 랍비 엘르아잘에 의하면, (2세기 학자였던) 랍비 요세 벤 지므라는 이렇게 주장했다고 한다. "모세와 이사야를 제외한 모든 예언자들이 자기가 무슨 말을 하는지도 모르면서 예언을 했다. 모세는, '내가 전해주는 말은 떨어지는 빗방울이요 나의 말은 함초롬히 내리는 이슬'(신명기 32:2)이라고 했다. 이사야는, '야훼께서 세워주신 이 아이들과 나야말로 시온 산에 계시는 만군의 야훼께서 이스라엘에 세워주신 징조와 표다'(이사야 8:18)라고 했다.…예언자들의 스승이었던 사무엘조차도 자기가 무엇을 예언하는지 모르면서 예언했다. 그는, '야훼께서는 여룹바알, 바락, 입다, 사무엘을 보내어 에워싼 원수들의 손아귀에서 너희를 건져내셨다'(사무엘상 12:11)고 말했는데 이렇게 자신을 삼인칭으로 말한 것은 자기가 예언하는 내용을 모르고 있었기 때문이다"(*Midrash Tehillim* 90, 4[S. Buber 엮음, p. 387]). 이 견해는 그렇다고 해서 예언자들이 영감을 받는 순간 반드시 의식을 잃었다고만 보는 것은 아니다. 그보다는 때로 말씀이 그들에게 내리고 또 그들의 입에서 나올 때 그 말씀의 모든 의미를 그들이 알지는 못했다는 뜻이다. *Mechilta, tractate shirata*, x장에 보면, 모세와 이스라엘 백성은 홍해 바다에서 노래를 부를 때에 "무엇을 예언하는지도 모르면서 예언을 했다." 그들은, "당신께서는 우리를 데려다가 당신의 산 위에 심으십니다"고 노래하지 않고, "당신께서는 그들을 데려다가 당신의 산 위에 심으십니다"고 노래했다(출애굽기 15:17). "그럼으로써 그들은 아버지들이 아니라 자식들이 그 땅에 들어갈 것을 예언한 것이다." *Aboth de Rabbi Nathan*, xliii장(Schechter 엮음, p. 118)을 보면, 모세가 무엇을 예언하는지 모르면서 예언한 열 사람 가운데 하나로 들어가 있음을 이 구절이 입증하고 있다. 그 열 사람 속에는 예언자들뿐 아니라 라반 같은 비예언자들도 들어 있다. 이 구절이 가리키는 것은 예언자의 무아경이 아니라 무의식적인 점술이다. *Sotah*, 12b에 의하면 파라오의 딸은

모세를 강에서 건져 그 생모에게 넘겨준 다음 무의식적인 점괘가 포함된 말을 한다. "여기 너의 것이 있다." L. Ginzberg는 *The Legends of the Jews*, V(필라델피아, 1909), p. 250에서 Herodotus의 *History*, III, 153과「요한복음」11:51에 나타나는 무의식적인 예고를 주목한다.

24. "이스라엘의 예언자들과 다른 민족의 예언자들은 어떻게 서로 다른가? 랍비 함마 벤 랍비 하니나는 이렇게 말했다. '거룩하신 분께서는―그분께 축복을―이방 예언자들에게는 반(半)-말씀으로 당신을 계시하셨다…그러나 이스라엘의 예언자들에게는 온-말씀으로 말씀하셨다.'" 또 하느님이 이방 예언자들에게는 밤중에, 즉 꿈 속에서 나타나셨다는 의견도 있다(*Genesis Rabba*, L, 11, 5). "이 세상 뭇 민족의 예언은 모호하다…그러나 이스라엘의 예언은 분명하다"(*Esther Rabba*, 3:14).「창세기」17:1~3에는, "야훼께서 아브람에게 나타나시어 말씀하셨다. '나는 전능한 신이다…' 아브람이 얼굴을 땅에 대고 엎드리자 하느님께서 그에게 다시 말씀하셨다"는 기록이 있다. "아브라함은 할례를 받기 전에는 셰키나가 임할 때에 얼굴을 땅에 대고 엎드려야만 했다. 할례를 받은 뒤로는 셰키나가 임할 때에 서 있을 수 있었고 그래서 '아브라함은 야훼 앞에 서 있었다'고 한 것이다"([창세기 18:22], *Tanhuma*, Lech, 20). 발람에 대해서도 "전능하신 하느님을 뵙고 엎어지며 눈이 열렸다"(민수기 24:4)고 기록되어 있다. 참조, *Agadath Bereshith* (S. Buber 엮음), 11장. 또한 S. Horovitz, *Das Problem der Prophetologie in der judischen Religiousphilosophie von Saadia bis Maimuni*(할레, 1883), p. 11; Dienstfertig, *Die Prophetologie in der Religiousphilosophie des ersten nach-christlichen Jahrhunderts*(엘랑겐, 1892), pp. 25~26를 보라.

25. *Zohar*, I, 170^b^~171^a^; 참조, III, 268^b^~269^a^.

26. *The Guide of the Perplexed*, II, 41장. 또한 마이모니데스의 *Mishnah Sanhedrin*, x장, "제7원리"의 서문을 보라. 크레스카스(Asher ben Abraham Crescas, 15세기 프로방스)는 그의 *The Guide of the Perplexed* 주석에서 마이모니데스의 논리에 의문을 제기한다. 마이모니데스 자신이 고전적인 의미에서 예언자가 아니라고 본 다니엘을 예언자들과 함께 본 것은 무리라는 지적이다. 아브라함에게 덮어 씌워졌던 두려움과 어둠은 환상 속에서 그에게 닥친 것이었지 환상 그 자체는 아니었다.

27. *Mishneh Torah*, *Yesode Hatorah*, VII, 2, 6.「사무엘상」19:24의 주석에서 Kimhi는 모든 감각 능력은 사라지고 지각의 능력만이 남아 있는 상태를 서술하고 있다. Gersonides의「사무엘상」19:20 주석에도 비슷한 서술이 있다.

28. Athenagoras, *A Plea Regarding Christians*, IX(C.C. Richardson 엮음, "The Library of Christian Classics", I, 308). 또 Leitner, *Die prophetische Inspiration* (프라이부르그, 1896), p. 109를 보라. 또한 T.W. Hopkins, *Doctrine of Inspiration*

(로체스터, 1881), p. 18; K. Rahner, *Über die Schriftinspiration*(프라이부르크, 1958); P.A. Bea, "Die Instrumentalit ätsidee in der Inspirationslehre", *Studia Anselmiana*, XXV~XXVIII(로마, 1951), 47~48; R. Abba, *The Nature and Authority of the Bible*(필라델피아, 1958), pp. 104~105를 보라.

29. *Cohortatio ad Graecos*, 8. 몬타누스도 비슷한 말을 했다. "보라, 인간은 수금과도 같아 내가 수금의 채가 되어 그에게로 날아가노라. 인간은 잠자고 나는 깨어 있다. 보라, 주께서 인간을 무아경 속에 던져넣으시고 그에게 새 마음을 주시는도다." W. Scheppelern, *Der Montanismus und die Phyrgischen Klute*(튀빙겐, 1923), p. 19.

30. *Dialogue with Trypho*, 115장.

31. "성령으로 말하는(무아지경에서 말하는) 예언자를 시험하거나 의심하지 말라. 모든 죄가 용서받겠지만 이 죄만큼은 용서받지 못하겠기 때문이다"(*Didache*, XI, 7). A. Harnack, *Die Lehre der zwölf Apostel*(라이프치히, 1884), pp. 41, 123 이하를 보라. Celsus는 자기 당대의 시리아와 팔레스타인에 예언자들이 있었다고 주장했다. (Origen, *Contra Celsum*, VII, 2; VI, 9) 떠돌이 예언자들이 시리아에 있었던 듯하다. 이에 대해서는 *Theologisches Wörterbuch zum Neuen Testament*, II(스투트가르트, 1933 이하), 456을 보라. Alexander of Abonuteichos와 Peregrinus Proteus에 관하여는 E. Fascher의 *Prophetes*(기센, 1927), pp. 190 이하를 보라.

32. H.J. Lawlor, J.E.L. Oulton 옮김, Eusebius, *Ecclesiastical History*, V권, 16장(런던, 1927).

33. Eusebius, *Ecclesiastical History*, II, 176. "예언자들은 무아경에서 말하지 않았다"는 것을 주장한 Miltiades의 논문에 대한 언급(V권, 17장)을 참조. *The Pseudo-Clementine Homilies*는 예언자들이 모호하게 예언하지 않고 분명하고 단순하게 예언한다는 이론을 공식화하고 있다. 참예언자는 언제나 "무질서한 영에게 사로잡혀 미쳐버린 자들이나 제단 곁에서 술에 취해 있고 뚱뚱하게 살이 쪄서 구역질나는 자들"과 구분되어야 한다(*The Pseudo-Clementine Homilies*, III, 12~13; XVI, 18).

34. Basil, *Commentary on Isaiah*, 서문, e, 5. Hengstenberg, *Christology of the Old Testament*, IV(에딘버러, 1864), p. 396에서 재인용.

35. Eusebius, *Ecclesiastical History*, V, 17, 2. 「고린토전서」 14:32을 보라. 참조, N. Schepelern, *Der Montanismus und die phrygischen Klute*(튀빙겐, 1929), p. 20; N. Bontwetsch, *Die Geschichte des Montanismus*(에를랑겐, 1891). 유다인의 영감에 관한 생각에 몬타누스파의 무아지경이 어떤 영향을 끼쳤다고는 보기 어렵다(Schwegler, *Das nachapostolische Zeitalter*[튀빙겐, 1846], pp. 259 이하). 또한 Leitner, 앞의 책, p. 121과 Dausch, *Die Schriftinspiration*(프라이부르크, 1891), p.

54를 보라.

36. *Adversus Marcionem*, IV, 22. "이 힘을 우리는 무아경(ecstasy)이라고 부른다. 무아경 속에서 인간은 혼이 나가고, 그것은 흡사 미친 상태와도 같아 보인다." 테르툴리아누스는 『70인역』의 「창세기」 2:21이 자신의 생각을 뒷받침해 준다고 보았다. "하느님이 아담에게 무아경을 주시자 그는 잠들었다. 바로 그와 같은 상태가 지금도 이루어지고 있다…즉, 잠이 무아경과 혼합되는 것이다. 실제로 우리는 꿈 속에서 얼마나 생생한 느낌, 불안, 고통으로 기쁨과 슬픔과 놀람을 경험하고 있는가! 만일 우리가 꿈을 꿀 때에도 우리 자신이 스스로 주인이라면, 그런 꿈 속의 환각에 불과한 감정에 동요되지는 않아야 할 것이다(무아경에 동요되지 않음)." (*De Anima*, XIV장, P. Holmer 옮김〔에딘버러, 1870〕).

37. Eusebius, *Ecclesiastical History*, p.173. 무아경의 본질에 대한, 프리기아의 몬타누스파와 그의 적대자들의 생각의 차이에 대해서는, Labriolle, *La Crise montaniste*(파리, 1913), pp. 162~175를 보라.

38. *De Principiis*, III, 4~5(*Patrologiae Greco-Latinae*, XI, 317~318) *Contra Celsum*, VII, 3, 4장; Homil. in 「에제키엘」 6:1, 주 9(*Patrologiae*, XV, 735). A. Zollig, *Die Inspirationslehre des Origenes*(프라이부르그, 1902), pp. 67 이하.

39. Robert Preuss, *The Inspiration of Scripture*(에딘버러, 1955). 17세기 루터파 교조주의에 대한 연구는 pp. 57~58를 보라.

40. "방금 저물어간 세대의 전형적인 사고방식은, 성령의 영감을 받은 자들을 마치 바람이 통과하는 풍금처럼 그려내기를 즐겨했다"(Herder, P. Dausch의 *Die Schriftinspiration* 〔프라이부르그, 1891〕, p. 125에서 인용).

41. E.W. Hengstenberg, *The Christology of the Old Testament* III(에딘버러, 1864), pp. 161, 167.

42. G. Hölscher, *Die Profeten*(라이프치히, 1914), pp. 125 이하.

43. B. Duhn, *Israels Propheten*(튀빙겐, 1916), p. 290; H. Gunkel in H. Schmidt, *Die Schriften des Alten Testaments*, II(괴팅겐, 1917), p. xviii; H. Gunkel, *Die Propheten*(괴팅겐, 1917), p. 30; H.W. Hertzberg, *Gott und Prophet*(귀터슬로, 1928); W. Jacobi, *Die Ekstase der alttestamentlischen Propheten*(뮌헨, 1923); J. Lindblom, *Die Literarische Gattung der prophetischen Literatur*(웁살라, 1924); H.W. Robinson, *Inspiration and Revelation in the Old Testament*(옥스포드, 1946), pp. 134~135; J.G. Matthews, *The Religious Pilgrimage of Israel*(뉴욕, 1947), p. 130.

44. F. Giesebrecht, *Die Berufsbegabung der alttestamentlichen Propheten*(괴팅겐,

1897), p. 36 이하.

45. F.M. Davenport, *Primitive Traits in Religious Revivals: A study in mental and social revolution*(뉴욕, 1905), pp. 11, 24.

46. H. Gunkel. H.H. Rowley의 *The Servent of the Lord*(런던, 1952), p. 93에서 인용.

47. T.H. Robinson, "The Ecstatic Elements in Old Testament Prophecy", *The Expositor*, 8권, 123호(1921년 3월), p. 235.

48. M. Weber, *Ancient Judaism*(글렌코, 1952), p. 286.

49. T.H. Robinson, *Prophecy and the Prophets*(런던, 1923), p. 50.

50. H.H. Rowley, *The Servent of the Lord*, pp. 91~92를 보라.

51. G. Hölscher, 앞의 책, pp. 7, 16~17, 32.

52. 앞의 책, pp. 22~23.

53. 앞의 책, p. 25.

54. 앞의 책, pp. 125~126. Sanda도 "Elias und die religiosen Verhältnisse seiner Zeit"(*Biblische Zeitfragen*[뮌스터, 1914]), p. 51에서 이와 비슷한 주장을 하고 있다.

55. B. Duhn, *Die Propheten*, p. 81. 방언이라고 알려진 현상은 특히 신약성경에서 두드러지게 나타났다(예, 고린토전서 14:2~25). Torczyner는 「이사야」 28:10이 의미 없는 소리가 아니라 분명한 말이라고 해석하였다(*Zeitschrift der Deutschen Morgen-ländischen Gesellschaft*, LXVI, 393). 따라서 "방언을 말하는 것이 이스라엘 사람들과 예언자들에게 낯선 일이 아니었다"는 주장(Hölscher, *Die Profeten*, p. 35; Volz, *Der Geist Gottes*, p. 9)을 뒷받침하는 유일한 인용구는 그 입증 능력을 잃고 말았다.

56. 바알의 예언자들이 보여준 행태에 관하여는 「열왕기상」 18:26 이하를 참조하라.

57. R. Kittel, *Die Geschichte des Volkes Israel*, II,(스투트가르트, 1932), p. 148.; 참조, Hölscher, 앞의 책, pp. 140~141. W. 바움가르트너는 우가리트 문서 속에 무아경을 경험한 예언자들의 흔적이 없음을 주목하라고 했다. 이는 라스 샤마라가 지리적으로 키벨레와 아티스를 비롯한 무아경적 사제들의 고향인 소아시아와 가깝다는 점에 비추어 볼 때 중요한 의미를 지닌다. 아마르나 문서 보관소들(14세기 초반경)에도 그들에 대한 흔적은 발견되지 않는다. F.M. Bohl, *Opera Minora*(그로닝겐, 1953), p. 69를 보라.

58. H. Junker, *Prophet und Seher im alten Israel*(트리에르, 1927).

59. R. Kittel, 앞의 책, p. 150.

60. H. Gunkel, *Die Propheten*, p. 3.

61. G. Hölscher, 앞의 책, p. 25.

62. H.W. Hertzberg, *Prophet und Gott*(귀터슬로, 1923), p. 12. 참조, A. R. Johnson, *The One and the Many in the Israelite Conception of God*(카디프, 1961), pp.

33 이하.

63. Baentsch, "Pathologische Zuege in Israel's Prophetentum", *Zeitschrift für Wissenschaftliche Theologie*, vol. L; J. Haenel, *Das Erkennen Gottes bei den Schriftpropheten*(베를린, 1923); H. Junker, 앞의 책; Auerbach, *Die Prophetie*(베를린, 1920).

64. *The Prophets of Israel*(뉴욕, 1892), p. 219.

65. E. König, *Geschichte der alttestamentlichen Religion*(귀터슬로, 1912), p. 144; *Der Offenbarungsbegriff des Alten Testaments*(라이프치히, 1882), I, 48; *Das alttestamentliche Prophetentum und die moderne Geschichtssauffassung* (귀터슬로, 1910), pp. 65 이하. P. Beck은 *Die Ekstase*(1906), p. 148에서, 예언자들의 경험 속에는 무아경적 요소가 들어 있지 않다고 본다. T.H. Robinson은 *Theologische Rundschau*, III(튀빙겐, 1931), 75~104에서, 영국과 미국 학자들의 무아경적 예언에 대한 전반적인 부인(否認) 경향을 설명하고 있다. H.W. Robinson은 예언자의 경험을 '무아경' 보다는 '변태'(abnormal)로 설명하는 것이 더 적절할 것이라고 한다. '변태라는 용어가 무아경 외에도 여러 가지 요소들을 포함하고 있기 때문이다. 무아경은 히브리 심리학보다는 그리스 심리학과 더 일치되는 개념이다'(*Redemption and Revelation* [뉴욕, 1942], pp. 140,135). 무아경의 역할에 대한 좀더 부드러운 견해가 R.S. Cripps 의 *A Critical and Exegetical Commentary on the Book of Amos*(런던, 1929), pp. 83 이하에 수록되어 있다. 참조, J. Skinner, *Prophecy and Religion: Studies in the Life of Jeremiah*(케임브리지, 1930), p. 11; A. Guillaume, *Prophecy and Divination*(런던, 1938), pp. 83 이하.

제10장 무아경 이론의 검토

1. H.W. Robinson 엮음, *Record and Revelatiion*(옥스포드, 1938), p. 226에 수록된 N.W. Proteous의 "Prophecy"를 보라.

2. E. Auerbach, *Die Prophetie*(베를린, 1920). p. 41.

3. N.W. Porteous, 앞의 책, p. 227.

4. H. Junker, *Prophet und Seher im alten Israel*(트리에르, 1927), p. 13.

5. "무아경 안에 예언자나 하느님의 계시를 깎아내리는 어떤 요소가 있는 것은 아니다." 그러나 "육체적 또는 심리적 '자연법'에 바탕한 설명은 예언이라는 현상의 가장 핵심적인 본질을 조금도 해명해 주지 못한다. 그것들은 발생하는 것들에 대한 추상적인 서술에 불

과하다."(S. Mowinckel, *JBL*, LVI[1937], 263~264).

6. E. Busse, *Der Wein im Kult des Alten Testaments*(프라이부르그, 1922); M. Weber, *Ancient Judaism*(글렌코, 1952), p.189; K. Kircher, *Die sakrale Bedeutung des Weines im Altertum in seiner Beziehung zur Gottheit*(기센, 1910)을 보라.

7. G. Van der Leeuw, *Religion in Essence and Manifestation*(런던, 1939), p. 489.

8. E. Rohde, *Psyche* II(런던, 1925), p. 61, 주 1을 보라.

9. "한 근원에서 신들과 인간이 나왔다"(Hesiod, *Works and Days*, 107). "하나는 인간이라는 유(類)고 다른 하나는 신이라는 유(類)다. 그리고 한 어머니(가이아 또는 땅)한테서 우리는 숨을 받았다"(Pindar, *Nemean Odes*).

10. 호메로스 시대 귀족들의 눈에는, "신들과 인간들이 함께 한 사회를 구성하고 있었으며 인간 사회와 마찬가지로 강력한 계급 구조를 이루고 있었다. 가장 높은 귀족층은 신들이었으며 그들이 인류에게 군림하는 것은 마치 왕이나 족장(basileus)이 낮은 천민에게 군림하는 것과 같았다…귀족에게 어떤 과오는 적용되지 않았다. 그것이 그의 위신을 손상시키기 때문이다. 그러나 그들이 모든 과오로부터 벗어난 것은 아니었다. 우리 기준으로 보면 조잡하긴 하지만, 그들도 나름대로 행실을 규제하는 법을 가지고 있다. 전체적으로는 그 법이 공정하게 집행되기를 기대하고 있다. 조금 속이는 것까지도 그들의 위신에 손상이 되기 때문이다. 그러나 일단 어떤 목적을 위하여 불가피하다고 판단되면 서슴지 않고 불공정과 속임수를 자행한다. 성도덕의 경우에만 보아도, 아가멤논이나 아킬레스 정도의 계급에 속한 사람은 더 낮은 계층에 속한 아무 여자와도 자기가 원하기만 하면 관계를 할 수가 있다. 그것은 왕족에 속한 그의 권리였고 나아가서 그에게 피택된 여자는 오히려 그것을 영광으로 생각해야 했다…신들과 인간 사이의 사랑도 이와 비슷하다…신들은 아름다운 여인들에게 반하기도 했다. 그들은 여자들과 결혼하여 자손을 낳기도 했다…"(W.K.C. Guthrie, *The Greeks and Their Gods*[런던, 1950], pp. 117 이하.) 참조, H.J. Rose, *Modern Method in Classical Mythology*(샌앤드류, 1930), pp. 13 이하.

11. 예컨대 디오니소스는 여러 가지의 자연 형태로 화했다. 그리고 식물 세계의 생명 과정을 따라 활동했다.

12. Plotinus, *Enneads*, VI, 9, 10.

13. W. James, *The Varieties of Religious Experience*(런던, 1912), p. 419.

14. *Biblische Theologie des Alten Testament*(튀빙겐, 1905), pp. 123~124에서, 이스라엘의 초기 예언자들한테서 그와 같은 열망이 발견된다고 한 B. Stade의 주장은 근거가 없다. 참조, Kittel, *Die hellenistische Mysterienreligion und das Alte*

Testament(스투트가르트, 1924), pp. 84 이하.

15. J. Hehn, *Die Biblische und Babylonische Gottesidee*(라이프치히, 1913), p. 281;
J. Hänel, *Das Erkennen Gottes bei den Schriftpropheten*(베를린, 1923), p. 188.

16. J. Hauer, *Die Religionen*(베를린, 1923), p. 462; 참조, pp. 406, 458~472.

17. B. Baentsch, "Pathologische Züge in Israels Prophetentum", *Zeitschrift für Wissenschaftliche Theologie*, vol. L.을 보라.

18. 예언자들은 지식의 결핍이 비극의 근원이라고 생각한다. 「호세아」 4:6, 「이사야」 5:13을 보라. 그들은 끊임없이 사람들에게 역사의 의미를 통찰하라고 촉구한다.

19. 델피에서 피티아가 토한 말 또는 절규는 알아들을 수가 없는 것들이었다. 그래서 따로 '예언자'들에 의하여 알아들을 수 있는 말로 옮겨져야만 했다.

20. 「고린토후서」 12:4를 보라. 참조, J. Lindblom, *Die literarische Gattung der prophetischen Literatur*(웁살라, 1924), p. 59.

21. K. Oesterreich, *Die religiose Erfahrung als philosophisches Problem*(베를린, 1915), pp. 17~18.

22. 무아경의 바닥에 깔려 있는 동기는 때로 영원불멸하려는 갈망이다. Baader가 "죽음에 대한 예행 연습"이라고도 한 무아경은 디오니소스제에서 영생하는 영혼에 대한 믿음을 생산해 냈다. Rohde, 앞의 책, II, 92를 보라.

23. 아리스티데스(Aristides)는 자신이 무아경에 빠졌을 때의 내적 상태를 이렇게 기록하고 있다. "그것은 일종의 접촉감이었고 신이 몸소 오셨다는 분명한 깨달음이었다. 잠자는 것과 깨어 있는 것 사이의 중간 상태, 눈으로 보려는 간절한 마음과 동시에 그가 떠날지도 모른다는 두려움, 반은 꿈이고 반은 현실인 상태에서 듣고 보는 것, 머리털이 곤두서면서 동시에 기쁨의 눈물을 흘리고 속에서 즐거움이 용솟음치는 인간이 어떤 말로 그것을 설명할 수 있으랴? 경험한 자만이 알 것이다"(G. Misch, *A History of Auto-biography in Antiquity*, II〔케임브리지, 1951〕, 503).

24. Plotinus, *Enneads*, VI, 9, 10. 성녀 테레사는 "덧없이 지나가는 모든 것만이 아무것도 아닌 게 아니라 존재하는 모든 것이 아무것도 아니다"라고 한다. 지상의 일시적인 모든 것이 무가치하며 우리의 육신은 감옥이라고 보는 견해는 모든 시대에 걸쳐 인간을 무아경 상태로 이끌었다. 니체는 한때 디오니소스적 인간을 햄릿과 비교했다. "둘 다 사물의 참된 본질을 깊이 꿰뚫어보았다. 그들은 진리를 파악했고 그리하여 행위를 혐오하기 시작했다. 인식은 행위를 죽인다. 인간이 환영이라는 포대기에 싸이는 것은 행위의 본질로 말미암아서다. 한 번 진리를 파악하기에 이르면 인간은 모든 곳에서 오직 두려움과 실존의 부조리를 볼 따름이다⋯."

25. D. Koigen, "Die Idee Gottes im Lichte des neuen Denkens", *Second Confer-*

ence of the World Union for Progressive Judaism(런던, 1930), pp. 42~58을 보라.

26. Plato, *Phaedrus*, 244ᵃ.

27. E. Zeller, *Die Philosophie der Griechen*, V(라이프치히, 1889), p. 821.

28. A.J. Heschel, *God in Search of Man*(뉴욕, 1955), pp. 228; 234, 주 3; 260~261.

제11장 예언과 시적 영감

1. J. Lindblom, *Die literarische Gattung prophetischer Literatur*(웁살라, 1924), p. 27; N. Micklem, *Prophecy and Eschatology*(런던, 1926), p. 17.

2. De Wette, *Lehrbuch der historisch kritischen Einleitung in die kanonischen und apokalyptischen Buecher des Alten Testaments*(베를린, 1869), par. 249; Köster, *Die Propheten des Alten und Neuen Testaments*(라이프치히, 1838), p. 272.

3. M. Buttenwieser, *The Prophets of Israel*(뉴욕, 1914), p. 156.

4. E. Auerbach, *Die Prophetie*(베를린, 1920), p. 32.

5. "토커티브(수다쟁이): 예컨대 어떤 사람이 역사나 혹은 어떤 신비한 일이나 기적, 이상한 일, 징조 같은 것을 얘기하는 데서 즐거움을 찾는다면 성경책 말고 그보다 더 유쾌하고 달콤한 기록을 어디서 찾을 수 있겠느냐 말입니다.
페이드풀(성실): 옳은 말씀입니다. 그러나 그런 것들을 이야기함으로써 유익함을 얻는 것이 우리가 지향해야 할 점이라고 생각합니다"(J. Bunyan, 『천로역정』, 제1부, 페이드풀과 토커티브의 대화).

6. W.R. Roberts, *Longinus on Style*(케임브리지, 1899), p. 209.

7. Mommsen, *Romische Geschichte*, VI(베를린, 1868), p. 494.

8. 필로는 모세가 다른 율법 선포자들과 달리, "감동적이고 칭찬할 만한 서두(exordium)로 그의 법을 소개한다"고 주장한다. 그의 서두는 "우리를 대단히 감동시킨다"(*De Opificio Mundi*, 1이하). 참조, E. Norden, *Das Genesiszitat in der Schrift vom Erhabenen*(베를린, 1955).

9. *Antiquities*, II; IV, 8, 303.

10. *Sotah*, 35ᵇ.

11. *Genesis Rabba*, 85, 2. 특히 Theodor 판, p. 1033을 보라.

12. B. Smalley, *The Study of the Bible in the Middle Ages*(뉴욕, 1952), p. 1.

13. Augustine, *On Christian Doctrine*. S.H. Monk의 *The Sublime, A Study of Critical Theories in XVIII Century England*(뉴욕, 1935), pp. 77~8에서 재인용.

14. B. Halper 옮김, *Shirath Israel*(라이프치히, 1924).

15. *Kuzari*, II, 70. 9세기 이래로 무슬림들은 이슬람의 신성한 기원을 증명하는 증거로, "코란의 아름다움" 또는 "코란 형식의 정복 불가능함"을 내세웠다. A.J. Heschel의 *God in Search of Man*(뉴욕, 1955), p. 248의 주 2를 보라. 성경의 심미적인 성격이 계시의 도그마를 보장하기 위한 주장에 한 번도 사용되지 않은 사실은 대단히 중요하다. "하느님의 능력이 영향을 미쳤다는 사실은 문장의 아름다움으로 입증되는 것이 아니다"(*Kuzari*, II, 56).

16. J. Moscato의 *Kol Jehudah*, II, 70에 인용된 「전도서」 주석의 서문.

17. *Tahkemoni*, 3.

18. 「이사야」 5:1의 주석.

19. *Meor Enayim*, 60장.

20. *Arugath ha-Bosem*(베니스, 1602).

21. *Zohar*, III, 159^b.

22. *Zohar*, III, 152^a.

23. *Moral Philosopher*, I(런던, 1737), 289 이하, 참조, A.S. Farrar, *A Critical History of Free Thought*(뉴욕, 1863), pp. 140 이하; F. Mauthner, *Der Atheismus und seine Geschichte in Abendlande*, II(스투트가르트, 1922), 504 이하.

24. *A Discourse of the Grounds and Reasons of Christian Religion*(런던, 1724), p. 28. 참조, G. Berkeley, *Alciphron*(여섯째 대화), A.C. Fraser 엮음, *The Works of G. Berkley*, II(옥스퍼드, 1871), pp. 259 이하.

25. "유다인들 가운데 가장 많이 교육을 받았고 '예언자 학교'라는 이름의 대학교에서 예언하는 법을 배운 예언자들은… 위대한 자유 사상가들로서, 위대한 자유로써 유다인의 기성 종교에 대항하는 글을 썼다(사람들은 기성 종교를 마치 하느님 자신의 종교인 양 생각하고 있었다). 그들은 당시의 기성 종교를 거대한 협잡이나 되는 듯이 대했다…"(*A Discourse of Free-Thinking*[런던, 1713], p. 153 이하). 콜린스는 코울리(A. Cowley)가 그의 서사시 *Davideis*에서 「사무엘하」 19:20에 바탕하여 발전시킨 상(像)을 받아들였다. 코울리는 "예언자 학교는… 사무엘이 설립하여 본격적인 체제를 구비하게 되었다"고 말한다. 그 학교는 학자들, 강당, 도서실, 교실 등을 구비한 영국의 대학교와 흡사하여 예언자 나단은 천문학을, 예언자 갓은 수학을, 사무엘 자신은 법률을 가르쳤다고도 한다.(*Davideis*, I, 1656년 발행; A.R. Waller 엮음, *The English Writings of Abraham Cowley: Poems*[케임브리지, 1905], pp. 258 이하를 보라.) *Davideis*는 A.H. Nethercot의 *Abramham Cowley*(런던, 1931), pp. 285 이하에 의하면, 밀턴보다 몇 년 앞서 발표된 영국 최초의 서사시로서 "코울리 당대에는 영국 시문학의 가장 중심되는

등불들 가운데 하나였다가" 이내 잊혀져간 작품이다.

26. Sir William Davenant, "Preface to Gondibert," in J.E. Spingarn, *Critical Essays of the Seventeenth Century*, II(옥스포드, 1908), p. 25.

27. "Answer to Davenant," Spingarn, 앞의 책, p. 59.

28. C.E. De Haas, *Nature and the Country in English Poetry of the First Half of the Eighteenth Century*(암스텔담, 1928), p. 10.

29. M.K. Whelan, *Enthusiasm in English Poetry of the Eighteenth Century*(워싱턴, 1935), pp. 22 이하.

30. M.K. Whelan, 앞의 책, pp.10, 139, 73, 82; O. Elton, *Reason and Enthusiasm in the Eighteenth Century*("Essays and Studies···of the English Association") XI(옥스포드, 1924), 122 이하. "하늘의 영감을 받지 않은 참 시는 있을 수 없다"고 17세기의 한 열광주의 수필가는 썼다(M. Casaubon, M.K. Whelan, 앞의 책, p. 53에서 인용).

31. P. Hamelius, *Die Kritik in der Englischen Literatur des 17 und 18 Jahrhunderts*(라이프치히, 1897), pp. 90 이하.

32. S.H. Monk, 앞의 책, p. 19. 롱기누스가 「창세기」 1:3에서 장엄함을 강조한 것이 옳았느냐 글렀느냐에 관하여 Boileau가 Huet와 Le Clerc를 상대로 벌인 논쟁은 창조 설화의 장엄한 스타일을 세상에 널리 알렸다. Monk, 앞의 책, pp. 33, 79.

33. 앞의 책, p. 78. 참조, S.J. Pratt, *The Sublime and Beautiful of Scripture*(뉴욕, 1795).

34. 일반적으로 알려지기는 로우드 주교가 성경 시편들의 '평행 나열법'을 맨 먼저 발견한 사람으로 되어 있지만, 10세기의 히브리 문헌학자인 Menahem ben Saruk (Filipow-ski 편집, *Mahbereth*〔런던, 1854〕, p. 11), Rashi(1030~1105), 그리고 그의 동료인 Joseph Karo(*Nite Naamanim*〔브레슬라우, 1847〕, p. 28)도 이미 그것을 알고 있었다. Z. König, *Stilistik, Rhetorik und Poetik in Bezug auf die biblische Literatur*(라이프치히, 1900), p. 307을 보라.

35. 1768년 E. Harwood는 *Liberal Translation of the New Testament:Being an Attempt to Translate the Sacred Writings with the same Freedom, Spirit and Elegance with which other English Translations of the Greek Classics have Lately been executed*을 출판하였다. 또한 M. Alpers의 *Die alttestamentliche Dichtung in der Literaturkritik des 18 Jahrhunderts*(괴팅겐, 1927); H. Schoffler, *Abendland und das Alte Testament*(보쿰, 1937)을 보라.

36. Riga, 1774~1976.

37. H. Hettner, *Literaturgeschichte des achtzehnten Jahrhunderts*, III(브룬스비크, 1894), 60~61를 보라.

38. 헤르더는 전체 성경을, 성경으로서가 아니라 고대 저술의 수집으로서 번역하려는 계획을 세우기도 했다. E. Neff, *The Poetry of History*(뉴욕, 1947), pp. 61 이하; 참조, H.J. Kraus, *Geschichte der historisch Kritischen Erforschung des Alten Testaments*, (노이크리헨, 1956), pp. 108~109.

39. D.B. Macdonald, *The Hebrew Literary Genius*(프린스턴, 1933), p.xx를 보라.

40. "Offenbarung gehet durch alle Zeiten: jede Zeit enthüllet und offenbaret" (Herder, "Ueber Begeisterung, Erleuchtung, Offenbarung", *Werke*, XI[1852], 120).

41. E.O. Snyder, *The Celtic Revival in English Literature*(케임브리지, 1923); 참조, F.E. Farley, *Scandinavian Influences in the English Romantic Movement*(보스톤, 1903).

42. B. Bamberger, *Die Figur des Propheten in der englischen Literatur*(뷔르츠부르그, 1933), p. 51.

43. 포프(A. Pope)의 「메시아」(*Messiah*, 1712)에는, 예수가 히브리 예언자들을 고대의 방랑시인들로 보고 이사야에 대하여 이렇게 말하는 대목이 있다. "미래의 때에 몰두하여, 그 방랑시인은 입을 열어 …" Bamberger의 앞의 책, pp. 52 이하에 더 많은 예가 인용되어 있다.

44. 성경의 문학성을 평가한 많은 책과 논문들이 있다. L. Finkelstein이 편집한 *The Jews* (뉴욕, 1949), pp. 457 이하에 들어 있는 R. Gordis 의 "The Bible as a Cultural Monument"를 보라. "문학으로서의 성경"은 미국의 여러 대학에서 학과목으로 채택되고 있다. 그러나 성경에 대한 신학적 주장들을 거부하면서 한편 그 문학적 보물 창고를 소중하게 여기는 사람들의 학설은 매혹적이기는 하지만 참되지는 못하다. 참조, C.S Lewis, *The Literary Impact of the Authorized Version*(런던, 1950), pp. 22~23; D.B. Macdonald, *The Hebrew Literary Genius*(프린스턴, 1933). "유다인의 민족문학"으로서의 성경의 특수성을 강조하는 주장에는 주목할 필요가 있다. G.F. Moore, *The Literature of the Old Testament*(뉴욕, 1913), pp. 24~25; J. Pedersen, *ZAW*. XLIX(1931), 161.

45. N.K. Chadwick, *Poetry and Prophecy*(런던, 1942), p. 14.

46. Diels, *Die Fragmente der Vorsokratiker*(베를린, 1912), frag. 17, 21; 참조, K. Freeman, *Companion to the Pre-Socratic Philosophers*(옥스포드, 1933).

47. *Laws*, 719.

48. *Ion*, 543~544.

49. Fyfe 옮김, *Poetics*(옥스포드, 1940), XVII, 2.〔한국어판은 『시학』, 문예출판사〕A. Gudeman, *Aristoteles Poetik*(베를린, 1934), pp. 307 이하를 보라.

50. Homer, *Odyssey* VIII, 488을 보라. 율리시즈는 데모도쿠스가 트로이의 멸망에 대한 서사시를 주피터의 딸인 뮤즈와 아폴로 밑에서 배웠다고 보고 있다.

51. *Theogony*, I, 31~32.〔한국어판은 『신통기』, 민음사〕

52. "Der Berg der Musen", *Deutsche Rundschau*, L(1924년 5월), 131~138. 빌라모비츠는 *Theogony* 915 이하에 나와 있는 뮤즈들의 이름 9개가 헤시오도스의 발명임을 밝히고 있다.(*Glaube der Hellenen*, I〔베를린, 1931〕, 343)

53. W. Jaeger, *The Theology of the Early Greek Philosophers*(옥스포드, 1948), p. 96. 참조, H. Diels, *Parmenides' Lehrgedicht*(베를린, 1897), pp. 11 이하; H.F. Fraenkel, *Dichtung und Philosophie des fruehen Griechentums*(뉴욕, 1951), p. 453; K. Deichgraeber, *Parmenides' Auffahrt zur Goettin des Rechts*(마인츠, 1958), p. 11. 섹스투스에 의하면, "그를 태우고 '여신의 유명한 길'로 인도한 말들은 그로 하여금 철학에 몰두하도록 자극한 영혼의 불합리한 충동들이었다. 수송 수단은 그의 감각이었다. 두 개의 바퀴가 양쪽에서 굴러갈 때 그 굴대에서 피리처럼 하나의 가락을 내는 마차는 듣는 것을 뜻하고 바퀴는 그의 두 귀다! 어둠의 홀을 떠나 빛을 향해 마차를 몰면서 너울을 옆으로 젖히는 태양의 딸들은 그의 눈이다. 마차는 '낮과 밤의 길로 가는 문'에 이르고 두 개의 열쇠를 가진 정의의 여신이 문 앞에서 그들을 맞는다. 처녀들이 온순한 말로 문을 열어 달라고 청원하자 문이 열리고 마차와 거기에 탄 자들은 곧장 들어간다. 그들이 다 들어갔을 때 파르메니데스는 문득 여신을 만나 환영을 받는다"(K. Freeman, *Companion to the Pre-Socratic Philosophers*〔옥스포드, 1933〕, p. 147). 참조, H.F. Fraenkel, *Wege und Formen des frühgriechischen Denkens* (뉴욕, 1955), pp. 157 이하.

54. A. Guillaume, *Prophecy and Divination*(런던, 1938), pp. 243~244.

55. J.E. King 옮김, *Historia Ecclesiastica*, IV, 24.

56. H. Poincaré가 *The Foundations of Science*(랑카스터, 1915)에 수록한 「수학적 창조」(*Mathematical Creation*)라는 에세이는 유의해 볼 만하다.

57. 이 주제를 다룬 문헌은 많다. 철저하지는 못하지만 풍부한 자료들의 목록이 다음의 책들에서 발견된다. R. Hennig, *Das Wesen der Inspiration*(라이프치히, 1912); R.E.M. Harding, *An Anatomy of Inspiration*과 *An Essay on the Creative Mood*(케임브리지, 1948); B. Ghiselin, *The Creative Process*(로스엔젤레스, 1954); J. Portnoy, *A Psychology of Art Creation*(필라델피아, 1942); O. Behaghel, *Bewusstes und*

Unbewusstes im kuenstlerischen Schaffen(라이프치히, 1907); W. Pillips, *Art and Psychoanalysis*(뉴욕, 1957). "예술은 기교가 아니라 감수성에 기초한다. 그것은 정직한 노력이 아니라 영감으로 존속한다"(Portnoy의 앞의 책, p. 95에 인용된 Clive Bell의 *Art*, p. 187)는 주장에 반대하여 우리는, "영감을 받는 순간은 흥분에 가까운 상태를 만들어 결국 예술가로 하여금 그의 기도(企圖)에 대한 정당한 해석이 의존해야만 하는 원리 자체를 잊게 할 수도 있다"는 로댕의 경고를 인용할 수 있을 것이다. G. 플로베르는 이렇게 썼다. "여러분은 영감 비슷한 것들을 신임해서는 안 된다. 왜냐하면 그것은 흔히 제멋대로 기인되면서 스스로는 발생하지 않는 강요된 흥분이나 고의로 내리는 결정에 불과하기 때문이다. 페가수스[뮤즈가 타는 말—옮긴이]는 네 굽을 안고 달릴 때보다 걸을 때가 더 많다. 천재는 어떻게 페가수스로 하여금 우리가 필요로 하는 속도를 취할 수 있게 하는가를 보여주는 데 있다"(R.E.M. Harding, 앞의 책, p. 22에 인용).

58. *Aurora*, T. Ribot의 *An Essay on the Creative Imagination*(시카고, 1906), p. 335에서 인용.

59. G. Keynes 엮음, *The Letters of William Blake*(런던, 1956), p. 85.

60. R.E.M. Harding, 앞의 책, pp. 14, 17.

61. *Dichtung und Wahrheit*, XIII권.

62. Bielschovsky, *Life of Goethe*, W.A. Cooper 옮김, III(뉴욕, 1905), 31.

63. *Gespräche mit Eckermann*, 1928년 3월 11일자. 참조, Walter Jacobi, *Das Zwang-mässige im dichterischen Schaffen Goethes*(랑겐살자, 1915).

64. M. Dessoir, *Aesthetik und allgemeine Kunstwissenschaft*(스투트가르트, 1923), p. 173.

65. E. Holmes, *Life of Mozart*(뉴욕, 1912).

66. Nietzsche, "Composition of Thus Spake Zarathustra," *Ecce Homo*.[한국어판은 『이 사람을 보라』(니체전집15), 책세상]

67. 「갈가마귀」(*The Raven*)에 대한 포우의 수필, "The Philosophy of Composition"을 참조하라.

68. Ziehen, *Vorlesungen über Aesthetik*, II, (할레, 1925), 311을 보라.

69. Lange, *Das Wesen der Kunst*(베를린, 1907), p. 458을 보라.

70. K. Köstlin, *Aesthetik*(튀빙겐, 1869), p. 971.

71. Ziehen, 앞의 책, II, 305~327.

72. *Die Philosophie des Unbewussten*(베를린, 1869), XI, 1, p. 314.

73. *An Essay on the Creative Imagination*(시카고, 1906), pp. 12, 50 이하.

74. G. Kafka의 *Handbuch der vergleichenden Psychologie*, II(뮌헨, 1922), p. 66에

있는 Gruhle의 "Psychology des Abnormen." 참조, Lehmann, *Die Poetik*(뮌헨, 1919), pp. 22~42; Utitz, *Grundlegung der allgemeinen Kunstwissenschaft*, II(스투트가르트, 1914), pp. 237~249; Mueller-Freienfels, *Psychologie der Kunst*, II(라이프치히, 1920); Konrad, *Religion und Kunst*(튀빙겐, 1929), p. 94; R.E.M. Harding, *Towards a Law of Creative Thought*(런던, 1936).

75. Amy Lowell, "The Process of Making Poetry", *Poetry and Poets*(보스턴, 1930), p. 25.

76. M. Nachmansohn, "Zur Erklaerung der durch Inspiration entstandenen Be-wusstseinserlebnisse", *Archiv für die gesamte Psychologie*, XXXVI, 255~280.

77. *Shirath Israel*(베를린, 1924), p. 45.

78. G. Hölscher의 책 제목, *Hesekiel: der Dichter und das Buch*(기센, 1924)를 참조하라.

79. Plato, *Apology*, 22.〔한국어판은『소크라테스의 변명 외』, 범우사〕

80. O. Pniower, *Goethes Faust*(베를린, 1899), p. 187.

81. 플라톤은 시인의 혼에, "등불을 밝히기 위하여 치는 부싯돌의 불꽃처럼" 갑자기 타오르는 불을 말한 바 있다.(Epistles, VII) Stenzel, *Jahresbericht der Philologischen Gesellschaft zu Berlin*, XLVII, 63 이하를 보라. Plaut는 *Psychologie der schöpferischen Persönlichkeit*(스투트가르트, 1929)에서 플라톤의 예술 창작에 대한 관념 안에 후대의 천재론의 학문적 바탕이 있음을 말했다.

제12장 예언과 정신이상

1. Diels, *Die Fragmente der Vorsokratiker*(베를린, 1912), frag. 17, 18, 21.

2. *Laws*, 719.

3. *Phaedrus*, 244; 참조, *Timaeus*, 71~72.

4. *Ion*, 533~534.

5. Aristotle, *Poetics*, 1455ᵃ, 33.〔한국어판은『시학』, 문예출판사〕

6. "Nullum magnum ingenium sine mixtura dementiae fuit"(Seneca, *De Tranquilitate Animi*, I, 15). 세네카는 아리스토텔레스에게 이 말을 적용시킨다.

7. Cicero, *De Orature*, II, 46, 194.

8. Laws, XI, 934ᵈ.

9. Sophocles, *Ajax*, 243~244 이 문제 전반에 관하여는, E.R. Dodds, *The Greeks and the Irrational*(버클리, 1951), pp. 64 이하; O' Brien-Moore, *Madness in Ancient*

Literature(바이마르, 1924)를 보라.

10. *Timaeus*, 71.

11. Plato, *Meno*, 99.〔한국어판은 『프로타고라스/메논』, 두로〕

12. Plato, *Ion*, 534.

13. *Phaedrus*, 244~245(굵은 글씨는 필자의 것임) 소크라테스는 그리스어로 예언 (prophecy, mantike)과 광기(madness, manike)가 본디는 같은 단어인데 'i'라는 문자가 오늘날 뜻도 없이 들어가 박혀 있다'고 주장했다. 호라티우스는, "미친다는 것은 즐거운 일(insanire juvat)"이라고 말했다(*Odes*, III권, Ode 4, 18행).

14. 천재의 병리적 구조 이론은 쇼펜하우어에 의하여 발전되었다. 강력한 뇌 작용은 비정상적인 감수성을 낳는다. 지능으로 하여금 의지를 섬기지 못하게 격리시키면 철저한 고독이나 깊은 우울에 빠져든다. 한 인격이 시간과 인과 관계의 지평 위로 솟아오르면 그만큼 정신이상에 가까이 간다. 이때의 정신이상은 기억에 병이 든 것이다.(*The World as Will and Idea*, I, 36; II, 31, 32)

15. A.C. Jacobson, *Genius: Some Revaluations*(뉴욕, 1926).

16. W. Lange-Eichbau, *Genie, Irrsinn und Ruhm*(뮌헨, 1942), pp. 62 이하; 특히 49쪽 이하에 전개되는, 롱브로소의 견해를 다룬 방대한 문헌들의 요약(해석이 아닌)을 비교하라.

17. A. Anastas와 J.P. Foley, "A Survey of the Literature on Artistic Behaviors in the Abnormal, II. Approaches and Interrelationships", *Abstracts of the New York Academy of Sciences*, XLII(1941년 8월), pp. 1~111.

18. 20세기의 '저명한' 남녀 4백명에 대한 심리학적 조사 결과 두 사람이 정신이상임이 밝혀졌다. 고인이 된 니진스키(V. Nijinsky)와 미국 적십자의 창설자인 바톤(C. Barton)이 그들인데, 바톤은 3년 동안의 '비현실'(unreality) 뒤에 정상인이 되었다. 4백명 가운데 4명 이상이 자살을 했는데, 그들 중에는 시인인 린제이(Vachel Lindsay)도 포함되어 있다. 그는 정신질환을 앓았는데 치료를 받거나 기관에 위탁된 적은 없었다. 이 조사 보고서가 제8회 국립천재아동협회 연차 회의에 제출되자 이런 말이 나왔다. "저명 인사들 사이에서 발생하는 정신질환의 빈도수는 일반인들의 경우에 비하여 훨씬 낮다. '천재'와 '광기'가 결부되어 있다는 일반적인 관념은 근거가 없는 것임이 판명되었다."

19. N.D.M. Hirsh, *Genius and Creative Intelligence*(케임브리지, 1931), pp. 282 이하.

20. T.J. Meek, *Hebrew Origins*(뉴욕, 1936), p. 152.

21. G. Hoffmann, "Versuche zu Amos", *Zeitschrift für die alttestamentliche Wissenschaft*, III, 87 이하, "'나비'라는 말은 아마도 무아경에서 지껄여대는 횡설수설에서 나온 듯하다"(J. Pedersen, *Israel*, III-IV〔코펜하겐, 1940〕, p. 111).

22. J.A. Bewer, *American Journal of Semitic Languages and Literatures*, XVIII(1901 ~1902), p. 120.

23. R. Kittel, *Geschichte des Volkes Israel*, II(고타, 1903), Sec. 46, p. 449.

24. T.H. Robinson, *Prophecy and the Prophets*(런던, 1923), p. 36.

25. 'Ezekiel's Abnormal Personality,'', *JBL*, LXV(1946), 277~292. 참조, K. Jaspers, "Der Prophet Ezechiel, eine Pathologische Studie," *Festschrift für Kurt Schneider* (1947), pp. 77~85. 브룸의 이론에 대한 반박은 C.G. Howie의 *The Date and Composition of Ezekiel*(필라델피아, 1950), pp. 69~84를 보라.

26. Klostermann, Bertholet, Kraetzschmar, H. Schmidt 등. M. Buttenwieser, "The Date and Character of Ezekiel's Prophecies", *HUGA*, VII(1930), p. 3을 보라.

27. W. Phillips 엮음, *Art and Psychoanalysis*(뉴욕, 1957), p. 311에 실린 O. Rank의 "Life and Creation."

28. A. Allwohn, *Die Ehe des Propheten Hosea in psychoanalytischer Beleuchtung* (기센, 1926), p. 60.

29. W.O.E. Oesterley와 T.H. Robinson, *An Introduction to the Books of the Old Testament*(런던, 1934), pp. 350 이하.

30. F. Häussermann, *Wortempfang und Symbol in der alttestamentlichen Prophetie* (기센, 1932).

31. 이 첫 번째 해설은 M. Weber의 *Ancient Judaism*(글렌코, 1952), pp. 286~287와 *Wirtschaft und Gesellschaft*(시카고, 1925), pp. 140 이하, 250 이하에 근거한 것이다. 인용된 자료는 여기서 뽑은 것들이다. Weber가 제시한 요점을 좀더 쉽게 분석하기 위하여 문단을 나누고 숫자를 매겼다.

32. Kissane, *The Book of Isaiah*, I(더블린, 1941-43), 224를 보라.

33. H.H. Rowley, *The Servant of the Lord*(런던, 1954), p. 118, 주 2를 보라.

34. Y. Kaufmann, *The Religion of Israel*(시카고, 1960), p. 275. 굵은 글씨는 필자의 것임.

35. 슬픔의 표시로 낙타털 옷을 입은 사례가 여러 곳에 나타나 있다.[『공동번역』에는 "베옷"—옮긴이] 예를 들어 「사무엘하」 3:31, 「열왕기하」 6:30, 「시편」 30:11 등. 「요나」 3:6~8에는 회개의 뜻을 나타내기도 한다(아모스 8:10도 참조). 에사오는 온몸이 털로 만든 옷과 같았다고 한다(창세기 25:25).

36. J.A. Montgomery, *The Book of Kings*(뉴욕, 1951), p. 325.

37. G. Hölscher, *Die Profeten*(라이프치히, 1914), p. 19.

38. C.H.H. Wright, *Zechariah and His Prophecies*(런던, 1879), pp. 418~419를 보라.

39. *Attic Nights*, XVIII, 7. 「요한복음」 10:20, 「사도행전」 12:15 참조.

40. M. Weber, 앞의 책, p. 288.

41. A.R. Johnson, *The Cultic Prophet in Ancient Israel*(카디프, 1944), p. 19.

42. T. Hobbes, *Leviathan*, I, ch. 2 참조.〔한국어판은 『리바이어던』, 삼성출판사〕 "이 점에서 로마인들은 희랍인들과 같은 생각이었고 유다인들도 그랬다. 왜냐하면 그들은 광인을, 영을 선하게 보느냐 악하게 보느냐에 따라, 예언자로 혹은 귀신들린 자라고 불렸기 때문이다. 그리고 또 어떤 자들은 예언자와 귀신들린 자를 광인이라고 부르기도 했다. 그러나 이방인들에게는 그것이 전혀 이상한 일이 아니었다. 그들은 질병과 건강, 패덕과 덕, 그리고 자연의 수많은 사건들을 데몬(demon, 악령 또는 귀신)으로 숭배했기 때문이다. 그래서 그들은 흔히 데몬을 악마(devil)처럼 소름끼치는 것으로 이해하게 마련이었다. 그러나 유다인에게는 이런 견해가 낯선 것이었다. 왜냐하면 모세나 아브라함이나 어떤 영에 사로잡혀서 예언을 한 게 아니라 하느님의 음성 또는 환상 또는 꿈을 듣거나 보고 예언을 했기 때문이다. 그들의 법이나 의식(儀式) 속에도 어떤 열광주의나 신접(神接)이 포함되어 있지 않다…구약의 다른 예언자들의 경우에도 그들 속에서 하느님이 직접 말씀하신 것이 아니다. 그들에게는 음성, 환상, 꿈 그리고 '야훼의 선고' (열왕기하 9:25)도 하나의 명령이었다. 그런데 어떻게 유다인이 이 신접(神接)이라는 견해에 동의할 수 있었겠는가?'

바빌로니아에서는 정신 이상이 악령의 장난이라고 생각하였으며 따라서 의학 서적에는 흔히 악령을 다루는 주문이 곁들여져 있었다. F. Delitzsch는 그의 책, *Mehr Licht* (라이프치히, 1907), p. 51에서 이스라엘 사람들이 데몬과 악령의 존재를 믿는 바빌로니아인들과 에집트인들 사이에 그토록 오래 살았으면서도 고대 이스라엘 문헌에서 그와 같은 어둠의 권세에 대한 기록을 거의 찾아볼 수 없음에 감탄하고 있다.

43. A. Jeremias, *Juedische Froemmigkeit*(라이프치히, 1929), p. 53. 여기서 Jeremias는, 하시딤(hasidim)이 엄격하게 성(性)을 구분하여 집단을 형성한 사실을 미루어 동성애가 이루어졌을 수도 있다고 추론한다.

44. 차이코프스키는 이렇게 말한 적이 있다. "새로운 악상이 나를 흔들어 깨워 분명한 구조를 형성하기 시작한다. 나는 모든 것을 잊고 미친 사람처럼 행동한다. 내 안에 있는 모든 것이 진동하고 고동치기 시작한다… 우리가 영감이라는 말로 표현하는 그런 상태가 중단 없이 계속된다면 어떤 예술가도 살아남지 못하리라. 현은 끊어지고 악기는 박살이 날 것이다"(Rosa Newmarch, *The Life and Letters of Peter Ilich Tchaikovsky*〔런던, 1906〕, pp. 274~75). "드뷔시는 '내 주변에 있는 사물들이 전혀 감각되지 않는 순간들이 있다'고 말했다."(R.E.M. Harding, 앞의 책, p. 9).

45. A.J. Heschel, *God in Search of Man*, pp. 223~224를 보라.

46. H. Torczyner, *Zeitschrift der Deutschen Morgenlaendischen Gesellschaft*,

LXXXV(1931), 322. W.F. Albright는 *From the Stone Age to Christianity*(볼티모어, 1940), pp. 231~232에서, 아카디아 어와의 연관을 강조하면서 그것은 하느님에 의하여 신의 뜻을 전달하라는 '부름'을 받을 인간을 의미한다고 주장한다.

47. 고대 아랍어의 동사도 이와 비슷하게 "밖으로 말하다", "남에게 말하다"는 뜻이다. 에디오피아어로는 "부르다", "선포하다", "말하다." B. Halper가 번역한 모세 이븐 에즈라(Moses Ibn Ezra)의 *Shirath Israel*(베를린, 1924), p. 44에 보면, '나비'(nabi)는 아랍어로 '알리다'를 뜻하는 어근, '느바'(nba)에서 파생된 말이다. 그는 자신에게 비밀로 계시된 것을 하느님의 이름으로 알리는 자다. 이 명사가 일어남과 일으킴을 뜻하는 어근, '느바'(nb'a)에서 파생되었다고 보는 경우도 있다.

48. Onkelos는 여기서 '나비'를 '해설자'(interpreter)로 번역한다. Rashi의 *Commentary*, 해당 부분 주석을 보면, 이 단어가 등장할 적마다 그것은 사람들에게 책망하는 말을 공개적으로 선포하는 사람을 가리킨다.

49. A. Guillaume은 *Prophecy and Divination*(뉴욕, 1938), pp. 112~113에서, 히브리어 '나비'는 자기에게 부여된 메시지를 널리 알리는 상태에 처한 사람을 뜻한다고 보았다. H.H. Rowley, 앞의 책, pp. 96 이하 참조.

50. H.H. Rowley, 앞의 책, p. 97.

51. E. Fascher, *Prophetes*(기센, 1927), pp. 206, 148.

제13장 예언자의 영감에 대한 해석들

1. *Tractatus Theologico-Politicus*, I~III장.

2. F. Schleiermacher, *The Christian Faith*(에딘버러, 1922), par. 132,1; 27,3; 12,1~3.

3. 앞의 책, 103, 3.

4. 앞의 책, 14, 3.

5. F. Schleiermacher, *On Relegion*(J. Oman 옮김, 뉴욕, 1958), p. 89.〔한국어판은 『종교론』, 대한기독교서회〕

6. A. Kuenen, *The Prophets and Prophecy in Israel*(런던, 1877), p. 585. 참조, L. Dietsel, *Geschichte des Alten Testaments in der Christlichen Kirche*(예나, 1869), pp. 627 이하.

7. H. Schultz, *Old Testament Theology*, I(에딘버러, 1898), 282.

8. E. Graf, *Studien und Kritiken*(파리, 1859), 주 2, p. 272.

9. W.R. Harper는 *The Prophetic Element in the Old Testament*(시카고, 1905), p. 15에서 Spinoza, Hitzig, Renan과 몇 가지 조건부로 Kuenen을 이런 견해의 대변자로 꼽

는다.

10. Th. H. Robinson, *Prophecy and the Prophets*(런던, 1923), pp. 46~47, 36.

11. A.J. Heschel, *God in Search of Man*(뉴욕, 1955), pp. 230~231를 보라.

12. Redslob, *Der Begriff des Nabi*(1839), p. 29.

13. W. Knobel, *Der Prophetismus der Hebraeer*, I(브레슬라우, 1837), 14, 40.

14. A. Kuenen. A. Lods의 *The Prophets and the Rise of Judaism*(런던, 1937), pp. 61 이하에 인용.

15. H. Schultz, *Old Testament Theology*, I(에딘버러, 1898), pp. 278~279. 비슷한 견해는 K. Cramer, *Amos*(스투트가르트, 1930), pp. 207, 215에서도 발견된다.

16. R.S. Cripps, *A Critical and Exegetical Commentary on the Book of Amos*(런던, 1929), p. 79.

17. P. Schwartzkopff, *Die Prophetische Offenbarung*(기센, 1896), p. 96.

18. H.C. Ackerman, "The Nature of Hebrew Prophecy", *Anglican Theological Review*, IV, (1921~1922), 97~127.

19. D.E. Thomas, "The Psychological Approach to Prophecy", *American Journal of Theology*, XVII(1914), 255.

20. F. Giesebrecht, *Die Berufungsbegabung der alttestamentlichen Propheten*(괴팅겐, 1897)을 보라. O. Eissfeldt, "Das Berufungsbewusstsein als theologisches Gegenwartsproblem", *Theologische Studien und Kritiken*, CVI(1934~35), 124~156; A. Weiser, *Die Profetie des Amos*(기센, 1929), pp. 296~297.

21. P. Schwarzkopff, 앞의 책, p. 98.

22. N.G. Eichhorn, *Einleitung in das Alte Testament*; 참조, Dienstfertig, *Die Prophetologie*(에를랑겐, 1892), p. 1; G.W. Meyer, *Geschichte der Schrifterklärung*, II(괴팅겐, 1802), 401; H. Ewald. *Die Propheten des Alten Bundes*, I(스투트가르트, 1840), 54 이하; A. Krochmal, *Theologie der Zukunft*(렘베르그, 1872), pp. 42~43.

23. M. Buttenwieser, "The Date and Character of Ezekiel's Prophecies", *HUCA*, VII(1930), 7; 참조, p. 6, 주 15.

24. O. Sellers, "Hosea's Motives", *American Journal of Semitic Languages*, XLI (1924~25), 243~247.

25. *Discourses*, I권 11장.

26. A.J. Heschel, *God in Search of Man*, pp. 227~228를 보라.

27. G. Hölscher, *Die Profeten*(라이프치히, 1914).

28. Hänel, *Das Erkennen Gottes bei den Schriftpropheten*(베를린, 1923), p. 92.

29. M. Buttenwieser, *The Prophets of Israel*(뉴욕, 1914), pp. 150~152.

30. T. Carlyle, *Heroes and Hero-Worship*, 제2강.[한국어판은『영웅숭배론』, 한길사]

31. J. Kaplan, *The Psychology of Prophecy*(필라델피아, 1908), pp. 68 이하.

32. *The Varieties of the Religious Experience*(런던, 1911), pp. 512 이하.

33. E. Lasaulx, *Die prophetische Kraft der manschlichen Seele in Dichtern und Denkern*(뮌헨, 1858), pp. 43~44; G.F. Oehler, *Theology of the Old Testament*(뉴욕, 1883), p. 483, 주 2를 보라. S. Dubnow는 *Nationalism and History*(필라델피아, 1958), p. 279에서, 사람들의 정신이 고상한 아들들, 특히 예언자들한테서 육신이 되었다고 한다.

34. J. Skinner, *Prophecy and Religion*(케임브리지, 1922), pp. 11 이하; C.G. Carus (1789~1869)는 Schelling의 영향을 많이 받아 저술을 한 사람인데, 그의 *Psyche*(예나, 1846)를 다음과 같은 말로 시작한다. "인간의 의식 생활의 본질을 이해하는 열쇠는 무의식의 영역 속에 놓여 있다." 니체는 그의 책『안티크라이스트』(*Antichrist*)에서 이렇게 말한다. "우리는 인간의 의식만으로 만들어진 어떤 것이 완벽할 수 있다고는 보지 않는다." 참조, O. Kandeleit, *Das Unbewusste als Keimstaette des Schoepferischen* (바젤, 1959), p. 16; S. Klink, *Das Prinzip des Unbewussten bei Carl Gustav Carus*(뷔에즈부르그, 1933).

35. A.J. Heschel, *God in Search of Man*, p. 231.

36. "Der Grosskönig unterhält in Jerusalem seine Aufpasser" 와 "Berufsmässige Agitatoren", Winckler and Zimmern, *Die Keilinschriften und das Alte Testament*, 3판(라이프치히, 1903), pp. 170 이하.

37. H. Winckler, *Geschichte Israels in Einzeldarstellungen*, I(라이프치히, 1895), pp. 91,95; E. Schrader, *Die Keilinschriften und das Alte Testament*(베를린, 1903), p. 267.

38. H. Winckler, 앞의 책, pp. 108~109; W. Erbt, *Die Hebraeer*(라이프치히, 1906), pp. 134, 128 이하, 172 이하를 보라.

39. J. Skinner의 *Prophecy and Religion: Studies in the Life of Jeremiah*(케임브리지, 1955), p. 264에 인용된 E. Schrader의 앞의 책, p. 170. 제2이사야가 신탁으로 왕에게 영향을 미치기 위하여 페르시아의 본거지에 머물러 있었다고도 한다. M. Haller, *Eucharistion für H. Gunkel*, I(괴팅겐, 1923), pp. 272 이하를 보라.

40. F. Delitzsch, *Die Grosse Täuschung*(스투트가르트, 1920~21).

41. Herder, "Ueber Begeisterung, Erleuchtung, Offenbarung", *Werke*, XI(스투트

가르트, 1852), 128. N. Schmidt가 엮은 *Die Schriften des Alten Testaments in Auswahl*(괴팅겐, 1915), II, 2, p. 327에도 예언자를 애국자로 보는 주장이 실려 있다. G. Stosch는 *Das Wesen der Inspiration*(귀터슬로, 1912), p. 222에서 예언자들을 언급하며 "그들의 종교는 애국이었다"고 주장한다.

42. Homer, *Iliad*, II, 212 이하.

43. M. Weber, *Ancient Judaism*(시카고, 1952), pp. 267 이하.

44. F. Noetscher, *Die Gerechtigkeit Gottes bei den vorexilischen Schriftpropheten* (뮌헨, 1915), p. 93을 보라.

45. T. Jefferson, *Notes on the State of Virginia: Manners*(보스턴, 1829).

46. E. Renan, *History of the People of Israel*, II(보스턴, 1896), 356 이하.

47. *History and Historians in the Nineteenth Century*(런던, 1913), pp. 485~486. 또한 Hegel의 *Early Theological Writings*(시카고, 1948), pp. 203~204를 보라.

48. L.F. Mott, *Ernest Renan*(뉴욕, 1921), p. 423. 예언자들의 정치적 견해에 관한 해석은 E. Troeltsch, "Das Ethos der Hebräischen Propheten" *Logos*, VI(1916~17), 1 이하를 보라. Troeltsch는, 예언자의 '정치적' 견해는 유토피아적이고 적용 가능성이 없는 것이라고 했다. 비슷한 견해가 H. Gressmann의 *Der Messias*(괴팅겐, 1929), p. 238에도 나와 있다. 또한 M. Weber의 *Ancient Judaism*(글렌코, 1952), p. 275를 보라. 비평주의에 대하여는 B. Kellermann의 *Der ethische Monotheismus der Propheten*(베를린, 1917); K. Elliger의 "Prophet und Politik", *ZAW*, LIII(1935), 20 이하를 보라.

제14장 사건과 경험

1. 우리가 영감과 아울러 경험의 내용과 형식을 구분하여 생각하는 것은 당연한 일로 받아들일 수 있는 게 아니다. 조직신학의 처지에서 보면 모든 계시는 보이지 않는 것이다. 오늘날의 종교철학 이론에서도 계시 경험의 가분성(可分性)은 받아들여지지 않고 있다. 따라서 우리가 이런 분석을 시도하는 것은 내용과 형식의 상관 관계에 대한 논리적 도그마 때문이 아니다. 오히려 이 생각은 예언자가 자신의 경험을 진술한 것을 현상학적으로 검토하는 과정에서 나온 것이다.

2. A.J. Heschel, *God in Search of Man*(뉴욕, 1955), p. 209. 예언을 과정으로 보는 한 예가 마이모니데스의 이론이다. 그의 견해에 따르면 예언은(모세의 예언을 제외하고) 신성의 존재로부터 끊임없이 나오는 것으로서, 어떤 능력(상상력과 도덕적·정신적 완벽성

을 겸비한 내적 탁월성을 갖춘 사람들 모두에게 초인간적 영, 즉 능동적인 지성(Active Intellect)이라는 매개를 통하여 그의 합리적 능력과 상상하는 능력에 차례로 전달된다. 따라서 예언자의 깨달음은 자연법 혹은 질서 혹은 신성의 방출과 부합되어 발생한다. 한편 영감받는 일에 실패하는 것은 하나의 기적이다. 왜냐하면 "인간에게 예언하는 능력이 있고 스스로 충분히 갖춘다 해도 그로써 능히 예언을 하지는 못할 것이기 때문이다. 하느님의 의지가 그것을 막는다"(*The Guide of the Proplexed*, II, 32장 이하).

3. "그때 주의 음성이 들려왔다. 내가 누구를 보낼 것인가? 누가 우리를 대신하여 갈 것인가?"(이사야 6:8). "만군의 야훼께서 내 귀에 대고 말씀하신다"(이사야 5:9)는 말은 그 자체가 모호하다. 「열왕기상」 22:18~24를 참조할 것. 여기서 묵시적 환상을 보는 자들은 천상의 책에 기록되어 있는 글을 읽는다.

4. "나는 나의 종 다윗을 찾아내어"(시편 89:20).

5. "여기 내가 있다"는 말은 겸손하게 복종할 준비가 되어 있다는 뜻인데, 아브라함(창세기 22:1), 야곱(창세기 46:2), 모세(출애굽기 3:5), 사무엘(사무엘상 3:4) 등이 말한 바 있다.

6. A.J. Heschel, *Man's Quest for God*(뉴욕, 1954), pp. 7, 15, 24를 보라.〔한국어판은 『하느님을 묻는 사람』, 종로서적〕

7. 고대 이스라엘에서는 제사 기능을 행사하기 위하여 따로 특별히 성별될 필요가 없었다. 누구든지 제단에 나아가 제물을 바칠 수 있었다. 참조, 판관기 6:26 이하; 13, 16, 19; 사무엘상 2:13~16; 사무엘하 24:25.

8. A. Erman, *Die Ägyptische Religion*(베를린, 1909), p. 67 참조.

9. 동정은 사건이 아닌 사건의 내용에 대한 반응임을 상기해야겠다.

10. G. van der Leeuw, *Einführung in die Phänomenologie der Religion*(뮌헨, 1925), p. 106.

제15장 세계 도처의 예언자들

1. E. Sellin, *Der alttestamentliche Prophetismus*(라이프치히, 1912), p. 201을 보라.

2. J.G. Frazer, *The Golden Bough*, V(런던, 1911~1915), p. 74.

3. W. Scott, *Hermetica*, III(옥스포드, 1924), p. 5.

4. E. Bevan, *Sibyls and Seers*(런던, 1928), p. 13.

5. 예언이 보편 현상이라는 주장을 모든 학자가 받아들이고 있는 것은 아니다. E. Sellin은 고대 동양의 전체 역사 속에서 예언과 유사한 현상을 찾아 열거한 F. Delitzsch의 견해를 반박했다(*Das Alte Testament und die evangelische Kirche der Gegenwart*〔라

이프치히, 1921], pp. 30f.). A. Jirku의 *Altorientalischer Kommentar zum Alten Testament* (라이프치히, 1923), p. 187에 따르면, 우리 앞에 있는 것은 세계 역사에서 독특한 현상이다. Sellin은 다음과 같이 요약한다. "우리가 이스라엘의 문서 예언자들한 테서 보게 되는 계시와 조금이라도 유사한 것을 고대 동양 종교의 어느 구석에서도 발견할 수가 없다"(*Der alttestamentliche Prophetismus*[라이프치히, 1912], p. 221).

6. A. Haldar, *Associations of Cult Prophets among the Ancient Semites*(웁살라, 1945); M. Bic에 따르면 아모스는 간장점술가였다(*Vetus Testamentum*, I[1951], 293 이하).

7. A.R. Johnson, *The Cultic Prophet in Ancient Israel*(카디프, 1944), p. 21.

8. J. Lindblom, *Die literarische Gattung der prophetischen Literatur*(웁살라, 1924); W. Baumgartner, *Archiv für Religionwissenschaft*(1928), pp. 95~96.

9. A.F. Puuko, "Ekstatische Propheten mit besonderer Beruecksichtigung der Finnisch-Ugrischen Parallelen", *ZAW*, LIII(NF, 12), 28~29.

10. J. Pedersen, "The Role Played by Inspired Persons among the Israelites and the Arabs", *Studies in Old Testament Prophecy*(에딘버러, 1950), pp. 127~128.

11. J.J.M. DeGeroot, *The Religous system of China*, vol. VI, 11권(라이덴, 1910), pp. 1269~1270를 보라. J. Lindblom, *Von Ugarit nach Qumran, Festschrift für Otto Eissfeldt*(1958), pp. 96~97; DeGroot, *Die Grundlage der Religion und Ethik, des Staatswesens und der Wissenschaft Chinas*(베를린, 1918), pp. 356~357.

12. K. Schlosser, *Propheten in Afrika*(브라운쉬바이그, 1949); B. Sundkler, *Bantu Prophets in South Africa*(런던, 1948), pp. 109~110; Will-Erich Peuckert, "Deutsche Volkspropheten", *ZAW*, LIII(1935), pp. 35 이하.

13. B. Duhm, *Theologie der Propheten*(본, 1875), pp. 22 이하.

14. M. Weber, *Ancient Judaism*(글렌코, 1952), pp. 267 이하.

15. H.W. Hines가 *American Journal of Semitic Languages*, XI, 37 이하에 실은 "The Prophet as Mystic"과 *Journal of Religion*, VIII(1928), 212 이하에 실은 "The Development of the Psychology of Prophecy." 예언자의 경험과 신비가의 경험 사이의 차이에 대하여는, F. Heiler, *Das Gebet*(뮌헨, 1920), pp. 248 이하를 보라.

16. S. Mowinckel, *JBL*, LVI(1937), 261~262.

17. 우리는 성경의 예언자들을, 그들의 후대에 나타나 영감을 받았노라고 주장한 자들과 비교해서는 안 된다. 후자는 명백히 성경의 모범 인물들한테서 영향을 받았고 특히 그들의 메시지가 담고 있는 영력(靈力)은 성경에서 영감받은 것이었다. 중세기의 유다 예언

자들에 관하여는 필자가 *L. Ginzberg Jubilee Volume*(뉴욕, 1945), pp. 159~188에 실은 「마이모니데스는 예언자로서의 영감을 얻고자 노력했던가?」와 *Alexander Marx Jubilee Volume*(뉴욕, 1950), pp. 175~208에 실은 「중세기의 영감」을 보라. N. Söderblom은 그의 *The Living God*(런던, 1933), pp. 374~375에서 덴마크의 그룬트비히를 4대 예언자와 12 소예언자의 반열에 세우는 견해를 인용, 지지하고 있다.

18. 랍비 시메온 벤 가믈리엘(C.E. 140)은 비유다인 예언자 7명에 대하여 말하고 있다 (*Leviticus Rabba*, 2장; *Seder Eliahu Rabba*, 7장(Friedmann 엮음, p. 35)). 그들의 이름은 *Seder Olam Rabba*, 21과 *Baba Bathra*, 15ᵇ에 열거되어 있다. 세계의 뭇 나라들이 타락하게 되었을 때 하느님은 그들을 훈계하고 경고하기 위하여 셈과 에벨, 두 예언자를 보내셨다(*Genesis Rabba*, 52, 13). 또한 *Berachoth*, 7ᵃ를 보라.

19. *Sifre Deuteronomy*, 343.

20. 신의 영이 예언자에게 내리는 것을 의미할 때 사용된 동사 '노아흐'(noah)에서 파생된 명사 '민하'(minḥah)는 예언의 선물을 가리킬 때 사용된다.

21. *Numbers Rabba*, 14, 10.

22. 인간 의식 속에 심긴 말씀의 씨앗으로부터 자라난 진리의 이러한 부분적인 계시는, 너무 단편적이라 서로 모순되기도 한다. Justin Martyr, *Apologia*, I, 32:46; II, 10을 보라.

23. *Leviticus Rabba*, I, 12.

24. *Berachoth*, 7ᵃ.

25. *Seder Eliahu Rabba*(M. Friedmann 편집, 비엔, 1902), p. 48.

26. Rabbi Jose the Galilean, *Mekilta de Rabbi; Ishmael, Bahodesh*, I(Lauterbach 엮음, II, 199~200). 이 장의 주 18을 보라.

27. '마나'는 멜라네시아 말인데 맨처음 학문 용어로 사용한 사람은 R.H. Cordrington이다.(*The Melanesians: Anthropology and Folklore*(옥스포드, 1891)) R.R. Marett는 『브리태니커 백과사전』의 '마나' 항목에서 이 말을 일반 범주로 사용했다.(1945, XIV권 770~771) N. Söderblom의 *Das Werden des Gottesglaubens* (라이프치히, 1926), p. 37을 보라.

28. 감추어져 있던 무서운 초자연적 힘은 신성과 악마성을 똑같이 발휘할 수 있다. '마나'는 숙련된 전문가가 베푸는 제의에 의하여 활동을 한다. 성년식, 결혼식, 전쟁, 사냥을 앞둔 통과 제의에서 인간은 '마나', 즉 '강한 심장'과 '한층 높은 지위'를 획득한 사람이 될 수 있다.

29. Bertholet-Lehmann의 *Lehrbuch der Religions Geschichte*, I(튀빙겐, 1925)에 실린 B. Ankermann의 "Die Religion der Naturvoelker." 또 G. van der Leeuw의 *Religion in Essence and Manifestation*(런던, 1939), pp. 24 이하를 보라.

30. M. Jastrow, *Die Religion Babyloniens und Assyriens*, II(기센, 1905), 138 이하; *ANET*, pp. 441 이하, "바빌론 왕이 그 길목에 멈추어 서서 점을 칠 것이다. 화살을 흔들어 보기도 하고 수호신들에게 물어보기도 하고 간으로 점을 쳐보기도 할 것이다. 점괘는 오른쪽 예루살렘에 떨어질 것이다"(에제키엘 21 : 26~27). 히타이트족의 점술에 대하여는 O.R. Gurney의 *The Hittites*(펭귄북스, 1961), pp. 158~159를 보라.

31. E. Rohde, *Psyche*(런던, 1925), pp. 290~291를 보라. 이 두 가지 구분은 Plato, Phaedrus(244)와 Cicero, De Divinatione(1, 11; 2, 26)으로 거슬러 올라간다. 영감받은 예언은 지하 세계(chthonian) 제의로—대낮의 인간적이고 이해 가능하며 떠들썩한 분위기를 갖춘 올림피아 제의와 반대되는—돌아간다. 그것을 사람들을, 밤중에 지하 세계의 어둠 속에서 접근하게 되어 있는 신비하고 불가해한 신들에게에게로 인도한다. "그들은 예언자를 사로잡아 자신의 대변자로 삼았다. 어떤 신들은 보통 사람을 사로잡았는데 그렇게 해서 사로잡힌 자는 신접한 자(enthoi)가 되어 새로운 성품을 지닌 자로 바뀌었다."(W.K.C. Guthrie, *The Greeks and Their Gods*[런던, 1950], p. 256.)

32. E. Fascher, *Prophetes*(기센, 1927), pp. 12, 44.

33. A.B. Cook, *Zeus*, I(케임브리지, 1914), 162. J.G. 프레이저에 따르면, 참나무는 숲속의 그 어느 나무보다 많이 벼락을 맞기 때문에 제우스의 특별한 나무였다. 제우스한테는 "천둥과 번개로 가까운 미래를 미리 알려주는 능력이 있었다 … 도도나의 풀밭에서 양을 치던 목자 하나가 이웃의 가장 좋은 양떼를 훔쳐 자기의 우리 속에 감추어두었다. 양을 잃어버린 주인은 우리를 돌아다니며 찾아보았지만 찾을 수가 없자 신들에게 누가 도둑인지 가르쳐달라고 했다. 그러자 참나무가 맨먼저 입을 열어 말했다고 한다. '네 동료들 가운데 가장 젊은 자다.' 참나무의 말대로 그는 가장 최근에 그 지역에서 양을 치기 시작한 목자의 우리에서 잃어버린 양을 찾았다"(*Proxenos, History of Epeiros*, A.B. Cook의 앞의 책, p. 367에서 인용).

34. 어부인 글라우코스는 신비한 약초를 먹고 바다에 뛰어들어 해신(海神)이 된 다음 틀림이 없는 예언을 할 수 있는 능력을 받아 아폴로와 네레우스에게 점술을 가르쳤다고 한다. 아폴로는 카산드라에게 미래를 내다보는 능력을 주고는 거기에 덧붙여, 아무도 그의 예언을 믿지 않는 것을 벌로 주었다.

35. H.W. Parke, *A History of the Delphi Oracle*(옥스포드, 1939), p. 325. 피티아는 아폴로의 신부였다고 한다. A.B. Cook, 앞의 책, II, 207~209를 보라. 플루타크에 의하면, 델피의 세 발 달린 솥 위에 앉아 있는 테미스는 가운데 다리인 빛, 즉 아폴로에 의하여 수태되었다고 한다(앞의 책, p. 1216).

36. *Republic*, 427b, 470a; *Laws*, 738b, 759c, 865b, 988a. 소크라테스가 델피의 신탁을 높이 평가한 데 대하여는 *Apology*, 20e를 보라. 신탁의 권위는 대단하여 신전을 세우는

일, 제사드리는 일, 신들과 반(半)신들과 영웅들을 예배하는 일 따위의 자세한 규정까지
도 신탁에 준하였다. *Laws*에는 델피와 함께 도도나와 암몬도 신탁의 본원지로 열거되
었다.

37. *Phaedrus*, 244[b].

38. Cicero, *De Divinatione*, I, 6, 12.

39. 앞의 책, II, 63, 130.

40. N.K. Chadwick, *Poetry and Prophecy*(케임브리지, 1942), pp. 5~6.

41. 신탁을 받는 합법적 방법에 관하여는, Y. Kaufmann의 *The Religion of Israel*(시카
고, 1960), pp. 87 이하를 보라.

42. W.R. Halliday, *Greek Divination*(런던, 1913), pp. 71~72를 보라.

43. "그리스인들은 천둥 소리를, 현자는 알아들을 수 있는 신의 경고로 알았다. 그래서 그들
은 천둥을 '제우스의 사신인 말씀' (the Word)으로 섬겼다. 로마인들은 그것을 여신 '파
마' 로 섬겼고 인도인들은 그것을, 물에서 나오고 아버지의 이마에서 나와 브라만의 원수
에게 죽음의 화살을 쏘아대는 '구름 속의 목소리' 로 숭배한다. 그러므로 위로부터 내리는
말씀은 살생의 무기거나 아니면 가르치는 계시다" (J. Darmsteter, *The Zend Avesta*,
"The Sacred Books of the East", IV[옥스포드, 1880], p. 1 xxviii).

44. A. Guillaume, *Prophecy and Divination*(런던, 1938), p. 43.

45. *ANET*, p. 449; H. Gressmann, *Altorientalische Texte zum Alten Testament*(베
를린, 1926), pp. 281~283.

46. *ANET*, p. 26. J.A. Wilson에 따르면, "예언적으로 신접한 자" 라는 말은 난폭한 행동을
하거나 간질 발작을 하는 자를 표현하고 있다. A. Schraff의 *Zeitschrift für Aegyptische
Sprache und Altertumsteunde*, LXXIV(1938), p. 147을 참조하라.

47. 무녀들—초자연적인 힘에 사로잡혀 무아경에서 미래를 예언하는 여자들—은 여러 다
른 도시와 시골에 연관을 맺고 있었다. 헤라클레이토스는 신에게 몰려 "광란하는 입으
로" 말하는 무녀에게 존경을 표시한다(Diels, *Fragmente der Vorsokratiker*,
Heraclitus, 92). "그러나 그 여예언자는 아폴로를 견딜 수가 없어서 동굴 속에서 미친
듯이 울부짖으며 그 작은 몸을 부풀리고 가슴에서 신을 떼어버리려고 한다. 그래도 신은
그럴수록 더욱 그녀의 날뛰는 입술을 다스리고 거친 마음을 가라앉히며 강제로 그녀를
적응시킨다"(Virgil, *Aeneid*, VI)[한국어판은 『아에네이스』, 혜원출판사]. E. Rohde의
앞의 책, pp. 351 이하를 보라. 최초의 무녀(sibyl)는 소아시아의 에리드래였다. H.C.O.
Lanchester가 *ERE*, XI, 496~497에 실은 "Sibylline Oracles"와 E. Bevan, *Sibyls
and Seers*(런던, 1928), pp. 135~136를 보라.

48. J.A. Macculloch, "Celtic Mythology", *The Mythology of All Races*, III(보스톤,

1918), p. 201.

49. Plato, *Republic*, 571ᶜ.

50. 아비멜렉의 경우 「창세기」 20:3. 야곱의 경우 「창세기」 31:10~11. 솔로몬의 경우 「열왕기상」 3:5, 15.

51. E.L. Ehrlich, *Der Traum im Alten Testament*(베를린, 1953), pp. 151 이하.

52. *Phaedrus*, 242.

53. *Apology*, 31, 40.

54. *Phaedrus*, 242.

55. *Republic*, 496.

56. Xenophon, *Memorabilia*, IV, 3, 12〔한국어판은 『소크라테스 회상』, 범우사〕; N. Söderblom, 앞의 책, p. 241. 수호신을 은유적으로 받아들여, 내면의 확신을 상징으로 표현한 것이라고 본 크세노폰과 플라톤의 구절들을 개괄하면서, "수호신을 소크라테스의 말투라고 해석함으로써, 덕의 모범인 현자를 황당하고 무가치한 기행에서 건져내려는 시도가 이루어졌다."(K. Joel, *Der Xenophontische und der echte Socrates*〔베를린, 1893〕, pp. 67 이하) N. Söderblom은 앞의 책, p. 240에서 이를 부정했다.

57. 앞의 책.

58. Ovid, *Ars Amatoria*, III, 549 이하; *Fasti*, vi, 5~6.

59. 이 형상과 법전 전문(前文)의 내용은 일치하지 않는 부분이 있다. 전문에는 샤마슈에 대한 언급이 없고, 마르둑이 함무라비에게 온 땅에 정의를 펴라고 명령한 것으로 되어 있다. F.M.T. Boehl의 "King Hammurabi of Babylon in the Setting of His Time", *Mededeelingen der Koninklijke Nederlandsche Akademie van Wetenschappen*, IX, 341 이하를 보라.

60. C.J. Gadd, *Ideas of Divine Rule in the Ancient Near East*(런던, 1948), pp. 90~91.

61. T.J. Meek 옮김, "함무라비 법전", *ANET*, pp. 163 이하; G.R. Driver와 J.C. Miles, *The Babylonian Laws*(옥스포드, 1955~6), I, 36~37; II, 7~13.

62. E. Schrader, *Die Keilinschriften und das Alte Testament*(베를린, 1905), pp. 534 이하.

63. M. Greenberg, "Some Postulates of Biblical Criminal Law", *Yehezkel Kaufmann Jubilee Volume*(예루살렘, 1960), pp. 9~10와 주8에 인용된 J.J. Finkelstein의 주장을 보라.

64. 전설에 따르면 제우스의 아들인 미노스는 9년째 되는 해에 제우스와 토론을 했고 궤변가처럼 정기적으로 제우스한테서 교육을 받았다. 크레타 섬 사람들은 매 9년마다 미노

스가 제우스의 동굴에 올라가 법령을 받아가지고 와서 사람들에게 권한다고 믿었다. Homer, *Odyssey* XIX, 179; Plato, *Minos*, 319ᶜ; *Laws*, 624ᵈ; Strabo, *Geography*, 16, 2, 28 참조.

65. F. de Coulanges, *The Ancient City*(뉴욕, 1955), p. 189.

66. E. Meyer, *Die Israeliten und ihre Nachbarstaemme*(할레, 1906), pp. 451 이하; J.H. Breasted, *The Dawn of Conscience*(뉴욕, 1933), pp. 193~200.

67. H. Bonnet, *Reallexikon der Aegyptischen Religionsgeschichte*(베를린, 1952), pp. 608~609. 참조, G. Lanczkowski. "Aegyptischer Prophetismus in Lichte des alttestamentlichen", *ZAW*, LXX(1958, NF. 29), pp. 31 이하.

68. *ANET*, pp. 441~442. J.A. Wilson, *The Culture of Ancient Egypt*(시카고, 1958), pp. 2, 107~110.

69. J.M.P. Smith, *The Prophet and His Problems*(뉴욕, 1916), pp. 26~27.

70. O. Eberhard, B. Spuler 엮음, *Handbuch der Orientalistik*, Vol. I, *Aegyptologie*, pt. II, *Literatur*(라이덴, 1952), p. 113.

71. *ANET*, pp. 444~445; J.A. Wilson, 앞의 책, pp. 106~108.

72. J.A. Wilson, *ANET*, p. 444를 보라.

73. *ERE*, VII, pp. 194~195; R. Garbe, *Bhagavad-Gita*(라이프치히, 1905), 2장.

74. *Bhagavad-Gita*, vi, 15.〔한국어판은 『바가바드 기타』, 한길사〕

75. K.S. Murty, *Revelation and Reason in Advaita Vedanta*(뉴욕, 1959), pp. 212~239.

76. M.H. Harrison, "Christian Apologetic and the Claims of the Non-Christian Religions in Regard to Revelation", *International Review of Missions*, XXXVIII (1949년 9월), pp. 458~9.

77. James Legge, *The Sacred Books of China*(옥스포드, 1879), p. xv.

78. H.H. Rowley, *Prophecy and China*(뉴욕, 1956), pp. 5, 121 이하, 142~143; p. 2, 주 1을 보라.

79. A. Lods, "T.H. Robinson Festschrift", *Studies in Old Testament Prophecy* (H.H. Rowley 엮음, 에딘버러, 1950), pp. 103 이하; M. Noth, *Bulletin of the John Rylands Library*, XXXII(1949~1950), 194 이하; *Geschichte und Gotteswort im Alten Testament* (크레펠드, 1949), pp. 12, 13; G.E. Mendenhall, "Mari", *The Biblical Archaeologist*, XI(1948), 2~19; A. Malamat, "Prophecy in Mari Documents", *Erety-Israel*, IV(1956), 74 이하; F.M. Böhl, *Opera Minora*(그로닝겐, 1953), p. 63 이하.

80. 고대 엘람에서는 지상에서 가장 높은 호칭이 '수칼마'(sukkalmah), 즉 "신의 사신"(使臣)이나 천사라는 뜻인 "높이 올려진 사신"이었다. G.G. Cameron, *History of Early Iran*(시카고, 1936), p. 71을 보라.

81. L. Waterman, *Royal Correspondence of the Assyrian Empire*, pt. I(시카고, 1892); R.H. Pfeiffer, *State Letters of Assyria*(뉴헤이븐, 1935), pp. 179 이하. 때로 왕은 점장이들이 명령한 단식 기간이 연장되는 것을 못 견뎌했다. L. Waterman, 앞의 책, 주. 78을 보라.

82. A. Guillaume, 앞의 책, p. 44.

83. Plato, *Republic*, II, 365를 보라.

84. M. Noth는 앞의 책, p. 200에서 이 둘의 다른 점은 "사건 발생의 방법에 있지 않고 신의 메시지로 선포되는 바의 내용에 있다…그 메시지는 매우 제한되고 자질구레한 정치적 문제나 제의 따위를 다룬다"고 했는데, 나는 이 의견에 동의하지 않는다.

제16장 예언자, 사제, 그리고 왕

1. C.J. Gadd, *Ideas of Divine Rule in the Ancient Near East*(런던, 1948), p. 33. 참조, I, Engnell, *Studies in Divine Kingship in the Ancient Near East*(웁살라, 1943).

2. H. Jacobsohn, *Die dogmatische Stellung des Königs in der Theologie der alten Aegypten*(글루크스타트, 1939).

3. C.J. Gadd, 앞의 책, pp. 47~48. A. Jeremias, "Die Vergoettlichung der Babylonisch-Assyrischen Koenige", *Der Alte Orient*, XIX, 3~4(라이프치히, 1919). H. Frankfort, *Kingship and the Gods*(시카고, 1948). M. Buber, *Königlum Gottes*(하이델베르그, 1956), pp. 39 이하.

4. R. de Vaux, *Ancient Israel*(뉴욕, 1961), p. 112. 또한 Engnell, 앞의 책, pp. 52, 62, 173을 참조할 것.

5. J.G. Frazer, *The Golden Bough*(Th. H. Gaster의 축약판, 뉴욕, 1959), pp. 66 이하.

6. *The Sacred Kingship*("Studies in the History of Religions", IV, *Numen*에 대한 보충[라이덴, 1959])을 보라.

7. P. Wheeler, *The Sacred Scriptures of the Japanese*(뉴욕, 1952), p. xiii. 라마교에서는 달라이 라마가 위대한 관세음보살의 화신이자 티베트인의 시조이고, 타셔 라마는 지상에 나타난 시방(千方) 공간의 부처들 가운데 하나인 아미타불의 그림자다.

8. F.L. Baumer, *The Early Tudor Theory of Kingship*(뉴헤이븐, 1940), p. 86; 참조, p. 89.

9. 앞의 책, p. 121.

10. 앞의 책, p. 96. 또한 F.D. Wormuth의 *The Royal Prerogative*(이타카, 1939), pp. 83 이하를 보라.

11. F.L. Baumer의 앞의 책, pp. 121~164에 인용된 틴데일의 *Obedience of a Christian Man*(1528). 프랑스의 정치 철학자 장 보댕(Jean Bodin, 1530~1596)까지도 왕이 "법을 만들고 해석하고 집행하는 무한 권력을" 소유할 때에만 무정부 상태를 피할 수 있다고 주장했다(Baumer, 앞의 책, p. 124).

12. W.C. Jones 엮음, W. Blackstone, *Commentaries*(샌프란시스코, 1916), III권 17장.

13. Vecahio, *Justice*(뉴욕, 1953), p. 135.

14. E. Jacob, *Theology of the Old Testament*(뉴욕, 1958), pp. 238~239.

15. Engnell의 앞의 책, pp. 174 이하를 보라. 예루살렘 제사 의식에서 왕은 민족신의 '아들'로 여겨졌다(A.R. Johnson, *The Cultic Prophet in Ancient Israel*[카디프, 1944], p. 32).

16. "만일 민간의 종교 또는 왕실 이데올로기가 그와 같은 왕의 신격 개념을 수용했다면 우리는 그 흔적을, 불성실한 왕에게 결코 너그럽지 못했던 예언자들의 기록에서 발견할 수 있을 것이다. 그들은 왕의 여러 가지 잘못을 비난했지만 그러나 그가 신격을 주장했다 해서 비난한 적은 없다. 이스라엘은 왕이 신이라는 생각을 한 적도 없었고 할 수도 없었다"(R. de Vaux, 앞의 책, p. 112). 또한 G. von Rad의 *Theologie des Alten Testaments*, I(뮌헨, 1957), p. 318을 보라.

17. 이스라엘의 신정(神政) 개념의 중요성에 대하여는 M. Buber의 *Königtum Gottes*(하이델베르그, 1956), pp. 115 이하를 보라.

18. 페르시아 시대 이후에는 예루살렘 대사제의 위치가 왕의 위치와 크게 다르지 않았다. 요세푸스에 의하면 대사제면서 마카베오 가의 지도자인 아리스토불루스가 왕의 칭호를 사용하기 시작한 첫 번째 인물이었다.

19. J. Gray, "Canaanite Kingship in Theory and Practice", *Vetus Testamentum*, II (1952), pp. 193~220.

20. "왕이 부분적으로 예배를 정리, 감독한 것, 또는 성직자를 임명한 것은 그 자신이 사제였다는 뜻이 아니다. 그것은 한 나라의 두목이 그 나라의 종교도 다스릴 수 있다는 특권의 행사 그 이상이 아니었다."(R. de Vaux, 앞의 책, pp. 113~114)

21. C.J. Gadd, *Ideas of Divine Rule in the Ancient Near East*(런던, 1948), p. 42. 참조, L. Waterman, *Royal Correspondence of the Assyrian Empire*(시카고, 1892),

Nos. 137, 355; *Orientalia*(1939), p. 306; R.C. Thompson, *Reports of the Magicians and Astrologers*(런던, 1900), No. 268.

22. Maiestatem laedere 또는 minuere, crimen maiestatis(로마법), laesa maiestas(현대법).

23. 예언자들은 네비임을 탄핵하기는 하지만 그 직책을 비난하는 데까지 가지는 않는다. 오히려 이스라엘 안에 네비임이 있음은 하늘의 축복으로 생각되기도 한다(아모스 2:11). 안타깝게 여겨지는 것은 그들이 제 임무를 감당 못했다는 점이다.

24. 문서 예언자들이 사제와 제사 의식에 날카롭게 맞서는 위치에 있었다고 보는 오래된 견해에 정면으로 반대하여, 스칸디나비아의 학자들은 네비임뿐만 아니라 문서 예언자들도 성소에 소속되어 있었고 제관-예언자 조합의 회원이었다는 이론을 발전시켰다. 예언자와 사제는 종교의 서로 배타하는 유형을 대표하는 존재가 아니라 둘 다 제사 의식의 관리였다는 것이다. 이 논리는 S. Mowinckel이 *Psalmenstudien*, III(크리스티아나, 1923)에서 처음 제창했고, A. Halder가 *Associations of Cult Prophets among the Ancient Semites*(웁살라, 1945)에서 발전시켰다. Halder는 히브리 예언을 바빌로니아의 '바루'와 '마후' 길드에 비교하면서 설명했다. A.R. Johnson은 앞의 책, p. 29에서, "이스라엘 종교라는 드라마에서 예언자가 맡은 배역은 제사 전문가들이 맡은 바로 그것이었다"고 주장한다. 그러나 이와 같은 일방적인 주장을 입증할 만한 증거를 찾을 수 없다. H.H. Rowley가 *The Servent of the Lord*(런던, 1954), pp. 109~110에서 한 비판을 비롯하여 E. Jacob, *Theology of the Old Testament*(뉴욕, 1958), pp. 239~240; G. von Rad, *Theologie des Alten Testaments*, II(뮌헨, 1960), 63~64; R. de Vaux, 앞의 책, pp. 384~385를 참조하라.

25. E.F. Siegman, *The False Prophets of the Old Testament*(워싱턴, 1939); G. Quill, *Wahre und falsche Propheten*(귀터슬로, 1952); G. von Rad, *Theologie des Alten Testaments*, II, pp. 222~223.

제17장 결론

1. Kimhi, *Commentary*, 해당 부분 주석.

찾아보기